이단감별사들의
한국교회 大사기극

이단감별사들의
한국교회 大 사기극

지 은 이 황규학
초판발행 2021년 11월 24일

펴 낸 곳 에셀나무
디 자 인 에셀나무
등   록 제 2020-000064호
주   소 서울 송파구 양산로8길 4, A상가 207호
전   화 02-423-4131 / 010-6642-4131
팩   스 02-423-4138
I S B N 979-11-970460-6-3
한 권 값 35,000원

한국교회를 30년 동안 농락한

이단감별사들의
한국교회大사기극

황규학 저

지금까지 한국교회는
이단감별사들의 자의적인 기준에서 벗어나면 모두 이단이 되었다.

에셀나무

　주지하듯이 기독교는 많은 종교 중에서 유일하게 인류의 타락과 범죄, 죄의 심판과 사죄의 은총, 회개와 구원, 예수 그리스도의 십자가의 죽음과 부활, 영원한 안식과 영생 복락을 가르치는 종교이다. 경전인 성경은 일관되게 삼위일체 하나님의 주권적인 역사와 구속 경륜, 궁극적으로 하나님의 영광을 가르친다. 하지만 역사가 발전하는 과정에서 수많은 사이비 이단들의 도전이 끝없이 전개되었다. 그 결과 정통과 이단에 대한 구분이 쉽지 않을 만큼 시대별로 크고 작은 집단 간에 싸움이 치열하였다. 관점에 따라서 일부 다를 수 있지만 어쩌면 기독교는 정통과 이단 간의 투쟁의 역사라 해도 과언이 아닐 것이다. 이는 마치 사탄이 우는 사자처럼 때로는 천사를 가장하여 도전하기 때문이다. 이처럼 혼란한 시대에 오늘 우리 교회는 뱀같이 지혜로워야 할 것이다.

　최근 황규학 목사는 격동의 지난 30년의 한국교회의 역사를 몇몇 이단감별사들이 한국교회를 상대로 벌인 대교회 사기극으로 간주하고 저자 나름의 심도있는 분석에 기초하여 특별히 총회 회의록을 포함한 법적 연구와 통찰을 묶어 출간하였다. 이것은 책 제목이 시사하는 바대로 많은 호기심과 함께 가히 내용이 충격적이다. 여기에는 소위 그가 말하는 이단감별사들, 지금까지 한국교회를 대표한 몇몇 교수들과 목회자들의 그릇된 여러 행태가, 무엇보다도 자칭 이단감별사들이 벌인 한국교회 대사기극이 일목요연하게 정리되었다. 그들 중에는 명문 신학대학의 교수들과 또한 목회자들이 포함되었다. 이것은 지금까지 우리가 그들을 알고 믿고 신뢰해 온 만큼, 그 이상의 배신감으로 실로 큰 충격이 아닐 수 없다. 사실 지금까지 우리 교회는 자칭 이단감별 사역이 한국교회를 위해, 한국교회를 정화하고 말씀으로 새롭게 하는 건전한 복음운동, 생명운동으로 이해했으나 그것과는 정반대였기 때문이다. 그 누가 지금까지 우리 교회가 입은 상처를 치유하며 보상할 것인가?

우한 코로나19, 전대미문의 재앙으로 지구촌이 혼란한 이 때, 한국교회 또한 기로에 놓여 있다. 이러한 상황에서 그 영향으로 한편 많은 것들을 잃었으나 다른 한편 적극적으로 모든 것을 새롭게 재정립해야 할 시점이다. 그런데 황규학 목사는 한국교회의 정통성 확립과 신앙을 위하여 평생 준비한 역작, 〈이단감별사들의 한국교회 대 사기극〉을 출간하였다. 이것은 지엽적으로 단순히 사회적 혼란을 극복하는 그 이상의 영혼을 새롭게 할, 정통과 이단을 분별할 뿐만 아니라 올바른 신앙생활을 위한 유익한 영적 지침서이다. 역작의 출간을 축하드리며 일독을 권하는 바이다.

_ 서요한 교수(역사신학, Ph.D 전 총신대학교 신학대학원)

할렐루야! 한국교회와 우리 총회가 지난 30여 년간 사이비, 이단을 정죄하는 일에 큰 오류를 범한 일이 많습니다. 예를 들면 첫째로 어떤 사람의 언어표현, 설교표현에서 사이비, 이단성이 있으면 질의에 의해 본인의 소명을 듣고 소속교단이나 단체에 이첩 조사하여 보고하면 그 보고에 근거하여 본 교단의 헌법, 교리, 이단대책위원회의 내규에 따라 판단해야 하는데 이런 절차를 무시했을 뿐만 아니라 소위 이단감별사들의 이해관계에 의해 판단한 일들이 부지기수입니다.

둘째로 사이비, 이단성에 대해 질의를 하여도 합법적인 절차에 의해 총회 임원회와 이단대책위원회가 처리해야 하는데, 역시 이해관계에 의해 유야무야 지연시키고 반려하므로 무산되게 한 일들이 많습니다. 심지어 마리아 월경잉태론이나 삼신론처럼 국법에 의해 이단성이 있다고 판결된 것을 총회나 이단대책위원회의 질의 청원을 두 번, 세 번이나 하여도 반려되기도 하였습니다.

총회나 이대위의 이러한 처사는 결국 감별사들을 의식하므로 사이비 이단자들을 정죄하는 일들을 키우게 되었습니다. 이런 과정을 숙지하여 객관적인 방대한 자료로 600페이지나 되는 〈이단 감별사들의 한국교회 대 사기극〉이라는 책의 출판은 30

여 년간 한국교회와 우리교단이 잘못 판단한 것과 이단감별사들에게 농락당한 모든 행위를 바로 잡는 일에 크게 기여하는 책이며 앞으로도 한국교회와 우리교단의 새로운 방향성을 제시하는데 큰 유익을 주리라 믿어 이에 추천합니다.

— 김창영 목사(예장통합 전 이대위원장)

한국교회가 바르고 투명하게 되기를 희망하는 황규학 박사의 이 책은 지금까지 한국교회 안에 있는 이단 문제를 바라보는 데 있어서 사고의 대전환을 불러일으킬만한 획기적인 것이 아닌가 싶습니다. 한국교회는 이단과 치열하게 싸움으로써 온전한 교리를 지키는 데 큰 공헌을 하였지만, 그 이면에는 적지 않은 사람들을 억울하게 이단으로 규정하여 가혹한 영적 폭력을 행사해 온 과오도 있었으리라고 능히 짐작할 수 있습니다. 이단 또는 사이비로 정죄된 사람들과 집단들이 당하는 고통은 당해 보지 않은 사람들은 상상하기 힘들 것입니다.

애초에 이단으로 정죄되지 말아야 할 사람들은 말할 것도 없고, 설령 일부 이단적 요소가 있다 하더라도 바른 교육으로 얼마든지 교화될 수 있는 사람들이 한번 이단으로 낙인찍혀 버리면, 본인들의 불행은 고사하고 그들의 선한 사역으로 기대되는 하나님 나라의 역사까지 엄청난 손실을 입는 것입니다. 바른 신학, 바른 교리, 바른 신앙을 지키는 것은 목숨을 걸고 해야 할 일입니다. 그러나 우리는 사람이므로 한계가 있고 실수할 수 있다는 것을 생각하고, 모든 일을 겸손하게 할 것이며, 설령 상대방이 이단이라 하더라도 우리는 그리스도의 긍휼히 여기는 마음으로 예의를 갖추어 존중하는 태도로 해야 합니다.

그렇지 않고 거대한 교단이나 단체의 힘에 기대어 약자들에게 이단이니 사이비니 하며 함부로 칼을 휘두르는 것은 위험하기 짝이 없는 일입니다. 그것은 교회의 품위를 저하시켜 사회적인 공신력을 잃게 될 뿐 아니라 하나님께 죄를 짓는 일이기도 합니다. 그래서 나는 이단사이비대책위원장으로 일할 때부터, 구원의 진리와 교리를 어지럽히는 이단에 대해서는 단호하게 대처하되, 누구든지 잘못을 시인하고 회개하는 자는 그리스도의 사랑으로 용납하여 예수 그리스도의 몸인 교회를 든든하게 세워야 한다는 주장을 천명하며 실천해 왔습니다. 그러는 가운데 기득권자들의 무수한 방해와 음해를 받아 온 것이 사실입니다.

그러한 경험에 비쳐볼 때 황규학 박사가 이 책을 저술한 충심을 십분 이해할 수 있습니다. 이 책의 구체적 내용에 있어서 독자들이 다소 다른 견해를 가질 수도 있겠지만, 그것은 사실에 대한 더 정확한 조사와 연구 및 상호 토론을 통해서 점차 일치된 판단으로 나아갈 수 있으리라 생각합니다.

마지막으로 이 책은 한국 교회를 위하여 꼭 나와야 할 책이라고 생각하여 출간을 축하하며, 한국교회가 진리 위에 바로 서기를 갈망하는 많은 성도들이 일독할 만한 책으로 추천하는 바입니다.

— LJS목사 (예장통합 전 이대위원장)

독수리는 최고의 눈을 가진 새로 높이 날아 비행하여도 땅에 있는 사냥감을 정확하게 판단하여 사냥합니다. 황규학 목사는 인터넷신문을 통하여 많은 글을 썼고 많은 기사를 다루며 노하우를 가진 분입니다. 매일 코로나19 펜데믹의 불안한 가운데서도 독수리의 눈을 가지고 여러 가지 글을 썼습니다. 특히 〈이단 감별사들의 한국교회 대 사기극〉이란 책을 출판하게 된 것은 명석하고 분석적인 눈을 가지고 책을 썼기 때문에 너무 기대됩니다. 그리고 예리한 황 목사의 필력을 높이 치하합니다.

　　한국교회 이단감별사들이 등장하게 된 것은 80년대 중반 이후부터입니다. 그리고 그들의 활동은 개인이나 한국교회에 피해를 끼친 부분들이 많다고들 합니다. 개교회 목회자가 이단성 있다고 판단되면 노회나 총회 그리고 신학대학에 이첩하여 연구케하고 자신들의 소명을 듣고 이단성이 농후하다고 결정하면 이단으로 정죄하는 것이 기독교의 도덕율입니다. 그러나 그들은 그렇치 않았습니다. 이단을 정죄하는 것은 자신들의 전유물이었습니다. 마치 떡주무르듯이 주물렀습니다. 무서운 제국주의 점령군 같았습니다. 이단감별사들은 '자신들의 잣대와 기준이란 틀 속에 가두어 놓고 이해관계에 따라 판단하고 정죄하였다' 라고 피해를 본 교회들이 말하고 있습니다. 이단감별사들의 이해관계에 따라 이단으로 정죄 받을 수 있는 개교회 목회자들이 이단이란 죄목을 뒤집어쓴 채 피해가 없도록 해야 합니다.

  황규학 목사가 저술한 〈이단 감별사들의 한국교회 대 사기극〉이란 책이 출간되었습니다. 목회자들이 많이 활용하는 좋은 지침서가 되었으면 합니다. 목회하는데 많은 도움이 되는 책이므로 이에 적극 추천하는 바입니다.

_ 황기식 목사(예장통합 역사위원장)

한국교회에서 이상하고도 잡다하게 호리는 말들 가운데 '이단감별사' 라는 말이 떠돌고 있다. 이 말은 이단을 규정하는 잣대를 말하기 이전에 이단을 규정하는 사람들을 두고 하는 말로 들린다. 즉 이단을 규정하는 일에 있어 교회사적 신앙고백을 먼저 잣대로 삼아야 할 것은 당연한 이치인데도 잣대는 간 곳없고 이단감별사라는 사람들이 주체가 되었다는 묘한 말로 들린다. 그런데 오늘날 한국교회에서 이단을 규정하는 사설 단체들은 어떤 교회사적 교리와 공교회의 규준에 의해 이단을 결정하는지 의심스럽다. 이단을 규정하는 일은 신중한 신학적 검정과 교단의 집합적 판단과 절차, 세계교회가 지켜온 신앙고백의 기준에 의해 결정되어야 하는 것이 당연한 이치이다.

또 한 가지, 이단은 정통교회와 가정과 사회에 악영향을 끼칠 때 그 뒤에 숨어있는 성경교리의 오류가 깃들어 있기 때문에 윤리적이며 제도적 즉 교회 정치의 문제점을 안고 있다. 이러한 문제점을 밝혀낸 후에 신학적 전문지식을 갖춘 이들로 하여금 심오하고 방대한 연구를 통해 결정해야 할 것이다.

아주 부분적인 문제를 침소봉대하여 교단적 배경과 한국교회 전체의 일치된 합의도 없이 사설단체에서 어떤 이를 개인감정이나 이해타산을 위해 이단으로 규정하게 된다면 이단으로 정죄를 받은 당사자뿐만 아니라 한국교회에 큰 피해를 입히게 될 것이다. 삼위일체론에 있어 양태론을 정확하게 모르는 어떤 이가 웨스트민스터 신앙고백에 진술된 삼위일체론을 믿는 상대를 향해 이단이라고 공격하는, 즉 진짜 이단이 이단이 아닌 참 신앙을 가진 자를 이단으로 규정하는 것을 볼 때, 앞으로 한국교회의 교리적 혼란이 문 앞에 와 있다는 감정을 억누를 수가 없다.

강한 의구심을 던지고 싶은 것이 있는데 구조신학, 해방신학, 주체사상, 사회복음주의 신학, 민중신학 등은 사실상 교회사가 고백한 정통신학에 배치되는 사상인데도 왜 그런 사상에 물들어 있는 사람들과 교회를 한국교회에서 이단의 규정을 논하지 않고 있는가? 하는 점이다. 심지어 신론에 있어 세 인격과 한 분의 하나님을, 고대 신조 신앙고백서에 정확하게 기록되어 있는데도 불구하고, 구분을 못하고 마구잡이로 비성경적인 자기의 주장을 피력하는 자가 올바른 신앙고백주의자를 이단으로 정죄하는 웃지 못할 일들이 한국교회에서 벌어지고 있는데도 그가 속한 교단에서는 속수무책으로 일관하고 있는가? 하는 점이다.

그런 의미에서 이 책은 한국교회의 이단에 관한 역사적 사건을 조명하는 중요한 자료가 될 것으로 믿으며 더불어 독자 여러분들의 기대를 저버리지 아니할 것으로 확신한다.

— 김항주 교수(대한신학대학교 조직신학)

신학을 전공한 목사이면서 동시에 일반대학원에서 법학박사 학위를 취득한 교회법 전문가로서, 그동안 한국교회의 수많은 분쟁 사건을 명료한 법이론으로 해결의 실마리를 제공한 바 있는 황규학 박사가 이번에 한국교회 현대사의 이단 논쟁에 대한 배후의 이야기를 〈이단감별사들의 한국교회 대 사기극〉이란 제목으로 출판하였다.

　　한국교회는 140년이란 짧은 기독교 역사를 가졌지만, 세계에서 가장 큰 교파 교회들이 모두 한국에 있을 정도로 세계에서 유례없는 교회의 부흥과 발전이 있었는데 이 뒤에는 수많은 부흥사와 특별한 목회자들이 있었다. 순복음교회가 생소했을 때 조용기 목사도 초기에 이단 시비가 있었으나 오히려 지금은 모두가 그의 공적을 치하하고 있다. 이같이 그동안 수많은 목사들과 그를 따르던 교인들이 이단 시비로 무수한 고통을 받았는데 저자의 주장대로 몇몇 자칭 이단 전문가라는 인사들의 사기극으로 농락당한 것이라면 이는 심각한 문제가 있는 것이다.

　　우선 전 세계 21억 명의 기독교인들이 3만 8천 개의 기독교 종파에 속해 있으며, 한국에만 374개의 교파가 있는데 이 많은 종파(교파)가 발생한 이유는 성경해석과 교회가 속한 문화 지리 역사의 차이 때문이다. 한국교회 교인들은 세계에 이렇게 많은 기독교회들이 존재하는지도 모르고, 자기 교회의 울타리를 벗어나지 못하기에 다른 교파 교회를 경험할 수 없다. 또한 한국의 지도자들도 자기가 속한 교단 밖의 교회들을 경험해 보지도 못했는데 어떤 잣대로 다른 이들을 이단으로 정죄할 수 있는가?

전 세계에 흩어진 750만 한인들을 주 대상으로 약 35개국에 산재한 470여 개 교회들이 모인 Korean Presbyterian Church Abroad(KPCA:해외한인장로회)를 16년간 사무총장으로 섬기며 수많은 해외교회들을 방문하였고, 교단이 속한 미국교회협의회(34교단)와 CCT :Christian Church Together(43교단)의 회원으로 다양한 배경의 교회 지도자들을 접촉하면서 이들의 신학과 신앙의 행태가 한국교회와는 다른 것을 경험한 후, 기독교의 기본 신앙이 일치한다면 같이 공존하는 자세가 필요하다는 것을 인식하게 되었다.

이번 황규학 박사가 저술한 〈이단감별사들의 한국교회 대 사기극〉 방대한 내용에는 모두 저자가 주장하는 근거를 자료로 제시하였고, 지난 한국교회의 이단 조작의 어두운 면을 과감하게 한국교회 앞에 드러내면서 앞으로는 다시 이런 공작과 정치 그리고 금전 수수의 뒷거래를 과감히 제거하자는 순수한 취지로 이해를 한다. 그리고 영적인 은사로 교회가 크게 부흥하는 경우 이단 조작자들에게 쉽게 농락당하지 말고 자기를 스스로 경계하면서 과감하게 복음을 전할 것을 촉구하는 메시지로 알고 과거에 이단 시비로 고통을 당한 교회들이 꼭 일독을 하기를 권한다. 그리고 한국교회가 서로 다른 성향의 은사들과 특색을 포용하여 하나 되어 한국 사회를 섬기는 일로 신뢰받는 교회를 회복하기를 바라며 모두가 일독하기를 추천한다.

— 장세일 목사(해외한인장로회 전 사무총장)

평소 존경하는 황규학 목사가 〈이단감별사들의 한국교회 대 사기극〉이라는 저서를 출간하게 된 것을 참으로 기쁘게 생각합니다.

전 문화부 장관을 역임하신 이어령 박사님은 CTS 기독교 TV 특강에서 "우리가 영성에 이르기 위해서는 반드시 지성이라는 계단을 이용해야 한다"라고 말씀하셨습니다. 바른 신앙생활을 위해서는 반드시 하나님을 바로 알아야 합니다. 하나님을 올바르게 아는 지식이 결여된 무지한 믿음은 최근 한국 기독교계의 큰 문제가 되고 많은 이단 세력들이 발호하는 근거이기도 합니다.

불행한 것은 예수를 믿지 않거나 반기독교적인 사람들을 이단 정죄해야 하는데 그동안 한국의 이단 정죄는 비본질적인 기준을 갖고 정죄하였습니다. 더군다나 이단 정죄 과정이 금품수수와 연결되어 있다면 공신력은 상당히 후퇴할 것입니다.

본 저서는 이단 정죄는 사적이며 임의적인 기준이 아니라 교단 헌법과 개혁교회의 신앙고백을 기준으로 하는 공적인 기준이 되어야 한다고 주장하고 있습니다. 그래서 이 책은 이단 정죄 기준에 대해서 바르게 알 수 있도록 나침반 역할을 하여 올바른 길잡이를 제시하고 있습니다. 이처럼 귀한 저서를 출간하기까지 노심초사하신 목사님의 노고를 치하 드리며 그리스도인이라면 반드시 읽고 꼭 알아야 할 필독서로 적극 추천합니다.

— 김기배 단장(CTS 예술단장, 언론학 박사, 한양대특임 교수)

| 차례 |

I

서론

지난 한국교회의 30년간은 그야말로 이단감별사들이 한국교회에 대한 사기극을 연출한 기간이기도 하다. 그래서 예장통합교단의 100회 총회(2015년) 기념으로 채영남 목사는 그동안 이단으로 묶였던 사람들의 소명을 직접 듣고, 이대위와 특별사면위의 검증을 통하여 억울하게 이단감별사들의 영향으로 이단으로 정죄된 사람들을 사면해 주고자 하였다.

▲ 대한예수교장로회(통합) 채영남 목사 100회기 사면선포

　　이 책은 II장에서 이단감별사들의 大 교회 사기극을 다루었고, III장부터는 제100회기 예장통합 특별사면위의 활동에 대해서 다루었다.

그러나 악한 영의 영향으로 특별 사면위의 활동에 강력하게 항의하여 이단 사면을 하지 못하도록 앞장선 것이 최삼경과 허호익이었다. 최삼경은 한기총에서, 허호익은 대전서노회에서 이단으로 규정된 사람들이다.

이미 한번 사면결의를 한 것을 철회한다고 다시 이단이 되는 것은 아니었다. 류광수, 박윤식 목사는 이미 개혁교단(조경대)과 한기총에서 사면된 바 있고, 류광수 목사는 통합교단 100회 이대위에서 '예의주시'로 판단되어 이단성이 없음을 분명히 하였다. 이단감별사는 김기동 목사

▲ 예장통합 직영신학대 교수들의 사면결의 취소 촉구 기자회견

에 대해서 귀신론을 가지고 이단으로 정죄하였지만, 귀신론은 교회 역사상 이단 정죄의 기준이 된 적이 한 번도 없었다. 즉 귀신론을 갖고서 이단으로 정죄당한 사람이 없었다. 한국에서만 이단으로 정죄가 되었다. 한국 교회사는 2000년 교회사의 보편 기준을 따르지 않았고, 이단감별사들의 자의적인 기준에 의해 춤을 추었다.

그래서 78회 총회 시 장신대와 호신대 조직신학 교수는 조용기 목사의 이단성 여부를 결정하는데 귀신론을 아예 이단성 기준에서 삭제해 버렸다. 결국 이단감별사들은 이단 기준도 안되는 기준을 갖고서 김기동 목사를 이단시하였다.

▲ 김기동 목사 축귀장면

박윤식 목사 건은 통일교에 관련도 되지 않은 사람을 교리체계도 없이 한 문장의 설교 언어만을 가지고 통일교와 관련지어 억지로 이단 정죄하였다. 그러나 한기총

과 개혁교단, 예장통합 100회 특별사면위는 박윤식 목사를 '예의주시'로 평가하여 사면한 바 있다. 박윤식 목사의 후임자도 총신대학원 출신이다.

지금까지 한국교회는 예수믿는 사람들도 이단감별사들의 자의적인 신학에 벗어나면 모두 이단이 되었다. 탈레반이 자신들의 율법과 교리에 벗어나면 모두 총살하는 것과 같다. 이단감별사들은 '묻지 마' 교리적 총살을 가했다.

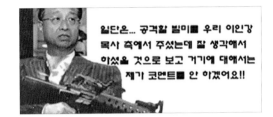

그래서 이 책은 탈레반식 '묻지 마 교리적 총살'을 가하는 '이단감별사들의 대교회 사기극'과 그들에 의해서 이단 정죄된 사람들을 사면하고자 했던 100회기 특별사면위원회의 활동에 대해서 다루고자 한다. 특히 교단 헌법과 이대위의 내규에도 없는 조항을 갖고 이단으로 정죄한 것을 다룬다. 적어도 이단으로 정죄를 하려면 개혁공의회 신조, 교단 헌법의 교리 편에 나오는 신앙고백을 기준으로 해야 했다.

■ 제5부 대한예수교장로회신앙고백서

제00장 [서문]
1. 우리는 성삼위일체 하나님의 성호를 찬미하며, 그 신비하신 섭리와 은총에 감사를 드린다. 우리 주 예수 그리스도의 복음이 우리 한국에 전해진 지 100년이 되었다. 그간 우리 교회는 사도시대로부터 전승된 신앙을 토대로 하고, 겨레의 영광과 고난을 함께 나누면서 꾸준히 성장을 거듭하여, 오늘날 안으로는 민족 사회 속에서 무게 있는 위치를 차지하고, 밖으로는 세계의 교회가 주목하는 교회로 성장하게 되었다. 돌이켜보면, 우리 교회는 수난의 민족사 속에서 수난의 길을 걸어왔다. 한국교회의 초창기는 우리 민족의 국권이 열강에 의해 침해를 당하고 있을 때였다. 계속하여 일제의 군국 정치, 조국 광복에 이은 남북분단과 한국전쟁 등 격동의 연속 속에서 우리 교회는 때로는 신앙의 자유를 속박당했고, 때로는 정면적인 탄압을 받아 수많은 순교자를 내기도 하였다. 그러나 우리 한국교회는 불타는 떨기나무처럼 환난 중에서 오히려 빛난 성장에 속도를 더해 왔다.

제02장 [하나님]
1. 우리는 스스로 계시며(출 3 : 14), 사랑이시고(요일 4 : 16), 홀로 한 분이신(신 6 : 4, 요 17 : 3, 고전 8 : 4) 하나님을 믿는다. 하나님은 전능하시며(창 15 : 11, 딤전 6 : 15), 전지하시며(시 139 : 1-4, 롬 8 : 29), 편재하시고(시 139 : 1-10, 행 17 : 24), 영원하시며(시 90 : 2, 102 : 26-27, 계 10 : 6), 무한히 거룩하시며(사 6 : 3, 계 4 : 8), 무한히 의로우시며(신 32 : 4, 행 10 : 34), 무한히 지혜로우시고(롬 11 : 33-36, 16 : 27), 무한히 자비로우시며(시 34 : 6, 마 5 : 45), 무한히 선하시고(시 119 : 68, 눅 18 : 19), 무한히 자유하시고(시 115 : 3, 롬 9 : 14-21), 그리고 광대하시다(시 145 : 3), 불변하사(약 1 : 17) 항상 영광 중에 계신다(왕상 8 : 11, 롬 11 : 36).

2. 하나님은 본질에 있어서 한 분이시나 삼위로 계신다. 삼위는 성부와 성자와 성령이시다. 삼위는 서로 혼돈되거나 혼합할 수 없고, 완전히 분리할 수도 없다. 삼위는 그 신성과 능력과 존재와 서열과 영광에 있어서 완전히 동등하시다. 성자는 성부에게서 영원히 나시고(요 1 : 14, 18), 성령은 성부와 성자에게서 나오신다(요 15 : 26). 사람은 성자를 통하지 않고는 성부에게 갈 수 없고(요 14 : 6), 성부께서 이끌어 주시지 않으면 성자에게 갈 수 없으며(요 6 : 44), 또 성령을 통하지 않고는 성자를 주라고 말할 수도 없다(고전 12 : 3). 성삼위는 모든 사역에서 공동으로 사역하시나, 성부는 주로 계획하시고(마 24 : 36, 행 1 : 7), 성자는 계획된 것을 실현시키시며(요 1 : 18, 19 : 30), 성령은 모든 은총을 보존하고(엡 1 : 13) 더한다.

한국교회의 이단 논쟁은 1927년까지 거슬러 올라간다. 복음이 들어온 지, 40여 년이 지나면서 1927년경 원산의 감리교회 여신도 유명화가 입신하여 자신이 예수라고 하자, 이용도 목사가 예수를 너무 사랑한 나머지, "주 예수여 어서 오시옵소서"라고 하다가 이단 논쟁에 시달리게 되었다. 예수를 너무 갈급하고 사랑한 나머지 과실에 의해 한 인간을 예수로 착각한 것이다.

▲ 이용도 목사

장로교는 이용도 목사를 이단으로 정죄하였고, 감리교는 그를 휴직으로 처리하였다. 이용도 목사는 교리적 체계를 통한 이단이 아니라 신비주의 운동으로 인해 이단으로 정죄되었던 것이다. 그러나 이용도 목사는 자신의 실책을 인정하였고, 훗날 이단 논쟁은 사라지게 되었다. 착오에 의한 행위적 이단이었지 고의성에 의한 교리적 이단이 아니었다. 이처럼 착오에 의한 이단자들은 사과가 있다면 사면해야 한다. 그러나 101회기 예장통합 총대들은 이단에 관한 한 착오와 사과가 있더라도 영원한 이단 정죄의 길을 선택했다.

이단감별사들

이외에도 훗날 유사 기독교를 표방하는 단체로서 천부교의 박태선, 통일교의 문선명 등 전통 기독교 신학에서 벗어난 교주식 이단이 출현 되었지만, 이러한 이단과 싸우는데 앞장선 사람들이 소위 이단감별사들이다.

▲ 탁명환

한국교회의 이단감별사의 원조는 탁명환이다.

탁명환은 한때 정치적 영향력까지 미쳤을 정도로 막강한 힘이 있었다. 교리를 갖고서 정치영역까지 행사하였다.

국민일보 1993년 8월 10일자 광고를 통해서 게재되었던 탁명환 씨의 지상탄원문 사본.
탁명환 씨는 13대 대통령 선거전이었던 1987년 10월 중순경부터 김영삼 후보를 통일교의 하수인으로 매도하여 김영삼 장로를 무척 괴롭혔다. 그런데 성서는 거짓선지자가 그의 열매로써 그 스스로를 나타낸다고 증언한다(마태복음 7 : 15~20).

그 이후 한국 이단 논쟁에 영향력을 행사하였던 사람이 한기총에서 마리아 월경잉태론과 삼신론으로 제명된 최삼경이다. 그는 〈교회와 신앙〉이라는 월간지와 교단의 이단사이비대책위원회 직책을 최대한 이용하여 약 60여 명(단체 포함)을 이단으로 정죄하는데 앞장섰다. 그러나 잘못된 기준을 갖고 수많은 사람들을 이단 정죄한 교리적 사기가 대부분이었다. 이단감별사의 대교회 사기극이었다. 한국교회는 최삼경에게 30년 동안 농락당했다. 그의 목회 40년은 성역이 아니라 마역(마귀의 사역)이었다.

탁명환이 기독교를 빙자한 신흥종교인들에 대해 이단 문제를 거론했다면 **최삼경**은 주로 대형교회 목사들에 대한 문제를 제기하여 대형교회를 파괴하는데 앞장섰다. 최삼경은 합동교단의 근본주의 신학의 틀과 자의적인 이단 기준을 갖고, 교리적으로는 조용기, 김기동, 윤석전, 이명범, 박철수, 류광수 목사 등에 대한 문제를 제기하였고, 윤리적으로는 이종윤, 김삼환, 이광선, 전광훈 목사 등 주로 대형교회 목사들에 대한 약점을 갖고 문제를 제기하여 대형교회를 파괴하기 위해 노력하였다. 대형교회 목사들을 넘어뜨리면 자신이 최고가 되는 줄 알았다.

그는 보편적이고 객관적인 교단 헌법적 이단 기준이 아니라, 자의적이고 주관적인 이단 기준을 갖고 교회를 파괴하는 식으로 접근했다. 목사만 교리적, 윤리적으로 죽이면 교회는 파괴된다. 최삼경이면에 있는 귀신은 이를 너무나도 잘 알고 있었다. 그 귀신은 대형교회 목사들에게 소명 기회도 주지 않고 교리적, 윤리적 약점을 잡고서 죽이는 악한 영이었다.

이처럼 최삼경에게 당한 이유는 최삼경에게 대부분 돈을 주지 않았거나 그가 이단으로 정죄한 사람들을 해지하는데 앞장섰기 때문이다. 이종윤 목사는 이단 후원비를 제공하지 않았고, 이광선은 목사는 한기총에서 장재형 목사를 이단이 아니라고 판단했고, 김삼환 목사는 이단 후원금으로 1억원을 주기로 했는데 5000만원 밖에 주지 않았다고 세 사람에 대해서 윤리적 공격을 가했고, 전광훈 목사에 대해서는 5억을 주지 않는다고 이단성이 있다고 언론을 통하여 비판하였다. 돈을 주지 않으면 누구나 이단이다. 그는 이광선, 이종윤, 김삼환, 전광훈 목사에 대해서 다음과 같이 비판했다.

이단감별사들의 한국교회 大 사기극

이광선-이광수 목사가 <콩고대학>에서 저지른 거짓들은 무엇인가?

'PCK'가 통합 측이 아니라 이광선이 만든 '한장교'라는 거짓말이 모든 문제의 핵심이다.

2019년 09월 16일 (월) 17:10:00   최상경 목사 sam5000@amennews.com

최상경 목사 / <교회와신앙> 상임이사, 편집인

▲ 최상경 목사

서론: 104회 총회는 콩고대학 문제의 진실을 밝혀야 한다.

필자는 그동안 오랫동안 콩고대학 문제를 지켜보다가 이제는 교단이 나서야 한다는 생각이 들어 글을 쓰지 않을 수 없게 되었다. 물론 이광선-이광수 목사는 현재 여러 건의 고소 건이 얽혀 있고, 그 중에 일부는 필자가 편집인으로 있는 <교회와신앙> 기사와도 관련된 것으로 안다. 그런 점에서 필자가 잘못한 점이 있다면 고소해 주기를 바란다. 이 말은 당연한 주장이지만 필자가 법적 책임을 진다는 뜻이다.

본 통합 교단(신일교회)에서 수십 년간 목회를 하고, 총회장까지 역임한 이광선 목사가 그 동생 이광수 목사와 함께 콩고에 대학을 세우고 그 학교가 잘 되어 돈벌이가 되기 시작하자, 위조 서류로 그 대학을 사유화하고 말았다. 그 학교는 본 교단(통합) 소유의 학교이다. 104회 총회에서 이를 바로 잡아주기를 간절히 바라는 바이다.

▲ <교회와 신앙>의 이광선, 이광수 목사 비판기사

이종윤, 느헤미야 1장에서 발견되는 또 다른 엉터리 영어

<순례자>에 엉터리 영어로 표절한 <느헤미야>를 그대로 게재하고 있는 <서울교회> 이종윤 목사 측 비보고

2019년 00월 07일 (목) 12:52:16   최상경 목사 sam5000@amennews.com

최상경 목사 / <교회와신앙> 상임이사

▲ 최상경 목사

<순례자>에 이종윤 목사의 <느헤미야 강해>를 아직도 게재하고 있는 서울교회 이종윤 목사 측이다.

본 시리즈 지난 회(2월 12일자 "이종윤 목사, 영어 엉터리로 이해한 표절"에서)에서 밝혔듯, 이종윤 목사가 저자로서 출판한 <느헤미야 강해서>인 <크리스챤지도자들>은 제임스 M. 보이스 목사의 책을 표절한 것이다. 그나마 영어조차 제대로 이해하지 못한 표절이다. 그러나 그렇게 밝혔음에도 불구하고, 이종윤 목사측은 전혀 개의치 않고, 오히려 그 부끄러운 글을 보란 듯이 <순례자>에 계속 게재하고 있다.

필자가 글을 쓰는 주된 목적은 이종윤 목사의 엉터리 영어를 지적하려고 하는 것이 아니다. 그의 표절을 밝히려는 것이 핵심이다. 필자는 영어를 잘 못한다. 또 우리네 영어실력이 잘 해봤자 "오십 보 백 보"라기도 한다. 추측하기로, 이종윤 목사는 비교가 안 되도록 필자보다 영어를 잘 할 것이라 믿는다. 단지 자신의 표절을 인정하지도 않고 회개하지도 않는 이종윤 목사의 용기 내지 만용(?)을 보고 표절을 분석하던 중, 엉터리 영어 해석까지도 덤으로 발견되어 밝히게 되는 것뿐임을 독자도, 당사자인 이종윤 목사도 이해해 주길 주문하며 글을 쓴다.

▲ <교회와 신앙>의 이종윤 목사 비판기사

필자가 왜 세습을 그토록 반대하였는가?

2019년 09월 11일 (수) 10:18:17   최상경 목사 ✉ sam5566@amennews.com

최상경 목사 / <교회와신앙> 상임이사

▲ 최상경 목사

2013년(99회) 통합 총회 최대 관심사는 '세습금지법을 만들 수 있느냐 없느냐였다. 당시 필자는 역사 앞에서 침묵할 수 없다는 생각으로 동의하였는데, 놀랍게도 870:81표의 압도적 표차로 소위 세습금지법이 만들어졌다. 그 후 그러나 김삼환-김하나 목사는 세습금지법을 어기고 세습을 단행하였고, 이를 보고 필자는 2017년 11월 7일부터 2018년 8월 21일까지 25회의 글을 쓰고 그것을 책으로 출판하였다.

그 후 2018년(103회) 총회에서 849:511로 세습이 잘못임을 다시 확인하게 되었음에도 불구하고, 명성교회로 인하여 세습 문제가 더 복잡해지는 것을 보고, 2019년 6월 13일부터 필자는 글을 다시 쓰기 시작하여 7회의 글을 써서 <교회와신앙>(http://www.amennews.com)에 게재하고 다시 두 번째로 <명성교회와 김삼환 목사, 세습 철회 지금도 늦지 않았다>라는 제목으로 두 번째 책을 출판하려고 한다. 필자가 왜 이렇게 세습에 대하여 반대하게 되었는지에 대하여, 필자에 대한 세 가지 오함 내지 오해를 중심으로 밝히려고 한다.

첫째, 필자가 명성교회와 김삼환 목사를 시기하고 질투하여 비판한다는 오해.

이 주장은 유치하다 못해 추하고 더러운 주장이라고 생각하지만, 세습옹호자 최경구 목사로부터 개인적으로도 공적으로도 받은 공격 중에 하나다. 그러한 최경구 목사에게 직답을 하고 싶은 마음은 털끝만큼도 없다. 그럴 가치가 없기 때문이다. 단지 오해가 없기를 바라는 마음으로 취급하는 것이다.

▲ 〈교회와 신앙〉의 김삼환 목사 비판기사

자신을 '성령의 본체'라고 한 전광훈 씨의 이단성
전광훈 씨는 왜 이단인가?(3)

2020년 06월 11일 (목) 15:54:09   최상경 목사 ✉ sam5566@amennews.com

최상경 목사 / <빛과소금교회> 담임 목사, 본지 편집인

▲ 최상경 목사

누구든 말 한두 마디로 이단으로 규정하는 것은 옳지 않다.

필자는 이단을 규정할 때 말이나 문장 한두 개로 이단을 규정하는 것이 옳지 않음을 강조하는 사람 중에 하나다. 그것도 앞뒤 다 잘라내고 말 한두 마디로 이단으로 규정하면 이단 되지 않을 사람이 없다. 그보다 더 악한 것은 말을 교묘하게 빼고 더하여 교의적으로 왜곡시키면 이단 된 자보다 이단 되게 한 자의 죄가 더 크다. 그 말 자체만으로 비록 잘못되고 이단성이 있어 보여도 그 상황을 정확하게 인식하고 보면 이해될 수 있는 경우가 많고, 또 잘못이라고 하여도 이단 논쟁까지 일으킬 문제가 아닌 경우도 많다.

▲ 〈교회와 신앙〉의 전광훈 목사 비판기사

이단감별사들의 한국교회 大 사기극

최삼경은 특히 축귀 사역을 하는 사람들, 신유 사역을 하는 사람들, 성령운동을 하는 사람들, 돈을 주지 않는 사람들의 교리적, 윤리적 약점을 잡고 잡지나 인터넷 기사를 통하여 이단성이 있다고 함으로 귀신과 타협을 하여 교회를 파괴하는 데 앞장을 섰다. 이는 근본주의 교리와 돈을 좋아하는 맘몬 귀신과 타협을 하였기 때문이다. 그는 물질적으로는 성령의 사람이 아니라 세속의 사람이었고 교리적으로는 이단이었다.

삼위일체 대신 삼신을 주장하고, 예수의 성령잉태 대신 마리아 월경잉태의 비성경적 교리를 주장했고, 주는 것보다 받는 것을 좋아했다. 자신이 10년 동안 고정 이대위원으로 있으면서 그가 시무하는 빛과 소금교회는 이단 후원비는 한 푼도 내지 않았다. 이처럼 그의 이단감별과 비판은 모두 돈과 연계되어 있었다. 자신은 이단 사역에 후원하지 않으면서 돈을 후원하지 않는 모든 사람은 비판의 대상이었다. 불법모금, 이단으로부터 후원, 땅 투기, 사무장병원은 대표적인 일들이다. 그는 물질관도 전통교회관에서 벗어났지만, 교리도 전통기독교 신조를 떠났다. 윤리는 다른 목사들보다도 비윤리적이어서 전통 윤리관을 벗어났다. 그는 기독교 밖의 통일교, 신천지, 안상홍교리를 비판하는 것은 거의 없었고, 평생을 기독교 안에서 활동한 대형교회 목회자의 약점을 잡고 비판하는데 시간을 들였다.

특히 그의 이단 기준은 귀신론, 양태론, 직통계시, 기적 종료설에서 벗어나지 못하였다. 전통 교회사의 이단 기준을 벗어난 기준이었다. 김기동 목사와 유사한 사역을 하는 사람들은 무조건 이단이었고, 최삼경의 이단 기준에 벗어나면 누구나 이단이었고, 그를 비판하면 상습적 이단 옹호 언론이었다. 예장통합 측 교수와 이대위 목사들은 최삼경 옆에서 같이 이단 정죄의 춤을 추었다. 이수영, 구춘서, 허호익은 대표적이었다.

심지어 최삼경은 길자연, 조경대, 홍재철 목사까지도 자신이 이단으로 명명한 사람을 해지하는데 앞장섰다고 하여 이단이라고 판단하였다. 그러나 돈을 주면 정통이고 돈을 주지 않으면 이단이었다. 이재록이 돈을 주니까 한동안 이단으로 비판하지 않았고, 이인강 목사는 요구한 1억을 주지 않으니 바로 사이비성 이단으로 전락한다.

그래서 이 책은 약 3분의 2를 최삼경의 실체를 추구하는데 노력을 기울였다. 예장통합교단에서 73회 총회(1988년)부터 82회 총회(1997년)까지 약 10년간, 93회(2008년)부터 96회(2011년)까지 3년간, 그리고 한기총의 7회(1996년)에서 19회기(2009년)까지 24년간의 이단감별 사역을 점검했다. 그래서 이 책은 그의 이단감별의 대 교회 사기극을 점검한 것이다. 2015년 이후부터의 친인척을 통한 대교회 사기극도 점검했다. 그러므로 이 책은 최삼경의 24년 이단감별 활동을 총정리했다고 해도 과언이 아니다.

증거자료로서 대한예수교장로회 예장통합교단의 총회록, 한기총 회의록, 합동교단 총회록, 법원의 판결문, 언론 기사 등을 통하여 이단감별사들의 마역(마귀의 사역)을 추적하여 보았다. 추적하다 보니 이들의 공통점은 교단 헌법을 통한 객관적인 기준보다 자의적인 기준이라는 것, 교리 전공자가 하나도 없다는 것, 학력이 수준 이하라는 것, 돈을 위해 이단 비즈니스를 했다는 것, 교단과 언론을 연결하였다는 것, 즉 〈교회와 신앙〉, 뉴스앤조이, 기독교 포털뉴스, CBS를 활용한 것 등이다. 네 언론의 공통적인 것은 비기독교적이거나 반 기독교적이다. 기준 없는 이단 정죄 활동에 나팔수 역할을 하였다.

▲ 탁명환   ▲ 탁지일   ▲ 탁지원

이단감별사의 원조는 탁명환이다. 그래서 다른 장을 할애하여 원조 이단감별사 탁명환 가족의 이단 사역까지 추적했다.

특히 이단감별사 최삼경의 아류로서 진용식, 박형택, 이인규, 정윤석의 이단 조작 및 정죄 활동까지 살펴보았다. 탁명환, 최삼경에 이어 정윤석이 이단을 조작하는데 앞장섰다. 이단조작범이라고 했을 때는 이들 세 명을 말한다. 진용식은 돈을 위한 강제개종을 한 이단 비즈니스업자이고, 이인규는 평신도로서 이단감별사들을 흉내 낸 사람이고, 박형택은 학위 논란이 계속될 정도로 신학 교리가 제대로 형성된 사람이 아니다. 이단감별사들은 대부분이 가방끈이 짧았고, 일반대학출신자들은 탁명환(전북대), 이인규(한양대) 정도이다.

일반대학을 나온 사람은 두 사람에 불과하다. 최삼경이 총신대학교를 나왔다고 하나, 그 당시 신학교는 대부분 미달이었고 박사학위를 받은 교수조차 별로 없었을 때이고, 총신대학원 역시 교육부에서 인정조차 받지 않았을 때이다. 대부분 박사학위도 없는 교수들이 많이 있었을 때이다. 주로 가르치는 것은 박형룡 목사의 근본주의 신학과 칼빈의 기독교 5대 강령이었다.

이처럼 이단감별사들은 대부분 정상적인 대학을 졸업하였거나 교리를 전문적으로 연구한 사람이 없다.

정윤석은 방통대 미디어학과를 나왔을 정도로 대부분의 이단감별사들은 교리에 전문성이 없었다. 서울권에 있는 일반대학을 나온 사람은 이인규(한양대) 한 명 뿐이었다. 그러나 이인규는 신학을 3학점도 취득하지 않았다. 이처럼 그들은 대부분 무인가 아니면 비정규신학교 출신으로서 교리 비전공자들이다.

정식으로 일반대학을 졸업하고 신학대학원을 졸업한 사람조차 없었다. 교리박사가 한명도 없었다. 이들은 교리에 대한 전문적인 지식도 없이 내 맘대로 판단하였다. 그러다 보니 이단감별 사역이 이단 비즈니스로 전락했다. 이단 비즈니스에 돈이 된다고 판단하여 너도나도 뛰어들었던 것이다. 사명이 돈벌이였다.

남의 교리적 약점이나 윤리적 단점을 잡고 언론에 기재하여 밥먹고 사는 것이었다. 그러다 보니 이단을 조작하고, 강제개종을 시키고, 잡지와 스티커를 팔고, 강연을 요청하여, 협박을 하였던 것이다. 현대판 교리 마피아들이었다. CBS, 뉴스앤조이는 이단감별사들의 사역을 뒤에서 후원하여 조력하였다.

최삼경, 진용식, 정동섭, 박형택, 이인규, 정윤석의 공통점은 이단으로 조작하고, 강제개종 시키고, 불륜의 책을 팔고, 이단 강의를 하고, 기사 삭제를 하고, 불법으로 모금을 하고, 신천지 반대 스티커를 팔면서 돈을 챙겼다. 그 중 최삼경, 정윤석은 이단을 조작하는 데 앞장섰다. 이것은 탁명환의 조작의 영을 부여받은 것이다. 그래서 한국판 이단감별사는 이단조작범이기도 하다.

▲ 위. 최삼경, 진용식, 정동섭 ▼ 아래. 박형택, 이인규, 정윤석

불행하게도 이단감별사들이 한국교회의 이단논쟁에 많은 공헌을 한 면도 있지만 물질적 영적 타락으로 인해서 그들의 공적은 희석화되었다. 그 중에서도 예장통합 교단을 등에 업고 한국 이단계를 주름잡았던 최삼경은 탁명환의 사후 이후 가장 악한 영향력을 행사한 인물이다. 정윤석은 〈교회와 신앙〉에 있으면서 배운 것은 이단을 조작하는 것이었다. 진용식 밑에 있으면서 배운 것은 돈벌이를 추구하여 스티커 사업같은 이단 비즈니스를 하는 것이다. 신천지 출입금지 스티커 사업은 정윤석이 하는 것이다. 앞에서는 교리 비판, 뒤에서는 스티커 팔기이다.

필자는 2015. 7. 31. 경 '이단감별사가 사라져야 한국교회가 산다' 라는 제목으로 세이연(세계 한인기독교 이단대책연합회(약칭 세이연))을 비판한 바 있다.

"세이연이야 말로 오히려 이단의 집합체입니다. 세이연 사람들의 공통점은 정규신학대학이나 정규대학에서 공부한 사람들이 거의 없다는 것입니다. 대부분 학력저하이거나 어떤 이는 교육부에서 인정하는 중학교, 고등학교 졸업장도 없습니다....전문적인 교리 훈련이 되지 않는 사람에게 칼을 주면 교리적 살상을 하게 되는 것입니다. 그래서 현대판 마녀사냥이 발생하게 되는 것입니다"

　그 이후 세이연은 예장합동, 예장통합교단으로부터 이단단체로 전락하였다.
　당시 세이연의 이단감별사들이 필자를 고소하자, 법원은 "이단연구가들에 대한 비평은 그 사회적 책임에 비례하여 상대적으로 넓게 허용될 수 있다"고 하면서 무죄를 선언했다. 그러므로 이단감별사들에 대한 비평은 널리 열려져 있는 것이다. 필자는 세이연은 마피아적 이단감별사들이라고 비판했다.

라. 『2016고단1871』

피고인은 기독교 관련 인터넷 신문인 '법과교회(lawnchurch.com)'의 발행, 편집인 겸 기자로 활동하는 사람이다.

피고인은 2015. 7. 31.경 피고인의 집에서 피해자 세계한인기독교 이단대책 연합회 (이하 '세이연'이라 한다) 상임위원들인 진용식, 박형택, 정동섭, 이덕술, 이인규, 유영권, 김희백, 서영국, 최삼경과 관련하여 위 '법과교회' 게시판에 『이단감별사가 사라져야 한국교회가 산다(세이연은 마피아적 이단정죄, 비전문가들의 이단정죄)』 라는 제목으로, "세이연이라는 이단마피아단체가 다시 본색을 드러내 소명기회 없이 이단을 정죄하기 시작했습니다...(중략)...공생애 사역을 하면서부터 예수가 메시야가 된다는 이단적인 메시야과정론을 주장하고, 어떤 이는 아버지가 이단이고, 어떤 이는 어설픈 교리를 주장하다가 교회에서 출교당하고 최근에는 대국민사기극을 공조한 사람까지 있을 정도입니다. 세이연 사람들이야 말로 오히려 이단의 집합체입니다....(중략)... (세이연은) 대부분 무학력자이자 비전문가. 세이연 사람들의 공통점은 정규 신학대학이나 정규대학에서 공부한 사람들이 거의 없다는 것입니다. 대부분 학력저하이거나 어떤 이는 교육부에서 인정하는 중학교, 고등학교 졸업장도 없습니다. 의사에게 칼을 주면 사람을 살리지만 마피아나 아이에게 칼을 주면 잘못하다가 사람을 죽입니다. 전문적으로 의학훈련이 되지 않은 사람에게 칼을 주면 살상을 하지만, 전문적인 교리훈련이 되지 않은 사람에게 칼을 주면 교리적 살상을 하게 되는 것입니다. 그래서 현대판 마녀사냥이 발생하는 것입니다..."라는 내용과 함께 피고인이 2015. 5. 19.경 위 게시판에 게시한 『이단 감별사 박형택 목사의 메시야 과정설은 이단사상』 이라는 제목의 게시글 주소(http://www.lawnchurch.com/sub_read.htmluid), 피고인이 2015. 4. 12.경 위 게시판에 게시한 『진용식목사, 아버지부터 강제 개종시켜야』 라는 제목의 게시글 주소(http://www.lawnchurch.com/sub_read.html?uid=4641) 및 피고인이 2015. 1. 11. 경 위 게시판에 게시한 『대림교회 사이비 이단감별사 이인규 출교』 라는 제목의 게시글 주소(http://www.lawnchurch.com/sub_read.html?uid=4545)를 각 링크하여 게시함으로써 피해자들을 공연히 모욕하였다.

당시 법원은 이단감별사들에 대해 그들이 자격을 갖추었는지 여부에 대하여 토론하고 판단할 수 있는 여지를 제공하여 세이연 개개인에 대한 모욕에 해당한다고 단정하기 어렵다고 했다.

계한인기독교 이단대책연합회의 상임위원이 그에 맞는 자격을 갖추었는지 여부에 대하여 토론하고 판단할 수 있는 여지를 제공한 것으로도 볼 수 있는 점, 이단 연구소 또는 상담소를 운영하던 세이연 각 상임위원들 또는 소속 이단연구가들에 대한 비평은 그 사회적 책임에 비례하여 상대적으로 넓게 허용될 필요가 있다는 점을 고려하면, 이 부분 공소사실이 세이연 상임위원들 개개인에 대한 모욕에 해당한다고 단정하기 어렵고, 기사내용이 세이연 상임위원들에 대한 증오의 감정 표현 또는 악의적 모욕에까지 이른 것은 아니고, 비유적 표현으로 볼 여지도 많은 점 등을 고려하면, 검사가 제출한 증거들만으로는 이 부분 공소사실이 세이연 또는 이를 구성하는 상임위원들 개개인에 대한 비평을 넘어서 모욕에 해당한다고 단정할 수 없다.

▲ 동부지법 판결문

그러므로 누군가가 이단감별사들의 활동 내역을 평가하여 책으로 남길 필요성이 있다. 그래서 이 책은 최삼경, 탁명환, 탁지원, 탁지일, 진용식, 정동섭, 이인규, 박형택, 정윤석에 대한 활동 내역을 근거로 한다.

이단감별사들의 공통점은 교리감별을 근거로 항시 돈과 연결을 했다. 교리의 전쟁이 아니라 교리를 빌미로 쩐의 전쟁을 하였다.

돈을 주면 정통이고, 기사도 삭제하고, 강의도 해주고, 돈을 주지 않으면 자신들이 갖고 있는 언론과 소속교단의 이대위를 통하여 이단으로 낙인찍는다. 특히 최삼경과 진용식은 교단의 이단사이비대책위원회에 들어가 교단을 등에 업고 서로 연계하여 이단으로 정죄하는데 앞장을 섰다. 그러므로 이단감별사들에 대한 문제점이 무엇인지 살펴보자.

II

이단의 기준

맥그라스(Alist E. Mcgrath)는 이단에 대해 "그리스도의 신앙의 핵심을 파괴하고 약화시키거나 혹은 더 파멸시키는 단체"라고 정리한다. 그리고 "그리스도의 신학은 나사렛 예수의 삶과 죽음과 부활 안에서 하나님의 계시와 활동에 대한 그리스도인들의 근본적인 경험위에 보호하고 감싸는 말을 하려고 시도하는 것"이라고 말한다.

교리는 기독론적인 신앙이 보호되기 위한 틀이라고 생각한다. 맥그라스는 "이단이란 그리스도의 본질을 파괴하는 집단이고, 교리란 기독론적인 신앙을 보호하기 위한 틀이다. 결국 본질적인 예수를 벗어나는 것이다"라고 했다.

한국의 이단 정죄 기준

고대의 이단은 교리체계가 확립되기 이전으로서 그리스도의 중심성과 중요성을 촉구시키려는 경향이 있었다. 주로 그리스도의 신성과 인성을 약화시키거나 신인성의 완전한 연합을 하지 않고 분리시키려는 시도는 본질적인 예수를 벗어나는 것으로 모두 이단으로 정죄되었다.

고대의 이단은 주로 삼위일체론, 기독론, 성령론에 국한되었다. 그러나 중세시대는 초대교회와 달리 교황이나 교황청의 절대적 권위와 제도에 대항하다가 이단으로 정죄되었다. 중세교회는 교회라는 형식을 유지시키기 위하여 본질적인 것을 모두 희생시켰다. 물론 카타리나파처럼 본질적인 이단도 있었다.

　그러나 한국교회는 이단감별사의 영향으로 마귀론, 귀신론, 양태론, 사단결박설, 천사동원설, 가계 저주론, 백투더 예루살렘, 방언, 신유, 신인합일설, 신인동역설, 직통계시, 유사통일교이론 등으로 비본질적인 요소가 이단 정죄의 기준이었다. 그러나 교회사의 이단 기준은 달랐다. 상위의 기준은 없었다. 특히 귀신론은 없었다.

V·T·E	로마 가톨릭 교회에서 이단으로 공식 단죄한 믿음
고대	양자설파 · 아폴리나리스파 · 아리우스파 (비유사파, 준아리우스파) · 아우디우스파 · 가현설파 (아고니스티키파) · 이원론 · 에비온파 · 에우키테스파 · 영지주의 (마니교 · 바오로파 · 프리스킬란파 · 나세니파 · 오피스파 · 세트파 · 발렌티누스파) · 성상파괴파 · 루시퍼파 · 마케도니아파 · 마르키온파 · 멜키세덱파 · 사벨리우스파 · 모나르키아파 · 단성론파 · 단의론파 · 몬타누스파 · 네스토리우스파 · 노바시아노파 · 파트리파시오파 · 펠라기우스파 (반펠라기우스주의) · 프네우마토마키파 · 프실란트로포스파 · 사벨리우스파 · 종속론파
중세	보고밀파 · 보스니아 교회 · 카타리파 · 공의회주의 · 소형제회 · 자유영성형제회 · 앙리파 · 후스파 · 롤라드파 · 삼두파 · 타보르파 · 발도파
근대	율법폐기론 · 공재설 · 페브로니우스파 · 갈리아주의 · 얀센파 · 요제프주의 · 범신론 · 개신교 (재세례파 · 아르미니우스주의 · 칼뱅주의 · 루터교) · 정숙주의
현대	아메리카파 · 마리아군 · 피니파 · 무차별주의 · 모더니즘 · 긍정적 기독교 · 환생주의 · 산타 무에르테

　그러므로 고대와 중세, 종교개혁시대의 이단 정죄 기준을 알아볼 필요성이 있다.

　고대 기독교는 기독교의 교리적 체계가 확립되기 이전이기 때문에 공의회 결의가 기준이었다. 특정 이단 기준이 없이 다수의 결의에 의하여 이단 판결을 하였다. 주로 삼위일체, 기독론, 성령론, 계시론적인 기준을 갖고 이단성을 가려내었다. 귀신론적 이단은 없었다.

　신학이 형성되어 나가기 시작할 무렵 종교개혁시대 이후에는 사도신경이나 니케아 신경, 칼케돈 신조 등의 정통 신앙고백을 준수하지 않거나 반대되는 이론을 내세우면 이단이 되었다.

　개혁신학에 반대하면 이단이 되는 것이다. 알미니안, 재세례파, 세르베투스는 신학적인 면이 개혁신학에 벗어나기 때문에 이단이 되었다. 알미니안은 자유의지를 강조하고, 세르베투스는 삼위일체를 폄하하고, 재세례파는 성경의 계시 대신 사적인 계시를 중시하였다.

　그러나 고대시대의 이단은 주로 교리가 확립되기 이전이었기 때문에 예수 그리스도의 신성과 인성에 국한되었다. 이단으로 분류된 자들은 대부분이 예수를 피조물

46
이단감별사들의 한국교회 大 사기극

로 보았다. 신성을 가진 예수가 아니라 인간 예수이다. 창조주 예수가 아니라 단지 마리아와 요셉의 아들에 불과한 피조물로서의 예수이다.

그러다 보니 거기에 신성이 갑자기 임하여 신처럼 되었다고 보는 것이다. 고대의 이단인 아리우스와 사벨리우스는 예수의 신성을 거부한 삼위일체론적 이단이었다.

1. 삼위일체론 이단

1) 아리우스와 사벨리우스(3세기)

삼위일체론 이단에는 아리우스주의와 양태론적 이단이 있다. 모두 A.D 3세기의 사람들이다. 아리우스(250~336년)는 이집트의 성직자였는데 그리스도의 피조성을 주장하였다.

325년 5월에 열린 니케아 공의회는 그리스도가 하나님과 똑같은 신성을 지녔다는 신경에 서명하기를 거절하는 아리우스를 이단자로 선언했다.

양태론적 이단의 대표적인 사람이 사벨리우스였다(미상~260년 사망). 사벨리우스는 이집트 출신이었다. 사벨리우스는 성부, 성자, 성령이라는 이름들을 구분하지 않았다. 그는 하나님을 하나의 본질이며 각각 다른 형태로 나타났다고 보았다. 즉 성부, 성자, 성령은 동일하다고 주장한다.

위격상호의 구별을 경시하였다. 최삼경은 1700년 전의 양태론 이론을 갖고서 김기동 목사 등 여러 사람들을 양태론적 이단이라고 이단으로 정죄하였다. 교리가 확립되기 이전인 1,700여 년 전의 기준을 가지고 이단으로 정죄하였다. 고조선시대의 8조 법금을 현시대에 적용해서 형벌을 주는 것과 마찬가지이다.

종교개혁시대 이후에도 예수의 신성을 부정하는 사람들이 있었다. 소시누스와 유니테리언이다.

2) 소시누스(socinus)와 유니테리언(16세기)

이들은 정통주의 삼위일체를 위반한다. 소시누스파는 16세기 종교개혁 이후 등장한 이탈리아 출신 두 명의 평신도 독학 신학자 소시니 렐리오(Sozzini Lelio 1525~1562/조카 Sozzini Fausto, 1539~1604)를 따르는 기독교 일파를 말한다.

소시니 렐리오(Sozzini Lelio 1525~1562)는 소시니 파우스트(Sozzini Fausto 1539~16040)의 조카로서 체계적인 교육을 받은 적이 없었다. 평신도 신학자였다. 그러다 보니 반삼위일체를 주장한다. 이인규처럼 평신도 신학의 한계이다. 이인규도 그렇듯이 평신도 신학자들은 교리체계의 부재로 교단으로부터 이단 정죄를 당하는 사례가 종종있다. 평신도 이인규는 합동, 통합에서 모두 이단이 된다.

소시니 파우스토의 반反삼위일체 학설은 소시누스 분파를 탄생시켰고, 후에는 삼위일체론을 부정하고 그리스도의 신성을 부정하며 신격의 단일성을 주장하는 유니테리언(Unitarians) 신학 발전에 영향을 끼쳤다. 그리스도는 단지 사람에 불과하다고 주장했다. 예수의 신성을 부정하는 자들은 예수의 피조성을 주장하는 아리우스주의자들의 일파이다.

유니테리언 교파는 그리스도교의 정통교의인 삼위일체론에 반대해서 오로지 성부 하나님만의 신성을 주장하고, 예수의 신성을 부정하는 교파이다.

이러한 신학사상으로서는 고대교회의 아리우스파나 종교개혁시대의 세르베투스, 소시니 등에 의해서 주장되었는데, 교파로서는 18세기부터 19세기에 걸쳐서 영국과 미국에서 따로따로 성립되었다. 요약하면 삼위일체론적 이단은 예수에 대한 신성을 인정하지 않았다.

2. 기독론적 이단

기독론적 이단은 그리스도의 신성에 대한 이단과 그리스도의 인성에 대한 이단들이 있다. 그리고 신성과 인성의 위격적 연합을 오해한 이단들이 있다. 교리 확립 시기에 조금만 다른 주장을 하여도 이단으로 내몰리곤 하였다. 그리스도에 대한 한 끗 차이로 이단과 정통으로 구분되었다.

신성만을 강조하거나 인성만을 강조하면 이단이 되고, 신인성의 혼합을 잘못 표현하면 네스토리우스처럼 이성론자 이단이 되는 것이다. 당시는 특별한 기준이 없고 다수의 결의가 기준이었다. 한국의 이대위는 교단 헌법(교리 편)의 기준이 있음에도 불구하고 당시 이대위원들의 자의적 결의가 곧 기준이었다. 그러다 보니 이단감별 사들이 이대위를 장악해서 자신들이 원하는 대로 이끌고 갔다. 수많은 사람들이 비본질적인 기준에 의해 이단으로 정죄되었다. 이는 교단의 집단적 범죄이다.

1) 그리스도의 신성

에비온주의자들은 예수 그리스도의 동정녀 탄생을 부인하고 요셉과 마리아의 아들이었던 인간 예수에게 하나님의 권세가 임했고, 십자가에서 그 권세가 떠났다고 주장했다. 그들은 나사렛의 예수를 메시야로 보았지만, 그의 신성과 처녀 탄생을 거부하고 유대인의 율법과 의식을 따를 필요성을 주장했다. 그들은 히브리어로 된 마태복음서 하나만을 사용했으며, 예수의 동생 야고보를 경외했으며, 사도 바울을 율법을 거역한 배교자로 여겼다.

2) 그리스도의 인성

아폴리나리우스(310~390)는 그리스도의 인성을 거부하고 단지 가현설에 불과할 따름이라고 주장했다. 칼빈은 "그리스도께서 자신이 육체로 보이신다는 사실을 말씀하심으로써 자신이 유령이 아니심을 친히 증명한다"며 아폴리나리우스의 가설을 반대했다.

3) 그리스도의 신성과 인성의 연합

예수는 완전한 신이자 인간이다. 그러나 유티케스(378~454)는 신성과 인성이 연합하여 두 성질이 합해져서 하나의 본질을 형성했다고 주장하면서 그리스도는 인성이 아닌 신적인 몸을 지녔다고 주장했다. 단성론자들은 이를 발전시켜서 그리스도는 한 본성만을 지녔다고 주장했다.

그러나 네스토리우스(미상~451년)는 그리스도안에 두 인격이 있다는 이성설을 주장하였다. 그의 주장은 그리스도의 신인격(神人格)에 있어서 신성과 인성은 엄격히 구별되어야 하고, 이는 다만 윤리적 굴레로 결합되어 있음에 불과하다고 했다. 또한 네스토리우스는 성모 마리아는 예수 그리스도의 어머니이지만 신(神)의 어머니는 아니라는, 즉 비성모설(非聖母說)을 주장하여 알렉산드리아의 주교 키릴로스로부터 공격을 받았다. 마리아는 인간의 어머니가 아닌 신의 어머니였다.

신의 어머니가 아니라면 예수는 단지 인간에 불과하기 때문에 이단으로 정죄된다. 칼빈은 네스토리우스에 대해 "그는 그리스도의 본성을 구분하기보다는 서로 완전히 분리시켜서 두분의 그리스도를 만들어냈다"고 비판했다. 그리스도는 완전한 인성과 완전한 신성을 가진 분으로서 구별하면 이단이 되는 것이다. 완벽하게 조화된 분으로 기술해야 이단이 안 되는 것이다. 네스토리우스는 신앙고백적 이단이라기보다는 관념론적 이단이 되었다. 정치적으로 패한 것이다.

이처럼 교리가 확립되기 이전에는 주로 예수의 신성과 인성, 신인성의 연합에 대한 이론으로 다수의 결의에 의하여 이단으로 정죄되었다. 그러나 한국의 이단감별사들은 예수가 아닌 귀신을 가지고 이단 정죄하였다. 축귀를 하면 이단으로 정죄되었다.

3. 성령론적, 계시론적인 이단

주로 성경의 특별계시를 거부하는 열광주의자들은 직접 계시를 받는 식으로 하다가 이단으로 정죄되었다.

칼빈은 이러한 자들에 대해 "하나님의 말씀은 경홀히 여기면서 자신들의 심성에 발생하는 몽상들을 붙잡는다"고 비판했다. 즉 성경을 배제한 직접적인 체험은 위험하다는 것이다. 그래서 칼빈은 재세례파들을 이단으로 정죄했다. 그러므로 성령론적 계시론적 이단은 성경을 거부하고 직접 계시를 받는 자들이다. 그러나 한국의 이단감별사들은 성령을 통한 응답조차도 직통계시라 판단하고 이단으로 정죄하였다.

4. 구원론적인 이단

영지주의자들이나 펠라기우스는 구원론적인 이단이다. 영지주의는 몸을 악한 것으로 보고 영혼만을 귀한 것으로 본다. 펠라기우스는 하나님의 예정이 아니라 인간 스스로의 의지로써 자유로이 선악을 행할 수 있으며, 신의 은총이란 단순한 외적인 것에 불과하여, 그 결과 인간의 조상 아담의 죄는 완전히 개인적인 것에 불과하며 모든 사람에게 원죄가 있다는 설은 옳지 않다고 부정하였다. 원죄설을 거부하는 것이다. 또한 그리스도의 구원이나 세례 등 적극적인 가치도 부정하여 아우구스티누스와 히에로니무스 등의 맹렬한 반박을 받기도 하였다. 결국 펠라기우스는 에베소의 종교회의에서 이단(異端)으로 선고되었다. 기독교의 자연법이라 할만한 원죄설을 거부하고 인간의 자유의지를 강조하다가 이단으로 된다.

5. 스코틀랜드 신앙고백과 헬베틱 신앙고백

1) 스코틀랜드 신앙고백
스코틀랜드 신앙고백을 보면 신앙고백에 제시되어 있는 조항을 준수하지 않을 때 이단이 된다.

스코틀랜드 신앙고백

신앙고백서 The Book of Confession 에는 종교개혁 시대에 각각 다른 나라들 (스코틀랜드, 독일, 스위스)에서 만들어진 세 개의 문헌이 수록되어 있다. 이 세 개의 종교개혁 중심지들은 오늘까지도 개혁 및 장로교 사상에서 중요한 위치를 차지하고 있다.

스코틀랜드 신앙고백은 스코틀랜드 국가 역사의 전환점에서 작성되었다. 1560 년에 섭정 Regent 황후인 가이즈 Guise 의 메리 Mary 가 잠에서 깨어나지 못하고 죽었을 때, 스코틀랜드의 개신교 귀족들은 에딘버그 조약에서 스코틀랜드의 국권을 영국으로부터 인정받을 수 있었다. 스코틀랜드인들에게 있어서는 프랑스의 후원을 받은 메리 군대와의 내전에서 얻은 그 유리한 귀결이야말로 하나님의 섭리적 구원이라고 여겨졌다.

스코틀랜드 국회는 스코틀랜드를 하나의 개신교국으로 선포한 다음, 성직자들에게 신앙고백을 작성하도록 요구하였다. 존 녹스 John Knox 를 포함한 여섯 명의 목사들은 4일동안 그들의 작업을 완료했다. 1560 년에 이 문서는 "무오한 하나님의 말씀에 기초한 교리"로 국회에서 인준되었다.

스코틀랜드 신앙고백[1]

제 1 장
하나님

3.01 우리는 한 하나님만 고백하고 인정한다. 우리는 그분만을 고수하고, 섬기며, 예배하고, 의지해야 한다. 그는 영원하시고 무한하시며 측량할 수 없고 이해할 수 없으며 전능하시며 보이지 않으시며 본질은 하나이지만 성부와 성자, 성령의 삼위로 구별되신다. 우리는 하늘과 땅의 보이는 것과 보이지 않는 모든 것들이 그분에 의해 창조되었고, 그들 존재 안에서 유지되고 있으며, 그의 영원하신 지혜와 선하심과 정의에 의해 지정된 그러한 목적을 위해, 그리고 그 자신의 영광을 나타내시기 위해 그분의 측량할수 없는 섭리에 의해 다스려지고 인도받고 있음을 고백하며 믿는다.

제 2 장
인간의 창조

3.02 우리는 우리 하나님께서 인간, 즉 우리의 시조 아담을 그 자신의 형상 image 과 모양 likeness 을 따라 창조하셨고, 그에게 지혜와 주권과 정의와 자유의지와 자의식을 주셔서 사람의 본성 안에 불완전한 것이 전혀 없게 하셨음을 고백하고 인정한다. 남자와 여자는 이러한 위엄과 완전한 상태로부터 타락했다. 뱀에게 기만을 당한 여자와, 여자의 소리를 따른 남자는 다같이 금지된 나무의 열매를 따먹는다면 죽게 될 것이라고 분명한 말씀으로 미리 경고하신 하나님의 절대적 주권을 침범했다.

제 3 장
원 죄

3.03 일반적으로 원죄로 알려져 있는 이 범죄에 의해 인간 안에 있는 하나님의 형상이 완전히 손상되었고, 그와 그의 후손들은 본성적으로 하나님을 적대시하며, 사탄의 노예와 죄의 종이 되었다. 그 결과 영원한 죽음이 위로부터의 중생을 경험하지 못한, 과거, 현재, 미래의 사람들을 지배하고 다스린다. 이러한 중생은 하나님께서 선택하신 자들의 마음 속에 그의 말씀에 계시된 하나님의 약속에 대한 확실한 믿음을 일으키시는 성령의

이단감별사들의 한국교회 大 사기극

스코틀랜드 신앙고백 제6장 '예수 그리스도의 성육신(3.06)'에 의하면 "따라서 우리는 이러한 신앙고백에 의해 아리우스와 마르시온과 유티크스와 네스토리우스 그리고 그의 영원한 신성이나 그의 인성의 진리를 부인하거나 그것들을 혼동스럽게 하거나 혹은 그것들을 분리시킨 기타 다른 사람들에 의한 가증스럽고도 유해한 이단들을 정죄한다"고 규정하여 이단의 기준을 신앙고백에 있는 예수의 신성과 인성을 부인하는 데 두고 있다.

스코틀랜드 신앙고백   3.06~.08

버렸지만, 하나님은 자비로서 그들을 예루살렘으로 귀환하게 하셨고, 도성과 성전이 거기에 재건되었고, 그들은 약속대로 메시야가 오실 때까지 사탄의 모든 시험들과 공격들을 견디어 냈다.

제 6 장
예수 그리스도의 성육신

3.06   때가 찼을때 하나님은 그의 영원한 지혜이며 자신의 영광의 본체이신 그의 아들을 이 세상에 보내셨다. 그는 성령에 의해 한 동정녀의 본질 substance 에서 인성을 취하셨다. 이와같이 '다윗의 의로운 씨'이시며 '하나님의 위대한 모사 counsel 의 천사'이시고, 우리가 임마누엘이며 참하나님인 동시에 참사람이요 한 사람 안에서 연합되어 결합된 완전한 두 본성이라고 고백하고 인정하는 바로 그 약속된 메시야가 탄생하였다. 따라서 우리는 이러한 신앙 고백에 의해 아리우스와 마르시온과 유티크스 Eutychos 와 네스토리우스 그리고 그의 영원한 신성이나 그의 인성의 진리를 부인하거나 그것들을 혼동스럽게 하거나 혹은 그것들을 분리시킨 기타 다른 사람들에 의한 가증스럽고도 유해한 이단들을 정죄한다.

제 6 장
예수 그리스도의 성육신

3.06   때가 찼을때 하나님은 그의 영원한 지혜이며 자신의 영광의 본체이신 그의 아들을 이 세상에 보내셨다. 그는 성령에 의해 한 동정녀의 본질 substance 에서 인성을 취하셨다. 이와같이 '다윗의 의로운 씨'이시며 '하나님의 위대한 모사 counsel 의 천사'이시고, 우리가 임마누엘이며 참하나님인 동시에 참사람이요 한 사람 안에서 연합되어 결합된 완전한 두 본성이라고 고백하고 인정하는 바로 그 약속된 메시야가 탄생하였다. 따라서 우리는 이러한 신앙 고백에 의해 아리우스와 마르시온과 유티크스 Eutychos 와 네스토리우스 그리고 그의 영원한 신성이나 그의 인성의 진리를 부인하거나 그것들을 혼동스럽게 하거나 혹은 그것들을 분리시킨 기타 다른 사람들에 의한 가증스럽고도 유해한 이단들을 정죄한다.

제 7 장
중보자가 참하나님이시며 참사람이어야 하는 이유

3.07   우리는 예수 그리스도 안에서 이루어진 이러한 놀라운 신성과 인성의 연합이 영원하고 변경될 수 없는 하나님의 명령 decree 에 기인한 것이며, 우리의 모든 구원은 그러한 하나님의 명령으로부터 발생하고 그 결정에 의존한다는 것을 인정하고 고백한다.

제 8 장
선택 Election

3.08 세계의 기초가 놓여지기 전에, 그의 아들 그리스도 예수 안에서 오직 은혜로 우리를 택하신 영원하신 그 하나님 아버지께서, 예수님을 우리의 머리와 형제 brother 와 목사와 그리고 우리 영혼의 위대한 감독으로 임명하셨다. 그러나 하나님의 공의와 우리의 죄 사이의 대립은 어떠한 육체도 그 자체로써는 하나님께 도달할 가능성이나 개연성이 없을 만큼 심각했기 때문에, 하나님의 아들이 우리에게 내려오셔서 우리 몸과 같은 몸과 우리 살과 같은 살과 우리 뼈와 같은 뼈를 위하셔서 하나님과 사람 사이의 중보자가 되시고, 그를 믿는 사람은 누구에게나 하나님의 자녀가 되는 권세를 주셔야 했다:

제 9 장
그리스도의 죽음, 수난, 장사

3.09 우리는 우리 주이신 예수님께서 우리를 위해 자발적으로 자신을 희생 제물로 그의 아버지께 드리셨다는 것, 죄인들로부터 거짓 고발을 당하셨다는 것, 우리 죄 때문에 그분이 찢기시고 고역을 당하셨다는 것, 흠없고 순결한 하나님의 양이신 그분이 이 땅의 심판자 앞에서 정죄를 받았다는 것, 그리고 우리는 하나님의 심판대 앞에서 용서를 받아야 한다는 것, 그리고 그는 하나님에 의해 저주받은 십자가의 잔악한 죽음을 당하셨으며, 또한 마땅히 죄인이 받아야 할 그의 아버지의 진노를 얼마 동안 받으셨다는 것을 우리는 고백하며 추호의 의심도 없이 믿는다. 그러나 우리는 그가 자기 백성의 죄를 온전히 속죄하기 위해 당하신 몸과 영혼의 고뇌와 고통 가운데서도 계속해서 유일하고 사랑받고 축복받은 그의 아버지의 아들이셨다는 것을 공언한다. 이로 인해 우리는 죄를 위한 희생이 더 이상 필요하지 않다는 것을 고백하고 공언한다: 만약 누가 아직도 희생이 필요하다고 말한다면, 우리는 그 사람이 그리스도의 죽음과 그것을 통해 우리를 위해 얻어진 영원한 속죄를 모독하고 있다고 주저없이 말할 것이다.

14

스코틀랜드 신앙고백   3.10-.11

제 10 장
부 활

3.10 죽음의 슬픔이 생명의 창시자를 구속해 둔다는 것은 있을 수 없는 일이기에, 우리는 우리 주 예수님께서 십자가에 달리시고 죽으시고 장사되어 음부에 내려가셨다가 우리의 칭의를 위해, 죽음의 창시자를 파멸하시기 위해, 그리고 죽음과 죽음에 갇혀 있을 수 밖에 없는 우리에게 다시 생명을 주시기 위해 부활하셨다는 것을 조금도 의심없이 믿는다. 우리는 그의 부활이 그의 원수들의 증언과 죽은자들의 무덤이 열리고, 그들이 일어나서 예루살렘 성내의 많은 사람들에게 나타남에 의해 확증되었다는 것을 알고 있다. 그것은 그의 천사들의 증언 및 그의 부활후에 그와 대화를 했으며 그와 함께 먹고 마신 사도들과 다른 사람들의 의식들 senses 과 판단에 의해서도 확증되었다.

이단감별사들의 한국교회 大 사기극

2) 헬베틱(스위스) 신앙고백

헬베틱 신앙고백은 스위스 신앙고백이다. 루터파 사람들은 프레데릭을 이단 재판에 부칠 것을 요구하자, 쯔빙글리의 후예인 불링거는 신앙고백을 프레데릭에게 제공하여 변론을 삼게 한다. 그러자 제국의회는 헬베틱 신앙고백을 한 프레데릭에게 무죄를 선고한다. 이처럼 1560년대에도 신앙고백을 기준으로 교리 재판을 하였다.

"루터파 사람들은 그것이 영적으로 너무 개혁적이라고 생각했으며, 팔라테네이트 도지사 피택자인 프레데릭을 이단 재판에 부칠 것을 요구했다. 신학자가 아닌 프레데릭은 불링거에게 호소하였고, 불링거는 이 신앙고백을 프레데릭에게 제공하여 변호의 기반을 삼게 했다. 독일의 통치기구인 제국의회가 1566년에 재판을 위해 소집되었을 때, 프레데릭은 무죄 판결을 받았다."

헬베틱 신앙고백에서 이단들은 성경으로부터 기인된 것을 부인하거나 성경의 어떤 부분을 받아들이지 않거나 또는 어떤 것을 첨가하여 성경을 변질시킨 사람들이라고 정의한다.

"그들은 성경으로부터 기인된 것을 부인하거나 성경의 어떤 부분을 받아들이지 않거나 또는 어떤 것을 첨가하여 성경을 변질시켰다."

> 5.008 **이단들.** 그러므로 우리는 알테몬 Artemon, 마니교도 Manichaeans, 발렌티누스파 Valentinians, 케르돈 Cerdon, 그리고 마르키온파 Marcionites
>
> 80
>
> ───────────────────
>
> 제 2 헬베틱 신앙고백   5.008-.011
> 이단자들의 가르침을 경멸한다: <u>그들은 성경으로부터 기인 된 것을 부인하거나; 성경의 어떤 부분을 받아들이지 않거나, 또는 어떤 것을 첨가하여 성경을 변질시켰다.</u>

5.019항에 의하면 이단은 삼위일체를 모독하는 모든 사람들이다. 단일신론자, 성부수난설자, 신인동형론자를 이단으로 정죄한다.

> 5.019 **이설들.** 그러므로 우리는 유대교인들과 모하메드 교도들 그리고 거룩하고 찬양받기에 합당하신 삼위일체를 모독하는 모든 사람들을 정죄한다. <u>우리는 성자와 성령은 이름에 있어서만 하나님이고, 삼위일체 안에서 어떤 위격이 창조되거나 덜 중요하며, 서로에게 종속된다고 가르치는 이설들과 이단들을 모두 정죄한다: 또한 우리는 단일신론자 Monarchians, 노바티스주의자 Novitians, 푸락세아 Praxeas 성부수난설자 Patripassians, 사벨리우스 Sabellius, 사모사다 Samosata 의 바울, 아에투스 Aëtius, 마케도니우스 Macedonius, 신인동형론자 Anthropomorphites 아리우스 Arius 등이 생각했던 것처럼, 삼위일체 안에 더 위대하거나 더 열등한 어떤 것이 있으며, 육체적인 것 혹은 육체적으로 잉태된 것이 있고, 인격이나 뜻에 있어서 다르며, 마치 성자와 성령이 한 하나님 아버지의 감정과 특성들인 것처럼 혼합되거나 고립적인 것이 있다고 가르치는 자들을 모두 정죄한다.</u>

이외에도 5.051에 의하면 선하게 창조된 인간이 자신의 자유 의지로 악을 행했다는 것을 부인하는 펠라기우스같은 사람을 이단으로 정죄한다.

> 5.051   **이단들.** 이 문제에 있어서 우리는 마니교도를 정죄한다: 그들은 선하게 창조된 인간이 자신의 자유의지로 악을 행했다는 것을 부인하기 때문이다. 우리는 또한 펠라기우스파를 정죄한다: 그들은 악한 사람도 하나님께서 명령하신 선을 행할 자유의지를 충분히 가지고 있다고 주장하기 때문이다. 성경은 이 두 가지 이단을 다 공박한다: 전자에 대해서는 "하나님이 사람을 선하게 지으셨다"고 했으며, 후자에 대해서는 "아들이 너희를 자유케 하면 너희가 참으로 자유하리라"(요 8:36)고 했다.

그리고 에비온파나 나사렛주의자들처럼 분파한 사람들을 이단이라고 보고있다.

> 5.091   **분파들.** 에비온파 Ebionites 가 바로 그런 사람들이었다고 하는데, 그들은 **이단자** 에비온과 그리고 전에는 미네안파 Mineans 라고 불리던 나사렛주의자들에게서 유래하였다. 우리는 이들을 모두 정죄하며 믿는 자들은 율법에 의해서가 아니라 오직 성령[6]에 의해서 의롭다 함을 얻는다는 순수한 복음과 가르침을 전파한다. 이 일에 대한 좀 더 세밀한 해설은 칭의 justification 라는 제목하에 곧 따라 나오게 될 것이다.

이처럼 스코틀랜드 신앙고백서는 예수의 신성과 인성을 부인하는 사람을 이단의 기준으로 삼고있고, 헬베틱 신앙고백서는 성경의 내용을 부인하고, 삼위일체를 모독하고, 인간의 악에 대한 자유의지를 부인하고, 분파를 행하는 사람을 이단이라고 정의한다.

한국 교단 이대위, 신앙고백에 기초하여 이단으로 정죄해야

그러므로 한국교단은 헌법에 기초되어 있는 웨스트민스터 신앙고백과 니케아 콘스탄티노플 신조, 대한예수교장로회 신앙고백에 기준을 두고 정죄해야 한다.

■ 제5부 대한예수교장로회신앙고백서

제00강 [서문]

1. 우리는 성삼위일체 하나님의 성호를 찬미하며, 그 신비하신 섭리와 은총에 감사를 드린다. 우리 주 예수 그리스도의 복음이 우리 한국에 전해진 지 100년이 되었다. 그간 우리 교회는 사도시대로부터 전승된 신앙을 토대로 하고, 겨레의 영광과 고난을 함께 나누면서 꾸준히 성장을 거듭하여, 오늘날 안으로는 민족 사회에서 무게 있는 위치를 차지하고, 밖으로는 세계의 교회가 주목하는 교회로 성장하게 되었다.

돌이켜보면, 우리 교회는 수난의 역사 속에서 수난의 길을 걸어왔다. 한국교회의 초창기는 우리 민족의 국권이 열강에 의해 침해를 당하고 있을 때였다. 계속하여 일제의 군국 정치, 조국 광복에 이은 남북분단과 한국전쟁 등 격동의 연속 속에서 우리 교회는 때로는 신앙의 자유를 속박당했고, 때로는 정면적인 탄압을 받아 수많은 순교자를 내기도 하였다. 그러나 우리 한국교회는 불타는 떨기나무처럼 환난 중에서 오히려 빛난 성장에 속도를 더해 왔다.

그간 우리 교회는 초대교회 때부터 모든 교회가 공통적으로 사용하고 있는 사도신조와 종교개혁의 근본 신앙을 담고 있는 웨스트민스터 신앙고백서와 요리문답서와 12신조 등을 채택하여 신앙의 표준으로 삼아 왔다. 그러나 오늘날 우리 한국교회는 그 외형적 성장 이면에 여러 가지 문제들을 또한 가지고 있다.

그 문제들을 해결함으로 우리 교회가 더 든든한 기반 위에서 계속적인 성장을 기하게 하는 것이 이 시점에 선 우리들의 사명일 것이다.

교회의 건전한 발전은 신앙고백의 정착에서 시작된다. 현재 우리 한국교회는 시대적인 여러 과제들을 안고 있다. 그러나 우리들의 첫째 과제는 우리가 믿는 신앙 내용을 보다 명백하게 정리하고 이를 정착시키는 일이며, 그렇게 함으로써 모든 시대적 과제들을 보다 신속하게 그리고 복음적으로 해결할 수 있을 것이다. 이와 같은 사정에서 우리 교회가 100주년을 맞는 이 역사적인 시점에 그간 우리 교회가 지켜 온 신조들과 총회가 채택한 신앙지침서 등을 골격으로 한 우리의 신앙내용을 우리 교회의 오늘의 말로 정리하여, 보다 조직적으로 제시함으로써 우리의 신앙과 신학을 통일하고, 보다 조화된 신앙공동체로서 계속적인 전진을 촉진하고자 한다.

우리 한국교회는 그 초창기부터 복음을 전하는 교회로 성장하여 왔다. 그리고 현재도 민족복음화는 한국의 모든 교회의 공동목표가 되고 있다. 교회가 그 시대와 지역을 따라 복음선교를 위주로 하는 것은 한국교회의 전통이기도 하다. 그러므로 우리 대한예수교장로회 총회는 지난날 우리의 복음선교에 풍성한 결실로 응답하신 하나님의 은총에 감사하면서, 앞으로 다른 교회와 대열을 가다듬고 민족복음화라는 시대적 사명을 다하고자 한다.

본 신앙고백서는 이와 같은 우리의 시대적 사명을 명시하고 그 수행을 효과적으로 하기 위하여 엮어진다.

제01강 [성경]

1. 우리는 신구약성경이 하나님의 말씀이며, 종교개혁자들이 내건 "성경만"이라는 기치처럼 우리의 신앙과 행위에 대한 정확무오한 유일의 법칙임을 믿는다. 신비체험이나 기적이 신앙에 도움이 될 수는 있으나 그 근거는 될 수 없다. 성경은 신앙과 행위에 관한 가장 정확한 표준이므로 그것에 관련된 모든 것은 성경에 의해서 판단 받아야 한다.

2. 성경은 39권의 구약과 27권의 신약을 합한 66권으로 된 정경을 가리킨다. 외경 또는 위경도 있으나 그것들은 정경보다 열등하며, 그 가치는 성경에 의해 판단 받아야 한다.

3. 성경은 하나님의 영감으로 기록되었다(딤후 3 : 16-17, 벧후 1 : 21). 성경은 인간의 말로 기록된 하나님의 말씀이요, 따라서 거기에는 인간적 요소와 신적인 요소가 함께 있다. 그러나 하나님은 저자가 지니고 있던 시대적이며, 문화적인 배경 등 인간적 요소들을 그의 섭리를 성취하기 위하여 사용하셨으므로 성경은 전적으로 하나님의 말씀이다.

4. 하나님의 계시는 자연이나(롬 1 : 20), 역사나(단 2 : 36-45), 혹은 인간의 본능을 통해서도(행 17 : 27, 롬 1 : 19) 어느 정도 나타나지만 완전한 계시는 성육신하신 예수 그리스도시다. 성경은 그리스도에 대해 증언하는 것이므로(요 5 : 39, 46), 결국 성경은 가장 확실한 계시서이다.

5. 구약성경은 천지창조에서 시작하여 이스라엘 민족의 성공과 실패의 자취를 따르면서 오실 메시야에게 초점을 두고 있다. 즉, 구약성경의 모든 사건은 직접 또는 간접으로 그리스도에 대한 준비와 예언이다. 신약성경은 이미 오신 그리스도의 생애와 가르침과 사도들의 예수 그리스도에 대한 증언과 가르침을 수록한 것으로서, 그리스도에 대한 증언이다. 그러므로 신약은 구약의 배경에서 이해되어야 한다. 따라서 구약을 떠나 신약을 바로 이해할 수 없고, 신약을 떠나서는 구약의 참뜻을 이해할 수가 없게 된다.

6. 성경의 이해와 해석과 응용은 각각 구분되어야 한다. 성경의 해석이란 본문의 원뜻을 밝히는 것으로 그 기록의 배경을 상고하고 그 속에서 하나님의 뜻을 밝혀내는 것을 가리킨다. 그리고 성경은 같은 하나님의 영감으로 된 것이므로 전체가 하나님의 말씀이다. 그러므로 성경은 성경으로써 해석하여야 하고, 성경 전체에 흐르고 있는 기본적인 교리를 파악하고, 그 빛 아래서 부문을 해석하여야 할 것이다. 성경의 응용이란 이해되고 해석된 성경의 가르침을 신자들이 현실생활에서 만나는 여러 가지 문제들을 해결하기 위하여 활용하는 것을 의미한다.

이단감별사들의 한국교회 大 사기극

그리고 이단으로 정죄하더라도 그들의 주권이나 생명을 빼앗을 권리는 없다.

"가령 그들을 이단이라고 판단하거나 그밖에 어떠한 가식적인 이유를 붙이더라도(살후 2:4, 계 13:15~17) 그들의 주권이나 생명을 빼앗을 권한은 전혀 없다."

아무리 이단이라고 할지라도 강제개종 같은 행위도 일종의 이단이다. 그러므로 각 교단은 강제개종 행위도 이단으로 정죄해야 한다. 진용식 같은 강제개종 행위도 이단적 행위이다.

이상 스코틀랜드나 스위스의 헬베틱 신앙고백은 예수의 신인성 부인, 성경 부인, 삼위일체 모독에 이단의 기준을 두었다. 그러나 이단감별사나 각 교단의 이대위는 교단의 신앙고백과 교리에 의하지 않고, 귀신론, 사단결박설, 천사동원설, 병 고치는 은사, 축귀, 직통계시, 양태론, 가계저주론, 백투더 예루살렘, 땅 밟기, 금이빨, 마술, 요가, 교류 금지, 예의주시, 말실수, 언어표현 등의 비본질적인 기준을 갖고 이단으로 정죄하였다. 그런데다가 당사자에게 변론할 기회조차 주지 않은 것은 현대판 마녀사냥이었다.

이단감별사와 각 교단 이대위는 근본주의 신학을 갖고서 비본질적인 기준으로 이단을 양산하였다. 이것이 한국교회의 현실이었다.

결론적으로 각 교단의 이대위는 이대위의 결의만으로 하지 말고, 스코틀랜드 신앙고백과 헬베틱 신앙고백처럼 교단의 신앙고백서에 기준을 두고 이단심의를 해야 한다. 신앙고백서에 없는 내용은 이단 기준이 될 수 없다. 그것은 죄형법정주의 정신에 벗어나기 때문이다. 자의적인 이단 기준은 금물이다.

6. 결론

이처럼 신학과 교리적 체계가 확립되기 이전의 이단의 기준은 삼위일체론, 기독론, 성령론, 구원론에 벗어나면 이단으로 간주하였다. 양태론은 신론, 기독론, 삼위일체론이 확립되기 이전, A.D 4세기 시대의 사벨리우스를 정죄했던 기준이다. 종교개혁 이후 양태론도 이단의 적극적인 기준이 되지 못하였다. 이러한 기준을 이미 교리가 확립된 이후의 사람들에게 적용하는 것은 바람직하지 않다.

종교개혁 이후 하나님의 의지보다는 인간의 자유의지를 주장하면 알미니안처럼 이단이 되었다. 종교개혁 이후 양태론, 귀신론으로 이단이 된 사례조차 없다. 사상과 교리체계, 기독론, 삼위일체론, 성령론, 종말론을 갖고 이단으로 정죄해야 했기 때문이다. 당시는 반삼위일체론을 주장하면 이단이 되었다.

세르베투스는 콘스탄티누스와 후계자들이 성서에 없는 삼위일체를 공식 교리로 채택했다는 사실을 깨닫고《삼위일체론의 오류 : De Trinitatis erroribus libri vii》(1531)라는 책을 출간했지만, 종교개혁 시대에 삼위일체 교리를 반대한 이유로 로마교회와 개신교회로부터 정죄 받고 1553년 10월 27일, 제네바 시의회로부터 산 채로 화형 당하였다.

그러나 개신교가 확립되고 장로교단이 창설되면서 각 교단은 교리가 확립되고 신앙고백이 채택되었다.

한국교회는 1922년 이후 교단 헌법이 체계를 가졌음에도 불구하고, 고대시대의 이단 기준을 여전히 채택하고 있다. 개혁교단의 신앙고백, 공의회의 문서, 웨스트민스터 신앙고백, 장로교단의 교리편과 신앙고백에 준하여 이단을 평가해야 하는데 교리가 확립되기 이전, 1,700년 전의 고대시대의 기준을 갖고 지금까지 이단을 정죄하고 있다.

더군다나 귀신론은 당시나 지금이나 이단 정죄 기준 자체가 되지를 않았다. 역대교회 이단정죄사에서 교리체계가 확립된 이후, 귀신론이나 양태론만을 갖고서 이단 정죄한 사례가 없다. 또한 설교시 한두 마디의 언어표현만을 갖고서 이단으로 정죄한 적도 없다.

그리고 실천사역인 축귀와 방언, 신유, 묵시체험을 가지고 이단으로 정죄한 사례도 없다. 교리적 체계가 아니라 개인신앙의 신비적 경험을 갖고 이단의 기준점을 삼는 것은 교리의 끈이 짧거나 가방끈이 짧거나 둘 중의 하나이다. 아니면 양심의 끈이 짧거나 금전의 끈이 긴 넷 중의 셋일 것이다.

마귀론, 귀신론, 축귀사역은 실천사역에 불과하다. 그러나 이러한 신비체험을 교리적으로 접근하여 이단 운운하는 것은 자의적인 판단 기준에 불과할 따름이다. 그래서 한국교회는 이단감별사들에 의하여 지난 30년 동안 농락당해 왔다. 특히 그들은 이단을 조작하기까지 한 이단조작범들이다. 더군다나 뒤에서는 돈의 뒷거래가 있었다. 결국 금품감별사들이었다.

잡지를 팔고, 스티커를 팔고, 기사를 삭제하고, 강의를 하는 등 돈이 되는 일이라면 그들은 영혼과 양심까지 팔아먹었다. 그런데다가 그들은 자신들을 공격이라도 하면 소속 변호사를 통하여 고소고발을 남발했다. 변호사도 돈이 되는 일이기 때문에 이들의 신하역할을 하였다. 이단조작범들도 돈, 그들을 대변하는 변호사도 돈의 노예가 되었다.

한국의 교단 헌법은 1922년에 완성되었다. 여기에 이미 개신교의 교리로서 확립된 웨스트민스터 신앙고백이 포함되어 있다. 그러나 지금까지 한국교단의 이단 정죄는 웨스트민스터 신앙고백이나 교단의 신앙고백, 이대위의 내규에 의해서가 아니라 자의적인 사적인 기준에 의하였다. 예장통합 이대위는 106회기에야 비로서 이단 기준이 확립되었다. 여기에는 귀신론이 포함되지 않았다. 75, 78, 82회기에 있던 기준을 정리하여 체계화하였다.

▲106회 총회 회의안

최삼경의 자의적 기준과 전혀 다른 공적 기준이었다. 최삼경이 그동안 60여 명 이상 이단을 만든 기준은 치유, 마귀론, 귀신론, 신인동역설, 신인합일주의 등이었다.

류광수 목사에 대해서는 사단결박설, 천사동원설이 기준이었고, 다른 은사주의자들에 대해서는 직통계시가 기준이었다. 이단감별사의 조용기 목사의 사이비성에 대한 기준을 보자. 비본질적 기준이다.

4. 병고치는 문제

조씨에 의하면 병고침은 교회와 구원의 필연적인 요소가 된다.

조씨는 병고침을 세례와 성찬과 함께 교회의 3대 의식이라고 하면서, 병고치는 의식을 하지 않는 교회는 하나님의 말씀으로부터 멀어진 교회이며(『삼박자 구원』 p. 284, 『5중복음과 삼박자 축복』 p. 193, 『순복음의 진리 下』 pp. 414-415), 심지어 병고침을 기대하지 않는 신앙은 예수님의 구세주 됨을 부인하는 것이라고 하고(『삼박자 구원』 p. 266), 구원받은 사람이면 병고침도 받아야 된다고 한다(『삼박자 구원』 p. 298).

5. 마귀론 문제

조씨는 마귀와 귀신을 질병의 배후로 보고(『순복음의 진리 下』 p. 427, 『삼박자 구원』 p. 250, 『삼박자 구원』 p. 249, 김기동 『마귀론 下』 pp. 170-174) 이 마귀와 귀신을 쫓아내야 질병을 치료할 수 있다고 주장하는데(『순복음의 진리 下』 p. 454, 『삼박자 구원』 p. 249, 최삼경 『베뢰아 귀신론을 비판한다』 p. 33) 이는 본 교단에서 이단으로 규정한 김기동씨(제 77회)의 주장과 유사한 사상으로, 아담의 타락 이후 예수님께서 십자가에 죽으심으로 마귀에게 맡겨 준 권리증서를 되찾기까지 모든 권리가 마귀에게 있었다고 하면서, 이 마귀의 권리가 하나님 앞에서 합법적인 것이라고(『순복음의 진리 下』 p. 297) 주장하는 점은 김기동씨의 사상과 똑같은 것이다(김기동 『마귀론 中』 p. 23).

6. 신인동역설 문제

조씨의 주장은 신인동역설이다. 조씨가 "예수님께서는 육체가 없으시다. 그래서 당신의 팔, 당신의 입, 그리고 당신의 손을 사용하기를 원하신다."(*Successful Living* p. 89, Preston James Ritter 『성경과 조용기 목사』 p. 47 재인용)고 한 점이나 "하나님께서는 이 사람들을 고치시기 원하신다. 그러나 하나님께서는 네(조씨)가 말하기 전까지는 그들을 고칠 수 없으시다."(*The Fourth Dimension* 1993 년판 p. 81)고 한 점들은 하나님의 전능성과 자존성을 무시하는 신인동역설을 주장하는 데서 나오는 말이다.

7. 신인합일주의 문제

106회 이단사이비 처벌규정지침 보고서를 보면 이단 판단 기준은 오직 성경이며, 총회헌법 교리 편의 신조 및 신앙고백서, 개혁교회 신학 전통이었다.

이제 이단 기준은 교리가 확립되기 전의 기준이 아니라 교리가 확립된 이후의 기준으로 각 교단이 내포하고 있는 교단 헌법의 교리 편을 기준으로 평가해야 한다. 교리 편에도 없는 것을 자의적으로 만들어 평가하다 보면 "법 없이 처벌 없다"는 죄형법정주의 정신에 벗어나는 것이다.

교류 금지, 예의주시는 106회기 이전에는 교단 헌법이나 이대위 내규에도 없는 자의적인 조항이다. 105회기가 되어서야 성문화 하려고 기준을 세웠다. 성문화되기 이전의 판단은 죄형법정주의를 벗어나기 때문에 모두 무효이다.

III. 이단 정죄 및 해법
  1) 이단 및 사이비의 정의
    (1) 이단 : 파당을 이루어 기독교 신앙의 기본교리요 일치의 공동분모인 하나님, 예수 그리스도, 성령, 삼위일체, 성경, 교회, 구원 등에 대한 신앙 중 어느 하나라도 부인하거나 현저히 왜곡하여 가르치는 경우
    (2) 이단성 : 개인적으로 위의 기독교 신앙의 기본 교리의 어느 하나라도 부인하거나 현저히 왜곡하여 가르치는 경우
    (3) 사이비 : 파당을 이루어 기독교 신앙의 기본 교리에 부수하는 중요한 교리를 부인하거나 현저히 왜곡하여 가르치는 경우
    (4) 사이비성 : 개인적으로 기독교신앙의 기본교리에 부수되는 중요한 교리를 부인하거나 현저히 왜곡하여 가르치는 경우(이상 2008년 총회)

- 122 -

    (5) 참여금지
      ① 교회론적 이단, 집회나 교리로 교회에 큰 물의를 일으키는 단체나 교회
      ② 여기까지 법적사항으로 참여시 처벌대상이 된다.
    (6) 참여자제 : 비성경적(비기독교적) 설교와 가르침. 기독교 신앙의 기본 교리나 주요 교리는 아니지만 비성경적이고 비기독교적인 주장을 통해 신앙적 혼란을 일으킨 경우. (교단 혹은 교파 간 교리가 본통합교단과 현격한 차이를 보일 때)
    (7) 경고
    (8) 예의주시 : 총회가 총찰(* 이단 처벌 규정에서 완화할 것. 아직은 지켜보는 단계임)
    (9) 노회지도 : 교정지도 편달. 노회가 요청하면 총회이대위가 답변서를 통지한다.
    (10) 이단사이비 옹호언론 : 이단 사이비로 규정된 개인이나 집단의 주장을 옹호 홍보하거나 관련광고를 게재할 경우
    (11) 무고죄

▲ 106회 총회 회의안

지금까지 '교류 금지', '예의주시' 는 세계 교회사나 이단 정죄사에 없는 기준이다. 임의로 이대위가 결의해서 만든 내용에 불과하다. 헌법 조항이 없다면 몰라도 헌법 조항이 있는 한, 헌법 조항이나 이대위 내규에도 없는 것을 결의하여 이단성이 있다고 한다면 스스로 헌법을 위반하는 것이다. 그렇다면 그 이전까지 성문법에도 없는 교류 금지, 예의주시 등 이단 정죄는 모두 무효이다. 법이 없을 때는 결의가 유효하지만, 법이 있을 때 이를 참조 하지 않는 결의는 무효이다.

인터콥이나 전광훈 목사는 참여 금지, 교류 금지, 예의주시이다.

▲ 인터콥 관련 예장통합 106회 총회 회의안

합동교단에서 전광훈 목사의 이단심의 건도 예의주시와 교류 및 자제이다.

전광훈 씨 이단조사 및 처리의 건

〈105회기 결의사항〉

전광훈 목사의 순간적 발언에 이단성이 있었고, 이단옹호와 관계된 적은 있었지만 아직 이단으로 규정하기에는 이르다고 여겨진다. 그의 광적 신앙이 편향된 정치적 성향으로 된 면이 있기에 앞으로 계속 예의주시할 뿐만아니라 그의 이단성 발언을 더 확실히 회개토록 하고 목사로서 지나치게 편향된 정치활동을 하지 않도록 엄중히 경고한다. 그리고 그가 공개적으로 회개할 때까지 전광훈 목사와 관련한 모든 집회에 교류 및 자제를 촉구하기로 하다.(단 한기총과 관련해서는 전광훈 목사가 한기총 대표회장직을 사퇴하였으므로 한국의 각 연합기관 통합을 위하여 한기총과 교류를 허락하기로 하다.)

결론: 전광훈 씨건은 발언 내용을 인정하고 회개할 때까지 신앙적 집회 참여 금지를 촉구하기로 하다.

모두 죄형법정주의를 위반한 처사이다. 법에 없는 것을 가지고 이단성을 결의할 수 없다. 그러므로 이제 한국의 각 교단의 이대위는 교단 헌법이나 웨스트민스터 신앙고백 같은 불멸의 신앙고백을 기준으로 하여 이단 여부를 판단해야 할 것이다. 헬베틱 신앙고백이나 장로교의 본산인 스코틀랜드 신앙고백을 보면 잘 나타나 있다. 이단의 기준은 기독론과 삼위일체론에만 맞추어야 한다.

한두 마디 설교 시의 언어표현이나 귀신론 같은 비본질적인 기준을 갖고 이단으로 정죄하는 것은 법에도 없는 것을 가지고 판단하는 것으로 무효이다.

이단감별사와 이대위원들은 스코틀랜드와 헬베틱(스위스)신앙고백을 통해 이단 정죄를 어떻게 하였는지 알 필요가 있다. 주로 기독론과 삼위일체와 관련하여 이단성 심의를 하였던 것을 알 수 있다. 두 신앙고백에는 여전히 교류 금지, 예의주시 같은 말은 없다. 이것은 한국의 이단감별사들이 만들어 낸 말이다.

교단의 총대들은 총회로부터 위임받은 이대위의 독립적 판단에 대해서도 결의로 뒤집는 경우가 종종 있다. 100회 이단 사면은 총회로부터 위임받은 결의로 이단을 사면하였는데 보고조차도 받지 않고, 총회가 다수의 결의로 받지 않겠다고 판단하였다. 총대들은 이단사면보다는 이단정죄에 무게중심을 두고 있다. 이는 이단감별사의 이단 정죄의 방법론적 영향이 크기 때문이다. 그러다 보니 총대들이 단지 결의를 함으로써 신사참배를 인정한 것처럼 집단적 범죄를 저지르는 것이다.

한국의 이단 정죄는 이처럼 기독론과 삼위일체론의 교단 신앙고백적인 입장보다 기초적인 교리조차 모르는 무분별한 총대들의 정서와 몰지각한 다수의 결의에 입각하고 있다. 그러다 보니 이단감별사들에게 휘둘리고 있다.

이단감별사들의 신하로 전락한 교단의 총대들

지금까지 이단감별사와 이대위(이단사이비대책위원회)는 교단의 헌법과 신앙고백에 입각하지 않고 정서와 결의에 입각하여 판단해 왔다. 그래서 한국의 이단은 본질에 입각한 성문법적 이단이라기보다는 비본질적인 기준에 입각한 결의적 이단이 대부분이다. 때에 따라서 총회가 집단적 범죄를 저지를 때가 있다. 성문법이 있음에도 불구하고 법을 무시하고 결의로 판단할 때가 많이 있다. 결의 공화국이 되었다.

이외에도 총회는 이대위가 법적 절차와 내규를 통하여 이단 정죄를 하거나 해지할 때는 그 판단을 보지 말고 절차를 보아서 판단해야 하는데 심의내용을 보고 판단하는 실수를 저지르고 있다. 한국의 이대위는 지금까지 절차를 위반하면서 이단을 조작하거나 판단해왔다. 그러므로 총대들은 절차를 보아야 하는데 판단내용을 보고 다시 재심하는 경우가 많이 있다. 절차와 결정 내용을 구분하지 못하는 것이다. 이는 총대들이 회의법과 절차에 무지하기 때문에 정서상 다수의 결의를 하게 되어 집단적 범죄를 저지른다. 총대들이 이대위의 보고와 결정 내용을 구분하지 못하고, 즉 회의법에 무지하다 보니 이단감별사들이 무지한 총대들을 이용해도 바른 소리조차 못하는 것이다.

그래서 교단법과 신앙고백에 벗어난 결정을 할 때가 한두 번이 아니다. 오히려 그러한 사람들이 법적, 행정적 이단이다. 결국, 다수의 총대들이 이단감별사들의 노예로 전락하고 있다. 이단감별사들의 방법론적 정죄에서 한 걸음도 나아가지 못하기 때문이다.

Ⅲ

이단감별사들의
대교회 사기극

최삼경은 탁명환과 함께 이단감별사의 산파적인 역할을
한 사람으로서 〈교회와 신앙〉 월간지를 운영하고 예장통합 이단사
이비대책위원에서 13년, 한기총에서 10년간 이대위에서 활동하면
서 주로 대형교회 목사들을 이단 규정 함으로서 교회파괴 운동에
앞장선 사람이다. 그는 약 60여 명을 이단으로 정죄한 이단 정죄의
저승사자라고 해도 과언이 아닐 것이다.

그는 이단감별사의 원조격인 탁명환과 함께 박윤식 목사 이단 조작
에 큰 영향력을 행사했다. 교회사상 이단 기준에도 없는 귀신론을 갖고서 김기동, 조용기, 윤석전, 이
명범, 류광수, 최바울 목사 등을 이단성이 있는 인사로 규정하는데도 일익을 담당했다.

이단 정죄에 있어서는 무엇보다도 신론, 기독론, 삼위일체론이 기본임에도 본질적인 기준의 잣대를
적용하지 않고 귀신론, 병고치는 은사, 직통 계시, 교류 금지, 예의주시 등의 비본질적이고도 교단 헌
법이나 이대위 내규에도 없는 자신의 기준을 세워 한국교회를 지금까지 농락하여 왔다.

먼저 최삼경 자신이 삼신론을 주장하여 신론에 배치되었고, 또한 마리아 월경잉태론을 주장하여(법원
판단) 기독론에 배치되어 있었기 때문에 그의 입장에서는 본질적인 기준을 적용할 수가 없었다. 이외
에도 그는 이단 조작 이외에 이단 만들기 교사까지 하였다. 최삼경에게 있어서 이단 작업은 금품수수
와 연결되었다. 돈을 주면 정통이고 돈을 주지 않으면 이 대위를 통하여 이단으로 정죄하였다.

제1장

최 삼 경

1. 예장통합 이단감별 활동

1) 이단을 정죄하는 최삼경 73(1988년)~82회기(1997년)

최삼경은 이단 연구는 피할 수 없는 하나의 사명이었다고 주장한다.

> 본인이 가장 귀하게 여기는 목회적 사명 다음으로 이단연구
> 는 피할 수 없는 또 하나의 사명이 되어 버렸고 극적인 은혜
> 체험이 있은 후 줄곧 영혼을 돌보며 살겠다고 눈물로 다짐했
> 었는데 결국 목회외에 하고 있는 이단연구가 어려움이 있을
> 때마다 이것도 영혼을 구하는 일이라 생각하며 스스로 위로해
> 보기도 한다.

▲ 교회와 신앙

최삼경은 총신대와 총신대학원(73회, 당시 비인가)을 졸업한 자로서 현대종교 탁명환 밑에서 일을 하다가 1993년부터 2002년까지 〈교회와 신앙〉이라는 월간지 편집장을 하면서 자신의 근본주의적인 교리신학과 기적종료설을 갖고 은사와 축귀, 신유, 오순절 사역을 하는 수많은 사람들을 이단으로 정죄하는데 앞장을 선다.

이단을 이단이라고 하면 문제가 안 되는데 최삼경은 자신의 근본주의 및 자의적 신학을 기준으로, 신앙고백이나 교단 헌법에 입각한 특정한 기준도 없고 당사자에 대한 소명 기회도 없이 자신이 일방적으로 판단하고, 해당 교단 이단사이비대책위원회의 결의를 통하여 이단을 정죄하는 은사가 있었다.

그는 자신이 운영하는 〈교회와 신앙〉이라는 잡지에 우선 이단성 의혹을 갖게끔 하고, 그 내용을 참고로 하여 교단 이단대책위원회에서 결의를 통하여 이단으로 정죄하는 방식을 취했다. 그리고 금품수수를 하는 데는 자신이 직접 나서지 않고 〈교회와 신앙〉의 남광현이 나서게 했고, 자신은 각 교회가 후원을 하게끔 하는 데 앞장을 선다. 결국 그의 이단 사역은 금품과 연결이 되어 있었다.

(1) 〈교회와 신앙〉을 통한 이단감별 활동

최삼경은 1993년부터 〈교회와 신앙〉 월간지 편집장을 하면서 할렐루야기도원 김계화 원장, 구원파 박옥수, 박무수, 말씀보존학회(이송오), 윤석전 목사(연세중앙교회), 류광수 목사, 안상홍중인회, 이재록(만민중앙교회), 이광복, 이만희(무료성경신학원), 이윤호, 이유빈 씨(예수전도협회), 박철수, 안식교, 지방교회(윗트니스 리)를 이단 정죄하는데 산파 역할을 하였다.

93년 10월 월간잡지로 출발...통권 100호 발행

<교회와신앙>은 1993년 10월 창간호를 내며 월간잡지로 출발했습니다. 이후 목회자들께는 다양한 목회 정보를 제공했습니다. 평신도들께는 은혜 넘치는 신앙 자료들을 제공하며 '차분하게 읽으면 버릴 것이 없는' 지면을 매월 만들었습니다.

특히 경제적 어려움, 이단들의 고소 등 숱한 난관을 겪으면서도 수많은 이단 문제를 취재·분석해 보도했습니다. 이중 할렐루야기도원 김계화 원장, 구원파 박옥수 씨, 4단계 회개주의자 박무수 씨, 말씀보존학회(이송오), 윤석전 목사(연세중앙교회), 류광수 목사, 안상홍증인회, 이재록 씨(만민중앙교회), 이광복 목사, 이만희 씨(무료성경신학원) 등의 이단성에 대한 심층분석 보도는 한국교회의 귀한 자료가 되었습니다. 이윤호 목사 가계저주론의 문제점을 비롯, 이유빈 씨(예수전도협회), 박철수 목사 등의 문제점을 신학자들의 분석과 함께 보도한 것도 귀한 일이었습니다. 특별히 최삼경·진용식 목사와 안식교측 간의 10개월 연속 교리논쟁, 최삼경 목사와 지방교회(윗트니스 리)측 간의 2년에 걸친 6회 지상논쟁, 최삼경 목사와 류광수 목사 간의 4시간에 걸친 토론을 통한 다락방 이단성 검증 공청회는 한국교회사에 그 유례를 찾을 수 없는 것이었습니다.

(2) 예장통합에서의 이단감별 활동

73회기(1988년)~82회기(1997년)

탁명환 이후 최삼경은 교계의 힘과 언론을 연계시키면서 각 교단이 이단감별을 하는데 막강한 영향력을 행사했다. 그는 1985년 예장합동교단에서 예장통합교단으로 이적하여 이대위에 들어가 권한을 행사하였다.

73회기 (반기독교 서적에 대한 변증서 발간위원회에서 활동)

대한예수교장로회 총회 73회(1988년)에서 〈반기독교 서적에 대한 변증서 발간위원회〉가 만들어진다. 72회 총회(1987년) 때는 김기동 목사와 관련한 〈귀신론 연구위원회〉가 창설되었다.

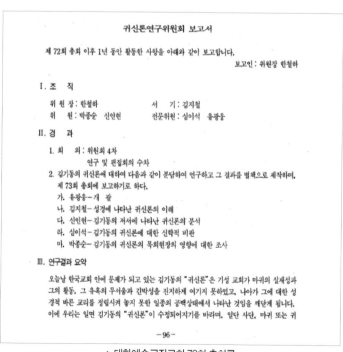

▲ 대한예수교장로회 73회 총회록

이단감별사들의 한국교회 大 사기극

(1) 73회(1988년)

예장통합교단에서 최삼경의 활동은 73회 총회(1988년)부터이다. 1985년 합동교단에서 통합교단으로 이적한 최삼경은 3년 만에 〈반기독교서적에 대한 변증서 발간위원회〉 서기를 맡게 되었다. 박종순 목사와 최삼경은 같은 전북 부안출신이다.

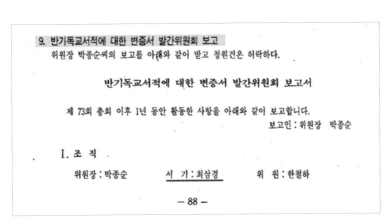

▲ 대한예수교장로회 74회 총회록

최삼경의 김기동 목사 비판

최삼경은 73회 〈반기독교 서적에 대한 변증서 발간위원회〉 서기로 활동하면서 김기동 목사에 대한 변증서를 발간하게 된다. 최삼경이 통합교단에 오기 전부터 김기동 목사에 대한 귀신론은 논란이 되고 있었다.

최삼경은 〈베뢰아 귀신론을 비판한다〉라는 책에서 김기동 목사를 양태론으로 밀어붙였다. 귀신론만 갖고서 이단만들기 어렵다고 판단, 교단 헌법이나 이단대책위원회의 정관에도 없는 고대 교회사에서 사벨리우스, 아리우스나 네스토리우스 등 고대 교부들을 이단으로 규정하는 기준을 갖고서 양태론의 개념조차 모르는 사람에 대해 교리적 체계도 아니고, 단지 설교 시 나온 언어 표현만 갖고서 양태론 이단으로 정죄 한다. 한국의 이단은 대부분 교리체계가 아니라 언어표현적 이단이었다.

그 당시만 해도 양태론에 대해서 아는 사람이 거의 없고 교단 헌법이나 이단 사이비 규정에도 양태론에 대한 조항이 없다. 이처럼 한국의 이단감별은 처음부터 죄형법정주의 정신을 위배하면서 시작이 된다. 죄형법정주의는 "법이 없다면 처벌할 수 없다"는 정신이다.

한국교회는 초기부터 양태론이나 귀신론이라는 법 규정도 없이 은사사역과 전도사역을 하는 사람들을 소명기회도 주지 않고 무차별적으로 이단 정죄를 하였다. 절차와 법 없이 규정하는 것 자체가 위헌이다. 이것이 오늘날 한국 교회의 이단사이비 대책위원회의 산실이다. 한국의 이단감별의 기준은 서구 개혁교회에는 없다.

이처럼 고대 교회사에서나 존재하는 양태론이 우리나라에 들어와 이단 정죄 도구로서 전락한다. 말 한마디 실수하면 모두 양태론자가 되어 이단이 된다. 말을 잘못하면 공산당으로 모는 것과 마찬가지이다. 최삼경은 축귀 활동을 하는 사람들을 모두 양태론자로 몰았다.

최삼경은 김기동 목사를 귀신론자, 양태론자로 만들어 이단으로 정죄하였지만 장신대 출신 교수와 목사들은 양태론을 제외한 귀신론만 갖고 김기동 목사를 연구하였다. 그러나 귀신론 자체는 이단 정죄 기준이 되지 못하고 귀신론으로 연구한 전문가조차 없었다.

> 2. 김기동의 귀신론에 대하여 다음과 같이 분담하여 연구하고 그 결과를 별책으로 제작하며,
> 제 73회 총회에 보고하기로 하다.
>   가. 유광웅 – 개 괄
>   나. 김지철 – 성경에 나타난 귀신론의 이해
>   다. 신인현 – 김기동의 저서에 나타난 귀신론의 분석
>   라. 심이석 – 김기동의 귀신론에 대한 신학적 비판
>   마. 박종순 – 김기동의 귀신론의 목회현장의 영향에 대한 조사

▲ 73회 총회록

그러나 최삼경은 "베뢰아 귀신론을 비판한다"라는 책에서 베뢰아의 삼위일체론은 양태론이라며 김기동 목사의 신론까지 비판을 한다. 이 책은 김기동 목사를 이단화하는데 결정적인 역할을 한다.

이 책에서 베뢰아의 삼위일체론은 양태론이고, 베뢰아는 예수님의 양성을 모두 부인하고, 베뢰아의 성령은 허수아비

라고 언급한다. 소설과 같은 이론이 사실로 둔갑하였다. 무지개는 이상이었고, 무지개를 쫓다가 물에 빠진 것은 사실이었다. 최삼경의 대부분 이단 정죄는 소설식 허구를 갖고서 사실화한다.

최삼경은 김기동 목사가 "성부는 하나님의 본질, 성자는 하나님의 본체, 성령은 하나님의 본영"이라고 표현한 표현상의 문제를 양태론이라고 이단시 했다.

제II장
신론에 나타난 베뢰아의 이단사상

김씨는 이 신론에서 이단이 되기에 필요충분한 모든 조건을 가지고 있다. 다음과 같이 세 가지로 나누어 이를 증명하겠다. 베뢰아의 삼위일체론은 양태론이다. 둘째, 베뢰아는 예수님의 양성을 모두 부인한다. 셋째, 베뢰아의 성령은 허수아비다.

I. 베뢰아의 삼위일체론은 양태론이다.

그동안 필자의 경험에 의하면 김씨를 따르는 추종자들과 그를 옹호하는 자들은 삼위일체론 문제에 대단한 반발을 보였다. 워낙 김씨가 삼위일체를 강조하고 삼위일체라는 말을 많이 사용하기 때문에 그가 정통적인 삼위일체를 믿고 있다고 생각한 것이다. 그런데 김씨가 강조하고 믿는 삼위일체는 이단으로 정죄된, 시벨리우스가 "동일한 본체인 세 형태"라고 주장하던 사역적 양태론인 것이다. 즉 세 분 하나님은 세 인격이 아니라 한 인격이라는 것이다. 그의 주장을 살펴보자.

"성부는 하나님의 본질이요, 성자는 하나님의 본체이시고 성령은 하나님의 본영입니다. 그러니까 본질로서는 아버지요, 본체 곧 형상으로서는 아들이라 하고 영으로는 성령이라는 것입니다"(베뢰아 사람 제7권, 1988년 7월호, p.40).

양태론은 하나님의 본질은 하나인데 각기 세 가지 다른 양식으로 나타난 것을 말한다. 한 분 하나님께서 모양만 성부, 성자, 성령의 다른 형식(forms)으로 나타났다는 것이다. 전형적인 양태론은 하나님이 창조 시에는 성부 하나님으로, 구속에는 성자 하나님으로, 성화 때는 성령 하나님으로 활동한다고 본다. 즉 양태론은 교회의 정통적 삼위일체론을 정면으로 부정하고 있다. 그러나 김기동 목사의 귀신론에는 이러한 양태론의 모습이 보이지를 않는데 최삼경은 자의적으로 김기동 목사를 비판하였다.

김기동 목사의 저서 '마귀론' 에 의하면 "성령은 보혜사로 예수님을 변호하시는 분입니다. 예수님은 하나님이 자기를 변호해 주시기를 바라셨고 성령이 자기를 변호해 주시기를 바라셨습니다" 라고 하여 양태론의 모습이 전혀 보이지 않는다.

> 예수님은 열등하고 더러운 귀신들이 자기를 인정해 주는 것을 원치 않으셨읍니다. 예수님은 영광의 아버지가 자기를 증거해 주시는 것을 최고의 권위로 여기셨읍니다. 그래서 성령은 보혜사로 예수님을 변호하시는 분입니다. 예수님은 하나님이 자기를 변호해 주시기를 바라셨고 성령이 자기를 변호해 주시기를 바라셨읍니다.

▲ 김기동 저, 마귀론

그리고 김기동 목사가 처음 복음을 전할 때는 평신도였다. 그가 양태론을 알면서도 전했으면 문제가 되지만 충분한 신학적 지식을 갖지 못한 상태에서 설교 한두 문장만 가지고 불필요한 언어와 해석이라고 해서 양태론 이단으로 낙인찍는 것은 이단 정죄 방법에 무지한 것이다. 언어표현을 이단이라고 정죄할 수 없다. 적어도 신론, 기독론, 종말론, 삼위일체론에 대한 전통 개혁신학과 다른 교리체계가 있어야 이단으로 정죄할 수 있다. 설교 한두 문장이나 언어표현만 갖고서 이단 정죄하는 것은 최삼경식 이단 정죄였다.

그러므로 이단으로 정죄하려면 교리적 체계가 있어야 한다. 고대 교부시대나 있었던 양태론의 개념을 갖고 이단으로 정죄하는 것은 고조선시대의 8조 법금이나 메소포타미아시대의 함무라비법전을 가지고 현대를 살아가는 우리에게 적용하는 것과 똑같다.

아무리 구약시대의 성경이라고 해도 상대방이 나에게 손해를 입혔다고 해서 '이에는 이', '눈에는 눈' 으로 대응할 수 없다. 이러한 법은 B.C 4000년 함무라비시대의 법이다. 법이라는 것은 시대와 상황에 따라 달라지는 것이다. 교부시대의 양태론을 갖고서 현시대의 목회자들에게 적용하는 것은 난센스이다. 교부시대는 죄형법정주의라는 개념조차 없었지만, 현재는 법 없이 처벌할 수 없는 죄형법정주의를 토대로 하는 법치주의 시대이다. 요약하면 현시대에 이단으로 정죄하려면 설교 시 언어표현이 아니라 교리적 체계와 법적 체계로 정죄해야 한다.

사벨리우스에게만 적용했던 고대 교부시대의 양태론의 개념을 우리에게 적용하는 것은 법적 감각, 교회사적 감각, 신학적 감각이 부재한 것이다. 최삼경식 교회 파괴적 정죄 개념이다. 그러므로 최삼경의 김기동 목사 비판은 대부분 소설식 비판이고, 법 조항에도 없는 임의적 결의정죄이다. "베뢰아는 예수님의 양성을 모두 부인한다"는 말은 객관적 근거없는 자의적인 글이다. 김기동 목사가 인성만 인정한다면 귀신 쫓는 사역을 할 이유가 없었다. 그러나 최삼경은 김기동 목사가 "인성만 인정할 뿐"이라며 소설식 비판을 했다.

II. 베뢰아는 예수님의 양성을 모두 부인한다.

김씨는 표면적이고 이론적으로는 인성을 인정한다. 아니 인성만 인정할 뿐이다. 그런데 그 인성마저도 정통교회 사상과는 다르다. 예수님께서 성육신하시고 이 땅에 오신 후에 인간이 되셨기 때문에 신이라고 하면 오히려 이단이라는 것이다. 정통교회는 예수님께서 물 위를 걷고 사람을 살리시는 등의 기적을 통해 신성을 주장하는 반면, 김씨는 그것은 우리 인간도 할 수 있는 보편적인 일이라는 것이다. 김씨가 예수님을 인간으로만 주장하는 성경적 증거는 바로 요한 2서 1：7이다.

"미혹하는 자가 많이 세상에 나왔나니 이는 예수 그리스도께서 육체로 임하심을 부인하는 자라 이것이 미혹하는 자요 적 그리스도니"(요이 1：7).

먼저 김씨가 생각하는 예수님의 신성을 살펴보자.

테이프 9-2번의 내용을 가능한 그대로 적되 불필요한 수식어

▲ 최삼경, 베뢰아 귀신론을 비판한다.

그러나 김기동 목사는 예수의 양성을 거부하지 않는다. 예수의 신인양성을 인정하기 때문에 예수의 이름으로 귀신을 내쫓고 있다. 김기동 목사의 저서 마귀론에 의하면 "예수 이름으로 귀신을 저주하고, 마귀의 모든 활동을 제어할 수 있는 것입니다"고 하여 예수의 양성을 거부하지 않는다. 그러한 표현을 했다고 해도 단지 언어표현이나 개인적 해석에 불과하지, 교리적 체계에 문제가 있는 것이 아니다.

> 예수 이름은 그를 죽은 자 가운데서 살리셨으며, 인류를 구원하신 것도 하나님이 그에게 주신 예수 이름이라고 성경은 말씀합니다(요17 : 11~12). 우리가 죄에서 해방된 것과 영생을 얻은 것도 예수의 이름 때문입니다. 우리는 예수 이름을 기업으로 받은 자들입니다. 그래서 예수 이름으로 귀신을 저주하고 마귀의 모든 활동을 제어할 수 있는 것입니다.

▲ 김기동 저, 마귀론

예수의 양성을 거부하는 자가 귀신을 내쫓는 것은 불가능하다. 이외에도 최삼경은 "베레아의 성령은 허수아비이다"라며 소설식 표현을 했다. 성령은 영이기 때문에 허수아비가 될 수 없다. 비유조차 잘못되었다. 논리학상 부당비교의 오류를 범하고 있다. 영은 보이지 않는 비물질이고, 허수아비는 물체이기 때문에 상호간의 비교대상도 되지 않는다. 이처럼 마녀사냥식 정죄로 인해 김기동 목사는 이단이 되었다. 그리고 김기동 목사는 "성령은 허수아비이다"라로 말한 적이 없다. 사실이 왜곡되었다. 최삼경의 자의적인 표현이다. 김기동 목사는 나름대로 성령에 의하여 귀신을 내어쫓는다. 성령은 허수아비가 아니라 능력이었다.

> **III. 베뢰아의 성령은 허수아비이다.**
>
> 김씨의 성령론은 "성령을 알자"라는 책에 잘 나타나 있다. 이 책을 통해 그의 삼위일체는 양태론적 삼위일체임이 더욱 선명하게 드러났고, 예수님의 신성을 부정하는 것도 더욱 선명하게 드러났아야 한다(Ibid., p. 129)고 한다. 정통교인들에게는 참으로 낯선 이론일 것이다. 김씨에 의하면 성령은 완전히 허수아비 신이 되어버리는데 김씨는 성령론에서도 피할 수 없는 이단자가 되고 만다.

▲ 최삼경, 베뢰아 귀신론을 비판한다

김기동 목사가 그의 저서 마귀론에서 "성령은 보혜사로 예수님을 변호하시는 분입니다"라고 한 것을 보았을 때 그의 성령의 허수아비설과 양태론자라고 밀어붙이는 것은 자의적인 판단이다. 그리고 김기동 목사는 "아버지도 예수 그리스도의 역사를 지원하시고 성령도 지원하시며 오직 성경이 말씀하는 승리자는 예수 그리스도뿐이십니다. 왜 성경이 예수 그리스도의 일만을 기록하고 그 분의 일만을 전적으로 지원하는 것입니까?"라고 했다. 성령의 허수아비적인 모습은 전혀 나타나지 않는다. 양태론적인 모습도 없다.

아버지도 예수 그리스도의 역사를 지원하시고 성령도 지원하시며 오직 성경이 말씀하는 승리자는 예수 그리스도뿐이십니다. 왜 성경이 예수 그리스도의 일만을 기록하고 그 분의 일만을 전적으로 지원하는 것입니까? 이는 하나님

▲ 김기동 저, 마귀론

이처럼 김기동 목사에 대한 최삼경의 비판은 많은 부분이 교리보다는 본인의 소설식 창작력을 갖고 쓴 것으로 왜곡된 면이 많이 있다. 교리로 비판해야 하는데 한두 문장을 갖고 비판을 한 것이다. 최삼경은 김기동 목사를 귀신론만 갖고 이단으로 정죄하기는 어렵다고 판단하여 양태론 갖고서 비판을 했다. 양태론적 표현이 있다고 한들, 그것은 잘못된 언어표현이지, 교리 체계에 문제가 있는 신학적 표현이 아니다. 귀신론도 마찬가지이다. 먼저 예장통합교단의 헌법에 귀신론에 대한 정의가 있어야 하고, 이 기준에 벗어나면 이단으로 정죄해야 한다. 그러나 예장통합 헌법과 이대위 규정에 귀신론이라는 조항이 없다. 그러므로 귀신론 갖고서 이단으로 정죄한 것은 처음부터 죄형법정주의 정신을 위배한 잘못된 정죄이다. 그래서 72회 총회록에 의하면 귀신론은 정립이 필요하다고 했던 것이다.

아무리 김기동 목사의 귀신론이 문제가 있다한들, 이는 실천 사역의 방법론의 문제이지, 신앙고백의 문제는 아닌 것이다. 김기동 목사가 "예수를 그리스도시요 살아계신 하나님의 아들"이라고 신앙고백 한다면 이러한 자들에 대해 비본질적인 잣대로 이단으로 규정하는 오류를 삼가해야 할 것이다. 이단은 비본질적인 면이 아니라 본질

적인 면이 전통기독교와 달라야 한다.

전도관, 통일교, 신천지 장막성전, 안상홍 하나님의 교회 같은 유사 기독교 종교는 본질이 전통 기독교와 다르다. 그들은 모두 하나님 자리에 인간을 대언자로 내세운다. 우리는 본질적으로 다른 종교를 이단으로 정죄해야 하는데 삼국시대의 논리 갖고서 현대에 적용하는 것은 시대착오적인 이단 정죄 방식이다. 세계 유래 사상 없이 우리나라만 이단 논쟁이 치열하다.

한국의 목회자들이 은사체험을 강조한 나머지 개혁신학에 벗어난 부분이 있다면 교정할 기회를 주어야 한다. 예수 믿는 사람들을 이단 정죄하는 것은 죄악이다. 귀신론에 대한 해석 여하로 구원과 상관이 있다면 귀신론만 갖고서 이단 정죄를 해도 되지만 귀신론이 구원과 관련이 없다면 실천 사역과 전도 방법론으로 처리해야 할 문제를 교리적으로 처리하는 것은 바람직한 이단감별이 아니다. 실천사역으로 이단으로 규정하는 나라는 우리나라밖에 없을 것이다. 귀신론만 갖고서 이단 정죄하는 것은 예수 그리스도의 축귀 사역까지 거부하는 이단적인 방법으로 대교회 사기극이다.

특히 김기동 목사의 '불신자가 죽으면 혼이 귀신이 된다' 는 이론은 구원론과 상관이 없다. 경험에 기초한 일종의 해석에 불과하다. 이단은 예수를 믿지 않고 예수의 자리에 자신들을 대치하는 교주들이다.

김기동, 조용기, 윤석전, 예태해, 박윤식, 류광수 목사 등은 주로 실천사역을 하는 사람들로서 비기독교적 이단 교리와는 무관한 사람들이다. 교리나 전도하는 방법론이나 비본질적인 면에 있어 다소 다른 면이 있지만, 자신들이 터득한 대로 그리스도에 대한 신앙고백을 하고 복음을 전하는 사람들이라면 이단으로 정죄해서는 안 된다.

2,000년 교회사는 귀신론, 마귀론을 갖고서 이단으로 정죄한 사례가 없다. 그러나 최삼경은 이단을 정죄할 때 항시 귀신론을 기준으로 한다. 이는 개혁신학에 벗어난 기준이다. 조용기, 윤석전, 이명범, 류광수, 최바울(인터콥) 목사를 모두 김기동식 목사류의 귀신론과 유사하다고 하여 이단으로 몰았다. 이들은 모두 김기동 목사류의 희생자였다.

(2) 74회(1989년)

74회 총회부터는 사이비 신앙운동 및 기독교 이단대책위원회가 구성되어 활동하게 되었다. 위원장은 박종순 목사였고, 위원으로 최삼경이 활동하게 되었다. 박종순 목사는 같은 전북 부안사람으로서 최삼경을 예장통합 이대위에 끌어들인 장본인이다. 이수영 교수는 최삼경의 먼 인척 되는 사람으로 최삼경의 자의적인 기준과 맥락을 같이한다. 그는 항시 최삼경을 도와주었고 최삼경이 삼신론자로 몰릴 때에도 탄원서를 쓰기도 했을 정도이다.

74회 당시 이수영 교수는 최삼경과 첫 이단 사역을 같이 시작하면서 친분을 쌓아갔다. 세습방지법을 만들 때도 두 사람이 가장 앞장서서 의기투합했다. 최삼경과 이수영 교수는 〈사이비 신앙운동 및 기독교 이단대책위원회〉에서 활동을 했다. 당시는 주로 김기동 목사 건에 대해서 다루었다.

> **21. 사이비 신앙운동 및 기독교 이단대책위원회 보고**
>
> 1) 조 직
>
> 위 원 장 : 박종순   서 기 : 정행업
>
> 위 원 : 김광식 진희성 **최삼경** 이상운 김지철
>
> 연구위원 : 김중은 이수영 문상희 황승룡

▲ 대한예수교장로회 75회 총회록(1990년)

이 당시 청원한 내용은 주로 김기동 목사와 관련한 것이다.

> 3) 청원건
>
> 가. 밤빌리아추수꾼 집단은 본 위원회 연구결과 이단임이 밝혀졌으므로 총회에서 이를 판정하여 이단으로 규정해 달라는 건은 허락하다.
>
> 나. 제73회 총회에서 베뢰아아카데미와 김기동의 집회에 참석을 금하도록 한 일과 관련하여 다음 사항을 주지시켜 달라는 건은 허락하다.
>
> (1) 본 교단 산하의 교회 및 교역자는 김기동식의 축사방법을 금할 것
>
> (2) 본 교단 산하 교회에서는 김기동 류의 집회 및 그와 유사한 집회를 금할 것
>
> (3) 사이비 신앙운동 및 기독교 이단과 관계된 각종 집회장소로 한국교회 100주년기념관과 여전도회관 임대를 금할 것
>
> 다. 기독교 언론기관들은 사이비 신앙운동에 관계된 홍보를 하지 않는 한편 건전한 신앙으로 적극적으로 유도하도록 촉구해 달라는 건은 허락하다.

합동교단 74회 총회에서도 김기동 목사를 이단으로 정죄한다. 통합교단 따라하기였다.

| 74회 | 1989 9.12~22 | 서 울 평 안 | 이성택 | • 기독교총연합회를 인준하고 총회장은 대정부 대외관계에 자유로이 참여하도록 하다.
• 총회장과 임원회 일년간 활동상황을 유인물로 총회에 보고하도록 하다.
• 출판부의 총판권은 총회가 직접 취급키로 하다.
• 녹화방송예배는 예배 모범에 위배됨.
• 동서운노회 분립(동서운, 서운동)하다.
• 강원노회 분립(강원, 북강원)하다.
• 은급부금 신설키로 하다.
• 김기동 씨 이단으로 규정하다. |

(3) 75회(1990년)

75회(1990년) 총회는 조용기, 박윤식, 박명호 목사에 대해서 관심을 갖고 다루기 시작한다. 사이비신앙운동 및 기독교이단대책위원회 위원장은 정행업 목사였고, 최삼경은 위원이었다. 최삼경은 이장림과 조용기 목사 소속교단(순복음교회)과의 연합활동 연구분과위원으로서 일을 하게 된다.

28. 사이비신앙운동 및 기독교이단대책위원회 보고
사이비신앙운동 및 기독교이단대책위원장 정행업씨의 보고는 다음과 같이 받기로 가결하다.
1) 조 직
   위 원 장 : 정행업   서 기 : 이상운
   위   원 : 박종순 김광식 진회성 최삼경 김지철

— 76 —

제5일 회무처리

전문위원 : 김중은 이수영 오성춘 이형기 이광순 박수암 황승룡 이용원
           문상희 손영호 이정환 김한상 조성기 최대준 변태호
분과위원회(위원장은 위원 중 선임자) :
반기독교서적 연구분과 : 오성춘 김광식 변태호
조용기씨 소속교단(순복음교회)와의 연합활동 연구분과 : 최삼경 문상희 조성기
박윤식씨(대성교회) 연구분과 : 황승룡 최대준 이정환
박명호씨(엘리야복음선교원) 연구분과 : 손영호 김한상 김지철
이장림씨(다미선교회) 연구분과 : 박수암 오성춘 최삼경
지방교회(회복교회) 연구분과 : 이수영 진회성 이용원
이초석씨(한국예루살렘교회) 연구분과 : 조성기 박종순 이광순 이형기
이상 사이비신앙운동 및 기독교이단대책위원회 보고는 임시보고로 받다.

▲ 대한예수교장로회 76회 총회록

이단감별사들의 한국교회 大 사기극

나중에는 문상희와 조성기 목사는 빠지고 최삼경만 조용기 목사에 대해서 다루게 된다.

4. 제4차 회의(1991. 4. 22. 한국교회100주년기념관 제2연수실)

   참 석 자 : 정행업 이상운 진회성 <u>최삼경</u> 이수영 손영호 이정환 최대준
                 황승룡 변태호

안건처리 :

  가. 각 노회 사이비이단대책위원 연석회의 및 서울지역대회 계획을 확정하다.

  나. 각 노회 사이비이단대책위원 연석회의 및 서울지역대회 성명서 초안을 임원에 맡겨서 준비케 하기로 하다.

  다. 각 분과위원회 책임자를 다음과 같이 맡기다.

    1) 반기독교서적 연구분과 : 오성춘

    <u>2) 조용기씨 소속교단(순복음교회)과의 연합활동 연구분과 : 최삼경</u>

    3) 박윤식씨(대성교회) 연구분과 : 황승룡

    4) 박명호씨(엘리야복음선교원) 연구분과 : 손영호

    5) 이장림씨(다미선교회) 연구분과 : 박수암

    6) 지방교회(회복교회) 연구분과 : 이수영

    7) 이초석씨(한국예루살렘교회) 연구분과 : 조성기

Ⅳ. 청 원

1. 사이비이단에 대한 예방적 차원의 적극적인 대책의 일환으로 교리교육에 대한 교재 편찬을 허락하여 주실 일이오며

2. 이단문제에 대하여 적극적으로 대처할 수 있도록 사이비이단문제에 대한 상담과 관계자료의 수집, 정리, 발간을 담당할 (가칭) '사이비 이단문제상담소'를 설치하여 주시되 그 구체방안으로 ① 총회에 부설된 기관으로 직영하는 방안과 ② 본 대책위원회 산하에 후원회를 조직하여 독립된 상담기관으로 운영하는 방안 중 택일하여 주실 일이오며

3. 반기독교서적에 대한 연구결과(별지 2의 Ⅰ)에 수록된 〈반기독교서적 목록〉 도서들의 이단성이 밝혀졌으므로 총회에서 이를 판정하여 본 총회 소속 교인들에게 이의 구입과 독서를 금하도록 하여 주실 일이오며

4. <u>본 위원회의 연구결과 다음은 이단임이 밝혀졌으므로 총회에서 이를 판정하여 이단으로 규정하여 본 총회 산하 교회와 교인들이 그릇된 가르침에 현혹되는 일이 없도록 하여 주실 일이오며</u>(별지 2의 Ⅲ, Ⅳ, Ⅴ, Ⅶ 참조)

    가. 박윤식씨(대성교회)

    나. 박명호씨(엘리야복음선교원)

    다. 이장림씨(다미선교회)

    라. 이초석씨(한국예루살렘교회)

5. 본 사이비신앙운동 및 기독교이단대책위원회(약칭 사이비이단대책위원회)를 계속 존속토록 허락하여 주실 일이오며

박윤식 목사에 대해서는 황승룡 교수가 다룬다. 황승룡 교수는 최삼경이 "씨앗속임"이라는 제목을 갖고 〈목회와 신학〉에 쓴 내용을 인용한다.

타락면의 측면에서 볼 때, 하와가 뱀과 성관계를 맺어 가인을 낳았다고 함으로 통일교와 같은 성적 모티브를 가졌으며, 특히 타락후에 인간에게 월경이 생겼다고 하며 이 월경하는 여인의 입장에서 탈출하는 것이 구원이라고 함으로 정통적 타락관과 배치된다. (테이프, "월경하는 여인의 입장에서 탈출하자", "씨앗속임", 목회와 신학 1991년 2월호)

이러한 최삼경의 조작 내용으로 교단의 신학자들까지 농락당하고 만다. 박윤식 목사는 "하와가 뱀과 성관계를 맺어 가인을 낳았다"라는 설교를 한 적이 없었다. '대성교회 박윤식 씨에 대한 보고'는 모두 최삼경이 쓴 글을 참조한다. 참고자료만 있고 교단 헌법인 교리법 적용이 없다.

> 바. 박윤식을 비판한 글들
> 1) 최삼경, "박윤식 교리, 성서적으로 짚고 넘어갑시다", 「현대종교」(1985. 4월호), 66~74쪽
> 2) 최삼경, "박윤식 이단교리를 공박한다", 「현대종교사」(1985. 6월호), 97~107쪽
> 3) 장요한, "박윤식 씨의 이단적인 주장 철회하기를 촉구한다", 「현대종교」(1985. 7, 8월합본호), 96~103쪽
> 4) 최삼경, "대성교회 이단시비의 촛점", 「목회와 신학」(1991. 2월호)

▲ 76회 총회록

최삼경이 썼다고 해도 과언이 아니다.

> **III. 대성교회 박윤식씨에 대한 연구보고**
>
> 1. 예수께서 이 땅에서 죽으신 것은 하나님의 영이 아니기 때문이라고 함으로 기독론적 오류를 범하고 있다. (테이프 "영·혼·육" 1981. 8. 6)
> 2. 타락론의 측면에서 볼 때, 하와가 뱀과 성관계를 맺어 가인을 낳았다고 함으로 통일교와 같은 성적 모티브를 가졌으며, 특히 타락 후에 인간에게 월경이 생겼다고 하며 이 월경하는 여인의 입장에서 탈출하는 것이 구원이라고 함으로 정통적 타락관과 배치된다. (테이프 "월경하는 여인의 입장을 탈출하자", "씨앗 속임", 목회와 신학 1991년 2월호)

3. 박윤식씨는 진리는 사망이요, 말씀은 생명이란 틀을 가지고 있는데, 정통교회마저(타종교도) 진리 차원으로서 이를 벗어나 말씀 차원에 이르지 못하면 결국 사망이라 함으로써 정통교회를 부정하는 경향이 있다.(대성지(1982년), 말씀승리가(1971년), 내 주께 찬양(1981년), 기타 테이프)

4. 박윤식씨는 자신이 지리산에서 3년 6개월 동안 기도하다가 비밀말씀을 받았다고 하여 자신을 말씀의 아버지라고 하고 있으며, 이것을 시나 찬송가로 노래하고 있는 것은 박씨를 신격화하는 것으로 볼 수밖에 없다.(테이프, 말씀승리가, 내 주께 찬양)

5. 박윤식씨는 주로 자신의 설교는 지리산에서 받은 계시임을 말하고 그 비밀은 주석에도 없다는 등의 표현을 하는 것은 성경계시 외에, 직통계시를 말하는 것으로 성경계시를 왜곡시키거나 부정함으로 정통적 계시관과 위배된다.(수많은 테이프)

6. 박윤식씨의 창조론을 보면 에덴동산은 인간의 마음을 가리킨다고 하며 또한 아담은 미생물로부터 발아된 생명의 맨 윗가지에 핀 꽃으로서, 창조적 진화한 상향의 끝이 아담

의 생령이고, 생령이 하향한 밑바닥의 근저는 물질이라 함으로 진화론적 창조론을 가지고 있다.(테이프 "왜 아담은 흙으로 창조했나?", 기타 테이프)

7. 박윤식씨가 지리산에서 3년 6개월 7일 동안 받았다는 위와 같은 계시들은 통일교 출신인 변찬린씨가 썼던 「성경의 원리」로부터 대부분 인용 표절된 것이다.(변찬린씨가 1983년 1월 18일 보낸 편지와 기타 다수의 테이프 리스트)

8. 연구결론 : 이상에서 본 바와 같이 박윤식 씨(대성교회)는 기독론·타락관·계시관·창조론 등 각 측면에서 볼 때 이단성이 명백히 밝혀졌다.

9. 참고자료

가. 박윤식의 육성 녹음테이프 50여 개

나. 「말씀승리가」 노래집(71년)

다. 「내 주께 찬양」 노래집(81년)

라. 박윤식이 변찬린의 「성경의 원리」에서 인용한 설교 리스트

   1) "씨앗 속임"(1981. 7. 5.)-"가인의 살인, 가인의 정체, 하와의 임신고백, 씨에 대한 소고", 「성경의 원인」(중권), 11~18쪽

   2) "장자의 축복"(1981. 7. 7.)-"장자론", 「성경의 원리」(상권), 265~285쪽

   3) "왜 아담을 흙으로 창조했나"(1981. 11. 6.)-"아담을 흙으로 창조한 의미"「성경의 원리」(상권), 68~71쪽

   4) "월경에 대하여"(1981. 11. 2.)-"신부론, 달을 옷입은 여인, 해를 옷입은 여인", 「성경의 원리」(상권), 289~294쪽

   5) 기타 다수

마. 변찬린이 쓴 「성경의 원리」(상, 중, 하)

바. 박윤식을 비판한 글들

   1) 최삼경, "박윤식 교리, 성서적으로 짚고 넘어갑시다", 「현대종교」(1985. 4월호), 66~74쪽

   2) 최삼경, "박윤식 이단교리를 공박한다", 「현대종교사」(1985. 6월호), 97~107쪽

87

최삼경

3) 장요한, "박윤식 씨의 이단적인 주장 철회하기를 촉구한다", 「현대종교」(1985. 7, 8월합본호), 96~103쪽
4) 최삼경, "대성교회 이단시비의 촛점", 「목회와 신학」(1991. 2월호)
5) 대성교회 교육국, "왜곡된 진실에 대한 우리의 입장", 「목회와 신학」(1991, 2월호)
사. 박윤식 교리의 강의를 기록한 성경공부 노트

예장통합교단에서 박윤식 목사 건도 결국 최삼경이 쓴 내용을 토대로 해서 이단으로 정죄하는 것을 보게 된다. 그러나 최삼경이 조작과 허위사실로 박윤식 목사에 관해서 쓴 것은 처음부터 이단 조작을 하였기 때문에 신뢰성이 없다. 논리학상 선결문제 미해결의 오류를 범하는 상태에서 이단으로 정죄하였다.

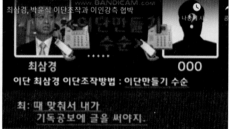

IV. 청 원

1. 사이비이단에 대한 예방적 차원의 적극적인 대책의 일환으로 교리교육에 대한 교재 편찬을 허락하여 주실 일이오며
2. 이단문제에 대하여 적극적으로 대처할 수 있도록 사이비이단문제에 대한 상담과 관계자료의 수집, 정리, 발간을 담당할 (가칭)'사이비 이단문제상담소'를 설치하여 주시되 그 구체방안으로 ① 총회에 부설된 기관으로 직영하는 방안과 ② 본 대책위원회 산하에 후원회를 조직하여 독립된 상담기관으로 운영하는 방안 중 택일하여 주실 일이오며
3. 반기독교서적에 대한 연구결과(별지 2의 I)에 수록된 (반기독교서적 목록) 도서들의 이단성이 밝혀졌으므로 총회에서 이를 판정하여 본 총회 소속 교인들에게 이의 구입과 독서를 금하도록 하여 주실 일이오며
4. 본 위원회의 연구결과 다음은 이단임이 밝혀졌으므로 총회에서 이를 판정하여 이단으로 규정하여 본 총회 산하 교회와 교인들이 그릇된 가르침에 현혹되는 일이 없도록 하여 주실 일이오며(별지 2의 III, IV, V, VI 참조)
   가. 박윤식씨(대성교회)
   나. 박명호씨(엘리야복음선교원)
   다. 이장림씨(다미선교회)
   라. 이초석씨(한국예루살렘교회)

그러나 합동교단 76회 총회에서는 이장림만 이단으로 정죄한다.

| 76회 | 1991
9.24~27 | 대 구
동 신 | 이봉학 | • 노회 분립(함남, 중부), (군산, 군산남), (수원, 남수원,
　서수원)하다.
• 노회 조직(동남아) 및 노회 복구(여수)
• 이장림을 이단으로 규정하다.
• 할렐루야 기도원 생수에 신유 능력 유무건은 비성경
　적이므로 금지하기로 하다. |

합동교단은 이단 조작에 관여했던 "탁명환 씨는 본 교회 강단에 세우지 않기로 가결" 을 한다. 이단 조작을 인정했다.

| 75회 | 1990
9.18~21 | 김 제
중 앙 | 유인식 | • 탁명환 씨는 본 교단 강단에 세우지 않기로 가결하다.
• 총회 면려부가 질의한 청장년과 남전도회 구분은 45
　세 이하는 청장년, 45세 이상은 남전도회로 구분하는
　총회 결의를 재확인 하다. |

그만큼 예장통합교단에서 박윤식 목사를 이단으로 정죄한 것은 문제가 있었다. 박윤식 목사 이단 조작은 최삼경과 탁명환의 작품이었다.

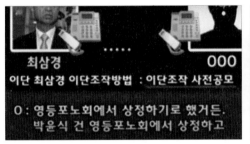
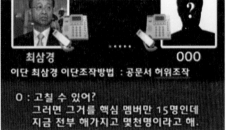

(4) 76회(1991년)

76회 총회에서 최삼경은 사역을 하나씩 넓혀나간다. 위원장은 정행업 목사였고 최삼경은 위원이었다. 77회 총회록 〈사이비신앙운동 및 기독교이단 대책위원회의 보고〉에 의하면 최삼경은 위원이었지만 사실상 거의 독주하다시피 했다. 최삼경은 이명범, 권신찬, 이요한, 박옥수, 김기동, 위트니스리, 조용기 목사까지 이단으로 정죄하는 데 일등 공신이 된다. 그는 심지어 사이비이단상담소에도 참여하여 이단감별 활동에 탄력이 붙고 예장통합에서 이단 사이비 전문 활동가로서 자리를 잡는다. 76회부터 〈

사이비이단문제상담소) 운영위원으로 참여한다.

16. 사이비신앙운동 및 기독교이단대책위원회 보고
    사이비신앙운동 및 기독교이단대책위원장 정행업씨의 보고는 다음과 같이 임시보
    고로 받다.

    ― 87 ―

제77회 총회 회의록

1) 조 직
   위 원 장 : 정행업   서 기 : 이상운
   위   원 : 박종순 진희성 손영호 조성기 권태복 최삼경 이수영
   전문위원 : 최대준 변태호 허남기 강동수 정삼수 박위근 이성희 이정환 황승룡
            이용원 김중은 오성춘 이형기 이광순 박수암
   교리교재 편찬위원 : 정행업 이상운 맹용길 황승룡 이용원 이수영 이형기
                    김중은 박수암 임창복
   분과위원회(위원장은 위원 중 선임자)
     이명범씨(레마선교회) 연구분과 : 조성기 진희성 최삼경
     권신찬, 이요한, 박옥수씨(구원파) 연구분과 : 허남기 박위근 최삼경
     김기동씨(귀신론) 연구분과 : 이수영 이상운 최삼경
     윗트니스 리씨(지방교회, 회복교회) 연구분과 : 이수영 최삼경 최대준
     교리교육을 대한 교재 초안작성분과 : 이수영 이형기 황승룡
     성자추대에 대한 연구분과 : 정행업 손영호 이형기
2) 경과보고
   경과보고는 별지(보고서 447~467쪽 ; 회의록 541-561쪽)와 같이 받다.
3) 청 원
   청원은 28일에 논의하기로 하다.

17. 사이비이단문제 상담소 운영위원회 보고
    사이비이단문제 상담소 운영위원장 박종순씨의 보고는 다음과 같이 완전보고로
    받다.
    1) 조 직
       위원장 : 박종순   서 기 : 강동수   회 계 : 민준기
       위   원 : 정행업 이상운 맹용길 최삼경 김영태 김창근 김동건 계지영 박문갑
                김태선 임대섭 김회원

76회기 이대위는 최삼경이 연구한 김기동과 이명범, 권신찬, 이요한, 박옥수를 이단으로 해달라고 청원한다.

15. 사이비신앙운동 및 기독교이단 대책위원회 계속보고
사이비신앙운동 및 기독교이단 대책위원장 정행업씨의 보고는 다음과 같이 완전보고로 받다.
1) 청 원
다음의 청원 중 재정은 재정부로 보내기로 하고 일괄 허락하다.
(1) 본 위원회의 연구결과 다음은 이단으로 밝혀졌으므로 총회에서 이를 판정하여 이단으로 규정하여 본 총회 산하 교회와 교인들이 그릇된 가르침에 현혹되는 일이 없도록 하여 주실 일이오며(별지 연구보고서 참조 : 보고서 451-461쪽 ; 회의록 545-555쪽)
가. 김기동씨(귀신론)
나. 이명범씨(레마선교회)
다. 권신찬, 이요한, 박옥수씨(구원파)

최삼경은 76회 이대위 활동에서 김기동 목사를 이단으로 만들기 위해서 자신이 쓴 책의 내용을 요약하여 1) 김기동의 모든 사상의 근원과 출발은 귀신론이다. 2) 김기동의 삼위일체론은 양태론이다. 3) 김 씨는 기독론에서 신성을 부정하고 인성을 제한한다. 4) 김 씨에게 성령은 허수아비와 같다는 내용의 연구보고서를 만든다. 참고문헌이 자신이 쓴 책이었다. 이명범 목사도 김기동 목사의 계열이라고 하여 이단으로 정죄하였다. 그러나 연구결과와 참고문헌만 있고 교리법 적용이나 기준이 전혀 없었다. 죄형법정주의를 위배한 불법적인 결의였다.

Ⅰ. 김기동씨(귀신론) 이단사상 연구보고서

서울 영등포 소재 성락침례교회 담임목사요, 베뢰아 아카데미 원장인 김기동씨의 이단사상을 다음과 같이 연구 보고합니다.

1. 김씨의 모든 사상의 근원과 출발은 귀신이다.

김씨가 말하는 귀신은 네 가지 조건으로부터 시작되는데 소위 (1) 제명이 차기 전에 죽은 (2) 불신자의 (3) 사후의 (4) 영을 말한다.

그런데 모든 질병은 이 귀신이 우리 몸에 붙어서(우리 영에는 못들어온다고 함.) 생기는 것으로 이 질병은 약이나 외술로는 궁극적으로 고칠 수 없고 축사를 통해서만 고칠 수 있다고 한다. 그러나 이 귀신인 영은 인격이 아니므로 자기 스스로 사람의 몸에 들어오지 못하고 미혹의 영의 도움을 입어야 하는데 미혹의 영이란 다음과 같은 것이라고 한다.

미혹의 영이란 하나님께서 신자들을 수호하도록 파송한 천사인데(김기동, 마귀론 상, p. 137), 이 천사가 가변되는 것, 즉 선한 천사가 악하게 변하는 것을 가르켜 미혹의 영이라고 주장한다(같은 책, p. 138). 결국 성경에서 말하는 유혹은 미혹의 영이라는 뜻으로(김기동, 마귀론 하, p. 54 이하), 한번 가변된 천사(미혹의 영)는 절대로 다시 환원될 수 없으며(김기동, 마귀론 하, p. 61), 죽을 때까지 따라다니며(마귀론 상, p. 142), 인간의 인격을 지배하는데(마귀론 중, p. 70), 이 가변된 천사의 수보다 천사의 수가 많아야 우리가 능력있게 산다고 한다(마귀론 상, p. 141). 천사가 가변되는 경우는 첫째, 천사가 자기 우두머리를 따라 가변되는 경우요, 둘째, 하나님에 의해 가변되는 경우인데(같은 책, p. 137) 하나님께서 가변시키는 경우는 천사가 하나님께 과잉 충성할 때와(같은 책, p. 61) 수호천사의 대상인 성도가 불의를 행할 때(같은 책, p. 137) 가변된다고 한다(예, 신경질을 부릴 때 신경질 부리는 미혹의 영이 된다).

2. 김씨의 삼위일체론은 양태론이다.

김씨는 "성부는 하나님의 본질이요, 성자는 하나님의 본체이시고, 성령은 하나님의 본영입니다. 그러니까 본질로서는 아버지요, 본체 곧 형상으로서는 아들이라 하고 영으로는 성령이라는 것입니다"(베뢰아 사람 제7권, 1988년 7월호, p. 40)라고 주장하는데 같은 사상과 용어는 책이나 테이프에 반복되는 것으로서(김기동, 성령을 알자, pp. 72-74, 기타 테이프), 이는 양태론적으로 삼위일체를 이해하고 있는 것으로서 다음의 글이 이것을 가장 잘 증명해 준다.

"하나님이 곧 성령이십니다. 성령이 예수 안에 있을 때 아버지가 되십니다(요 14:8). 아버지가 성도 안에 있으면 성령이 되십니다. 삼위의 각각 개체의 인격을 가지고 있는 것이 아니고 아버지와 아들과 성령은 장소에 따라 불려지는 이름이 다릅니다. 이는 곧 세모꼴을 어디서 보나 하나인 것과 같습니다. 서로 각각 인격을 가지고 있는 것이 아닙니다."

"인격은 오직 하나입니다. 각각 개체의 인격으로 말하지 말아야 합니다. 사람 얼굴을 보는 방향에서 다르듯이 말입니다. 하나님과 성령이 따로따로 있는 것이 아니고 성령님이 하나님이십니다. 예수님의 겟세마네 동산의 기도는 자기가 자기 안에 있는 아버지에게 기도한 것입니다."(베뢰아 9기생 강의 녹음테이프 9-2)

3. 김씨는 기독론에서 신성을 부정하고 인성을 제한한다.

김씨는 먼저 이단자 에비온파처럼 신성을 부정한다. 예수님의 생애는 신의 생애가 아니고 사람의 생애인데 오히려 예수님을 신이라고 하면 이단이라고 하며(테이프 19-2), 예수님께서 성령님에게 존칭어를 쓰신 것은 몸을 입고 계실 때 성령님을 같은 수준에서 말씀하실 수 없기 때문이라고 주장한다(성령을 알자, p. 13).

또한 김씨는 인성을 제한하여 콘스탄티노플회의(A.D.381)에서 이단자가 된 아폴로나리우스와 같은 주장을 하였다. 즉 예수님의 육체는 말씀에서 왔고(요 1:14), 그 말씀은 곧 영이기 때문에(요 6:63) 예수님의 육체는 우리의 영과 같은 수준이라고 하며 그래서 예수님이 흘리신 피와 그 살은 영이라고 한다(베뢰아 사람 9권, 1989년 3월, p. 44).

4. 김씨에게 성령은 허수아비와 같다.

김씨에게 있어서 구약에 나오는 "하나님의 신, 하나님이 보내신 영들은 천사들을 말하는 것이지 성령이 아닙니다"(마귀론 상, p. 112)라고 하여 창세기 1:2의 '하나님의 신'도 천사이며, 성령이 오시지 않아도 예수를 인정하면 구원을 받을 수 있다고 하며(성령을 알자, p. 97), 오순절 성령이 임하신 사실도 '성령이 임하면 권능을 받고'라는 말은 '천사를 얻고'라는 말과 동격이라고 하여(같은 책, p. 111), 모든 부분에서 천사일 뿐이지 성령은 허수아비와 같다.

5. 김씨는 성경은 문틈으로 들어온 빛에 불과하며 김씨의 설교도 성서적 가치를 가진다고 한다.

김씨는 한편으로는 성경을 강조하지만 귀신론 앞에서 성경의 가치는 격하되어 성경은 문틈으로 들어오는 빛에 불과하며 현재 성경으로는 예수 그리스도를 다 알지

93

최삼경

못한다고 하였다(김기동, 영원한 관계, pp. 68-69). 또한 오늘의 성경에는 성경과 성서가 있는데 성경은 계시이기 때문에 가감할 수 없지만 성서는 계시인 성경을 증거해 주는 것으로 가감할 수 있다고 하는데, 성경은 모세 오경과 공관복음으로 8권이요, 나머지 58권은 성서라고 하였다(베뢰아 9기생 강의 녹음테이프 24-1). 그러면서 한 단계 나아가 자기 설교나 간증문도 성경을 증거해 주는 것이니까 성서적 가치를 가진다고 하였다(같은 테이프).

6. 김씨는 이 세상을 마귀를 멸망시키기 위한 감옥으로서 하나님께서 불완전하게 참조하셨다고 한다.

김씨에 의하면 세 개의 하늘이 있는데 지구의 하늘(sky), 궁창의 하늘(space), 그리고 하나님의 하늘(heaven)로서 지구의 하늘과 궁창을 합하여 우주라고 하고 이 우주 속에다 마귀를 가두어 두었는데 이 우주와 하나님의 하늘 사이를 물벽을 쌓아(그것이 창세기 1 : 2의 '수면'이라고 한다.) 우주에 갇힌 마귀가 하나님의 하늘에 들어오지 못하게 하였다는 것이다(마귀론 상, pp. 61-62, 테이프 등). 그러기 때문에 둘째날 궁창 창조에만 하나님 보시기에 좋았더란 말이 없다(마귀론 상, p. 66)고 하여 하나님 창조의 불완전성을 주장했다.

7. 창세기 1장의 인간과 2장의 인간은 다르다고 한다.

김씨에 의하면 1장의 인간은 혼과 몸만을 가진 동물의 차원을 칭하는 용어요, 2장의 인간은 그 중에서 뽑힌 개화된 인간, 즉 영을 가진 존재라고 한다(마귀론 상, p. 79).

8. 연구 결과

김씨는 마귀를 모르면 예수를 모른다고 하였고(마귀론 상, pp. 14-15), 하나님께서 이 불법자 마귀를 합법자로 만들어 주었다고 함으로(마귀론, 중, p. 23) 하나님 자신이 불법을 합법화시킨 불법자가 되어 버린 격이다.

김씨는 그의 신론, 기독론, 계시론, 창조론, 인간론, 그리고 사단론 등 모든 곳에 비성경적 요소를 광범위하게 드러내는 무서운 이단이다.

9. 참고 자료

김기동. 마귀론 상. 인천 : 도서출판 베뢰아, 1985.
_____. 마귀론 중. 인천 : 도서출판 베뢰아, 1985.
_____. 마귀론 하. 인천 : 도서출판 베뢰아, 1986.
_____. 성령을 알자. 인천 : 도서출판 베뢰아, 1986.
_____. 영원한 관계. 인천 : 도서출판 베뢰아.
최삼경. 베뢰아 귀신론을 비판한다. 서울 : 기독교문화협회, 1990.
베뢰아 9기생 강의 녹음테이프 및 다수의 서적

Ⅱ. 이명범씨(레마선교회)의 이단성 연구보고서

1. 이명범씨의 개인의 문제점

이명범씨는 연세대 도서관학과를 졸업하고 이어서 이화여대 대학원에서 기독교학을 수학하였으며, 1981년 7월 20일 소위 '레마선교회'란 단체를 창설하여 성경을 가르쳐 왔다. 그녀는 이미 다른 곳에서 실시되고 있는 특수 프로그램인 '트레스 디아스(Tres Dias)'와 '비다뉴바(Vida Nueva, 청소년대상)'를 도입하여 세력 확장에 이용하고 있으며, 특히 그녀가 만든 '렘(rem)'이라는 프로그램에서 많은 물의가 일고 있다.

그녀는 이단자 김기동씨가 운영하고 있는 베뢰아 아카데미 1기생으로서 1980년 5월 10일 39명과 함께 졸업식을 가졌으며, 그녀의 가르침의 많은 내용이 베뢰아의 사상을 그대로 답습하고 있는데도 그녀는 이를 부정하는 것이나, 평신도인 자신이 많은 안수를 하면서도 안수를 하지 않는 것처럼 하는 점이나, 심지어 레마의 핵심 인사와의 간통으로 고소되었다가 취하된 바가 있는 등 많은 문제점을 개인적으로 노출시키고 있다.

2. 삼위일체의 문제점

이씨의 삼위일체론은 김기동씨나 그와 같은 부류의 사람들과 같은 것으로서 곧 양태론이다.

이씨는 성부, 성자, 성령의 이름이 예수라고 하며, 또한 삼위일체 하나님은 예수라는 하나님 따로, 여호와라는 하나님 따로 있는 신이 아니라고 한다(이명범, 믿음생활을 위한 출발, p. 209.).

이는 김기동씨의 아류인 이초석씨와도 같은 주장이며, 또 하나의 아류인 이태화씨가 쓴 책(조직신학 3권, p. 125)에 있는 내용과 똑같은 것으로 인격을 하나로 보는 양태론적 삼위일체론이다.

이씨가 1981년 8월 24일에 강의한 내용에 의하면 성부 하나님은 하나님의 본질이요, 성자 하나님은 하나님의 본체요, 성신 하나님은 하나님의 본영이라고 하였는데, 이 본질, 본체, 본영이라는 말은 김기동씨가 만들어 낸 전문용어이다(최삼경, 베뢰아 귀신론을 비판한다, p. 47).

그러므로 이씨의 삼위일체론은 우리의 전통적 삼위일체론에 정면으로 위배되는 것이다.

3. 창조론의 문제점

가. 이씨의 창조론에 의하면 하나님의 온전한 창조가 무너진다.

이씨는 하나님의 창조는 무에서 유가 나온 것이라고 가르치면서도 창세기 1 : 1을 '하나님이 천지를 창조하실 때에'라고 해석하고 1 : 2의 상태는 눈에 볼 수 없는 안개상태, 즉 원자상태로 창조하였는데 종말에 심판을 받고 나면 이 땅이 원자상태로 돌아간다고 하여('창세기' 강의테이프 1984년 4월 30일), 결국 1 : 2의 원자상태는 원래 존재하는 것이 되어 버렸다.

나. 인간의 타락은 선악과를 먹을 때가 아니라 그 전이라고 한다.

이처럼 최삼경은 상대방에게 소명기회도 주지 않고 자의적으로 연구하고 사이비이단대책위원회에 내놓아 결의하고, 총회에 보고만 하는 식으로 하여 이단으로 만들었다. 최삼경의 손끝에 의하여 많은 사람들이 단순한 약점으로 인해 이단으로 되어갔던 것이다. 즉 본질적인 기준이 아니라 비본질적인 기준, 교단 헌법 기준이 아니라 최삼경의 자의적 기준으로 이단이 되었다. 이명범은 신학도 없는 평신도였다. 훗날 자신은 신학이 없이 김기동 목사의 것을 처음에 따라하다가 나중에는 수정하였다고 했다. 적어도 이명범을 이단으로 정죄하려면 신학적 교리 체계가 있어야 했다.

(5) 77회(1992년)

최삼경은 77회 총회 이후 1년 동안 총회 〈사이비운동 및 기독교이단대책위원회〉에서 활동한다. 위원장은 이상윤 목사였고 최삼경은 위원이었다.

8. 사이비신앙운동 및 기독교이단대책위원회 보고서

제77회 총회 이후 1년 동안의 총회 사이비신앙운동 및 기독교이단대책위원회 경과를 다음과 같이 보고합니다.

보고인 : 위원장 이상윤

I. 조 직

위원장 : 이상윤   서 기 : 진희성
위 원 : 박종순 정행업 손영호 조성기 권태복 최삼경 이수영
전문위원 : 최대준 변태호 허남기 강동수 정삼수 박위근 이성희 이정환
          황승룡 이용원 김중은 오성춘 이형기 이광순 박수암 서정운
          박성규 강성렬
교리교육지침서 편찬위원 : 정행업 이상윤 맹용길 황승룡 이용원 이수영
          이형기 김중은 박수암 임창복
분과위원회(위원장은 위원 중 대책위원)
          김한식씨(한사랑선교회) : 박종순 최대준 이형기 오성춘
          서달석씨(강서중앙교회) : 이수영 박성규 박수암 이광순
          김계화씨(할렐루야기도원) : 손영호 강성렬 황승룡 허남기
          박남주씨(귀신론과의 관계) : 이정환 이성희 강동수
          황판금씨(대복기도원) : 진희성 최삼경 김중은 변태호
          이옥희씨(대백기도원) : 권태복 이용원 박위근
          교리교육지침서 초안작성분과 : 정행업 이수영 이형기 황승룡

77회부터 최삼경은 사이비이단문제상담소장을 맡아 통합교단에서 자리매김 하고 점점 영향력을 더해간다. 그는 자신의 심복인 침례교 신학교 출신인 김청을 간사로 영입한다. 김청은 최삼경이 시무하는 빛과 소금교회의 교인이었다. 최삼경이 일자리를 만들어 준 것이다.

10. 사이비이단문제상담소운영위원회 보고서

제 77회 총회 이후 1년 동안의 총회 사이비이단문제상담소 운영위원회의 경과를 다음과 같이 보고합니다.

보고인 : 위원장 박종순

I. 조 직

위원장 : 박종순   서 기 : 강동수   회 계 : 민준기
위 원 : 정령업 이상운 맹용길 최삼경 김영태 김창근 김동건 계지영 박문갑
　　　 김대선 임대섭 김희원
실무자 : 소 장 – 최삼경   상담원 – 김 청   사무원 – 윤수회

사이비이단문제상담소운영위원회는 다음과 같은 상담이 있었다고 보고했다.

제78회 총회 회의록

2. 상담 현황

전화, 서신 및 내방 상담에 응하고 있습니다. 상담원이 항상 근무하면서 피해 사례나 사이비 이단에 관련된 제보와 자료를 수집하고 있습니다. 아래의 통계는 심도있는 상담이 이루어진 것을 중심으로 작년 9월 개소 이래 금년 7월 말까지 상담 빈도가 잦은 것 순으로 모은 것입니다.

상담 현황

1992. 9. 1. ~ 1993. 7. 31.

구 분	'92.9~12.	'93.1~3.	'93.4~7.	계
이명범씨(레마선교회)	16	4	9	29
시한부종말론	21	3	0	24
김기동씨(귀신론)	9	5	2	16
문선명집단(통일교)	4	3	9	16
이초석씨(한국예루살렘교회)	8	3	2	13
김계화씨(할렐루야기도원)	6	3	3	12
윗트니스 리씨(지방교회)	6	2	4	12
구원파(권신찬, 박옥수, 이요한)	7	2	2	11
조용기씨(순복음교회)	4	2	4	10
귀신문제	6	3	0	9
박명호씨(엘리야복음선교원)	3	5	0	8
서달석씨(강서중앙교회)	3	1	3	7
박윤식씨(대성교회)	5	0	0	5
여호와의 증인	2	0	0	2
기 타	73	71	184	328
합 계	173	107	222	502

최삼경은 조용기 목사를 연구하여 이단성이 있다고 했다. 조용기 목사의 마귀론도 김기동 목사와 유사하다고 하여 사이비성이 있다고 주장했다. 이처럼 최삼경은 유독 김기동 목사의 귀신론을 갖고 대부분 사람들을 귀신론으로 이단 정죄한다. 이단 감별사들의 특징은 기적종료설, 은사무시를 하여 근본적 교리, 원리적 신학에 사로잡힌 탈레반식 정죄와 같았다. 그들 중 신학을 제대로 공부한 사람도 없었다. 더구나 교리 신학 학위를 받은 사람도 없었다.

최삼경은 조용기 목사에 대해서 김기동 목사류라고 하면서 사이비성 이단이라고 판단한다. 김기동 목사를 먼저 이단으로 정죄하고 그 이후 누구든지 귀신을 쫓아내는 사역을 하면 이단으로 정죄한다. 윤석전 목사는가 대표적인 예이다. 김기동 목사가 이단이기 때문에 이명범, 윤석전, 조용기 목사도 김기동 목사의 아류라고 판단하여 '묻지 마 이단' 이 되었다. 그의 눈에 조용기 목사는 이단이었다.

77회 총회록은 다음과 같이 조용기 목사에 대해서 언급한다. 당시 최삼경이 서기로 있는 〈조용기 씨의 사이비성에 대한 연구위원회〉는 "조용기 씨에게 사이비성이 있다는 결의를 취소 해제해야 할 이유를 발견하지 못하였으므로 그 당시 결의한 이같은 사이비 운동은 광신적 혼미를 가져올 우려가 농후하므로 이에 동조 또는 추종하거나 혹은 강사로 초청하거나 그런 집회에 참석하는 일이 없도록 산하교회에 시달하여 이에 미혹되는 일이 없도록 함이 옳은 줄 압니다라는 결정을 재확인하였다라는 보고는 1년간 더 연구하기로 하다"라고 하여 조용기 목사의 사이비성을 주장했다.

```
19. 조용기씨의 사이비성에 대한 연구위원회 보고
   조용기씨의 사이비성에 대한 연구위원장 한완석씨의 보고는 연합사업은 그대로
   하기로 하고 다음과 같이 완전보고로 받다.
   1) 조 직
      위원장 : 한완석      서 기 : 최삼경
      위 원 : 림인식 허재철 이수영
   2) 경 과
      (1) 제 1차 회의(1992. 3. 5)
      (2) 제 2차 회의(1992. 6. 12)
      (3) 제 3차 회의(1992. 7. 30)
      (4) 제 4차 회의(1992. 8. 17)
      (5) 제 5차 회의(1992. 9. 1)
      (6) 제 6차 회의(1992. 9. 24)
   3) 연구결과
      "동 위원회 연구결과 제 68회 총회시 결의한 조용기씨에게 사이비성이 있다는
      결의를 취소 해제해야 할 이유를 발견하지 못하였으므로, 그 당시 결의한 '이
      같은 사이비운동은 광신적 혼미를 가져올 우려가 농후하므로 이에 동조 또는
      추종하거나 혹은 강사로 초청하거나 그런 집회에 참석하는 일이 없도록 산하
      교회에 시달하여 이에 미혹되는 일이 없도록 함이 옳은 줄 압니다'라는 결정
      을 재확인하였다."라는 보고는 1년간 더 연구하기로 하다.
```

이처럼 이단감별사들은 자신들의 잘못된 바리새적이고 탈레반적인 근본주의적 신학을 갖고 기독교의 은사운동을 궤멸시키고 말았다. 최삼경은 합동신학의 근본주의 신학자인 메이첸과 박형룡 목사가 주장하는 기적종료설을 지지하기 때문이다. 최삼경처럼 교리 이외의 은사를 갖고 이단 정죄하는 나라는 한국밖에 없었다.

교회사의 이단 정죄는 신론, 삼위일체론, 기독론, 종말론이 기준인데 최삼경은 실천사역에 해당하는 귀신론을 통하여 이단정죄한 사례가 많았다. 축귀 사역을 하는 류광수 목사도 이단이었다.

최삼경은 자신이 축귀 사역을 하지 못하자, 축귀 사역을 하는 사람들을 대부분 이단으로 몰았다. 이는 귀신이 최삼경을 지배하기 때문에 귀신 내쫓는 사역을 하는 사람들을 모두 이단으로 모는 것이다. 예수 사역 대부분은 귀신을 내쫓는 사역이었다. 최삼경은 예수의 축귀 사역을 금지하는 성령훼방을 하였다. 이는 성령훼방죄이다.

최삼경이 연구한 〈조용기의 사이비성에 대한연구위원회 보고서〉에 의하면 이단 기준이 자의적이다. 계시론, 인간론, 신유, 마귀론, 신인동역설, 신인합일주의였다. 교회사의 이단 정죄 기준은 신론, 기독론, 삼위일체론, 종말론이었다. 최삼경의 기준과는 상관이 없었다. 특히 마귀론은 검증하기도 어렵고 교단 헌법에 체계화된 귀신론의 내용이 없기 때문에 마귀론을 갖고서 이단 정죄하는 것은 이단 정죄 기준을 벗어난 것이다. 이처럼 한국교회는 최삼경의 자의적 기준에 의해 지난 30년간 농락되었다.

77회 총회는 조용기 목사의 사이비성에 관해서 연구하였다. 당시 영락교회 장로가 1억을 주었는데 조용기 목사가 병을 고치지 못하여 장로가 죽자, 박조준 목사가 이단성 문제를 제기하였다. 다분히 정치적인 면을 띠고 있었다. 그때 최삼경이 이대위의 서기였다. 최삼경은 다음과 같이 자의적인 기준으로 조용기 목사를 이단으로 정죄하였다. 결론과 참고 자료만 있고 법 적용이 없었다.

15. 조용기씨의 사이비성에 대한 연구위원회 보고서

제 77회 총회 이후 1년 동안의 조용기씨의 사이비성에 대한 연구위원회 경과를 다음과 같이 보고합니다.

보고인 : 위원장 한완석

I. 조 직

위원장 : 한완석　　　서 기 : 최삼경
위 원 : 림인식　허재철　이수영

II. 회 의

1. 제 1차 회의(1993. 5. 14.)
　조 직 : 위원장-한완석　　서 기-최삼경
　안건처리 : 조용기씨의 사이비성에 대하여 연구하는 일은 허재철, 이수영, 최삼경 제씨에게 맡기다.
2. 제 2차 회의(1993. 7. 6.)
　안건처리 : 연구내용을 청취하다.
3. 제 3차 회의(1993. 9. 6.)
　안건처리 : 제 2차 회의시 작성한 연구결과를 보완하여 총회시 별지로 보고하기로 하다.

III. 연구결과 보고

1. 종말론 문제

조씨의 종말론은 본 교단에서 이단으로 규정한 이장림의(제 76회) 종말론과 다름 바가 없는 시한부종말론이다. 휴거, 7년대환란, 666, 열발가락, 열뿔, 70이레 등의 해석에 있어서 1992년 10월 28일 휴거를 주장하던 이단자 이장림씨의 사상과 동일한 것으로(「요한계시록 강해」, 「다니엘서 강해」, 「순복음의 진리 下」, 녹음테이프), 조씨는 마태복음 24 : 32~34에 나오는 무화과나무를 이스라엘로 해석하고 무화과나무가 연하여지고 잎사귀를 내는 것을 1948년 5월 14일 이스라엘이 독립한 것으로 보고, 한 세대 50년설을 취하여 1948년에 50년을 더한 1998년에 종말이 온다고 주장했다(1986년 4월 30일, 5월 7일 요한계시록 강의, 1988년 3월 20일 제 25회 구역조장세미나).

2. 계시론 문제
조씨는 하나님의 말씀을 '로고스'와 '레에마'로 구분하는데, '로고스'는 일반적이고 지식적이며 정체된 말씀이요, 반면에 '레에마'는 활동하는 능력의 말씀으로서 자신은 '레에마'의 말씀이 주어져 능력을 행한다고 한다(「순복음의 진리 上」pp. 45-46, The Fourth Dimension Vol 2, pp. 126-136, 「오늘의 만나 제 1집」pp. 104-105).
예컨대 그는 레에마의 말씀이 계시로 주어져 설교를 한다고 하는데 이사야 60:1~5을 본문으로 "한국의 소망"이라는 제목으로 설교하면서, 이사야 60장은 한국에 대한 예언으로서 "열방이 네 빛으로, 열왕에 비취는 네 광명으로 나오리라."는 3절의 말은 86년 아시안게임과 88년 올림픽에 대한 예언이요, "바다의 풍부가 네게로 돌아오며 열방의 재물이 네게로 옴이라."(5절)라는 말은 한국의 경제적 부흥을 예언한 것으로 '바다의 풍부'는 한국의 어느 바다에서 석유가 나올 것을 가리켜 준 일이요, '열방의 재물'은 중공의 문이 열려 한국과 교역을 함으로 얻을 이익을 가리킨다고 했다(1985년 1월 20일 설교테이프). 또한 삼각산에서 기도하고 내려오던 처녀들이 물 위를 걸으려다가 모두 물에 빠져 죽은 것은 조씨가 받은 것과 같은 레에마의 말씀을 받지 못하고 로고스의 말씀만 받았기 때문이었다는 것이다(The Fourth Dimension 1993년판, pp. 99-101., 녹음테이프).
그러나 성경은 "십자가의 도(로고스)가 멸망하는 자들에게는 미련한 것이요 구원을 얻는 우리에게는 '하나님의 능력'이라."(고전 1:18) 했고, "백부장이 대답하여 가로되 주여 내 집에 들어오심을 나는 감당치 못하겠사오니 다만 말씀(로고스)으로만 하옵소서. 그러면 내 하인이 낫겠삽나이다."(마 8:8) 했는가 하면 예수님이 말씀(로고스)으로 능력을 행하셨으며(마 8:16), 예수님 자신이 '로고스'이셨음을 볼 때(요 1장) 얼마나 비성경적인가를 알 수 있다. 조씨 자신도 이것이 성경적으로 신학적으로 잘못되었음을 시인하고 수정하겠다고 하였는데(Preston James Ritter 「성경과 조용기 목사」, 김성환 역, pp. 70-73) 수정하지 않은 것은 그의 부정직함을 말해 준다(The Fourth Dimension 1993년판, pp. 98-107).

3. 인간론 문제
조씨의 인간 이해는 영·혼·육 삼분설에 의한 것으로서 '지·정·의'의 인격적 기능이 혼에만 국한되고 영을 비 인격적인 것으로 보는 것은 본 교단에서 이단으로 규정한 윗트니스 리(제 76, 77회)와 김기동(제 77회) 등과 흐름을 같이 하는 것인데,

이는 신비주의자들이 가지는 인간 이해에 대한 전형적인 모습이다. 결국 인격적인 요소는 혼에만 국한되는 것으로 비인격적인 영은 단지 하나님과 교제하는 기능만을 가지고 있다는 것인데(「순복음의 진리 下」p. 258) 이처럼 영을 비인격으로 보는 오류는 영이신 하나님의 인격성에 대하여까지 문제를 야기시킨다.

4. 병고치는 문제

조씨에 의하면 병고침은 교회와 구원의 필연적인 요소가 된다.

조씨는 병고침을 세례와 성찬과 함께 교회의 3대 의식이라고 하면서, 병고치는 의식을 하지 않는 교회는 하나님의 말씀으로부터 멀어진 교회이며(「삼박자 구원」p. 284, 「5중복음과 삼박자 축복」p. 193, 「순복음의 진리 下」pp. 414-415), 심지어 병고침을 기대하지 않는 신앙은 예수님의 구세주 됨을 부인하는 것이라고 하고(「삼박자 구원」p. 266), 구원받은 사람이면 병고침도 받아야 된다고 한다(「삼박자 구원」p. 298).

5. 마귀론 문제

조씨는 마귀와 귀신을 질병의 배후로 보고(「순복음의 진리 下」p. 427, 「삼박자 구원」p. 250, 「삼박자 구원」p. 249, 김기동 「마귀론 下」pp. 170-174) 이 마귀와 귀신을 쫓아내야 질병을 치료할 수 있다고 주장하는데(「순복음의 진리 下」p. 454, 「삼박자 구원」p. 249, 최삼경 「베뢰아 귀신론을 비판한다」p. 33) 이는 본 교단에서 이단으로 규정한 김기동씨(제 77회)의 주장과 유사한 사상으로, 아담의 타락 이후 예수님께서 십자가에 죽으심으로 마귀에게 맡겨 준 권리증서를 되찾기까지 모든 권리가 마귀에게 있었다고 하면서, 이 마귀의 권리가 하나님 앞에서 합법적인 것이라고(「순복음의 진리 下」p. 297) 주장하는 점은 김기동씨의 사상과 똑같은 것이다(김기동 「마귀론 中」p. 23).

6. 신인동역설 문제

조씨의 주장은 신인동역설이다. 조씨가 "예수님께서는 육체가 없으시다. 그래서 당신의 팔, 당신의 입, 그리고 당신의 손을 사용하기를 원하신다."(Successful Living p. 89, Preston James Ritter 「성경과 조용기 목사」p. 47 재인용)고 한 점이나 "하나님께서는 이 사람들을 고치시기 원하신다. 그러나 하나님께서는 네(조씨)가 말하기 전까지는 그들을 고칠 수 없으시다."(The Fourth Dimension 1993년판 p. 81)고 한 점들은 하나님의 전능성과 자존성을 무시하는 신인동역설을 주장하는 데서 나오는 말이다.

7. 신인합일주의 문제

조씨에 의하면 인간은 하나님을 담을 수 있는 그릇으로 만들었는데(「삼박자 구원」

p. 39) 인간의 영이 죽게 됨으로 하나님과의 교제가 단절되었다고 하며(「순복음의 진리 下」 p. 259, 「오늘의 만나 제 2집」 p. 216) 예수께서 십자가에 죽으심으로 다시 교제가 시작되었는데, 예수 그리스도를 구주로 모시면 하나님의 생명을 받으므로 하나님과 같은 위치에 있다고 주장함으로써(「오늘의 만나 제 1집」 pp. 130-131) 창조주이신 하나님과 피조물인 인간과의 차이가 없어지는 데 이는 신인합일주의라고 볼 수 있다.

결 론

이와 같은 연구결과로 볼 때 조용기씨에 대하여 사이비성이 있다고 했던 결의를 해제해 할 이유가 없다고 사료된다.

참고 자료

조용기. 「순복음의 진리 上」. 서울 : 서울서적, 1990.
조용기. 「순복음의 진리 下」. 서울 : 서울서적, 1984.
조용기. 「삼박자 구원」. 서울 : 서울서적, 1989.
조용기. 「5중복음과 삼박자 축복」. 서울 : 서울서적, 1991.
조용기. 「오늘의 만나 제 1집」. 서울 : 서울서적, 1990.
조용기. 「오늘의 만나 제 2집」. 서울 : 서울서적, 1989.
조용기. 「더 깊은 곳으로」. 서울 : 영산출판사, 1978.
조용기. 「승리의 생활」. 서울 : 영산출판사, 1979.
조용기. 「요한계시록 강해」. 서울 : 서울서적, 1985.
조용기. 「다니엘서 강해」. 서울 : 서울서적, 1989.
조용기. 「삶과 기쁨」. 서울 : 영산출판사, 1979.
조용기. 「오늘의 양식 2」. 서울 : 서울서적, 1992.
조다윗. 「오늘의 양식 1」. 서울 : 서울서적, 1993.
조다윗. 「성령론」. 서울 : 서울서적, 1992.
Cho, Paul Yonggi. THE FOURTH DIMENSION. 1979.
Cho, David Yonggi. THE FOURTH DIMENSION. 서울 : 서울서적, 1993.
Cho, Paul Yonggi. THE FOURTH DIMENSION, Vol Two. South Plainfield ; Bridge Publishing, Inc., 1983.
국제신학연구원. 「여의도순복음교회의 신앙과 신학」. 서울 : 서울서적, 1993.
Ritter, Preston James. 「성경과 조용기 목사」, 김성환 역. 서울 : 삼영서관, 1983.
「한국교회와 종말론」. 서울 : 대한예수교장로회총회 신학교육부, 1991.
기타 다수의 조용기씨 설교 및 강의 녹음테이프.

이러한 연구보고서에 대해 최삼경은 〈교회와 신앙〉을 팔 목적으로 조용기 목사가 마치 이단인 것처럼 하여 싣기도 하였다. 결국, 돈이었다.

조용기 목사
사이비인가 정통인가

조용기 목사는 사이비인가, 아니면 정통인가? 조용기 목사의 사이비성 시비는 어제 오늘의 일이 아니요. 또한 한국 교계인의 관심사가 아니다. 10여 년이 넘도록 전세계 교회의 이목을 끌고 있는 문제인 것이다. 특히 1993년의 한국 교계에 이보다 더 뜨거운 사안을 꼽기 힘들 정도로 조용기 목사에 대한 사이비성 시비는 첫 이슈가 되었다.

이단이 아닌 자를 이단으로 몰아세운다면 이단된 자보다 이단으로 규정하는 자가 훨씬 더 악한 자일 것이요, 반면에 이단자를 이단이 아니라고 옹호하는 자는 역시 하나님의 심판을 면할 길이 없을 것이다.

이에 본지는 한국교회 뿐만 아니라 세계교회에 조용기 목사의 사이비성 내지는 정통성 여부를 가릴 수 있는 한 계기가 되기를 바라면서 장기 기획으로 이 지면을 마련한다. 특히 조용기 목사측과 비판하는 측, 모두에게 공정하게 이 지면이 제공될 것임을 밝히면서 교계의 여러 학자나 목회자의 적극적인 참여를 기대하는 바이다.

신학 · 교리적으로 건전하고 객관적인 지상토론의 장을 마련하고자 한 이번 기획의 첫 호에는 대한예수교장로회 통합측 제 78회 총회의 '조용기 씨의 사이비성에 대한 연구위원회 보고서'와, 이에 대한 조용기 목사측의 기자회견문, 조용기 목사이 본지에 보내온 반론문을 전문 그대로 게재한다.〈편집자 주〉

▲ 교회와 신앙

조용기 씨의 사이비성에 대한 연구위원회 보고서는 자신이 쓴 것이다.

없다고 주장하는 것은 결코 아니다. 또한 조다윗(용기) 목사는 병고침을 초대교회 이후 예수님의 가르침을 좇는 교회가 오늘날에도 지속적으로 수행해야 하는 의무로 보고 이를 주장하는 것이다.

그러므로 통합측이 이 문제를 부정적으로 언급하고 있는 것은 통합측 교단의 병고침에 대한 교리가 오순절 교단의 그것과 차이가 있기 때문에 제기된 하나의 신앙 노선상의 문제라고 볼 수밖에 없다.

5. 마귀론 문제

"마귀와 귀신을 질병의 배후로 보는 것은 김기동 씨와 유사하거나 동일하다는 주장에 대하여"

할 것을 주장한다(요12 : 31, 14 : 30, 16 : 11, 갈3 : 10~14, 엡2 : 2, 6 : 12).

그러나 김기동 목사의 귀신에 대한 이해는 육체가 없는 불신자 곧 죽은 사람의 영혼이며, 하나님은 단순히 마귀를 진멸하기 위하여 사람을 마귀가 합법적으로 괴롭히고 시험할 수 있는 도구로 만드셨다고 하는데, 이러한 사상은 조 목사의 성서적 마귀론과 전적으로 다르다.

6. 신인동역설의 문제

"예수님은 육체가 없으시므로 당신의 팔, 입, 손을 사용하시기를 원하신다는 내용이 신인동역설이라는 주장에 대하여"

▲ 교회와 신앙

이처럼 최삼경은 교단의 이단사역 활동내역을 저널에 게재함으로써 그 영향력을 과시하고 많은 책을 팔고자 하였다.

그러나 훗날 최삼경의 이론은 뒤집히고 만다. 최삼경이 배제된 다른 연구위원들은 조용기 목사를 세계선교를 위하여 함께 일할 수 있는 형제라고 판단하였다. 이단이 아니었다.

(6) 78회(1993년)

최삼경은 78회 총회 이후에도 사이비이단대책위원회에서 연구분과와 상담분과에서 활동하였다. 78회 위원장은 김태동 목사였고 최삼경은 위원에 불과했다. 최삼경은 73회부터 78회까지 5년 동안 한 번도 이단사이비대책위원회를 떠난 적이 없었다.

---

19. 사이비이단대책위원회 보고

사이비이단대책위원장 김태동씨의 보고는 다음과 같이 완전보고로 받다.

가. 조 직

위원장 : 김태동 　　서 기 : 박종순 　회 계 : 박명근

위 원 : 이상운 정행업 **최삼경** 이수영 김동건 이정규 진희성 손성현 임종헌 손승원 김창헌 나학진

분과위원회

연구분과/위원장 : 이수영 　위 원 : 나학진 이상운 **최삼경** 임종헌

조사분과/위원장 : 진희성 　위 원 : 김창헌 이정규 손성현

상담분과/위원장 : 정행업 　위 원 : 김동건 손승원 최삼경

전문위원 : 손영호 권태복 최대준 김창영 허남기 **강동주** 정삼수 박위근 이성희 이정환 황승룡 오성춘 이형기 박수암 서정운 박성규 신영균 김병무 안인호 윤재신

특히 78회 총회록에는 조용기 목사의 사이비성에 대한 연구위원회의 연구가 보고되었다. 최삼경은 배제된 채 호신대와 장신대 교수들로만 구성되어 보고했다. 최삼경을 배제한 것은 바리새적이고 탈레반적인 근본주의 신학을 배제하겠다는 것이다. 탈레반적 신학은 탈레반처럼 사람을 죽이는 것을 즐거워하는 신학이다. 조용기 목사 건은 황승룡, 이형기, 김명용, 김지철 교수가 연구해서 보고했다.

다. 위원 황승룡 이형기 김명용 교수로 하여금 조용기씨와 그에 관계된 최근 출판물을 통하여 연구하도록 하고 그 결과를 취합하여 공개토론회를 가질 수 있도록 준비하기로 하다.

라. 장신대 신약학 교수인 김지철 목사를 본위원회 위원으로 선임해 줄 것을 총회 임원회에 요청하기로 하다.

제 79회 총회 회의록

31. 조용기씨의 사이비성에 대한 연구위원회 보고

조용기씨의 사이비성에 대한 연구위원장 한완석씨의 보고는 다음과 같이 완전보고로 받다.

가. 조 직
  위원장 : 한완석   서 기 : 유한귀
  위 원 : 이종윤 이수영 김창영 황승룡 이형기 김명용 김덕조 안길중 김지철 최삼경

나. 경 과
  경과보고는 별지(보고서 743-744쪽 ; 회의록 909-910쪽)와 같이 받다.

다. 연구결과 보고
  조용기(다윗)씨가 보내온 별지 사과문을 낭독하고 동 위원회의 연구보고서를 별지와 같이 보고하니 동씨의 사과문 중 "귀 교단에서 지적한 바를 보완하고 수정할 것을"을 약속한 부분을 연구결과에 첨가하기로 하고 받다. (사과문 별지, 연구결과 보고서 별지 ; 회의록 910-918쪽)

〈연구결과〉
  이상과 같이 조용기씨의 설교와 신학은 많은 부분들에 있어서 사도적 보편교회의 신앙과 일치하면서도, 우리가 지적하지 않을 수 없는 상당한 문제점을 가지고 있다. 그런데 이 지적한 문제점들은 대체로 오순절교파의 특수성에 관련된 것들이 많고, 또한 조용기씨 자신의 오류도 부분적으로 존재하고 있다. 그러나 조용기씨가 1984년 본총회에 제출한 서신과 1994년 본총회 총회장에게 보내 온 "서신"에서 그 자신이 "부족한 점을 보완해 나가고", "잘못된 점을 수정해 나갈 것"이라고 전해 왔으니, 우리는 상호간에 하나의, 거룩한, 보편적, 사도적 교회의 구성원들로서 이 민족의 복음화와 세계 선교를 위하여 함께 일할 수 있도록 받아 주시기를 바라나이다.

이처럼 근본주의 신학에 기초한 개신교의 탈레반 최삼경은 조용기 목사를 이단으로 본 반면, 학문성을 추구하는 장신대 교수들은 "조용기 목사가 민족의 복음화와 세계 선교를 위하여 함께 일할 수 있도록 받아달라"고 사면의 입장을 주장했다. 훗날 100회

총회 때 연속이 되었다. 이것은 근본주의 신학을 갖고 합동에서 박형룡 목사의 영향을 받은 최삼경의 신학이 잘못되었고 왜곡되었다는 것을 증명한 것이다.

일부 장신대 교수들은 에큐메니컬적인 입장을 갖고 최삼경의 자의적인 이단 기준을 채택하지 않았다. 가능하면 일치를 추구하여 사면의 입장을 견지했다. 79회 총회록 중 〈조용기 씨의 사이비성에 대한 연구위원회 보고서〉를 보면 잘 알 수 있다.

14. 조용기씨의 사이비성에 대한 연구위원회 보고서

제 78회 총회 이후 1년 동안의 조용기씨의 사이비성에 대한 연구위원회의 경과를 다음과 같이 보고합니다.

보고인 : 위원장 한완석

Ⅰ. 조 직

위원장 : 한완석　　서 기 : 유한귀
위 원 : 이종윤 이수영 김창영 황승룡 이형기 김명용 김덕조 안길중
김지철 최삼경

Ⅰ. 회 의

1. 1차 회의(1994. 1. 24.)
결의사항 :
가. 조 직
위원장 : 한완석　　서 기 : 유한귀
나. 조용기씨가 1984년 7월 18일자로 당시 총회장 림인식 목사에게 보낸 사과문을 현재의 날짜로 다시 쓸 수 있는지 여부를 당사자에게 묻기로 하고 접촉하는 일을 위원장에게 맡기기로 하다.
다. 위원 황승룡 이형기 김명용 교수로 하여금 조용기씨와 그에 관계된 최근 출판물을 통하여 연구하도록 하고 그 결과를 취합하여 공개토론회를 가질 수 있도록 준비하기로 하다.
라. 장신대 신약학 교수인 김지철 목사를 본위원회 위원으로 선임해 줄 것을 총회 임원회에 요청하기로 하다.
마. 다음 회의를 2월 24일 12시에 이천 소재 미란다호텔에서 갖기로 하다.
2. 2차 회의(1994. 2. 24.)
결의사항 :
가. 제 78~5차 총회임원회에서 김지철 교수(장신대)가 위원으로 추가 선임되었다는 보고는 받다.
나. "조용기씨가 1984년 7월 18일자로 당시 총회장 림인식 목사에게 보낸 사과문을 현재의 날짜로 다시 쓸 수 있는지 여부를 당사자에게 묻기로 한 일"은 위

이단감별사들의 한국교회 大 사기극

원장과 서기로 하여금 계속 추진케 하기로 하다.

다. 위원 황승룡 이형기 김명용 교수의 연구 진행경과를 청취하고 계속 연구키로 하다.

라. 위원으로 추가 선임된 김지철 목사에게는 성서신학적 입장에서 연구하도록 과제를 부여하기로 하다.

3. 3차 회의(1994. 7. 28.)

결의사항 :

가. 서기가 1994년 4월 25일 위원장과 서기가 조용기씨를 만나 면담한 일의 경과를 보고하니 받기로 가결하다.

나. 조용기씨의 '사이비성'에 대한 연구자료에 대하여, 황승룡 목사는 성령론, 김명용 목사는 종말론을 요약 정리하여 이형기 목사에게 보내 전체적인 정리를 하여 다음 회의에 보고하기로 가결하다.

다. 전체 보고자료가 요약 채택되면 제 79회 총회 보고서에 게재하기로 가결하다.

라. 조용기씨의 '사이비성'에 대한 연구자료는 총회본부에 보내어 총회 전에 총대원들에게 배부토록 의뢰하기로 가결하다.

4. 4차 회의(1994. 8. 16.)

결의사항 :

가. 조용기씨의 '사이비성'에 대한 연구결과보고서(요약)를 제 79회 총회에 제출하기로 가결하다.

나. 본안건에 대해서 제 79회 총회 전에는 일체 대외비로 하기로 가결하다.

Ⅱ. 연구결과 보고서(요약)

Ⅰ. 사도적 보편교회의 신앙과 오순절교파 및 조용기씨 신학의 특수성

우리는 우리 교파가 가지고 있는 고전적인 개혁교회의 신앙고백서들과 현대 개혁주의 신앙고백서들 및 1986년에 총회가 채택한 "대한예수교장로회 신앙고백서"를 표준으로 하여 기독교 신학의 정통성을 가늠하지 않고, 우리 교파가 세계교회와 공유하고 있는 "성경," "고대 에큐메니칼 신조들" 및 "W.C.C.의 교리헌장과 신앙과 직제의 문서들"을 조용기씨의 "사이비성" 시비의 표준으로 삼았다. 우리는 우리가 채택한 이 표준에 의하여 조용기씨의 ① 성경관, ② 삼위일체론, ③ 기독론, ④ 복음, ⑤ 성령론, ⑥ 구원론, ⑦ 교회론을 평가하였다.

1. 성경관

조용기씨는 인격적이고 유기적인 영감설에 입각한 말씀론을 펼쳤고, 성경의 통일성에 해당하는 성경의 주제를 "복음"으로 보고 40명의 성경기자들의 다양한 메시지들을 암시하였다. 성경의 통일성은 교파들의 통일성을 가능케 하고, 그것의 다양성은 교파들의 다양성을 가능케 한다. 우리는 조용기씨가 제시한 성경의 주제에 있어서 일치하며 성경의 다양성 차원에서 그의 오순절교파적 특수성을 인정할 수 있다 하겠다. 여기까지는 우리가 제시한 표준에 거의 부합한다. 그러나 1983년에 나온 「5중복음과 삼박자축복」은 성경의 주제에서 빗나갔고, "중생, 성령충만, 축복, 신유, 재림"에 집중하는 성경의 문자주의적 해석을 지향했다. 1983년은 예장 통합측 제 68회 총회가 9개 항목에 달하는 조용기씨의 "사이비성"을 제기한 해인바, 이처럼 성경의 주제(비교 : 연구자료 중 "성경관"과 "복음")에서 빗나가는 경향이 순복음교회를 어지럽게 하는 소지가 되었던 것이다.

2. 삼위일체론

조용기씨는 삼위일체 하나님에 대한 성서적 근거들을 제시하였고, 예배시에 "사도신경"을 사용하므로 오늘날 에큐메니칼 차원에서 사도적 공동신앙의 표현으로 인정되는 니케아—콘스탄티노플신조(A.D. 381)에 나타난 삼위일체 하나님을 믿고, 고백하고, 예배한다. 그러나 1983년 「5중복음과 3박자축복」은 오순절교파의 특수성에 해당하는 "성령"을 강조한 나머지, 성령을 "기독론"과 "삼위일체 하나님"의 연관으로부터 빗나가게 하고 있는 경향이다. 하지만 오순절교파의 성령에 대한 강조가 세계 보편교회에게 새로운 통찰과 자극을 주고 있는 것으로 우리는 받아들일 수 있다.

3. 기독론

예수 그리스도의 위격과 사역(the Person and Work of Jesus Christ)에 관하여 "성경," "칼세돈신조"(451)와 "니케아—콘스탄티노플신조"(381) 및 "사도신경"에 부합한다. 하나님의 아들의 성육신, 예수 그리스도의 신성과 인성, 그의 십자가와 부활사건을 통한 구속 사역에 있어서 전혀 사이비성이 없다. 다만 이사야 53장에 나타나는 "질고"와 "슬픔"을 육체적 질병으로 보고, 이것이 예수 그리스도의 십자가상에서 성취된 것으로 보아, 마태복음 8 : 16, 10 : 1, 2, 마가복음 16 : 17, 베드로 전서 2 : 24에 근거하여 믿는 자들의 육체적 치유가 반드시 일어나는 것으로 보는 것이 문제이다. 조용기씨와 오순절교파는 예수 그리스도의 구속사역이 성령을 통하여 우리 믿는 자들에게 실현될 때, 칭의와 성화뿐만 아니라 육체적 질병까지 치유한다고 보는 바, 이것은 이들의 특수성이자 문제의 소지를 안고 있는 것이다.

4. 복 음

성경의 통일성에 해당하는 "복음" 그리고 그의 "기독론" 전부가 복음이고, 「5중복음과 삼박자축복」(1983)에서도 이 "복음"을 명쾌하게 정의하는데, 문제는 조용기씨가 목회 실천에서 그리고 「5중복음과 삼박자축복」에서 이미 언급한 "중생, 성령충만, 축복, 신유, 재림"에 집중하는 문자주의적 성경해석이다. 적어도 조용기씨가 JWG(1990)의 *Hierarchy of Turths*(진리의 우선순위)가 제시하는 성경의

중심과 이 중심과 관계되어 있는 다양한 계시적 진리들을 이 중심과의 관계에서
해석하고 있다면, 이 중심에 종속시키는 방향으로 이해할 수 있다면, 그의 오순절
교파적 특수성을 절대화하거나 보편화시키지 않을 수 있을 것이다.

5. 성령론

　조용기씨는 성령의 신성, 하나님의 영으로서의 성령, 그리스도의 영으로서의 성
령을 논할 때, 성령의 위격(Person)은 삼위일체 하나님의 한 위격이요, 성령은 그
자체의 고유성을 지니고 있는 것으로 주장한다. 이것은 옳다. 그리고 조용기씨는
성령의 사역(Work)에 관한 부분에 관하여 기독론을 전제하고 있어서 매우 건전하
다. 문제는 성령을 예수 그리스도와 삼위일체 하나님의 공동사역에서 분리시키는
경향이라 하겠으나, 성령의 특수 사역들에 대한 그의 강조는 오순절 교파의 특수
성으로 보아야 한다. 그리고 오순절 교파는 이 같은 교파적 특수성을 절대화하거
나 보편화하지 말아야 할 것이다. 세계 보편교회는 오순절 교회의 성령사역에 대
한 강조와 실천으로부터 뭔가 도전을 받아야 할 것이다.

6. 구원론

　조용기씨는 "이신칭의"를 구원으로 보고 "성화"를 강조하고 이 둘을 합하여 중
생으로 보는 바, 이는 신앙과 직제 문서(Edinburgh, 1937)(I. 3)에 결코 어긋나
는 것이 아니라 그것을 공유하고 있다. 때로는 그가 이신칭의와 성화를 명확히 구
별하지 않으며, "중생" 개념 역시 논란의 여지가 없지는 않으나 이는 결코 문제로
제기될 수 없다고 판단된다. 문제는 "중생"에 이어 "성령세례"를 강조하는 것에 있
다. 조용기씨는 에단버러 신앙과 직제 문서(1937)의 내용을 충분히 수용할 수 있
다고 보여지나, "성령세례"라고 하는 오순절 교파의 특수성을 다양성 차원에서 상
대화시켜야 하고, 5중복음과 삼박자축복을 맞물리게 한 나머지 "이신칭의"와 "성
화"를 흐려놓아서는 안 될 것이다.

7. 교회론

　예수 그리스도의 구속사역에 근거하여 성령의 사역으로 생긴 교회, 예수 그리스
도를 머리로 하고 예수 그리스도를 몸으로 하는 교회, 그리고 말씀설교를 강조하
고, 세례와 성만찬을 베풀고, 나아가서 코이노니아를 지향하는 교회와 일치에로
나아가고 선교하는 교회를 말하는 조용기씨의 교회론은 평신도의 위치를 강조하는
보편적인 개신교의 교회론이다. 문제는 그가 물세례 이외에도 성령세례를 주장하
고, 성만찬의 봉헌된 떡이 육체적 질병을 치료한다고 하며, "세례와 성만찬" 이외
에 "병고침의 의식"을 주장하고 있는 것이다. 우리는 오늘날 로마가톨릭교회와 동
방정통교회가 7성례 중 그 우선순위를 세례와 성만찬에 두고 있는 것으로 보아,
조용기씨와 오순절 교파가 "병고침의 의식"을 너무 강조하거나 없어서는 안 될 것
으로 여기지 말아야 할 것이다. "성령세례" 역시 오순절 교파의 특수성으로 생각
할 수 있겠으나, 그들은 결코 그것을 절대화하거나 보편화하여 보편교회로부터 분
리해 나가서는 안 될 것이다. 1982년 리마의 B.E.M.문서를 수용하므로써

W.C.C.가 지향하는 사도적 보편교회 안으로 들어와야 할 것이다.

II. 오순절교파와 조용기씨 신학의 특수성이 안고 있는 문제들

우리는 이상의 7가지 주제들에 있어서 오순절교파와 조용기씨의 신앙내용이 사도적, 보편교회의 그것과 근본적으로 일치하는 점들을 제시하였고, 이어서 '허용될 만한 다양성' 차원에서 저들의 특수성을 지적하면서 저들이 이 특수성을 결코 절대화하거나, 보편화시켜서는 안 된다는 사실을 밝혔다. 대체로 조용기씨는 그의 조직신학에 해당하는 「순복음의 진리 上, 下」(1979)에서는 세계 오순절교파의 주류신학을 지향하고 있으나, 「5중복음과 삼박자축복」(1983) 및 그 이후의 설교와 글들에서는 한국적인(민속신앙적) 필요와 요구에 야합하는 설교와 신학이론을 펼치고 있는 경향이다. 우리는 아래에서 오순절교파와 조용기씨 신학의 특수성이 안고 있는 문제성을 ① 성령론, ②종말론에 국한시켜 약술하려고 한다.

1. 성령론

조용기씨는 전통적인 기독교 교리를 따라 성령은 삼위일체의 한 위이신 하나님이시고 인격을 지니신 분이라 하며, 성령의 사역은 ① 죄와 의와 심판에 대하여 책망하시고, ② 신자를 거룩하게 하시고, ③ 가르치시고 인도하시고, ④ 위로하고 도우시는 분으로 기술한다. 이와 더불어 그는 성령은 중생, 성령세례, 은사, 축복 등을 베푸신다고 주장한다. 여기에서 그는 성령세례는 중생과 다른 것이다라고 하는 오순절교파의 입장을 내세운다.

> "그러므로 중생과 성령세례는 동일한 체험인 것이 아니라 분명한 다른 별개의 체험이다. 물론 중생과 성령세례는 동시에 일어날 수도 있고 또 어떤 기간을 두고 분명히 체험할 수 있는 별개의 체험으로 나타나기도 한다."
>
> 〈조용기, 「성령론」(서울 : 신명애사, 1973), p.136.〉

이처럼 그는 중생과 성령세례를 구분하고, 중생은 성령과 말씀으로 그리스도의 몸에 접붙임을 받고 새 생명을 받아들이는 체험으로, 성령세례는 하나님의 사역을 함에 있어서 놀라운 봉사적 능력을 얻기 위한 제 2의 축복으로, 이의 외적 표현과 증거는 방언이다라고 한다.

조용기씨는 성령의 은사를 강조하면서 성령의 은사는 지금도 성령께서 사모하는 성도들에게 주시는데 그 목적은 복음을 효과 있게 증거하고 능력 있게 그 직을 수행하기 위함이라고 한다.

> "성령의 은사는 하나님의 역사와 그리스도의 직임을 효과 있고 능력 있게 수행하기

위한 권능의 수단이요, 도구입니다. 성령의 은사는 사람이 소유할 수 없고 오직 성령께서 소유하셔서 당신이 내주하시는 성도를 통하여 나타내는 것입니다. 그러므로 성령의 은사를 체험한 성도들은 내주하시는 성령 하나님 앞에 엎드려 자기 자신을 정결한 그릇으로 헌신하고 오직 성령께서 자신의 뜻을 좇아 택하신 시간과 장소에서 은사를 그릇 속에 담아 교회와 성도에게 신앙의 유익을 가져다주시도록 기다려야 할 것입니다. 그러므로 은사를 사모하는 자는 자기 마음대로 은사를 지적하여 달라고 기도하는 것보다는 내주하신 성령께서 그 거룩하신 뜻을 좇아 어떤 은사든지 나를 통하여 나타내사 교회를 유익하게 하시도록 기도하고 기다리는 것이 좋습니다. 그런 후에 성령께서 뜻을 좇아 각 사람에게 나누어 주는 은사를 발견하게 되면 우리는 그 은사를 성장시키고 그 은사가 우리를 개발하여 더 크고 더 풍성한 유익을 나타내도록 해야 합니다."

〈조용기, 「순복음의 진리 上」(서울 : 서울서적, 1990) p. 240〉

조용기씨는 이 은사를 고린도 전서 12장에 따라 9가지로 구분하는데 그것을 다시 계시의 은사, 발성의 은사, 권능의 은사로 크게 구분한다. 그러면서 그는 병고치는 은사를 더욱 강조하며 그리스도교 신앙과 나눌 수 없는 성령의 불가피한 은사라 한다.

우리는 지금까지 조용기씨의 성령에 관한 이해 및 주장을 간추려 보았다. 그의 성령의 뿌리는 한마디로 성령 체험을 강조한 20세기 오순절운동에 근거하고 있다. 따라서 오순절 성령운동에서 야기된 문제점들이 그에게서도 문제점으로 제기된다.

첫째, 오순절 성령운동의 영향을 받은 교회가 신비주의 내지는 열광주의 경향에 빠진 점.

둘째, 성령의 활동을 지나치게 편협화하여 초자연주의 경향으로 흐르게 하며, 직통계시의 가능성을 열어 놓은 점.

셋째, 성령의 활동을 개인적인 축복의 영역으로 집중시키므로 기복신앙을 확산시킨 점.

넷째, 성령의 은사의 다양성보다는 몇 은사를 지나치게 강조한 점.

다섯째, 성령의 사역을 강조하되 적극적 사고와 4차원적 환상을 지나치게 강조하여 인위적 요소를 드러낸 점 등이다.

그러나 반면에 오순절 성령운동이 성령에 대한 새로운 관심을 일으킨 점과 그리스도교 신앙의 초자연적 영역을 일깨워준 점, 성도의 신앙을 활성화시키며 교회를 성장시킨 점, 또한 하나님의 구원의 은혜를 육체적 건강과 연결시키고 세상적인 경제적 측면과 연결시켜 그리스도교의 복음이 이 세상에서도 희망이라는 것을 고취시킨 점은 긍정적 면이라 할 수 있다.

결론적으로 그의 성령론은 오순절교파의 특수성에 속한다고 하겠다. 우리는 이 같은 특수성을 보편화시키거나 절대화시키지 않는 범위내에서 그 같은 특징을 이해하므로 합법적인 교파적 다양성을 지향해야 할 것이며, 또한 조용기씨는 그의 성령론의 가르침 중 위험한 요소가 있음을 직시하고 그에 대한 비판을 겸허하게 수용할 뿐만 아니라 더욱 균형 있는 복음주의적 목회자가 되기 위하여 배전의 노력을 해야 할 것이다.

2. 종말론

조용기씨의 종말론은, 종말의 역사가 그리스도의 공중재림→일부성도 휴거→적그리스도의 출현→전환란시대 3년 반→후환란시대 3년 반→아마겟돈 전쟁→그리스도의 지상재림→천년왕국으로 이어진다는 세대주의 종말론의 구조를 거의 그대로 따르고 있는 종말론이다. 조씨는 휴거론에 있어서도 7년대환란 전의 휴거를 주장하고 있고 이 휴거에는 성도들의 절반 정도가 올라가고 절반 정도는 지상에 남게 될 것으로 대체로 추정하고 있다. 조씨에 의하면 종말론의 역사가 본격적으로 시작되는 적그리스도의 출현은 열 발가락 열 뿔 시대의 도래를 의미하는 바, 이 열 발가락, 열 뿔 시대는 유럽 땅에서 열 개의 나라가 통합해서 통합 유럽이 출현하는 때인데 이 통합 유럽이 이스라엘과 7년 계약을 맺게 된즉, 이것이 7년대환란의 시작이라는 것이다. 그런데 통합유럽 곧 적그리스도의 왕국이 등장해서 7년간의 대환란이 시작되기 전에 그리스도께서 공중재림해서 상당수의 성도들은 휴거해 공중에서 살게 되기 때문에 환란을 피할 수 있다는 것이 조씨 종말론의 핵심적 구조라고 볼 수 있다.

이와 같은 조씨의 종말론은 세대주의자들의 종말론에서 흔히 볼 수 있는 신학적 체계를 거의 그대로 반복하고 있는 것으로 조씨만의 독특한 종말론으로 보기는 어렵다. 이런 종말론적 구조는 본총회가 이단으로 규정한바 있는 이장림씨의 종말론 속에서도 그대로 반복되고 있는데, 이것은 세대주의 종말론에서 이단적인 종말론이 나올 가능성이 많다는 것을 암시하고 있는 것이다. 왜냐하면 세대주의 종말론은 대체로 인류 역사를 구약시대 4천년, 신약시대 2천년, 그리고 천년은 천년왕국 시대라고 보는, 그리스도 재림 이전의 역사를 6천년으로 추정하고 있는 역사관에 익숙하기 때문이다. 이 역사관에 의하면 주후 2000년경에 주님의 재림이 있을 가능성이 높고, 따라서 1990년대에는 적그리스도의 왕국이 등장할 가능성이 높아진다는 말이다.

이와 같은 세대주의 종말론은 신학적으로 틀린 종말론이고 또한 위험성이 많은 종말론이다. 이 종말론은 그리스도의 재림이 두 차례에 걸쳐서 있다고 주장하고 있기 때문에 개혁교회를 포함하는 사도적 보편교회의 종말론과 크게 배치될 뿐만 아니라, 성경에서도 그리스도의 이중적 재림을 언급하는 곳이 없기 때문에 비성경적이다. 또한 환란을 피하기 위한 7년간의 공중 휴거 개념도 성경에서 찾을 수 없다. 또한 인류 역사를 6천년으로 추정하는 것은 성경에 근거가 없을 뿐만 아니라 그리스도의 재림을 주후 2000년경으로 추정할 위험을 내재하고 있다. 그러나 세대주의 종말론이 신학적으로 틀린 종말론이고 위험성이 많은 종말론이지만 이단으로 규정된 종말론은 아니고, 아직도 한국과 세계 여러 곳의 적지 않은 수의 교회와 성도들이 유감스럽게도 신봉하고 있는 종말론이다.

　　그러면 이장림씨의 종말론은 왜 이단으로 규정되었는가? 그것은 그의 종말론이 세대주의 종말론에서 한걸음 더 나아가 직통계시에 근거해서 종말의 날짜를 계산하는 시한부 종말론으로 발전했기 때문이다.

　　조씨의 종말론은 어떠한가? 1988년 3월 20일 여의도순복음교회당에서 제 25회 조장 구역장 세미나에서 조씨는 다음과 같이 언급한 바 있다.

　　　"유럽은 열 발가락 시대가 언제 오느냐? 1992년. 지금부터 4년 후에 유럽은 통합되게 되어 있는 것입니다. (중략) 4년 후에 1992년에 유럽은 통합되고 맙니다. 고로 유럽이 통합되고 통합유럽의 대통령이 선거되면 그 대통령이 누구냐? 적그리스도인 것입니다. (중략) 그러므로 인류 역사를 6천년에 종말이 온다는 것으로 우리가 계산하고 있는데, 그렇다면 지금은 언제쯤 왔느냐. 아담부터 아브라함까지가 약 2천년, 예수님부터 오늘날까지가 1988년이 됐으니건 6천년에서 5천 988년, 아담부터 지금까지 햇수를 빼니간 몇 년입니까? 12년 남았지요. 12년 정도 남았습니다. (중략) 여러분. 우리 교회에서 공동묘지를 왜 안 사는지 압니다. 여러분 대다수가 다 70이하요. 그러니 공동묘지 들어갈 시간이 없는데 왜 공동묘지를 사요. 바쁜 일이 있어도 너무 빨리 가지 마세요. 저는 이제 50대니까 나는 넉넉히 가고도 남음이 있습니다."

　　이상의 언급에서 우리는 조씨의 종말론이 시한부 종말론으로 넘어가는 경계선을 부분적으로 침범하고 있다고 볼 수 있다. 또한 조씨는 마태복음 24 : 32~34에 나오는 무화과나무를 이스라엘의 독립으로 보고 1948년에 이스라엘이 독립했기 때문에 한 세대를 약 50년으로 보면 1998년경에 종말이 온다고 개략적으로 해석했다. 이런 해석 때문에 조씨는 시한부 종말론자로 규정될 가능성이 일면 열려 있다고 볼 수 있다.

　　그러나 우리는 조씨와 이장림씨 사이에 존재하는 중요한 차이점도 간과해서는 안된다. 그 핵심적 차이는 이장림씨의 날짜 예언은 주로 직통계시에 근거하고 있는 반면에, 앞서 언급한 조씨의 경우에는 세대주의자에게 흔히 있는 잘못된 성경해석의 결과로 나타난 것들이라는 점이다. 즉 인류 역사를 6,000년으로 보는 잘못된 신학과, 다니엘서의 열 발가락 시대. 요한 계시록의 열 뿔 시대를 통합유럽과 일치시키려는 성경해석상의 오류가 그 핵심적인 원인이라는 점이다. 조씨와 이장림씨 사이에 존재하는 중요한 두 번째 차이점은 이장림씨는 1992년 10월 28일을 휴거일로 정확히 못박은데 반해. 조씨는 재림 날짜는 하나님의 주권에 속한다고 보는 정통적 견해를 갖고 있다는 점이다. 조씨는 1990년 10월 10일 설교 중에서 다음과 같이 언급했다.

"어떤 사람이 1992년 몇 월 며칠 날에 예수님이 온다고 그렇게 계시를 받았다고 전하고 다니는데 그것은 새빨간 거짓말입니다. 그것은 하나님의 권위에 대한 도전입니다. (중략) 그 날과 그 시를 안다는 사람이 있거들랑 다 거짓말인 줄 아세요. 왜냐하면 이것은 하나님의 절대 주권에 속한 것이고 인간에게는 보여 주지 않습니다."

「순복음소식」제 646호에 실려 있는 조씨의 설교 속에서도 조씨는 "마지막 때를 말해 주는 열 발가락 열 뿔 시대에 적그리스도가 나타난다고 성서학자들은 말한다. 이 적그리스도가 언제 나타날지 예수 그리스도께서 언제 오실지는 아무도 모른다. 그 날과 그 때는 오직 하나님만 아실 뿐이다. 우리는 다만 시대의 징조를 감지하고 깨어 기도하면서 삶의 현장에 충실할 뿐이다. 이것이 성도의 올바른 자세일 것이다."라고 언급했다.

이상과 같은 조씨의 언급들은 앞서 연대에 대한 언급과 어떻게 조화를 이룰 수 있을까? 조씨는 연대는 언급할 수 있어도 날짜는 언급할 수 없다는 뜻으로 그 날과 그 시는 하나님의 주권에 속한다고 언급한 것일까? 그럴 가능성은 있다. 그러나 연대에 대한 추론은 조씨의 개략적인 추론으로 파악하는 것이 조씨의 입장을 바르게 파악한 것으로 보인다. 즉 주후 2000년경에 주님의 재림이 있을 것으로 추정되지만 그 날과 그 시는 아무도 모르기 때문에 성도들은 이 때를 대비하면서 살아야 된다는 것이 조씨의 의도로 여겨진다.

결론적으로 언급하면 조씨의 잘못된 연대계산은 시한부 종말론으로 넘어가는 경계선을 부분적으로 침범하고 있다. 그러나 이와 같은 오류는 대단히 위험하지만 세대주의 종말론의 잘못된 성경해석 때문에 세대주의 종말론자들에게 흔히 생길 수 있는 오류이다.

Ⅲ. 연구결론

이상과 같이 조용기씨의 설교와 신학은 많은 부분들에 있어서 사도적 보편교회의 신앙과 일치하면서도, 우리가 지적하지 않을 수 없는 상당한 문제점을 가지고 있다. 그런데 이 지적한 문제점들은 대체로 오순절교파의 특수성에 관련된 것들이 많고, 또한 조용기씨 자신의 오류도 부분적으로 존재하고 있다.

그러나 조용기씨가 1984년 본총회에 제출한 "서신"과 1994년 본총회 총회장에게 보내온 "서신"에서 그 자신이 "부족한 점을 보완해 나가고," "잘못된 점을 수정해 나갈 것"이라고 전해 왔으니, 우리는 상호간에 하나의, 거룩한, 보편적, 사도적 교회의 구성원들로서 이 민족의 복음화와 세계 선교를 위하여 함께 일할 수 있도록 받아 주시기를 바라나이다.

요약하면 직영신학대학원 교수들은 조용기 목사가 오류도 있지만 "우리는 상호 간에 하나의 거룩한 보편적 사도적 교회의 구성원들로서 이 민족의 복음화와 세계 선교를 위하여 함께 일할 수 있도록 받아주시기를 바라나이다"라고 했다.

그러나 개신교 탈레반 최삼경은 "조용기 씨에 대하여 사이비성이 있다고 했던 결의를 해제해야 할 이유가 없다고 사료된다"고 하여 교리법 적용 없이 교리적으로 죽이고자 하였다.

> **결 론**
>
> 이와 같은 연구결과로 볼 때 조용기씨에 대하여 사이비성이 있다고 했던 결의를 해제해 ~~할 이유가 없다고 사료된다.~~

최삼경이 배제된 직영신학대학원 교수들은 이단 사이비에 대한 기준을 최삼경처럼 자의적 근본주의적 신학을 기준으로 하지 않고, 개혁주의 신앙고백서와 총회에서 채택한 신앙고백서, 성경, 고대 에큐메니컬 신조, WCC 교리 헌정과 신앙과 직제의 문서들을 토대로 조용기 목사의 성경관, 삼위일체론, 기독론, 복음, 성령론, 교회론을 평가하였다. 귀신론에 대한 평가는 없었다. 기준도 다르고 채택 문서도 다르고, 신학적 입장도 달랐다. 이것은 훗날 100회 특별사면위원회에서 재현되었다.

이러한 기준을 갖고 평가하면 조용기 목사는 "상호 간에 하나의 거룩한 보편적 사도적 교회의 구성원들로서 이 민족의 복음화와 세계 선교를 위하여 함께 일할 수 있는 동역자"이지만 최삼경처럼 종말론, 계시론, 인간론 문제, 마귀론 문제, 병 고치는 문제, 신인합의설, 신인동역설을 기준으로 삼으면 조용기 목사는 사이비성이 있는 목사로 되는 것이다. 이처럼 최삼경은 처음부터 왜곡된 기준을 갖고 이단 정죄를 하다 보니 수많은 사람을 이단으로 만들어 교리적으로 총살을 하였던 것이다. 최삼경은 교리적 탈레반이었다.

최삼경은 예장통합교단에 있으면서 한 번도 예장통합교단의 신앙고백과 개혁신앙고백서를 이단 정죄의 기준으로 삼은 적이 없다. 교리적 탈레반이기 때문에 죽이는 일만 찾아서 했다. 그래도 최삼경은 "너무나 당연한 일이지만 이단 문제에 있어서 제일로 중요한 것은 먼저 자료의 객관성이요 다음으로는 비판 기준의 객관성이다."라 며 탈레반처럼 거짓을 말한다.

(7) 79회(1995년)

79회 사이비이단대책위원장은 정복량 목사이고, 최삼경은 사이비이단대책위원회의 위원으로서 여전히 붙박이 활동을 한다. 6년째 사이비이단대책위원회에서 일을 한다. 이 당시는 박종순, 이수영, 최삼경이 이대위를 장악하다시피 했다.

제 80 회 총회 회의록

가. 조직보고(79회기 초직)
　위원장 : 정복량　　부위원장 : 소의수 이규호　　총무 겸 서기 : 박위근
　회　계 : 이만영
　위　원 : 박정식 유은옥 손성현 김동명 조천기 김학만 임신영 장승현
　　　　　박종덕 류철량 장기택 이만영 박현순 양기준
나. 경과보고
　위원장 정복량씨의 경과보고와 요망사항은 별지(보고서 827-828쪽과 별지 : 회
　의록 997-998쪽)와 같이 받다.

28. 사이비이단대책위원회 보고
사이비이단대책위원장 김태동씨의 보고는 다음과 같이 완전보고로 받다.
가. 조직보고(79회기 초직)
　위원장 : 김태동　　서　기 : 손영호　　회　계 : 이상재
　위　원 : 하해룡 이상운 박종순 최삼경 이수영 이정규 유희정 김동건
　　　　　신영균 김동수 정행업 김창헌
　전문위원 : 목　사-강동수 강성두 권태복 김창영 박성규 박수암 박위근
　　　　　　서정운 오성춘 이성희 이정환 이형기 정삼수 최대준
　　　　　　허남기 황승룡
　　　　　장　로-김병무 서정원 안인호 윤재신
나. 경과 및 연구결과 보고
　경과보고는 별지(보고서 765-780쪽과 별지 : 회의록 930-939쪽과 별지부록)
　와 같이 받다.
다. 청　원
　1) 별지 연구결론을 채택하여 달라는 청원은 허락하다. (별지 부록)

이단감별사들의 한국교회 大 사기극

79회부터는 이단 옹호 언론에 대한 문제를 제기하기 시작한다. 교리법에는 이단 옹호 언론에 대한 법 조항이 없다.

제 80회 총회 회의록

회의에 제안하게 하기로 하다.
  마. 신안건인 "위원회와 상담소의 재정운영"에 대한 것은 임원, 분과위원장, 상담
      소장에게 맡기기로 하다.
3. 3차 회의(1995. 8. 31.)
  결의사항 :
  가. 제 79-3차 임원 및 분과위원장 회의(1995. 2. 24.)의 경과는 아래와 같이
      받다.
      1) 위원회로부터 수임된 안건인 "국내에서 발생한 이단들이 해외로 진출하여
         그 피해가 날로 확산되고 있으므로, 그들에 대한 연구보고서를 영어, 중국
         어, 일어로 자료집을 만들어 상담소에서 보급하는 것을 연구하여 위원회에
         제안하는 일"은 외국에 영향을 미치는 이단들에 대한 연구보고서를 영어와
         중국어로 번역하여 자료집을 만드는 것으로 위원회에 제안하기로 하다.
      2) 위원회로부터 위임된 안건인 "위원회와 사이비이단문제상담소의 재정 운영
         및 집행에 관한 일"은 상담원 김청씨에게 상담연구비를 지급하기로 하다.
  나. 제 78회 총회에서 "그릇된 가르침에 현혹되지 않도록" 결의된 서달석씨와 황
      관금씨가 총회와 본위원회 위원들을 상대로 형사고소(출판물에 의한 명예훼손
      혐의)와 민사소송(명예훼손 등에 따른 손해배상과 위자료 청구)을 제기해 형
      사고소는 "혐의 없음" 등으로 일단락되었고 민사소송은 진행 중에 있다는 보
      고는 받다.
  다. 수임안건에 대한 연구보고서는 아래 내용을 반영 요약하여 총회에 보고하기로
      하다.
      1) 트레스 디아스에 대한 연구보고서는 그대로 채택하기로 하다.
      2) 이단을 옹호하는 언론에 대한 대책은 "「기독저널」, 「들소리신문」, 「주일신
         문」, 「교회연합신문」, 「교회와 이단」은 이단을 옹호하는 글이나 그들의 광
         고를 게재하여 교인들의 신앙상 혼란을 야기하고 있으므로 본교단 목회자
         들이 이 곳에 글을 게재하거나 광고를 내어 후원하는 일이 없도록 해주시
         기 바랍니다."로 하기로 하다.

79회기에 사이비이단상담소는 최삼경이 소장으로 되어 교단을 등에 업고 막강한 권력을 행사한다.

(8) 80회 (1996년)

80회 총회 이후에도 최삼경은 탈레반적 붙박이로서 사이비이단대책위원회에서 계속 활동을 한다. 위원장은 손영호 목사이지만 최삼경은 고정된 위원이었다. 엄청난 특혜였다. 그러다보니 최삼경은 교리의 총을 갖고 마음대로 교리적 총살을 하는 교리적 탈레반이 된다. 최삼경이 교리 그 자체였다.

통합교단은 죄형법정주의 정신에 따라 예장통합 헌법이나 이대위 정관을 중시한 것이 아니라 최삼경의 기준과 이대위의 결의를 중시했다. 탈레반은 총이 법이고 성문화된 법이 없었다. 교단의 이대위도 최삼경의 영향하에 성문화된 법을 갖고 이단 정죄하는 것이 아니라 자의적인 판단을 갖고 탈레반과 바리새인들처럼 이단 정죄를 하였다. 일단 죽이고 보는 것이다.

당시는 최삼경이 말하는 것이 기준이고 원칙이었다. 80회기부터는 류광수 목사의 다락방의 문제가 대두된다. 그러나 100회기에 들어서 사이비성은 '예의주시'로 변경되었다.

21. 사이비이단대책위원회 보고

사이비이단대책위원장 손영호씨의 보고는 다음과 같이 완전보고로 받다.

가. 조 직

위원장 : 손영호　　서 기 : 김창영　　회 계 : 오재익

위 원 : 이귀철 김태구 윤여권 정행업 이상운 최대준 박일성 이수영
유희정 이정환 계지영 <u>최삼경</u>

나. 경과 보고

경과 보고는 별지(보고서 656-664쪽과 추가 ; 회의록 924-934쪽)와 같이 받다.

다. 청 원

1) 다음의 연구결론을 채택해 달라는 건은 허락하다.

　가) 빈야드 교리 : 빈야드운동은 성령과 그 사역에 대한 이해가 치우쳐 있고 거룩한 웃음, 떨림, 쓰러짐, 짐승소리 등을 정당화하기 위한 그들의 성경 해석은 올바르지 않으며 또한 무질서한 예배도 바람직하지 않다. 그러므로 본교단 소속 목회자들과 교인들은 빈야드 형식의 예배를 무분별하게 도입하여 들이는 일이 없어야 할 것이며, 이 운동에 참여하는 것을 삼가해야 할 것으로 사료된다.

　나) <u>류광수씨의 〈다락방 전도운동〉</u> : 류광수씨의 다락방 전도운동은 비록 전도운동이라 주장하지만 그 가르침 가운데 마귀론에서 오류를 범하고 있는 것으로 밝혀졌고, 교회를 어지럽히고 성도들을 혼란하게 하는 등 사

- 96 -

IV. 사이비이단문제상담소

1. 실무자
   소 장 : 최삼경   상담원 : 김 청
   사무원 : 유수정
2. 경 과
   가. 사이비 이단에 대한 연수교육
      1) 때 : 1996. 2. 26~28.
      2) 대 상 : 일본기독교단 동경교구 원리문제대책위원 10명
      3) 내 용 : ① 강의─한국의 사이비 이단의 실태/강사 최삼경 목사
                ② 견학─문선명집단의 주요시설
   나. 빈야드에 대한 현지조사
      1) 때 : 1996. 4. 7~18.
      2) 조사지 : 미국 LA 아나하임 빈야드교회, 캐나다 토론토 에어포트교회
      3) 조사자 : 연구분과위원장 최대준 목사, 상담소장 최삼경 목사
      4) 조사내용
         1996. 4. 7. 서울 출발, LA 도착─빈야드(Vinyard) 저녁예배에 참석
         1996. 4. 8. 빈야드 및 토론토 브래싱에 대한 비판서적 구입
         1996. 4. 9. 풀러(Fuller)신학교에 들러 그 곳에 미친 영향을 조사
         1996. 4. 10. 윌리암 케리(William Carry) 신학교에서 서적 구입
         1996. 4. 11~13. 캐나다 토론토─토론토 브래싱 예배에 참석, 서적 테이
                        프 구입
         1996. 4. 14. LA 빈야드의 주일낮, 밤예배 참석 서적 및 테이프를 구입

최삼경은 자신이 이단상담소장이면서도 자신의 교회에서 한 푼도 후원하지 않았다. 최삼경은 받기만 하고 교단의 이단대처 사역에 대해서는 후원을 한 적이 없었다.

이단감별사들의 한국교회 大 사기극

3. 후원교회

상담소는 후원교회의 후원금으로 유지 운영되고 있습니다. 후원금은 1구좌 월 50,000이며 80회기에는 91개 교회가 참여했으며 구좌수로는 88개였습니다.

후원교회별 입금현황

(1995. 8. 1~1996. 7. 31.)

서울노회 :	동숭교회	550,000	충무교회	600,000
서울동노회 :	국일교회	600,000	남부교회	600,000
	동신교회	1,400,000	동일교회	600,000
	마석교회	500,000	목천교회	600,000
	휘경교회	600,000	노 회	1,000,000
서울북노회 :	덕수교회	600,000	인창교회	200,000
	장위중앙교회	250,000	종암교회	600,000
	태릉교회	600,000	팔호교회	300,000
	장석교회	300,000		

VI. 청 원

1. 아래 연구결론을 채택해 주실 일과,

　가. 빈야드 교리 : 빈야드운동은 성령과 그 사역에 대한 이해가 치우쳐 있고, 거북한 웃음, 떨림, 쓰러짐, 짐승소리 등을 정당화하기 위한 그들의 성경해석은 올바르지 않으며 또한 무질서한 예배도 바람직하지 않다. 그러므로 본교단 소속 목회자들과 교인들은 빈야드 형식의 예배를 무분별하게 도입하여 들이는 일이 없어야 할 것이며, 이 운동에 참여하는 것을 삼가해야 할 것으로 사료된다.

　나. 류광수씨의 〈다락방 전도운동〉: 류광수씨의 다락방 전도운동은 비록 전도운동이라 주장하지만 그 가르침 가운데 마귀론에서 오류를 범하고 있는 것으로 밝혀졌고, 교회를 어지럽히고 성도들을 혼란하게 하는 등 사이비성이 있으므로 제 81회 총회 이후로는 본교단 소속 목회자들과 교인들이 이 운동에 참여하거나 이 운동을 그대로 답습하는 일이 없어야 될 것이며, 본교단에서 운영하고 있는 총회전도학교를 적극 활용토록 함이 좋을 것으로 사료된다.

2. 현재 이단(안식교) 동조 협의자에 대하여 총회재판국에 기소하기로 했습니다.

▲ 80회 총회 회의록

(9) 81회(1996년)

81회 사이비이단대책위원장은 강동수 목사이고, 최삼경은 고정된 위원이며 연구
분과위원이며 이단상담소장을 맡았다.

10. 사이비이단대책위원회 보고서

제 81회 총회 이후 1년 동안의 사이비이단대책위원회의 경과를 다음과 같이 보고합니다.

보고인 : 위원장 강동수

I. 조 직

위원장 : 강동수　　　서 기 : 이수영　　　회 계 : 오재익
위 원 : 김창영 박일성 신영균 이귀철 이상운 이정환 최대준 최삼경
전문위원 : 목사-강성열 권태복 김종렬 김중은 박성규 박수암 박위근
　　　　　이성태 이형기 정삼수 정행업 주건국 현요한 황승룡
　　　　　장로-김병무 김오원 윤재신 이흥순

〈분과위원회〉

1. 연구분과/위 원 장 : 최대준
　　　　　　위　 원 : 김창영 최삼경
　　　　　전문위원 : 권태복 김종렬 김중은 박수암 박위근 이형기 정삼수
　　　　　　　　　 현요한 황승룡
2. 조사분과/위 원 장 : 이정환
　　　　　　위　 원 : 이귀철 신영균
　　　　　전문위원 : 이성태 주건국 김병무 윤재신
3. 상담분과/위 원 장 : 박일성
　　　　　　위　 원 : 이상운
　　　　　전문위원 : 강성열 박성규 정행업 김오원 이흥순

IV. 사이비이단문제상담소

1. 실무자
　　소 장 : 최삼경　　　상담원 : 김 청　　　사무원 : 유수정
2. 경 과
　가. 자료집 제작 보급
　　　사이비이단대책위원회가 활동을 시작한 제 75회 총회부터 지난 제 81회 총회까지
　　　(1990 - 1996년) 총회에 보고하여 채택된 연구보고서를 「상담소자료집 8/사이비 이
　　　단 연구보고서」라는 제목으로 제작하여 상담소 후원교회와 교단산하 전교회(노회 경
　　　유)에 무료로 보급함.

81회기에 최삼경은 연구분과위원으로서 교단 헌법 교리법 적용없이 류광수 목사를 사이비성으로 규정한다.

"류광수 씨의 〈다락방 전도운동〉: 류광수 씨의 다락방 전도운동은 비록 전도운동이라 주장하지만 그 가르침 가운데 마귀론에서 오류를 범하고 있는 것으로 밝혀졌고, 교회를 어지럽히고 성도들을 혼란하게 하는 등 사이비성이 있으므로 제81회 총회 이후로는 본 교단 소속 목회자들과 교인들이 이 운동에 참여하거나 이 운동을 그대로 답습하는 일이 없어야 될 것이며 본교단에서 운영하고 있는 총회전도학교를 적극 활용함이 좋을 것으로 사료된다."

제 81회 총회 이후 1년 동안의 사이비이단대책위원회의 경과를 다음과 같이 보고합니다.
보고인 : 위원장 강동수

I. 조 직

위원장 : 강동수　　　서 기 : 이순영　　　회 계 : 오재익
위 원 : 김창영 박일성 신영균 이귀철 이상운 이정환 최대준 최삼경
전문위원 : 목사-강성열 권태복 김종렬 김중은 박성규 박수암 박위근
　　　　　　　이성태 이형기 정삼수 정행업 주건국 현요한 황승룡
　　　　　장로-김병무 김오원 윤재신 이흥순
〈분과위원회〉
1. 연구분과/위 원 장 : 최대준
　　　　　위 원 : 김창영 최삼경
　　　전문위원 : 권태복 김종렬 김중은 박수암 박위근 이형기 정삼수
　　　　　　현요한 황승룡

VI. 청 원

1. 아래 연구결론을 채택해 주실 일과,
　가. 빈야드 교리 : 빈야드운동은 성령과 그 사역에 대한 이해가 치우쳐 있고, 거룩한 웃음, 떨림, 쓰러짐, 짐승소리 등을 정당화하기 위한 그들의 성경해석은 올바르지 않으며 또한 무질서한 예배도 바람직하지 않다. 그러므로 본교단 소속 목회자들과 교인들은 빈야드 형식의 예배를 무분별하게 도입하여 들이는 일이 없어야 할 것이며, 이 운동에 참여하는 것을 삼가해야 할 것으로 사료된다.
　나. 류광수씨의 〈다락방 전도운동〉: 류광수씨의 다락방 전도운동은 비록 전도운동이라 주장하지만 그 가르침 가운데 마귀론에서 오류를 범하고 있는 것으로 밝혀졌고, 교회를 어지럽히고 성도들을 혼란하게 하는 등 사이비성이 있으므로 제 81회 총회 이후로는 본교단 소속 목회자들과 교인들이 이 운동에 참여하거나 이 운동을 그대로 답습하는 일이 없어야 될 것이며, 본교단에서 운영하고 있는 총회전도학교를 적극 활용토록 함이 좋을 것으로 사료된다.

▲ 제81회 총회 회의록

(10) 82회(1997년)

82회는 최삼경의 천적으로서 역할을 했던 김창영 목사가 사이비이단대책위원회 위원장이 된다. 최삼경은 전문위원으로서 활동을 한다. 그는 교리의 총을 한 번도 놓은 적이 없었고 이단만 나타나면 용서와 사면보다는 교리적 총질을 하는 것을 즐겼다. 82회부터는 최삼경의 정체가 조금씩 드러났다.

8. 사이비이단대책위원회 보고서

제 82회 총회 이후 1년 동안의 사이비이단대책위원회의 경과를 다음과 같이 보고합니다.

보고인 : 위원장 김창영

I. 조 직

위 원 장 : 김창영　　　서 기 : 이정환　　　회 계 : 오재익
위　　원 : 목사-강성두　공병의　권재명　양복주　이광규　이순창　최대준
　　　　　장로-김우신　김우영　민순기　엄태근　윤재신
전문위원 : 목사-이원태　김덕래　최삼경　허 수　권태복　단필호　주건국
　　　　　정삼수　박성규　김중은　박수암　이형기　현요한　황승룡
　　　　　정행업
　　　　　장로-김오원　이흥순　심영식
〈분과위원회〉
연구분과/위 원 장 : 최대준　　　위　원 : 이순창　권재명　공병의　엄태근
　　　　　전문위원 : 김중은　박수암　이형기　현요한　황승룡　정행업　단필호
　　　　　박성규
조사분과/위 원 장 : 윤재신　　　위　원 : 이광규　민순기
　　　　　전문위원 : 권태복　주건국　정삼수　심영식
상담분과/위 원 장 : 양복주　　　위　원 : 강성두　김우신　김우영
　　　　　전문위원 : 이원태　허 수　김덕래　김오원　이흥순

이 때부터 최삼경의 이단감별 활동에 대한 문제점이 제기된다. 최삼경이 권한을 놓자, 최삼경 죽이기가 시작된다.

82회 부터는 김창영 목사가 위원장이 되고, 서기에 이정환 목사가 되면서 최삼경

에 대한 이단성 문제가 제기된다. 김창영, 이정환 목사는 최삼경의 천적이었다. 삼신론과 마리아 월경잉태론을 제기한 사람은 이정환 목사이다. 이정환 목사로 인해 최삼경은 한기총에서 마리아 월경잉태론자로 이단이 된다. 최삼경의 킬러는 이정환 목사였다.

82회 총회 이후에는 최삼경이 전문위원으로서 활동하지만 최삼경의 영향력은 김창영, 이정환 목사 때문에 감소한다. 그는 전문위원으로서 어떻게 해서든지 한 다리를 걸쳐놓고 교리의 칼자루를 쥐고 영향력을 행사하려고 하였지만 당시 이대위원장은 김창영 목사이고, 서기는 이정환 목사이기 때문에 견제를 당하였다. 이들은 훗날 최삼경이 예장통합교단에서 더 이상 영향력을 행사하지 못하도록 제동을 건다.

이정환 목사는 87회기에 최삼경의 삼신론에 대해서 이단 행위라고 문제를 제기하고, 94회기에는 마리아 월경잉태론으로 문제를 제기한다. 2009년 최삼경이 한기총을 떠나자마자 2년 후 2011년 한기총에서 최삼경을 삼신론과 마리아 월경잉태론으로 이단 정죄를 할 때도 전문위원이었다. 최삼경의 발목을 잡는 것은 이정환 목사였다. 그나마 이정환 목사가 있었기 때문에 최삼경이 한기총에서 이단으로 정죄되었던 것이다.

그러나 최삼경은 여전히 통합교단 안에서 상담소장을 맡고 있어서 교단 내 이단감별 사역을 계속 했다. 100회 이정환 목사가 특별사면위원장으로서 충분히 검증을 하고 이단 사면을 해주자, 이에 대한 발목을 잡은 것도 최삼경이었다. 결국 사면 실패로 끝나고 말았다. 최삼경이 복수를 한 것이다. 최삼경은 언제든지 이단으로 묶으려고 했고 이정환 목사는 언제든지 최삼경만 묶고 억울하게 이단으로 정죄된 사람들을 사면하려고 하였다. 이단감별사들의 대교회 사기극에 대해 이정환 목사는 반이단감별사의 대교회 사면 극으로 맞섰다. 82회기부터는 사태가 반전되었다. 반최삼경 분위기였다. 그러나 여전히 사이비이단상담소장은 최삼경이 맡고 있었다.

Ⅲ. 사이비이단문제상담소

1. 실무자
   소 장 : 최삼경   간 사 : 김 청   사무원 : 유수정
2. 경 과
   가. 자료 수집 : 사이비 이단에 대한 기초자료 및 연구자료를 국내·외서 폭넓게
      수집하여 상담소에 비치하고, 누구든지 열람할 수 있도록 하기 위해 준비하
      고 있다.
      1) 국내 자료 : 상담소 간사가 지속적으로 수집함.
      2) 외국 자료 : 김성훈씨(목사, 미국 뉴욕)에게 맡겨 1998년 8월 26일 현재
         약 15,000여건의 자료목록을 수집하였으며, 목록을 분류 번역하고 비치
         할 자료를 순차적으로 구입할 예정임.
      3) 재 원 : 상담소의 조사연구비(목록의 조사 분류 번역)와 도서비(자료의
         구입 복사)에서 충당함.

▲ 제82회기 총회 보고서

　82회기부터는 이정환, 김창영 목사 이외에 다른 노회에서도 최삼경에 대해 문제점을 제기하기 시작했다. 인천동노회는 최삼경이 윤석전 목사 이하 지나칠 정도로 타교단 목사를 이단으로 정죄하려고 하자, 이에 대한 문제점을 지적하기 시작했다.

　윤석전 목사에 대한 이단성 논쟁은 최삼경이 편집장으로 있는 〈교회와 신앙〉을 통하여 97년 9월부터 한국교회를 뜨겁게 했다. 최삼경은 〈교회와 신앙〉에서 윤석전 목사가 김기동 목사의 마귀론을 갖고서 설교하였다고 하여 이단성을 제기한다.

이단감별사들의 한국교회 大 사기극

II. 윤석전 목사는 이단인가 아닌가?

1. 윤 목사의 마귀론은 이단자 김기동의 영향을 받은 것이다

그에게 이단성이 있다고 느껴지는 부분은 여러 가지다. 한 곳의 질병은 비교적 다른 곳에도 질병을 유발하듯이 어느 하나가 잘못되면 다른 곳에도 문제가 발생한다. 윤 목사에게도 마찬가지다. 필자가 볼 때 그의 계시관에도, 교회관에도, 그리고 목사관에도, 구원관 등에도 문제가 있다고 본다. 그러나 이 모든 문제를 유발시킨 출발점 중에 하나가 마귀론이라고 보고 싶다. 그에게 김기동 씨를 교주로 하는 소위 '귀신파'의 신학적, 교리적 영향이 있느냐 없느냐의 문제가 그 동안 그에게 있었던 이단시비의 핵심이었다. 필자도 윤 목사의 책을 읽고 테이프를 들으면서 그의 이단성의 핵심이 있다면 여기에 있다고 생각한다.

1) 윤석전 목사의 마귀론에 대한 주장은 무엇인가

윤석전 목사의 설교를 들어보면 '귀신' '마귀' '사탄'이란 말이 많이 나온다. '귀신'이나 '마귀'란 말을 많이 한다고 문제가 있다는 것은 아니다. 그것이 그의 교리에서 차지하는 위치가 무엇이냐는 것이요 특히 구원론에 어떤 영향을 미치고 있느냐가 문제이다. 먼저 그의 마귀에 대한 사상을 점검해 보고 비판해 보겠다. 밝혀 둘 것은 녹취된 내용은 그의 테이프의 말과 문자적으로 완전히 일치하지는 않는다. 그러나 그가 말하고자 하는 뜻을 바꾸지는 않았다. 가능한 중요한 말은 그의 말 그대로 기록하려고 노력하였으나 경우에는 끝말을 바꾸거나 때로는 의미상의 말을 따라 조금씩 바꾸기도 하였다. 그리고 설명이 필요한 말은 괄호 속에 넣었다. 그것은 독자들의 이해를 돕기 위해서다.

"누가복음 13장에 보니까 18년간 귀신들려 구부려져 않았는데 근대 의학에서 볼 때는 '아하 저건 곱추다. 허리의 뼈와 신경이 잘못되어 구부려진 것이다' (그렇게 볼 것입니다.) 그런데 주님은 밝히 보고 알아요. 주님은 귀신이 들렸다고 합니다. 그 주님이 당신 안에 있어 당신 안에 일어나는 일을 알지 않겠느냐? 알 뿐만이 아니라 능히 해결할 분입니다. 이 분이 내 가정의 가장 되기를 원해요. 마태복음 11:22에서 귀신들려 눈멀고 벙어리 된 자를 예수께 데리고 왔거늘 의학에서는 눈멀은 것이 무엇이냐? '눈신경 시신경이 마비되었다' 말하지만 주님은 귀신들렸다고 말합니다. 쫓아내어 보고 말하더라 누가 알아요? 그것을 주님이 말씀하셔서 알아요. 죄를 사람이 짓는지 알았더니 주님이 볼 때 죄를 짓는 자는 마귀에게 속하나니 마귀는 죄를 짓는 일을 합니다" (윤석전 설교 테이프 중에서, 1996. 11. 5~8. 제천연합성회, 13번).

역시 윤 목사는 귀신파의 주장처럼 질병도 귀신 때문에 생긴 것으로 보고 있다. 마태복음 11:22의 말씀은 김기동 씨가 모든 질병이 귀신에서 왔다고 주장하게 된 핵심 성구 중에 하나이다. 이 말에 의하면 질병의 치료도 귀신의 관점에서 해결될 것이다. 좀더 들어보자.

"죄를 짓는 자는 마귀에 속한 것입니다. 하나님의 아들은 마귀의 일을 멸하려고 나타나셨습니다. 어떤 사람이 죄를 지으면 그는 지탄을 받는데 이는 잘못된 견해입니다. 배후에는 마귀가 있는데 본인은 그것을 모릅니다. 예수의 십자가를 만류한 베드로의 경우를 보십시오. 우리의 싸움은 혈과 육에 대한 싸움이 아닙니다. 사람이 죄를 짓는 것은 마귀의 술수입니다. 주님도 십자가에서 저들이 알지 못해서 그러니 저들을 용서하소서 라고 하셨습니다.

연세중앙교회 안수집사들은 집단적으로 행동하여 빛과 소금교회에 항의 방문을 하였다.

월간 〈교회와 신앙〉의 발행인 및 편집인인 최삼경이 1997년 9월호에 "윤석전 목사의 구원론에 이단성 있다"는 제목의 글을 게재하고, 〈교회와 신앙〉 97년 12월호에 게재할 목적으로 "윤석전 목사의 구원관과 목사관에 나타난 이단성을 다시 분석한다"는 제목의 글을 썼기 때문이다(〈교회와 신앙〉, 97년 12월호, 148~175쪽).

그러자 연세중앙교회 안수집사들은 다음과 같이 결정한다.

▲ 연세중앙교회 안수집사 위임식

<연세중앙교회 안수집사회 결정사항>

1) 연세중앙교회 안수집사 일동은 이제부터는 담임목사님의 생각과는 관계없이 그 동안 치밀하게 준비해온 백서대로 개별단체 행동에 돌입한다.

이유: 그 동안 〈교회와 신앙〉 측의 일련의 처사가 야비하고 정도에 지나쳐 도저히 묵과할 수가 없다고 사료됨으로.

2) 첫째로 "금식하며 눈물로 호소한다"를 안수집사회 일동과 중직들은 주 안에서 해결될 때까지 실천한다.

3) 둘째로 기독교계 언론 유력지를 인수하여(혹은 창간하여) 강력하게 대응한다.

안수집사회 일동과 중직 일동의 사재를 털어서라도 그 동안 한국기독교계의 무분별한 이단논쟁을 경고하고 뿌리를 뽑을 때까지 향후 10년 계획을 잡고 실천한다.

4) 셋째로 명예훼손과 '타교회의 목회에 치명상을 입힌 것'을 본 교회의 법조

인들을 총동원하여 강력하게 법적 대응을 한다.

별첨:

1) 〈교회와 신앙〉측에 제시한 '교회와신앙에 감사한다' 의 종전 답변(윤석전 목사가 97년 11월 7일 최삼경 목사에게 준 글로서 본 제목은 '월간 교회와 신앙 9월호에 대한 나의 입장을 밝힌다' 이다: 편집자 주)으로 우리 안수집사회 일동은 족하다고 본다. 그렇지 않을 경우 곧바로 행동에 돌입한다.

2) 그 동안 삼천 명의 본 교회 청년들이 안수집사회에 항의하여 손을 부르르 떨며 왜 강력하게 대응하지 않고 있느냐(며 강력 대응을 촉구한 데) 대해 자제 시켜 왔으나 '교회와신앙' 에서 게재할수록 담임목사님을 사랑하는 청년들의 분노를 극대화시킴으로 이제는 안수집사님들도 통제 불능임을 통고한다.

3) 〈교회와 신앙〉측에서 신앙양심을 따라 순수하게 이 문제가 주 안에서 해결 될 경우 우리 안수집사회 일동은 '교회와신앙' 측에 대하여 순수하게 선교후 원으로 최선을 다할 것을 약속한다." (월간〈교회와 신앙〉 1998년 3월호)

그러자 1998. 5. 23 예장통합 사이비이단대책위원회는 윤석전 목사 측이 최삼경의 빛과소금교회에 찾아가 집단행동을 한 행위에 대해서 다루기 시작한다.

"기독교한국침례회총회 소속 연세중앙교회(윤석전 목사)로 인한 빛과소금교회 사태에 대하여 총회장 명의로 기독교한국침례회 총회장에게 연세중앙교회 측 의 집단행동을 즉각 중지하도록 지도하여 이 같은 일이 재발하지 않도록 요청하 는 일을 재청원한 건은, 양 교단의 총회장 총무가 연석하여 면담을 갖고 동 내용 의 의사를 전달한 일."

이 문제가 교단 간의 싸움으로 번지자 인천동노회에서는 최삼경의 이단상담소장의 사임촉구 건이 헌의되기도 했다.

▲ 나겸일 목사

인천동노회장 나겸일 씨의 "인천동노 제 1-23호 (1998.2.2.) 사이비이단대책위언회 산하 상담소장 최삼경 목사 사임촉구의 건"(상담소장 최삼경 씨가 타교단 교역자들에 대하여 이단규정을 함으로 인하여, 본 교단이 언론에 오르내려 위상이 실추되므로 조석히 사임케 해달라는 것임.)은 그간 상담소장 최삼경 씨의 사이비 이단에 대한 연구와 상담 등 대책활동이 본 교단의 명예를 실추시키거나 물의를 일으키기 보다는 한국교회에 유익을 주어왔으며, 본 교단의 사이비 이단 대책활동이 타교단의 교역자에 대한 이단규정도 포함되었던 만큼 청원사유가 합당하지 못한 것이라는데 인식을 같이하고, 연구분과에서 결과가 나올 때까지 유보하기로 하다.

87회 총회록에 의하면 결국 윤석전 목사 건은 기침교단에서 해결하기로 하여 일단락을 맺는다. 당시 이대위원이었던 김창영 목사가 윤석전 목사 건은 기독교침례교단으로 보내야 한다고 발언하여 결국 보내기로 했다.

최삼경으로 인해 촉발되었던 건이 교단 간의 전쟁으로 비치자, 예장통합교단은 모든 '예의주시'를 철회하기로 하고 기침교단에서 처리하도록 하였다. 합동교단에서도 조용기, 윤석전 목사 건은 이

▲ 윤석전 목사

단으로 처리한 바가 없다. 최삼경이 있는 통합교단에서만 모두 이단으로 처리하려고 하였다. 성문법 조항을 적용하지 않는 법도 없는 탈레반식 총살을 하는 이대위였기 때문이다. 87차 총회록은 다음과 같다.

III. 수임안건 및 결의안건 처리

1. 윤석전 목사 관련 경과보고 (별첨자료)

윤석전 목사에 대하여는 본 교단이 83-86회기 기간 동안 침례교단과의 우의와 선교협력 관계를 중시하여 해교단에 일임하고 주시하기로 결정하였습니다. 그러나 3년간 주시한 결과, 별다른 문제점을 발견하지 못했으며, 예장합동, 예장개혁, 예장고려 총회가 이미 이단성이 없음을 결의한 바 있으므로 본 위원회는 임원회의 이첩사항을 심도 있게 논의한 끝에 주시하는 것을 철회하기로 결의하였음을 보고드립니다.

〈경과 보고〉

가. 1996년 9월 「교회와 신앙」이 침례교단 소속 연세중앙교회 윤석전 목사 이단성이 있다고 비판한 글을 보도함으로 문제가 촉발

나. 연세중앙교회 교인들 수백명이 이 글을 쓴 당시 「교회와 신앙」발행인 최삼경 목사가 시무하는 빛과소금교회에 항의, 방문함으로 양 교회 간에 살벌한 긴장관계가 발생하여 대치

다. 1997년 1월 당시 문공부 종교국장 침례교 총회총무와 본 교단 사무총장을 불러 양 교단 간에 종교 갈등이 발생하지 않도록 당부하였으며 양 교단은 이에 대하여 서로 협력하기로 함.

라. 1997년 서울동노회장의 청원으로 윤석전 목사에 대해 연구하기로 하는 한편 이대위가 최삼경 목사와 연세중앙교회 간에 화해를 위해 노력하기로 결의하고 양측의 합의를 이끌어 냄.

마. 1997년 4월 17일 윤석전 목사 "한국교회와 최삼경 목사에게 드리는 사과문" 기독교 언론을 통해 발표

바. 1997년 침례교 총회장, 본교단 총회장 앞으로 윤석전 목사의 이단성 여부를 침례교단에서 연구조사 하도록 이첩해 줄 것을 2차에 걸쳐 요청(기침총 제87-93호)

사. 1997년 제83회 총회 "침례교단과의 우의를 생각하여 윤석전 목사의 문제는 기독교한국 침례회 총회에 맡기기로 하고 지켜보기로 결의"

아. 1997년 1998년 침례교 총회가 윤석전 목사 이단성연구결과 '침례교 교리와 신학에

15. 사이비이단대책위원회 보고서

위배됨이 없으며 이단성이 없다"는 총회 결의(기침총 제87-187호, 226호)를 본 교단에 알려 왔으나 본 교단은 계속해서 주시하기로 하였음을 통보함(예장총 제83-316호)

자. 2001. 1. 19. 침례교 총회 윤석전 목사에 대한 이단성 여부 연구결과 "이단성이 없음을 최종 알려 옴(기침총 제90-89호).

차. 2001. 6. 4. 침례교 총회장, 윤석전 목사의 이단성 없음을 결의한 대한예수교장로회(합동) 제85회 총회 보고서(2000년 9월 26일), 고려측 총회 보고서(2000년 8월 23일), 개혁측 보고서(2000년 12월 11일), 고려측 보고서를 첨부하여 "본 교단이 계속 주시하기로 한 결의를 종경하고 침례교단에 일임해줄 것을 요청(기침총 제90-196호)

카. 2001. 8. 31. 제85회기 총회임원회가 사이비이단대책위원회로 이 문제를 이첩

타. 2001. 11. 17. 제86회기 총회임원회가 이 문제처리를 사이비이단대책위원회에 이첩

파. 2001. 11. 26. 제86-2차 총회 사이비이단대책위원회 위원 및 전문위원 연석회의 때 윤석전 목사 관련 83-85회기 경과보고 및 조사위원들의 연구조사보고를 들은 후 "주시하는 것을 철회하기로 결의"하였음을 제87회 총회에 보고하기로 최종결정

134
이단감별사들의 한국교회 大 사기극

5. 제 5차 회의(1998. 2. 23.)
   결의사항 :
   가. 경과보고는 아래와 같이 받다.
      1) 기독교한국침례회총회 소속 연세중앙교회(윤석전 목사)로 인한 빛과소금
         교회 사태에 대하여 총회장 명의로 기독교한국침례회 총회장에게 연세중
         앙교회 측의 집단행동을 즉각 중지하도록 지도하여 이 같은 일이 재발하
         지 않도록 요청하는 일을 재청원한 건은, 양 교단의 총회장 총무가 연석
         하여 면담을 갖고 동 내용의 의사를 전달한 일.
      2) 사이비이단문제상담소장을 본위원회의 "당연직 위원"으로 해줄 것을 총
         회임원회에 재청원한 건이 반려된 일.
   나. 총회임원회가 이첩한(예장총 제 82-356호 1998. 2. 9.) 서울동노회장 이
      성실씨의 "서동노 제 57-38호(1998. 1. 16.) 윤석전 목사(연세중앙교회
      시무) 이단성 여부에 대한 질의"는 연구분과에 맡겨 연구케 하되, 연구위원
      선임은 연구분과위원장에게 일임하기로 하다.
   다. 총회임원회가 이첩한(예장총 제 82-401호 1998. 2. 20.) 인천동노회장 나
      겸일씨의 "인천동노 제 1-23호(1998. 2. 2.) 사이비이단대책위원회 산하
      상담소장 최삼경 목사 사임촉구의 건"(상담소장 최삼경씨가 타교단 교역자들
      에 대하여 이단규정을 함으로 인하여, 본교단이 언론에 오르내려 위상이 실
      추되므로 조속히 사임케 해달라는 것임.)은 그간 상담소장 최삼경씨의 사이
      비 이단에 대한 연구와 상담 등 대책 활동이 본교단의 명예를 실추시키거나
      물의를 일으키기보다는 한국교회에 유익을 주어 왔으며, 본교단의 사이비 이
      단 대책활동이 타교단의 교역자에 대한 이단규정도 포함되었던 만큼 청원 사
      유가 합당하지 못한 것이라는 데 인식을 같이하고, 연구분과에서 결과가 나
      올 때까지 유보하기로 하다.

   윤석전 목사도 그렇지만 최삼경은 조용기, 이명범, 이초석, 류광수 목사를 비롯 사
단과 영적 싸움을 하거나 축귀사역을 한 사람은 모두 김기동 목사류 이단이라고 비
판하였다. 이는 최삼경이 축귀사역을 하지 못하고 배후에 자신의 삼신론과 마리아
월경잉태론이라는 귀신적 교리가 축귀를 당할까봐 두려웠을 것이다.
   아니면 교리적으로 무지하거나 둘 중의 하나였을 것이다. 이처럼 한국교회는 교리
적으로 무지한 최삼경에게 30년 동안 농락을 당한다. 우리는 늦게나마 영분별을 하
여 최삼경 안에 있는 교회파괴적 이단감별 활동은 뒤에서 귀신이 조정한다는 것을 알
필요성이 있다.
   귀신 쫓는 사람들을 이단으로 정죄하면 귀신들이 계속 그 사람 속에 들어와 귀신
의 노예가 되기 때문에 축귀사역을 거부하는 것은 뒤에 귀신이 있다는 것이다. 그래

서 축귀 사역을 한 사람들을 모두 이단으로 정죄하여 최삼경은 성령이 아니라 귀신 편에 섰던 것을 알 수 있다. 축귀 사역은 예수님도 행한 사역인데 이러한 사역을 한다고 해서 예수님의 사역에 반대하는 것은 결국 귀신이 뒤에 있기 때문일 것이다. 한기총만이 삼신론과 마리아 월경잉태론의 귀신을 쫓아냈다.

요약하면 최삼경은 영적인 면에 있어서는 성령보다는 귀신, 기독론에 있어서는 성령 잉태보다는 마리아 월경잉태, 신론에 있어서는 삼위일체론 보다는 삼신론 편에 섰다. 그의 교리론, 영적인 면을 보면 하는 행동이 성령보다는 탈레반적 귀신 편, 유일신보다는 다신론, 성령의 역사보다는 인간의 역사를 중시하여 교리적으로 탈레반이나 바리새인처럼 남을 죽이는 데만 앞장서는 영의 지배를 받고 있음을 알 수 있다.

그의 뒤에는 귀신 영과 교회를 파괴하는 영의 지배를 받는 또 다른 최삼경이 있었다. 하나는 바리새적 최삼경이고, 다른 하나는 탈레반적 최삼경이었다. 그는 교리감별사이기보다는 악령의 사주로 인한 금품감별사 및 교회파괴 감별사였던 것이다.

82회기(1998년) 사이비이단대책위원회는 주로 윤석전, 예태해, 이재록, 나운몽, 박무수 목사에 대해서 다루었다.

II. 회 의

(⇒ 보고서 655쪽에서 이어짐)

9. 제 9차 회의(1998. 8. 27.)

   가. 경과보고는 아래와 같이 받다.

     1) 자료수집소위원회가 1998년 8월 13일에 2차 회의를 갖고 외국자료 수집자 김성훈씨의 자료수집 계획(① 목록조사 : 8월 ② 목록분류 번역 : 9월 ③ 무료 자료수집 : 10월/1998. 8. 26. 현재 약 15,000여 건의 목록 수집)을 승인하고 수고비로 5천불을 지급하되, 우선 8월 말까지 2천불을 송금하기로 한 일

     2) 본위원회가 총회재판국에 기소한 다락방전도운동 관련자 4인에 대하여 모두 "면직 출교" 판결이 내려진 일
       하충식씨(부산동), 이길근·박영효씨(강원동), 윤준원씨(서울동남)

     3) 긴급한 사항을 처리할 5인 특별위원을 임원에게 맡겨 선임하여 그 처리 결과를 사후 보고케 하기로 하고, 문선명 집단 등의 준동에도 범교단적으로 연합하여 능동적으로 대처케 하기로 한 건은 위원장, 서기, 각 분과위원장으로 구성하고 1998년 8월 21일에 간담회를 가진 일

   나. 총회임원회가 이첩(예장총 제 82-750호, 1998년 8월 17일)한 기독교한국침례회총회장 박형중씨의 "기침총 제 87-187호(1998. 8. 3.) 윤석전 목사에 관한 건"은 윤석전씨에 대한 연구 보고를 받은 후 처리하기로 하다.

   다. 예태해씨(엠마오선교교회)에 대한 연구소분과의 연구보고는 해 연구소분과로 하여금 보완케 하여 다음 회의에서 다루기로 하다.

   라. 윤석전씨(연세중앙교회)에 대한 건은 연구소분과의 연구보고가 있을 때까지 보류하기로 하다.

   마. 이재록씨(만민중앙교회)에 대한 연구소분과의 연구보고는 해 연구소분과로 하여금 보완케 하여 다음 회의에서 다루기로 하다.

   바. 나운몽씨(용문산기도원)에 대한 연구소분과의 연구보고서는 채택하여 총회에 보고하기로 하다.

   사. 박무수씨(부산제일교회)에 대한 연구소분과의 연구가 미진되었다는 보고에 따라 다음 회의에서 다루기로 하다.

최삼경은 예장통합교단에서 73~82회기(1998년)까지만 이단감별 활동을 하였다. 83회기(1999년)부터는 최삼경이 이재록 측으로부터 금품수수 문제가 있다고 하여 사이비이단대책위원회에서 배제되었다.

원심은, ① '만민중앙교회로부터 후원금 명목의 돈을 받았다는 부분'과 관련하여, '교회와 신앙'을 발행하는 한국교회문화사의 남광현이 만민중앙교회 측을 만나 이재록 목사에 대한 비판을 그치겠다고 약속하면서 후원금 명목의 돈을 받기 시작한 이후 상당 기간 이재록 목사를 비판하는 내용의 기사가 게재되지 않은 점, 최삼경은 한국교회문화사의 이사이자 '교회와 신앙'의 주필 및 발행인을 역임한 점, 그 밖에 남광현과 최삼경의 관계 등을 종합하면, 최삼경도 위와 같은 돈 수수에 관하여 최소한 도

이는 민병억 총회장이 건의하여 유의웅 총회장 때부터는 이재록 측으로부터 금품수수 문제 때문에 그의 이단감별 활동은 93회기에 다시 컴백할 때까지 예장통합교단에서 10년 동안 활동을 하지 못했다. 이재록 측으로부터의 금품수사 사건이 최삼경의 발목을 잡았다. 그 이후 최삼경은 한기총에서 이단감별 활동의 둥지를 다시 텄다.

한기총에서 1996년 4월 26일(한기총 8회 이단사이비대책위원회)부터 활동하여 2009년(21회)까지 활동한다. 최삼경은 예장통합교단에서는 13년 동안(1988~1997, 2008~2011) 이단감별 활동을 하고, 한기총에서 약 14년(1996~2010) 동안 활동하면서 한국교회의 이단 정죄 운동을 벌였다.

최삼경은 이재록 금품수수 사건을 거치면서 예장통합교단에서 이대위원직을 내려놓고 1996년부터 한국기독교총연합회(한기총)로 자리를 옮겨 이단 연구가 활동을 지속했다. 예장통합교단에서 이대위 활동이 불가능하여지자 한기총으로 옮겨간다.

8. 이단·사이비 대책위원회

1) 조 직

위 원 장 : 유호준 목사

부위원장 : 지원상 목사, 원세호 목사, 전요한 목사

총   무 : 박찬성 집사

서   기 : 이사무엘 목사

위   원 : 오관석, 박 현, 전주남, 송재석, 김성도, 김원진, 강대일, 이원석, 서상일
이상혁, 박갑용, 이건호, 천항수, 심영식, 우병조, 강신찬, 이태길, 이종철
전흥진, 오성환, 정현성, 이규호, 구주회, 박찬성, 박태희, 김선도, 이사무엘
강병효, 양광석, 탁지원, 최삼경, 김우신, 주문철

2) 1차위원회(1996. 4. 26. 오전 8시 여천도회관 지하그릴)

▲ 한기총 회의록 8회(1996년)

(7) 이단사이비대책위원회

I. 조 직

○ 위 원 장 : 고창곤 목사(예장대신)

○ 부위원장 : 박호근 목사 최삼경 목사 최병규 목사 한명국 목사 김학수 목사 엄바울 목사
조병수 목사 최명식 목사 박중선 목사 심영식 장로

○ 서   기 : 정철옥 목사   ○ 부 서 기 : 김창석 목사

○ 회   계 : 박남수 목사   ○ 부 회 계 : 심우영 목사

○ 법률고문 / 분과위원장 : 임영수 변호사

위   원 : 박재유 변호사, 강민형 변호사, 김병재 변호사, 장봉선 변호사,
오세창 변호사, 태원우 변호사, 조영종 변호사, 오준수 변호사

○ 총대위원 : 고창곤 목사(예장대신)   김용민 목사(예장통합)   김승동 목사(예장합동)
이용규 목사(기   성)   한명국 목사(기   침)   한흥직 목사(합동보수강남)
허 식 목사(예장대신)   윤희수 장로(예   성)   이규인 목사(호 헌 A)
유인동 목사(합동중앙)   박남수 목사(개혁선교)   박중선 목사(합동진리)
엄바울 목사(개혁총연)   김창수 목사(보수합동)   류성춘 목사(합동연합)
유바울 목사(예   장)   조명률 목사(개혁총회)

○ 전문위원 : 전용식 목사(예장합동)   박형택 목사(예장합신)   유영돈 목사(예장통합)
김의환 목사(총 신 대)   강용산 교수(총신대원)   근광현 교수(침 신 대)
유해무 교수(고 신 대)   노영상 교수(장 신 대)   정효제 총장(대 신 대)
최명식 목사(기   성)   정철옥 목사(예장대신)   심우영 목사(예장중앙)
엄진섭 목사(루 터 회)   김창룡 목사(개혁총연)   장판섭 목사(예장예신)
김재흥 목사(예장성장)   최재우 목사(동 대 협)   조병수 목사(예장합신)
김송수 목사(개 혁 B)   박천일 목사(C T S)   손석원 교수(성 결 대)
이창국 목사(여의도순복음)   박문수 교수(서울신대)   최삼경 목사(예장통합)
최병규 목사(예장고신)   박호근 목사(예장합동)   이동연 목사(예장통합)
김학수 목사(예장백석)   이동훈 목사(기 하 성)   심영식 장로(코링세험)
탁지원 조장(현대종교)   김항안 목사(예장통합)   임영수 변호사

II. 회 의

■ 전체회의 : 7회(2009. 3. 6, 9. 8, 10. 14, 11. 5, 11. 30, 12. 21, 2010. 1. 15)

■ 임원회의 : 2회(2009. 3. 20, 10. 28)

▲ 한기총 회의록 21회(2009년)

최삼경

최삼경은 1988년부터 2010년까지 22년 동안 한국교회의 이단감별 사역을 하면서 한국교회를 주름잡았다. 최삼경은 "교단이 이단을 해지해도 자신은 해지할 수 없다"고 하여 그야말로 교단 위에 있는 교리 대왕이었다.

이처럼 최삼경만 유일하게 예장통합교단 사이비이단대책위원회에서 10년 동안 활동하는 특혜를 입었다. 그는 자신이 운영하는 월간 잡지와 교단의 사이비이단대책위원회에서도 13년 동안 활동을 통하여 조용기, 김기동, 박윤식, 윤석전, 이명범, 박철수, 이인강 목사 등을 이단 정죄하는데 앞장서면서 무소불위의 권력을 휘둘렀다.

2) 최삼경이 빠진 이대위 83(1998년)~92회기(2007년)

(1) 83회

83회 사이비이단대책위원회는 최삼경을 배제시킨다. 83회기 위원장은 강성두 목사였다.

9. 사이비이단대책위원회 보고서

제83회 총회 이후 1년 동안의 사이비이단대책위원회 경과를 다음과 같이 보고합니다.

보고인 : 위원장 강성두

I. 조 직

위 원 장 : 강성두　　　서 기 : 김규병　　　회 계 : 정승준
위　 원 : 목 사—김기현 김점동 양복주 이희완 정채관 조영래
　　　　 장 로—김병무 김우영 박상철 엄태근 최상익 황말수
전문위원 : 공병의 김인수 정행업 주건국 황승룡
〈분과위원회〉
연구분과/위원장 : 김기현　　　서 기 : 김우영　　　위 원 : 김점동 엄태근
조사분과/위원장 : 정채관　　　서 기 : 김병무　　　위 원 : 조영래 황말수
상담분과/위원장 : 양복주　　　서 기 : 박상철　　　위 원 : 이희완 최상익
〈사이비이단문제상담소〉
소장(대행) : 양복주　　　감 사 : 김 철　　　사무원 : 유수정

이단감별사들의 한국교회 大 사기극

83회 예장통합 사이비이단대책위원회는 윤석전 목사 건에 대해 이단으로 정죄하기 보다는 기독교한국침례교 교단에 맡기기로 처리하였다. 최삼경의 입장과 달랐다. 최삼경의 눈에는 윤석전 목사도 축귀를 하기 때문에 김기동 목사류로 파악되어 이단이었다. 최삼경은 다음과 같이 주장했다.

"윤석전과 김기동의 마귀론은 무슨 관계가 있는가? 윤석전 씨는 누구보다 마귀를 강조하는 목사임에 틀림이 없다. 마귀를 말하고 강조한다고 이단이란 말은 절대로 아니다. 문제는 그 사상이 "성경적으로 옳으냐 그르냐", 또 "이단성이 있느냐 없느냐"이다. 결론부터 내리겠다. 윤석전 씨의 사상에는 '마귀론'이 주류를 이루고 있고, 그의 마귀론에는 이단적 사상이 많다는 것이요 그리고 그 이단사상은 마귀론에 머물지 않고 다른 교리에까지 깊이 침투해 있다는 것이다."

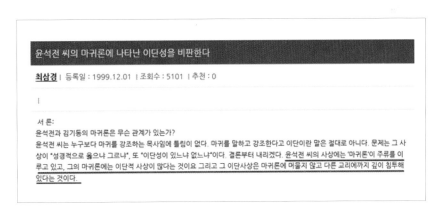

그러나 총회는 더 이상 타 교단 목사들에 대한 이단 정죄에 대해 부담을 느껴 조용기 목사 건 이외에 윤석전 목사 건도 이단으로 처리하지 않기로 했다.

1999년 1월 21일 사이비이단대책위원회는 "본위원회 제83-2차 회의(1991. 1. 21)에서 '윤석전 씨(연세중앙교회)에 대한 연구와 기독교한국침례교회 총회의 교단입장 및 회신요청 처리의 건'은 총회임원회의 요청에 따라 윤석전의 사과와 교단간의 우의를 감안하여 기독교한국침례회 총회에 맡겨 처리케 하되, 본교단은 계속 주시하기로 결의함"이라고 하여 이단으로 정죄하지 않을 뜻을 비쳤다.

도한호 침례 신학교 교수는 윤석전 목사에 대한 최삼경의 이단 정죄에 대해 "이단이라고 확신되면 이단이라고 고발하거나 의심스러우면 확인하고 글을 써야 하는 것이지, 이단성이 있다고 말하는 것은 결국 윤석전 목사가 이단이라는 확신도 없고 또 장본인을 직접 만나서 확인해 보지도 않았다는 의미가 아닌가 하고 다소 의아한 마음으로 기사를 읽기 시작했다. 이런 막연한 제목의 고발은 마치 중세기 가톨릭교회의 마녀사냥처럼 누구든지 그리고 언제든지 표적이 될 수 있으므로 매우 위험한 것이며, 한편으로는 공연한 논쟁만을 불러 일으킬 가능성도 적지 않을 것이다. 뿐만 아니라, 아무도 책임질 사람이 없는 이런 이단 논쟁에서 고발되는 당사자는 인격적으로나 목회에 치명상을 입게 될 것이다"고 했다.

　　장로교의 관점에서 보았을 때, 박윤식, 김기동, 조용기, 윤석전 목사는 비본질적인 면에 있어서 차이가 있는 것이 사실이나 네 명의 목사들은 정상적인 신학대학을 거쳐서 학문을 연구한 사람들이 아니라 체험적인 신앙이나 은사를 통하여 복음을 전하는 자들로서 장로교의 교리로 해석하기 어려운 면이 많이 있다.

　　그러나 이들이 교리적으로 체계화한 것도 아니고, 본질적인 면에 있어서 신론이나 기독론, 삼위일체론에 벗어난 교리적 체계를 세웠거나 주장한 것도 아니고 한두 문장의 언어 표현상 실수나 성경 해석한 것을 가지고 이단이라고 정죄하였다. 그러나 이단 정죄를 하기 전에 이대위는 각 교파와 각 사람의 특수한 은사와 체험을 인정하면서 비본질적인 면은 수정하거나 개정하면 될 일이다. 그들이 그리스도에 대한 신앙고백을 하는 이상, 함부로 이단이라고 판단해서는 안 될 것이다. 한두 개의 문장을 가지고 이단 정죄하는 나라는 지구상에서 대한민국밖에 없을 것이다.

　　그렇다면 최삼경은 문제점은 없는지, 교리적 이단은 아닌지, 예장통합교단이 그에 대해서 문제를 제기하기 시작한다. 최삼경의 이단감별 활동은 73회기부터 82회기까지 마쳐지자, 대한예수교장로회 사이비이단대책위원회는 이재록으로부터 금품수수 건과 관련하여 83회기부터 최삼경에 대한 문제를 지적하고 앞으로 10년 동안 사이비이단 사역을 하지 못하도록 했다. 이단상담소장도 맡지 못하도록 했다.

5. 제5차 회의(1999. 6. 3.)
결의사항 :
가. 경과 보고는 아래와 같이 받다.
1) 서울강동노회 다락방전도운동 관련자 7인에 대한 기소장이 총회재판국에 이첩되었음.
2) 총회사이비이단문제상담소장 대행을 위원장 강성두씨에서 상담분과위원장 양복주씨로 하여금 겸임대행하는 것으로 변경(1999. 5. 1.-제84회 총회까지)한다고 총회장에게 보고한 바, 이력서를 첨부하여 인준을 청원할 것을 요청해 왔음.(예장총 제83-474호, 1999. 6. 2. "사이비이단문제상담소장 대행 변경에 관한 건")
나. 사이비이단에 대한 외국자료 목록수집 및 번역사업 추진의 건은 임원에게 맡겨 처리하기로 하다.

83회기 이대위는 최삼경 측(〈교회와 신앙〉)이 이재록 측에게 책을 팔고 금품받은 것을 논한다. 당시 남광현이 금품을 받았다고 하여 최삼경은 빠져나간다. 당시 남광현이 이재록 측으로부터 1,600만원을 받고 〈교회와 신앙〉을 팔았다.

84회기 총회록은 "최삼경 씨가 발행인으로 있는 잡지 월간 『〈교회와 신앙〉』의 금전수수설과 최삼경 씨의 관련 여부에 대한 조사 결과는, 1) 월간 『〈교회와 신앙〉』은 본 교단과는 아무런 관련이 없으며 2) 최삼경 씨의 금전수수 건은 사실과 다르며, 월간 『〈교회와 신앙〉』의 대표이사 남광현 씨에 의해 이루어진 일이라는 것임"이라고 하여 최삼경은 빠져나간다.

나. "교회연합신문"의 1999년 1월 17일자 기사(최삼경씨 문제)에 대한 조사분과위원회의 조사 결과 보고의 건은 보고는 받고, 대책은 다음 회의에서 논의하기로 하다.
내 용 : 최삼경씨(전 총회사이비이단문제상담소장)가 발행인으로 있는 잡지 월간 「교회와 신앙」의 금전수수설과 최삼경씨의 관련여부에 대한 조사 결과는,
1) 월간 「교회와 신앙」은 본 교단과는 아무런 관련이 없으며,
2) 최삼경씨의 금전수수건은 사실과 다르며, 월간 「교회와 신앙」의 대표이사 남광현씨에 의해 이루어진 일이라는 것임.

그러나 법원 판결문은 최삼경도 이재록 금품수수의 도의적인 책임이 있다고 하였다. 사전에 서로 알았다는 것이다.

그래서 최삼경은 83회기부터 92회기까지 공식적인 이단 사역 활동을 하지 못했다. 최삼경이 10년(73~83회기) 동안 예장통합교단에서 활동하면서 다음과 같은 사람들이 이단으로 정죄되었다.

나. 자료집 발간 및 보급
종합 사이비이단 연구 보고집을 발간하였으며, 각 교회로 보급할 예정이다.
주요목차 :
· 제4~73회 총회 보고서(1915 – 1988)
　1. 안식교　2. 이용도　3. 백남주　4. 한준명　5. 이호빈　6. 나운몽
　7. 박태선　8. 노광공　9. 엄애경　10. 문선명　11. 권신찬　12. 소천섭
　13. 단군신화 총회 보고서(1966 – 1989)
· 제75회 총회 보고서(1990)
　14. 밤빌리아의 추수꾼 집단
· 제76회 총회 보고서(1991)
　15. 만기독교서적　　　　　　　16. 박윤식씨(대성교회)
　17. 박명호씨(엘리야복음선교원)　18. 이장림씨(다미선교회)
　19. 이초석씨(한국예루살렘교회)
　20. 윗트니스 리(지방교회, 회복교회)
· 제77회 총회 보고서(1992)
　21. 김기동씨(귀신론)　　　　　22. 이명범씨(레마선교회)
　23. 권신찬, 이요한, 박옥수씨(구원파) 24. 성자추대사건에 대한 연구
· 제78회 총회 보고서(1993)
　25. 김한식씨(한사랑선교회)　　26. 김계화씨(할렐루야기도원)
　27. 황판금씨(대복기도원)　　　28. 이옥희씨(태백기도원)
· 제79회 총회 보고서(1994)
　29. 이옥란씨(감람산기도원)
· 제80회 총회 보고서(1995)
　30. 안식교(제칠일안식일예수재림교)
　31. 이만희씨(신천지교회, 무료성경신학원)
　32. 트레스 디아스　　　　　　　33. 이단을 옹호하는 언론
· 제81회 총회 보고서(1996)
　34. 빈야드 교리　　　　　　　　35. 류광수씨의 '다락방 전도훈련'
· 제82회 총회 보고서(1997)
　36. 아가동산 관련 성명서　　　　37. 서달석씨(서울중앙교회)

이단감별사들의 한국교회 大 사기극

소결론

최삼경은 1985년 합동교단에서 이전한 후, 3년만에 총회 이대위에 들어가 73회 총회부터 82회 총회까지 약 10년 동안 이단감별 활동을 하면서 무소불위의 권력을 쌓는다. 그는 많은 사람들에게 소명기회조차 주지 않고 일방적인 자신의 근본주의 신학으로 잡지와 교단 이대위를 통하여 이단으로 정죄하였다. 특히 그는 예수님처럼 귀신쫓는 사역을 한 목회자들에 대해서 모두 이단으로 정죄하였다. 교회사를 통한 이단 정죄 방법은 주로 신론, 기독론, 삼위일체론, 종말론이었지만 최삼경은 귀신론과 양태론을 갖고 이단정죄하는데 앞장섰다. 사이비적 이단 정죄였다. 그러나 한국교회는 이러한 사이비적 이단 정죄 방식에 춤을 추었다.

김기동, 이명범, 조용기, 윤석전, 최바울 목사는 대표적인 희생 케이스이다. 특히 박윤식 목사는 허위사실과 이단 조작을 통하여 이단 정죄된 대표적인 희생양이다.

다행히도 예장통합 교수들이 75회부터 교단신앙고백, 개혁신앙고백 등으로 기준을 세워, 78회에는 조용기 목사를 이단으로 정죄하지 않고 순복음교단과 장로교단과의 다름을 최초로 인정하기도 했다.

최삼경의 이단 정죄 방법이 잘못되었음이 드러나게 된 것이다. 윤석전 목사에 대해서는 소속교단이 다루라고 아량을 베풀었다. 류광수 목사 건은 사이비성으로 집회금지였지만 100회 이대위에 '예의주시'로 이단이 아님을 표방하였다.

84회기부터는 최삼경의 탈레반식 이단감별 활동 사역에 제동을 거는 사람들이 나타나기 시작하였다. 송인섭, 주건국, 김창영, 이정환 목사이다.

▲ 이정환 목사

(2) 84회 (1999년)

84회 총회이후에 최삼경은 활동을 하지 않게 된다. 송인섭, 주건국, 김창영 목사는 반 최삼경파 목사들이다. 김창영 목사는 이단상담소장을 맡았다.

8. 사이비이단대책위원회 보고서

제84회 총회 이후 1년 동안의 총회사이비이단대책위원회의 경과를 다음과 같이 보고합니다.

보고인 : 위원장 지원재

I. 조 직

위 원 장 : 지원재　　　서 기 : 송인섭　　　회 계 : 박상철
위　　원 : 목사 – 김점동　김창영　박영철　정채관　조영래　주건국　최갑도
　　　　　장로 – 김병무　김우영　엄태근　정승준　황말수
전문위원 : 이형기　정행업　황승룡　공병의
〈분과위원회〉
연구분과/위원장 : 박영철　　서 기 : 최갑도　　위 원 : 주건국　엄태근
조사분과/위원장 : 김우영　　서 기 : 김병무　　위 원 : 조영래　황말수
상담분과/위원장 : 정채관　　서 기 : 김점동　　위 원 : 김창영　정승준
〈사이비이단문제상담소〉
소 장 : 김창영　　　　간 사 : 김 청　　　　사무원 : 유수정

---

3. 제3차 회의(1999. 12. 21.)
　결의사항 :
　가. 총회사이비이단문제상담소장으로 김창영씨(목사, 부산동노회 동성교회)
　　　를 만장일치로 선임하다.

그러나 이단상담소 간사는 최삼경이 시무하는 빛과 소금교회의 문서선교사이자 최삼경의 사람인 김청이었다. 김청은 장로교가 아니라 침례교 출신이었다. 모든 이대위 정보는 김청을 통하여 최삼경에게 흘러갔다. 최삼경은 이대위에 자신의 사람을 들여놓아 이대위의 정보를 계속 파악하고 있었다.

(3) 85회(2000년)

85회 사이비이단대책위원회 위원장은 박영철 목사이고 최삼경은 제외된다. 그리고 최삼경을 반대하는 사람들이 위원이 되었다. 김창영, 송인섭, 김항안 목사는 최삼경 반대 세력들이었다.

▲ 김창영 목사

16. 사이비이단대책위원회 보고서

제85회 총회 이후 1년 동안의 총회 사이비이단대책위원회의 경과를 다음과 같이 보고합니다.

보고인 : 위원장 박영철

I. 조 직

위원장 : 박영철　　서 기 : 최갑도　　회 계 : 김우영
위 원 : 목사 - <u>김창영</u> 윤두호 최임곤
　　　　장로 - 엄태근 김병무 김우신
전문위원 : <u>이형기</u> 정행업 황승룡 공병의 송인섭 <u>김항안</u>
<분과위원회>
연구분과/위원장 : 윤두호　서 기 : 공병의　위 원 : 이형기 정행업 황승룡
조사분과/위원장 : 엄태근　서 기 : 김우신　위 원 : 송인섭 김항안
상담분과/위원장 : 김병무　서 기 : 최임곤　위 원 : 김창영
<사이비이단문제상담소>
소 장 : <u>김창영</u>　　사무원 : 유수정

85회 총회는 사이비 이단에 대한 판단기준과 역기능에 대해서 다루었다.

결의사항 :
가. 제5회 사이비이단대책세미나의 건을 다음과 같이 개최하기로 결의하다.
　1) 일시 : 2001. 3. 19.(월) 14 : 00 ~ 20.(화) 10 : 00
　2) 장소 : 연동교회/한국교회100주년기념관
　3) <u>주제 : 사이비이단에 대한 판단기준과 역기능</u>
　4) 강사 : 이형기 교수, 정행업 교수
　5) 사례발표 : 박준철 목사(통일교), 김수영 목사(안식교)
　6) 회비 : 20,000원

▲ 제85회기 총회 보고서

83회기부터 이재록의 금품수수로 인해 최삼경이 물러나고, 84회기부터 송인섭, 김창영, 주건국, 김항안 목사가 들어가면서 86회기부터는 최삼경에 대한 삼신론이 대두되기 시작한다. 예장통합 소속 목사들이 개신교의 탈레반 최삼경을 공격한다.

이정환 목사는 이대위 서기로서 삼신론으로 교리 탈레반인 최삼경에 대한 문제를 제기했다. 이후 이정환 목사는 94회기 때는 최삼경의 마리아 월경잉태론을 지적하기도 했다.

결국 최삼경에게 면죄부를 주었지만 한기총에서는 최삼경을 이단으로 정죄하였다. 그 만큼 이정환 목사의 파괴력은 컸고 최삼경을 마리아 월경잉태론자로 낙인찍게 만들었다. 동부지법 판사도 최삼경이 마리아 월경잉태론을 강의하고 다녔다고 할 정도였다. 최삼경은 자신이 마리아 월경잉태론을 주장한 적이 없었다고 해서 필자를 고소했다.

나. 2015. 5. 23.경 범행

피고인은 2015. 5. 23.경 위 나.항 기재 장소에서, 사실은 피해자 최O경이 마리아월경잉태론을 주장한 사실이 없음에도 불구하고 위 법과교회 사이트 게시판에 "교계는 삼모＋삼신＝삼경의 '삼천지 신학' 퇴출해야"라는 제목으로, "최O경은 마리아월경잉태론자이다", "이처럼 최O경 목사는 삼신과 여인의 월경을 주장한다"는 내용의 글을 올렸다. 이로써 피고인은 정보통신망을 통하여 공공연하게 허위 사실을 드러내어 피해자 최O경의 명예를 훼손하였다.

▲ 동부지법 판결문

그러나 법원은 "최삼경이 마리아 월잉태론에 관하여 주장하고 강연을 한다는 내용의 언론기사가 여러차례 있었던 사실"이라고 하여 마리아 월경잉태론을 주장하고 다녔다는 사실을 인정하여 무죄 처리했다. 최삼경의 마리아 월경잉태론을 법원이 인정한 최초의 판결이었다.

▲ 동부지법 판결문

(4) 86회기(2001년)

86회 총회 이후에는 최삼경의 천적인 이정환 목사는 사이
비이단대책위원회 서기를 맡고, 김창영 목사는 사이비 이단
상담소장을 맡게 된다. 김항안, 송인섭 목사는 전문위원이
었다. 대부분 최삼경에 대해서 반대를 하는 사람들이었다.
김항안 목사는 같은 부안 출신이면서도 최삼경을 반대했다.

▲ 김항안 목사

서울동노회장, 장성규 목사가 최삼경의 삼신론에 대해 문제를 제기한다.

수임안건에 대한 청원에 삼신론 연구가 포함된다. 이는 최삼경이 1996년 12월에
안식일 측과의 논쟁에서 삼신론으로 오해받을 수 있는 발언을 했기 때문이다.

안식일 측 김대성은 최삼경이 세 영을 주장하였다고 삼신론자라고 비판을 했다. 최
삼경은 세 명(名)의 신을 주장했다.

셋째, 삼위 하나님은 한 분인가 세 분인
가?
'한 분'이란 말도 가능하고 '세 분'이란 말
도 가능하다. 삼위 하나님에 대하여 어느 측
면에서 사용하느냐에 따라 다 가능한 말이다.
▲ 최삼경글

구약이나 신약이나 아버지 하나님도 '한'
영이시요 성령님도 '한' 영이신데 어떻게 이
둘이 하나라고 하는가?

최삼경은 답변서에서 "제가 하는 말이 성부도 한 인격이고, 성자도 한 인격이고, 성령도 한 인격이니까 세 분 하나님 세 영들이 맞지 않느냐 그러니까 내가 세 영들이라고 하니까 삼신론이라고" 하여 세 영들을 주장했음을 인정하고 있다.

▲ 94회 총회록

〈교회와 신앙〉 2001년 11월호에서는 "삼위일체는 하나도 되고 셋도 된다는 귀신같은 교리라는 말이 된다. 삼위일체 교리를 말하면서 인격(위격)으로 해도 '셋' 이라고도 하고 또 '하나' 라고 해야한다면 삼위일체는 모호하고 알 수 없는 교리가 된다. 한마디로 귀신같은 교리가 되고 말 것이다"고 하여 삼위일체 교리를 폄하했다.

그러자 예장통합 86회기 이대위는 삼신론을 연구하여 보고하기도 하였다.

Ⅳ. 청 원
1. 수임안건에 대한 연구결론을 채택해 주시기 바랍니다.
   가. 박영균씨(말씀권능복음선교회) – 연구보고서 1) 참조
   나. 안상홍씨(하나님의 교회 안상홍증인회) – 연구보고서 2) 참조
   다. 이송오씨(말씀보존학회) – 연구보고서 3) 참조
   라. 뜨레스디아스 – 연구보고서 4) 참조
   마. 정명석씨(국제크리스찬연합) – 연구보고서 5) 참조
   바. 삼위일체 삼신론 연구 – 연구보고서 6) 참조
2. 본 위원회를 상설위원회로 허락하여 주시기 바랍니다.
3. 효과적인 이단대책을 위하여 본 위원회로 하여금 예장(합동)을 비롯하여 우리교단과 선교
   협력 관계를 맺고 있는 교단의 이단대책기구 간에 상호 협력, 교류할 수 있도록 허락하여
   주시기 바랍니다.

구 분	삼위일체	삼신론
신 론	유일신론	다신론
신적본질	세분 하나님 "일체"	각각 다른 신의 본질
상호관계	삼위가 동등	성자/성령은 성부에 열등
존재시점	영원전부터 함께계심	성자/성령이 존재하지 않은 시기있음

"삼위일체" 와 "삼신론"

이 보고서에 의하면 "C 목사는 〈교회와 신앙〉 97년 6월호에서 하나님은 세 영들이 아닌 하나님의 영이라는 주장은 이단적인 것으로 '하나님은 하나의 영' 이 아닌 세 영들의 하나님이 되어야 한다고 거듭 주장하였다" 라고 했다.

"C 목사 주장의 문제점은 "만일 한 영이란 말이 본질의 단일성을 가리키는 말이라면 맞다고 할 수 있으나 C 목사는 분명 하나님을 영이라고 할 때에는 본질의 단일성을 가리키는 것임을 알고 있었다."

"C 목사는 자신의 이와 같은 주장이 삼신론에 해당한다는 공격을 받자 〈교회와 신앙〉 97년 8월호에서는 "필자가 각자가 한 영이라고 한 말은 셋에 속한 부분으로서 한 말이다. 즉 아버지 하나님도 한 인격으로 영이시요, 아들 하나님도 한 인격으로서 영이시요(물론 아들 하나님만은 육을 취하셨지만) 성령님도 한 인격으로서 영이시다라는 말이다"라는 처음 주장을 '삼위가 한 영이시다' 라고 교묘히 말을 바꾸어 96년 12월호에서는 주장한 내용에서 [한-하나]라는 말을 빼어버렸다. 이것은 그의 첫 주장이 문제가 있음을 보여주는 것이다."

"C 목사는 분명 각각의 본질을 가진 '세 영들의 하나님', 곧 '세' 분 하나님'을 주장하고 있으므로 그의 주장은 삼신론으로 충분히 오해를 받을 수 있다."

"C 목사가 이렇게 무리가 따르는 주장을 하는 이유는 무엇인가? 그는 지방교회 측을 비판하면서 "하나님의 세 인격은 세 영들이 아닌 하나의 영"(하나님의 경륜, P. 16)이라는 지방교회 측의 주장이 양태론이라고 비판하고 있다. 그에 따르면 "하나님의 세 인격이 하나의 영안에 속할 수 없다는 것이며 그러므로 "아버지 하나님도 한 영이요, 성령님도 한 영이신데 어떻게 이 둘이 하나라고 하는가 반문하며 그러므로 하나님은 한 영이 아닌 세 영들이 되어야 한다"는 것이다"(〈교회와 신앙〉, 1996.12)

"C 목사의 주장대로 한다면 '성부도 신이고, 성자도 신이고 성령도 신이다. 그러므로 하나님은 세 신들의 하나님이라고 해야 한다. 그러나 분명 아다나시우스 신조는 "한 신만 존재한다"고 밝히고 있다."

"C 목사는 자신의 주장을 변명하기 위해서 "하나님은 복수로 표현할 수 없는 것인가?"라고 질문을 던지고 "그렇다고 보지 않는다"고 하였다. C 목사는 하나님을 볼 수 있는 신으로 표현할 수 있다는 것이다."

"반복되는 말이지만 C 목사가 위트니스 리의 삼위일체론은 비판하면서 주장한 "하나님은 한 영의 하나님이 아니라 세 영들의 하나님이라"라는 주장은 영이 하나님의 본질을 의미하는 것임을 인정하면서도 "하나님은 세 영들의 하나님"으로 주장하는 것은 삼신론적 주장으로 인식될 수가 있다."

II. 최삼경은 삼신론자인가?

1. 최삼경은 삼신론에 대해서 어떻게 생각합니까?
"필자의 신관이 Danial Towle과 조동욱씨의 말처럼 삼신론이라면 장로교신학으로 보아도 필자는 이단이다"(교회와 신앙,1997, 8월호, p. 154)라고 하여 삼신론을 이단이라고 보고 있습니다.

2. 최삼경은 삼위일체의 하나님에 대해서 어떻게 생각하고 있습니까?
"인격으로 하면 성부, 성자, 성령 하나님은 한 영이 아니라 세 영들이시다"(교회와 신앙, 2001. 11월호. p. 138).
"윗트니스 리는"하나님의 세 인격은 세 영들이 아닌 하나의 영이다"라고 했다...삼위일체의 하나님은 각각 세 인격으로는 세 영들이지만 본질에 있어서 영적인데 하나이다 라고 했다면 맞는 말이다"(교회와 신앙, 1997. 8월호. p.159).
이와 같이 최씨는 삼위일체를 '세 영들의 하나님' 이라고 보고 있습니다.

3. 삼신론에 대한 다른 표현도 있나요?
"구약이나 신약이나 아버지 하나님도 한 영이요, 성령님도 한 영이요, 성령님도 한 영인데 어떻게 이 둘이 하나라고 하는가?"(교회와 신앙, 1996, 12월호. p. 136).
"성부도 한 인격으로서 한 영이요, 성자도 한 인격으로서 한 영이요, 성령도 한 인격으로서 한 영이다. 그래서 아버지 하나님도 한 인격으로써 한 영이시오, 아들 하나님도 한 인격으로써 한 영이시오, 성령님도 한 인격으로서 한 영이시다. 그러므로 하나님은 세 영들의 하나님이시다"(위의 책).

4. 윗트니스가 양태론자가 아니라 최삼경이 삼신론자 맞습니까?
에, 그렇습니다. 하나님을 하나의 영으로 말한다고 해서 양태론자가 아니라 하나님의 세 영들을 말한 최삼경이 삼신론자입니다. 하나님의 세 영을 주장하는 자가 하나님의 한 영을 주장하는 자를 양태론이라고 하여 이단으로 본 것입니다. 적반하장입니다.

5. 그렇다면 하나님의 한 영을 주장한 윗트니스리가 이단입니까? 세 영을 주장한 최

- 6 최삼경! 그것이 알고 싶다! -

이대위 서기 이정환 목사는 다음과 같이 삼신론에 대한 보고서를 만들었다. 이 보고서로 인해 최삼경은 삼신론자로 정리되었다.

삼신론에 대한 연구보고서

1. 삼신론

삼위 하나님의 본질의 통일성(단일성)을 부정하는 것으로 AD550 아스쿠나게스(Johannes Askunages)와 필리포네스(Johannes Philipones)를 중심으로 한 단성론자들에 의해 주도된 이론이다. "그리스도의 본성은 신성과 인성이 혼합된 단일 본성이며 삼위일체 안에는 세 가지 신적 본질(ousiai)이 있다"는 주장이다.

로스켈리누스(Roscellinus 1060-1128)는 "세 위격은 하나의 의지와 힘을 가지고 있다"고 주장하여 삼위일체의 통일성을 유지하려 하였으나 세 위격이 분리되는 세 하나님의 의미를 더 강조함으로 삼신론에 빠짐으로 제4차 라테란공의회(1214)에서 정죄되었다.

안톤 군테(Anton Gunthe 1783-1863)는 "고대 다신론적 종교의 삼신-스토아적 '로고스'(Logos)와 신플라톤적 '누스'(Nous, 이성) 및 절대자의 자기현시에 있어서의 삼중적인 운동"을 주장한 헤겔(Hegel)의 범신론적인 주장에 반대하여 "그리스도의 본질은 삼중적이며 지각을 통해서 서로 끌어 당기는 세 본질이 형식상 통일을 이룬다"고 주장하였다. 군테의 주장은 1857년 교황 피우스 9세에 의해 정죄되었다.

그런데 유의해야 할 점은 비록 삼위일체를 반대하여 정죄된 사람들의 동일한 주장은 "이 교리가 유일신론을 희생하여 삼신론으로 만든다"는 것이다. 이러한 주장은 전혀 다른 인간자아의 형상에서 비롯된 신적 인격성에 대한 잘못된 개념에서 발전된다는 점이다. 즉 신성이 정의상 인격이어야 한다는 것과 삼위는 각각의 인격을 소유한 개별적 존재이며 각각의 신성을 소유한 것으로 삼신이 된다는 주장이다. 삼위를 분리적 의미로 이해하고 있는 것이다.

이에 대하여 기포드(Gifford 1918)는 "삼위를 하나님의 인격보다는 하나님 속에 존재하는 인격으로 이해해야 한다"고 주장하였다. 즉 세 위격을 한 인격으로 보는 것은 분명 잘못된 것이나 그러나 세 위격을 한 인격이라고 보기 보다는 세 위격이 모두 인격을 가진 존재로 보아야 한다는 것이다.

이들의 노력은 삼신론이나 다신론을 배격하고 이교세계와는 다른 기독교의 가장 귀한 유일신앙, 하나님의 단일성을 보존하려는 데 있었다.

분명한 것은 성경의 계시는 일차적이며 최상의 것으로서 고대 세계의 다신론과 실제적인 무신론에 반대하여 전체에 걸쳐 유일신앙, 곧 하나님의 유일성의 진리를 제시하고 있다.

2. C목사의 삼위일체주장 비판
C목사의 삼위일체 신관을 분석하기 위해 그가 위트니스 리측(지방교회)과 지상논쟁을 벌였던 내용(월간 「교회와 신앙」, 96년 12월호-2001년 11월호)을 참고로 한다.

3. 문제의 발단
C목사는 지방교회의 삼위일체 주장을 비판하면서 「교회와 신앙」 96년 12월호 136쪽에 다음과 같이 주장하였다.

"위트니스 리는 '하나님의 세 인격은 세 영들이 아닌 하나의 영'으로 세 인격이 한 영 안에 있는 삼일 하나님이 되었다고 하는 말이 그렇다. 그는 비록 인격이라는 용어를 사용할 때는 '셋'이라는 말을 쓰고 있으나 영을 말할 때는 '한' 영 안에 삼일 하나님이라고 말하고 있다. 그렇다면 **구약이나 신약이나 아버지 하나님도 '한' 영이시요 성령님도 '한' 영이신데 어떻게 이 둘이 하나라고 하는가?**" 그러므로 "위트니스 리가 '한' 영의 하나님을 주장하고 있는 점이 바로 양태론적 삼위일체라"고 주장하였다.

이에 대해 지방교회측이 "'영'은 하나님의 본질을 가리키는 말로서 C목사의 주장대로 하면 하나님 아버지와 성령님은 두 본질을 가진 존재가 됨으로 이는 정통신앙에 위배될 뿐 아니라 이단적인 것임으로 반드시 수정되어야 한다"(「교회와 신앙」, 1997. 3.)고 비판하자 C목사는 「교회와 신앙」 97년 6월호에서 "하나님은 세 영들이 아닌 하나의 영'이라는 주장은 이단적인 것으로 '하나님은 하나의 영이 아닌 세 영들의 하나님이 되어야 한다'고 거듭 주장하였다."

이에 대해 지방교회측은 C목사는 "세 위격의 하나님의 한 본질(영)"을 부인하는 삼신론자이다"(「교회와 신앙」, 1997. 7.)라고 비판하자 「교회와 신앙」 97년 8월호에 "위트니스 리가 '한' 영이란 말을 하나님의 본질에 대하여 한 말이라면…… 이 말이 맞다"고 마지못해 인정하고 "그러나 위트니스 리는 '한' 영이란 말을 본질에 대한 말로 사용하지 않는다."고 다시 비판하였다.

4. C목사 주장의 문제점
상기와 같은 양측의 논쟁에서 서두에 밝힌 것처럼 위트니스 리측의 주장에 대해서는 더 이상 언급할 필요가 없다. 그 이유는 C목사의 주장이 아니더라도 위트니스 리측의 주장은 분명 양태론적 주장임으로 더 이상 비판할 필요가 없기 때문이다. 그러므로 C목사의 주장의 문제점만 살펴보려고 한다.
"만일 한 영이란 말이 본질의 단일성을 가리키는 말이라면 맞다고 할 수 있으나" C목사는 분명 하나님을 영이라고 할 때에는 본질의 단일성을 가리키는 것임을 알고 있었다고 보여진다. 더구나 이종성 박사의 글을 인용하면서 아래 하나님은 영적본질을 가진 분임을 인정하고 있다.
"이종성 교수는 하나님을 영이라고 하면서……" "영은 삼위일체 신의 존재 형식을 의미한다…… 신은 처음부터 그 존재방식에 두가지 특성을 가지고 있었다. 하나는 삼위일체라는 형식이요, 다른 하나는 영적 존재라는 것이다. 야훼신이 영적 본질을 가지고 있었기에……" (「교회와 신앙」, 2001. 11.)
또 이종성 교수는 자신의 글(상게서 P. 141 상단)에서 "그러나 삼위 하나님은 본질적으로 영 이시라는 말이다"고 강조함으로 하나님을 영으로 표현할 때 영은 하나님의 본질의 단일성을 가리키는 뜻임을 분명히 하고 있다.
C목사는 "필자는 삼위 하나님의 상호내재를 부정하지 않으며 본질의 단일성을 믿고 인격의 구별성을 믿는다"(「교회와 신앙」, 1997. 11.)고 하였다.

그렇다면 "성부(하나님)도 한 인격으로서 영이시요 성자도 한 인격으로서 영이시요 성령도 한 인격으로 영이시다. 그러나 세 영이 아니라 한 영이시다"라고 해야 한다. 그러나 C목사는 "성부도 한 인격으로서 한 영이시요 성자도 한 인격으로서 한 영이시요 성령도 한 인격으로서 한 영이시다. 그러므로 하나님은 (한 영의 하나님이 아니라) 세 영들의 하나님이다"라고 주장한다(「교회와 신앙」, 1996. 12).

C목사는 자신의 이와 같은 주장이 삼신론에 해당한다는 공격을 받자 「교회와 신앙」 97년 8월호에서는 "필자가 각각 한 영이라고 한 말은 셋에 속한 부분으로서 한 말이다. 즉 아버지 하나님도 한 인격으로서 영이시요, 아들 하나님도 한 인격으로서 영이시요(물론 아들 하나님만은 육을 취하셨지만 성령님도 한 인격으로서 영이시다는 말이다"라고 처음 주장이 싶어가 "한 영이시다"라고 교묘히 말을 바꾸어 96년 12월호에서 주장한 내용에서 <한-하나>라는 말을 빼 버렸다. 이것은 그의 첫 주장이 문제가 있음을 보여 주는 것이다. 다시 말하면 하나님은 세 영들의 하나님이 아니라 한 영의 하나님임을 인정하고 있음을 보여 주는 것이다.

또 "각각 한 영이라고 한 말은 셋에 속한 부분으로서 한 말이다"고 주장한 것도 문제가 된다. "성부의 영, 성자의 영, 성령이 셋(삼위)에 속한 부분이다"라는 주장은 삼위일체론에서는 불가능하다. 왜냐하면 "삼위가 셋에 속한 부분이라는 표현은 삼위 하나님은 셋이 합하여 온전한 하나가 되며 성삼위 각위가 독자적으로 온전하지 못하다는 뜻이 되기 때문이다"

더 자세히 살펴보면, C목사는 윗트니스 리의 삼위일체론을 비판하는 글에서 "윗트니스 리는 비록 인격이라는 말을 사용할 때는 '셋'이라는 말을 쓰고 있지만 영을 말할 때에는 '한 영 안에 있는 삼일 하나님이라고 말하고 있다. 그렇다면 구약이나 신약이나 아버지 하나님도 한 영이시요 성령님도 한 영이신데 어떻게 이 둘이 하나라고 하는가?"(「교회와 신앙」, 1996. 12. 136쪽)

C목사의 주장은 하나님 아버지도 한 영이시고 성령도 한 영으로서 하나님은 두 본질(영)을 가진 분으로 '이 둘은 결코 하나가 될 수 없다'고 주장하는 것으로 자신이 주장한 하나님은 '한 영이 아니라 세 영들이며 결코 하나가 될 수 없음'을 주장하고 있는 것이다. 이러한 주장은 앞서 언급한 "영을 하나님의 본질을 나타내는 말이라면 맞다." "필자는 하나님의 상호 내재를 부정하지 않으며 본질의 단일성을 믿는다."는 자신의 주장을 뒤엎는 것으로 그의 주장은 삼위 하나님은 영이 각각 다른 본질을 지닌 세 하나님이라는 뜻이 되고 만다.

더 자세히 살펴보면, 분명히 그는 "성부도 한 인격으로서 한 영이시요 성자도 한 인격으로서 한 영이시요 성령도 한 인격으로서 한 영이시다. 그러므로 하나님은 세 영들의 하나님이시다"라고 주장하였다. 그의 주장에서 인격과 영은 동질이다. 그러므로 인격=영이다. 인격은 페르소나(persona)를 번역한 말이다. 그러므로 영도 페르소나이다. 그러므로 C목사의 주장은 '(하나님은) 세 (영)페르소나라는 것이다. 이것이 어떻게 삼신론이 된다는 것이냐?'는 주장이다.

앞서 언급한 대로 '하나님을 영이시다'라고 할 때 이것은 하나님의 본질(본성)을 나타내는 극히 제한적 용어이다. 그러므로 C목사 자신도 "삼위 하나님은 본질적으로 영이시다"라고 인정하였다. 이렇게 볼 때 영은 페르소나가 아니라 숨스탄티아(substantia)- 곧 본질(본성)을 나타내는 말-가 되어야 한다. 그러나 C목사의 주장대로 옮기면 "성부도 한 페르소나로 한 숨스탄티아 이시며 성자도 한 페르소나로 한 숨스탄티아 이시고 성령도 한 페르소나로 한 숨스탄티아 이시다. 그러므로 하나님은 세 숨스탄티아(본질)이다."

C목사는 분명 각각의 본질을 가진 '세 영들의 하나님, 곧 세 분 하나님을 주장하고 있으므로 그의 주장은 삼신론으로 충분히 오해를 받을 수 있다.

"삼위일체론에서 '페르소나'를 '영'으로 표현하는 것은 잘못된 것이며 신론에서 '하나님은 영이시다'라고 할 때는 언제나 영은 하나님의 속성-곧 본질을 나타내는 것이다. 혹 '영'이란 단어를 한 하나님 안에서 인격의 개체를 표현하는 의미로 쓸 수 있으나 그러나 삼위 하나님을 세 영들의 하나님으로 표현하는 것은 삼위일체론에서는 적절하지 못하다.

- 931 -

그러므로 "하나님도 한 인격으로 한 영이요 아들 하나님도 한 인격으로 한 영이시며 성령 하나님도 한 인격으로 한 영이시다. 그러므로 하나님은 세 영들의 하나님이다"라는 주장은 삼신론의 근거가 될 수 있으며 이것은 결국 세 하나님이 되어 우리가 믿고 고백하는 아다나시우스 신조와 상충된다.

C목사가 이렇게 무리가 따르는 주장을 하는 이유는 무엇인가?

그는 지방교회측을 비판하면서 "하나님의 세 인격은 세 영들이 아닌 하나의 영"(하나님의 경륜, p. 16)이라는 지방교회측의 주장이 양태론이라고 비판하고 있다. 그에 따르면 "하나님의 세 인격이 하나의 영 안에 속할 수 없다는 것이며 그러므로 "아버지 하나님도 한 영이요 성령님도 한 영이신데 어떻게 이 둘이 하나라고 하는가 반문하며 그러므로 하나님은 한 영이 아닌 세 영들이 되어야 한다"는 것이다.(「교회와 신앙」, 1996. 12.)

지방교회측에서 "'영'은 하나님의 본질을 말하는 것으로 하나님의 세 인격은 세 본질(영)이 아닌 하나의 본질(영)을 가지고 계신다. 그러므로 C목사의 주장은 삼신론이다"라고 공격하자 C목사는 "영이 하나님의 본질을 말하는 것이면 (지방교회측의 주장이) 맞다. 그러나 한 인격으로서 성부 하나님도 한 영이시오 한 인격으로서 성자 하나님도 한 영이시오 성령도 한 영이시다. 그러므로 하나님은 세 영들의 하나님이다"라고 분명히 '영'을 하나님의 본질을 나타내는 말로 인정하면서도 '하나님을 세 영들의 하나님'이라는 주장을 굽히지 않고 있다. 그가 자신의 주장을 굽히지 않는 이유는 한 지방교회측의 삼위일체론이 양태론임을 단죄하기 위해서로 보인다. 굳이 이런 주장을 하지 않아도 지방교회측의 신관은 양태론이다.

C목사는 자신의 주장이 삼신론이라고 비판을 받자 '자신은 한 본질에 세 인격이신 성부 성자 성령 삼위일체 하나님을 믿는다'고 자신의 신앙을 고백하면서도 '하나님은 한 분인가, 세 분인가'라는 주제아래 "칼빈도 하나님이 한 분이심도 강조하였지만 세 분이심도 말하였다. 아버지와 아들과 성령은 한 분 하나님이시지만 그럼에도 불구하고 아들은 아버지가 아니시고 성령은 아들이 아니시다. 세 분은 독특한 특성에 의해 구분된다"(「교회와 신앙」, 2001. 11.)고 주장하며 칼빈도 세 분 하나님을 주장한 것처럼 주장하고 있다.

C목사는 자신이 사용하고 있는 '분'이란 말은 '페르소나'란 말을 번역한 것으로 이것은 우리가 '위(격)'으로 번역하여 사용하는 말이다. C목사는 '분'이란 말에는 오해의 소지가 있다고 본다. (그러므로) 칼빈의 기독교강요 원문에는 한국 말의 '분'이란 개념이 없다고 말하면서도 '칼빈도 하나님이......세 분이심도 말했다"고 앞뒤가 맞지않는 주장을 하는 이유는 이해하기 어려운 부분이다. C목사는 자신의 주장을 정당화하기 위해서 한국교회나 세계교회가 자칫 삼신론적 의미로 받아들여질 위험성이 있으므로 사용하지 않는 '세 분'이라는 표현까지 서슴치 않고 있는 것으로 보인다.

C목사는 '아다나시우스 신조의 "성부도 신이고 성자도 신이고 성령도 신이다. 그러나 신은 셋이 아니라 하나만 존재한다"는 의미는 "본질의 단일성을 주장하는 것임을 명확히 할 수가 있다"라고 하였다(「교회와 신앙」, 2001. 1, p. 144). 이 글은 성삼위 하나님의 본질의 단일성을 인정한 말이다.

교회가 정통교리로 인정하는 아다시우스 신조는 하나님(신)을 본질적으로 한 분임을 강조한다. 그러나 C목사는 아다나시우스 신조의 본질의 단일성을 인정하면서도 동시에 '신을 셋(세 영들)'으로 주장하는 이율배반적인 주장을 하고 있다.

C목사의 주장대로 하다면 '성부도 신이고 성자도 신이고 성령도 신이다. 그러므로 하나님은 세 신들의 하나님이다'라고 해야 한다. 그러나 분명 아다나시우스 신조는 "한 신만 존재한다"고 밝히고 있다.

또 C목사는 자신의 주장을 변명하기 위해서 "하나님은 복수로 표현할 수 없는 것인가?"라고 질문을 던지고 '그렇다고 보지 않는다'고 하였다. C목사는 하나님을 복수 신으로 표현할 수 있다는 뜻이다. 그리고 그 근거로 "창 1 : 26에 하나님을 '우리'라는 복수로 기록하였다'고 주장하고 있다. "우리가 우리의 형상을 따라" 물론 이 성경구절은 하나님을 '우리'라는 복수로 표현하고 있다(우리는 1인칭 명사). 그러나 하나님이 여러분이기 때문에 '우리'라는 표현을 한 것이 아니다. 계시적 해석(본인이 여기서 해석이라는 단어를 사용하는 것은 어디까지나 주경신학적 측면에서 가능한 해석일 뿐 성경 기록의 본래적 문학적 사실이 아니기 때문이다)으로 '우리'는 삼위일체 하나님을 나타내는 것으로 해석할 수도 있다. 그러나 '우리'라는 표현은 '히브리인들은 장엄한 것을 나타낼 때 흔히 복수형을 사용함으로 강세를 나타내는 히브리 문학적 표현이다(성경은 어느 곳에서도 하나님을 나타내는 복수명사-예, 엘로힘-들 하나님들이라고 부르고 있지 않다).

즉, 하나님을 '우리'라는 1인칭 명사로 표현한 것은 복수 하나님을 나타내기 위한 것이 아니라 하나님의 장엄하심과 강하심을 나타내는 히브리 문학적 표현인 것이다.

벌코프는 "엘로힘이나 (하나님에 대한) 복수적 표현들은 하나님 안에 있는 인격적 복수성(plurality)을 지적하고 있다고 할지라도 삼위일체의 증거로 보장을 받지 못하고 있다"(벌코프 2권 신론 p. 154)고 밝히고 있다.

그럼에도 마치 이 성경구절이 하나님을 복수로 표현할 수 있는 근거인양 왜곡하여 인용하고 있는 것은 C목사 자신의 주장을 정당화하기 위한 것으로 생각된다.

반복되는 말이지만 C목사가 위트니스 리의 삼위일체론을 비판하면서 주장한 "하나님은 한 영의 하나님이 아니라 세 영들의 하나님이다"라는 주장은 영이 하나님의 본질을 의미하는 것임을 인정하면서도 "하나님은 세 영들의 하나님"으로 주장하는 것은 삼신론적 주장으로 충분히 인식될 수가 있다.

C목사는 자기 주장이 잘못된 것이라면 '통합측 교단의 위트니스 리에 대한 정죄가 잘못되었다고 해야 한다'고 주장하였다(「교회와 신앙」2001. 11, p. 144). 이것은 위트니스 리를 이단으로 정죄할 때 총회에 보고한 보고서가 C목사 자신의 글이었음을 간접적으로 시인한 것이다.

그러나 분명히 해야 할 것은 위트니스 리를 이단성이 있다고 결정한 본 교단의 결정은 결코 삼위일체론 한 가지에 국한된 것이 아니므로 자기 주장이 잘못된 것이라면 위트니스 리의 이단정죄가 잘못 되었다고 해야 한다는 주장은 자신의 주장이 곧 정통이요 이단정죄의 잣대라고 발하는 것으로 문제가 있다고 여겨진다.

사태가 이렇게 되자, 최삼경은 신앙고백서에서 "위 본인은 성경이 가르침과 소속 교단인 대한예수교장로회 총회가 주장하는 신앙고백과 한 치의 차이도 없는 삼위일체 하나님을 믿고 있음을 서울 동노회(총대)앞에서 엄숙하게 고백합니다"고 했다.

신앙고백에 의하면 자신은 삼신론자가 아니라 삼위일체론자라는 것이다. 그러나 최삼경은 자신이 주장한 삼신론적 내용에 있어서 합법적인 절

▶ 최삼경 신앙고백서

차를 통하여 해지된 적이 없다.

부산지법은 "결론이 명확하여 다른 해석이 존재하는 상황에서 제89회 총회가 적법한 이단 해지 절차를 거치지 않았던 것이므로 피고(김창영)가 이 사건 문서 또는 인터뷰 당시 이 부분 사실이 허위임을 인식하였다고 보기 어렵다고 할 것이다"고 했다.

결론이 불명확하여 다른 해석이 존재하는 상황에서 제89회 총회가 적법한 이단 해지 절차를 거치지 않았던 것이므로 피고가 이 사건 문서 또는 인터뷰 당시 이 부분 사실 이 허위임을 인식하였다고 보기 어렵다고 할 것이다.

▲ 부산지법 판결문

이렇게 해서 87회 총회결의는 최삼경의 삼신론사상과 성령론에 대해 비성경적인 이단성이 있다고 했다. 그래서 서울동노회가 조치하도록 했다. 이후 이정환 목사에 의해 최삼경의 마리아 월경잉태론이 다시 문제되기 시작했다.

1. 제87회 총회 결의 : 최삼경 목사의 주장은 삼신론사상과 성령론에 비성경적인 이단성이 있다.

최삼경 목사는 제87회 총회(2002. 9. 12)에서 삼신론과 성령론에서 이단성이 있음이 확인이 되었으며 이 같은 이단적 사상을 가진 최삼경 목사를 그가 소속한 서울동노회로 보내어 조치하도록 결의한 바 있습니다. 노회로 보내어 조치하라는 의미는 목사의 소속이 노회이므로 이단관련자로 치리하라는 것입니다. 실제로 서울강동노회 다락방 관련 목사들과 부산동노회 이단관련자에 대하여 조치하도록 한 총회결의에 따라 각각 면직 등의 치리를 한 사실이 있습니다. 그러나 서울동노회는 이 같은 총회의 조치를 따르지 않음은 물론이요, 노회 임의로 몇몇 학자들의 답변서라는 것을 첨부하여 잘 조치하였다는 보고서를 제88회, 89회 총회에 보고하였으며 총회 이단사이비대책위원회는 이 같은 서울동노회 보고서를 총회에 보고하였습니다. 서울동노회가 보고서에 첨부한 학자들의 답변서는 총회와 무관하게 최삼경 목사와 친분이 있는 이수영 목사, 차영배 교수(합동측 전 총신대 교수), 김영재 교수(합동신학원 교수) 등이 간략하게 작성한 것입니다.

3) 논란이 된 최삼경목사의 언급들

박윤식씨를 비판하는 과정에서 논란이 된 최삼경목사의 정확한 인용문은 다음과 같다.

"월경이란 인간의 피를 말하는 것이다. 월경이 있다는 말은 아이를 생산할 능력이 있다는 것을 피로 말해 주는 것이다. 그래서 임신을 하면 월경이 없어지는데 그 피가 아이에게 가는 것이다. 그 피로 아이를 기르는 것이다." (「현대종교」 2005년 8월호, 48~49쪽)

"예수님이 월경 없이 태어났다는 말 속에는 예수님의 인성이 부정되고 만다. 우선 마리아는 요셉의 정액에 의하여 임신하지 않았다는 말은 성경이 주장하는 사상이다. 동정녀에게서 태어났다는 의미가 그렇다. 그러나 월경 없이 태어났다는 말은 마리아의 육체를 빌리지 않고 태어났다는 말과도 같이 된다. 굳이 마리아의 몸에 들어가 10달이나 있어야 할 필요가 없는 것이다." (「현대종교」 2005년 8월호, 49쪽)

"마리아가 월경이 없었다는 말은 마리아의 피 없이 예수님이 마리아의 몸에서 자랐다는 말이 되기 때문에 인성이 부정되는 결과를 가져 오고도 남는다." (「현대종교」 2005년 8월호, 49쪽)

"생각해 보자. 박 씨의 말에 의하면 다음과 같은 상상이 가능하다.... 왜 성경에 없는 이런 상상을 해야 하고 그런 말을 변증해야 하는지 모르겠다. 그의 잘못된 타락관 때문이다." (「현대종교」 2005년 8월호, 49쪽)

(5) 87회(2002년)

87회 사이비 이단대책위원장은 이수영 교수였다. 이수영 교수도 최삼경처럼 74~81회까지 7년 동안 이대위에서 봉사하고, 다시 87회기에 들어와서 일을 했다. 88회기에는 빠졌다가 89~91회기까지 일을 한다. 이처럼 이수영 교수는 이대위에서 11년 동안 일을 하면서 최삼경과 보조를 맞추었고 최삼경이 빠졌을 때는 대신 일을 하였던 것이다. 실제로 예장통합교단

▲ 이수영 목사

의 이대위에서는 이수영, 최삼경이 가장 오랫동안 일을 하면서 근본주의 신학자들이 이대위를 장악하여 자신들의 신학에서 벗어나면 탈레반식 이단으로 정죄하는 일을 하였다. 이후에 이수영, 최삼경이 사라졌을 때는 진보신학자 구춘서가 이들의 역할을 대신 한다. 그는 에큐메니컬이 아니라 근본주의 입장을 추구하였다. 학자의 양심을 배반하는 것이었다. 이수영은 11년, 최삼경은 13년, 구춘서는 5년 동안 이대위에서 일을 하면서 수많은 사람들을 이단 정죄하였다. 세 명의 이대위 활동 사역을 합치면

29년이었다. 29년 동안 이들은 많은 사람들을 이단으로 정죄하는데 앞장섰다.

이처럼 예장통합교단의 이대위는 이수영, 최삼경, 구춘서가 장악하면서 근본주의 신학의 잣대를 갖고서 이단을 정죄하는데 앞장섰다. 박종순 목사는 최삼경을 이끌었고, 이수영 교수는 최삼경을 비호했고, 구춘서는 최삼경의 이단감별 활동을 대신했다. 이들은 신학적으로 근본주의 입장을 취하여 예장통합교단이 이단 제조기 교단이 되게 하는데 일등공신이었다.

▲ 구춘서 교수

87회 사이비이대위는 사이비이단대책위원회를 이단사이비대책위원회로 명칭을 바꾸고 삼신론과 관련한 최삼경 건에 대한 결과를 임원회가 총회에 보고하기도 한다. 서울동노회는 충분히 연구하거나 조사하지도 않고 최삼경 덮기를 시도했다. 이대위원장 이수영 교수는 최삼경을 옹호하는 탄원서를 제출하기도 했다. 최삼경을 비호했던 것이다.

95회 총회록에 의하면 이수영 교수는 "최 목사가 성부와 성자와 성령을 '세 영들'이라고 한 것은 하나님은 영이시고 성부와 성자와 성령은 모두 참 하나님이심을 말하고자 하는 것이지 세 하나님을 말하는 것이 결코 아님이 분명합니다. 따라서 최 목사가 삼신론자라고 하는 것은 억지 주장이며 오히려 지방교회 측에서 최 목사를 삼신론자라고 본다는 그 사실 자체가 그들이 양태론적 사고를 하고 있다는 확실한 반증이 될수 있습니다"라고 하여 최삼경을 비호했다.

〈별 지〉 **증거자료 1. 이수영 목사, 차영배 교수의 답변서**

서울동노회 귀중
주 안에서 문안 드리며 귀 노회의 발전을 기원합니다.
귀 노회에서 본인에게 의뢰한 최삼경 목사와 지방교회 측과의 삼위일체 논쟁에 대하여 아래와 같이 답합니다.
최삼경 목사는 하나님은 오직 한 분이시라는 것, 하나님은 영이시라는 것, 그 하나님은 성부와 성자와 성령이라는 세 인격으로 계신다는 것, 성부와 성자와 성령은 한 본질이며 신성과 권능과 영원성에 있어서 동일하시다는 것, 그 세 인격은 서로 혼동되지 않고 구별되지만 세 하나님으로 분리될 수 없다는 것을 확실하게 믿고 있는 것으로 사료됩니다. 최목사는 성부와 성자와 성령 사이의 상호내재를 부인하지 않으며 분리를 말하지도 않습니다. 삼위일체 하나님에 관한 최목사의 이해와 설명은 정통 삼위일체론에서 한 치도 어긋나지 않은 것이라고 봅니다. 최목사가 성부와 성자와 성령을 '세 영들'이라고 한 것은 하나님은 영이시고 성부와 성자와 성령은 모두 참 하나님이심을 말하고자 하는 것이지 세 하나님을 말하는 것이 결코 아님이 분명합니다. 따라서 최목사가 삼신론자라는 것은 억지 주장이며 오히려 지방교회측에서 최목사를 삼신론자라고 본다는 그 사실 자체가 그들이 양태론적 사고를 하고 있다는 확실한 반증이 될 수 있습니다.

2002년 8월 19일   새문안교회 담임목사 이수영

그러나 이수영 교수의 주장과 달리 최삼경의 주장은 결코 일신론자가 아니었다. 최삼경은 삼신 하나님에 대해서 다음과 같이 말한다.

"삼위 하나님은 한 분인가 세 분인가? '한 분' 이라는 말도 가능하고, '세 분' 이란 말도 가능하다. 삼위 하나님에 대하여 어느 측면에서 사용하느냐에 따라 다 가능한 말이다"

"구약이나 신약이나 아버지 하나님도 한 영이시오. 성령님도 한 영이신데 어떻게 이 둘이 하나라고 하는가?"

"인격으로 하면 성부, 성자, 성령 하나님은 한 영이 아니라 세 영들이시다고 변증한 본인의 말이 삼신론이라고 윗트니스 측에서 주장한 것이다. 과연 삼신론인가?"

이처럼 오늘의 최삼경이 있기까지 그 이면에는 이수영 교수가 있었던 것이다. 합동에서 이명해 온 최삼경은 동향인 박종순 목사와 신학적 동질인 이수영 교수의 비호를 받으면서 예장통합교단에서 뿌리를 내렸던 것이다. 박종순 목사와 이수영 교수, 구춘서 교수는 삼위일체가 되어 최삼경을 비호하거나 도와주었다.

87회기의 이대위는 서강석 목사를 기소하고, 신천지에 대한 대책을 논의하고, 이명범 목사가 운영하는 예일신학교에서 강의하는 교수에 대해 권고하기도 한다. 그리고 박철수 목사 건을 다루기 시작했다.

I. 조 직

　　위원장 : 이수영　　　　서 기 : 엄태근　　　　회 계 : 박태규
　　위 원 : 목사-황태주　문성모　정장복　황승룡
　　　　　　장로-이원식　백정환
　　전문위원 : 김인수　현요한　정행업　차중순　최태영　최대준　김항안　신영균　임신영
　　〈분과위원회〉
　　연구분과/위원장 : 김인수　　　　　　　　　　서 기 : 현요한
　　　　　　　위 원 : 정장복　문성모　황승룡　신영균　박태규
　　조사분과/위원장 : 김항안　　서 기 : 백정환　　위 원 : 황태주　차중순　최태영
　　상담분과/위원장 : 임신영　　서 기 : 이원식　　위 원 : 정행업　최대준
　　〈이단·사이비문제상담소〉
　　소 장 : 정행업

　　사. 제87회 총회에서 이첩된 최삼경 목사 건에 대한 총회 결의사항을 보고하매. 임원
　　　회가 결과를 총회에 보고토록 하다.

6. 제6차 회의(2003. 4. 10.)
　결의사항 :
　가. 총회장이 요청한 서강석 목사 기소장 회송 요청의 건은 총회 임원회에 보내기로
　　　하다. 단, 문자적으로는 문제가 있으나 전후 상황을 검토한 바, 전체적으로는 큰
　　　문제가 없는 것으로 보고 이 같은 상황설명을 위원장이 구두로 전달하기로 하다.
　나. 조사분과위원회의 '주사랑선교회 현지확인 조사의 건'은 방문한 결과 주사랑선교
　　　회가 건전하고 열심 있는 선교회임을 확인한 바, 현지확인 조사 보고서 대로 받
　　　기로 하고, 질의한 실로암시각장애인복지회에게 이단성을 발견할 수 없음을 통
　　　보하기로 결의하다.
　다. 제7회 이단·사이비대책세미나 중간 검토의 건은 계획안 초안을 받기로 결의하다.
　라. 노회별 이단·사이비대책위원회 조직 요청의 건은 상담소장과 서기에게 위임하
　　　여 공문을 발송하기로 결의하다.
　마. 이만희(신천지교회) 대책의 건은 대응하지 않기로 결의하다.
　바. 한국기독교통일교대책협의회의 홍보 및 후원 요청의 건은 참고하기로 하다.
7. 제7차 회의(2003. 6. 12.)
　결의사항 :
　가. 예일신학대학원대학교 총장으로 재임중인 문선재 목사에게 관계를 정리하도록

이단감별사들의 한국교회 大 사기극

최후통첩하기로 하고 전체회의에 보고하기로 한 건은 우리 교단에 관계된 목사는 총회 임원회에 보고하여 해당 노회에 통보하여 조치하기로 결의하다.

나. 레마선교회 재연구는 레마라는 명칭을 버리기 전까지는 재연구하지 않기로 한 연구분과의 결의는 그대로 받기로 하다.

다. 박철수 목사(기독교영성운동본부)의 건은 문제가 된 서적을 폐기처분했는지, 자신의 잘못을 시인하고 현재 문제가 없는지 등에 대해서 사실 확인을 위하여 조사분과위원회로 보내어 조사하기로 결의하다.

라. 다음회의는 7월 18일(금) 오후 1시에 모이기로 결의하다.

8. 제8차 회의(2003. 7. 18.)

결의사항

가. 이단·사이비대책위원회 보고서 제출의 건은 그대로 받기로 하고 별지보고서 작성은 임원회에 위임하여 9월 5일 1시에 전체회의로 모여 의논하기로 결의하다.

나. 이단·사이비문제상담소 제88회 예산의 건은 상담소를 포함한 위원회 사업을 위한 예산을 제출하기로 하고 임원회에서 위임하기로 결의하다.

다. 박철수 목사(새상활영성훈련원)의 건은 조사분과위원회의 보고대로 받기로 결의하다.

라. 사이비이단문제상담소 명칭 변경의 건 및 노회별 위원회 명칭 변경의 건은 위원회 이름이 변경되므로 이단·사이비문제상담소로 변경하고 노회에도 이를 통보하여 노회별 위원회 명칭도 이단·사이비대책위원회로 통일하여 동일한 명칭을 사용할 수 있도록 결의하다.

9. 임원회 및 분과위원회 : 5회

Ⅲ. 경 과

1. 본 교단에서 이단으로 규정한 이만희(신천지교회) 측에서 총회를 상대로 손해배상 청구한 재판에서 승소하였음.

2. 수임 안건 처리 및 기타처리사항

가. 부산동노회 서강석 목사 기소장 재판국 이첩

나. 부산노회 부산진교회 관련 사이비이단성 저촉여부 연구결과 부산노회 통보

다. 실로암시각장애인복지회의 주사랑선교회 사이비이단여부 질의에 대한 통보

라. 레마선교회 재연구는 레마라는 명칭을 버리기 전까지는 재연구 하지 않기로 함.

마. 통일교 관련 단체 경계, 대처안내 및 관련단체 목록 공문 발송(각 노회, 각 부 및 기관, 신학대학교)

바. 이단·사이비대책위원회 미조직 노회 조직요청 공문 발송

사. 위원회 및 상담소 명칭 변경(사이비이단대책위원회 → 이단·사이비대책위원회, 사이비이단문제상담소 → 이단·사이비문제상담소)

최삼경

(6) 88회(2003년)

88회 이대위 위원장은 이승영 목사이고 위원 중의 한 명은 이시걸 장로였다.

16. 이단 사이비대책위원회 보고서

제88회 총회 이후 1년 동안의 총회 이단·사이비대책위원회의 경과를 다음과 같이 보고합니다.

보고인 : 위원장 이승영

I. 조 직

위원장 : 이승영　　　　서 기 : 김항안　　　　회 계 : 양운국
위 원 : 목 사-김준호 노재건 황필순 조학래 조특모 허승부
장 로-이시걸 김의홍 박윤구 김영식 김승대 이정민
전문위원 : 김인수 현요한 정행업 배경식 차종순 최태영
〈분과위원회〉
연구분과/위원장 : 배경식　　　　서 기 : 허승부
　　　　위 원 : 김항안 김의홍 현요한 차종순 최태영
조사분과/위원장 : 조특모　　　　서 기 : 이시걸
　　　　위 원 : 김준호 조학래 양운국 김승대 김인수
상담분과/위원장 : 황필순　　　　서 기 : 이정민
　　　　위 원 : 노재건 박윤구 김영식 정행업
〈이단 사이비문제상담소〉
소 장 : 정행업

이시걸 장로는 오늘의 최삼경이 존재하도록 교회에서 오른팔 역할을 한 사람이다. 이대위의 정보를 최삼경에게 알려주었을 것이다. 이처럼 최삼경은 자신이 이대위에 없는 동안, 빛과 소금교회에서 활동하는 김청, 이시걸을 이대위에 파송하고, 매제인 장경덕까지 이대위에 두 번씩이나 파송하도록 했다.

▲ 이시걸 장로

최삼경은 자신이 이대위에 없을 때는 교회 장로라든지 자신의 매제(장경덕)이든 어떻게 해서든지 자신의 사람들을 이대위에 들어가게끔 함으로써 이대위를 관리하거나 통제하도록 한 의혹이 있다. 그래서 그는 이대위를 한 번도 떠난 적이 없었다.

이 당시 최삼경의 삼신론 건은 정리가 되지도 않고 최삼경이 충분히 해명하지도

않은 채 정치적으로 "서울동노회장 이용식 씨의 '최삼경 목사 처리에 관한 보고의 건' 은 그대로 받기로 한다"고 마무리되었다. 서울동노회를 통하여 최삼경의 문제가 슬 그머니 세탁되었다. 서울동노회는 최삼경의 하수인이었다. 최삼경의 더러운 교리를 덮는데 앞장을 선 노회였다. 서울 동북노회는 이러한 최삼경을 공로목사로 인정하 였다. 금품수수 공로,. 이단 조작 공로가 아닌지 의심된다.

18. 이단 · 사이비대책위원회 보고서(추가)

II. 회 의

9. 제9차 회의(2003. 9. 5.)
결의사항 :
가. 조사분과위원회에서 조사보고한 박철수 목사(기독교영성운동본부)의 건은 연구분과위 원회로 보내어 계속 연구하기로 하다.
나. 「교회와신앙」에 기사화된 박철수 목사 신문보도에 대한 사실여부 확인 및 공정보도 협조요청의 건은 위원장에게 맡겨 처리하기로 하다.
다. 서울동노회장 이용식씨의 '최삼경 목사 처리에 관한 보고의 건'은 그대로 받기로 하다.
라. 예장개혁 증경총회장 조경대씨의 '예태해 목사의 주시철회 청원의 건'은 예의주시 하기 로한 철회 수용여부를 다시 조사연구 하기로 하다.
마. 대한예수교장로회(합동) 함동노회장 김동안 씨의 '소원의 항구교회 재심청원의 건'은 재심을 위한 조사 연구를 하기로 하다.
바. 총회 별지보고서 작성은 임원회에 맡겨 처리하기로 하다.

법원은 "서울 동노회의 청원서가 제출되었을 뿐, 별도로 피해자 주장의 삼신론에 대 한 연구를 진행하지 아니하여 위와 같은 이단 해지 절차를 정식으로 거치지는 아니하 였던 점"이라고 판단하여 정상적인 방법을 통한 삼신론의 해지 절차가 되지 않았다. 이처럼 최삼경은 다른 사람들에 대해서는 허위나 이단 조작, 비본질적인 면을 어떻 게 해서든지 본질적인 이단으로 만드는데 앞장을 섰지만 자신의 이단성에 대해서는 적법한 절차를 준수하지 않았다.

그런데 원심 및 당심에서 적법하게 채택 · 조사한 증거들에 나타난 다음과 같은 사정 즉, ① 제87회 총회의 이대위 서기였던 원심 및 당심 증인 이정환 목사는 제87회 총회에서 서울동노회로 하여금 적절한 조치를 취하게 한다는 내용의 <u>결의를 한</u> 것이 피해자가 주장하는 삼신론 사상이 이단임을 전제로 하여 소속 노회에서 피해자를 재판하여 처벌하라는 의미라고 진술하고 있는 점, ② 앞서 본 이대위 운영지침에 의하면 이단해지는 객관적인 자료를 첨부한 재심요청서의 제출, 연구위원의 선정, 연구결과의 보고, 총회의 결의, 언론매체를 통한 해명서의 공표 절차를 차례로 거쳐야 완결되는 것인 점, ③ 제89회 총회에서는 신앙고백서가 첨부된 서울동노회의 청원서가 제출되었을 뿐 별도로 피해자 주장의 삼신론에 대한 연구를 진행하지 아니하여 위와 같은 이단해지 절차를 정식으로 거치지는 아니하였던 점, ④ 피해자는 제89회 총회 이후에도 삼신론을 주장해왔고, 2011년경 한국기독교총연합회와 대한예수교장로교회에서 피해자의 삼신론 및 원정양태설에 대해 이단으로 결의한 점 등의 사정에 비추어 보면, 제87회 총회에서 피해자 주장의 삼신론에 대하여 이단성 여부가 다투어지고 그 결론이 불명확하여 다른 해석이 존재하는 상황에서 제89회 총회가 적법한 이단 해지 절차를 거치지 않았던 것이므로 피고인이 이 사건 진정서 및 유인물을 작성할 당시 이 부분 사실이 허위임을 인식하였다고 보기 어렵다.

▲ 부산지법 판결문

(7) 89회(2004년)

89회 이대위 위원장은 김항안 목사였고 이수영 교수는 위원이었다. 최삼경의 사람들이 이대위에서 빠졌을 때는 항시 반최삼경의 사람들이 최삼경을 이단으로 정죄하려고 하였다. 89회기는 크리스챤 신문을 이단 옹호 언론으로 청원하고, 장안교회 곽성률 목사와 예수왕권세선교회, 박영균 목사 등에 대해 이단 문제를 제기한다.

16. 이단·사이비대책위원회 보고서

제89회 총회 이후 1년 동안의 이단·사이비대책위원회의 사업경과를 다음과 같이 보고합니다.

보고인 : 위원장 김항안

I. 조 직

위원장 : 김항안   서 기 : 조특모   회 계 : 양운국
위 원 : 목사-이승영 노재건 허승부 이수연 이수영 이원우 황승룡
        장로-김승대 김의홍 권태환 김종우 홍성희
전문위원 : 배경식 최태영 김기홍
〈분과위원회〉
연구분과/위원장 : 황승룡   서 기 : 배경식   회 계 : 김의홍
        위 원 : 이수영 최태영 양운국
조사분과/위원장 : 이원우   서 기 : 허승부   회 계 : 권태환
        위 원 : 조특모 김기홍 홍성희
상담분과/위원장 : 노재건   서 기 : 이수연   회 계 : 김승대
        위 원 : 이승영 김종우
〈이단·사이비문제상담소〉
소 장 : 정행업

11. 이단·사이비대책위원회 청원서

아래와 같이 이단·사이비대책위원회 청원서를 제출하오니 허락하여 주시기 바랍니다.
이단·사이비대책위원장

1. 수임안건에 대한 연구 및 조사결론을 채택해 주시기 바랍니다(별지 참조).
   가. 서울동노회장 이일랑 목사가 제출한 '크리스챤 신문에 대한 본 교단 입장 질의의 건' 보고서
   나. 서울동노회장 이일랑 목사가 제출한 '장안교회(곽성률 목사) 관련의 건' 보고서
   다. 예수왕권세계선교회 보고서
   라. 박영균 목사 보고서

가. 크리스챤 신문 연구보고서

「크리스챤신문」은 "하나님의 교회 안상홍 증인회", "신천지교회", "베뢰아", "이재록", "안식교" 등을 옹호하는 기사와 인터뷰, 그리고 광고 등을 끊임없이 싣고 있다. 아래는 그 증거의 일부분이다.
  2002년 11월 18일자, 12월 23일자, 2003년 3월 24일자, 4월 6일자에 안상홍 증인회를 옹호하는 기사를, 2001년 6월 30일자, 2002년 12월 16일자, 2003년 3월 17일자, 24일자 기사로, 2003년 3월 24일자 하단 광고로 신천지교회와 시온기독교신학원을 옹호했다.

2003년 1월 6일은 성락교회 담임감독 김기동의 이름으로 근하신년 광고를 실었다. 2003년 9월 8일자는 김기동 씨의 입장을 옹호하는 인터뷰를 전면에 싣고 그 이후 70여 회 이상의 "베뢰아 16년간 감추어진 실상과 진실"이란 제목으로 매호 연재로 베뢰아의 신학을 변호하는 글을 2005년 8월 현재까지 싣고 있다.

2003년 4월 28일은 만민중앙성결교회를 소개하여 "성령의 은사로 치유의 기적 넘친다"는 제목의 글을 실었고 같은 날짜에 이재록 씨의 사진이 실린 광고를 실었다. 12월 2일에는 인도에서 큰 부흥을 일으켰다고 이재록 씨를 소개하는 기사를 실었다. 그 후 2005년 8월 현재까지 매 호마다 이재록 씨의 칼럼을 싣고 있다.

'한국기독교총연합회'에서는 2003년 9월 4일「크리스챤신문」을 이단 사이비 옹호언론으로 규정하는 성명서를 냈으며 '크리스천시민공동연대'도 2004년 12월 30일 공동대표 권호덕 교수, 박형택 목사, 서창원 교수의 명의로 사이비 이단을 옹호하고 선전하는「크리스챤신문」을 고발한다는 성명서를 제출한 바 있다. 또한 '하나님의 교회 안상홍 증인회 피해자 모임'도 2004년 12월 4일 이단 '하나님의 교회 안상홍 증인회'를 옹호, 선전하는「크리스챤신문」을 고발한다는 성명서를 냈다.

따라서 "크리스챤 신문은 이단을 옹호하는 글이나 그들의 광고를 게재하여 성도들의 신앙 생활에 혼란을 야기하고 있으므로, 본 교단 목회자들이나 성도들이 이 신문에 글을 게재하거나 광고를 내어 후원하는 일이 없도록 해 주시기 바랍니다."

나. 장안교회(곽성률 목사) 연구보고서

1. 연구 배경

서울동노회의 '서동노 제70-105호(2004. 8. 30.) 장안교회 곽성률 목사의 이단성 여부에

다. 예수왕권세계선교회 연구보고서

예수왕권세계선교회(회장 : 심재웅 목사)는 2003년 4월에 부천시 소방서 뒤편 모교회에서 목회자들을 대상으로 시작해 현재 경기도 안산시 단원구 원곡동 994-7(경동택배 건물 2층)에서 모인다. 집회는 정기적으로 이루어지며 시간은 오전 10시에 시작하여 오후 11시까지 열린다(2005년 3월 현재 약 700여 명 회집). 등록비나 식비는 없다. 월~수는 심목사가 인도하고

라. 박영균 목사 연구보고서

1. 연구 배경

박영균 목사는 한국기독교장로회 소속 목사로 현재 "민족복음화 운동본부" 총 본부장으로 활동하고 있다. 이 운동 본부의 대표총재는 신현균 목사, 상임총재 피종진 목사, 상임고문 장광영 목사, 실무총재 엄신형 목사가 봉사하고 있다. 한국기독교장로회 총회장 명의로

(8) 90회(2005년)

90회 이대위 위원장은 강신원 목사였고, 이수영 교수는 위원이었다. 이 당시는 대구제일교회 나요셉 목사 건이 도마위에 올라 그의 이단성을 논하기도 하였다.

이단감별사들의 한국교회 大 사기극

16. 이단·사이비대책위원회 보고서

제90회 총회 이후 1년 동안의 이단·사이비대책위원회의 사업경과를 다음과 같이 보고합니다.

보고인 : 위원장 황승룡

Ⅰ. 조 직

위원장 : 황승룡   서 기 : 허승부   회 계 : 양운국
위 원 : 목사-노재건 이수영 강신원 김충렬 노영우 문영학 윤용형 전덕열
        장로-김의홍 권태환 김종우 김광호
전문위원 : 현요한 허호익 탁지일
〈분과위원회〉
연구분과/위원장 : 허호익   서 기 : 김의홍
            위 원 : 황승룡 이수영 문영학 현요한 탁지일
조사분과/위원장 : 강신원   서 기 : 김광호
            위 원 : 김충렬 양운국 권태환 김종우
상담분과/위원장 : 윤용형   서 기 : 전덕열
            위 원 : 허승부 노재건 노영우 이형기
〈이단·사이비문제상담소〉
소 장 : 이형기

Ⅰ. N 목사의 구원계획 변경론 등

1. 연구 배경

1) 경북노회의 "이단사이비성에 대한 질의 의뢰서"(예총경북노회 제157-9호, 2005. 10. 27.)가 이첩(예장총 제90-217호, 2005. 11. 30.)되어 연구에 착수하다.
2) 본 위원회 조사분과위원회가 N 목사를 소환하여 조사한 바 "총회 이단사이비대책위원회 제90기 2차 회의자료" 42-58쪽의 설교 내용을 자신이 한 것으로 시인한 것으로 본 위원회에 보고하다(참조 ; "조사분과위원회 보고서" 2005. 12. 16.)
3) N 목사가 "문제로 제기된 설교에 대한 변증"(2006년 1월 2일 작성)을 본 위원회에 제출하다.
4) 본 위원회 연구분과위원회에서 3차에 걸친 회의에서 "N 목사의 구원계획변경론 등 연구 결과 보고서"를 작성하고 이를 총회 이단사이비대책위원회 전체 회의에 보고하여 심의한 후 다음 같은 연구결과를 채택하고 그 내용을 경북노회에 이를 통보하다.

2. 질의 개요

N 목사의 설교 내용 중 구원계획 변경론, 최초인간 자웅동체론, 영혼 내 유전정보 보유설 등의 이단 사이비성 및 교리와 설교상의 적당성 여부에 관하여 질문하다.

최삼경

3. 연구 결과

1) 가계저주론의 배경

가계저주론은 1972년 케니스 맥콜이란 미국의 정신과 의사가 처음 주장했으며, 1986년 제이 햄프쉬에 의해 신학적 이론으로 만들어졌다. 그리고 메릴린 히키(「가계의 흐르는 저주를 끊어라」, 베다니출판사, 1997)와 이윤호의 저서(「가계에 흐르는 저주 이렇게 끊어라」, 베다니출판사, 1999)가 출판되어 국내에 널리 알려졌고, 1997년 이후 「빛과 소금」, 「목회와 신학」, 「교회와 신앙」을 통해 가계저주론에 대한 수많은 비판이 제기되었다.

II. 청원

1. 수임안건에 대한 연구 및 조사결론을 채택해 주시기 바랍니다(별지 참조).
   가. 경북노회장이 제출한 "이단사이비성에 대한 질의 의뢰서의 건"
   　　　: N목사의 구원계획 변경론 등
   나. 전서노회장이 제출한 "삼보일배에 대한 이단성 여부의 건"
   　　　: '삼보일배' 행사 참석
   다. 서울북노회장이 제출한 '이단성 여부 질의서'의 건
   　　　: 이윤호 목사 등의 가계저주론
   라. 인천노회장이 제출한 "사이비이단인지 여부 질의의 건"
   　　　: 정우영 목사의 보혈 뿌림 시늉 및 열방교회 참여

(9) 91회(2006년)

91회 이대위 위원장은 강신원 목사였고, 최삼경의 사람들이 대거 이대위에 진입한다. 이수영, 허호익, 탁지일, 구천서가 이대위를 장악한다. 이단 제조기들이 이대위를 장악했다. 최삼경이 92회에 들어올 수 있도록 발판을 마련한다.

16. 이단·사이비대책위원회 보고서

제91회 총회 이후 1년 동안의 이단·사이비대책위원회의 사업경과를 다음과 같이 보고합니다.

보고인 : 위원장 강신원

I. 조 직

위원장 : 강신원　　　　　　서 기 : 전덕열　　　　　　회 계 : 김종우
위 원 : 목사-황승룡 <u>이소영</u> 김충렬 윤용형 한철완 김병복 류종상 이수연 박병식
　　　 장로-권태환 김광호 원태희
전문위원 : <u>허호익 탁지일 구춘서</u>
〈분과위원회〉
연구분과/위원장 : <u>허호익</u>　　　　　서 기 : 김의홍
　　　　　　위 원 : 황승룡 <u>이수영</u> 문영학 현요한 <u>탁지일</u>
조사분과/위원장 : 강신원　　　　　서 기 : 김광호
　　　　　　위 원 : 김충렬 양운국 권태환 김종우
상담분과/위원장 : 윤용형　　　　　서 기 : 전덕열
　　　　　　위 원 : 허승부 노재건 노영우 이형기
〈이단·사이비문제상담소〉
소 장 : 이형기

최삼경은 자신이 이대위에서 물러나 있을 때는 이수영, 이시걸, 허호익, 탁지일, 구천서, 장경덕 등 자신의 지인들을 통하여 이대위에 대한 정보를 알았을 것이다. 최삼경은 이들을 통하여 이대위를 간접적으로 관리하였다.

허호익, 탁지일, 구춘서는 100회 총회시 채영남 목사가 추구하는 이단 특별사면을 반대하는데 앞장섰던 인물들이다.

▲ 허호익 교수

그러나 허호익은 동성애 지지로 말미암아 이단으로 면직되고 구춘서는 한기총의 박윤식, 류광수 목사의 이단 사면 발표에 대해 "이단은 교단에서 푸는 것이지 연합단체에서 풀 수 없다"고 하여 이단 사면에 반대입장을 냈다.

최삼경의 정죄 라인에서 한 치도 벗어나지 못하였다. 구춘서는 경영능력 부족으로

예장통합 7개 신학대교수, 특별사면 반대 성명

한일장신대 총장 재임에 실패하고 말았다.

이 당시는 박용기, 마음수련연구보고서, 이윤호의 가계저주론의 이단성을 다루었다. 91회부터는 최삼경의 사람들이 이대위에 들어오기 시작하여 교수의 이름으로 이대위를 조금씩 장악해 나갔다. 실제로 교리를 전공한 교수는 하나도 없었다. 구춘서의 박사 논문은 민중신학이고, 탁지일의 박사 논문은 통일교 옹호 논문이었다. 모두 학자적 양심을 배신한 사람들이다.

Ⅳ. 청 원

1. 수임안건에 대한 연구 및 조사결론을 채택해 주시기 바랍니다.
   가. 강원동노회장이 제출한 "박용기 목사 이단사이비성에 대한 건"에 대한 박용기 씨의 '예수의 유죄성'에 관한 연구보고서-8쪽

나. 충남노회장이 제출한 "대학가 및 각 지역에 활동하는 '마음수련'에 대한 파악 요청의 건"에 대한 '마음수련' 연구보고서-10쪽
다. 교회개발원 원장 이윤호 목사가 제출한 "이윤호 목사의 가계저주론" 재심청구의 건에 대한 연구보고서-12쪽
라. 이단사이비대책위원회 운영 지침 연구보고서-21쪽

(10) 92회(2007년)

92회 이대위 위원장은 전덕렬 목사이다. 최영환, 허호익, 탁지일이 이대위에 들어갔다. 92회기부터 이단 옹호 언론인 크리스천투데이를 연구하기 시작한다.

16. 이단·사이비대책위원회 보고서

제92회 총회 이후 1년 동안의 이단 · 사이비대책위원회의 사업경과를 다음과 같이 보고합니다.

보고인 : 위원장 전덕열

. 조 직

위원장 : 전덕열   서 기 : 한철완   회 계 : 원태희
위 원 : 강신원 김충렬 윤용형 김병복 류종상 박병식 변정식 김재영 김광재
       유영돈 최영환 전무조
전문위원 : 황승룡 허호익 탁지일
〈분과위원회〉
연구분과/위원장 : 류종상   서 기 : 전무조
       위 원 : 김병복 변정식 김충렬 김광재 황승룡 허호익 탁지일
조사분과/위원장 : 유영돈   서 기 : 김재영
       위 원 : 한철완 박병식 원태희
상담분과/위원장 : 윤용형   서 기 : 최영환
       위 원 : 이형기 전덕열 강신원
〈이단 · 사이비문제상담소〉
소 장 : 이형기

15. 이단사이비대책위원회〈목사 14명 장로 1명 합계 15명〉

이단사이비대책위원회 1년조〈목사 4명 장로 1명 소계 5명〉
〈이단사이비대책위원회 목사 1년조〉
김병복(서울서/이단사이비대책위원회1)　　류종상(인천/이단사이비대책위원회1)
한철완(광주/이단사이비대책위원회1)　　박병식(여수/이단사이비대책위원회1)
〈이단사이비대책위원회 장로 1년조〉
원태희(안양/이단사이비대책위원회1)

이단사이비대책위원회 2년조〈목사 5명 장로 0명 소계 5명〉
〈이단사이비대책위원회 목사 2년조〉
변정식(서울서북/이단사이비대책위원회2)　　김재영(광주동/이단사이비대책위원회2)
김광재(경북/이단사이비대책위원회2)　　유영돈(경서/이단사이비대책위원회2)
최영환(용천/이단사이비대책위원회2)

이단사이비대책위원회 3년조〈목사 5명 장로 0명 소계 5명〉
〈이단사이비대책위원회 목사 3년조〉
윤동석(서울강북/규칙부1/만기)　　유한귀(서울강동/신학교육부1/만기)
최재국(충청/신규)　　이락원(대전서/신학교육부1/만기)
김한식(경안/신규)

---

3. 제3차 실행위원회(2008. 1. 24.)
　결의사항 :
　가. 서울한사랑교회 김한식 목사가 제출한 사단법인 한사랑선교회 이단사이비 삭제
　　　요청의 건은 연구분과위원회에 위임하기로 하다.
　나. 대한예수교장로회 총회(개혁)에서 제출한 강원동노회의 박용기 목사 연구결과 보
　　　고에 대한 재심청원의 건은 연구분과위원회에 위임하기로 하다.
　다. 한국(지방)교회에서 제출한 예장총회 77차 결의에 대한 재심청구 해명서의 건은
　　　연구분과위원회에 위임하기로 하다.
　라. 서울강동노회에서 제출한 하비람에 대한 이단사이비성 판별 요청의 건은 연구분
　　　과위원회에 위임하기로 하다.
　마. 본 교단 서울동노회 소속 예영수 은퇴목사가 이단옹호에 대한 행위가 심화되고
　　　있으므로 본 교단의 조치를 취해 달라는 건은 연구분과위원회와 조사분과위원회
　　　에 위임하기로 하다.
　바. 이단 옹호 언론 연구의 건(기독교초교파신문〈신천지 관련〉, 크리스챤투데이〈통
　　　일교〉, 연합공보〈박윤식-인터넷신문〉, 세계복음화 신문〈다락방〉, 제91회에서
　　　유임된 안건인 크리스챤신문〉은 연구분과위원회와 조사분과위원회에서 협력하여
　　　연구, 조사하기로 하다.
　사. 신천지에 대한 자료를 CD와 안내 팸플릿으로 만들어 배포하기로 하고 연구분과
　　　위원회에 위임하기로 하다.
　아. 제92회기 제12회 이단사이비대책세미나 및 지역별 세미나 개최의 건은 다음과 같
　　　이 정하기로 하고 주제, 지역, 강사 및 자세한 사항은 임원회와 전문위원에게 위
　　　임하기로 하다.

이단감별사들의 한국교회 大 사기극

16. 이단·사이비대책위원회 청원서

아래와 같이 이단·사이비대책위원회 청원서를 제출하오니 허락하여 주시기 바랍니다.

이단·사이비대책위원장

1. 수임안건에 대한 연구결론을 채택해 주시기 바랍니다.
   가. '하나님의 비밀을 간직한 사람들(하비람)'에 대한 연구보고서
   나. '한국(지방)교회들'의 "예장총회 77차 결의에 대한 재심청구"에 대한 연구보고서
   다. 이단 사이비 정의와 표준지침에 관한 연구보고서

92회 이대위는 전문 교수들의 영향에 힘입어 이단 사이비 정의와 표준지침 연구보고서를 만든다. 그러나 보편적 기독교라기보다는 최삼경의 영향을 받은 일부 교수들이 작성한 것이기 때문에 지나칠 정도로 자의적이거나 주관적이었다. 그런데다가 자신들이 만들어 놓은 정관에서도 벗어났다.

표준지침 연구서에 따르면 최삼경은 신론적(삼신 주장), 기독론적(마리아 월경잉태론 주장) 이단인데 최삼경에 대해서는 언급조차 하지 않았고, 다른 사람들에 대해서만 이단이라고 판단하였다. 그리고 "이단은 파당을 이루어 기독교 신앙의 기본 교리요 일치의 공통분모인 하나님, 예수 그리스도, 성령, 삼위일체, 성경, 교회, 구원에 대한 신앙 중 어느 하나라도 부인하거나 현저히 왜곡하여 가르치는 경우"인데 최삼경만 배제하고 예수 그리스도를 믿어 본질적인 신앙에는 변함이 없는 사람들을 비본질적이거나 실천적인 면만 갖고서 이단 판정하는 왜곡된 연구보고서였다.

최삼경의 지인급에 해당하는 교수들은 이단 사이비 정의와 표준지침에 관한 연구보고서를 발표했다. 이 보고서에 의하면 최삼경은 신론과 기독론 규정에 따라 명백한 이단이었다. 이단, 이단성, 사이비, 사이비성, 비성경적(비기독교적) 설교와 가르침, 부적절한 설교와 가르침, 참여 금지의 개념에 대해 연구하였다.

Ⅱ. 이단 사이비 정의와 표준지침에 관한 연구보고서

1. 이단과 사이비의 정의

우리말 성경에 등장하는 '이단(異端)'이란 용어는 분파 또는 파당(Hairesis)을 뜻하는 희랍어의 번역이다. 이단의 단(端)은 '바르다, 옳다, 진실하다'의 뜻이므로 이단은 '시작은 같지만 끝에 가서 다르다'는 뜻은 아니다. 이단은 처음부터 바르지 않은 거짓된 사설(邪說)을 의미한다.

사이비(似而非)라는 용어는 성경에는 없는 단어이다. 사이비는 '유사한 것 같지만 아닌 것'을 뜻하므로 단지 비윤리적인 것만을 의미하지 않는다. 이단과 사이비는 둘 다 성서적 용어로는 거짓 가르침, 거짓 교훈, 거짓 예언 등에 해당하는 것이기 때문이다.

우리 교단에서는 이단과 사이비를 둘 다 거짓된 가르침을 뜻하는 용어로 사용해 왔고 그 정도가 심한 것은 이단이고 덜한 것은 사이비로 규정하여 왔다. 그러나 이단과 사이비, 이단성과 사이비성에 대해서는 명확한 개념 구분이 제시되지 않았다. 따라서 이러한 여러 성서적 용어와 한국교회가 사용해 온 개념과 우리 교단의 이단 사이비 규정 사례를 종합하여 다음과 같이 이단과 사이비, 이단성과 사이비성 등을 규정할 수 있는 표준 지침을 제시한다.

이   단 : 파당을 이루어 기독교신앙의 기본교리요 일치의 공동분모인, 하나님, 예수 그리스도, 성령, 삼위일체, 성경, 교회, 구원에 대한 신앙 중 어느 하나라도 부인하거나 현저히 왜곡하여 가르치는 경우

이단성 : 개인적으로 위의 기독교신앙의 기본교리의 어느 하나라도 부인하거나 현저히 왜곡하여 가르치는 경우

사이비 : 파당을 이루어 기독교신앙의 기본교리에 부수되는 주요한 교리를 부인하거나 현저히 왜곡하여 가르치는 경우

사이비성 : 개인적으로 기독교신앙의 기본교리에 부수되는 주요한 교리를 부인하거나 현저히 왜곡하여 가르치는 경우

비성경적(비기독교적) 설교와 가르침 : 기독교 신앙의 기본 교리나 주요 교리는 아니지만 비성경적이고 비기독교적인 주장을 통해 신앙적 혼란을 일으킨 경우

부적절한 설교와 가르침 : 그 외에 신학적으로 문제가 되는 가르침으로 교회 내에 물의를 일으킨 경우

참여 금지 : 집회나 교육 프로그램이 성서적으로나 목회적으로 문제점과 부작용이 현저할 경우

이단사이비옹호언론 : 이단 사이비로 규정된 개인이나 집단의 주장을 옹호 홍보하거나 관련 광고를 게재하는 경우

2. 이단의 표준 지침과 주요 사례

'이단사이비 관련 총회 결의 1915-2007'에 나타난 주요 사례들을 중심으로 교리적 항목에 따라 '이단사이비의 표준 지침과 사례를 정리하려고 한다.

먼저 이단(파당) 또는 이단성(개인)은 "기독교신앙의 기본교리요 일치의 공동분모인, 하나님, 예수 그리스도, 성령, 삼위일체, 성경, 교회, 구원에 대한 신앙 중 어느 하나라도 부인하거나 현저히 왜곡하여 가르치는 경우"라고 할 수 있다. 기독교의 기본교리 가운데서 이단으로 규정한 항목과 사례들을 살펴보면 다음과 같다.

가. 신론

정통적인 신론은 "전능하사 천지를 지으신 아버지 하나님을 믿는다"는 사도신경에 근거해 있다. 그런데 이단들의 주요 특징 중에 하나는 교주를 신격하여 마치 하나님인 것처럼 주장한다. 교회사적으로 보아 구약의 창조주 하나님과 신약의 아버지 하나님을 다른 신이라고 주장한 로마교회의 말시온 장로의 기독교 영지주의가 그 대표적인 사례이다. 그동안 한국교회에는 스스로 하나님이라고 자처한 자가 40여 명이나 된다고 한다.
- 통일교(세계평화통일가정연합)에서는 문선명과 한학자 부부를 참부모라 주장하고 참부모가 곧 참하나님인 것처럼 왜곡한다.

- 박윤식(대성교회, 현 평강제일교회)은 자신이 지리산에서 3년 6개월 동안 기도하다가 비밀 말씀을 받았다고 하여 자신을 말씀의 아버지라 왜곡한다.
- 이만희(신천지예수교 증거장막성전)는 자신이 말씀의 아버지라고 왜곡한다.
- 안상홍(하나님의 교회)은 하나님 아버지요, 장길자는 하나님 어머니라 왜곡한다.

나. 기독론

정통적인 기독론은 예수 그리스도가 하나님이고 구세주이시며, 그의 동정녀 탄생과 십자가의 고난과 대속적 죽음과 육체적 부활을 가르친다. 그런데 스스로를 메시야나 구세주 또는 재림 예수라 주장하거나 예수의 신성을 강조하고 인성을 약화시킨 가현설이나 인성을 강조하고 신성을 약화시킨 양자설이나 예수의 유죄설은 모두 명백한 이단으로 규정된다. 그동안 한국교회에서 자칭 메시야 또는 재림주로 자처한 자가 50여 명이라고 한다.

- 통일교는 문선명이 재림주로 여겨 예수님의 이름 대신 참부모(문선명과 그의 처 한학자)의 이름으로 기도하기도 하였으니 기독론의 왜곡이다.
- 이재록(만민중앙교회)은 자신을 "원죄도 자범죄도 없는 깨끗한 피를 가졌기에 죽음이 피해간다"고 주장하고 자신을 예수님과 동일시하였다.
- 박윤식(대성교회, 현 평강제일교회)은 예수께서 이 땅에서 죽으신 것은 하나님의 영이 아니기 때문이라 함으로써 예수의 신성을 부인하였다.
- 김기동(베뢰아아카데미)은 예수님의 생애는 신의 생애가 아니고 사람의 생애인데 오히려 예수님을 신이라고 하면 이단이라고 하여 초대교회 에비온파처럼 신성을 부인한다.

다. 성령론

성령은 삼위일체 하나님의 한 위(位)로서 하나님과 동등한 존경과 경배의 대상이다. 따라서 예수가 말씀의 화육(incarnation)이라면 자신을 예수가 보낸다고 약속한 보혜사 성령의 화육이라고 주장한 몬타누스는 이단으로 정죄되었으며, 성령의 불가시적 사역을 지나치게 가시적인 사역으로 왜곡하는 것 역시 이단으로 규정된다.

- 이만희(신천지교회)는 자신의 저서「감추인 비밀 요한계시록의 실상」표지에 '보혜사 이만희 저'라고 적어 놓았다. 자신이 육으로 오신 보혜사라고 왜곡하였으나 보혜사 성령은 하나님의 영, 그리스도 영, 거룩한 영이므로 육적인 양태로 존재할 수 없다.
- 김기동(베뢰아아카데미)은 구약성경에 나오는 "하나님의 신, 하나님이 보내신 영들

은 천사들을 말하는 것이지 성령이 아니다"고 가르치고 오순절에 성령이 임하신 사실도 '성령이 임하면 권능을 받고'라는 말이 '천사를 얻고'라는 말과 동격이라고 하여 모든 부분에서 천사일 뿐이지 성령은 허수아비와 같다고 하여 성령의 존재와 신성을 부인한다.
- 김계화(할렐루야기도원)는 자기가 환자의 환부에 손을 대면 손에서 불이 나가, 살이 찢어져 상처가 나고, 그 자리를 통하여 소위 암 덩어리가 녹아 나오게 하여 이를 끄집어내는 것을 '성령수술'이라고 한다. 그러나 모든 환자가 그러한 방식으로 치료되는 것도 아니므로 속임수를 사용한다는 비난을 받고 있다. 성령의 외과적인 수술을 주장하는 것은 성령론의 현저한 왜곡이다.
- 빈야드 운동은 거룩한 웃음, 떨림, 쓰러짐, 짐승 소리 등의 비성경적인 현상을 성령의 은사로 왜곡한다.

라. 삼위일체론

성부 하나님, 성자 하나님, 성령 하나님이 세 분이면 동시에 한 분이라는 전통적인 삼위일체론을 부인하거나, 일체성을 강조하여 삼위성을 부인하는 일신론적 종속설이나 삼위성을 강조하여 일체성을 부인하는 삼신론적 양태론을 주장하거나 그리고 삼위(three person)를 세 보좌(three chair)로 여겨 비인격인 것으로 왜곡하는 경우 이단에 해당한다.

- 정명석(JMS)은 "성부 성자 성신은 각위로서 하나가 아니다. 삼위가 일체라면 하나님이 마리아 배 속에 들어갔다는 말인가?"라고 하며 삼위일체론을 부인하고 "삼위는 아버지(성부), 어머니(성신), 아들(성자)로 인간의 가족관계와 같다"고 왜곡한다.
- 원세호는 "삼위일체론에서 삼위란 곧 천국에 세 보좌를 가리키는 말이다"고 주장하여 삼위일체론의 인격성을 부인한다.

마. 성경론과 계시론

성경 66권 중 일부를 배제하거나 성경 외에 직통계시를 받았다거나 자기들만이 천국의 비밀이나 복음의 비밀을 깨달았다고 주장하거나, 자신들의 별도의 저술을 성경보다 중요하게 가르치거나, 성경의 일부 구절만 극단적으로 강조하여 문자적 절대적 의미를 부여하여 신앙의 혼란을 일으키는 경우는 이단에 해당한다.
- 통일교는 문선명의 계시를 받아 기록한 「원리강론」과 그의 연설문인 「평화훈경」과 '영계보고서'를 성경 이상의 진리로 여김으로 성경의 신적 권위를 부인한다.
- 이장림(다미선교회)은 일반 예언가(노스트라다무스, 게이시 등)의 예언을 성경의 계시와 동등한 수준으로 보고, '어린 종'들을 중심으로 한 40여 명의 아이들이 받은 '직통계시'를 성경의 계시보다 중요한 계시로 왜곡한다.
- 이만희(신천지교회)는 직통계시를 주장하고 사도 요한은 새 예루살렘을 환상으로 보았지만 자신만이 6,000년 동안 감추인 천국의 비밀의 실상을 보았다고 왜곡하고 하고 「신탄」이라는 교리서를 경전처럼 여긴다.
- 류광수(다락방전도협회)는 2,000년 동안 복음비밀을 잊었다가 다락방에 이르러서야 드디어 복음을 회복했다고 왜곡한다.

바. 교회론

전통적인 하나의 거룩하고 보편적이며 사도적인 교회를 부인하고 '왕국회관'이나 '장막성전' 같은 새로운 명칭을 사용하거나 자신들의 교회만 구원이 있다고 배타적으로 주장하는 것도 교회론에 입각해 볼 때 명확한 이단에 해당한다.
- 여호와의 증인은 교회를 대체하는 공동체로서 '왕국회관'을 조직하여 교회라는 명칭을 부인한다.

I –7–16–8

- 윗트니스 리(Witness Lee)는 기성교회를 바벨론 음녀라고 하며, 기성교회 목사와 예배 등 대부분의 제도를 부인한다.
- 이만희(신천지)는 기성교회는 "거짓 목자들이요, 거짓 선지자들이며, 마귀의 교단들"이며, '신천지 예수교 증거장만성전'에 속하여만 구원과 영생할 수 있다고 왜곡한다.
- 류광수(다락방전도협회)는 한국교회는 정통 복음을 전해 받지 못해 율법에 빠져 있으며, "다락방 전도가 없는 정통교회의 98%는 마귀에게 사로잡혀 있다."고 왜곡한다.

사. 구원론

믿는 자들의 구원은 하나님의 절대주권적 선택과 예수 그리스도의 대속적인 은총에 의한 칭의(稱義)와 그리스도를 본받는 성화(聖化)와 영원한 천국에 들어가는 영화(榮化)의 과정으로 이루어진다. 그런데 신자들의 삶과 행위와 상관없이 자신들의 특수한 비밀 교리를 깨달아 아는 영적 각성을 통해 구원을 얻는다고 주장하는 것은 이단으로 규정할 수 있을 것이다.

3. 사이비의 표준 지침과 주요 사례

사이비(파당)과 사이비성(개인)은 "기독교신앙의 기본교리(신론, 기독론, 성령론, 삼위일체론, 성경론, 교회론, 구원론)에 부수되는 주요한 교리를 부인하거나 현저히 왜곡하여 가르치는 경우"라 할 수 있다. 기독교의 기본교리에 부수되는 많은 교리들이 가운데서 사이비로 규정한 항목과 사례들을 살펴보면 다음과 같다.

가. 인간론

하나님께서 인간을 영혼과 육체로 창조하였으며 영혼과 육신이 동시에 구원받아야 한다는 사실을 부인하고 영육이원론 등을 통해 기독교적 인간론을 현저하게 왜곡할 경우 사이비라고 할 수 있다.

- 이초석(한국예루살렘교회)은 "하나님은 인간을 만드실 때 영혼을 하나만 지으셨으며, 그 다음부터 그 영혼은 분리되어 가는 것"이라는 영혼분리설을 주장함으로써 영혼창조설을 취하는 정통개혁주의의 입장에서 벗어나고 있다.
- 윗트니스 리(Witness Lee)는 영, 혼, 육 삼분설을 취하면서 인간의 타락은 육적인 것으로만 이해하고 영은 타락하지 않았다고 하여 전인적인 타락을 부인한다.
- 류광수(다락방전도협회)는 성도들이 죄를 자꾸 지으면 육체는 멸해 버리고 영혼만 구원받는다는 영육이원론적 반쪽 구원론의 왜곡을 범하고 있다.

나. 시한부 종말론

성서는 이 세계의 종말을 가르치지만 그 시기를 구체적으로 명시하지 않았으며, 그 시기를 명시하여 가르치는 것을 정죄하였다. 특정한 시대에 특정한 지역의 특정한 사람들만 종말론적 구원에 참여한다는 시한부 종말론은 사이비의 전형적인 특징이다. 시한부 종말론자들은 종말신앙을 극단적으로 강조한 것보다 그들이 주장한 시한에 종말이 이루어지지 않았기 때문에 사이비로 규정해야 할 것이다.

- 이장림(다미선교회)은 1997년 7월과 1998년과 2000년 사이를 세계의 종말로 왜곡하였다.

Ⅰ-7-16-9

- 이재록(만민중앙교회)은 하나님 우편에는 예수님이 앉으시고 자기는 좌편에 앉아 "심판 날에 주님 옆에서 성도들을 위해 변호해 줄 것"이라고 선포하면서, "자신과 연결되어 있는 사람들은 새 예루살렘에 들어가 살 수 있다."고 왜곡한다.
- 이만희는 신천지 등록 교인이 14만 4천 명이 되면, 청계의 계는 시내 계(溪) 자이므로 동방의 시내산인 청계산 아래 과천에 하늘의 새 예루살렘이 임한다고 왜곡한다.

다. 성례론 및 절기

기독교의 성례나 전통적인 주요 절기를 부인하거나 왜곡하는 경우 사이비라고 규정할 수 있다.

- 문선명은 예수가 제정한 세례와 성찬을 부인하고 이를 시행하지 않는다.
- 박옥수 등의 구원파는 전통교회의 제도와 예배형식, 주일성수, 십일조, 새벽기도,

축도 등을 무시하거나 부인한다.
- 김한식(한사랑선교회)은 목사안수를 받기 전까지는 선교사라는 명칭으로 활동하면서 평신도로서 침례(세례)를 집례했으며, '성도는 누구나 침례를 베풀 수 있다'고 가르쳤다. 이는 "성례전은 어떠한 형편을 막론하고 평신도가 집례할 수 없고 반드시 하나님의 사역자로 부르심을 받은 목사에 의해서 집례되어야 한다."는 우리 교단의 입장과 다른 것이다.
- 안상홍(하나님의 교회)와 이만희(신천지)는 예수 그리스도와 관련된 성탄절, 수난절, 부활절을 부인하고 그 대신 구약의 유월절, 초막절, 수장절을 지킨다.

라. 신유론 및 귀신론

신유는 그리스도와 사도들의 중요한 사역 중에 하나였다. 예수는 하나님의 능력에 힘입어 오직 말씀으로 병자를 치유하였다. 그러나 이러한 신유를 극단화하거나 왜곡하여 성령의 수술이나 생수의 치료 등과 같이 기도 이외의 특수한 주술적 수단과 방법을 사용하거나 모든 질병과 고통을 귀신이나 가계의 저주로 여겨 과도하게 축사의 사역을 강조하는 것은 사이비에 해당한다.
- 김계화는 할렐루야기도원 '생수터'에서 나오는 '생수'를 마시면 병에서 놓임 받고 회개의 영과 복음 전하는 영을 받는다고 하였으며 자기가 환자의 환부에 손을 대면 손에서 불이 나가 살이 찢어져 상처가 나고, 그 자리를 통하여 소위 암 덩어리가 녹아 나오게 된다는 '성령수술'을 시행하여 신유의 은혜와 기적을 왜곡하였다.
- 이재록(만민중앙교회)은 "어떤 사람들은 (나의) 간증 책만 읽어도 그대로 막 치료 받는다"고 하고, 어떤 사람들 사람들은 "사진만 안고 자도 치료 받고, 꿈속에 나타나서 내가 안수해도 치료 받는다"고 하였으며 또 "내가 기도한 손수건만 만져도 치료된다"고 하여 자신이 신유의 기적을 베푸는 자로 왜곡하였다.
- 김기동(베뢰아아카데미)은 소위 제명이 차기 전에 죽은 영, 불신자의 영, 사후의 영인 귀신이 우리 몸에 붙어서 모든 질병이 생기는 것으로 이 질병은 약이나 의술로는 궁극적으로 고칠 수 없고, 축사를 통해서만 고칠 수 있다고 왜곡된 귀신론을 주장한다.
- 이윤호는 육체적 정신적 질병, 가난, 실패, 불임, 유산, 가정불화, 동성애를 비롯한 성적 문제, 각종 사고, 주술적인 행위, 모든 종류의 중독, 거식과 폭식, 과소비와 낭비벽, 성격장애 등은 가계에 흐르는 저주요 '영적 쓰레기'이므로 이 저주를 저주기도문으로 끊어야 한다고 왜곡된 내용을 주장한다.

바. 물질적 구원론과 기업경영

헌금의 정도를 구원과 관련시켜 가르치거나 교인들의 헌금을 사업에 투자하고 교회가 직접 경영하여 참여하여 경제적 이윤을 추구하고, 그 결과 물질적 풍요를 교인들과 나누는 것을 영적 구원에 상응하는 물질적 구원이라고 가르치는 경우는 사이비에 해당한다. F. 퇴니스가 구분한 것처럼 교회는 이익사회(Gesellschaft)가 아니라 공동사회(Gemeinschaft)이기 때문에 교회가 이윤을 추구할 경우 그 본래성을 상실하게 되는 것이다.
- 박태선(전도관, 현 천부교)은 신도들의 노동력과 재산을 착취하여 신앙촌 재품을 생산 판매하고 특별생수권과 정기생수권을 값을 다르게 매겨 판매하는 등 이권 취득의 수단으로 교인들을 이용하였다.
- 통일교는 여수에 국제해양관광단지를 조성하는 등 많은 사업체를 통해 영리를 추구하고 있다. 특히 문선명은 미국에서도 여러 사업에 투자하였으나 탈세하여 1984년 구속이 되어 미국에서 18개월 실형을 받았으며, 최근에는 소유권환원식이라는 명목으로 전재산 헌납과 10의 3조를 요구한다.
- 권신찬의 구원파는 세모 등 사업에 교인들의 헌금을 투자하여 막대한 이권이 개입되자 내부의 갈등이 표출되기도 하였다.

4. 참고문헌

대한예수교총회 이단사이비문제상담소 편, 「교리교육지침서-지도자용」, 서울한국장로교출판사, 1994.
대한예수교총회 이단사이비문제상담소 편, 「종합 사이비이단 연구보고집」, 한국장로교출판사, 2001.

대한예수교총회 이단사이비문제상담소 편. 「이단사이비대책 역대세미나」. 한국장로교출
　　판사. 2004.
세계교회협의회 엮음. 「세계교회가 고백해야 할 하나의 신앙고백」. 한국장로교출판사.
　　1996.
이형기. 「정통과 이단」. 대한예수교장로회총회출판국. 1992.
허호익. "이단과 사이비 규정의 기준과 사례분석". 「제10회 이단사이비대책세미나 자료집」.
　　총회이단사이비대책위원회. 2006.

　　그러나 93회 이대위 보고서와는 달리 75회와 79회 이대위에서 김명용, 이형기, 황
승룡 등이 조용기 목사의 이단성 여부를 심사할 때의 채택한 기준도 웨스트민스터
신앙고백, 칼케돈 신조, 대한예수교장로회 신앙고백서 같은 개혁교회의 신앙고백
서, 콘스탄티노플-니케아 신조 같은 고대 에큐메니컬 신조들, WCC 교리헌정과 신앙
과 직제의 문서들이었다.

I. 사도적 보편교회의 신앙과 오순절교파 및 조용기씨 신학의 특수성

　　우리는 우리 교파가 가지고 있는 고전적인 개혁교회의 신앙고백서들과 현대 개혁주의
신앙고백서들 및 1986년에 총회가 채택한 "대한예수교장로회 신앙고백서"를 표준으로 하
여 기독교 신학의 정통성을 가늠하지 않고, 우리 교파가 세계교회와 공유하고 있는 "성
경", "고대 에큐메니칼 신조들" 및 "W.C.C.의 교리헌장과 신앙과 직제의 문서들"을 조
용기씨의 "사이비성" 시비의 표준으로 삼았다. 우리는 우리가 채택한 이 표준에 의하여
조용기씨의 ① 성경관, ② 삼위일체론, ③ 기독론, ④ 복음, ⑤ 성령론, ⑥ 구원론, ⑦ 교
회론을 평가하였다.

▲ 79회 총회록

　　그러므로 대한예수교장로회 통합교단의 이대위는 92회 처럼 이대위의 임의적이
고 자의적인 기준이 아니라 75, 79회 이대위처럼 개혁교회와 고대 에큐메니컬 신조
들, 대한예수교장로회 신앙고백서 등을 기준으로 해서 이단 정죄를 해야 한다. 이들
의 기준에는 이단 옹호 언론 같은 기준이 없다.
　　당시 이대위 기준을 만든 전문위원은 최삼경의 영향을 받은 구춘서, 허호익, 탁지일
이었다. 이 연구보고서는 훗날 이단으로 정죄된 허호익의 책을 참고하기도 하였다.

최삼경이 전문위원으로 들어와 있었던 93회기 이대위의 단골 메뉴는 박윤식, 김기동 목사였다. 이들에게는 한번 이단은 영원한 이단이었다. 특히 박윤식 목사에 대한 경우는 이단 조작과 허위사실로 인해 이단으로 정죄하였다. 최삼경은 법정에서 다음과 같이 말한다.

박윤식 목사 측 변호인이 최삼경에게 "원고 박윤식의 타락과 관련하여, 증인이 거론한 설교나 자료들에서 원고 박윤식이 직접적으로 '하와가 뱀과 성관계를 맺어 가인을 낳았다"고 말하거나 "타락 후에 인간에게 월경이 생겼고, 월경하는 여인의 입장에서 탈출하는 것이 구원이다고 말한 사실은 없지요"라는 말에 최삼경은 "그 설교에서 직접적으로 그런 말을 한 것은 아니지만, 전후 문맥이나 표현을 해석했을 때 그렇습니다"라고 말하여 자신의 주장이 거짓임이 드러났던 것이다.

▲ 최삼경의 법정증언

그러나 93회기 이단사이비대책위원회 청원서는 "박윤식(대성교회 현평강제일교회)은 하와가 뱀과 성관계를 맺어 가인을 낳았으니 사탄(뱀)이 씨앗을 속인 것이라 '씨앗 속임'을 주장한다. 타락 후에 월경이 생겼으므로 월경하는 여인의 입장에서 탈출하는 것이 구원이라 왜곡되게 주장한다"라고 했다.

16. 이단·사이비대책위원회 청원서

소동을 일으켰으며, 아담의 타락과 인간의 원죄를 성적인 행음으로만 해석하고, 예수 그리스도의 십자가를 통한 구원 대신 참부모인 문선명을 중심으로 한 혈통복귀가 인류구원의 방식이라고 주장한다. 그리고 합동결혼식 이후 삼 일 동안의 부부 관계의 방식을 바꾸는 삼일행사를 통해 생식기의 주인 바로 찾는 것이 절대혈통, 절대사랑, 절대평화를 회복하는 길이라고 왜곡된 교리를 주장한다.
- 박윤식(대성교회 현 평강제일교회)은 하하가 뱀과 성관계를 맺어 가인을 낳아으니 사탄(뱀)이 씨앗을 속인 것이라 '씨앗 속임'을 주장한다. 타락 후에 월경이 생겼으므로 월경하는 여인의 입장에서 탈출하는 것이 구원이라 왜곡되게 주장한다.
- 정명석(JMS)은 종교의식이라는 명분으로 여성들을 성적으로 유린하여 성폭력범으로 실형을 받았다.

이는 비단 박윤식 목사 뿐만 아니라 김기동 목사 이외에 다른 많은 사람들이 최삼경의 왜곡되고 주관적인 주장을 통하여 이단으로 정죄되었다. 그러나 한기총은 그런 최삼경을 이단으로 정죄했다.

그는 한기총 출입까지 저지당했다.

한기총은 예장통합 측이 지난 2012년 한국교회연합(한교연)으로 분열돼 한기총으로부터 떨어져 나가고, 아멘충성교회 금품 사건이 터지자 오히려 최 목사를 이단으로 규정했다. 이재록이나 이인강 목사의 금품 사건은 남광현 장로가 앞장섰고 최삼경은 겉으로는 드러나지 않았다. 결국 이단감별사들은 금품과의 관계를 끊지 못하였다.

그해 2012년 12월 21일 한기총은 일간지에 성명을 내고 이인강 목사에게 금품을

요구한 〈교회와 신앙〉을 비판하며, 최삼경 목사에 대해 삼신론과 마리아 월경잉태론을 이단적 교리로 평가했다.

"그간 한국교회의 이단 대처 사역은 일부 무자격 이단감별사들로 인해 소명 기회도 제대로 주지않고 이단 정죄를 하는 등 피해가 적잖이 있어왔습니다. 특히 돈을 주면 정통이요, 돈을 주지 않으면 이단이라는 믿지 못할 소문도 머물렀던 것이 사실입니다...〈교회와 신앙〉이라는 이단 전문 매체가 대한예수교장로회 통합 측 교단 내에서의 문제를 해결해 주겠다는 명목으로 아멘 충성교회 이인강 목사에게 수천 내지 수억의 금품을 요구했다는 주장이 제기된 것입니다....최삼경은 교회사 최악의 이단이자 신성모독자이며, 이단 조작자....따라서 그를 따르는

이단 옹호자 박형택(합신), 진용식(합동), 최병규(고신), 박용규(총신대 교수) 등의 무리들이 주도한 이단 연구는 전혀 인정할 수 없는 것임을 천명합니다....그는 하나님을 세 영이라고 하는 '삼신론' 과 예수 그리스도가 마리아의 월경을 통해 잉태되셨다고 하는 '마리아 월경잉태론' 을 주장하여 한기총과 대한예수교장로회 합동측 등 한기총 산하 여러 교단에서 이단 규정된 바 있습니다.....최삼경은 한국교회를 대표하는 지도자를 향해 무차별적인 비방을 했고, 교단의 원로목사에 대해 소송을 일삼기도 했습니다"

성 명 서

1,200만 한국교회 성도님들께 드리는 글

1. 최삼경 스스로가 불경한 이단이자 신성모독자로서, 이단·사이비를 논할 자격이 없습니다.

그는 하나님을 "세 영들" 이라고 하는 "설신론' 과, 예수 그리스도가 마리아의 월경을 통해 잉태되셨다고 하는 '마리아 월경잉태론' 을 주장하여 한기총과 대한예수교장로회 합동측 등 한기총 산하 여러 교단에서 이단 규정된 바 있습니다.

2. 최삼경은 한국교회를 대표하는 지도자들을 향해 무차별한 비방을 했고, 교단의 원로목사에 대해 소송을 일삼기도 했습니다.

이단감별사들의 한국교회 大 사기극

3) 이대위에 복귀하는 최삼경 93(2008년)~96회기(2011년)

(1) 93회 (2008년)

93회기 이대위 위원장은 최영환 목사였다. 최영한 목사는 93 회기에는 최삼경을 전문위원으로 임명하여 활동하기 시작했다.

▲ 최영환 목사

최삼경은 93회기는 이대위 전문위원, 94회기에는 이대위 회원, 95회기는 이대위 서기, 96회기는 이대위 위원장으로서 본격적인 활동을 하게 된다. 구춘서는 이단상담소장으로서 최삼경과 발을 맞춘다. 이단감별사들에게는 대교회 사기극을 위한 황금의 시대가 열렸다. 이들이 있었을 때 이단 정죄는 남용이 된다.

제93회 총회 이후 1년 동안의 이단·사이비대책위원회의 사업경과를 다음과 같이 보고합니다.

보고인 : 위원장 최영환

I. 조 직

위원장 : 최영환   서 기 : 유영돈   회 계 : 원태희
위 원 : 한철완 김병복 류종상 박병식 변정식 김재영 김광재 윤동석
        유한귀 이락원 김한식 최재국
전문위원 : 허호익 탁지일 최삼경
〈분과위원회〉
연구분과/위원장 : 유한귀 목사   서 기 : 김한식 목사
        위 원 : 최영환 목사 한철완 목사 김재영 목사 허호익 교수
              탁지일 교수 최삼경 목사 구춘서 교수
조사분과/위원장 : 윤동석 목사   서 기 : 최재국 목사
        위 원 : 원태희 장로 김병복 목사 변정식 목사
상담분과/위원장 : 김광재 목사   서 기 : 이락원 목사
        위 원 : 유영돈 목사 박병식 목사 류종상 목사
〈이단·사이비문제상담소〉
소 장 : 구춘서

그러므로 다시 복귀한 최삼경이 어떤 역할을 했는지 눈여겨볼 필요성이 있다. 93 회기부터 최삼경이 공식적인 이대위 활동을 재개하면서 우선 이단 옹호 언론을 만

드는데 앞장을 선다. 크리스천투데이, 교회연합신문은 대표적인 사례이다. 최삼경은 94회 이대위 서기로 있으면서 불법적인 절차를 통해서라도 두 언론을 이단 옹호 언론으로 만드는데 주력한다.

최삼경은 크리스천투데이를 이단 옹호 언론으로 만들기 위해 장재형 목사를 먼저 예의주시할 사람으로 만든다.

연구분과 위원회 최영환, 최삼경, 구춘서, 탁지일, 허호익이 그를 도와주었다. 이들이 연구하면 바로 이단이 되는 것이다.

이에 대해 김창영 목사는 최삼경의 이대위 진출을 총회 석상에서 반대하였다. 이정환, 김창영 목사만이 최삼경의 이대위 활동을 견제하였다.

▲ 장재형 목사

"소위 마리아 월경잉태설 주장으로 이단 시비의 중심에 있고, 거짓문서(답변서)를 부산동노회에 보내 노회를 기만하고, 업무를 방해하는 등 목회자로서 해서는 안 될 부도덕한 범죄를 자행했습니다. 그리고는 자신에 대해서는 비판적인 사람을 공격하고 고소하고 이단으로 몰아가려고 하고, 삼신론과 성령론에 이단성이 있다고 지적받은 사람이 총회 이단사이비대책위원회로 있는 것은 결코 바람직한 모습이 아닙니다. 강도 혐의를 받고 있는 검사가 자신이 행한 강도 사건을 맡은 검찰 팀원으로서 자신의 문제를 조사하는 것과 조금도 다를 바 없습니다. 조사 결과를 누가 믿겠습니까? 만약 최 목사를 방치할 경우 모든 책임은 우리 교단이 짊어지게 될 것입니다."

그러나 교단은 최삼경의 진입을 방해하지 못하였다. 최삼경이 복귀하면서 이번에는 크리스천투데이를 이단 옹호 언론으로 만든다. 그가 속한 서울동노회에서 장재형 목사에 대한 안건을 상정했다. 최삼경은 탈레반처럼 교리의 총을 갖고 끊임없이 제물을 찾았다. 교리적으로 죽이는데 탈레반처럼 희열을 갖고 있었다.

조용기, 김기동, 윤석전, 박윤식, 류광수, 이명범 목사의 제물에 이어 이단 옹호 언론과 대형교회 목사나 영향력 있는 기독교인들을 이단 제물로 만드는 것이 그의 취미였다. 이번에는 장재형 목사를 제물로 삼고자 하였다.

최삼경에 있어서 장재형 목사는 이단이기 때문에 장재형 목사가 설립한 크리스천투데이는 이단 옹호 언론이었다. 그래서 그는 이단 옹호 언론으로 만들기 위하여 그의 지인 학자들을 통하여 연구하라고 했다. 이단 제조기

▲ 장재형 목사에 대한 비판의 과정을 소개한 최삼경 목사

구춘서 같은 사람들이 앞장을 선다. 94회 총회에서는 크리스천투데이가 이단 옹호 언론으로 된다. 불을 보듯 뻔한 일이었다. 크리스천투데이가 교리 탈레반 최삼경의 덫에 걸려든 것이다.

바. 제92회기 유임안건인 다음 4가지 안건과 서울동노회에서 제출한 장재형(예수청년회 설립자, 크리스챤투데이 설립자)의 이단사이비 연구의뢰의 건은 연구분과위원회로 위임하여 연구하기로 하다.
1) 이단 옹호 언론 연구의 건(기독교초교파신문〈신천지 관련〉, 크리스챤투데이〈통일교〉, 연합공보〈박윤식-인터넷신문〉, 세계복음화 신문〈다락방〉, 크리스챤신문)
2) 서울한사랑교회 김한식 목사가 제출한 사단법인 한사랑선교회 이단사이비 삭제요청의 건
3) 대한예수교장로회 총회(개혁)에서 제출한 강원동노회의 박용기 목사 연구결과 보고에 대한 재심청원의 건
4) 진주초대교회(기하성) 전태식 목사 신앙관과 신학사상에 대한 조사의뢰의 건

93회기 이대위는 최삼경 혼자가 아니었다. 이미 교수들을 전문위원으로 확보하여 그들로 하여금 이단 만들기 작업에 나선 것이다. 연구분과는 탁지일, 최삼경, 구춘서, 허호익이었다. 최삼경은 한기총에서 이단이 되었고, 허호익은 예장통합 대전 서노회에서 이단이 되었고, 구춘서는 전통적 개혁신학의 입장에서 교리적으로 이단인 민중신학에 대한 논문을 쓰고, 탁지일은 이단인 통일교 옹호 논문을 썼다. 4인방에게

모두 이단적인 요소가 있거나 이단이었다. 이러한 자들이 이단대책위원회를 점령하여 이단 정죄 놀음을 하였던 것이다.

그러나 다시 부산동노회는 최삼경이 이대위에서 물러나야 한다고 주장했다.

<제안설명 38> 부산노회장 김성득 목사가 제출한 최삼경 목사의 연구조사가 끝날 때까지 총회이단·사이비대책위원회 위원직을 일시 물러나게 하고 최삼경 목사 조사위원회를 구성하여 처리해 달라는 건

제   목 : 총회 이단대책위원직 일시 정지요청에 대한 건
주   문 : 주 예수 그리스도의 은혜와 평강이 총회위에 함께 하시기를 기원하오며, 소위 월경잉태설 주장으로 이단시비에 중심에 있는 최삼경목사를 해당 안건에 대한 연구조사가 끝날 때까지 총회 이단대책위원직을 일시 물러나게 하고 헌의의 내용에 대해 조사위원회를 구성하여 처리해주시기를 진정합니다.

- 173 -

제안설명 : <u>1. 예수님은 마리아의 월경(피)을 받아 먹고 나셨다는 소위 마리아 월경잉태를 주장한 당사자인 최삼경 목사가 마리아 월경잉태설의 이단성 여부를 연구하는 총회 이단대책위원의 자리에 있는 것은 의혹을 받기에 충분하다 할 것입니다. 그러므로 월경잉태와 관련하여 부산동노회 서울북노회와 서울동노회가 총회에 상정한 질의, 청원, 헌의 안건의 연구결과가 나올 때 까지 당사자인 최삼경 목사는 총회이대위원직에서 물러나야 합니다.</u>

비록 최삼경 목사 자신은 연구위원이 아니라 할지라도 연구위원들에게 직접 간접으로 영향을 행사할 수 있는 이대위원이라는 점에서 연구의 객관성을 의심받을 수 있으며 그렇게 될 경우 결국 우리 총회의 신뢰성에 큰 부담이 될 것입니다.

근자에 검사접대사건 처리와 관련하여 검찰총장은 사건의 당사자인 검사장들로 하여금 사건조사 결과가 나올 때까지 그 직위에서 물러나게 한 것은 사건처리의 공정성과 투명성을 위해서 적절한 조치였다고 평가받고 있음을 유념할 필요가 있습니다.

<u>2. 최삼경 목사는 이미 자신과 관련된 안건에 대하여 허위사실을 적시한 답변서를 공적 기관인 부산동노회에 보냄으로 목회자로서의 도덕성과 이단대책위원으로서의 공정성과 신뢰성을 상실하였습니다.</u>

최삼경 목사는 부산동노회 이단대책위원회(위원장 : 박거부 목사)가 보낸 '월경잉태문제와 관련된 질의서'에 대하여 연구안건으로 채택(2010. 4. 9 연구하기로 결정)하기 1개월 전인 2010. 3. 9. <u>"김창영 목사가 질의한 것과 동일한 내용의 헌의서가 서울북노회로부터 총회에 올라와 있어 이대위에서 검토 후 이단성이 없음을 확인하였습니다"</u>라는 허위사실을 적시하여 부산동노회에 보낸 사실이 있습니다. 최목사 자신은 개인적인 답변서라고 변명하겠지만 분명히 발신자를 자신을 소개하기를 "빛과소금교회, 총회 이단사이비대책위원회 서기"라는 직책을 기록함으로 자신이 보낸 답변서가 마치 이단대책위원회의 공식 결의인 것처럼 가장하였습니다. (별첨 : 최삼경 목사가 부산동노회 이대위원장에게 보낸 답변서 사본)

이는 목회자로서 매우 부도덕 일이며 총회 명의를 도용하고 직권을 남용한 범죄행위 입니다. 이런 일을 서슴치 않는 사람이라면 자신의 주장에 대한 이단성여부를 연구하는데 반드시 영향력을 행사하려 할 것입니다.

3. 총회 이대위는 최삼경 목사가 동료 이단대책위원임을 생각하여 "그 문제는 이대위 연구분과에서 다루는 문제이며 직접 관여하지 않는데 무슨 관계가 있느냐?"며 최삼경 목사를 감싸려는 이들이 혹 있을지 모릅니다. 그러나 총회 이대위원은 총회를 대표하는 분들이며 나아가 한국교회를 사이비이단으로부터 보호하고 지켜야 할 막중한 사명을 맡은 분들입니다. 그러므로 총회와 이대위원 개인의 명예를 위해서라도 문제의 당사자를 이대위원에서 잠시 물러나도록 하는 것이 모두를 위해바람직한 바른 선택이라고 믿습니다.

그럼에도 일부 이대위원들의 반발이 예상되지만 그러나 공적인 위치에 있는 위원들이 반발하는 것은 그 자체만으로도 의혹을 받게 될 것이다. 자신의 주장이 떳떳하다면 굳이 자리에 연연하는 모습을 보일 필요가 없다고 사료된다.

> 4. 만약 이 같은 조사가 이루어지지 않고 또 연구결과가 발표된다면 아무리 공
> 정한 연구 조사가 나올지라도 한국교회는 연구결과를 믿지 않으려 할 것이며
> 결국 연구위원들과 또 총회 이대위 전체에 대한 신뢰가 큰 타격을 받게 될
> 것입니다.
> 그러므로 최삼경 목사로 하여금 자신과 관련된 안건들(안건 1 : 월경잉태설
> 이단성 여부 조사연구건, 안건 2 : 최목사가 총회에 헌의한 이정환 목사의
> 월경잉태비판에 대한 이단성여부 조사연구 건)이 모두 해결될 때까지 총회
> 이단대책위원직에서 물러나도록 조치하여 주시기 바랍니다.
> * 별첨/ 최삼경 목사 답변서

▲ 95회 총회록

95회 총회록에 의하면 이정환 목사의 마리아 월경잉태론에 대한 비판도 있었기 때문에 당분간 물러나야 한다는 주장이었다. 이정환 목사는 86회기의 삼신론 이후 94회기에는 월경잉태설을 공격한다. 그는 이단 학설이라고 최삼경을 압박했다.

> 마리아가 월경이 없었다는 말은 마리아의 피 없이 예수님이 마리아의 몸에서 자랐다는 말이 되기 때문에 인성이 부정되는 결과를 가서오고도 남는다.

▲ 교회와 신앙

그러나 93회 이대위는 장재형, 변승우 목사를 이단 만들기에 나섰다.

먼저 변승우 목사는 은사론, 치유, 성결교단의 알미니안 교리 등으로 인해 이단성이 있는 인물로 된다. 93회기는 최삼경이 이대위 전문위원으로 있을 때이다. 변승우 목사에 대한 이대위 보고서를 보자. 최삼경이 영향력을 미치는 사람마다 귀신론, 은사론, 신유, 방언, 신비적 체험, 직통계시 등으로 인해 이단으로 된다.

이정환 목사는 최삼경은 합동 특유의 근본주의적인 신학을 배운 사람으로서 기적종료설을 주장한다고 했다.

최삼경은 "계시가 사도시대로 끝난다고 한다면 이적도 끝났다고 보아야 한다"고 해

기적종료설을 주장했다.

　기적종료설을 주장하는 사람들에게는 은사를 추구하는 사람들이 모두 비신앙적이거나 비개혁적인 이단으로 비춰지는 것이다. 기적이 종료되었는데 기적을 행하기 때문에 이단이 되는 것이다.

조하고 직권을 남용하여 헌법 제3편 권징 제1장 제3조 6항의 죄과로 직책(노회 부회계, 재판국장) 사임을 결의하였으며, 또한 상기인이 밝히는 본인의 학력과 경력에 있어서 졸업과 합격 사실을 조회할 수 없는 등의 문제가 있어 총회 특별재심위원 선정을 재고해 달라는 것임.

24. 서울강남노회장 홍순화 목사가 제출한 "큰 믿음교회(변승우 목사)에 대한 이단성 여부 질의 건"은 이단·사이비대책위원회로 보내기로 하다.

Ⅳ. 큰믿음교회(변승우 목사)에 대한 연구보고서

1. 연구 경위

큰믿음교회(변승우 목사)의 이단성 여부에 대한 서울강남노회의 질의가(서강남, 제43-112호) 총회 이단사이비대책위원회로 이첩(예장총 제 93-287호)됨에 따라 연구에 착수하게 되었다.

2. 연구 보고

가. 변승우 씨 문제의 개요

변승우 씨의 신학적 배경은 잘 알려져 있지 않다. 그는 울산에서 큰믿음교회를 목회하다가 현재는 서울 강남구 논현동 111-13 노벨 빌딩에 큰믿음교회에서 목회하고 있다. 울산을 비롯하여 대전, 대구, 창원, 부산은 물론 해외까지 지교회를 세우고 무서운 속도로 교세가 성장하고 있다. 특히 그는 인터넷 카페와 인터넷 방송을 이용하여 자신의 사상을 유포시키고 자신들의 추종자들의 댓글을 확대 재생산화여 젊은이들에게 영향력을 확대하고 있다. 나아가 자신의 주장에 권위를 더하기 위해 많은 외국인 강사들을 초청하여 집회를 인도한다. 이들 외국 강사들의 메시지는 변승우 씨에 대한 예언과 찬양 일색으로 이루어져 있다(가령 「지옥에 가는 크리스천들」의 토마스 주남의 "추천의 글"과 「정통의 탈을 쓴 짝퉁 기독교」의 밥 존스의 "추천의 글"을 보라).

변승우 씨는 최근 물의를 많이 일으키는 소위 '신사도 운동'의 영향을 받은 자로 직통계시를 강조한다. 또 천국과 지옥을 경험하는 입신, 예언과 방언 등 신비적인 사상을 강조하고 심지어 이를 훈련시키는 학교까지 운영하고 있다. 그에게는 다음과 같은 문제점들을 가지고 있다.

마. 신비주의적인 사역의 문제점

변승우는 「특별히 예언을 하려고 하라」는 등의 저서와 설교들 통하여 천국을 갔다 온 입신의 경험, 개인의 미래에 대한 예언, 방언, 쓰러지는 현상 등 신비주의 형태의 목회를 활발히 펼치고 있다. 그의 저서에는 천국을 갔다 온 사람들의 간증이 많이 실려 있다(가령, 「정통의 탈을 쓴 짝퉁 기독교」, pp. 223-289를 보라). 그는 집회 시간에 방언을 훈련시키고 있으며, '큰믿음교회' 내에는 예언 사역 팀, 방언 통변 팀, 신유 축사 팀 등 신비주의를 조장하는 목회가 큰 비중을 차지하고 있다. 그가 지난 2009년 7월 23일 150명의 죽은 자를 살렸다는 조세프 과지마의 집회광고 게재 문제로 「국민일보」, CBS를 비난한 것도 한 예이다. 이러한 변씨의 신비주의적인 사역은 우리 주님께서 "악하고 음란한 세대가 표적을 구하나 선지자 요나의 표적 밖에는 보일 표적이 없느니라"(마 12 : 39, 16 : 4)

최삼경이 포함되어 있는 예장통합 이대위에서 변승우 목사는 "구원론, 입신, 예언, 방언 등 극단적인 신비주의 형태 등을 갖고 있는 비성경적 기독교 이단"이 된다.

▲ 변승우 목사

그러나 21회 한기총(2010년)은 "신학과 교리와 장정이 서로 다른 교단의 측면에서 볼 때는 서로 상충되는 문제가 있다고 볼 수 있으나 범 교단적인 입장에서 볼 때 이단으로 보기는 어렵다"고 판단했다.

▲ 한기총 21회기(2010년)

최삼경은 조용기 목사에 대해서도 부족한 부분은 보완하고 어떻게 해서든지 이단 논의에서 벗어나 목회를 잘하게끔 해야 하는데 이단으로 만들어서 목회를 못하고 교회를 파괴하는데 목적이 있었다. 조용기 목사를 넘어뜨려야 만이 넘어뜨린 자신이 조용기 목사 이상이 되는 것으로 착각했다.

교회파괴를 위한 이단감별이기 때문이다. 최삼경은 최근에 김삼환 목사를 32번 비판함으로서 명성교회 파괴운동에 앞장을 서게 된다. 그는 대형교회 파괴운동으로 이단감별을 시작했다. 결국, 총회는 명성교회 손을 들어주었다.

변승우 목사 건의 이단성 여부는 최삼경이 활동하는 예장통합교단의 이대위에 서는 이단이나 사이비성이 되지만 최삼경 배제된 연구분과에서는 민족의 복음화와 세계 선교를 위해 함께 일할 수 있는 형제가 되고 이단성이 없게 되는 것으로 드러난다.

장재형, 변승우 목사는 한기총에서는 이단 해지가 된다. 당시 최삼경이 없기 때문이다.

예장통합교단에서 장재형 목사에 대한 보고서는 '예의주시' 인물로 결론이 난다. 그러나 크리스천투데이는 이단 옹호 언론으로 된다. 엄격하게 말하면 '예의주시 언론'이 되어야 한다. 이처럼 최삼경이 있는 단체와 없는 단체는 결론부터 달랐다. 최삼경이 없었던 100회기 이대위에서도 다락방의 류광수 목사는 '사이비성'에서 '예의주시'로 한단계 격상되었다.

3. 연구 결론
본 교단 목회자와 교인들은 위의 「기독교초교파신문」, 「천지일보」, 「크리스챤신문」, 「세계복음화신문」, 「크리스천투데이」, 「교회연합신문」을 구독하거나, 글을 기고하거나, 광고를 하는 일이 없도록 해야 할 것이며, 또한 이 언론들과 함께하는 언론들도 같은 입장에서 취급되어야 할 것이다.

Ⅷ. 장재형(장다윗)에 대한 연구보고서

1. 연구 경위
서울동노회의 '이단사이비 연구의뢰의 건'(서동노 제78-99호)이 총회 이단사이비대책위원회로 이첩되어 연구하게 되다.
2. 연구 보고
가. 장재형(장다윗)은 누구인가?
장재형(장다윗)은 그의 영향하에 국내외 도처에 많은 언론과 선교단체와 사업체들을 설립 또는 운영하고 있어서 그것들을 구별하기가 어려울 정도이다.

그와 관련된 언론으로는 「크리스천투데이」(한국, 일본, 호주 등)와 홍콩, 미국의
「기독일보」와 또한 「크리스천투데이」란 이름으로 미국 LA, 뉴욕, 워싱턴, 샌프
란시스코, 시카고, 시애틀, 애틀랜타, 호주, 일본, 캐나다, 유럽 등에서 운영되는
사이트가 있다. 또한 「크리스천투데이」는 「크리스천투데이」 출신 기자나 임원들
에 의하여 만들어진 「베리타스」(www.theveritas.co.kr)라는 언론과 「아폴로기
아」(www.apologia.co.kr)라는 언론과 파트너십을 맺고 일하고 있는데, 그동안
의 추세를 보아 이런 복잡하고 다양한 언론들이 더 생길 것으로 보인다.

예장합동복음 측 전 총회장이었던 장재형과 관련된 선교단체로는 예수청년회
(예청)와 학원복음화선교회(CEF)와 ACM 등이 있는데 국내외에서 활동하고 있다.
그와 관련된 사업체로는 국내외에 바인 회사(국내), 베레컴(국내, 호주), 새시
(SESI Australia Pty, Ltd.), 세향실업, 글로발리스트 여행사 등이 과거에 있었
고 지금도 있다.

그와 관련된 학교로는 「크리스천투데이」의 상임이사였던 권다윗 목사가 학장으로
있고, 그가 교수로 있었던 호주의 '서든 크로스 컬리지'(Southern Cross College)
가 있으며, 미국 샌프란시스코에 '올리벳 유니버시티'(Olivet University)를 설립
하여 운영하고 있다.

<u>이런 장재형 씨에게 크게 두 가지 혐의가 있는데, 하나는 통일교와 관련된 의혹
이요, 하나는 예수청년회를 중심해서 은밀하게 그를 재림주로 가르치고 있다는
의혹이다.</u>

나. <u>장재형(장다윗)은 통일교 신도로서 통일교 핵심 인사였다.</u>

장재형은 주장하기를 자신은 비록 통일교에서 일을 하였지만, 통일교의 사상을
믿지 않았고, 오히려 통일교도들을 구하려고 하였다고 주장하나 다음과 같은 사
실을 볼 때 그의 말을 진실로 볼 수 없다.

1) 장재형은 통일교 안에서 1977~1979년까지 통일교 측 대학생 노방문서 전도단이
며 지도자 양성기관인 '대학순회전도단'의 단장으로 1기에서 3기까지 활동하였
는데, 이 당시 통일교 측 월간 「통일세계」 1977년 10월호에 '통일교회 청년들의
좌표'라는 글을 기고하기도 하였다. 그 외에도 학생들을 위한 「신촌학사장」은
물론 '국제기독학생연합회' 사무국장으로 일했으며, 통일교 재단인 선문대학교
(구 성화대) 학생처장(1989~1991)과 조교수(1989~1998)를 역임하였고, 1982년
에는 학생들의 연합체인 '국제기독학생연합회'(ICSA : International Christian
Students Association)의 창립멤버였다.

2) <u>장재형은 1975년 2월에 현재의 아내와 통일교의 교주이자 재림주라는 문선명
이 주례하는 1,800가정 합동결혼식을 통하여 결혼하였다. 그가 통일교에서 합
동결혼식을 한 점을 볼 때, 통일교의 열한 신도였음이 분명하다. 왜냐하면
그가 정통신앙을 가진 자라면, 통일교의 합동결혼식은 문선명의 성적 모티브인
피갈음 교리에 의하여 생긴 예식이란 점을 고려할 때 그런 합동결혼식에서 결
혼한다는 것은 절대 불가능한 일이기 때문이다.</u>

3) 장재형은 그동안 자신의 이름으로 통일교를 이단이라고 공표한 일이 한 번도
없다는 점이다. 그가 2004~2005년에 한국기독교총연합회에서 통일교 관련 조
사를 받을 시, 신문에 통일교가 이단이라는 사실과 자신의 입장을 공고하도록

요구하였으나 이를 시행하지 못한 점은 그의 통일교에 대한 입장이 무엇인지 알게 한다.

4) 장재형은 통일교 재단인 '선문대학교'(구 성화대)의 「선문 30년사」에 의하면 선문 대학 설립의 공로자로 되어 있다. "설립자의 염원을 알고 있는 장재형 씨(후일 교수)는 본격적으로 성화신학교를 인수하는 작업에 들어갔다. 그러나 당시의 상황으로서 천안시 삼룡동에 자리한 평지도 아닌 산에다가 대학을 짓는다는 것은 무리한 것으로 비쳐졌기에 통일교 내에서도 회의적으로 바라보기도 했다. 그래서 장재형 씨는 자신의 집을 팔아서 기금을 보태기도 하였다. 그는 진실로 선문대학교가 있게 하는 데 큰 공로를 세운 사람이다."(「선문대학교 30년사」〈2002년 4월〉, p. 134)

다. 장재형 재림주 의혹의 문제

1) "장재형을 재림주로 여기도록 교육을 받았다."는 것을 폭로한 증언자들이 국내외에 많았다. 특히 중국, 홍콩에서 있었는데 그중에는 자신의 폭로 증언 내용을 공증하여 보낸 자도 있다. 2008년 9월 11일에는 국내에서 이 모 씨가 장재형을 재림주로 믿었음을 폭로하는 기자회견을 한 일이 있다. 이 씨는 세례도 받지 않았는데 이 단체의 핵심 교회인 안디옥교회(서울 사당동 소재)에서 부목사로 사역하였고, 그는 "장재형을 재림주로 믿었기에 비록 예수님의 이름으로 기도를 하였지만 머리로는 장재형을 생각하며 기도하였다."는 등의 증언을 하였다. 그것으로 인하여 그는 장재형 측으로부터 12가지 내용으로 고소를 당하였으나 모두 무혐의 처리된 바가 있다. 이런 점들을 볼 때, 그를 추종하는 예수청년회 핵심 멤버들은 교묘한 방법으로 장재형을 재림주로 가르치고 있다는 의혹이 짙다.

2) 장재형은 자신의 주례로 통일교의 합동결혼식과 유사한 '성혼식'이라는 것을 한국, 중국, 홍콩 등지에서 거행해 왔다. 이 성혼식에 대하여 예수청년회측이나 장재형은 이를 합동결혼식이 아니라 일종의 '순결 서약'이라고 주장하고 있으나 이는 도저히 신뢰할 수 없는 변명이라고 해야 할 것이다.

왜냐하면 이 예식은 일반 결혼식과 똑같은 형식으로 이루어지는데, 더욱 부모도 초청하지 않고 비밀리에 행해지며, 신부가 면사포까지 쓰고 결혼 서약을 하고 '사도 반지'라는 반지도 끼어 주는 예식으로 이런 순결 서약은 정통교회에서 상상도 못할 일이기 때문이다. 더욱이 주례는 오직 장재형만 하는 것을 볼 때, 통일교의 참부모 문선명이 행하는 합동결혼식과 유사하다 할 것이다.

3. 연구 결론

가. 장재형은 통일교도였고 통일교 핵심 인물이었다. 장씨 자신은 비록 '통일교 유관 단체에서 일했을 뿐 통일교를 믿은 것이 아니며 오히려 통일교에 빠진 사람을 구했다'고 주장하였다고 보도된 바 있으나 이에 대한 구체적인 증명을 요구하여도 하지 못한 점을 볼 때 그의 말을 신뢰할 수 없다.

나. 현재 예수청년회와 「크리스천투데이」 등의 법적 대표자가 장재형은 아니지만, 이미 밝혀진 내용만으로도 모두 장재형의 영향 아래 있는 유관 단체로 보아야 하는바, 이 단체들과 어떤 형태의 관계를 맺거나 특히 관계 언론에 글을 쓰거나 광고를 하여 이들을 돕는 일이 없어야 할 것으로 사료되는 바이다.

다. 비록 장재형 자신은 자신이 재림주가 아니라고 공표한 바 있으나, 사이비 이단의

▲ 94회 총회록

이처럼 이단 연구분과에서는 어떤 근거나 증거도 없이 장재형 목사에 대한 의혹만을 갖고 "장 씨를 재림주로 교육받은 사람들의 증언이 많은 바 그의 말을 신뢰할 수 없어 예의주시하며 경계해야 한다"고 했다. 장재형 목사에 대해 사실적 근거를 갖고 이단 의혹을 가져야 하는데 의혹만을 갖고 이단성이 있는 것처럼 판단하였다.

그러자 최삼경을 중심한 연구분과에서는 크리스천투데이까지 "장재형은 통일교 핵심인물이요. 재림주 의혹을 받은 자로서 본 교단 목회자나 성도들은 위의 언론들을 이단 언론 또는 이단옹호언론과 동일하게 취급되어야 할 것이다"고 했다. 훗날 최삼경은 한기총에서 이광선 대표회장이 이를 해지하였다고 하여 그가 운영하는 〈교회와 신앙〉을 통하여 이광선 목사를 윤리적으로 신랄하게 공격한다.

예장합동복음측 전 총회장이었던 장재형(장다윗) 씨가 설립 또는 지도하고 있는 언론들은 「크리스천투데이」 외에도 많다. 즉, 한국, 일본, 호주 등에서는 「크리스천투데이」가 있고, 미국과 홍콩의 「기독일보」가 있으며, 또한 인터넷 신문으로는 「크리스천투데이」란 이름으로 미국 LA, 뉴욕, 워싱턴, 샌프란시스코, 시카고, 시애틀, 애틀랜타, 호주, 일본, 캐나다, 유럽 등에서 운영되는 사이트가 있다. 또한 「크리스천투데이」는 「크리스천투데이」 출신 기자나 임원들에 의하여 만들어진 「베리타스」(www.theveritas.co.kr)라는 언론과 「아폴로기아」(www.apologia.co.kr)라는 언론과 파트너십을 맺고 일하고 있는데, 그동안의 추세를 보아 이런 복잡하고 다양한 언론들이 더 생길 것으로 보인다.

또한 장재형(장다윗)과 관련된 선교단체들로는 예수청년회(예청)와 학원복음화선교회(CEF)와 ACM 등이 있으며, 장재형은 적지 않은 기업체들을 운영하고 미국 샌프란시스코에 '올리벳 유니버시티'(Olivet University)를 설립하여 운영하고 있다.

그러나 장재형은 통일교 핵심 인물이요, 재림주 의혹을 받는 자로서 본 교단 목회자나 성도들은 위의 언론들을 이단언론 또는 이단옹호언론과 동일하게 취급되어야 할 것이다. 그 자세한 내용은 장재형에 대한 보고를 참조하기 바란다.

마. 「교회연합신문」

강춘오 씨가 발행하고 있는 「교회연합신문」은 1995년 제80회 총회에서 이단옹호 언론으로 규정됐다가, 2001년 제86회 총회에서 해제된 바 있다. 그러나 본 교단으로부터 해제 받은 후에도 상습적으로 드러내 놓고 이단들의 홍보성 기사와 광고를 내었다.

최근 5년간 「교회연합신문」을 면밀히 검토한바, 강춘오 씨의 이단옹호는 극에 달하였다고 본다. 즉, 본 총회는 물론 일반적으로 한국교회가 이단으로 규정하거나 또는 이단시 한 '김기동', '박윤식', '류광수 다락방', '서달석', '이재록', '지방교회' 등의 광고 또는 홍보성 기사를 수시로 내주었다.

따라서 「교회연합신문」을 이단옹호 언론으로 다시 규정하고, 본 교단 목회자들이나 성도들이 이 신문에 글을 게재하거나 광고를 내거나 구독을 하는 일이 없어야 할 것이며, 어떤 이단옹호 언론보다 더 경계해야 할 대상이라고 본다.

교회연합신문이 2005~2009년 사이에 이단을 광고하고 옹호한 근거들

〈2005년〉

1. 9. 10면 서울성락교회 신년축하 5단통 칼라 광고
3. 20. 7면 서울성락교회 부활절 축하 5단통 칼라 광고
3. 27. 15면 평강제일교회 부활절 축하 5단통 광고
9. 4. 1면 평강제일교회 주최 성경퀴즈대회 5단통 칼라 광고
9. 11. 1면 평강제일교회 주최 성경퀴즈대회 5단통 칼라 광고
       3면 박윤식 5단통 의견광고
9. 25. 10면 베뢰아국제대학원대학교(김기동 측 학교) 심령부흥사경회 5단 칼라 광고

3. 연구 결론
본 교단 목회자와 교인들은 위의 「기독교초교파신문」, 「천지일보」, 「크리스챤신문」, 「세계복음화신문」, 「크리스천투데이」, 「교회연합신문」을 구독하거나, 글을 기고하거나, 광고를 하는 일이 없도록 해야 할 것이며, 또한 이 언론들과 함께하는 언론들도 같은 입장에서 취급되어야 할 것이다.

▲ 94회기 총회록

이처럼 크리스천투데이는 장재형 목사의 의혹만을 갖고서 억울하게 이단 옹호 언론으로 되었던 것이다. 그러나 94회 감사위는 크리스천투데이의 이단 옹 호언론 규정의 절차 하자, 최삼경의 이대위 서기 선임에 잘못이 있음을 지적하였다.

94회기 감사위원회는 "제 94회 총회 4일 째 이단. 사이비대책위원회 보고 중 '이단 옹호언론' 부분이 공정하지 않았다는 것과 최삼경 목사의 동 위원회 공천과 서기 선임에 잘못이 있으므로 감사위원회의 특별감사와 문제를 야기한 당사자에게 적절한 조치를 취해달라는 것임" 이라고 했다

7. 서기 이순창 목사가 제출한
가. "김창영 목사가 제출한 불법적인 이단. 사이비 보고에 대한 조사 및 감사요청 처리의 건"은 더 검토하여 다음 회의에서 논의하기로 하다.
내용 : 제94회 총회 4일째 이단·사이비대책위원회 보고 중 '이단옹호언론' 부분이 공정하지 않았다는 것과 최삼경 목사의 동 위원회 공천과 서기 선임에 잘못이 있으므로 감사위원회의 특별감사와 문제를 야기한 당사자에게 적절한 조치를 취해 달라는 것임.

▲ 대한예수교장로회(통합) 94회기 총회록

크리스천투데이 뿐아니라 교회연합신문도 이단 옹호 언론으로 지정하는 과정에서 의결정족수의 문제로 절차상 하자가 있었다. 최삼경이 속한 이대위는 무리수를 써서라도 자신을 비판하는 두 언론을 이단 옹호 언론으로 만드는데 앞장섰다. 이처럼 최삼경의 복귀는 탈레반식 이단 옹호 언론을 만드는데 있었다.

그러나 이단 옹호 언론 제정은 실행위원회의 정족수가 차지 않는 절차상의 하자가 있었다. 즉 불법으로 이단 옹호 언론으로 만들었던 것이다. 94회기 총회록은 다음과 같이 말한다.

이단감별사들의 한국교회 大 사기극

"93회기 이단사이비대책위원회가 〈교회연합신문〉과 〈크리스천투데이〉를 이단옹호 언론으로 규정하는 과정에서 의결정족수 문제로 절차상 하자가 있었다는 제 94회기 감사위원회의 지적사항은 원인무효의 효력이 있으므로.... "

▲ 94회기 총회록

이어 94회기 총회록은 교회연합신문의 이단 옹호 언론 절차에도 하자가 있음을 지적했다. 이처럼 최삼경이 서기로 있었던 이대위는 불법으로 두 언론을 이단 옹호 언론으로 만들었던 것이다.

제94회 총회 이단사이비대책위원회 보고서 조사건은 (1) 교회연합신문의 이단옹호언론 조사가 실행위원회를 거치지 않았다는 것은 제7차 실행위원회에서 채택되었으나 단 내규의 규정에 따라 절차대로 진행하지 않았고, 의결정족수 위배가 확인됨.

카. "크리스찬투데이의 이단옹호언론 규정 재심 처리 청원 건"은 이단사이비대책위원회에 '크리스찬투데이'의 이단옹호언론 규정에 대하여 재고해 줄 것을 재촉구하기로 하다.

내용 : 제 100회기 총회 임원회가 이단사이비대책위원회로 보내서 제 94회기 감사위원회의 지적사항을 수용하여 재심 판단하도록 요청한 바 있는 사안으로 크리스찬투데이에 대한 이단옹호언론 규정은 절차상 하자가 있으므로 이를 지적한 제 94회기 총회 감사위원회 의견을 근거로 하여 크리스찬투데이에 대한 이단옹호언론 규정을 해지하도록 이단사이비대책위원회에 재심 처리를 요청해 달라는 것임.

▲102회 총회록

크리스천투데이는 103회(2018) 총회에서 장재형 목사를 옹호하였다고 하여 이단옹호 언론으로 다시 규정된다. 그러나 장재형 목사는 이단으로 규정된 적이 없었다. 크리스천투데이에 대해서도 이대위가 94회기 이단 옹호 언론으로 규정하지만 절차 하자로 인해 감사위원회의 지적까지 받았지만 102회 이대위에서 다시 억울하게 이단 옹호 언론으로 정죄되었다.

94회기도 불법이었고, 102회기도 불법으로 크리스천투데이를 이단 옹호 언론으로 정죄하였다. 장재형은 예장통합교단에서 이단으로 정죄된 적이 없고 단지 '예의주시' 대상이었는데도 말이다. 100회 특별사면위원회는 먼저 이대위를 통하여 '예의주시'로 된 상태에서 사면을 단행하였다. '예의주시'는 이단이 아니다.

그러나 102회 이대위는 "2018년 7월 현재, 크리스천투데이는 이단옹호언론 해지를 위한 필요조건인 (이단사이비대책위원회 내규) "최근 3년간 이단옹호기사를 게재한 사실이 없어야 한다는 조건을 충족하고 있지 못하므로 해제의 대상이 되지 않는다"고 하여 이단 옹호 언론에서 해지할 수 없음을 분명히 했다. 그러나 '예의주시', '교류 금지' 같은 것은 내규에 없었다. 모두 죄형법정주의의 위배였다.

이단감별사들의 한국교회 大 사기극

18. 이단 · 사이비대책위원회 보고서

제102회 총회 이후 1년 동안의 총회 이단사이비대책위원회의 경과를 다음과 같이 보고합니다.

보고인 : 위원장 황수석

I. 조 직

위원장 : 황수석 목사(포항)　　　서기 : 김강덕 목사(서울남)　　　회계 : 김인태 장로(충청)
위　원 : 조병호 목사(서울강남) 박형식 목사(전서) 임한섭 목사(순천남) 이명덕 목사(용천)
　　　　안승영 목사(서울서북) 정용철 목사(인천동) 임현백 목사(부산동) 이영익 목사(평양)
　　　　황영철 장로(서울북) 박상기 장로(서울서) 박창희 장로(광주동) 하호성 장로(진주남)
전문위원 : 손영진 교수(부산장신대) 신문궤 교수(영남신대) 이명용 교수(서울장신대)
〈이단사이비문제상담소〉
상담소장 : 황민효 교수(호남신대)

---

2. 크리스챤투데이

(1) 조사 내용

크리스챤투데이가 2009년 제 94회기 총회에서 이단 옹호 언론으로 결의된 이유는, 통일교 신도(핵심인사)로 판단되고 재림주 의혹이 제기된, 장재형씨(제94회 총회시 예의주시 및 경계 결의)와 관련된 신문이기 때문이다. 장재형씨를 옹호하거나 홍보하는 기사는 2015년 1월 이후, 아래와 같이 게재되고 있다.

① 2017. 12. 22. 15:24, "장재형씨가 설립한 올리벳 대학교, 美 온라인 교육 순위서 3위": 올리벳 대학교(Olivet University) 긍정적 소개

② 2017.11.16. 16:31, "예장 합복-올리벳대, 횡성에 기독종합시설 OCAP 세운다": 올리벳 대학교(Olivet University) 긍정적 소개

③ 2016. 3. 7. 14:56, "세계 올리벳 성회, 뉴욕 인근 220만여 평 부지 매입 - 선교 거점으로": 장재형씨 긍정적 소개

④ 2016.01.17. 18:15, "WEA, 美 뉴욕시 인근으로 본부 이전… '지도자 교류·양성 구심점 될 것'": 올리벳 대학교(Olivet University) 긍정적 소개

⑤ 2015. 2. 17. 21:58, "장재형씨가 설립한 WETIA, 대륙별 교육 계획": 장재형씨 긍정적 소개

⑥ 2015. 2. 14. 21:26, "HBS 장재형씨, '복음 전파위해 성경 보급에 역점 둬야'": 장재형씨 긍정적 소개

⑦ 2015. 2. 14. 09:01, "장재형씨, HBS 아랍어권 서비스 추가, 이슬람 선교에 기여": 장재형씨 긍정적 소개

* 2017. 7. 30, 장재형씨 이단 관련 기사 제목은 존재하나, 본문은 부재

(2) 조사결과

2018년 7월 현재, 크리스챤투데이는 이단옹호언론 해제를 위한 필요조건인 (이단사이비대책위원회 내규) "최근 3년간 이단옹호 기사를 게재한 사실이 없어야한다"는 조건을 충족하고 있지 못하므로 해제의 대상이 되지 않는다.

▲103회 총회록

이단 옹호 언론은 이단 사이비 내규대로 하였으면서 장재형 목사나 변승우, 이인강 목사 등에 대해서는 이단사이비대책위원회의 내규에도 없는 용어를 갖고서 억지로 이단성을 결의하였다. 이처럼 한국의 이단 정죄는 교리 탈레반 최삼경의 마구잡이로 이루어졌다.

이처럼 최삼경이 이대위에 복귀하자마자, 우선 이단제물로 삼은 사람이 장재형 목사였고 언론 제물은 크리스천투데이, 교회연합신문(강춘오 대표)이었다. 강춘오 목사는 부산장신대 출신이었다 그 역시 최삼경의 천적이었다.

그렇다면 장재형 목사가 이단인지 한기총에 제출한 그의 신앙고백을 보자.

▲ 장재형 목사 신앙고백 발표

저는 제가 속한 교단과 단체의 신앙고백을 따라 다음과 같이 저의 신앙적 입장을 분명히 밝히는 바입니다.

1. 저는 신구약 성경이 성령의 감동에 의해서 기록된 하나님의 말씀으로, 신앙과 행위에 대하여 정확무오한 유일한 법칙임을 믿습니다.
2. 저는 하나님은 한 분 하나님이시며, 성부 성자 성령의 세 위로 영원토록 존재하신다는 것을 믿습니다.
3. 저는 하나님의 형상대로 창조된 아담이 사단의 유혹에 의해서 타락한 이래로 아담의 죄는 모든 인류에게 유전되게 되었다는 것을 믿습니다.
4. 저는 주 예수 그리스도의 신성과 동정녀에게서 나심과 죄 없으심과 기적을 행

하셨음과 십자가에서 흘리신 보혈로 말미암아 우리의 죄를 대속하심과 죽으심과 부활하심, 그리고 승천하여 하나님의 보좌 우편에 앉으심과 영광과 능력으로 다시 오실 것을 믿습니다.

5. 저는 타락하여 죄인이 된 인간이 중생하고 구원을 얻는 것은 오직 성령을 통해서만 가능하다는 것을 믿습니다.

6. 저는 인간의 행위와 공로가 아니라 오직 믿음을 통해서만 죄 사함과 영생을 선물로 얻을 수 있으며, 그리스도의 의가 인간에게 전가되어 인간이 가진 죄가 근본적으로 도말된다는 것을 믿습니다.

7. 저는 성부와 성자로부터 오신 성령께서 인간으로 하여금 하나님의 구원의 사역에 참여케 하시며, 자신의 죄와 비참을 깨닫게 하시고, 그 마음을 밝혀 그리스도를 알게 하시고, 그 의지를 새롭게 하시고, 또 그 안에서 역사하여 모든 의의 열매를 맺게 하신다는 것을 믿습니다.

8. 저는 믿는 자와 믿지 않는 자가 모두 끝날에 부활하며, 믿는 자는 영생의 부활에 처하며 믿지 않는 자는 영벌의 부활에 처하게 된다는 것을 믿습니다.

9. 저는 그리스도의 몸된 교회의 구성원들은 오직 거듭난 자들로서, 성령에 의해 그리스도의 이름으로 세례를 받은 이들임을 믿습니다.

10. 저는 주 예수 그리스도와 성령 안에서 모든 성도가 하나됨을 믿습니다.

11. 저는 그리스도께서 교회에게 모든 족속에게 가서 복음을 전하고, 세례를 주고 그들에게 분부한 모든 것을 가르치라고 명령하신 것을 믿습니다.

12. 저는 부활하여 승천하신 예수 그리스도께서 재림하실 것을 믿으며 각인의 눈이 그를 보게 될 것을 믿습니다.

추가로 제가 지난 2007년 5월 23일 일본 크리스천투데이 지면. 2008년 6월 10일 뉴스앤조이 지면, 2008년 6월 12일 미국한인교계 지도자들(남가주교회협의회 신승훈 당시 회장, 남가주한인목사회 김재연 당시 회장)과의 만남, 2008년 6월 21일 한국 크리스천투데이 지면을 통해 이미 밝힌 바 다음과 같이 다시 한번 고백하고 확인합니다.

저는 예수 그리스도의 은혜로 말미암아 예수님을 제 유일한 구세주로 영접하고 죄 사함을 받은 후에 예수 그리스도에 대한 신앙을 버린 적이 없습니다. 또한 예수 그리스도 이외의 다른 복음을 전한 적이 없으며 더군다나 자신을 재림주라고 한 적도 가르친 적도 없습니다. 예수 그리스도 이외에 구원에 이르는 길, 자유에 이르는 길은 없음을 명백히 고백하는 바입니다.

저는 통일교의 재림 교리는 이단임을 천명합니다. 또한 저는 현재 통일교와 아무런 관련이 없으며 이는 한국기독교총연합회가 2번에 걸쳐 조사하여 판결하고, 아무 혐의가 없다고 한 공문서(2004년 7월 6일, 2005년 9월 5일)을 예장 합동복음 교단으로 송부했던 것이 입증하고 있습니다.

2012년 10월 20일
장재형 목사

2011년 한기총에서는 "장재형 목사의 재림주 의혹설은 재조사 연구결과 의혹에 불과할 뿐, 이단성이 전혀 없는 것으로 판단된다"고 하였다.

한국기독교총연합회
CCK
서울특별시 종로구 연지동 136-56 한국기독교연합회관 1501호
TEL : (02)741-2702~5   FAX : (02)741-2786
Homepage : www.cck.or.kr
E-mail : cck@cck.or.kr

한기총 제 2011 - 015호   2011. 01. 14.
수 신 : 대한예수교장로회총회(합동복음)
제 목 : 장재형 목사에 대한 연구결과 회신

우리 주 예수 그리스도의 이름으로 문안드립니다.

1. 귀 교단이 '총본 제11-07 / 2011. 01. 13.'로 제출한 "장재형 목사에 대한 연구결과 회신의 건"과 관련입니다.

2. 본 연합회 이단사이비대책위원회의 조사연구결과에 대한 제21-11차 임원회 (2010. 12. 17.)에서 보고받은 내용을 아래와 같이 회신합니다.
○ 재조사연구 결과
장재형 목사의 재림주 의혹설은 재조사 연구결과 의혹에 불과할 뿐 증거가 없고 사실이 아니며 이단성이 전혀 없는 것으로 판단된다. "끝".

이외에도 93회기 이대위에 최삼경이 들어온 이후 이대위는 박철수 목사에 대한 문제가 제기된다. 기준은 기독론, 신론, 삼위일체론이 아니라 영성론이었다. 귀신론, 영성론은 교회사적으로 이단 정죄 기준에도 없다. 그러나 최삼경이 들어간 93회 이대위는 영에 대한 해석 갖고서 박철수 목사를 이단으로 정죄한다.

최삼경의 이단 정죄 기준은 주로 귀신론, 양태론, 영성론(2분설)이었다. 박철수 목사에 대해서도 영적인 접근을 하여 이단으로 만들었다. 최삼경의 해석만이 정통이었고 직통계시였다. 최삼경의 자의적인 이단 기준과 예장통합 총대들의 집단무지로 인하여 수많은 사람들이 이단 정죄의 아픔을 당했다.

박철수 목사의 이단 정죄의 참고문헌은 〈교회와 신앙〉이었다. 〈교회와 신앙〉에 거론된 사람들은 항시 총회에서 이단으로 정죄되는 것이다. 최삼경은 자신이 소속했던 〈현대종교〉나 합동의 진용식이나 박용규, 최병규, 박형택 등 다른 이단 카르텔을 통하여 동시에 이단으로 정죄하게 만든다.

그래서 최삼경 자신이 정죄한 특정인들을 뉴스앤조이, CBS, 〈교회와 신앙〉, 〈현대종교〉, 〈기독교 포털〉, 합동이대위, 합신이대위, 고신이대위 등 동시다발적으로 이단으로 정죄하게끔 한다. 탈레반식 이단 정죄에 언론이 동원된다. 합동교단에서는 진용식이 최삼경의 입장을 따라 동일한 이단 정죄에 앞장을 선다. 전광훈 목사 건은 대표적이다. 최삼경이 〈교회와 신앙〉에 이단이라고 글을 쓰면 합동 진용식은 앞장서서 이대위를 통하여 이단으로 정죄한다. '하나님 까불면 죽어'가 이단이라는 것이다. 이는 무지한 것이다. 언어표현을 갖고서 마치 교리체계인 것처럼 하여 이단 정죄를 한다.

"이를 근거로 8개 교단 이단대책협의회는 2020년 2월 13일 발표문을 통해 "하나님 까불면 나한테 죽어...라는 말과 그 발언의 동기가 성령충만으로 인한 것이란 말은 반성경적이며 비신앙적이며 비신학적이라고 지적했다."

예장통합은 '하나님(께) 까불면 죽어' 라고 하려고 했는데 말실수로 '께' 가 빠져서 언어 표현만 갖고서 이단으로 할 수 없다고 하여 합동교단과 입장을 달리했다. 교리체계가 없기 때문에 이단으로 할 수 없다는 입장이다. 합동교단도 105회기에서 합동 총회장 소강석 목사는 이대위의 전광훈 목사 이단성 청원은 절차상의 하자가 있다고 판단, 보고를 받지 않았다. 예장통합은 이단성 헌의에 대해 처음부터 기각했다. 이단감별사들의 전광훈 목사 죽이기는 실패로 끝났다. 언어표현만 갖고 이단으로 정죄하는 것은 부담이 따르기 때문이다.

10. 전광훈 목사(한기총)

　　8개 교단 이단대책협의회는 2019년 12월 19일 공개 질의서를 통해 전광훈 씨의 당해 10월 1일 발언 "나는 하나님 보좌를 딱 잡고 살아. 하나님 꼼짝 마. 하나님 까불면 나한테 죽어. 내가 어떻게 하나님하고 친하단 말이야. 친해"에 대한 의도와 의미를 물었다. 이에 전 씨는 올해 1월 30일 한기총 정기총회에서 해당 발언에 대해 사과하면서도 "당시 성령이 충만했다"는 평계를 대 다시 한번 빈축을 샀다. 해당 발언에 대한 사과도 진정성은 없어 보인다. 그는 2월 4일 광주사랑의교회 초청 강연에서 "내가 '하나님 까불면 죽어' 그때(34살 때)는 해야 되는 건데. 그때 말이야"라며 해당 발언을 농담의 소재로 삼았다.

　　이를 근거로 8개 교단 이단대책협의회는 2020년 2월 13일 발표문을 통해 "하나님 까불면 나한테 죽어…'라는 말과 그 발언의 동기가 성령 충만으로 인한 것이란 말은 반성경적이며, 비신앙적이며, 비신학적"이라고 지적했다.

　　협의회는 발표문에서 전광훈 씨는 일련의 비성경적 발언 중단을 요구하고, 전 씨의 발언들이 한국 교회에 혼란과 피해를 줄 뿐 아니라 한국 교회의 신뢰도와 전도에 부정적인 영향을 주고 있다고 기술했으며 아울러 한국 교회 목회자들과 성도들이 전 씨로부터 신앙적으로 악영향을 받지 않도록 주의를 당부했다.

　　협의회는 또한 전광훈 씨를 '이단 옹호자'로 결의할 것을 각 교단에 요청하기로 합의하고 공문을 발송했다. 전광훈 씨가 각 교단이 이단에서 해제한 적이 없는 변승우 씨를 일방적으로 풀어주고 동회장으로 받아들인 것을 이단 옹호에 해당한다고 판단했기 때문이다.

　　한기총(대표 회장 전광훈)은 2019년 3월 이단 변승우를 이단에서 해제하여 주고 그가 담임하는 ■■를 한기총에 가입시켜 주었다.

　　■■우 씨는 한국 교회 각 교단으로부터 이단(예장통합, 예수교대한성결교회), 이단성(예장합신), ■■ 참여 금지(기성, 예장고신), 집회 참석 금지(예장합동), 예의 주시(기감) 등의 결의를 받아왔다. ■■론의 문제, 극단적 신비주의, 성경을 쓸 수 있는 권한을 가진 사도격 인물이 현대에도 존재하며 ■■ 자신이라는 신사도주의, 어그러진 계시관·성경관·교회관 등이 이유였다. 2008년부터 2014년 ■■ 이루어져 현재에도 효력이 유지되는 공식 결의들이다.

　　■■어 한기총은 이전에도 이광선 목사가 대표 회장이었을 때부터 이단들을 한기총에 가입시켰다. ■■성에 대해 이단 해제를 하고, 다락방과 평강제일교회, '인터콥 등 주요 교단에서 이단성이 있다 ■■ 판단한 자들과, 사기죄로 징역형을 선고받은 바 있는 신현욱(시온세계선교교회) 등을 한기총에 ■■시켰고 이로 인해 많은 교단들이 한기총을 떠났으며 그래서 만들어진 것이 한교총(한국교회총연 ■■)이다.

　　전광훈 씨를 비롯하여 한기총이 이단들에 대한 이단 해제를 철회하지 않으면 정통 기독교 교단들 ■ 이들을 이단 옹호 인물, 이단 옹호 기관으로 정죄할 수밖에 없다. 왜냐면 이들의 경솔한 이단 해 ■로 많은 성도들이 혼란에 빠져 있기 때문이다.

　　■외에도 전광훈 씨는 자신을 성령의 본체라고 발언하기도 했으며 성경은 모세5경만이 성경이고 ■■ 그 책에서라고도 하는 듯 서론과 성경관의 이단성을 보이기도 했다.

▲103회 합동 총회록

이런 식으로 이단 정죄는 교회와 신앙, 뉴스앤조이, 기독교 포털, 현대종교, CBS 등 이단 조작 및 반기독교 언론이 앞장서고 각 교단에서 이단 정죄를 한다. 이들은 이단 정죄 놀음과 교회파괴를 하는 반기독교적 언론이다. 합신, 합동, 통합, 고신에 속한 이단감별사들이 최삼경의 입장을 앵무새처럼 따라 하며 최삼경의 도구로서 전락한다. 최삼경이 속한 연합단체 역시 이단 정죄의 도구로 전락한다.

여성 목회자들과 대형교회 목사들은 이러한 엄청난 이단 권력과 싸워 이길 수가 없었다. 차라리 보험을 드는 것이 더 나았다. 그래서 수많은 목회자들이 교회와 신앙에 보험을 들었던 것이다. 〈교회와 신앙〉은 약 100여 개 교회로부터 매년 1억 5천만 원씩 거둬들였다. 보험을 들지 않으면 언제 약점을 물고 들어와 공격할지 모르기 때문이다. 광성교회는 3억을 후원했다.

다. 고소인 최삼경에 대한 부분에 관한 판단

기록에 의하면, 최삼경 목사는 '교회와 신앙'을 발행하는 한국교회문화사의 이사이자 '교회와 신앙'의 주필 및 발행인을 역임하면서 상당 기간 한국기독교총연합회 이단사이비대책위원회의 임원으로 활동하였는데, '교회와 신앙'에서는 이단을 발표하여 온 사실, '교회와 신앙'은 여러 분쟁이 있는 광성교회로부터 약 4년간 매월 1,000만 원가량을 후원받은 사실, 피고인은 위 게시글에서 "순수성이 어느날 이단권력으로 변해"라는 부제 하에 "문제는 광성교회 이외에 여러 대형교회들이 십시일반으로 후원했고 ...(중략)... '교회와 신앙'으로 자금이 흘러갔다는 것이다", "순수한 이단활동운동이 어느날 물질과 결탁하면서 이단권력으로 변해가고 있었던 것이다"라고 게재한 사실을 인정할 수 있다. 위 게시글 앞뒤의 내용, 전체적인 문맥, 표현방법 등을 종합하면, 피고인은 고소인이 그 돈을 개인적으로 받았다는 취지로 위 기사를 쓴 것이 아니라, 이단감별하는 사람들이 그 이단감별의 대상이 될 수 있는 교회로부터 후원금을 받음에 따라 그 이단감별 순수성의 훼손가능성에 대한 비판적인 의식 하에 위와 같은 글을 게시한 것으로서, 최삼경이 주필 및 발행인으로 있는 '교회와 신앙'에서 광성교회로부터 약 3억 원의 후원금을 받은 사실이 인정되는 이상, 위와 같은 표현을 두고 최삼경을 비방할 목적으로 허위사실을 적시한 것이라고 보기 어렵다.

서울교회 이종윤 목사는 〈교회와 신앙〉에 후원을 하지 않으니 표절로 물고 늘어졌고, 명성교회는 계속 후원을 하지 않으니 세습으로 물고 늘어졌다. 이것이 교리 탈레반 최삼경의 실체였다.

그러나 알파 12, 금이빨 사건으로 유명했던 류영모 목사와 최기학 목사에 대해서는 침묵했다. 후원을 하기 때문이다. 교단 94회 총회록에 의하면 알파코스에 대해서 다음과 같이 보고했는데도 말이다.

"알파코스에 대해서는 이미 많은 물의가 있어 이 프로그램에 대해 본 교단 안팎으로 많은 연구가 진행되어 왔다. 특히 이 프로그램이 불신자를 인도하는 등 많은 긍정적인 기여에도 불구하고 지금까지 제기된 문제점은 소위 금이빨 사건, 금가루 사건, 쓰러지는 사역, 팔 길어진 사역 등을 과도하게 강조하는 것에 집중되었다."

II. 알파 코스에 대한 연구보고서

1. 연구 경위
   제93회 총회에서 교단의 정체성에 배치되거나 혼란이 야기되는 경우에 대처할 수 있도록 알파 코스에 대해 연구해 달라는 요청이 이단사이비대책위원회로 이첩(총제93-86호)됨에 따라 연구를 시작하였다.

2. 연구 보고
   가. 알파 코스의 문제
   알파 코스에 대해서는 이미 많은 물의가 있어 이 프로그램에 대해 본 교단 안팎으로 많은 연구가 진행되어 왔다. 특히 이 프로그램이 불신자를 인도하는 등 많은 긍정적인 기여에도 불구하고 지금까지 제기된 문제점은 소위 금이빨 사건, 금가루 사건, 쓰러지는 사역, 팔 길어진 사역 등을 과도하게 강조하는 것에 집중되었다. 그러나 알파 코리아 측은 이러한 신비주의적인 사역에 대한 강조를 자제하기로 약속하고, 또한 교단의 지시에 성실히 따르기로 다짐하여 제91회기 이단사이비대책위원회에서 더 이상 알파 프로그램을 문제 삼지 않기로 하였다(「한국기독공보」, 2007년 9월 20일 2627호 참조).
   그런데 알파 프로그램은 D12(또는 G12, J12 등 다양한 이름으로 불리는 셀 운동을 총칭)와 혼돈되어 더욱 혼란을 불러일으키고 있다. 경우에 따라서는 알파 프로그램과 D12 프로그램이 동격으로 사용되고 있는 경우도 있다. 이러한 혼란을 막기 위해 D12에 대해서는 본 이단사이비대책위원회에서 별도로 연구하게 되었다.
   나. 셀 그룹 목회와의 혼돈의 문제
   일부 D12 셀 그룹 운동을 지향하는 교회에서 기존의 남전도회, 여전도회를 폐지하고 셀 그룹으로 전환하여 혼란이 야기되었다. 그런데 이 문제는 알파 프로그램을 실시한 교회 중 일부가 셀 그룹운동을 병행하는 데서 오는 혼돈이 야기된 것이다. 알파 프로그램은 앞에서 지적한 대로 D12 프로그램과 같은 것이 아니며, 각각 다른 프로그램이다. 원래 알파 프로그램의 원래 목적은 불신자들에게 예수 그리스도를 전하여 교회를 성장시키려는 불신자 전도 프로그램이다. 따라서 알파 코스와 기존 남·녀전도회와의 갈등 문제는 이 두 프로그램에 대한 오해에서 기인한다.

다. 교회성장에 과도하게 집착하는 문제

본래 알파 코스는 영국의 한 성공회 교회에서 교회를 떠나가는 사람들과 교회에 출석하지 않는 사람들에게 그리스도교의 교리를 간단하게 설명하기 위해 고안된 불신자전도 프로그램이다. 그런데 이 프로그램이 한국에 전수되는 과정에서 불신자보다는 기성교회 교인들을 대상으로 훈련시키는 프로그램으로 변질되었다. 그리하여 알파 코스에 다른 교회 교인들이 참석하는 등 교인들의 수평이동을 부추기는 프로그램으로 변질되기 시작하였다. 더 나쁜 것은 교회성장에 민감한 목회자들이 이 프로그램을 수용하면서 신비주의적인 면이 추가되었고, 교회성장을 위해서라면 전통적인 신앙의 변질도 마다하지 않는 성장지상주의라는 문제점도 가미되었다. 지나치게 교인의 수평이동을 통한 교회성장을 추구하는 것은 알파 코스의 본래의 목적과 일치하지 않는다.

3. 연구 결론

알파 코스는 영국의 한 성공회 교회에서 시작한 불신자 전도 프로그램이지만, 우리나라에 정착하는 과정에서 변하여 불신자 전도 프로그램 이상의 교회성장의 주요한 수단으로 여겨지고 있는 문제점이 있다. 또한 알파 코스 중에 소위 금이빨 사건이나 쓰러짐 사역, 팔 길어지는 사역 등 과도한 신비주의적인 현상을 보인 점은 엄격히 배제해야 마땅하다. 또한 알파 코스와 남선교회나 여전도회 등의 기구와 충돌을 일으키는 부분이 없도록 해야 할 것이다. 끝으로 이 프로그램은 교회에 유익한 전도 프로그램으로 발전되어야 할 것이다.

알파코스에 대한 부정적 여론이 일자 2007. 7. 14. 당시 류영모 목사는 "넘어짐이나 금이빨 사역은 분명히 성령의 역사라고 주장하고 그러나 총회가 하지 말라고 하니 사역을 중단하겠다"고 밝혔다.

그리고 알파 컨퍼런스 및 알파코스 진행 현장에서 '넘어짐' 사역을 하는 일은 한국교회가 건강한 지침을 내릴 때까지 지양할 것을 또한 밝혀둡니다.

다시 말해, 알파코스는 이 시간 이후 '넘어짐' 사역을 하지 않도록 알파코스를 적용하는 교회들에게 요청할 것이고 알파 컨퍼런스 현장에서도 일체 언급하지 않을 것입니다.

아말감이 금으로 바뀌는 현상과 관련 – 이것은 누가 가르친 것도 아니고 알파 본부가 전해준 것도 아닙니다. 기도하는 가운데 저절로 일어난 사역의 현상입니다. 왜 이런 일이 있어났는가 연구하는 가운데 아말감은 50%가 수은으로 되어있어 사람의 체질에 따라 여러 합병증이 발생되는 것으로 밝혀졌습니다. 이는 지난 2004년 1월 11일 방영된 sbs '환경의 역습 – 아말감 피해'가 여실히 보여주었듯이 두통, 의식 불명, 보행 불능, 언어장애, 어지러움증, 관절염, 손가락 떨림, 복부 가스팽만, 피부 알레르기, 난치성 피부염 등 갖가지 질병을 유발하는 것으로 드러났습니다. 따라서 아말감을 금으로 바꾸게 하는 것은 아말감으로 인한 고통스러운 질병 치유와 예방을 위한 하나님의 사랑이라 생각하고 불신자 전도 현장에서 이런 일을 행하고 알파 컨퍼런스에서 이런 간증을 했던 것이 사실입니다. 그러나 그런 일이 한국교회 안에서 이해되지 못하고 많은 의문과 논란을 일으키게 된 것 같아 심히 송구스럽게 생각합니다.

이에 대해서도 알파코스는 불신자를 전도하여 교회를 부흥케하는 것이 교회의 본질이요 목적이지 논란이 되는 현상에 집착하지 않는 것이 좋다고 판단하여 '아말감' 사역도 한국교회가 긍정적으로 대답을 주지 않는 한 개교회에서 자제해 줄 것을 요청할 것입니다.

결론적으로 알파코리아 이사장 입장에서 본인은 한국교회가 건강한 성령운동으로 하나가 되고 교회가 새로워지며 부흥되기를 희망하는 바입니다. 그러기 위해서 알파코리아는 지금까지 하나님께서 아름답게 역사해 오신 한국교회의 건강한 신학적 판단을 존중할 것입니다. 그리하여 교회의 유익과 덕을 위해, 그리고 교회의 부흥을 위해 알파코스가 쓰임 받을 수 있도록 십분 노력할 것을 밝히는 바입니다.

다시 한 번 알파코스를 진행하는 전국의 모든 교회들에게 소속된 교단의 신학적 판단과 기준을 존중하여 줄 것을 간곡히 당부하는 바입니다.

또한 본인을 비롯한 알파코스 모든 강사들도 논란이 되는 현상들에 집착하지 않을 것이며 한국교회가 긍정적으로 평가해주지 않는 한 강의 도중에 문제가 된 현상들을 언급하거나 가르치거나 사역하지 아니할 것을 천명합니다.

2007. 7. 3
한소망교회 담임목사 겸 알파코리아 이사장 류영모

대한예수교장로회 예장통합교단의 총회장을 지냈던 최기학 목사도 알파코스를 시행했다.

7. 『상현알파 11기』가 10월 19일(주일), 21일(화)에 개강합니다. 알파를 섬길 섬김이(상름이, 주방, 찬양팀, 탁아)들은 오늘까지 신청해 주시기 바랍니다.

2017.08.20. 상현교회소식

상현 교회   등록일 2017.08.20   추천 0

1. 『여성셀 연합예배』가 금주 금요일(25일) 오전10시 30분 2층 비전홀에서 있습니다. 『남성셀, 직장어성셀 연합예배』는 다음 주일 오후 2시 30분, 4층 비전홀에서 있습니다.

그러나 최삼경은 문제를 제기하지 않았다. 최기학 목사가 〈교회와 신앙〉에 후원했기 때문이다. 5년 이상 매달 10만원씩 후원했다. 이 두 사람은 훗날 명성교회를 파괴하는 데 앞장선다.

32	28	상현교회	최기학	10만원

이처럼 후원을 하면 비판을 당하지 않고 이단이 되지 않는다. 류영모 목사(한소망교회) 역시 〈교회와 신앙〉의 상임이사로 활동을 하며 수 년동안 매달 50만원씩 후원을 하였다. 비판을 당하지 않기 위해서 어쩔 수 없이 활동하고 후원하였다. 그러나 지금은 후원을 하지 않는다. 매달 후원을 하지 않았다면 최삼경은 비판을 하고 말았을 것이다. 춘천 한마음침례교회(김성로 목사) 역시 매달 20만원씩 후원하니 최삼경은 그를 비판하지 않았다. 이처럼 최삼경의 비판은 돈은 연계되어 있었다.

72	한마음침례교회	20만원•12회	240
73	한소망	50만원•12	600

그러나 합동교단 104회 이대위는 김성로 목사가 십자가 복음을 폄하한다는 것과 십자가와 부활을 이원화한다고 문제를 제기한 바 있다.

　류영모 목사나 김성로 목사도 이단으로 매도당하지 않기 위해서는 어쩔 수 없는 선택이었다. 이러한 연고로 〈교회와 신앙〉에서는 류영모 목사와 최기학 목사에 대한 어떤 비판도 없다. 또한 최삼경은 춘천 한마음교회 김성로 목사에 대해서도 침묵을 한다. 〈교회와 신앙〉은 알파코스에 대해서는 한마디도 언급이 없었다. 후원을 받았기 때문에 침묵하는 것이다. 받은 자는 말이 없다.

　최삼경은 교단 이대위, 언론, 타 교단, 연합단체와 이단 카르텔을 활용하여 교리 대왕의 역할을 하였다. 그러므로 아무리 대형교회 목사라 할지라도 최삼경과 싸운다는 것은 결코 쉬운 일이 아니었다. 그래서 후원을 선택한 것이다. 박철수 목사도 돈을 주지 않으니 이단으로 정죄당한다.

　박철수 목사를 이단 정죄하는데 참고문헌은 예장합동 이대위의 결정, 현대종교, 〈교회와 신앙〉이었다. 교리법 기준과 적용이 없었다.

(2) 94회(2009년)

94회 이대위는 유한귀 목사가 위원장이었고 최삼경이 위원이었다. 이단상담소장은 구춘서였다. 그러나 86회기 이정환 목사로부터 삼신론으로 이단시 되었던 최삼경은 94회기때 다시 한번 마리아 월경잉태론자로 낙인이 찍힌다. 최삼경의 천적은 이정환 목사였다.

17. 이단·사이비대책위원회 보고서

제94회 총회 이후 1년 동안의 이단·사이비대책위원회의 사업경과를 다음과 같이 보고합니다.

보고인 : 위원장 유영돈

I. 조 직

위원장 : 유영돈   서 기 : 최삼경   회 계 : 이정수
위 원 : 최영환 변정식 김재영 윤동석 유한귀 이락원 김한식 림형석
        조석환 정 욱 최선모 심영식
전문위원 : 허호익 탁지일 김명용
〈분과위원회〉
연구분과/위원장 : 김한식 목사   서 기 : 최선모 목사
            위 원 : 김재영 목사 림형석 목사 허호익 교수 탁지일 교수
                    김명용 교수 구춘서 교수
조사분과/위원장 : 변정식 목사   서 기 : 정 욱 목사
            위 원 : 유한귀 목사 심영식 장로
상담분과/위원장 : 윤동석 목사   서 기 : 조석환 목사
            위 원 : 최영환 목사 이락원 목사
〈이단·사이비문제상담소〉
소 장 : 구춘서

94회기 교리 탈레반 최삼경은 이대위 서기를 거머쥐었지만 순탄하지 않았다. 이정환 목사가 속한 서울북노회와 김창영 목사가 속한 부산동노회에서 끊임없이 질의가 올라왔기 때문이다. 최삼경의 마리아 월경잉태론에 대한 질의와 심지어 최삼경이 한

기총에서 살포한 돈 봉투 사건에 대한 질의가 올라왔다. 최삼경이 가는 곳마다 항시

이단감별사들의 한국교회 大 사기극

돈 문제가 대두되었다.

> 7. 서울북노회장 심영식 장로가 제출한 "이단사이비 주장에 대한 질의, 조사 청원건"은 서기, 사무총장에게 일임하기로 하다.
> 　　내용 : 최삼경 목사가 2005. 6. 30./7. 15. 인터넷언론 기고문에 기재한 "예수님은 마리아의 월경을 통해서 태어났다.……" 등 소위 월경잉태설에 대하여 총회 차원의 질의와 조사를 청원한다는 것임.
>
> 2) 최삼경 목사의 소위 "마리아 월경잉태론"에 대한 연구보고서는 연구분과위원회에 위임하여 수정하여 받기로 하다.
>
> 1. 부산노회장 김성득 목사가 제출한 "최삼경 목사의 한기총 총무단 뇌물공여사건 조사 청원의 건"
> 　내　용 : 총회 이단사이비대책위원회 서기 최삼경 목사가 한기총 총무단 소속 총무 18명과 전 한기총 이대위원 등 21명이 모인 자리에서 일금 20만원이 든 봉투를 돌리는 등 부도덕한 행위와 현 한기총 대표회장 이광선 목사를 반대하는데 동조하여 불법행위를 하는 등의 문제를 조사하여 의법조치해 달라는 것임.
>
> 나. "감사위원장 강상용 장로가 제출한 이단사이비대책위원회 조사결과 보고서 제출 건"은 제94회 총회 이단사이비대책위원회 보고서 조사 건은 보고로 받고 종결하기로 하고, 최삼경 목사의 한기총 총무단 뇌물 공여사건 조사 청원의 건은 제 95 회기 총회 임원회가 검토하도록 보내기로 하다.

김창영 목사는 한 걸음 더 나아가 최삼경은 마리아 월경잉태론으로 조사 중인 당사자이기 때문에 이대위에서 물러나라고 압박을 했다. 그러자 최삼경은 서기직을 사표 냈지만 이대위는 사임서를 반려한다.

> 이단사이비대책위원회 서기 최삼경 목사 서기직책은 제94회 총회에서 결정된 사항이므로 사임서를 반려하기로 하였기에 이를 회송합니다.

이대위 임원회에서는 최삼경의 마리아 월경잉태론은 조사분과위원회에서 다루도록 하고, 이정환 목사에 대해서는 이정환 목사가 이대위의 활동을 방해하고, 최삼경의 삼신론 행위가 문제가 없다고 했는데 지속적으로 문제를 제기하고 이단 옹호 언론 (교회연합신문)에 글을 씀으로 인해 총회 행정력을 낭비했다고 했다. 최삼경이 이대위 서기로 있었다.

그러나 김창영 목사가 속한 부산동노회와 이정환 목사가 속한 서울북노회는 마리아 월경잉태론에 대한 정식 문제를 제기하여 최삼경을 압박했다.

이단감별사들의 한국교회 大 사기극

> 하고 신뢰를 상실하게 하는 해 교단 행위를 아래와 같이 행하였습니다.
> ① 총회가 89회 총회(2004년)에 자신이 동의하여 결의된 본 이단사이비대책위원회 서기 최삼경 목사의 삼신론이 문제가 없다고 결의된 것을 알면서도 지속적으로 고발하고 이단옹호언론에 글을 씀으로써 총회의 결정에 불복하고 총회 행정력을 낭비하게 하는 행위
> ② 이대위에서 최삼경 목사에게 해당되는 연구와 결의를 할때 최삼경 목사가 참여한 적이 없음에도 불구하고 마치 최삼경 목사가 그 회의에 참여한 것처럼 거짓으로 총대원들에게 허위 사실을 배포한 행위(다음 회의 안건에는 최삼경 목사가 참석

김창영 목사가 제출한 "이단사이비성에 대한 질의 및 조사처리의 건"과 서울북노회 심영식 장로가 제출한 "이단사이비 주장에 대한 질의 조사의 건"은 유한귀 목사에게 위임하여 처리하기로 했다.

> 바. 김창영 목사가 제출한 "이단사이비성에 대한 질의 및 조사 처리의 건"과 서울북노회장 심영식 장로가 제출한 "이단사이비 주장에 대한 질의 조사의 건"은 임원회(서기 제외)와 연구분과위원회와 유한귀 목사에게 위임하여 처리하기로 하다.

그 이외에 이정환 목사 외 9인이 제출한 교회연합신문에 대한 재론 동의서 건은 재론할 이유가 없음을 확인했고, 이정환 목사가 제기했던 삼신론 문제는 이미 89회 총회에서 문제가 없음을 결의하였기에 더 이상 문제를 제기하지 않기로 했다.

> 자. 이정환 목사 외 9인이 제출한 교회연합신문에 대한 재론동의서의 건은 재론할 이유가 없음을 확인하고, 재론동의서를 제안한 10인에게 총회의 결의를 존중해 달라는 권고문을 보낼 것을 총회임원회에 요구하기로 하다.
> 차. 최근에 본 위원회 서기인 최삼경 목사에 대하여 이단옹호언론과 기타인들이 제기하는 문제들에 대해 다음과 같이 결의하다.
> 첫째. 최 목사에 대해 제기된 삼신론 문제는 이미 제89회 총회에서 문제가 없음을 결의하였기에 더 이상 문제를 제기하지 말 것이다.

성결교 심삼용 목사가 제출한 "예장통합 지용수 총회장님께 보내는 최삼경 이단사상 발언에 대한 내용증명서의 건"은 "본 위원회의 운영지침 규정에 따라 질의에 응답하지 않기"로 하고, 김창영 목사가 제출한 "이단사이비성에 대한 질의 및 조사 처리의 건"은 반려하기로 했다.

이정환 목사가 2010년 3월 28일자 교회연합신문에 게재한 월경잉태설의 내용은 다음과 같다.

〈별 지〉「교회연합신문」(2010년 3월 28일자)

"월경잉태설은 이단사상이다"

총신대 교수들, 이단시비에 대한 학문적 도덕적 공정성 상실

이정환

최근 소위 보수교단을 자처하는 총신대 교수회와 개신대 교수회가 평강제일교회 원로인 박윤식 목사의 신앙과 사상에 대한 논쟁이 학문적 차원을 넘어서 감정으로 치우치는 듯한 모습과 함께 서로를 지지하는 교단 간에 비난으로 확대되는 모습을 보면서 신학자들에게 가장 중요한 학문 비판의 공정성과 객관성의 결여가 어떤 결과를 가져올지 우려가 된다.

해방 이후 복음이 아닌 비본질적인 것을 가지고 그럴듯한 명분을 내세워 분열과 다툼을 지속해 온 한국교회가 조금도 달라지지 않은 모습을 보는 듯하여 마음이 아프다.

박윤식 목사에 대한 이단연구

박윤식 목사에 대한 이단성 문제는 필자가 예장(통합)의 이단사이비대책위원회 전문위원으로 처음 위촉되어 1991년도 연구안건으로 위임받은 연구 주제였기 때문에 많은 관심을 가지고 있다. 당시 필자는 평소 존경하던 선배 목사님의 추천에 의해 이대위 전문위원으로 봉사하게 되었고 그 후 10여 년 동안 총회 이대위에서 조사분과위원장, 연구위원장 겸 서기(임원)으로 봉사하였다.

-151-

총회에 보고한 내용이 사라지고 다른 내용으로 대치

당시 박윤식 목사에 대한 연구를 위해 총회이단상담소가 제공한 박윤식 목사의 설교 테이프 2편(씨앗 속임, 월경하는 여인에게서 탈출하자)과 변찬린 씨의 '성경의 원리'를 자료로 박윤식 목사에 대한 연구를 하였다. 물론 필자가 제출한 연구보고서는 어디론가 사라지고 총회 보고 시에 다른 위원이 작성한 보고서로 대체되어 제출되었다. 나는 그 이유를 지금도 알지 못한다.

필자가 당시 연구한 박윤식 목사의 설교 두 편은 예장(통합)이나 합동 측에서 박윤식 목사를 이단으로 정죄한, 통일교 교리에 기초하고 있다는 변찬린의 '성경의 원리' 내용과 비교해 연구했다. 그러나 총회에 보고한 내용 중 문제가 되는 "하와가 뱀과 성관계를 맺어 가인을 낳았다"고 한 부분은 어디에도 없었다.

1991년 예장(통합)총회가 결의한 소위 박윤식 목사 이단정죄는 합동 측으로 이어졌고, 그 후 여러 교단에서 동일한 정죄를 받았다. 그러나 각 교단의 이단 정죄 과정이 석연치 못한 부분은 남아 있다고 생각된다. 그 이유는 예장(통합)이 보고한 "박윤식 목사 보고서를 원자료(?)로 하여" 여타 교단에서 그대로 통과시킨 부분들이 많이 있기 때문이다. 박윤식 목사 관련 문제뿐 아니라 한국교회가 이단으로 정죄한 많은 교파, 교회 기관과 인물들에 대한 이단정죄는 대부분 예장(통합)에서 제기함으로부터 시작되었기 때문이며 그 단초는 스스로 한국교회 최고 이단연구가라 자처하는 이로부터 비롯된 것은 모두가 알고 있는 사실이다.

총신대 교수들, 이단시비에 대한 학문적 도덕적 공정성 상실

그런데 작금에 이르러 박윤식 목사 이단성 문제와 관련하여 개신대학원대학교 교수회와 총신대신대원 교수회와의 공방을 보면서 거의 절필하다시피 하는 필자까지도 한마디 해야 될 것 같아 필을 들었다. 한마디로 개신대학원대학교 교수회의 "평강제일교회 박윤식 목사 신학검증보고서"에 대한 총신대 교수회의 성명(필자는 총신대 교수의 다수가 동의한 것이 아니라 일부 교수들의 주장인 것으로 알고 있다.)은 이단시비에 대한 학문적, 도덕적 공정성을 상실한 것으로밖에 보이지 않는다.

우선 문제의 보고서에 대한 총신대 교수회가 제기한 문제를 보면 1. 개신대 검증위의 해명검증이 자의적 판단에 의한 것이며, 2. 검증의 객관성을 상실한 것, 3. 개신대 검증위의 보고서가 교회의 일치와 연합을 해치는 것, 4. 이단의 정죄나 해제는 공교단의 총의(결의)에 의해 하는 것인데 소위 일개 신학교수회가 이단을 해지한 것이라는 내용의 공격을 하였다.

필자가 볼 때 총신대 교수들의 이의제기는 한마디로 객관성이 없어 보인다. 먼저 소위 개신대 검증위의 검증보고 내용 중 어떤 부분이 자의적이며 객관성을 상실하였는지 정확한 근거를 가지고 지적하는 것이 학자적 자세라고 생각한다.

둘째로, 개신대 검증위의 보고서는 글자 그대로 교수들의 연구보고서일 뿐이다. 그 보고서를 근거로 개혁 측 총회가 박윤식 목사에 대한 이단정죄를 해지하든지, 아니면 계속해서 더 연구할 것인지는 해 교단 총회가 결정할 일이며, 아직 개혁 측에서 이 문제에 대해서는 공식적인 결의를 한 사실이 없다.

오히려 교단(총회) 관계자들이 개신대 교수회의 보고서에 대하여 우려를 표명하는 입장에 있다. 그런데 개신대 검증위 보고서 어느 부분이 교회의 일치와 연합을 깨뜨리는 것이라고 하는지 모르겠다. 혹시 총신대 교수회는 지금까지 합동 측 교단이나 교수회가 지향해 온 박윤식 목사에 대한 이단정죄가 혹시라도 한국교회 일각에서 해지될 것을 미리 염려하고 있는 것은 아닌지 하는 생각이 든다.

개신대 검증위 보고서는 박윤식 목사에 대한 검증보고서에서 "(박윤식 목사를 조사, 연구해 보니)다소 미흡한 요소들이 있어 보이지만 과거처럼 이단성이 있는 오해 요소를 가르치거나 주장하지 않고 있으며" "평강제일교회 담임목사와 교역자들, 교인들의 신앙은 보수적인 정통신앙으로 문제삼을 것이 없다" "박윤식 목사의 설교 내용 중 문제점으로 지적한 '하와가 뱀과 성교하여 가인을 낳았다'는 내용은 찾아볼 수 없었다" "자신에 대한 이단정죄와 관련하여 박윤식 목사는 신학적 소양의 부족으로 표현을 잘못하여 오해를 불러일으킨 점에 대해서는 이미 전에도 회개하고 사과하였으며 또 검증위에서도 재차 사과하였다"고 보고하였다.

한 번 이단으로 정죄하면 영원히 이단인가?

이단도 회개하고 기독교에 대한 바른 신앙고백과 생활을 통한 열매가 맺어지면 믿음 안에 형제들이다. 사도 바울도, 어거스틴도 기독교인이 되기 전에는 이단에 빠졌고 "이단의 괴수"였다. 오늘날도 이전에는 통일교나 구원파에 몸담아 있던 사람들이 회개하고 통일교와 구원파의 문제를 공개적으로 제기하며 이단척결에 앞장서고 있는 것이나, 안식교 목사로 있다가 회개하고 공교단에서 이단대책위원으로 활동하고 있는 인사도 있지 않은가? 총신대 교수회는 이들에 대해서 조사나 연구를 해 본 적이 있는가? 그런데도 이미 수십 년 전에 행한 자신의 잘못에 대하여 시인하고 회개한 특정인에 대해서만은 집요하게 이단 시비를 지속하고 있는 이유가 무엇인가?

개신대 교수회의 검증에 대하여 이의가 있으면 총신대 교수회가 재검증을 하여 그 결과를 발표하면 된다. 그런데 개신대 교수회의 검증에 대하여 공격하는 것은 양 교단과는 아무 관계가 없는 필자도 납득이 되지 않는다.

차제에 총신대 교수회에 묻고 싶은 것이 있다. 제91회 합동 총회에서 총신대 교수들이 서북노회가 제출한 "소위 월경잉태설"에 대한 보고서와 관련하여, 박윤식 목사가 주장한 사실도 없는 "하와가 뱀과 성교하여 가인을 낳았다"고 주장하였다고 이단으로 정죄한 내용과, "예수가 마리아의 피를 받아 잉태되었다"는 소위 월경잉태설 주장과 어느 것이 과연 기독교교리에 더 이단적이고 치명적인 주장인가에 대해서 신앙적이고 객관적이며 신학자의 신앙과 양심에 부끄러움이 없는 보고서를 제출하였는지 묻고 싶다.

월경잉태설이 이단에 가까워

소위 월경잉태설은 한마디로 하면 예수 그리스도의 신성과 인성 모두를 부정하는 이단 사상이다. 예수께서 마리아의 몸을 통해 세상에 오셨지만 이는 성경의 기록대로 "성령으로 잉태된 것"이며 인간 마리아의 월경을 통해 마리아의 피를 받고 태어나신 것이 아니라는 사실이다. 예수님은 마리아의 피를 한 방울도 받지 않으셨다. 만약 예수의 피 속에서 마리아의 피가 한 방울이라도 섞여 있다면 예수는 그리스도가 될 수가 없다. 인간의 타락된 피를 가진 자가 인류를 구속하는 대속자가 될 수가 없기 때문이다. 성경은 예수 그리스도가 "성령으로 잉태된 분이며 혈통으로나 육정으로 나신 이가 아니며, 그는 죄가 없으시니라"라고 강조한다. 죄 없이 나신 분이어야 구원자가 되시기 때문이다.

– 153 –

월경잉태설의 주된 골자는 "예수가 마리아의 월경(피)을 통해서 태어났다" "예수님이 마리아의 월경 없이 태어났다는 말은 마리아의 육체를 빌리지 않고 태어났다는 말과 같다" "예수님이 월경 없이 태어났다는 말 속에는 예수님의 인성이 부정되고 만다" "동정녀 탄생은 마리아가 요셉의 정액에 의하여 임신하지 않았다는 의미"라고 주장한 것이다.

"월경이란 인간의 피를 말하는 것이다. 월경은 피를 말하는 것이지 난자를 말하는 것이 아니다. 월경이 있다는 말은 아이를 생산할 능력이 있다는 것을 피로 말해 주는 것이다. 그래서 임신을 하면 월경이 없어지는데 그 피가 아이에게로 가는 것이다. 그 피(마리아의 피)로 아이를 기르는 것이다."

이 모든 주장을 종합하면 예수는 마리아의 월경, 곧 마리아의 피를 통해서 태어났다는 뜻이다. 그런데 중요한 것은 마리아의 피는 죄로 오염된 타락한 인간의 피다. 만약 이 주장대로라면 예수는 마리아의 오염된 피를 이어받은 죄인으로 태어난 것이 된다. 예수는 무죄한 분이라는 성경의 가르침은 부정되어 버리는 것이다. 이 같은 주장을 하는 이유에 대하여 "예수의 신성은 성령을 통해서, 인성은 마리아의 월경을 통해서 형성된 것"이라고 주장하기 위해서다. 곧 예수의 인성은 마리아에게서 물려받은 것이며 그러므로 예수의 인성을 강조하기 위해서 이 같은 주장을 하고 있는 것이다.

"예수라 할지라도 사람이 되려면 반드시 사람의 육체를 빌려야 하고 마리아의 육체를 빌리려면 반드시 월경을 통해야 한다. 마리아가 월경이 없었다는 말은 마리아의 피 없이 예수님이 마리아의 몸에서 자랐다는 말이 되기 때문에 예수의 인성이 부정되고 만다"고 주장하는 것이다. 이것은 이단사상이다.

예수님은 인성을 가지고 나셨지만 그러나 그 인성마저도 성령 하나님의 특별한 역사로 얻으신 것이지 죄로 오염된 인간 마리아의 피를 통해서 물려받으신 것이 아니다. 이에 대하여 합동 측 신학의 대부 박형룡 박사는 "예수께서 통상 인간의 생리를 따라 출생하셨다면 일개인으로서 행위언약에 포함되고 인류의 공동죄책에 참여하시고 오염되었을 것이다"고 하였다. 소위 월경잉태설은 예수님의 신성을 부정하는 잘못된 주장으로 기독론 이단이라는 뜻이다.

월경잉태설은 그리스도의 양성을 부정하는 이단사상

결론적으로 말하면 소위 월경잉태설은 성령의 능력을 부정하는 이단사상이며, 예수의 인성은 죄로 오염된 마리아의 피를 이어받은 타락된 인성인 동시에 인간 예수는 존재하지만 하나님으로서 신성이 부정되는 이단사상으로 그리스도의 양성을 부정하는 것이며, 그리스도를 통한 속죄를 주장하는 기독교 구원론을 부정하는 이단사상이요, 결국 기독교회의 존립을 뿌리째 흔드는 지금까지 나타난 이단사상 중 가장 큰 이단사상이라 하지 않을 수 없다.

이 같은 이단사상을 개인적으로 가지는 것도 금해야 할 일이지만, 이 같은 사상을 공공연히 주장하고 다른 사람들에게 강요하는 것은 인간의 영혼을 멸망에 이르게 하는 사탄적 행위 외에 다름 아니다. 그런데 이렇게 중요한 문제에 대하여 총신대 교수회는 합동 총회에 보고한 보고서 결론에서 "이 주장은 정확하지 못한 말이요 불필요한 사색"이라는 이해할 수 없는 결론을 보고했다.

월경잉태설이 불필요한 사색?

필자가 의아해 하는 부분이 이 부분이다. 왜 박윤식 목사가 주장하지 않은 "하와가 뱀과 성교하여 가인을 낳았다"는 말은 기정사실화 하여 이단으로 정죄하고, 또 개신대 교수회의 검증보고서에 대하여 그렇게 문제를 삼고 공격하면서 소위 월경잉태설에 대해서는 간단히 '불필요 사색'이라고 얼버무리는 것인지 이해가 되지 않는다.

총신대 교수회가 보고서에서 월경잉태설은 "정확하지 못한 주장"이라고 하였는데 '정확하지 못하다'는 말은 '틀렸다'는 뜻도 되고 '부분적으로는 맞지만 100%는 아니다'라는 뜻도 된다. 만약 예수님의 동정녀 탄생에 관한 주장이 단 1%라도 문제가 있다면 예수님의 신성도 인성도 다 부정되고 이에 근거를 둔 기독교의 신론, 구원론, 교회론은 모두 허구가 되어 버리는 것이다.

그러므로 총신대 교수회는 해 보고서의 결론에 "소위 월경잉태설은 기독교를 와해시키는 이단 중에 이단사상이다"라고 총회에 보고했어야 한다. 그러나 총신대 교수회 보고서는 소위 마리아 월경잉태설을 주장한 자에 대한 면죄부를 주는 보고서를 제출한 것이다.

기독교회를 와해시키는 이단사상으로 한국교회를 어지럽히고 있는 것이 사색인가? 예수의 인성과 신성과 구원론과 교회론을 부정하는 주장을 사색이라고 한다면 총신대 교수들은 사색과 이단사상도 분간하지 못하는 사람들인가? 그렇다면 기독교수라는 직을 그만두는 것이 그나마 하나님 앞에 덜 부끄럽지 않겠는가?

그러면서도 개신대 교수회의 연구 조사보고에 불과한 박윤식 목사 건에 대해서는 서로 학문적으로 존중해야 할 신학자 간의 윤리나 교단 간의 윤리를 찾아볼 수 없을 뿐 아니라 객관적이지 못하고 공정하지 못한 이단연구에 대한 학자적 부끄러움마저 찾아볼 수 없는 것은 정말 안타까운 일이다. 문득 예수님의 말씀이 생각난다. "오직 너희 말은 옳다 옳다, 아니라 아니라 하라 이에서 지나는 것은 악으로부터 나느니라"(마 5 : 37).

▲ 95회 총회록

결국 94회기(2010년)의 청원사항에 최삼경의 마리아 월경잉태론에 대한 연구보고를 하기로 했다.

2012년에 한기총에서는 최삼경의 마리아 월경잉태설이 이단이라고 판정했다.

한기총은 2012. 12. 21. 국민일보 성명서에서 "최삼경 스스로가 불경한 이단이자 신성모독자로서 이단, 사이비를 논할 자격이 없습니다. 그는 하나님을 "세영들"이라고 하는 '삼신론' 과 예수 그리스도가 마리아의 월경을 통해 잉태되셨다고 하는 '마리아 월경잉태론' 을 주장하여 한기총과 대한예수교장로회 합동 측 등 한기총 산하 여러 교단에서 이단 규정을 한 바 있습니다"라고 했다.

이정환 목사기 제기한 질의가 한기총에서 채택되었던 것이다. 그 이후 최삼경은 마리아 월경잉태론자로 명명되었다. 그러나 구춘서가 상담소장으로 있는 94회기 이단상담소의 청원사항은 이정환 목사를 비판하는 것이었다. 최삼경 세력이 이대위를 장악하였을 때는 이정환 목사를 비판하였다.

제94회기 총회 보고서

　　　1) 박철수 씨(아시아교회)에 대한 연구 보고서 - 7p.
　　　2) 최삼경목사의 소위 "마리아 잉태론"에 대한 연구보고서 - 13p.
　　　3) 방춘희 씨의 '예언 신유 집회'에 관한 연구보고서 - 19p.
2. 많은 타교단들이 이단경계주일을 지키고 있는 바, 본 교단에서도 보조를 맞추어 8월 첫째 주일을 이단경계주일로 지킬 수 있도록 청원하니 허락해 주시기 바랍니다.
3. 본 위원회가 목회자들에게 필요한 이단대책 자료집을 순차적으로 제작할 수 있도록 해 주시되, 이를 위하여 본 위원회가 발간한 이단사이비 자료의 책자 수입의 일부분은 동 위원회의 이단대책 연구와 세미나의 활성화를 위해서 사용할 수 있도록 청원하니 허락해 주시기 바랍니다.
4. 총회 질서를 어지럽히는 서울복노회 소속 이정환 목사의 해교단의 행위에 대하여 자제하도록 엄중 경고해 주시기를 청원하오니 허락해 주시기 바랍니다.
1) 본 교단 소속 이정환 목사는 본 교단과 한국교회의 신앙적 전통성을 지켜가고 이단들의 미혹에 대처하도록 총회에 위임받은 이단사이비대책위원회의 활동을 방해하고 신뢰를 상실하게 하는 해 교단 행위를 아래와 같이 행하였습니다.
① 총회가 89회 총회(2004년)에 자신이 동의하여 결의된 본 이단사이비대책위원회 서기 최삼경 목사의 삼신론이 문제가 없다고 결의된 것을 알면서도 지속적으로 고발하고 이단옹호언론에 글을 씀으로써 총회의 결정에 불복하고 총회 행정력을 낭비하게 하는 행위
② 이대위에서 최삼경 목사에게 해당되는 연구와 결의를 할때 최삼경 목사가 참여한 적이 없음에도 불구하고 마치 최삼경 목사가 그 회의에 참여한 것처럼 거짓으로 총대원들에게 허위 사실을 배포한 행위(다음 회의 안건에는 최삼경 목사가 참석하지 않았음:제3차 위원회(2010.1.26.) 김창영 목사가 제출한 "이단사이비성에 대한 질의 및 조사처리의 건"/ 제4차 위원회(2010.4.9.) 김창영 목사가 제출한 "이단사이비성에 대한 질의 및 조사처리의 건"과 서울북노회장 심영식 장로가 제출한 "이단사이비 주장에 대한 질의 조사의 건" / 제5차 위원회(2010.4.29.) "최삼경 목사가 제출한 사임 청원서의 건" / 제 7차 위원회(2010.7.19) 최삼경 목사의 소위 "마리아 월경잉태론"에 대한 연구보고서의 건)
③ 본 이단사이비대책위원회의 결의사항과 보고서 문건을 총회시까지 유출하지 않기로 결의 한 사항을 위반하여 널리 배포한 것과 (제 8차 위원회 2010.8.3.) 15년간 전통으로 내려온 총회 보고시 추가보고서로 보고하는 전통을 무시하고 이를 부적절하다고 비판하고 널리 알린 행위
④ 총대들에게 보낸 소책자 안의 내용이 짜깁기와 왜곡으로 일관된 잘못된 정보를 총대들에게 제공하여 총대들의 판단을 흐리게 하려고 시도한 행위

94회기 최삼경은 이대위 위원으로 있으면서 특히 언론을 이단 옹호 언론으로 묶는 데 결정적인 공헌을 했다. 크리스천투데이를 통일교신문인 것처럼 했다. 교회연합 신문의 대표 강춘오는 이단 옹호가 극에 달하였다고 판단했다.

김기동, 박윤식, 류광수 목사와 관련한 글을 실으면 이단 옹호 언론이 되었던 것이다. 최삼경이 보았을 때 김기동, 류광수(사단결박설) 목사는 귀신론, 박윤식 목사는 유사 통일교 이론(하와가 뱀과 섹스함)으로 이단화하였다. 그래서 누구든지 이들을 옹호하거나 광고하면 이단 옹호 언론으로 족쇄를 채웠다. 최삼경은 다음과 같이 이단 옹호 언론에 대해서 작성했다.

2009. 11. 16.
총회 이단·사이비대책위원회 위원장 유영돈 목사
서 기 최삼경 목사

〈첨부 1〉 **제94회기 "이단(옹호)언론에 대한 연구보고서" 작성 경위와 일정**

1. 제91회기 제1차 실행위원회(2006. 11. 6.)에서 제90회기 유안건인 크리스챤신문사 대표이사 신명진 씨가 제출한 '본보 이단옹호언론 규정 해제 요청의 건'은 제90회기 결의대로 연구분과위원회에 위임하기로 결의하다.
2. 제91회기 제5차 실행위원회(2007. 8. 24.)에서 크리스챤신문사 대표이사 신명진 씨가 제출한 '본보 이단옹호언론 규정 해제 요청의 건'은 연구분과위원회에 위임하여 더 연구하기로 하다.
3. 제92회기 제3차 실행위원회(2008. 1. 24.)에서 제91회에서 유임된 안건인 크리스챤신문의 '이단옹호언론 규정 해제 요청의 건' 외에 기독교초교파신문(신천지 관련), 크리스챤투데이(통일교), 연합공보(박윤식-인터넷신문), 세계복음화 신문(다락방)을 이단(옹호)언론 조사대상에 추가하기로 결의하다.
4. 제92회기 제4차 실행위원회(2008. 4. 3.)에서 크리스챤신문를 비롯하여 기독교초교파신문(신천지 관련), 크리스챤투데이(통일교), 연합공보(박윤식-인터넷신문), 세계복음화 신문(다락방)의 이단(옹호)언론 여부에 대한 연구를 연구분과에 위임하다.
5. 제92회기 제6차 실행위원회(2008. 8. 18.)에서 5개 이단(옹호)언론에 대한 연구의 건은 1년간 더 연구하기로 하다.
6. 제93회기 제2차 실행위원회(2008. 10. 9.)에서 5개의 이단(옹호)언론에 연구의 건은 연구분과에 위임하여 연구하기로 하다.

<첨부 2> 제94회기 "이단(옹호)언론에 대한 연구보고서" 중 '교회연합신문' 관련 내용

　　강춘오 씨가 발행하고 있는 「교회연합신문」은 1995년 제80회 총회에서 이단옹호언론으로 규정됐다가, 2001년 제86회 총회에서 해제된 바 있다. 그러나 본 교단으로부터 해제받은 후에도 상습적으로 드러내 놓고 이단들의 홍보성 기사와 광고를 내었다.
　　<u>최근 5년간 「교회연합신문」을 면밀히 검토한 바, 강춘오 씨의 이단 옹호는 극에 달하였다고 본다. 즉, 본 총회는 물론 일반적으로 한국교회가 이단으로 규정하거나 또는 이단시한 '김기동', '박윤식', '류광수 다락방', '서달석', '이재록', '지방교회' 등의 광고 또는 홍보성 기사를 수시로 내주었다.</u>
　　따라서 「교회연합신문」을 이단옹호언론으로 다시 규정하고, 본 교단 목회자들이나 성도들이 이 신문에 글을 게재하거나 광고를 내거나 구독을 하는 일이 없어야 할 것이며, <u>어떤 이단옹호언론보다 더 경계해야 할 대상이라고 본다.</u>

＊ (교회연합신문이 2005-2009년 사이에 이단을 광고하고 옹호한 근거들)

(3) 95회(2010년)

17. 이단·사이비대책위원회 보고서

　　제95회 총회 이후 1년 동안의 이단·사이비대책위원회의 사업경과를 다음과 같이 보고합니다.

보고인 : 위원장 유한귀

1. 조 직

위원장 : 유한귀　　　　서 기 : 정 욱　　　　회 계 : 최선모
위　원 : 윤동석　이락원　김한식　<u>최삼경</u>　림형석　조석환　조현용　박상수
　　　　박도현　심영식　이정수　순남흥
전문위원 : 허호익　탁지일　최태영
〈분과위원회〉
1. 연구분과위원회
　　위원장 : 김한식 목사　　　　서 기 : 림형석 목사
　　위　원 : 박도현 목사　순남흥 장로　<u>허호익 교수　탁지일 교수</u>　최태영 교수
　　　　　구춘서 교수
2. 조사분과위원회
　　위원장 : 이락원 목사　　　　서 기 : 조현용 목사
　　위　원 : 박상수 목사　이정수 장로
3. 상담분과위원회
　　위원장 : 윤동석 목사　　　　서 기 : 조석환 목사
〈이단사이비문제상담소〉
　　소　장 : 구춘서

95회는 유한귀 목사가 위원장이고 최삼경은 위원이었다. 허호익, 탁지일은 전문위원이었다. 최삼경은 1년 조가 되면서 서기직에서 물러났다. 그러나 그는 여전히 영향력이 있었다. 이단상담소장 구춘서는 최삼경과 단짝이었다. 허호익, 탁지일, 구춘서는 최삼경과 같은 이단감별사 부류였다.

이들은 100회기 채영남 목사가 이단 사면할 때 가장 적극적으로 반대했던 인물들이다.

탁지일, 구춘서, 허호익이 이대위에서 사역할 때 대부분 최삼경의 뜻대로 움직였다. 이들에게 용서와 자비는 없었다. 이단으로 정죄하는 데만 앞장을 섰다. 나채운, 에클레시안, 최바울, 예영수, 민경배 교수의 이단화는 좋은 케이스였다.

> 나. 최근 이단옹호 관련으로 문제가 되고 있는 '기독교신문', '인터콥 최바울', '예영수 목사', '인터넷신문 에클레시안'에 대하여 본 위원회가 연구하는 것을 총회 임원회에 보고하기로 하다.

특히 최삼경은 박윤식, 김기동 목사와 관련한 사람은 모두 이단으로 엮었다. 나채운, 길자연, 조경대, 홍재철 목사는 그 대표적인 사례다.

> 9. 제6차 위원회(2011. 4. 18.)
> 가. 나채운 목사의 답변서와 관련하여 회신공문을 임원회와 전문위원에게 위임하여 문안을 작성하여 보내기로 하다.
> 나. '기독교신문' 및 '인터넷신문 에클레시안'에 대한 연구의 건은 조사분과위원회와 연구분과위원회가 동시에 함께 조사 및 연구할 수 있도록 위임하기로 하다.
> 다. 인터콥 최바울 씨에 대한 연구의 건은 연구분과위원회에 위임하여 연구하기로 하다.
> 라. 예영수 목사에 대한 이단옹호 행위에 대한 연구의 건은 연구분과위원회에 위임하여 연구하기로 하다.
>
> 마. 박윤식 씨 추천서 등과 같은 기타 이단옹호와 관련하여 아직 답변이 오지 않은 2인(나채운 목사, 민경배 목사)에게 한 번 더 공문을 보내기로 하다.
>
> 아. 추가된 연구비 지급의 건은 종전대로 50만 원씩 지급하기로 하다.
> 1) 이단옹호언론(기독교신문, 에클레시안)
> 2) 원세호 목사
> 3) 에덴성회
> 4) 하나님의교회 재조사

최삼경이 참여한 95회기는 이인강, 최바울(인터콥) 목사에 대하여 '예의주시', '참여 금지'라고 결정함으로써 이들은 사실상 이단성이 있는 사람들로서 자리매김한다. 인터콥은 베뢰아와 연관성이 있다고 하여 이단성 있는 단체가 된다.

제95회기 총회 보고서

적 열망을 고취시키는 것임에도 불구하고 재림의 시기에 대한 예수님의 가르침에 어긋나는 점이 있다.

4. 베뢰아와의 연관성, 신사도운동, 사과문의 진정성 문제
최바울씨의 사상이 이미 1990년대에 이단으로 규정된 베뢰아 아카데미(김기동)의 사상과 일치한다는 비판에 대해서는, 앞에서 지적한 '하나님의 사정'이 김기동씨의 '하나님의 의도'와 유사할 뿐더러, 최바울씨가 베뢰아를 비판하며 떠났다고 주장하나, 본인이 청년시절에 김기동씨의 성락교회 대학부에 1년 7개월간 출석하고 배웠다고 고백함으로써, 둘 사이의 유관성을 인정할 수 있다. 한편 최씨 본인의 해명과 인터넷 홈페이지에 있는 글들을 통해서 신사도운동과의 차별성은 인정된다.
인터콥이 문제화 된 것은 인터콥의 비전스쿨이 교회, 목회자 및 교회 내부 갈등을 야기시키고, 인터콥의 공격적 선교전략이 현지 선교사들과 충돌을 야기하기 때문으로 보여 진다. 이 문제에 대해서는 최바울씨 자신이 이미 인정하고 사과성명을 발표한 바 있다. 앞으로 이 사과에 합당한 변화가 최바울씨와 인터콥에 있는지를 지켜보아야 할 것이다.

III. 연구 결론

최바울씨와 인터콥의 주장과 운동에는 교리적으로 타당하지 않거나 위험한 요소가 있다. '하나님의 사정'과 관련된 성경 해석은 보편성을 결여하고 있으며, '백투예루살렘' 운동에 대해서도 재림에 관한 성경 말씀에 모순되는 점이 있다.
최바울씨와 인터콥의 가장 큰 문제는 교회와의 관계 및 현지 선교사들과의 관계라고 볼 수 있다. 최바울씨는 이미 교계의 비판을 수용하고 문제점들을 수정하고자 약속한 바가 있으므로, 교회는 인터콥이 약속을 잘 이행하는지 예의주시하고 참여를 자제해야 한다.

인터콥에 대한 '예의주시', '집회 참여 금지'는 97회기에서도 그대로 유지된다. '예의주시', '집회 참여 금지'는 이단 사이비 내규나 교단 헌법에도 없는 이단 정죄 방법이었다. 죄형법정주의를 명백하게 위반한 마구잡이식 이단 정죄였다. 적어도 이단으로 정죄하려면 교단 헌법이나 이대위 규정을 적용해야 했다.

못하고 있음은 안타까운 일이다. 인터콥이 이미 지적된 문제점들을 잘 해소함으로써 교회와 아름답고 효과적인 협력관계를 구축하게 되기를 기대한다.

Ⅲ. 연구 결론

1. 한국세계선교협의회(KWMA)의 지도와 인정, 그리고 인터콥의 공식 입장 표명을 통해서 볼 때, 본교단이 지적하고 제기한 문제들에 대한 인터콥의 해명과 반성은 수용할 만하다.
2. 그러나 인터콥을 자문하고 있는 교단(예장 개혁) 책임자들과 인터콥 대표 최바울씨 사이에 합의하고 발표한 문서를 통해 볼 때, 인터콥과 최바울씨의 해명과 반성의 진정성은 좀 더 시간을 두고 지켜볼 필요가 있다.
3. 따라서 96회 총회에서의 '인터콥에 대한 예의주시 및 참여자제' 결정은 당분간 유지하는 것이 바람직하다.

인터콥에서 105회기에 해지해 달라는 청원이 들어왔지만, 장경덕이 속한 이대위에서 받아들여질 리가 없었다.

차. 함해노회 곽충환 목사 외 98인 공동탄원인 명의로 제출한 "이단대책위원회의 인터콥선교회 관련 결정의 부당성 탄원서"는 이단대책위원회에 인터콥선교회 관련 결의를 재고해 주기를 요청하기로 하고, 관련 결의를 총회에 보고하기 전에 사전 공개한 것에 대하여 지적하여 향후 시정하도록 통보하기로 하다.
내용 : 이단대책위원회에서 인터콥에 대해 '예의주시 참여자제'에서 오히려 '예의주시 참여공개'로 의결한 결과 이 결의를 이단대책위원장이 CBS에 공개한 것에 대해 이단대책위원회의 논의과정이나 절차, 결정은 존중하나 이단대책위원회의 결정이 선입견이나 편향적이라는 생각이 들고 교단적으로 많은 혼란이 예상되므로 총회 감사위원회와 총회 총대들 밖에는 이 문제를 풀어줄 곳이 없다고 생각을 하여 탄원을 드리니 부당함과 억울함을 살펴서 바로 정정하도록 조치해 달라는 것임.

연구결과는 이대위 규정에도 없는 '참여 금지' 및 '예의주시' 였다.

III. 연구 결과

1. 사실상 그 동안 인터콥 선교회는 논란의 여지가 상당히 많음에도 불구하고 한국의 어느 교단에서도 인터콥 선교회를 이단으로 규정한 적이 없었다. 2011년 이후 인터콥 선교회는 심각하게 이단적 요소를 지니고 있지만, 교단들은 한결같이 이단이라고 결의하기보다는 오히려 최종 결정을 유예하여 지켜보고 있는 실정이다. 이는 어떤 이유에서인가? 그것은 한국 교계가 많은 논란과 문제를 초래한 한국의 대표적인 선교기관인 인터콥 선교회를 향한 애정을 포기하지 않고 있기 때문이다.

2. 위 II장 1절 '타교단의 인터콥 선교회 관련 공식 결의'에서 제시한 바와 같이 대한예수교장로회 합신 교단의 제104회 총회(2019)에서는 '이단으로 결정'해 달라는 청원서가 상정되었고, 합동 교단의 제98회 총회(2013)에서는 '일체교류 단절'로 결의하였고, 고신 교단의 제66회 총회(2016)에서는 '참여교류 금지'로 결의하였다. 더 나아가 기독교대한성결교회(기성)에서는 2018년과 2019년에 '예의주시'로 결의한 적이 있다.

3. 위 II장 2절과 3절에서 제시하였듯이, 2011년 이후 무려 9년이 넘도록 여러 교단과의 관계에서 인터콥 선교회의 논란이 해결되지 않는 이유를 깊이 되새길 필요가 있는 것으로 사료된다. 그 이유는 인터콥 선교회가 여러 교단의 비판과 지적에 대해 적극적인 해명과 대응을 해 왔지만, 인터콥 선교회가 신뢰성과 진정성을 토대로 본질적인 변화를 모색하지 않았기 때문이다. 오히려 인터콥 선교회는 문제가 발생할 때마다 사실을 왜곡하거나 변명을 반복하면서 본질적인 변화를 위한 철저한 자기반성이 아닌 임기응변적 상황 모면에 치중하는 경향을 보였다. 이런 의미에서 총회는 인터콥 선교회가 자기반성의 신뢰성과 진정성을 보일 때까지 시간의 여지를 둘 필요가 있다.

4. 이상을 고려해 볼 때, 본 교단은 인터콥 선교회와 관련해서 타 교단과 보조를 맞출 필요가 있다고 사료된다. 따라서 과거 제96회 총회(2011)의 "예의주시 및 참여자제"와 제98회 총회(2013)와 제100회(2015) 총회의 '예의주시 및 참여자제 유지'라는 애매한 표현보다 현재 교단 총회에서 정립된 이단성 판단 기준에 맞추어 '참여금지 및 예의주시'로 분명하게 결의를 재확인하는 것이 바람직한 것으로 사료된다.

IV. 참고 문헌

대한예수교장로회총회. 「제96회 총회(2011) 보고서」.
_____. 「제98회 총회(2013) 보고서」.
_____. 「제100회 총회(2015) 보고서」.
_____. 「제101회(2016) 총회 보고서」.
유영권. "인터콥 논란, 무엇이 문제인가." 「현대종교」. 2019. 9.
_____. "논란에 대한 인터콥의 해명." 「현대종교」. 2019. 10.
_____. "교단 결의와 인터콥의 해명." 「현대종교」. 2019. 11.
_____. "인터콥(최바울) 문제점과 대책." 「현대종교」. 2019. 12.
이필찬. 「백투예루살렘 운동, 무엇이 문제인가」. 서울: 새물결플러스, 2016.
인터콥선교회. 「인터콥선교회 재심 청원 건의 자료들」. 2019. 12. 5.
최바울. 「시대의 표적」. 서울: 펴내기, 2016.
_____. 「하나님의 나라」. 서울: 펴내기, 2009.
_____. 「전문인 선교 세계선교 운동」. 서울: 펴내기, 1915.
_____. 「백투예루살렘: 하나님의 마지막 글로벌 프로젝트」. 서울: 펴내기, 2005.
_____. 「세계영적도해: 하나님의 세계경영」. 서울: 펴내기, 2005.

예장통합교단 이대위에는 이단 명명에 대한 헌법이나 내규에 명시된 기준이 없었다. 기준이 없다면 헌법 교리조항을 기준으로 삼아야 했다.

예장통합교단의 이단사이비대책위원회 내규와 운영세칙을 보자.

대한예수교장로회총회 이단사이비대책위원회 내규

제 1 장 총 칙

제 1조(명칭) 본 위원회는 대한예수교장로회 총회(이하 총회라 한다.) 이단사이비대책위원회(이하 위원회라 한다.)라 칭한다.

제 2조(목적) 본 위원회는 이단사이비에 대한 제반 연구와 대책활동을 통하여 총회 산하 교회와 교인들을 그릇된 교리와 가르침으로부터 보호하고 기독교 진리를 수호함을 목적으로 한다.

제 3조(설치) 본 위원회는 총회 산하에 둔다.

제 4조(사무소) 본 위원회 사무소는 서울특별시 종로구 연지동 135번지 한국교회100주년기념관 안에 둔다.

제 2 장 조 직

제 5조(위원) 본 위원회는 총회 공천위원회에서 공천하는 15인으로 구성하고 임기는 공천된 연조대로 한다.

제 6조(임원) 본 위원회의 임원은 위원장 1인, 서기 1인, 회계 1인으로 하고 위원회에서 선임하며 임기는 1년으로 연임할 수 있다.

제 7조(분과) 본 위원회 산하에 연구분과, 조사분과, 상담분과를 두며 그 조직 및 임무는 다음과 같다.

　1. 조 직
　1) 각 분과는 본회 임원회가 배정한 위원으로 구성한다.
　2) 분과의 임원은 분과장 1인, 서기 1인으로 하고 각 분과에서 선임하며 임기는 1년(총회회기)으로 하되 연임할 수 있다.

　2. 임 무
　1) 연구분과 : 총회로부터 수임을 받거나 총회장이 이첩한 산하 노회로부터 질의받은 사항 또는 본 위원회가 문제점이 발견되어 연구의 필요성이 있는 것으로 판단하는 개인이나 단체에 대한 이단, 사이비 여부를 연구한다.
　2) 조사분과 : 본 위원회에서 위임하는 사항에 대하여 조사한다.
　3) 상담분과 : 총회 이단사이비문제상담소를 운영 관리한다.

제 8조(전문위원) 본 위원회에 전문위원 3명을 두되 본 위원회가 선임하여 총회 임원회의 인준을 받는다. 전문위원은 본 위원회가 정한 범위 안에서 연구, 조사 및 자문활동을 하며, 임기는 1년(총회회기)으로 하되 연임할 수 있다.

제 9조(회의) 본 위원회와 각 분과 회의는 필요에 따라 위원장이나 각 분과장이 소집한다.

제 3 장 총회 이단사이비문제상담소

제10조(상담소 설치 및 임무)
　1. 본 위원회에 이단사이비에 대한 효과적인 상담활동을 위하여 총회 이단사이비문제상

이단감별사들의 한국교회 大 사기극

담소(이하 상담소라 한다.)를 둔다.
2. 상담소의 임무는 다음과 같다.
   1) 이단사이비 문제와 관련한 상담 활동
   2) 총회에서 허락한 상담소 사업 수행
   3) 이단사이비 문제에 대한 출판물 발간
   4) 기타 본 위원회가 결정한 사항

제11조(소장)
1. 소장은 본 위원회 임원회의 추천으로 위원회 결의를 거쳐 총회 임원회의 인준을 받아 위원장이 임명하며 임기는 1년(총회회기)으로 하되, 연임할 수 있다.
2. 소장은 이단사이비에 대하여 전문적인 식견이 있고 3년 이상 본 위원회 위원이나 전문위원으로 활동한 경력을 가지고 있어야 한다.
3. 소장은 비상근으로 한다.
4. 소장은 상담소의 실무와 사업 및 업무를 총괄한다.

제12조(직 원)
1. 본 상담소 업무를 수행하기 위하여 소장1인, 전문상담사 약간명, 직원 약간명을 둘 수 있다.
   가. 직원은 소장을 보좌하여 본위원회의 실무와 상담소의 사업 및 업무를 담당한다.
2. 전문상담사는 상담소장의 요청으로 이단 사이비에 대한 전문적인 식견이 있는 자를 총회 이대위가 선정하여 위원장이 위촉하고 임기는 1년(총회회기)으로 하되, 연임할 수 있다.
   가. 전문상담사와 직원은 소장의 지시에 따라 맡은 직책을 수행한다.
   나. 전문상담사는 상담결과를 문서화하여 소장에게 보고한다..
3. 그 외 직원의 임명은 총회직원 직제 및 근무규정에 따른다.

제 4 장 재 정

제13조(재정) 본 위원회 및 상담소의 재정은 총회 예산과 교회의 헌금 및 기타 수입으로 한다.
제14조(감사) 회계 사무는 총회가 정한 제 규정 및 일반 회계 관례에 따라야 하며 총회의 감사를 받아야 한다.

부 칙

제 1조(효력발생) 본 내규는 총회의 인준을 받은 날로부터 효력을 발생한다.
제 2조(창립위원) 본 내규의 발효 당시 위원회 위원은 본 내규에 의해 선정된 것으로 인정한다.
제 3조(운영세칙 및 통상관례) 본 내규에 정해지지 않은 사항은 본회의 운영세칙과 통상관례에 준한다.

최삼경

이단사이비대책위원회 운영세칙

1. 이단사이비 조사 연구 지침

1) 조사대상자 결정
  (1) 본 교단 소속 노회의 질의나 총회의 안건으로 현의되어 이첩된 경우
  (2) 본 위원회에서 교회의 피해가 극심하여 조사대상자로 결정한 경우

2) 조사 대상자가 본 교단 소속인일 경우
  (1) 조사대상자의 주장에 대한 출판된 문서 자료가 제시된 경우 쟁점사항에 대한 조사 대상자의 서면 답변서를 받는다.
  (2) 조사대상자의 주장에 대한 특정인의 진술서 및 녹취록이 제시된 경우 현장 방문조사를 통해 관련당사자의 진술을 확인한 후 조사 대상자의 서면 답변서를 받는다.
  (3) 상기 현장 조사에는 전문위원 1인 이상(필요시 상담소장 포함) 배석하여 쟁점 사항을 확인한다.

3) 조사 대상자가 공신력 있는 타 교단의 소속 인사일 경우
  (1) 조사대상자의 주장과 관련된 근거자료의 보완이 필요할 경우 조사 분과에서 필요한 현장 조사 또는 자료조사를 시행한다.
  (2) 타 교단의 권위를 존중하여 질의서와 관련 자료를 첨부하여 해당 교단 본부에 이첩하여 공식적인 답변을 의뢰할 수도 있다.

4) 기타 조사 대상자
  (1) 현장 조사나 답변서 요청이 어려우므로 현장 피해 사례를 조사하고, 충분한 문서 자료나 녹취자료를 확보하여 연구보고서를 작성한다.

5) 이단 사이비 옹호 언론 기관(발행인)
  (1) 본 교단에서 이단 사이비로 규정한 개인의 글이나 인터뷰를 싣거나 해당 집단의 집회나 활동을 홍보 또는 광고하여 이단 사이비 옹호 언론기관(발행인)으로 조사가 의뢰되거나 조사의 필요성을 결정할 경우 조사분과에서 해당 기사를 모두 취합하여 조사보고서를 작성한다.
  (2) 조사 분과의 조사보고서와 관련 자료에 근거하여 전체 위원회에서 해당 언론사의 이단 사이비 옹호 여부를 결정한다.

2. 이단사이비 재심 지침

1) 연구보고서가 공포되어 관련자의 공식적인 재심요청이 있을 경우 전체 회의의 논의를 거쳐 공식적으로만 재심 조사 및 연구 여부를 결정한다.

이단감별사들의 한국교회 大 사기극

2) 총회의 이단사이비 결정에 재심을 요청하려면 다음의 요건을 갖추어야 한다.
(1) 해당 기관의 대표나 해당 당사자의 명의의 재심 요청 공문서
(2) 본 교단 결정 사항에 각 항의 적시된 모든 논지에 대한 해명이나 변화된 입장을 구체적으로 명시한 재심요청 사유서
(3) 상기 사유서의 변화된 입장을 객관적으로 증명할 수 있는 공식적 문서 자료
(4) 이단사이비 총회결의(재심) 후 3년 이내에는 재심을 청구할 수 없다.

3) 총회 이단사이비 옹호 언론기관(발행인) 결정에 재심을 요청하려면 다음의 요건을 갖추어야 한다.
(1) 발행인의 공식적인 재심요청 공문
(2) 아래 사항이 명시된 편집책임자의 해명서
    ① 과거에 이단옹호기사 게재 사실을 인정
    ② 재심 요청일을 기준하여 지난 3년간의 이단옹호 기사 게재 사실이 없음을 명시(언론기관 명칭 변경시 포함)
    ③ 향후 이단 옹호 기사 게재하지 않도록 명시.
(3) 재심 후에도 철회가 반려된 경우 3년 이후 다시 재심 청구할 수 있다.

4) 재심 관련 조사 및 연구 절차
(1) 이단사이비 재심 요청의 경우 자료 완비 여부를 검토한 후 필요한 조사와 연구를 거쳐 연구보고서를 작성하고 전체회의에서 심의하여 그 결과를 총회에 보고한다.
(2) 이단사이비 옹호 언론의 재심의 경우 재심 요청일을 기준하여 지난 3년간의 이단옹호 기사 게재 사실 여부를 조사하여 보고서를 작성하고 전체 회의에서 심의하여 그 결과를 총회에 보고한다.
(3) 이단사이비의 재심 후 철회가 총회에서 결의된 후 해당자는 본 교단 지정 언론매체를 통해 해명서를 공표하여야 철회가 최종 완결된다.

3. 보고서 작성 지침

1) 조사보고서 작성 지침
(1) 조사분과에서 현장조사나 서면조사 여부를 결정하고 주요 조사 지침을 마련 한 후 서면조사나 현장조사를 시행한 후 보고서 작성자를 선정하여 조사보고서를 작성한다.
(2) 조사보고서의 주요내용은 다음과 같다.
    ① 조사 경위
    ② 주요 쟁점 조사 지침
    ③ 조사보고서
    ④ 참고자료
      - 관련자 진술서 또는 녹취록
      - 조사 대상자 진술서
      - 기타 관련 자료
(3) 조사보고서 초안을 조사분과위원회에서 축자심의한 후 전체위원회에서 최종확정하여

최삼경

총회에 보고한다.

2) 연구 보고서 작성 지침
(1) 조사대상자에 대한 질의자의 첨부자료, 조사분과의 조사보고서, 기타 관련 자료를 참고하여 연구지침을 마련하고 전문위원과 상담소장 중에 연구보고서 작성자를 선정하여 보고서 초안을 작성하게 한다. 연구보고서 작성자는 본 교단에서 이단 사이비로 규정한 모든 사례를 참고한 후 이단 사이비 여부에 대한 최종 '연구결론'을 제안한다.
(2) 보고서의 주요내용을 다음과 같다.
　① 연구 경위
　② 연구 보고
　③ 연구 결론
　④ 참고 자료 목록
(3) 조사보고서 초안을 전문위원과 상담소장 전원이 검토한 후 각자의 의견을 수렴하여 연구보고서를 작성하고 이를 연구 분과에서 축자 심의한 후 전체 위원회에서 최종 확정한 후 총회에 보고한다.
(4) 조사보고서 접수 후 3개월 내에 연구보고서 작성함을 원칙으로 한다.

4. 기타
(1) 사안이 중대하거나 그 피해가 현저할 경우 긴급조사 대상으로 결정하여 3개월 이내에 조사와 연구를 종료하는 것을 원칙으로 한다.
(2) 이단사이비 조사 연구 대상자 및 재심 대상자와 직접 관련자의 비공식적인 반론이나 공개토론 제안 및 관련사항에 대한 언론기관의 취재 요청에 대해 본위원회 위원은 개인적으로 일체 대응하지 않는 것을 원칙으로 하며 또한 본 위원회에서 논의된 모든 세부사항은 비공개를 원칙으로 한다.

2017. 9. 21. 개정(제102회 총회)

보시다시피 예장통합 이대위 운영세칙에는 이단 정죄를 하기 위한 어떠한 기준도 없다. '예의주시', '교류 금지 조항'이 없다.

이처럼 대한예수교장로회 이대위는 교단 헌법이라는 기준도 없고, 법적용도 없이 지금까지 이단에 대한 결의를 자유자재로 하고 있다.

이외에도 95회기 이단상담소장 구춘서는 다른 연구위원들과 함께 최삼경과 이정환 목사에 대한 보고서를 작성했다.

제95회기 총회 보고서

Ⅲ. 연구 결과 보고〈별지〉

Ⅳ. 청원사항

1. 이단사이비조사 관련 연구위원회는 별지와 같이 연구결과를 보고 드리면서 이 문제와 관련된 모든 문제는 연구 보고서의 채택과 동시에 종결하고, 더 이상 논쟁을 그치도록 청원합니다.
〈별지〉 최삼경 목사, 이정환 목사에 대한 이단사이비 관련 조사 연구 보고서

---

30. 이단사이비관련조사연구위원회 보고서(추가)

최삼경 목사, 이정환 목사에 대한 연구 보고서

Ⅰ. 헌의내용

1. 서울동노회장 김충렬 목사가 제출한 이정환 목사에 대한 이단성 여부에 대한 헌의는 아래와 같다.
예수님은 마리아의 피를 한 방울도 받지 않으셨다. 만약에 예수의 피 속에 마리아의 피가 한 방울이라도 섞여 있다면 예수는 그리스도가 될 수 없다. 인간의 타락된 피를 가진 자가 인류를 구속하는 대속자가 될 수 없기 때문이다.

2. 부산노회장 김성득 목사가 제출한 최삼경 목사에 대한 이단성 여부에 대한 헌의내용은 다음과 같다.
예수님은 마리아의 월경(피)을 받아먹고 나셨다는 소위 마리아 월경잉태를 주장한 당사자인 최삼경 목사가 마리아 월경잉태설의 이단성 여부를 연구하는 총회 이대위 자리에 있는 것은 의혹을 받기에 충분하다 할 것입니다. 그러므로 월경잉태와 관련하여 부산동노회 서울북노회 서울동노회가 총회에 상정한 질의, 청원, 헌의 안건의 연구결과가 나올 때 까지 당사자인 최삼경 목사는 총회이대위에서 물러나야 합니다.

Ⅱ. 양자는 정통 기독론의 근본적인 가르침에 대하여 동의하였다.

양자는 각각 자신의 주장이 기독론의 지엽적인 차원임을 인정하고, 세계교회가 고백하고 있는 '사도신경'의 "성령으로 잉태하사 동정녀 마리아에게 나시고"와 '니케아-콘스탄니노플 신조'(381)의 "성령과 동정녀 마리아를 통하여 성육신하셔서 인간이 되셨다"(정통 삼위일체 신앙의 맥락 안에 있는 정통 기독론), 451년 '칼케돈 공의회의 정통 기독론', 그리고 1986년 우리 교단이 고백한 '대한예수교장로회신앙고백'에 나타난 기독론을 모두 인정하고 받아들였다. 정통 기독론에 대한 본문은 아래와 같다.

결론은 다음과 같다.

"이정환 목사는 5세기 기독론 논쟁 당시 알렉산드리아 학파처럼 예수님의 하나님 아들 되심 혹은 그 분의 신성을 힘주어 주장한 나머지 예수님의 인성을 약화시킨 셈이고, 최삼경 목사는 안디옥 학파처럼 예수 그리스도의 인성을 힘주어 강조하다가 예수님의 인성으로 기울어져 하나님의 아들에 의한 양성의 통일성을 약화시킨 셈이다"고 했다.

그러나 이 사건은 이정환 목사의 교리에 대한 것이 아니라 최삼경의 마리아 월경 잉태론에 대한 것이었다. 교수들이 정치적으로 관련되고 싶지 않아 어설프게 정서적 판단을 내렸다.

그러자 95회기 이대위 서기였던 최삼경은 통합교단에서 이단성이 없는 것으로 결론이 났다고 합동교단에 이단 규정 취소 요청 및 해명서를 보냈다. 그러나 최삼경 건은 하나님의 아들에 의한 양성의 통일성을 약화시켰다고 하여 예의주시 대상이었다. 양성의 통일성을 약화시킨 네스토리우스는 이단으로 정죄되었다.

---

3. 합동측에 보낸 본 교단 최삼경 목사의 이단규정 취소요청 및 해명서

본 교단 이단사이비대책위원회 최삼경 목사는 빛과소금교회에서 28년간 신실하게 목회하고 있는 목회자요, 한국 교회의 이단 사이비 대처를 위해 본 교단 이단사이비대책위 상담소장을 7년(77회기-82회기), 한국기독교총연합회 상담소장을 9년(2001-2009년) 동안 맡아 봉사하였고, 현재는 본 교단의 이단사이비대책위원회 위원장으로 수고하고 있습니다.

최삼경 목사는 본 교단 목회자이지만 총신대학교 73회 졸업생이며 또한 총신대학교의 특수대학원에서 1년간 2학기 강의한 것은 물론 합동측이 주최한 이단사이비대책세미나에 강사로 초청받아 수차례 강의한 바도 있습니다. 그 뿐 아니라 한국교회의 개혁교단인 합동신학교 대학원에서도 9년간 강의한 바 있습니다.

또한 합동 교단이 이단으로 규정한 말씀보존학회로부터 고소를 당하였을 때, 최삼경 목사가 나서서 대법원까지 승소하게 하여 귀 교단에서 수고 답례비로 200만원을 보내 온 일도 있습니다. 뿐만 아니라 본 교단과 합동이 이단으로 규정한 박윤식 측에서 총신 교수들을 고소하여 어려움을 겪을 때도 최삼경 목사가 적지 않은 도움을 주었고, 결국 승소하는 데 일조를 하였습니다. 그리하여 2011년 5월 27일 총신대에서 총신대원 교수일동 감사예배를 드릴 때, 총신 총장님이 20여명의 공로자들에게 감사패를 수여하였는데, 그 중에 한 사람이 최삼경 목사였습니다.(교회와신앙-www.amennews.com-" 평강제일교회측에 최종 승소 하나님께 감사', 총신대원 교수일동 감사예배…협력해준 최삼경 목사 등에 감사패, 2011년 05월 28일 (토) 05 : 28 : 16 기사 참조)

지금까지 한국교회 이단 사이비 연구를 가장 앞장서서 한 분이 바로 최삼경 목사입니다. 이런 까닭으로 최삼경 목사의 이단대처활동에 대해 이단들과 이단옹호세력이 적극적으로 반발해온 것은 널리 알려진 사실입니다.

그러나 최삼경 목사에 대해 제기된 소위 "삼신론" 논쟁과 소위 "월경잉태론" 이단시비는 이미 본 교단은 물론 합동 총회에서 다음과 같이 이단성이 없는 것으로 결론 내리고 종결되었습니다.

삼신론 문제는 본 교단에서 이단으로 규정된 윗트니스 리측과 1997년 경 최삼경 목사가 논쟁을 하면서 시작된 일이었는데, 교계의 몇몇 이단옹호 성향 신문들이 이를 확대 재생산하면서 이슈가 되었으나 결국 2004년 본 교단 89회 총회시 "최삼경 목사가 서울동노회에 제출한 신앙고백서와 삼위일체 및 성령론에 문제가 없음을 확인한 사실을 그대로 받아주시기 바랍니다."라는 안건을 그대로 허락하여 종결된 일입니다.

---

(4) 96회(2011년)

96회기 이대위 위원장은 최삼경이었고, 연구분과 위원은 신옥수, 구춘서 교수였다.

17. 이단·사이비대책위원회 보고서

제96회 총회 이후 1년 동안의 이단·사이비대책위원회의 활동경과를 다음과 같이 보고합니다.

보고인 : 위원장 최삼경

I. 조 직

위원장 : 최삼경   서 기 : 박도현   회 계 : 이정수

위 원 : 정 욱 림형석 조석환 조현용 박상수 김성수 김성동 최기학 심영식 이철화
        장인석 이진수

전문위원 : 최태영 박 만 신옥수

〈분과위원회〉

1. 연구분과위원회
   위원장 : 조현용 목사   서 기 : 박상수 목사
   위 원 : 림형석 목사 최태영 교수 박 만 교수 신옥수 교수 구춘서 교수

2. 조사분과위원회
   위원장 : 조석환 목사   서 기 : 김성동 목사
   위 원 : 정 욱 목사 심영식 장로 이철화 장로

3. 상담분과위원회
   위원장 : 최기학 목사   서 기 : 김성수 목사
   위 원 : 장인석 장로 이진수 장로

〈이단사이비문제상담소〉

소 장 : 구춘서

상담위원장은 최기학 목사였다. 모두 최삼경의 사람들이었다.

이단 정죄에 앞장선 최기학 목사는 정읍, 신옥수는 전남대, 구춘서는 한일장신대 교수, 최삼경은 부안출신이었다. 박종순, 최삼경, 최기학, 탁명환도 모두 전북 사람이었다. 전광훈 목사의 이단 정죄 청원도 호남의 세 개 노회(전북, 순천, 여수)만 헌의했다.

예장통합교단에서 영남 출신자 중에 이단 정죄에 앞장서는 사람들은 없었다. 김진홍, 김삼환, 이상근 목사 등 종교천재들은 모두 영남 출신자들이다. 최기학 목사는 고의로 헌법위의 보고를 받지 않아 교회파괴의 사도역할을 하였다. 처음부터 이단 정죄에 관한한 잘못 입력되었기 때문에 최삼경의 수순을 걸었다.

96회 최삼경이 위원장이 되면서 어떤 일을 했는지 보는 것도 가관이다. 불을 보듯 뻔한 일이다 남을 정죄하는데 앞장을 선다. 교단은 최삼경에게 농락을 당했다. 신옥수, 구춘서, 허호익, 탁지일은 교단을 농락한 최삼경 편에 서서 일하였다.

장신대 신옥수 교수는 전남대 출신으로서 최삼경이 부동산 투기할 목적으로 임시로 세운 천막교회에서 3년간 목회를 하여 겨우 교수의 목회 사역을 채웠기 때문에 최삼경 편이었다. 대부분 연구위원들은 최삼경 편에서 일을 했다.

최삼경이 이대위 위원장이 되면서 이단 정죄 활동이 다시 일어났다. 최삼경은 가는 곳마다 이단 해지나 사면보다는 정죄하는데 앞장섰다. 에클레시안을 이단 옹호 언론으로 만들고, 자신이 이단 정죄한 박윤식 목사 저서에 추천장을 쓴 사람들, 크리스천투데이에 기고한 사람들까지 문제를 삼는다. 류광수, 장재형 목사를 끝까지 잡고 늘어진다. 류광수 목사는 100회기 이대위에서 예의주시 되었고, 장재형 목사 역시 예의주시에 불과한 인물이다.

> 3) '변승우(큰믿음교회), 김종일(김노아)' 건은 좀더 연구가 필요하다.
> 4) '다락방 류광수' 건은 현재 총회 결의인 '사이비성'을 '예의주시'로 변경하기로 하다.
>
> 아. "「기독교신문」 및 「에클레시안」에 대한 연구보고서"는 연구보고는 받되 조치의 건은 더 연구하여 제96회기 중에 총회임원회에 보고토록 한 건 시행 후속조치(총회 미진안건 처리회의/2011. 9. 27.)의 건은 1) 기 보고된 보고서 중 자세한 날짜, 면, 제목 삽입 2) 누락된 부분 삽입 3) 연구보고 이후에 추가된 내용을 삽입하기로 하고 조사분과위원회로 위임하여 차기회의에서 보고하기로 하다.
> 자. 총회 임원회가 이첩한 구순연 집사 연구보고 인터넷 게재 중지 요청의 건은 임원회의 협조요청은 받고 더 시간을 두고 보류하기로 하다.
> 차. 제96회 이단사이비대책세미나 개최의 건은 임원회와 상담소장에게 위임하기로 하다.
> 카. 역대 보고서를 간결하게 요약하는 건은 연구분과위원회에 위임하여 연구하기로 하다.
> 타. 본 교단 소속 목사들 중에 이단 옹호 행위에 대하여 처리되지 않은 분들에 대한 건(박윤식씨 저서에 추천서를 쓰신 분들, 「크리스천 투데이」에 기고 및 광고를 하시는 분들에 대한 건)은 임원회와 상담소장에게 위임하기로 하다.
> 파. 한기총이 본교단에서 이단시 결의된 자들을 옹호하는 건(류광수, 장재형)은 류광수 다락방(개혁총회 조경삼 측)을 영입한 것을 철회하도록 하는 문안과 장재형이 세계복음주의연맹(WEA) 총회 개최에 앞장서서 일하는 것을 철회하도록 하는 문안을 임원회와 상담소장에게 위임하기로 하다.

최삼경이 주도한 회의는 장재형, 류광수 목사, 자신의 월경잉태론에 대한 대처방안, 한기총 정상화를 위한 교수들의 성명서 초안 마련이었다. 교수들이 아닌 이대위 임원회가 성명서의 초안을 작성하여 교수들을 뒤에서 배후조종을 했다는 의혹을 받고 있다.

5. 제3차 위원회(2011. 11. 29.)

가. 서울동노회장 문영용 목사가 제출한 "한기총 입장 성명서"에 대한 대책 촉구 요청의 건은 한기총 정상화를 위하여 교단산하 7개 신학대학 총장과 신학부 교수들의 서명을 아래와 같이 총회임원회에 요청하기로 하다.

  1) WEA(세계복음주의연맹)와 한기총에 연루된 통일교 핵심인물인 장재형의 문제
  2) 예장개혁 측(조경삼 목사)에서 다락방 류광수 목사를 영입코자 한 문제
  3) 최삼경 목사를 이단(삼신론, 예수의 마리아 월경잉태론)으로 규정한 대처 방안

나. 한기총 정상화를 위하여 교단산하 7개 신학대학 총장과 신학부 교수들의 서명을 위한 성명서의 초안을 임원회에 위임하기로 하다.

다. 서울동노회장 문영용 목사가 제출한 한기총의 이단 연루자에 대한 조사 요청건은 조사분과위원장과 임원회에 위임하여 처리토록 하다.

최삼경

2. 총회소속 7개 신학대학교 교수 성명서

한국기독교총연합회의 개혁과 회개를 촉구한다
(대한예수교장로회 총회 소속 7개 신학대학교 교수 성명서)

최근 한국교회를 바라보는 우리의 심정은 참담하다. 한국기독교총연합회(한기총) 대표회장 선거가 금품선거였다는 증언이 나오면서 한기총은 심각한 갈등을 겪었다. 명예와 권력에 대한 무한 욕망이 금권선거를 정당화하고, 한국교회가 규정한 이단을 용납하는 사태로 이어지고 있다. 이는 결국 한국교회의 공적 기관을 몇몇 인사들이 사유화하려는 시도이며, 우리 한국교회가 가진 뼈아픈 모순이 최근 한기총 사태로 일시에 터져 나오고 있는 것은 아닌지 우려된다. 따라서 작금의 사태를 바라보며 참담함을 금할 수 없다. 교회를 섬기며, 성도를 섬기고, 나아가 세상을 섬겨야 할 교회의 지도자들이 본분을 망각하고, 오히려 세상과 교회와 성도의 부끄러움이 되고 있는 현실이다. 그들의 잘못은 그리스도 안에서 한 형제 된 우리 모두의 허물이기도 하다. 그래서 지금 우리는 같은 부끄러움과 참담함을 가지고, 우리 하나님 앞에서 서 있으며 통렬한 회개 속에 아래와 같이 우리의 입장을 밝힌다.

1. 한기총 현 집행부는 그동안의 금권선거 논란, 이단 해제를 비롯한 한기총 파행 사태에 대해 책임을 지고 하나님 앞에서 회개하고, 한기총 개혁을 위해 노력해야 한다. 지난 7월 7일 특별총회의 결의와 정신을 회복하여 금권선거를 근절하고 건강한 개혁을 위한 제도와 규정으로 바로잡아야 한다. 그래서 한기총이 하나님과 한국교회 앞에 부끄러움 없는 공적 연합기관으로 자리매김하도록 최선을 다해야 한다.

2. 한기총은 절대 이단을 용납해서는 안 된다. 우리는 다락방총회(류광수) 및 장재형 씨 등 한국교회가 이단으로 규정한 교단이나 이단 연루자들이 한기총의 정식 회원으로 가입하거나 관련하여 활동하는 일은 용납할 수 없다. 다락방총회(류광수)가 한기총 회원교단과 연결하여 편법으로 한기총 회원교단으로 가입하는 일은 인정할 수 없는 일이며, 통일교 출신인물이며 재림주 의혹까지 받고 있는 장재형 씨를 중심으로 세계복음주의동맹(WEA) 한국총회가 준비되는 현실은 심각한 문제이다. 한기총은 이단을 해제해주는 기관이 아니다. 한국교회의 연합기관으로서 본연의 자세로 돌아와 주기 바란다.

3. 한기총 질서확립대책위원회가 최삼경 목사를 이단으로 규정한 결의는 취소되어야 한다. 한기총이 회원교단의 이단사이비대책위원장을 자세한 검증과 토론의 절차 없이 이단으로 규정한 것은 회원교단을 무시한 처사이며, 개인에게는 심각한 명예훼손이다. 이단 문제는 이단사이비대책위원회에서 다뤄야 한다. 그러나 한기총은 이대위 구성은 하지 않고, 해당 업무와는 전혀 다를 뿐 아니라 이단 문제에 대한 전문성이 없는 '질서확립대책위원회'를 통해 이단 판정을 내리는 것은 또다른 편법이며, 스스로 규정을 어기는 행태이다.

한국교회를 사랑하며, 하나님이 허락하신 길로 나아가기를 염원하는 우리 교수들은 한기총이 하나님의 경고를 깊이 깨닫고 속히 잘못을 바로잡고 바른길로 돌아오기를 진심으로 바란다. 우리는 앞으로 한기총을 위해 지속적으로 기도할 것이며, 한기총의 개혁을 위해 최선을 다할 것이다.

대한예수교장로회 총회 소속 7개 신학대학교 교수 일동

장로회신학대학교

고원석 권영숙 김도일 김도훈 김명용 김문경 김영동 김운용 노영상 박상진 박소인
배요한 변창욱 서원모 소기천 안교성 양금희 오방식 유해룡 윤철호 이만식 이명신
이상억 이상일 임성빈 장신근 장영일 장흥길 조성환 주승중 최윤배 최재덕 하경택
한국일 현요한 홍인종

호남신학대학교

회의를 주도한 최삼경은 에클레시안을 이단 옹호 언론으로 만들기 위하여 연구보고서를 쓰게 하고 이단 옹호 언론으로 조치하게끔 한다. 그리고 한기총이 변승우, 장

재형 목사를 이단 해지를 하자, 한기총을 압박하는 공문을 보낸다. 최삼경의 사전에는 자신 이외에 다른 어떤 사람도 이단 해지를 해서는 안 되었다.

최삼경의 눈에는 자신의 삼신론과 마리아 월경잉태론의 해지 이외에 다른 사람들의 이단 해지에는 관심이 없었고 한번 이단이면 영원한 이단으로 만들어야 직성이 풀렸다.

> 다. 조사분과위원장이 제출한 "한기총의 이단 연루자에 대한 조사 요청건"과 「「기독교신문」 및 「에클레시안」에 대한 연구보고서" 시행 후속조치의 건은 자구수정하여 받기로 하고 총회임원회에 보고하기로 하다.
> 라. 한기총에서 장재형 씨, 변승우 씨의 해제 근거와 경위(해제증명서를 발부했는지 여부)를 밝혀 회신해 달라는 공문을 한기총에 보내기로 하다.

2012년 7월 19일 8차 회의에서는 합동 측이 최삼경을 이단으로 규정한 것에 대한 대책을 세우기도 한다. 이처럼 최삼경은 자신의 이단성 해지에만 관심을 두고 다른 사람들의 이단 해지는 하지 못하도록 압박을 했다. 최삼경은 합동 측에 최삼경의 이단 규정 취소 요청 및 해명서를 보내기도 했다.

> 15. 제8차 위원회(2012. 7. 19.)
> 가. 합동측이 동 위원회 위원장 최삼경 목사를 이단으로 규정한 것에 대한 대책을 세워 총회 임원회에 청원하기로 한 건은 별지와 같이 공문을 보낸 것을 추인하기로 하고 추후 상황을 지켜보기로 하다

바리새인들에게 들어간 정죄의 악령이 그 뒤에서 역사하였다. 바리새인들은 예수를 죽였지만 최삼경은 예수의 정신을 죽였다. 모두 죽이는 공통적인 영이 뒤에서 꿈틀거리고 있었다. 최삼경의 얼굴을 보면 항시 편하지 않고 시커멓다. 영분별이 있는 사람들이라면 그의 얼굴에서 이단으로 정죄하려는 악령이 있다는 것을 금방 구분하게 될 것이다. 그의 얼굴에는 편안함이 없다.

그는 합동교단에 자신의 이단 규정 취소 요청을 한다.

3. 합동측에 보낸 본 교단 최삼경 목사의 이단규정 취소요청 및 해명서

본 교단 이단사이비대책위원회 최삼경 목사는 빛과소금교회에서 28년간 신실하게 목회하고 있는 목회자요, 한국 교회의 이단 사이비 대처를 위해 본 교단 이단사이비대책위 상담소장을 7년(77회기-82회기), 한국기독교총연합회 상담소장을 9년(2001-2009년) 동안 맡아 봉사하였고, 현재는 본 교단의 이단사이비대책위원회 위원장으로 수고하고 있습니다.

최삼경 목사는 본 교단 목회자이지만 총신대학교 73회 졸업생이며 또한 총신대학교의 특수대학원에서 1년간 2학기 강의한 것은 물론 합동측이 주최한 이단사이비대책세미나에 강사로 초청받아 수차례 강의한 바도 있습니다. 그 뿐 아니라 한국교회의 개혁교단인 합동신학교 대학원에서도 9년간 강의한 바 있습니다.

또한 합동 교단이 이단으로 규정한 말씀보존학회로부터 고소를 당하였을 때, 최삼경 목사가 나서서 대법원까지 승소하게 하여 귀 교단에서 수고 답례비로 200만원을 보내 온 일도 있습니다. 뿐만 아니라 본 교단과 합동이 이단으로 규정한 박윤식 측에서 총신 교수들을 고소하여 어려움을 겪을 때도 최삼경 목사가 적지 않은 도움을 주었고, 결국 승소하는 데 일조를 하였습니다. 그리하여 2011년 5월 27일 총신대에서 총신대원 교수일동 감사예배를 드릴 때, 총신 총장님이 20여명의 공로자들에게 감사패를 수여하였는데, 그 중에 한 사람이 최삼경 목사였습니다.(교회와신앙-www.amennews.com-'평강제일교회측에 최종 승소 하나님께 감사', 총신대원 교수일동 감사예배…협력해준 최삼경 목사 등에 감사패. 2011년 05월 28일 (토) 05 : 28 : 16 기사 참조)

지금까지 한국교회 이단 사이비 연구를 가장 앞장서서 한 분이 바로 최삼경 목사입니다. 이런 까닭으로 최삼경 목사의 이단대처활동에 대해 이단들과 이단옹호세력이 적극적으로 반발해온 것은 널리 알려진 사실입니다.

그러나 최삼경 목사에 대해 제기된 소위 "삼신론" 논쟁과 소위 "월경잉태론" 이단시비는 이미 본 교단은 물론 합동 총회에서 다음과 같이 이단성이 없는 것으로 결론 내리고 종결되었습니다.

삼신론 문제는 본 교단에서 이단으로 규정된 윗트니스 리측과 1997년 경 최삼경 목사가 논쟁을 하면서 시작된 일이었는데, 교계의 몇몇 이단옹호 성향 신문들이 이를 확대 재생산하면서 이슈가 되었으나 결국 2004년 본 교단 89회 총회시 "최삼경 목사가 서울동노회에 제출한 신앙고백서와 삼위일체 및 성령론에 문제가 없음을 확인한 사실을 그대로 받아주시기 바랍니다."라는 안건을 그대로 허락하여 종결된 일입니다.

그러나 다른 사람들에 대해서는 엄격했다. 로앤처치에 한번도 소명 기회를 준 적이 없었으면서 "로앤처치 면담결과 보고의 건은 그대로 총회임원회에 재보고하기로 하다"며 허위로 보고서를 작성하였다. 이처럼 최삼경은 수단과 방법을 가리지 않고 로앤처치를 이단 옹호 언론으로 만드는데 노력을 하였다. 당시 손달익 총회장 말에 의하면 4번씩이나 최삼경이 찾아와 로앤처치를 이단 옹호 언론으로 채택해 줄 것을 졸랐다고 했다

마. (추인) 기독교신문, 로앤처치 면담 결과 보고의 건은 그대로 총회임원회에 보고하기로 하다.
바. 기독교신문, 로앤처치에 대한 보고서를 변동된 사항이 있어 총회임원회에 재보고하기로 하다.

이단감별사들의 한국교회 大 사기극

로앤처치가 이단 옹호 언론인 이유는 '박윤식 목사는 이단이 아니라' 라고 보도하였다는 것이다. 최삼경도 박윤식 목사는 '하와 뱀 동침설' 을 직접 설교한 적이 없다고 법정에서 증언한 바 있다. 그러나 로앤처치가 그러한 기사를 썼다고 해서 이단 옹호 언론으로 만들었다. 소명 기회도 주지 않고 허위사실을 폭로하였다고 하여 이단 옹호 언론으로 만들었던 것이다. 이러한 것이 교리 최삼경의 실체였다. 그러나 10년 만인 105회 이대위에서는 로앤처치를 이단 옹호 언론에서 해지한다고 했다. 이는 처음부터 이단 옹호 언론의 사유가 될 수 없었다.

II. 연구 보고

1. 조사 분과의 조사내용

지난 3년간 기사와 광고를 수집하고 분석한 조사 분과는 「기독교신문」(대표:김종량, 편집국장 : 최규창) 및 인터넷 신문 「에클레시안」(현재 로앤처치, 대표 : 황규학)의 이단옹호 성향이 현저하다고 보고하였다. 동 보고서는 인터넷 신문 「에클레시안」(현재 로앤처치, 대표 : 황규학)에 대해 "박윤식씨 관련 많은 기사 가운데 특히 2011년 2월 26일자 기사, '박윤식 목사는 이단이 아니다'라고 보도하고 있음"을 지적하고 이는 "본 교단 76차 총회 결의(1991년)에 위배된다"고 보고하고 있다. 또한 동 보고서는 「기독교신문」(대표:김종량, 편집국장 : 최규창)은 본 교단이 이단으로 결의한 이재록씨, 박윤식 씨, 류광수씨, 큰믿음교회 변승우씨에 대한 관련 기사 및 광고가 다수 게재되어 이단 옹호 언론의 성향이 현저하다고 보고 하였다.

1) 인터넷 신문 로앤처치(구 「에클레시안」 현재 , 대표 : 황규학)는 황규학씨가 기사작성, 편집, 운영하는 인터넷 신문이다. 이 신문의 대표자 황규학 목사는 본 교단이 이단으로 정죄한 박윤식씨가 이단이 아니라는 제목의 기사는 물론 아래와 같이 박 씨의 저서 출판에 대한 홍보성 기사와 소제목으로 본 교단의 결정에 정면으로 반하는 기사를 다수 게재하였고, 또한 본 교단에서 '비성경적 운동'으로 규정한 박철수 씨를 옹호하였고, 나아가 본 교단 지도자들을 비난하는 반 교단적 행위를 하여 교단의 위상을 추락시켰다. 그 기사 내용은 아래와 같다.

지난 총회시(2011년 9월) 보고된 건 9건 :

1) 83세 박윤식목사, 책출판기념 예배 / 황규학 2011/05/18/
2) 박윤식목사는 '하와 뱀 동침설' 직접 설교한 적 없어 / 황규학 2011/03/02/
3) 박윤식목사는 이단이 아니다 / 황규학 2011/02/26/
4) 박윤식목사, 출판 기념 감사예배 가져 / 황규학 2010/08/06/
5) 예장통합, 박윤식목사를 재검증해야 / 황규학 2010/04/15/
6) 개신대학원 vs 총신대학원, 박윤식 이단논쟁 / 황규학 2010/01/20/
7) 예장통합, 이단해제 가능성 길 열어 / 황규학 2011/08/12/
8) 이단은 예장 통합, 이대위 회원 / 황규학 2011/05/10/
9) 예장통합 리더들의 진실결여 / 황규학 2011/04/20/

그러나 최삼경은 자신의 건에 대해서는 "삼신론과 마리아 월경잉태론이 문제가 없음으로 종결된 사항임에도 불구하고 교계 안팎으로 문제를 일삼는 바, 이에 대해 종결된 사항임을 확인 하는 것을 총회에 청원"하기로 했다고 썼다.

라. 위원장 최삼경 목사의 '삼신론'과 '월경잉태론' 관련하여 이미 총회에서 문제없음으로 종결된 사항임에도 불구하고 교계 안팎으로 문제를 일삼는 바, 이에 대해 종결된 사항임을 확인하는 것을 총회에 청원하기로 하다.

97회 총회에서는 최삼경의 삼신론과 마리아 월경잉태론이 이단성 없음이 결의된다.

3) 제96회 총회 이단사이비대책위원장 최삼경 목사에 대한 '삼신론'과 '월경잉태론' 등 이단사이비문제 등의 이단시비와 관련하여 이미 총회에서 이단성 문제가 없어 종결된 사안임에도 불구하고 일부 교계 안팎에서 계속 문제를 삼는 바, 이에 대하여 '최 목사가 총회에서 삼신론 이단으로 규정되었었다' 또는 '삼신론 이단규정이 해지된 바 없다'는 등의 주장은 잘못된 것임을 확인하며 이후로는 이와 관련하여 더 이상 거론하여 혼란을 야기하는 일이 없도록 해달라는 건은 허락하다.
-제89회 (2004년) 총회시 "최삼경 목사의 삼위일체 및 성령론에 문제가 없음" 결의
-제95회 총회 임원회에서 총회 감사위원회의 조사결과 보고를 받고 종결하기로 결의
-제96회 (2011년) 총회시 "월경잉태론과 관련하여 이단성이나 사이비성이 없음" 결의

▲ 97회 총회록

그러면서 최삼경은 자신은 이단에서 해지되었다고 하면서 박중선, 홍재철, 조경대 목사, 길자연 목사까지 이단 옹호자라고 했다. 박윤식 목사와 류광수 목사를 영입하고 이단 해지를 하였다는 것이다. 이것이 최삼경의 실체이다. 타 교단의 중진급 목사들까지 과감하게 이단으로 정죄한다.

I. 한기총 이단 연루자들(박중선, 조경대, 홍재철 등)에 대한 조사보고서

I. 조사 경위

서울동노회장 문영용 목사가 제출한 한기총의 이단 연루자에 대한 조사 요청건(서동노제85-49호, 2011.11.25)은 조사분과위원장과 임원회에 위임하여 처리토록 하여(2011. 11. 29.) 조사하게 되었다.

II. 조사 보고

한기총의 이단 문제는 2010년 초부터 시작되었고, 말에는 심각한 수준에 이르렀다. 당시 이단 해제 움직임이 있었던 대상은 박윤식, 장재형, 김광신, 윗트니스 리, 변승우였으며 심지어 류광수와 김기동마저 이단 해제 요청이 들어왔을 정도로 이단들이 해제 받을 수 있는 절호의 기회라고 생각하는 분위기였다.

그 후 한기총은 금품 선거 문제로 인하여 세상으로부터 말할 수 없는 질타를 받아 한국교회 성도들에게 큰 상처를 주었고, 나아가 한기총 대표회장의 직무가 정지되어 법원으로부터 대표회장 대행이 파송되는 초유의 사태까지 벌어졌다. 그러다가 2011년 8월 24일에야 한국기독교총연합회 대표회장(길자연) 인준 승인을 받게 되었다.

그럼에도 불구하고 한기총은 한국교회 앞에 자성하는 자세를 보이기는커녕 한기총이 마치 '이단 옹호기관'이 아닌가 의심하게 할 정도로 이단 옹호의 난맥상을 보이고 있다. 이단으로부터 금품 수수한 자가 한기총의 핵심 맴버로 활동을 하고, 이단을 영입한 교단에게 회원 자격을 인준하여 실질적으로 이단에게 면죄부를 주었고, 이단시 결의된 자를 앞세워 세계복음주의연맹(WEA) 한국 총회를 유치하여 이단자로 한기총 내부에서 상근하여 일하게 하고 있다. 심지어 한기총은 법적, 실질적 정당성이 없는 〈질서확립대책위원회〉라는 것을 만들어서 이단 문제를 취급하게 하고, 임원회는 성명서부터 발표하고, 임원회와 실행위원회와 총회의 결의도 있기 전에 기자 회견을 하는 초법한 기구가 되어 버렸다. 한기총에는 다음과 같은 이단 연루자 및 옹호자들이 있다.

1. 박중선 목사의 이단 연루 실태

1) 박중선 목사는 개혁진리 총회의 소속 목사로 오래 동안 해 교단 총무을 맡은 자이다. 그는 한기협(대표회장 : 성중경)이란 것을 만들어(2006년) 사무총장직을 맡고 있을 때, 1988년에 기독교 침례회로부터 "이단"으로 규정되고, 1991년(41회)에 고신측 총회로부터 "이단"이라고 규정되고, 1991년(76회 총회)에 합동으로부터 "이단"으로 규정되고, 1992년(77회)에 본 교단으로부터 "이단"으로 규정되었던 김기동을 검증하여 '신앙관에 이단성이 없다'는 결론을 내려주고 성명서까지 발표하여 발표할 당시 핵심 역할을 함으로써 이단에게 면죄부를 주었던 자이다(2006년 11월 7일).

2) 이 성명서를 발표하기 전 2005년 6월에, 박중선 목사는 세 차례에 걸쳐 성락교회로부터 1억 7천만원을 송금받았던 사실이 지난 11월 28일 CBS 방송을 통하여 보도되었다.

3) 또한 박 목사는 본 교단과 합신 교단으로부터 이단시 결의된 장재형을 앞세워 2014년 세계복음주의연맹(WEA) 총회를 한국에 유치하는 과정에도 깊이 관여하였던 점을 볼 때, 그의 이단 옹호 행각은 과거로부터 지금까지 지속되었다고 보아야 할 것이다.

2. 조경대(예장 개혁, 개신대 이사장, 한기총 공동회장) 목사의 이단 연루 실태

1) 조경대 목사는 합동 개혁(총회장 ; 조경삼)측 소속 목사요, 개신대학대학원(이하 개신대) 이사장이요, 한기총 공동회장이다. 그의 이단 옹호 행각은 2009년 9월에 자신이 이사장으로 있던 개신대(당시 총장서리 손석태)에서 본 교단은 물론(1991년76회), 합동 측에서(2006년 81회, 2005년 90회) 각각 이단으로 규정한 박윤식 씨에게 박사 학위를 주려 한 데서 그 모습이 드러났다.

그후 자신이 속한 교단의 허락도 없이, 2009년 12월 15일에 개신대에서 〈평강제일교회 박윤식 원로목사 신학검증 보고서〉(위원장 : 나용화)를 만들어 '박윤식은 이단이 아니라'는 발표를 하기에 이르렀고, 이로 인하여 총신대학 교수들의 반박 성명서까지 발표되었다(2010년 1월 19일). 조경대 목사도 "박윤식 목사 이단' 판단 근거 없다"(2010.2.22,)고 하였으며, 그 후 예장 개혁 측은 한기총을 통하여 박윤식에게 이단의 굴레를 벗겨 주려고 하였다가 불발로 끝나고 말았다.
2) 조경대 측은 또 다시 고신, 고려, 통합, 합동, 기성, 기감, 합신 등 한국 교회 역사 이래 가장 많은 교단들로부터 "이단" "사이비성" "불건전한 운동"으로 규정된 집단인 다락방 총회(류광수)와 통합하기 위하여 이사장 본인은 물론 총회장(조경삼), 총무(정해송) 등이 다락방측 교회를 대거 방문하여 설교를 하더니, 결국 지난 6월 21일에 통합 감사 예배를 드리게 되었다.
개신대 나용화 총장은 4월 16일 〈전도 총회 류광수 목사의 신학적 문제에 대한 평가〉라는 제목의 보고서에서 다락방에 대해 '문제 없다'고 하여 한국교회에 적지 않은 혼란을 준 자로, 2009년 이단자 박윤식 씨도 '신학적으로 건전하다'며 면죄부를 주었던 사람이다. 종합적으로 볼 때, 조경대 목사는 한국교회의 이단 결정을 무시하고, '이 이단 저 이단'에게 면죄부를 주는데 습관적인 것으로 보인다.

3. 홍재철 목사의 이단연루 실태

1) 홍재철 목사는 합동측 소속 경서교회 담임 목사로서, 1975년 총회신학교(방배동)를 졸업한 후 목사 안수를 받고 합동측 함남노회 소속 목사로 가입되어 오늘에 이르렀다. 그는 한기총과 평화통일 희년대회가 공동 주최한 「광복 50주년 기념평화 통일 희년대회」에 이단자들을 연루시켜, 1996년(81회) 그가 속한 합동측 교단으로부터 이단연루자로 규정되었는데 그 내용은 다음과 같다. 홍재철 목사는 이단옹호 언론인 기독저널 이사장으로 활동하였으며 희년대회에 이단자들로 참석하게 하여 이 대회를 치루었다는 것이다(기독신보 제1078호). 그 당시 홍 목사는 희년대회에 끌어들인 이단들은 베뢰아 귀신론의 주창자 성락교회(김기동)와, 평강제일교회(구 대성교회, 박윤식)와, 만민중앙교회(이재록)와, 혜성교회(유복종) 등으로 무려 3-5만명을 참석하게 하였다는 것이며, 희년대회에서 이단 참석을 주최 측이 사전인지(事前認知)한 것으로 보도되었다.(기독신보 제1079호)
2) 홍 목사는 고신, 고려, 통합, 합동, 기성, 기감, 합신 등 한국 교회 역사 이래 가장 많은 교단들로부터 "이단" "사이비성" "불건전한 운동"으로 규정받은 집단인 다락방 총회(류광수)를 영입한 개혁총회(조경삼 목사측)가 소위 '전도총회 영입감사 예배'를 드리는 자리에서(6월 21일) 격려사까지 하였다. 그는 그 자리에서 이단자인 다락방 교인들을 향하여 "복음주의 교단인 개혁총회에 영입됐으니, 820 교회 35만의 여러분은 한기총을 위해 그리고 WCC총회 반대를 위해 기도와 힘을 모아 달라"고 말하였다. 이처럼 이단 영입을 격려하고 당연시 하며 '힘을 모아 달라'는 주문까지 한 점을 볼 때, 그는 '이단과 인사도 말라'는 성경의 가르침과 달리 이단에 대한 경계심이 전혀 없는 것으로 여겨진다.
4. 기타 인물
추후에 연구하여 보고하기로 하다.

Ⅲ. 조사 결론
이상에서 살펴 본 대로 현재 한기총에서 활동하는 주요인사 가운데 많은 사람들이(박중선, 홍재철, 조경대) 이단을 옹호하여 한기총은 물론 한국교회가 더욱 비난받게 하는 안타까운 결과를 초래하였다. 따라서 교단간에 협력을 통하여 이를 저지해야 할 것이며, 본 교단은 한기총의 이러한 이단 옹호 행위를 즉각 중단하도록 한국교회에 널리 그 실상을 알려야 할 것이다.

Ⅳ. 참고 자료 목록
1) 인터넷 자료 다수.
2) 평강제일교회 박윤식 원로 목사, 신학검증 보고서, 개신대학원대학교 기독신학검증위원회, 2009.12.15
3) 평강제일교회(박윤식)에 대한 총신대 신학대학원 〈19일 교수 대법원 승소〉 2011.5.27
4) 각 교단의 이단연구 자료집.
5) 기타 자료

이단감별사들의 한국교회 大사기극

4. 길자연 목사의 이단 옹호 행각

2010년 말에 한기총이 이단 해제 문제로 내홍을 겪고 있을 때, 한기총에서 이를 저지하는데 앞장선 분들 중에 한 분이 길자연 목사이다. 그런데 길 목사가 대표 회장으로 취임한 후 그 짧은 기간에 벌인 이단 옹호 행각은 아래와 같다.

1) 길자연 목사는 이단인 다락방총회(류광수씨)를 영입한 개혁총회(조경삼 목사측)의 회원 자격을 인준하고 "회원교단증명서" 까지 발급해 주어. 실제적으로 이단을 영입하는 꼴이 되었고, 류광수에게 면죄부를 주었다.

길자연 목사는 한기총 대표회장으로서 지난 2011년 9월 22일 다락방총회(류광수씨)를 영입한 개혁총회(조경삼 목사측)의 회원 자격을 인준하고 "회원교단증명서"까지 발급해 주어, 실제적으로 이단을 한기총에 영입하는 꼴이 되었고, 류광수에게 면죄부를 주는 효과를 낳았다.

이 문제로 인하여, 지난 10월 5일에 예장 개혁(조경삼 목사측)의 다락방 전도총회(류광수씨) 영입에 대한 한국교회 11개 교단 이단·사이비 대책위원장들의 "예장개혁(조경삼 목사측)의 한기총 가입을 원천무효화하기 바란다"라는 성명서가 발표되었고, 10월 24일에 이어 12월 12일에 100여명 이상의 전국 신학교 교수들의 "'다락방+개혁'측 회원자격 박탈하라"라는 성명서가 발표되었고, 11월 21일에는 한국교회 주요 10개 교단들의 성명서가 발표되었고, 12월 2일에는 교회언론회의 '한기총을 위한 고언(苦言)'이란 성명서가 발표되고, 이어서 통합 교단 7개 신학교 교수 118명의 "한국기독교총연합회의 개혁과 회개를 촉구한다" 성명서가 발표되는(2012. 2. 10) 초유의 일이 있었지만, 길 목사는 이를 다 무시하고, 한기총은 한국교회 선교의 장애물이 되는 데 일조를 한 자이다.

2) 길자연 목사는 한기총을 중심으로 일하는 박중선의 이단옹호 행각과 금품수수를 알면서도 아무런 조치도 취하지 않았다.

(전술한 대로) 박중선 목사는 한기총 회원교단인 예장합동 개혁진리 총회 총무요 한기총 핵심 멤버로 활동하고 있는 자인데, 그는 한기협이란 것을 만들어 한국교회 주요 교단들로부터 이단으로 규정된 김기동(성락교회) 측을 이단이 아니라고 해제해 주고, 억대 이상의 금품까지 수수한 점이 밝혀졌는데도(CBS, 2011.11.28.방영) 길자연 목사는 대표회장으로 아무런 조치도 취하지 않고 묵과하고, 오히려 박중선과 장재형씨들 앞세워 2014년 세계복음주의연맹(WEA) 한국 유치를 하는데만 급급하였다. 길 목사의 이와 같은, 이단에 대한 무감각한 자세는 지난 2011년 11월 14일 WEA한국 유치 감사예배를 드릴 때에도, 통일교 소속 JW메리어트호텔에서 열었던 점에서도 잘 나타났다.

3) 한기총의 연합회 성격을 무시하고 유수 두 교단(본 교단, 합신)에서 이단시 결의한 장재형을 가까

이대위는 교수들까지 움직여서 성명서를 발표하게까지 하였다. 교수들은 덩달아서 서명을 하고 춤을 추었다. 정작 직영신학대학교 교수들은 시국사건과 관련해서는 아무런 서명도 하지 않고 처음부터 기준이 잘못되어 이단 정죄된 사람들의 입장을 고려하지 않고 무조건 이대위가 시키는대로 서명을 하였다.

2. 총회소속 7개 신학대학교 교수 성명서

한국기독교총연합회의 개혁과 회개를 촉구한다
(대한예수교장로회 총회 소속 7개 신학대학교 교수 성명서)

최근 한국교회를 바라보는 우리의 심정은 참담하다. 한국기독교총연합회(한기총) 대표회장 선거가 금품선거였다는 증언이 나오면서 한기총은 심각한 갈등을 겪었다. 명예와 권력에 대한 무한 욕망이 금권선거를 정당화하고, 한국교회가 규정한 이단을 용납하는 사태로 이어지고 있다. 이는 결국 한국교회의 공적 기관을 몇몇 인사들이 사유화하려는 시도이며, 우리 한국교회가 가진 뼈아픈 모순이 최근 한기총 사태로 일시에 터져 나오고 있는 것은 아닌지 우려된다. 따라서 작금의 사태를 바라보며 참담함을 금할 수 없다. 교회를 섬기며, 성도를 섬기고, 나아가 세상을 섬겨야 할 교회의 지도자들이 본분을 망각하고, 오히려 세상과 교회와 성도의 부끄러움이 되고 있는 현실이다. 그들의 잘못은 그리스도 안에서 한 형제 된 우리 모두의 허물이기도 하다. 그래서 지금 우리는 같은 부끄러움과 참담함을 가지고, 우리 하나님 앞에서 서 있으며 통렬한 회개 속에 아래와 같이 우리의 입장을 밝힌다.

1. 한기총 현 집행부는 그동안의 금권선거 논란, 이단 해제를 비롯한 한기총 파행 사태에 대해 책임을 지고 하나님 앞에서 회개하고, 한기총 개혁을 위해 노력해야 한다. 지난 7월 7일 특별총회의 결의와 정신을 회복하여 금권선거를 근절하고 건강한 개혁을 위한 제도와 규정으로 바로잡아야 한다. 그래서 한기총이 하나님과 한국교회 앞에 부끄러움 없는 공적 연합기관으로 자리매김하도록 최선을 다해야 한다.

2. 한기총은 절대 이단을 용납해서는 안 된다. 우리는 다락방총회(류광수) 및 장재형 씨 등 한국교회가 이단으로 규정한 교단이나 이단 연루자들이 한기총의 정식 회원으로 가입하거나 관련하여 활동하는 일은 용납할 수 없다. 다락방총회(류광수)가 한기총 회원교단과 연결하여 편법으로 한기총 회원교단으로 가입하는 일은 인정할 수 없는 일이며, 통일교 출신인물이며 재림주 의혹까지 받고 있는 장재형 씨를 중심으로 세계복음주의동맹(WEA) 한국총회가 준비되는 현실은 심각한 문제이다. 한기총은 이단을 해제해주는 기관이 아니다. 한국교회의 연합기관으로서 본연의 자세로 돌아와 주기 바란다.

3. 한기총 질서확립대책위원회가 최삼경 목사를 이단으로 규정한 결의는 취소되어야 한다. 한기총이 회원교단의 이단사이비대책위원장을 자세한 검증과 토론의 절차 없이 이단으로 규정한 것은 회원교단을 무시한 처사이며, 개인에게는 심각한 명예훼손이다. 이단 문제는 이단사이비대책위원회에서 다뤄야 한다. 그러나 한기총은 이대위 구성은 하지 않고, 해당 업무와는 전혀 다를 뿐 아니라 이단 문제에 대한 전문성이 없는 '질서확립대책위원회'를 통해 이단 판정을 내리는 것은 또다른 편법이며, 스스로 규정을 어기는 행태이다.

한국교회를 사랑하며, 하나님이 허락하신 길로 나아가기를 염원하는 우리 교수들은 한기총이 하나님의 경고를 깊이 깨닫고 속히 잘못을 바로잡고 바른길로 돌아오기를 진심으로 바란다. 우리는 앞으로 한기총을 위해 지속적으로 기도할 것이며, 한기총의 개혁을 위해 최선을 다할 것이다.

대한예수교장로회 총회 소속 7개 신학대학교 교수 일동

장로회신학대학교

고원석 권영숙 김도일 김도훈 김명용 김문경 김영동 김운용 노영상 박상진 박소인
배요한 변창욱 서원모 소기천 안교성 양금희 오방식 유해룡 윤철호 이만식 이명신
이상억 이상일 임성빈 장신근 장영일 장흥길 조성환 주승중 최윤배 최재덕 하경택
한국일 현요한 홍인종
호남신학대학교

이단감별사들의 한국교회 大 사기극

강성열 강양은 구재항 김금용 김동선 김병모 김진영 김충환 박일연 송인동 신재식
오오현 이준섭 임영금 최홍진 하동안 홍지훈 황민효
영남신학대학교
권용근 김성룡 김수정 김승호 김흥기 박승화 박신경 배재욱 안승오 오택현 유재경
이승윤 이원일 정정호 조용석 조운희 채승희 최태영 허성군 황금봉
대전신학대학교
공성철 김덕기 김명찬 김필진 서정열 임채광 정원범 정창교 조현상 허호익 황순환
서울장신대학교
김기원 문성모 송인설 이용우 이용원 조경화 최영철
부산장신대학교
김정훈 민경진 배현주 손영진 왕인성 최무열 차명호 탁지일 황홍렬
한일장신대학교
강대용 구춘서 김 인 김양이 김옥순 김준현 김태훈 김혜통 남연희 박효정 배경식
신혜순 유태주 이남석 이현웅 이혜숙 전낙표 정장복 조현에 차성환 채은하

이처럼 최삼경은 자신 이외에 다른 사람들은 이단이라고 규정하고 자신은 이단성이 없는 것으로 판단했고 자신이 개입하여 이단으로 규정한 것을 해지라도 하면 교수들까지 동원해서도라도 반대하게끔 하였다. 교수들은 최삼경 꼭두각시처럼 움직였다.

최삼경 목사의 삼신론 문제는 본(통합측) 교단에서 2004년에 '최삼경 목사의 삼위일체 및 성령론에 문제가 없다'고 결의하였고, 합동측 교단에서 2006년에 "이단성이 없는 것으로 사료된다."고 결의하였고, 소위 "월경잉태론" 문제에 대해서도 2011본 교단 총회에서 "월경잉태론은 최삼경 목사가 만든 용어가 아니다. 이는 이정환 목사도 인정하였다."라고 밝히고 "어떤 이단성이나 사이비성이 없음을 보고 드립니다."고 결의되었던 내용이다.
5) 길자연 목사는 한기총에서 결의되지 않았음에도 불구하고, 거짓으로 장재형과 변승우에게 면죄부를 주었다.

▲97회 총회록 (96회기 총회보고서)

이외에도 98회 총회록에 의하면 최삼경이 한교연에 들어가 이광선 목사가 한기총에서 장재형 목사와 변승우 목사를 이단 해지 조치를 하였다고 하여 이광선 목사를 이단 연루자로 발표하자, 이정환 목사는 최삼경이 한교연에서 아무나 이단으로 결정을 한다고 비판하기도 하였다.

　교리 탈레반 최삼경은 자신을 제외하고 조용기, 김기동, 윤석전, 이명범, 박윤식, 류광수, 장재형, 변승우, 조경대, 박중선, 홍재철, 길자연, 이광선 목사는 모두 이단이거나 이단 연루자였고, 크리스천투데이, 교회연합신문, 로앤처치는 이단 옹호 언론이었다. 삼신론자이면서 월경잉태론자인 자신과 〈교회와 신앙〉만 정통이었다.

　최삼경의 눈에는 한국교회를 이끌었던 13명이 모두 이단이었다. 한기총 대표회장을 지냈던 사람들이 최삼경의 기준을 넘어섰기 때문에 최삼경의 눈에는 이단으로 비친 것이다. 이단의 눈에는 이단만 보이는 것이다. 정통도 모두 이단이다. 그리고 기준은 돈이다.

　자신에게 돈을 주지 않는 이인강 목사는 '사이비성' 이라고 하면서 사실상 이단성이 있는 목사로 정죄했다.

　2013년에 남광현 〈교회와 신앙〉 편집국장은 1억을 요구한다. 돈을 주지 않으니 최삼경은 이인강 목사 측이 공격할 빌미를 주었다고 협박을 했다.

▲ 이인강 목사

최삼경목사, 이인강목사측 협박

칼럼과 교리

"가만히 두지 않겠다", "댓가를 받아야 옳은 일"

황규학

기사입력 2013/01/12 [14:44] 최종편집

최삼경목사는 이인강목사측의 여직원과 통화에서 사실상 이단압박이 있었음이 밝혀졌다. 최목사는 남광현장로가 550만원을 받았다는 것을 인정하고 사실상 이인강측을 가리키면서 "내가 돈 준 그 놈 가만히 두지 않는다. 나는 그 놈도 어떤 놈이든지 가만히 두지 않습니다"고 하고,

> 돈 준 놈은 자기 던져서 <u>내가 돈 준 놈 그놈 가만히 두지 않는</u>
> <u>다. 나는 그놈도 어떤 놈이든지 가만히 두지 않습니다.</u>

"돈주신 사람도 나쁜 사람이지요. 이단 문제를 돈으로 해결하려고 했으니까 그러지요? 그러니까 돈 받은 놈도 자기 목숨을 던졌으니까 모가지를 스스로 던졌으니까 자기인생을 돈 주신 분도 거기에 대한 대가를 받아야 옳은 일이 겠지요?"라며 협박을 시사했다.

> 살지 않아요. 그러니까 그러나 돈 주신 사람도 나쁜 사람이지요, 이단 문제를 돈으로 해결하려고 했으니까 그러지요? 그러니까 돈 받은 놈도 자기 목숨을 던졌으니까 모가지를 스스로 던졌으니까 자기인생을 돈 주신 분도 거기에 대한 대가를 받아야 옳은 일이겠지요? 그렇게 생각이 된다 그 말이에요 제 생각은.
>
> ▲ ⓒ 황규학

이인강목사측은 모 기독교신문 기자를 찾아가니, 신문사 기자는 2,300만원을 요구했다. 이인강목사측이 돈을 건넸더니, 그 기자는 그 중 550만원을 남광현편집장에게 보낸 바 있다.

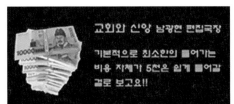

교회와 신앙 남광현 편집국장

기본적으로 최소한의 ■어가는 비용 자체가 5천은 쉽게 ■어갈 걸로 보고요!!

교회와 신앙 남광현 편집국장

이러른 한 5천 금액은... 한다면 그것은 1억은 ■어가지 않겠는... 그렇게 생각이 ■어요

이처럼 남광현이 요구하는대로 1억이 건너가지 않으니 최삼경은 이대위 위원장으로서 이인강 목사를 "사이비성이 있다"고 표현하여 사실상 이단성이 있는 목사인 것처럼 이단 총살을 하였다.

이인강 목사도 2억을 주었다면 최삼경은 이재록처럼 한동안 비판을 하지 않거나 정통으로 만들었을 것이다. 최삼경이 이대위원장으로 있었을 때 이인강 목사는 사이비성 이단이 된다.

"이인강 씨는 성경과 교회를 이용해 자신의 욕심을 채우는 사이비성이 심각하다고 판단되며 우리 교단 소속 목회자나 교인들은 그녀의 집회에 참여하거나 동조하지 말아야 한다."

합신교단도 바로 이단으로 정죄한다. 이처럼 이단감별사들이 각 교단의 이대위에 참여하기 때문에 이대위 카르텔을 형성하여 한 교단에서 이단으로 정죄하면 다른 교단에서도 이단으로 정죄한다.

아멘충성교회 이인강 목사가 2015년 10월 15일 오전 기자회견을 열고, 최근 예장 합신 측이 자신을 이단으로 규정한 것에 대해 "단 한 번의 소명 기회도 주지 않고 악의적으로 사실을 심하게 왜곡해 영적 사형선고나 다름없는 결정을 내렸다"고 비판했다.

이 목사는 합신 측의 조사보고서 내용 중 자신이 직통 계시, 자의적 복음, 잘못된 구원론, 우상화 등의 주장을 한다는 것에 대해 모두 사실이 아니거나 왜곡됐다고 했다. 이단감별사들은 근본주의 신학과 기적종료설, 저학력의 용감성을 토대로 하여 순복음의 오순절 계통과 김기동 목사의 축귀 계통은 모두 이단으로 정죄하여 은사 목회를 말살하였다. 그들은 현신애 권사가 살아있다면 현신애 권사의 신유 사역도 이단으로 정죄했을 것이다.

이인강 목사는 "지난 8년 동안 저와 저희 교회는 이단 시비로 피맺힌 한이 서려 있다"며 " 더 이상 무분별한 이단 정죄로 저와 같은 피해자가 나타나지 않도록 한국 교계에 하나님의 공의와 진리가 바르게 설 수 있도록 기도해 달라"고 말했다.

기하성 부총회장이며 조정위원장인 고충진 목사는 "기하성교단 내에도 이단대책위원회가 있음에도 불구하고 소속교단에 연락도 없이 타 교단에서 이단을 규정해버리는 건 명백한 내정간섭이다"라면서 "오순절 신앙과 비 오순절 신앙의 차이에서 오는 오해가 분명 있었을 것"이라고 강조하며 "이인강 목사의 경우 신앙고백에도 드러났듯 성경만을 인정하며 예수님만을 구세주로 믿고 있는게 신앙의 핵심이다."라고 이 목사를 지지했다.

　기하성 여의도순복음총회는 "이제는 한국 교계가 좀 더 성숙돼 '묻지 마' 식 이단 정죄에서 벗어나, 고칠 것이 있다면 바르게 지도하여 다 같이 상생해 가고, 타 교단 목사에 대해서는 해당 교단에서 지도하도록 이첩하는 방향으로 흘러가고 있는 작금의 현실에서, 본 교단 소속인 이인강 목사에 대해서는 어떻게 이러한 규정이 되었는지 도저히 납득이 되질 않는 바"라고 했다.

　돈을 주지 않자, 최삼경이 이대위원장으로 있는 예장통합 이대위는 다음과 같이 이단성이 있다고 평가했다. 보고서 하나로 이단으로 죽이기를 하였다. 교리법 기준과 적용 없이 통합교단은 연구보고서로만 이단 정죄를 밥 먹듯이 하였다.

이처럼 〈교회와 신앙〉이 원하는 돈을 주지 않으면 바로 이단이 된다. 법원은 "한국교회문화사의 남광현이 만민중앙교회 측을 만나 이재록 목사에 대한 비판을 그치겠다고 약속하면서 후원금 명목의 돈을 받기 시작한 이후 상당 기간 이재록 목사에 대한 비판을 그치겠다고 약속하면서 후원금 명목의 돈을 받기 시작한 이후 상당 기간 이재록 목사를 비판하는 내용의 기사가 게재되지 않은 점"이라고 하여 돈을 주면 비판을 하지 않는 것으로 드러났다.

원심은, ① '만민중앙교회로부터 후원금 명목의 돈을 받았다는 부분'과 관련하여, '교회와 신앙'을 발행하는 한국교회문화사의 남광현이 만민중앙교회 측을 만나 이재록 목사에 대한 비판을 그치겠다고 약속하면서 후원금 명목의 돈을 받기 시작한 이후 상당 기간 이재록 목사를 비판하는 내용의 기사가 게재되지 않은 점, 최삼경은 한국교회문화사의 이사이자 '교회와 신앙'의 주필 및 발행인을 역임한 점, 그 밖에 남광현과 최삼경의 관계 등을 종합하면, 최삼경도 위와 같은 돈 수수에 관하여 최소한 도

최삼경은 광성교회로부터 3억이라는 거금을 받았고 명성교회 김삼환 목사를 32번이나 비판했다. 그러나 광성교회 김창인 목사에 대해서는 10년 동안 분규에 휩싸였는데도 한 번도 비판하지 않았다. 영신여고는 김창인 목사의 사위가 교장으로서 경영권 세습을 하였는데도 말이다. 3억을 후원받았기 때문이다. 돈을 주면 사위세습은 세습이 아닌 것이다. 돈을 주지 않으면 비판하는 것이 최삼경의 실체이다.

다. 고소인 최삼경에 대한 부분에 관한 판단

기록에 의하면, 최삼경 목사는 '교회와 신앙'을 발행하는 한국교회문화사의 이사이자 '교회와 신앙'의 주필 및 발행인을 역임하면서 상당 기간 한국기독교총연합회 이단사이비대책위원회의 임원으로 활동하였는데, '교회와 신앙'에서는 이단을 발표하여 온 사실, '교회와 신앙'은 여러 분쟁이 있는 광성교회로부터 약 4년간 매월 1,000만 원가량을 후원받은 사실, 피고인은 위 게시글에서 "순수성이 어느날 이단권력으로 변해"라는 부제 하에 "문제는 광성교회 이외에 여러 대형교회들이 십시일반으로 후원했고 ...(중략)... '교회와 신앙'으로 자금이 흘러갔다는 것이다", "순수한 이단활동운동이 어느날 물질과 결탁하면서 이단권력으로 변해가고 있었던 것이다"라고 게재한 사실을 인정할 수 있다. 위 게시글 앞뒤의 내용, 전체적인 문맥, 표현방법 등을 종합하면, 피고인은 고소인이 그 돈을 개인적으로 받았다는 취지로 위 기사를 쓴 것이 아니라, 이단감별하는 사람들이 그 이단감별의 대상이 될 수 있는 교회로부터 후원금을 받음에 따라 그 이단감별 순수성의 훼손가능성에 대한 비판적인 의식 하에 위와 같은 글을 게시한 것으로서, 최삼경이 주필 및 발행인으로 있는 '교회와 신앙'에서 광성교회로부터 약 3억 원의 후원금을 받은 사실이 인정되는 이상, 위와 같은 표현을 두고 최삼경을 비방할 목적으로 허위사실을 적시한 것이라고 보기 어렵다.

소결론

최삼경은 73회기부터 82회기까지 10년 동안 사이비이단대책위원회 고정위원으로서 상당한 특혜를 받아 김기동, 조용기, 이명범, 박윤식, 윤석전 목사를 이단으로 만드는데 앞장을 섰고, 이재록의 금품수수 사건으로 83회기부터 92회기까지는 이대위에서 전혀 활동을 할 수가 없었다. 93회기 때 최영환 목사가 이단 전문위원으로 불러서 활동하게 했고, 94회기 때는 최삼경이 이대위 서기가 되고, 95회기에는 크리스천투데이, 교회연합신문, 로앤처치를 이단 옹호 언론으로 만드는데 노력을 한다.

96회기에 최삼경은 위원장이 되어 이정환 목사를 총회질서를 어지럽히는 사람으로 결정하고, 박윤식, 류광수 목사를 한기총에서 회원으로 받아들였다고 하여 교수들을 동원하여 성명서를 발표하게끔 초안을 작성하고, 조경대, 홍재철, 길자연 목사 등을 이단 옹호자라 낙인찍는다. 그리고 박윤식 목사를 이단이 아니라고 했다고 해서 로앤처치를 이단 옹호 언론으로 만든다.

자신이 이대위에 없으면 새문안교회 이수영 교수나 빛과 소금교회의 이시걸 장로, 매제 장경덕을 이대위에 들어가도록 권고하고, 구춘서를 이단상담소장으로 심어놓아 지속적인 이단감별 활동을 하였다. 이단전문위원인 탁지일, 허호익 등도 최삼경과 맥을 함께 했다.

최삼경은 이대위에서 13년, 이수영은 11년간, 구춘서는 7년간 이단상담소장을 하면서 이단 제조기 역할을 했다. 통합교단의 이단 제조기 역할을 한 사람은 최삼경, 이수영, 구춘서였다. 이단 해제 역할을 한 사람은 이형기, 김명용, 이정환, 임준식, 채영남 최태영, 심상효 목사였다. 구춘서는 민중신학이라는 진보주의 신학을 했으면서도 근본주의 사람들과 맥을 같이하면서 이단 제조기 역할을 하여 학자적 양심을 속였다. 결국 한일장신대 총장 재임에 실패하고 말았다.

탁지일은 통일교 옹호 논문을 썼고, 허호익은 동성애를 지지하다가 이단으로 면직된 사람이다. 장경덕은 불법으로 후원을 받다가 500만원 선고를 받은 사람이기도 하다.

이러한 사람들이 이대위를 장악해서 최삼경의 탈레반식 이단 정죄를 하는데 앞장 섰던 것이다. 최삼경이 73~82회까지 고정적 이대위원으로 10년간 활동하다가 83회 때부터 고정 이대위원이 되지 못한 것은 이재록으로부터의 금품수수 사건으로 물러 났기 때문이다. 그러다 93회기부터 96회기까지 다시 활동하게 된다. 그가 이대위에 없었을 때는 이수영, 장경덕, 구춘서가 이대위에서 활동하여 사실상 최삼경은 이대 위를 떠난 적이 없었다. 그의 지인과 동료들이 그를 대신하여 이단감별 활동을 하였다.

그러나 이재록, 이인강 목사의 금품수수 사건으로 인해 최삼경은 일대 고비를 맞 기도 했고 이단감별의 공신력을 상실하였다. 이로부터 그의 이단 정죄는 돈과 관련이 있음이 만천하에 드러났다. 이단감별 활동은 이후에 보게 되겠지만 최삼경에만 국한 된 것은 아니었다. 진용식, 정윤석, 박형택, 탁명환에게서도 드러난다.

정윤석은 돈을 주면 이단이라고 했던 기사도 삭제한다. 그리고 이단감별사들을 이 단연구가라고 명명하고 이단이라고 명명한 교회에 가서 설교를 하고 돈을 받는다. 돈 을 받으면 이단이 안 되는 것이다. 이들은 항시 강의를 하면서 돈을 받는데 익숙해 있 다. 이것은 이단감별사들의 수법이다. 이단감별사들은 잡지나 스티커를 팔거나 강 의나 설교를 하고 금품을 착복하기도 한다.

그들이 만드는 잡지는 돈을 끌어들이는 수단이었다. 이단감별사들은 돈이라면 영 혼까지 끌어들이는 영끌감별사였다.

이처럼 최삼경의 이대위 활동은 결국 돈과 연결이 되었다. 그의 기독론, 신론을 위배 한 삼신론, 마리아 월경잉태론은 교단에서 물타기, 줄타기로 인해 정치적으로 이단 해지가 되었고, 그러나 타 교단의 대형교회 목회자들은 귀신론, 마귀론, 양태론, 유 사통일교이론으로 이단 정죄 되었다. 그리고 자신이 돈을 받으면 합법이고, 다른 사 람들이 광고를 받으면 이단 옹호 언론이 되는 것이다.

이처럼 최삼경은 교단이라는 제도와 저널이라는 언론을 활용하여 이단을 정죄하여 그의 이단 활동은 결국 돈벌이 수단으로 전락하였던 것이다. 〈교회와 신앙〉의 모금은 불법모금이었던 것이 온 세상에 드러났다.

수단과 방법을 가리지 않은 최삼경은 합동교단에서는 총신대 박용규처럼 자신의 학맥을 이용하여 통합에서의 이단 활동이 합동으로 연결되게끔 하였고, 특히 진용식같은 사람을 활용하여 자신의 반대세력들을 합동교단에서도 이단으로 명명하는 데 앞장섰다. 그리고 자신의 이단 교리설은 합동에서도 이단에서 해지되도록 하였던 것이다. 이단 카르텔을 최대한 활용하였다.

한국교회는 최삼경의 호남 인맥, 총신 학맥, 근본주의 신학자 학맥, 바리새인 인맥, 이단감별 교수들 연대, 이단감별사들의 인맥, 뉴스앤조이와 CBS, 현대종교, 〈교회와 신앙〉의 비호 아래 농락당하였다. 이들은 오히려 최삼경이 탈레반적 교리 죄악을 범하는데 공모하였다.

이처럼 그의 영향력은 학연. 지연을 통하여 타 교단까지 영향력을 행사하고, 통합교단 내에서는 호남이라는 지연을 최대한 활용하여 김동엽, 최기학, 박종순, 유한귀, 최영환 목사 같은 사람들과 함께 했고, 인척 관계인 이수영 교수, 장경덕까지 연대했고, 빛과 소금교회 문서선교사 김청, 시무장로 이시걸 장로까지 이단사이비대책위원회에서 활동하게끔 하여 이대위에 영향력을 행사하였다.

특히 구춘서, 탁지일, 허호익이라는 교수 인맥을 최대한 활용하여 자신을 이론적으로 지원하도록 했다. 사실상 최삼경은 예장통합교단의 이대위를 장악하였다.

그러다 보니 최삼경은 가장 영향력 있는 사람이 되었고, 교리적으로 윤리적으로 최삼경에 잘못 보이면 그가 운영하는 〈교회와 신앙〉, 교단 이대위를 통하여 언론의 총질을 당하거나 엄청난 비판을 당했다. 그러다 보니 장신대 총장도 최삼경 앞에만 서면 기가 죽는다고 했다.

장신대 설교학 김운용교수는 2019. 6. 9. 한기총에서 중세에서 가장 악한 이단이라고 칭한 최삼경목사가 시무하는 교회에 와서 빛과 소금 교회는 "다른 어느 교회보다 더 진리와 하나님의 놀라운 말씀에 붙잡혀서 힘차게 달려왔다"고 하면서 "멋진 사랑의 이야기를 써왔다"고 했다. 그리고 자신은 <u>최삼경목사 앞에만 서면 기가 죽는다</u>고 했다.

최근에 최삼경은 김삼환, 이종윤, 이광선 목사를 윤리적으로 엄청난 비판을 가해 심각한 명예훼손을 하기도 하였다. 결국 이종윤, 김삼환, 이광선 목사는 교단 소송, 사회법에서 승소하여 최삼경의 주장을 무색케 했다. 그럴 때까지 이들의 명예훼손은 말할 것도 없었다. 이러한 행위에 대해 교단은 속수무책이었다.

(5) 97회(2012년)

97회부터는 최삼경이 이대위에서 제외되었지만 측근들을 통하여 섭정을 했다. 최기학 목사는 이대위 위원장이었고 위원은 최삼경의 매제인 장경덕, 최삼경의 측근인 현대종교 탁지일이었다. 97회 조직을 보면 이대위가 여전히 최삼경 편이라는 것을 알 수 있다.

17. 이단·사이비대책위원회 보고서

제97회 총회 이후 1년 동안의 이단·사이비대책위원회의 사업경과를 다음과 같이 보고합니다.

보고인 : 위원장 최기학

I. 조직

위원장 : 최기학   서 기 : 박도현   회 계 : 김성수
위 원 : 조현용 박상수 김성동 권위영 김성철 장경덕 임준식 박응규 정태진 김원주 이철화 박화섭
전문위원 : 탁지일 최태영 공성철
〈분과위원회〉
1. 연구분과위원회
    위원장 : 조현용 목사
    위 원 : 권위영 목사 박응규 목사 정태진 목사 탁지일 교수 최태영 교수 공성철 교수
2. 조사분과위원회
    위원장 : 박상수 목사
    위 원 : 김성철 목사 임준식 목사 이철화 장로
3. 상담분과위원회
    위원장 : 김성동 목사
    위 원 : 장경덕 목사 김원주 목사 박화섭 장로
〈이단사이비문제상담소〉
소장대행 : 박도현 목사   상담원 : 신외식 목사 강종인 목사

    최기학 목사 혼자서 이대위를 끌고 나갈 수 없었다. 최기학 목사는 최삼경을 이단 상담소장으로 앉히려고 하였지만 실패했다. 훗날 최기학 목사는 최삼경과 앞장서서 명성교회의 부자승계를 열정적으로 반대했다. 결국 최기학 목사는 역대 가장 무능한 총회장으로서 자리매김했다.

▲ 최기학 목사

    이수영, 장경덕, 최기학, 최영환, 박종순, 구춘서, 허호익, 탁지일은 최삼경이 30년 동안 이대위를 지배하게끔 한 절대 우군이었다. 장경덕은 최근까지 2번씩이나 이대위에서 활동을 한다. 그러나 거의 참석하지 않았고 이름만 걸쳐놓고 미주 세이연이나 이

인규, 인터콥 같은 문제에 대해 결의를 할 때 가끔 나와서 최삼경이 만들어 놓은 이단 정죄를 해지하지 못하도록 감시자 역할을 했다. 최삼경 옹호세력들은 이대위를 돌아가면서 장악하여 이단 정죄를 하는데 최선을 다했다. 그들에게 사면이나 해지는 없었다. 최삼경이 한번 정죄하면 영원한 이단이었기 때문이다.

최기학 목사는 이단사이비대책위원장이 되면서 "동 상담소 소장 최삼경 목사의 선임 보고가 총회임원회에서 보류 중인 바 동위원회의 상담연구 및 조사활동에 심대한 지장을 주고 있으므로 조속히 소장직을 인준해 달라"고 하여 어떻게 해서든지 최삼경을 이대위에 연관시키려고 하였다.

7. 이단사이비대책위원장 최기학 목사가 제출한 "상담소장 선임 재촉구 청원 건"은 더 연구검토하기로 하다
　　내 용 : 동 상담소 소장 최삼경 목사의 선임 보고가 총회 임원회에서 보류 중인 바 동 위원회의 상담연구 및 조사활동에 심대한 지장을 주고 있으므로 조속히 소장직을 인준해 달라는 것임

그러나 인천동노회에서는 "최삼경 목사가 금품수수 소문으로 총회의 권위와 명예를 실추시킨 이들을 처벌해 달라"고 청원이 들어오자 최삼경의 이단 상담소장의 인준은 불가능했다. 최삼경이 가는 곳마다 금품수수가 끊이지 않았다.

28. 인천동노회 옥동교회 송인섭 목사가 제출한 "질의 및 청원건"은 연구하기로 하고 서기, 부서기, 회록서기에게 일임하기로 하다.
　　내 용 : 1) 총회 이단사이비대책위원회의 최삼경 목사가 금품수수 소문으로 총회의 권위와 명예를 손상하고 있다는 소문이 증폭하고 있으므로 조사위원회를 구성하여 사실 확인후 총회의 권위와 명예를 실추시킨 이들은 처벌해 달라는 것과 2) 총회 이단사이비대책위원회 상담소는 장신대로 이전하여 전임 교수들이 운영토록 해 달라는 것과 3) 상담소장은 전문 신학자에게 맡겨 운영토록 해 달라는 것과 4) 이 질의청원으로 인해 본인이 고소고발 또는 이단사이비로 보복당하지 않도록 보호해 달라는 것임

(6) 98회(2013년)

98회도 이대위는 최삼경의 영향권에서 벗어나지 못했다. 임준식 목사가 위원장이었지만 최삼경의 탈레반적 세력들이 여전히 이대위를 장악하고 있었다. 최삼경 매

제 장경덕이 위원이었고 최삼경의 지휘를 받는 구춘서가 이단상담소장이었다. 구춘서가 최삼경이 이단 정죄하는데 앞장섰다는 것은 박윤식, 류광수 목사의 한기총에서의 이단 해지에 대해 강력하게 반발한 것만 보아도알 수 있다.

▲ 임준식 목사

17. 이단·사이비대책위원회 보고서

제98회 총회 이후 1년 동안의 이단·사이비대책위원회의 사업경과를 다음과 같이 보고합니다.

보고인 : 위원장 임준식

I. 조 직

위 원 장 : 임준식 목사(서울서남)　　서 기 : 권위영 목사(서울)　　회 계 : 박화섭 장로(서울서)
위 　 원 : 김성수 목사(전서)　　　김성동 목사(대구서남)　　장재현 장로(서울강남)
　　　　　장경덕 목사(서울강동)　정태진 목사(광주)　　　김원주 목사(포항남)
　　　　　소원섭 목사(서울동)　　최석락 목사(대전서)　　이중관 목사(익산)
　　　　　최성광 목사(부산동)　　박홍길 목사(강원동)　　오경남 목사(함해)
전문위원 : 최태영 교수(영남신대)　　안택윤 교수(서울장신대)　　황민효 교수(호남신대)
〈이단사이비문제상담소〉
상담소장 : 구춘서 교수(한일장신대)
상 담 원 : 신외식 목사(여수)　　　강종인 목사(대전서)　　　강경호 목사(서울서북)
〈분과위원회〉
　1. 연구분과위원회
　　위 원 장 : 정태진 목사　　　서 기 : 이중관 목사
　　위　　원 : 김원주 목사 소원섭 목사 최태영 교수 안택윤 교수 황민효 교수 구춘서 교수
　2. 조사분과위원회
　　위 원 장 : 장경덕 목사　　　서 기 : 오경남 목사
　　위　　원 : 김성수 목사 최성광 목사
　3. 상담분과위원회
　　위 원 장 : 김성동 목사　　　서 기 : 박홍길 목사
　　위　　원 : 장재현 장로 최석락 목사

아. 최근 한기총이 박윤식, 류광수 등 무분별하게 이단해제 하는 것에 대해 교단 차원의 우려를 표명하는 성명서를 발표하기로 하다.
자. 한기총 이단사이비대책특별위원회가 발표한 "박윤식 목사 신앙 및 신학사상 검증 보고"와 관련하여 본 교단 목사 3인(나재운 목사, 예영수 목사, 신창수 목사)에 대하여 총회임원회에서 이를 강경하게 대처하고 해당치리기관에서 총회 차원에서 권징할 수 있도록 하는 공문을 보내기로 하다.
차. 본 교단에서 "예의주시 및 경계"로 결의한 장재형(제94회 총회 2004년)이 현재 한국장로교총연합회 공동회장으로 활동하고 있는 바, 이에 대하여 본 교단과 연합사업을 하고 있는 상황에서 본 교단의 입장을 강경하게 대처하는 방향으로 입장을 정리하는 공문을 총회 임원회에 보내어 총회 차원에서 적극적인 대처를 할 수 있도록 하다.

이 당시 청원은 모두 최삼경을 이단으로 정죄했던 사람들 대부분을 이단으로 해달라는 것이었다. 그러므로 최삼경의 영향권에서 한치도 벗어날 수 없었다.

---

33. 이단사이비대책위원회 보고
이단사이비대책위원회 위원장 임준식 목사의 보고는 다음과 같이 완전보고로 받다.
가. 조직보고
　위원장 : 임준식 목사(서울서남)　서 기 : 권위영 목사(서울)　회 계 : 박화섭 장로(서울서)
　위　원 : 김성수 목사(전서) 김성동 목사(대구서남) 장경덕 목사(서울강동) 정태진 목사(광주)
　　　　　김원주 목사(포항남) 소원섭 목사(서울동) 최석락 목사(대전서) 이중관 목사(익산)
　　　　　최성광 목사(부산동) 박홍길 목사(강원동) 오경남 목사(함해) 이철화 장로(서울강남)
나. 경과보고 : 전 위원장 최기학 목사의 경과보고는 별지(보고서 558-564쪽과 1193-1210쪽)와
　　　　　같이 받다.
다. 청　원
　　1) 다음 수임안건에 대한 보고 및 연구 결론을 채택해 달라는 건은 허락하다.
　　　가) 인터콥 재심청원에 대한 연구보고서
　　　나) 이이가씨의 재심청원에 대한 연구보고서
　　　다) 박철수씨의 주장에 대한 재연구(심의)에 대한 연구보고서
　　　라) 전능하신 하나님 교회(동방번개)에 대한 연구보고서
　　　마) 이윤호씨의 재심청원에 대한 연구보고서
　　　바) 기독교신문에 대한 연구보고서
　　　사) 에클레시안에 대한 연구보고서
　　2) 본 총회의 이단상담 전문가의 양성을 위하여 이단사이비의 전문적인 교육프로그램을 통
　　　하여 소정의 자격증을 취득한 후 이단상담원 활동을 할 수 있도록 해주시고 이에 대한
　　　재정도 마련해 달라는 건은 허락하다.
　　3) 이단사이비 관련 각종 소송(현재 변승우 목사 고소 진행 중)을 위한 제반 법정소송비에
　　　관한한 총회 특별예산에서 사용할 수 있도록 해 달라는 건은 허락하다.

특히 민중신학 전공자인 구춘서는 이단 정죄 활동에 더 적극적이었다. 구춘서는 교리를 전공한 적이 없었다. 초혼제를 지냈던 정현경이 교수로 있는 뉴욕신학교에서 민중신학으로 박사학위를 받았다. 구춘서는 신학상으로 최삼경을 반대해야 했는데 오히려 이단감결사들과 공모했다. 이는 학자적 양심을 속이는 것이었다.

이름	구춘서 (具椿瑞　Koo, Choon-Seo)
연락처	063-230-5572
이메일	choonkoo@hanil.ac.kr
교수소개	

학 력
·1980. 2 연세대학교 경영학과(B.A.)
·1984. 2 장로회신학대학원 교역학 석사(M.Div.)
·1986. 2 장로회신학대학교 대학원 신학석사(Th.M.)
·1987. 5 미국 프린스톤신학교 신학석사(Th.M.)
·1991. 5 미국 뉴욕 유니온신학교 철학석사(M.Phil.)
·1993. 5 미국 뉴욕 유니온신학교 신학박사(Ph.D.)

96회 총회록에 의하면 서울북노회에는 최삼경의 이단성에 대해서 질의했지만 구춘서는 적극적으로 최삼경을 옹호했다.

서울북노회는 "예수님을 성령의 피조물"이라는 주장의 이단성 여부에 대한 헌의를 하였다. 당시 서울북노회 노회장은 이정환 목사였다. 이정환 목사는 삼신론 논의가 끝나자 이번에는 최삼경의 마리아 월경잉태론에 대한 주장을 밝혀달라고 했다.

그러자 이단상담소장과 전문위원들은 이정환 목사와 최삼경, 두사람 모두에게 문제를 제기했다. 처음부터 이정환 목사는 이단성 여부도 없었고, 논란이 된 적이 없는데 최삼경과 함께 이단성을 연구하였다. 그리고 마치 이정환 목사에게 면죄부를 주는 것처럼 하여 최삼경에게 면죄부를 주었다.

최삼경이 위원장으로 있었던 96회 이대위는 다음과 같이 보고하였다.

이정환 목사를 끌어들인 이유는 최삼경에게 면죄부를 주기 위함이었다. 구춘서는 최삼경, 이정환 목사에 대해 신학적 연구를 한다는 명목으로 최삼경에게 면죄부를 준다.

30. 이단사이비관련조사연구위원회 보고서(추가)

최삼경 목사, 이정환 목사에 대한 연구 보고서

I. 헌의내용

1. 서울동노회장 김충렬 목사가 제출한 이정환 목사에 대한 이단성 여부에 대한 헌의는 아래와 같다.

   예수님은 마리아의 피를 한 방울도 받지 않으셨다. 만약에 예수의 피 속에 마리아의 피가 한 방울이라도 섞여 있다면 예수는 그리스도가 될 수 없다. 인간의 타락된 피를 가진 자가 인류를 구속하는 대속자가 될 수 없기 때문이다.

2. 부산노회장 김성득 목사가 제출한 최삼경 목사에 대한 이단성 여부에 대한 헌의내용은 다음과 같다.

   예수님은 마리아의 월경(피)을 받아먹고 나셨다는 소위 마리아 월경잉태를 주장한 당사자인 최삼경 목사가 마리아 월경잉태설의 이단성 여부를 연구하는 총회 이대위 자리에 있는 것은 의혹을 받기에 충분하다 할 것입니다. 그러므로 월경잉태와 관련하여 부산동노회 서울북노회 서울동노회가 총회에 상정한 질의, 청원 헌의 안건의 연구결과가 나올 때 까지 당사자인 최삼경 목사는 총회이대위에서 물러나야 합니다.

II. 양자는 정통 기독론의 근본적인 가르침에 대하여 동의하였다.

양자는 각각 자신의 주장이 기독론의 지엽적인 차원임을 인정하고, 세계교회가 고백하고 있는 '사도신경'의 "성령으로 잉태하사 동정녀 마리아에게 나시고"와 '니케아-콘스탄티노플 신조'(381)의 "성령과 동정녀 마리아를 통하여 성육신하셔서 인간이 되셨다"(정통 삼위일체 신앙의 맥락 안에 있는 정통 기독론), 451년 '칼케돈 공의회의 정통 기독론', 그리고 1986년 우리 교단이 고백한 '대한예수교장로회신앙고백'에 나타난 기독론을 모두 인정하고 받아들였다. 정통 기독론에 대한 본문은 아래와 같다.

1. 니케아-콘스탄티노플 신조(381)

그분(예수 그리스도)은 우리 인류와 우리의 구원을 위하여 하늘로부터 내려 오사, 성령과 동정녀 마리아를 통하여 성육신하셔서 인간이 되셨습니다(사도신경: "그는 성령으로 잉태되어 동정녀 마리아에게서 나시고).

2. 칼케돈 신조(451)

거룩한 교부들의 가르침을 본받아 우리는 다음의 사실을 고백해야 할 것을 만장일치로 가르치는 바이다. 우리 주 예수 그리스도는 아버지 하나님과 완전히 동일하신 하나님의 아들이시며, 이 동일하신 분은 신성에 있어서 완전하시고 인성에 있어서 완전하시며, 참 하나님이시며 참 인간이시고, 이성적 영혼(a rational soul)과 몸으로 구성되셨다. 그는 신성에 있어서 아버지와 동일 본질이시고 인성에 있어서 우리와 동일 본질이시지만 죄를 제외하고는 우리와 똑같으시다. 그는 신성에 관한 한 창세전에 아버지로부터 태어나시고, 그의 인성에 관하여는 이 동일하신 분이 마지막 날에 우리와 우리의 구원을 위해서 동정녀 마리아에게서 나셨으니, 이 마리아는 (예수 그리스도의)인성에 있어서 하나님의 어머니(God-bearer)이시다. 이 동일하신 그리스도는 하나님의 아들이시요, 주님이시요, 독생자이시며, 우리에게 두 본성으로 되어 있으심이 알려진 바, 이 두 본성은 혼돈이 없고, 변화도 없으며, 분리될 수도 없고, 동떨어질 수도 없다. 그런데 이 두 본성의 차이는 이 연합으로 인해서 결코 없어질 수 없으며, 각 본성의 속성들은 한 위격(one Person=prosopon)과 한 본체(one hypostasis)안에서 둘 다 보존되고 함께 역사한다. 주 예수 그리스도는 두 위격(two prosopa)으로 나뉘거나 분리되실 수 없다. 이분은 동일하신 아들이시요, 독생자이시요, 하나님인 로고스(말씀)이시요, 주 예수 그리스도 이시다. 이에 관하여는 일찍이 예언자들과 예수 그리스도 자신이 우리에게 가르치시는 바요, 교부들의 신조가 우리에게 전하는 바이다.

3. 대한예수교장로회신앙고백(1986)

우리는 예수 그리스도가 하나님의 아들로서 사람이 되셨다는 것과(요 1:14) 그가 하나님이시오 또한 사람이시며 하나님과 사람 사이의 유일한 중보자가 되신 것을 믿는다(엡 2:13-16; 딤전 2:5). 그는 성령으로 잉태하사 동정녀 마리아의 몸에서 나시사 완전한 사람이 되어 인류 역사 안에서 생활하셨다(마 1:23). 이와 같은 그리스도의 성육신은 단 한번으로 완결된 사건이요 최대의 기적에 속하는 사건이다(히 9:28).[1]

III. 월경 잉태론은 최삼경 목사가 만든 용어가 아니다. 이는 이정환 목사도 인정하였다.

한기총이단사이비상담소 소장으로서 최삼경 목사는 2005년 8월 「현대종교」에 합동측 서북노회의 박윤식 씨 이단 옹호에 반대하는 목적에서 "박윤식 씨 이단 시비의 핵심"이란 글을 썼다. 박윤식 씨는 '월경'을 타락 후 여성에게 생긴 것으로 보고, 성경에는 이삭을 낳은 사라(창 18), 세례요한을 낳은 사가랴의 아내 엘리사벳(눅 1), 그리고 예수님을 낳은 마리아가 '월경' 없이 자식을 낳았다고 하였다(49쪽). 그래야 죄와 무관하게 태어날 수 있었기 때문이다. 이에 대응하여 최삼경 목사는 이삭과 요한이 결코 '월경'없이 태어난 것이 아니라며 "임신하면 '월경'이 없어지는데 그 피가 아이에게 간다."(49쪽)고 하여 생물학적이고 의학적인 주장을 펼쳤다. 그리고 "예수님도 월경 없이 태어났다는 말이 기독론적으로 맞는가?"라고 하면서, 이삭과 요한과는 다르지만 "마리아는 요셉의 정액에 의하여 임신하지 않았다."고 하는 생물학적이고 의학적인 주장을 펼쳤다.(49쪽) 그렇지만 "마리아가 월경이 없었다는 말은 마리아의 피 없이 예수님의 마리아의 몸에서 자랐다는 말이 되기 때문에 인성이 부정되고도 남는 결과를 가져온다."(49

---

1) 참고: 대한예수교장로회총회 헌법(서울:한국장로교출판사, 2007), pp. 141-142, 166-167. 칼케돈 신조는 우리 총회헌법 "교리"편에는 아직 실리지 않았으나, 세계교회에 의하여 정통 기독론으로 인정받고 있는 신조이다.

-1248-

이단감별사들의 한국교회 大 사기극

쪽)라고 하였다.

　이상과 같은 최삼경 목사의 주장에 대하여 2005년 9월 예장합동 서북노회가 "최삼경 목사의 예수님은 월경으로 태어나셨다고 하는 주장의 이단성 여부에 대한 질의서"를 합동총회에 올리면서 "월경잉태론"의 논의가 시작되어, 그 후 매스컴을 통하여 이 용어가 퍼져나갔다. 그런즉, 최삼경 목사는 합동 측 서북노회의 박윤식 씨 이단 옹호를 반론하는 맥락에서 '월경 잉태론'을 주장하는 사람으로 알려졌다. 따라서 최삼경 목사 자신이 그 용어를 직접 만든 것은 아니다. 이정환 목사 역시 최 목사 자신이 그 용어를 만든 것은 아니라고 하였다(소명자료에서).

IV. 그러나 양자는 기독론의 지엽적인 문제에 대하여 강조점의 차이를 보였다.

이상과 같은 기독론에 대한 정통성 시비의 표준에 비추어 볼 때, 양자의 논쟁은 매우 주변적이다. 왜냐하면 "예수님은 마리아의 피를 한 방울도 받지 않으셨다. 만약에 예수의 피 속에 마리아의 피가 한 방울이라도 섞여 있다면 예수는 그리스도가 될 수 없다. 인간의 타락된 피를 가진 자가 인류를 구속하는 대속자가 될 수 없기 때문이다."라고 주장한 이정환 목사의 주장과 "월경 잉태설"로 알려진 최삼경 목사의 주장은 모두 생물학적이고 의학적이며 물리학적인 차원의 주장이기 때문이다. 이와 같은 성경해석은 성경의 증언과 신조의 본문에 매우 낯선 것임에 틀림없다. 따라서 우리 '이단사이비 관련 조사연구위원회'는 그 어떤 생물학이나 의학이나 물리학과 같은 인간의 학문을 성경해석과 신조해석에 결코 직접적으로 사용할 수 없다고 하는 사실에 전혀 이견이 없었다. 다시 말하면 우리는 예수님의 탄생 그 자체에 대한 생물학적이고 의학적이며 물리학적인 해석으로 인한 논쟁이야 말로 우리 교회에게 아무런 유익도 주지 못한다고 하는 결론에 도달하였다.

그럼에도 불구하고 '이단사이비 관련 조사 연구위원회'는 지엽적인 문제에 대한 양자의 미소한 차이를 발견하였다. 즉, 우리가 칼케돈 공의회의 정통 기독론에 비추어 볼 때, 이정환 목사는 5세기 기독론 논쟁 당시 알렉산드리아 학파처럼 예수님의 하나님 아들 되심 혹은 그분의 신성을 힘주어 주장한 나머지 예수님의 인성을 약화시킨 셈이고, 최삼경 목사는 안디옥 학파처럼 예수 그리스도의 인성을 힘주어 주장하다가 예수님의 인성으로 기울어져, 하나님의 아들에 의한 양성의 통일성을 약화시킨 셈이다. 이에 대한 이정환 목사의 주장을 먼저 들어보자.

　잉태는 생명의 탄생을 의미합니다. 예수님은 곧 생명입니다. 누구에 의해서 창조된 분(생명)이 아니라 영원하신 자존자이십니다. ...

　성령은 생명이신 예수님이 마리아의 몸에서 자라고 태어나게 하심으로 자연스럽게 그 어머니로부터 인성을 취하셨습니다. 마리아의 몸을 통하여 사람이 된 것입니다. (소명 자료에서).

반면에 최삼경 목사는 다음과 같이 말하였다.

박윤식 씨가 '예수님의 어머니 마리아에게 월경이 없었다(이삭의 어머니도, 세례요한의 어머니도)'라고 한 점에 대하여 마리아에게 월경이 없을 수 없고, 예수님이 하나님의 아들이 되는 것은 성령으로 된 것이기 때문에, 마리아의 피(월경)가 예수님에게 기여했다고 해도 예수님의 신성에는 아무런 하자가 없으며, 오히려 그래야 예수님이 참 사람이 된다고(인성) 본 것입니다. 본인은 오직 예수님이 하나님의 아들이 된 것을 마리아의 피나 자궁이나 유전자를 받지 않아서가 아니라 오직 성령의 능력에 있는 것으로 믿었습니다. (소명 자료에서)

그런데 두 사람 모두 하나님의 아들로서 예수 그리스도의 영원한 선재(pre-existence)를 의식하지 않고 있다. 그도 그럴 것이 최삼경 목사는 위의 인용문에서 마치 예수님이 성령으로 마리아에게 잉태되는 순간에 하나님의 아들이 된 것으로 오해하게 하는 인상을 주고 있고, 이정환 목사 역시 "잉태는 생명의 탄생을 의미합니다."라고 하여 "그는 신성에 관한 한 창세전에 아버지부터 태어나시고"라고 고백한 칼케돈의 본문에 주의하지 않고 있다. 물론, 동정녀 마리아는 성령으로 하나님의 아들을 잉태하여 낳으셨으니, 그녀는 "하나님의 어머니"(칼케돈 정통 기독론)이시다. 431년 에베소 공의회는 마리아를 인간의 어머니로 보는 네스토리우스의 입장(anthropotokos)을 정죄하고, 마리아를 하나님의 어머니로 는 시릴의 입장(theotokos)을 지지하였다. 그래서 정통 기독론을 확정한 451년 칼케돈 공의회는 마리아를 "하나님의 어머니"라고 못 박았다. 결국, 마리아는 아버지 하나님과 동일 본질이신, (선재하시던) 하나님이신 아들 예수님을 낳으셨다고 하는 뜻이다.
예수 그리스도께서는 내재적 삼위일체 하나님 안에서 아버지로부터 영원 전에 낳음을 입으신(eternally begotten) (시 2:7;행 13:33; 히 1:5; 벧전 1:3) 하나님의 영원하신 아들이셨다. 그리고 성령께서는 아들로부터 시간 차원(경세 차원의 삼위일체)으로 파송되시기 전에 아들의 아버지이시요 아들 안에 계신 아버지로부터 발출하셨다. 이 성령으로 마리아는 하나님의 아들을 잉태하셨던 것이고, 이 하나님의 아들은 동시에 참 인간이 되신 것이다(an hypostatic union). 성육신 하신 한 하나님의 아들의 위격(the Son as the second Person of the tri-une God) 안에서 신성과 인성, 양성의 다양성이 보전되고 '상호 소통하였다'(communicatio idiomatum). 복음서가 이야기하고 있는 모든 예수님의 말씀들과 행동들, 무엇보다도 그분의 십자가 사건과 부활사건이야 말로 바로 두 본성의 상호 교류 속에 계신 이 한분 하나님 아들의 말씀들과 행동들이었다.
마태복음(1:1-25)에서 예수님은 모든 이스라엘을 대표하는 한 유대인(a Jew)으로서 탄생하셨고, 향후 유대적인 역사와 사회문화에 의하여 조건 지워질 참 사람(vere Homo)이요, 누가복음(3:23-38)에서는 예수님이 '한 유대인'을 넘어서 모든 아담의 후예들의 선조요, 바울에게선 제2의 아담(롬 5)으로서 모든 인간(the whole human race)의 대표이시다. 따라서 인간 예수는 역사적이요 동시에 초역사적이시다. 바로 이분이 성령에 의하여 동정녀 마리아에게서 나신 분으로서 모든 인류를 위하여 세례를 받으셨고, 성령에 이끌리시어 시험을 받으셨으며, 하나님 나라를 선포하시고 그것을 미리 보여주셨으며 온 인류와 창조세계를 위하여 십자가에 달려 죽으셨다가 부활하신 하나님의 아들이셨다.
바로 이 하나님의 아들은 두 본성의 다양성과 통일성 속에서 모든 말씀들과 행동들을 하신 것이다. 하나님의 아들 안에 있는 이 두 본성은 "혼돈이 없고, 변화도 없으며, 분리될 수도 없고, 동떨어질 수도 없다."(칼케돈). 이것이 다름 아닌 니케아-콘스탄티노플 신조가 고백하는 삼위일체 하나님 신앙의 맥락 안에 있는 정통 기독론이요, 칼케돈 공의회가 고백한 한 위격 안에서의 두 본성의 조화일 것이다. 여기에서 '마리아의 피' 혹은 '월경 잉태'에 대한 논의는 설 자리가 없다. 중요한 것은 첫째로 예수님이 죄만 없으실 뿐 우리와 꼭 같으신 인간(the body and the rational souls: 칼케돈 공의회)이시고 동시에 하나님의 아들로서 신성을 지니셨다고 하는 사실이요, 둘째로 두 본성이 한 위격 안에서 신비스럽게 교류하고 (perikoresis), 나아가서 삼위일체 하나님의 영원한 교류 속에서 인류와 창조세계를 향한 그분의 목적을 이루어 가신다고 하는 사실이다.

또한 부활 후 하나님 우편에 앉아계신 승귀하신 하나님의 아들 예수 그리스도께서는 영성체 (soma pneumatikon)를 지니신 하나님의 아들로서 이 땅 위에서 성령을 통하여 아버지의 이름을 거룩하게 하시고 아버지의 뜻이 하늘에서 이루어 진 것 같이 땅에서도 이루어지게 하시며 재림하시어 아버지의 나라를 완성하시고 그것을 아버지께 양도하실 것이다(고전 15:24). 따라서 부활 승천 승귀하시어 아버지 우편에 앉아서 성령을 통하여 자신의 백성들 (교회)과 인류의 역사와 창조세계를 다스리시다가 장차 하나님의 카이로스에 재림하실 우리 주님 역시 양성을 조화롭게 지니신 하나님의 아들이시다.

부활하신 주님은 승천하시기 전에 도마에게 자신의 손에 못 자국을 보이셨고, 갈릴리 호숫가에서 사도들과 떡과 물고기를 잡수시면서 대화를 나누셨으며 아버지께로부터 오시는 성령의 강림을 약속하시면서 하나님 나라의 복음을 사도들에게 위임하셨다(눅 24:46-49). 그리고 '네가 나를 사랑하느냐?'라고 3차례나 베드로에게 물으시면서 하나님의 백성에 대한 목양이 다름 아닌 자신에 대한 사랑임을 분명히 하셨다(요 21:15-17). 바로 이와 같은 부활하신 주님께서 다름 아닌 두 본성을 한 위격(하나님의 아들) 안에 조화롭게 지니신 분으로서 성령을 통하여 오늘날 교회와 인류와 창조세계를 통치하시다가 장차 다시 오실 것이다. 바로 이 영광의 주님이 오고계시는 하나님이시다. "... 너희 가운데서 하늘로 올리우신 이 예수는 하늘로 가심을 본 그대로 오시리라 하였느니라."(행 1:11). 성령의 전이요 하나님의 백성인 교회는 다름 아닌 이 부활하신 주님 그리고 장차 재림하실 이 주님의 "지상적 역사적 실존양식"(an earthly-historical form of existence)이요, "교회는 그의 몸이니 만유 안에서 만물을 충만케 하는 자의 충만이니라."(엡 1:23). 성령께서는 교회의 설교와 세례와 성만찬을 통하여 우리로 하여금 부활하신 주님을 만나게 하시고 역사의 변혁과 창조세계의 보전에 동참하도록 우리를 부르신다.

V. 연구결과

두 사람의 주장하는 바는 차이가 있지만, 이는 기독론에 있어서 지엽적인 문제일 뿐이며 정통기독론의 근본적 가르침에는 전적으로 동의하였습니다. 따라서 두 사람 모두 어떤 이단성이나 사이비성이 없음을 보고 드립니다.

상술했지만 이정환 목사는 최삼경의 월경잉태론은 이단설이라고 했다.

〈별 지〉「교회연합신문」(2010년 3월 28일자)

"월경잉태설은 이단사상이다"

총신대 교수들, 이단시비에 대한 학문적 도덕적 공정성 상실

이정환

최근 소위 보수교단을 자처하는 총신대 교수회와 개신대 교수회가 평강제일교회 원로인 박윤식 목사의 신앙과 사상에 대한 논쟁이 학문적 차원을 넘어서 감정으로 치우치는 듯한 모습과 함께 서로를 지지하는 교단 간에 비난으로 확대되는 모습을 보면서 신학자들에게 가장 중요한 학문 비판의 공정성과 객관성의 결여가 어떤 결과를 가져올지 우려가 된다.

해방 이후 복음이 아닌 비본질적인 것을 가지고 그럴듯한 명분을 내세워 분열과 다툼을 지속해 온 한국교회가 조금도 달라지지 않은 모습을 보는 듯하여 마음이 아프다.

박윤식 목사에 대한 이단연구

박윤식 목사에 대한 이단성 문제는 필자가 예장(통합)의 이단사이비대책위원회 전문위원으로 처음 위촉되어 1991년도 연구안건으로 위임받은 연구 주제였기 때문에 많은 관심을 가지고 있다. 당시 필자는 평소 존경하던 선배 목사님의 추천에 의해 이대위 전문위원으로 봉사하게 되었고 그 후 10여 년 동안 총회 이대위에서 조사분과위원장, 연구위원장 겸 서기(임원)으로 봉사하였다.

-151-

라고 하는지 모르겠다. 혹시 총신대 교수회는 지금까지 합동 측 교단이나 교수회가 지향
해 온 박윤식 목사에 대한 이단정죄가 혹시라도 한국교회 일각에서 해지될 것을 미리 염
려하고 있는 것은 아닌지 하는 생각이 든다.

개신대 검증위 보고서는 박윤식 목사에 대한 검증보고서에서 "(박윤식 목사를 조사, 연
구해 보니)다소 미흡한 요소들이 있어 보이지만 과거처럼 이단성이 있는 오해 요소를 가
르치거나 주장하지 않고 있으며" "평강제일교회 담임목사와 교역자들, 교인들의 신앙은
보수적인 정통신앙으로 문제삼을 것이 없다" "박윤식 목사의 설교 내용 중 문제점으로 지
적한 '하와가 뱀과 성교하여 가인을 낳았다'는 내용은 찾아볼 수 없었다" "자신에 대한 이
단정죄와 관련하여 박윤식 목사는 신학적 소양의 부족으로 표현을 잘못하여 오해를 불러
일으킨 점에 대해서는 이미 전에도 회개하고 사과하였으며 또 검증위에서도 재차 사과하
였다"고 보고하였다.

한 번 이단으로 정죄하면 영원히 이단인가?

이단도 회개하고 기독교에 대한 바른 신앙고백과 생활을 통한 열매가 맺어지면 믿음
안에 형제들이다. 사도 바울도, 어거스틴도 기독교인이 되기 전에는 이단에 빠졌었고 "이
단의 괴수"였다. 오늘날도 이전에는 통일파나 구원파에 몸담아 있던 사람들이 회개하고
통일교와 구원파의 문제를 공개적으로 제기하며 이단척결에 앞장서고 있는 것이나, 안식
교 목사로 있다가 회개하고 공교단에서 이단대책위원으로 활동하고 있는 인사도 있지 않
은가? 총신대 교수회는 이들에 대해서 조사나 연구를 해 본 적이 있는가? 그런데도 이미
수십 년 전에 행한 자신의 잘못에 대하여 시인하고 회개한 특정인에 대해서만은 집요하게
이단 시비를 지속하고 있는 이유가 무엇인가?

개신대 교수회의 검증에 대하여 이의가 있으면 총신대 교수회가 재검증을 하여 그 결과
를 발표하면 된다. 그런데 개신대 교수회의 검증에 대하여 공격하는 것은 양 교단과는 아
무 관계가 없는 필자도 납득이 되지 않는다.

차제에 총신대 교수회에 묻고 싶은 것이 있다. 제91회 합동 총회에서 총신대 교수들이
서북노회가 제출한 "소위 월경잉태설"에 대한 보고서와 관련하여, 박윤식 목사가 주장한
사실도 없는 "하와가 뱀과 성교하여 가인을 낳았다"고 주장하였다고 이단으로 정죄한 내
용과, "예수가 마리아의 피를 받아 잉태되었다"는 소위 월경잉태설 주장과 어느 것이 과연
기독교교리에 더 이단적이고 치명적인 주장인가에 대해서 신앙적이고 객관적이며 신학자
의 신앙과 양심에 부끄러움이 없는 보고서를 제출하였는지 묻고 싶다.

월경잉태설이 이단에 가까워

소위 월경잉태설은 한마디로 하면 예수 그리스도의 신성과 인성 모두를 부정하는 이단
사상이다. 예수께서 마리아의 몸을 통해 세상에 오셨지만 이는 성경의 기록대로 "성령으
로 잉태된 것"이며 인간 마리아의 월경을 통해 마리아의 피를 받고 태어나신 것이 아니라
는 사실이다. 예수님은 마리아의 피를 한 방울도 받지 않으셨다. 만약 예수의 피 속에서
마리아의 피가 한 방울이라도 섞여 있다면 예수는 그리스도가 될 수가 없다. 인간의 타락
된 피를 가진 자가 인류를 구속하는 대속자가 될 수가 없기 때문이다. 성경은 예수 그리스
도가 "성령으로 잉태된 분이며 혈통으로나 육정으로 나신 이가 아니며, 그는 죄가 없으시
니라"라고 강조한다. 죄 없이 나신 분이어야 구원자가 되시기 때문이다.

월경잉태설의 주된 골자는 "예수가 마리아의 월경(피)을 통해서 태어났다" "예수님이 마리아의 월경 없이 태어났다는 말은 마리아의 육체를 빌리지 않고 태어났다는 말과 같다" "예수님이 월경 없이 태어났다는 말 속에는 예수님의 인성이 부정되고 만다" "동정녀 탄생은 마리아가 요셉의 정액에 의하여 임신하지 않았다는 의미"라고 주장한 것이다.

"월경이란 인간의 피를 말하는 것이다. 월경은 피를 말하는 것이지 난자를 말하는 것이 아니다. 월경이 있다는 말은 아이를 생산할 능력이 있다는 것을 피로 말해 주는 것이다. 그래서 임신을 하면 월경이 없어지는데 그 피가 아이에게로 가는 것이다. 그 피(마리아의 피)로 아이를 기르는 것이다."

이 모든 주장을 종합하면 예수는 마리아의 월경, 곧 마리아의 피를 통해서 태어났다는 뜻이다. 그런데 중요한 것은 마리아의 피는 죄로 오염된 타락한 인간의 피다. 만약 이 주장대로라면 예수는 마리아의 오염된 피를 이어받은 죄인으로 태어난 것이 된다. 예수는 무죄한 분이라는 성경의 가르침은 부정되어 버리는 것이다. 이 같은 주장을 하는 이유에 대하여 "예수의 신성은 성령을 통해서, 인성은 마리아의 월경을 통해서 형성된 것"이라고 주장하기 위해서다. 곧 예수의 인성은 마리아에게서 물려받은 것이며 그러므로 예수의 인성을 강조하기 위해서 이 같은 주장을 하고 있는 것이다.

"예수라 할지라도 사람이 되려면 반드시 사람의 육체를 빌려야 하고 마리아의 육체를 빌리려면 반드시 월경을 통해야 한다. 마리아가 월경이 없었다는 말은 마리아의 피 없이 예수님이 마리아의 몸에서 자랐다는 말이 되기 때문에 예수의 인성이 부정되고 만다"고 주장하는 것이다. 이것은 이단사상이다.

예수님은 인성을 가지고 나셨지만 그러나 그 인성마저도 성령 하나님의 특별한 역사로 얻으신 것이지 죄로 오염된 인간 마리아의 피를 통해서 물려받으신 것이 아니다. 이에 대하여 합동 측 신학의 대부 박형룡 박사는 "예수께서 통상 인간의 생리를 따라 출생하셨다면 일개인으로서 행위언약에 포함되고 인류의 공동죄책에 참여하시고 오염되었을 것이다"고 하였다. 소위 월경잉태설은 예수님의 신성을 부정하는 잘못된 주장으로 기독론 이단이라는 뜻이다.

월경잉태설은 그리스도의 양성을 부정하는 이단사상

결론적으로 말하면 소위 월경잉태설은 성령의 능력을 부정하는 이단사상이며, 예수의 인성은 죄로 오염된 마리아의 피를 이어받은 타락된 인성인 동시에 인간 예수는 존재하지만 하나님으로서 신성이 부정되는 이단사상으로 그리스도의 양성을 부정하는 것이며, 그리스도를 통한 속죄를 주장하는 기독교 구원론을 부정하는 이단사상이요, 결국 기독교회의 존립을 뿌리째 흔드는 지금까지 나타난 이단사상 중 가장 큰 이단사상이라 하지 않을 수 없다.

이 같은 이단사상을 개인적으로 가지는 것도 금해야 할 일이지만, 이 같은 사상을 공공연히 주장하고 다른 사람들에게 강요하는 것은 인간의 영혼을 멸망에 이르게 하는 사탄적 행위 외에 다름 아니다. 그런데 이렇게 중요한 문제에 대하여 총신대 교수회는 합동 총회에 보고한 보고서 결론에서 "이 주장은 정확하지 못한 말이요 불필요한 사색"이라는 이해할 수 없는 결론을 보고했다.

월경잉태설이 불필요한 사색?

-154-

필자가 의아해 하는 부분이 이 부분이다. 왜 박윤식 목사가 주장하지 않은 "하와가 뱀과 성교하여 가인을 낳았다"는 말은 기정사실화 하여 이단으로 정죄하고, 또 개신대 교수회의 검증보고서에 대하여 그렇게 문제를 삼고 공격하면서 소위 월경잉태설에 대해서는 간단히 '불필요 사색'이라고 얼버무리는 것인지 이해가 되지 않는다.

총신대 교수회가 보고서에서 월경잉태설을 "정확하지 못한 주장"이라고 하였는데 '정확하지 못하다'는 말은 '틀렸다'는 뜻도 되고 '부분적으로는 맞지만 100%는 아니다'라는 뜻도 된다. 만약 예수님의 동정녀 탄생에 관한 주장이 단 1%라도 문제가 있다면 예수님의 신성도 인성도 다 부정되고 이에 근거를 둔 기독교의 신론, 구원론, 교회론은 모두 허구가 되어 버리는 것이다.

그러므로 총신대 교수회는 해 보고서의 결론에 "소위 월경잉태설은 기독교를 와해시키는 이단 중에 이단사상이다"라고 총회에 보고했어야 한다. 그러나 총신대 교수회 보고서는 소위 마리아 월경잉태설을 주장한 자에 대한 면죄부를 주는 보고서를 제출한 것이다. 기독교회를 와해시키는 이단사상으로 한국교회를 어지럽히고 있는 것이 사색인가? 예수의 인성과 신성과 구원론과 교회론을 부정하는 주장을 사색이라고 한다면 총신대 교수들은 사색과 이단사상도 분간하지 못하는 사람들인가? 그렇다면 기독교수라는 직을 그만두는 것이 그나마 하나님 앞에 덜 부끄럽지 않겠는가?

그러면서도 개신대 교수회의 연구 조사보고에 불과한 박윤식 목사 건에 대해서는 서로 학문적으로 존중해야 할 신학자 간의 윤리나 교단 간의 윤리를 찾아볼 수 없을 뿐 아니라 객관적이지 못하고 공정하지 못한 이단연구에 대한 학자적 부끄러움마저 찾아볼 수 없는 것은 정말 안타까운 일이다. 문득 예수님의 말씀이 생각난다. "오직 너희 말은 옳다 옳다. 아니라 아니라 하라 이에서 지나는 것은 악으로부터 나느니라"(마 5 : 37).

그러자 이정환 목사는 이 보고서는 구춘서가 작성한 엉터리 보고서라며 구춘서는 이단상담소장이 되어서는 안 된다고 입장을 드러냈다.

나. 서울북노회 이정환 목사가 제출한 "총회 이단상담소장(전문위원) 임명 재고 청원 건"은 9번 안건과 병합하여 심의하기로 하다.
　　내 용 : 총회 이단사이비대책위원회가 상담소장으로 결의한 구○○ 교수는 제95회 총회에 최삼경 목사의 마리아월경잉태설 연구보고서에서 최삼경 목사를 비호하는 엉터리 보고를 작성했고, 정치적으로 한기총 문제에 개입하여 한기총으로부터 고소를 당한 상태이며, 최삼경 목사의 측근으로 이미 상담소장을 역임 한 바 있고, 지나친 영향력을 행사할 우려가 있으므로 동 위원회 상담소장(전문위원) 임명을 불허해 달라는 것임

그러나 임준식 이대위원장은 구춘서의 이단상담소장을 청원하였고, 허락하여 달라고 했다. 구춘서는 최삼경의 이단 사역을 연장해서 하는 사람이었다.

> 9. 이단사이비대책위원장 임준식 목사가 제출한 "전문위원 및 상담소장 선임 허락 청원 건"은 허락
>   하기로 하되, 서울북노회 이정환 목사가 제출한 "총회 이단상담소장(전문위원) 임명 재고 청원
>   건"을 참고하도록 첨부하기로 하다.
>   내 용 : 동 위원회 전문위원으로 최태영 교수(영남신대), 안택윤 교수(서울장신대), 신재식 교
>   수(호남신대)를, 이단사이비문제상담소장으로 구춘서 교수(한일장신대)를 선임하여 청
>   원하니 허락해 달라는 것임.

결국 98회기 임준식 목사 재직 무렵 구춘서가 이단상담소장이 되었다. 이정환 목
사의 만류는 실패하였다.

17. 이단·사이비대책위원회 보고서

제98회 총회 이후 1년 동안의 이단·사이비대책위원회의 사업경과를 다음과 같이 보고합니다.

보고인 : 위원장 임준식

I. 조 직

위 원 장 : 임준식 목사(서울서남) 서 기 : 권위영 목사(서울) 회 계 : 박화섭 장로(서울서)
위   원 : 김성수 목사(전서) 김성동 목사(대구서남) 장재현 장로(서울강남)
        장경덕 목사(서울강동) 정태진 목사(광주) 김원주 목사(포항남)
        소원섭 목사(서울동) 최석락 목사(대전서) 이중관 목사(익산)
        최성광 목사(부산동) 박홍길 목사(강원동) 오경남 목사(함해)
전문위원 : 최태영 교수(영남신대) 안택윤 교수(서울장신대) 황민효 교수(호남신대)
〈이단사이비문제상담소〉
상담소장 : 구춘서 교수(한일장신대)

구춘서의 이대위 활동

구춘서는 91회부터 이대위에 전문위원으로 발을 들여놓기 시작하여 93회기에는
이단상담소장이 되고, 92회기에는 교회자립위원회 전문위원을 하였고, 94, 95, 96회
기에도 이단상담소장을 담당하였고, 97회기에는 물러났다가 98회기에 다시 이단상
담소장으로 역할을 한다. 그는 5회에 걸쳐 이단상담소장 역할을 하여 최삼경과 함께
이대위에 가장 강력한 영향을 끼친 사람 중의 하나이다.

구춘서는 최삼경 이상으로 7년 동안에 걸쳐 이대위에서 연구, 상담소장으로서 활
동하면서 최삼경과 함께 이단 정죄 놀이의 춤을 추었다.

그는 뉴욕신학교에서 민중신학으로 박사학위를 받은 사람으로서 최삼경식 이단 정죄에서 한걸음도 벗어나지 못하여 이단 정죄할 때는 근본주의 신학의 입장에 서는 이율배반적인 학자였다. 그는 예장통합교단의 또 다른 최삼경이었다.

구춘서는 100회 총회에서 채영남 목사가 이단 사면운동을 하자, 허호익과 함께 가장 앞장서서 반대했던 인물이다. 허호익, 구춘서, 탁지일, 최삼경은 예장통합교단의 탈레반식 이단감별사들이었다.

이들은 모두 최삼경 편에서 일을 했고, 최삼경은 이들을 적극 활용했고, 이들은 최삼경이 이단으로 규정해 놓은 것에 대해 적극 지지하거나 옹호하였다. 유일하게 이정환 목사만이 견제역할을 하였다.

임준식 목사 역시 다시 구춘서를 끌어들였다. 한기총의 이단 해지에 대해서도 교단의 입장을 중시하였다.

96회기 이대위는 예장통합에서 이단으로 묶은 박윤식과 류광수 목사를 한기총에서 2011년에 이단 해지할 당시 한기총을 압박했다. 하지만 100회기 이대위는 류광수 목사를 '사이비' 성에서 '예의주시'로 사실상 이단 해지를 하였다. 이대위 규정에는 '사이비성'도 '예의주시'도 없었다. 여하튼 '사이비성'에서 '예의주시'로 간 것은 한기총의 이단 해지가 무분별하지 않았음이 드러났다.

3. (유안건) **이단사이비**대책위원장 임준식 목사가 제출한 "한기총 이단 해제에 대한 본 교단 성명서 발표 청원 건"은 서기, 사무총장에게 일임하여 처리토록 하다.
   내 용 : 총회임원회 제98-5-1차 임시회의에서 차기회의시 다루기로 한 안건으로 최근 한기총의 무분별한 이단해제와 한기총의 본래의 정신을 상실한 것에 대해 심각한 우려와 더불어 본 교단의 인장 표명을 위하여 총회장 명의 성명서를 발표해 달라는 청원임

이처럼 98회기에 임준식 목사가 위원장이 되어도 이대위는 여전히 최삼경의 영향권에서 벗어나지 못하였고 달라진 것이 거의 없었다. 임준식 목사는 최삼경을 싫어했다. 그러나 최삼경의 사람인 구춘서를 이단상담소장으로 임명했다. 구춘서는 최삼경처럼 이명범 목사를 해지하는데도 적극적으로 반대했다. 그러면서 최삼경의 마리아 월경잉태론에 대한 보고서에서 최삼경에게 면죄부를 주기도 했다. 임준식 목

사가 구춘서를 너무 믿었던 것이다.

나. "총회이단사이비대책위원회 상담소장 구춘서 목사가 제출한 탄원서 처리 건"은 총회장 명의로 2015. 9. 7. 자 이단사이비대책위원회에 결의 재고 요청을 한바 있으므로 주시하기로 하다.
내용 : 이대위의 레마선교회 이명범 이단해지 결정 시 1) 상담소장 배제와 반대의견 배제, 교단 지 취재기자 배제, 2) 이명범을 옹호하는 문건들만 주로 고려하고 총회의 결의와 성명서, 다른 주요 교단들의 결의문은 거의 반영하지 않았음, 3) 2013년도 이명범 옹호보고서에 지지서명했던 교단 원로 목회자 3인의 사과문이 접수되었는데 이단해지를 결의한다면 상호 모순되는 결의를 동시에 하게 됨 등의 이유로 이번 이대위의 이명범 관련 연구보고가 총회에 상정되지 말아야 한다는 탄원임.

이처럼 98회 이대위는 최삼경이 이대위에서 활동한 이후였지만 여전히 구춘서를 통하여 이단감별 활동이 활발하게 진행되었다.

(7) 99회(2014년)

98회에 이어 99회기 이대위 위원장은 임준식 목사였다. 최삼경 세력은 장경덕과 구춘서가 여전히 버티고 있었다. 그러나 그들의 세력은 점점 약화되고 있었다.

18. 이단·사이비대책위원회 보고서

제99회 총회 이후 1년 동안의 이단·사이비대책위원회의 사업경과를 다음과 같이 보고합니다.
보고인 : 위원장 임준식

I. 조 직

위원장 : 임준식 목사(서울서남)   서 기 : 권위영 목사(서울)   회 계 : 최성광 목사(부산동)
위 원 : 장경덕 목사(서울강동) 정태진 목사(광주) 김원주 목사(포항남) 소원섭 목사(서울동)
　　　　최석락 목사(대전서) 이중관 목사(익산) 박홍길 목사(강원동) 오경남 목사(함해)
　　　　김두필 목사(대구서남) 서성구 목사(경기) 조남두 목사(김제)   장인환 장로(서울서)
전문위원 : 최태영 교수(영남신대) 최윤배 교수(장신대) 황민효 교수(호남신대)
〈이단사이비문제상담소〉
상담소장 : 구춘서 교수(한일장신대)
상 담 원 : 신외식 목사(여수) 강종인 목사(대전서) 강경호 목사(서울서북)
〈분과위원회〉
1. 연구분과위원회
　　위원장 : 오경남 목사   서 기 : 소원섭 목사
　　위 원 : 정태진 목사 이중관 목사 최태영 교수 최윤배 교수 황민효 교수 구춘서 교수
2. 조사분과위원회
　　위원장 : 최석락 목사   서 기 : 서성구 목사   위 원 : 장경덕 목사 김두필 목사
3. 상담분과위원회
　　위원장 : 박홍길 목사   서 기 : 장인환 장로   위 원 : 김원주 목사 조남두 목사

이단감별사들의 한국교회 大 사기극

99회기도 임준식 목사가 이대위원장이 되었지만 최삼경의 부류인 구춘서가 연구분과위원회이면서 이단삼당소장을 역임했기 때문에 최삼경의 영향권에 있었다고 해도 과언이 아니다.

99회기에서는 크리스천투데이에 인터뷰한 것이 적절치 못하다고 인명진 목사와 박진석 목사에게까지 문제를 제기하였다. 이단 프레임과 이단 컨셉에서 벗어나지 못하였다.

> 5. 이단사이비대책위원장 임준식 목사가 제출한 "문서 이첩에 대한 조사 보고 처리 건"은 총회 이단사이비대책위원회로 하여금 당사자에게 재발방지를 권고토록 요청하기로 하다.
> 내 용 : 이단옹호언론 크리스천투데이에 인터뷰 및 홍보 유포에 관한 본 교단 소속 목회자에 대하여 조사한 결과, 인명진 목사의 2014년 8월 27일 인터뷰와 박진석 목사가 인터뷰 내용을 복사하여 총회 총대 및 노회원에게 구독권면한 것은 적절치 못하므로 상기 2인과 관계자들에게 재발방지를 권고함이 바람직하다는 의견 보고임.

총회임원회도 최삼경의 탈레반식 이단 프레임에서 벗어나지 못하였다. 한기총이 박윤식 목사와 류광수 목사의 이단 해지에 대해서 강력하게 항의하고, 민중신학자 구춘서를 파송하기로 하였다.

> **8차 회의(2015. 5. 4.)**
> 1. (유안건) 서기 김순미 장로가 제출한 "한국기독교총연합회장 이영훈 목사의 이단검증특별위원회 위원 파송 요청 건" 및 "한국교회연합 대표회장 양병희 목사의 한기총 이단검증특별위원회 구성에 대한 의견 요청에 관한 답변" 처리 건은 이단사이비대책위원회로 보내서 8개 교단 이단사이비대책위원장 연석회의시 의제로 제안하도록 하고 동 위원회가 타당성 검토후 보고토록 하기로 하다.
> 내 용 : 총회임원회 제 99-7차 회의에서 한기총과 한교연 관련 현황 및 경위를 목사부총회장, 사무총장에게 확인, 검토하도록 하고 필요시 구춘서 교수(총회 이단사이비상담소장, 한일장신대 교수)를 전문위원으로 파송하기로 한 안건으로, 한기총이 이단검증특별위원회를 설치하고 오관석 목사를 위원장으로 임명하여 류광수, 박윤식의 이단관련 논쟁에 대해 검증 및 심의를 하려 하니 본 교단에서 전문위원(신학교수 및 대표성이
>
> 제99회기 총회 보고서
>
> 있는) 1인을 2015. 4. 7.까지 파송해 달라는 것임.
>
> 나. "한국기독교총연합회장 이영훈 목사의 이단검증특별위원회 전문위원 파송 청원 건"은 박윤식, 류광수 씨에 대한 이단 규정 총회 결의를 대변하고 한국교회의 연합과 발전을 이루는데 협력하는 것을 전제로 하여 구춘서 교수(총회 이단사이비상담소장, 한일장신대 교수)를 파송하기로 하다.

▲ 2015. 5. 18. 총회임원회 8차 회의

(8) 100회(2015년)

100회기 이대위 위원장은 최성광 목사이고 최삼경 세력들은 모두 후퇴한다. 대신 최삼경을 삼신론과 마리아 월경잉태론자로 문제를 제기했던 이정환 목사가 이단상담 소장으로 등극한다. 이때부터는 탈레반식 이단감별사 세력들과 달리 대형교회 목사나 특정인에 대한 이단 정죄가 거의 사라지고 만다.

18. 이단·사이비대책위원회 보고서

제100회 총회 이후 1년 동안의 이단·사이비대책위원회의 사업경과를 다음과 같이 보고합니다.
보고인 : 위원장 최성광

I. 조 직

위 원 장 : 최성광 목사(부산동)	서 기 : 서성구 목사(경기)	회 계 : 오경남 목사(함해)
위 원 : 소원섭 목사(서울동)	최석락 목사(대전서)	김두필 목사(대구서남)
조남두 목사(김제)	차성호 목사(서울강북)	김강덕 목사(서울남)
조병호 목사(서울강남)	박형식 목사(전서)	임한섭 목사(순천남)
황수석 목사(포항)	이명덕 목사(용천)	황영철 장로(서울북)
전문위원 : 최윤배 교수(장신대)	황민효 교수(호남신대)	손영진 교수(부산장신대)

(이단사이비문제상담소)
상담소장 : 이정환 목사(서울북)

임원회에서 투표로 최삼경 세력인 탁지일과 이정환 목사가 회의에 부쳐져 이정환 목사가 9대 5로 이단 상담소장으로 선출된다. 이는 최삼경 세력의 영향력이 감소되었음을 의미한다.

5. 제4차 위원회(2015. 12. 17.)
가. 임원회에서 상담소장 후보로 추천한 탁지일 교수와 이정환 목사 2인을 위원회에서 투표하니 탁지일 교수 5표, 이정환 목사 9표로 이정환 목사가 선출되어 총회 임원회에 보고하기로 하다.

최삼경의 천적인 김창영 목사는 자신이 최삼경의 고소로부터 무죄판결을 받아 최삼경 건을 처리해달라고 청원을 하기도 했지만 반려된다. 김창영 목사는 삼신론이 적법한 절차로 해지되지 않았다고 언론에 인터뷰하자, 최삼경이 고소를 했지만, 김창영 목사가 승소했다.

100회 이대위의 공식적인 결의는 최바울, 이명범 목사, 교회연합신문은 재심 중에 있고, 김기동 목사, 안식교, 박윤식 목사 건은 사면이 불가하고, 변승우, 김풍일 목사 건은 좀 더 연구가 필요하고, 다락방 류광수 목사 건은 사이비성에서 예의주시로 바뀌었다. 그러므로 변승우, 김풍일 목사, 다락방은 이단으로 정죄된 상태가 아니다. 현재로서는 김기동 목사, 안식교, 박윤식 목사만이 이단으로 된 상태이다. 박윤식 목사는 한기총에서 이단으로 정죄한 적이 없다.

총회 특별사면 시행공고는 다음과 같았다.

15. 특별사면위원회 보고서

총회 특별사면(해벌) 시행 공고

우리 주 예수 그리스도 안에서 문안드립니다. 본 교단은 지난 제100회 총회를 맞이하여 예수 그리스도의 용서와 화해의 정신을 실현하기 위하여 그동안 교회안에서 반목과 갈등으로 인해, 책벌받은 이들 가운데 회개하고 용서와 자비를 구하는 이들에게 제100회기에 한시적으로 사면할 수 있도록 총회 특별사면위원회를 구성하여 특별사면을 시행하는 것을 허락 결의한 바 있습니다. 이에 총회 특별사면(해벌) 시행을 다음과 같이 공고합니다.

1. 사면 형식 : 대한예수교장로회 헌법 범위내에서 특별사면(해벌)으로 함
   (근거 : 총회 헌법 권징 제144조 해벌과 청빙, 제145조 출교의 해벌, 제146조 면직의 해벌, 제147조 해벌 처리회, 헌법시행규정 제88조 재판계류와 교단발퇴)
2. 사면신청 방법 : 가. 본인, 친족, 해당치리회가 신청   나. 특별사면위원회의 직권으로 신청
3. 사면 대상 :
   가. 1907. 9. 17. 예수교장로회 대한로회(독노회) ~ 2015. 9. 17. 제100회 총회 폐회시까지 각 치리회에서 책벌(제명) 받은자 및 행정소송 결정에 따른 실권자
   나. 이단사이비로 본 교단에 규정한 경우, 타교단에 속한 자나 단체 및 기관이 시벌중에 있거나 종료된 자
4. 사면대상 심사 : 1차/특별사면위원회 심사1,2분과   2차/특별사면위원회 전체회의
5. 사면 일정 : 가. 특별사면(해벌) 신청기간 / 2016년 1월 25일 ~ 3월 25일(60일간)
                나. 특별사면위원회 심사기간 / 2016년 4월 1일 ~ 5월 30일(60일간)
6. 사면신청서 제출처 : 서울시 종로구 대학로 3길 29, 309호(한국교회100주년기념관) 총회 특별사면위원회

총회 특별사면위원회
위원장 김 규 목사 서기 이정원 목사 회계 최재화 장로
위원 : 이정환 목사 정도춤 목사 김동운 목사 한재엽 목사 김겸진 장로 이덕서 장로
전문위원 : 최수남 목사, 최호철 장로, 강병직 목사

* 신청양식은 총회 홈페이지에서 다운로드하여 사용 / 주소 : http://www.pck.or.kr

2 0 1 6 . 1 . 2 3.
대한예수교장로회 총회
총 회 장 채 영 남
특별사면위원장 김   규

특별사면이 최삼경 라인에 의하여 좌절에 부딪혔지만 이대위는 많이 변하였다. 하나씩 진실이 드러나기 시작한 것이다. 106회기에는 이명범 목사도 5년이 지나 '예의 주시'에서 해지되었다.

김기동 목사는 교단 헌법이나 교회사를 통한 이단 기준에도 없는 귀신론 갖고 이단이 되었고, 박윤식 목사는 하와와 뱀과의 성교라는 허위사실과 유사통일교론이라는 이단 조작으로 인해 이단이 되었다. 최삼경의 탈레반식 기준으로는 이단이 가능했다.

그는 교단 헌법과 교회사를 통한 이단 기준보다는 자의적인 이단 프레임을 갖고 교단 교리법 기준이나 적용 없이 이단을 만드는데 능수능란했기 때문이다. **최삼경의**

이단감별사들의 한국교회 大 사기극

기준에 의하면 삼신론, 마리아 월경잉태론은 정통이었다. 최삼경은 내로남불식 이단 정죄를 하였다.

최삼경에 적극적으로 반대한 사람들은 이정환, 김창영, 송인섭, 임준식, 주건국 목사 등이었다. 최삼경의 이단 기준을 수용하지 않은 교수들은 김명용, 이형기, 최태영 교수였다. 전형적인 예장통합 출신들은 최삼경의 근본주의 신학에 근거한 이단 정죄 활동에 반대했다. 그러나 예장통합교단이 한국에서 가장 많이 이단 제조를 한 교단이다. 거의 100건이 된다.

(9) 101회(2016년)

101회 이대위 위원장은 서성구 목사이고, 이단상담소장은 황민효 목사이다. 최삼경 세력들은 특별사면까지 적극적으로 반대하여 소기의 성과를 이루고 이대위에서 거의 후퇴했기 때문에 더 이상의 대형교회 목사들이나 비본질적인 기준으로 인한 탈레반식 이단 정죄는 없었다. 그러나 영적. 신학적으로 어두웠기 때문에 최삼경의 잔존세력들을 이단 상담소장으로 등용하려고 노력하였다. 101회 이단사이비대책위원장 서성구 목사는 동성애 이단으로 정죄된 허호익을 이단상담소장으로 앉히려고 노력했다.

18. 이단·사이비대책위원회 보고서

제101회 총회 이후 1년 동안의 총회이단사이비대책위원회의 사업경과를 다음과 같이 보고합니다.
보고인 : 위원장 서성구

I. 조 직

위원장 : 서성구 목사(경기)　　　서 기 : 황수석 목사(포항)　　　회 계 : 황영철 장로(서울북)
위 원 : 조남두 목사(김제) 김강덕 목사(서울남) 조병호 목사(서울강남)
　　　　박형식 목사(전서) 임한섭 목사(순천남) 이명덕 목사(용천)
　　　　김선인 목사(포항남) 유성상 목사(충남) 안숭영 목사(서울서북)
　　　　김광택 장로(울산) 김인태 장로(충청) 박상기 장로(서울서)
전문위원 : 손영진 교수(부산장신대)　공성철 교수(대전신대)　신문궤 교수(영남신대)
〈이단사이비문제상담소〉
상담소장 : 황민효 교수(호남신대)

▲ 102회 총회록

서성구 위원장은 처음에는 허호익을 이단상담소장으로 청원하였지만 대전신학교 이사장이 허호익에 대해 교수 직위 해제를 하자 이대위는 황민효 교수를 상담소장으로 청원하여 허락을 받는다.

7. 이단사이비대책위원장 서성구 목사가 제출한 "이단사이비문제상담소장 선임 허락 청원건"은 보류하기로 하다.
   내용 : 본 위원회 이단사이비문제상담소장으로 허호익 교수(대전신학대학교)를 선임하여 청원하니 허락해 달라는 것임

   다. 대전신학대학교 이사장이 제출한 "허호익 교수 직위해제 알림"의 건은 참고하기로 하다.
   8. 제8차 위원회(2017. 3. 24.)
   가. 황민효 교수가 상담소장으로 선임되고 안택윤 교수가 사임함에 따라 2명의 전문위원으로 신문궤 교수(영남신대)와 공성철 교수(대전신대)를 선임하여 총회임원회에 청원하기로 하다.

총회임원회는 크리스천투데이에 대해 이단 옹호 언론 규정은 절차상 하자가 있으므로 해지해달라고 요청한다.

카. "크리스찬투데이의 이단옹호언론 규정 재심 처리 청원 건"은 이단사이비대책위원회에 '크리스찬투데이'의 이단옹호언론 규정에 대하여 재고해 줄 것을 재촉하기로 하다.
   내용 : 제 100회기 총회 임원회가 이단사이비대책위원회로 보내서 제 94회기 감사위원회의 지적사항을 수용하여 재심 판단하도록 요청한 바 있는 사안으로 크리스찬투데이에 대한 이단옹호언론 규정은 절차상 하자가 있으므로 이를 지적한 제 94회기 총회 감사위원회 의견을 근거로 하여 크리스찬투데이에 대한 이단옹호언론 규정을 해지하도록 이단사이비대책위원회에 재심 처리를 요청해 달라는 것임.

9. 이단사이비대책위원회
   가. 이단사이비 규정자 특별사면 신중
   총회 상설 전문 기구인 이단사이비대책위원회는 최근 논의 되고 있는 이단사이비 규정자들에 대한 특별사면 문제와 관련하여 이는 교단의 위상과 정체성과 연계되는 매우 중대한 사안이므로 '총회특별사면위원회'와 긴밀히 협의하여 총회에 또 다른 혼란과 갈등이 유발되지 않도록 책임 있게 대처하시기 바랍니다.
   ⇒ 시정사항 : 이단사이비 규정과 해지에 있어서 더욱 신중히 대처하도록 하겠습니다.

그러나 101회 이대위는 93회기 크리스천투데이와 교회연합신문에 대한 정족수 문제로 이단 옹호 언론 규정의 절차 하자가 있었다는 감사위원회의 지적이 효력이 있다고 판단하였지만 이대위가 판단할 사항이 아니라면서 자신들의 직무를 유기한다.

이단감별사들의 한국교회 大사기극

"'제93회 이단사이비대책위원회가 〈교회연합신문〉과 〈크리스천투데이〉를 이단옹호언론으로 규정하는 과정에서 의결정족수 문제로 절차상 하자가 있다는 제94회기 감사위원회의 지적사항은 원인무효의 효력이 있으므로 이를 근거로 하여 신중히 재심해 주기를 요청' 한 제100회기 총회임원회 공문(예장총 제 100-1421호)과 제101회기 총회임원회의 공문(예장총 제101회0579호)를 살펴볼 때, 제93회기에 이단사이비대책위원회가 〈교회연합신문〉과 〈크리스천투데이〉를 이단옹호언론으로 규정하는 과정에서 두 기관이 이단옹호언론으로 규정될 만한 내용은 분명히 있었으나 단순히 의결정족수만으로 재심을 요청하는 것인지, 아니면 의결정족수가 문제가 있는 것결의의 효력유무를 현재 제101회기 이단사이비대책위원회가 판단하라는 것인지 논란의 여지가 있을 뿐만 아니라 이것을 제101회기 이단사이비대책위원회가 판단할 사항은 아니라고 사료된다."

청원을 보면 교회 안팎에서의 마술에 대한 연구, 요가, 로마 천주교에 대한 사항이다. 이처럼 최삼경이 배제된 이대위는 대형교회나 특정인에 대한 이단 정죄가 없는 것을 보게 된다. 이는 이대위가 최삼경의 영향권에서 벗어났다는 증거이기도 하다.

Ⅳ. 청 원

1. 다음 수임안건에 대한 보고 및 연구 결론을 채택해 주시기 바랍니다.
   1) 교회 안팎에서의 마술사용에 대한 연구보고서   2) 요가에 관한 연구보고서
   3) 로마(천주)교회의 영세에 관한 연구보고서   4) 사이비이단피해조사 및 배상특별법 연구보고서
2. 사이비이단피해조사 및 배상특별법에 대해 국회에 입법을 청원하며 교단차원에서 서명운동을 진행해 주시기 바랍니다.
3. 로마천주교회연구를 위한 위원회 조직과 로마천주교회 이해지침서 작성을 위한 예산 청원 및 위원회 구성

(10) 102회(2017년)

102회 이대위 위원장은 황수석 목사이고, 상담소장은 황민효 목사였다. 서기는 김강덕 목사였다. 이 당시도 여전히 최삼경의 영향권에서 완전히 벗어나지 못하였다. 김강덕 목사는 이단 사면을 적극적으로 하자고 노력했던 이정환 목사를 징계해야 한다고 했다. 102회부터는 105회 이대위원장이 된 심상효 목사가 전문상담사로 들어오기 시작한다. 이대위는 점점 최삼경의 영향권에서 벗어나기 시작한다.

18. 이단 · 사이비대책위원회 보고서

제102회 총회 이후 1년 동안의 총회 이단사이비대책위원회의 경과를 다음과 같이 보고합니다.
보고인 : 위원장 황수석

Ⅰ. 조 직

위원장 : 황수석 목사(포항)   서기 : 김강덕 목사(서울남)   회계 : 김인태 장로(충청)
위 원 : 조병호 목사(서울강남) 박형식 목사(전서) 엄한섭 목사(순천남) 이명덕 목사(용천)
         안승영 목사(서울서북) 정용철 목사(인천동) 임현백 목사(부산동) 이영익 목사(평양)
         황영철 장로(서울북) 박상기 장로(서울서) 박창희 장로(광주동) 하호성 장로(진주남)
전문위원 : 손영진 교수(부산장신대) 신문궤 교수(영남신대) 이명웅 교수(서울장신대)
〈이단사이비문제상담소〉
상담소장 : 황민효 교수(호남신대)
전문상담사 : 신외식 목사(여수) 강경호 목사(서울서북) 심상효 목사(대전서) 김성준 목사(순서)

Ⅱ. 청 원

1. 다음 수임안건에 대한 보고 및 연구 결론을 채택해 주시기 바랍니다.
   1) 차해경 목사의 저서 『회개』에 관한 연구보고서
   2) 엄보라 목사 이단성 논란에 대한 연구보고서
   3) 퀴어신학(동성애, 양성애, 성전환)에 대한 연구보고서
   4) 이단옹호언론에 대한 조사보고서

2. 로마(천주)교회연구를 위한 연구위원회 구성과 연구계획서를 허락해 주시기 바랍니다.

(11) 103회(2018년)

103회 이대위 위원장은 최종호 목사이고, 이대위원은 장경덕이다. 이처럼 최삼경은 자신의 친인척을 최대한 동원하여 이대위에 영향력을 행사하고자 하였다.

18. 이단·사이비대책위원회 보고서

제103회 총회 이후 1년 동안의 총회 이단·사이비대책위원회의 경과를 다음과 같이 보고합니다.

보고인 : 위원장 최종호

I. 조 직

위 원 장 : 최종호 목사(익산)	서기 : 박정호 목사(서울)	회계 : 제정립 장로(경남)
위 원 : 장기범 목사(인천)	이수부 목사(부천)	이영익 목사(평양)
김태식 목사(서울동)	장경덕 목사(서울강동)	심상효 목사(대전서)
김철한 목사(경동)	최규재 장로(순천)	박상기 장로(서울서)
인광진 장로(충남)	이종대 장로(부산동)	박창희 장로(광주동)
전문위원 : 황수석 목사(포항)	신문궤 교수(영남신대)	박형국 교수(한일장신대)

〈이단사이비문제상담소〉

상담소장 : 황민효 교수(호남신대)

전문상담사 : 신외식 목사(여수) 강경호 목사(서울서북) 심상효 목사(대전서) 김성준 목사(순서)

장경덕은 최삼경이 96회기까지 이대위에서 이단감별 사역을 마치자 97~99회기까지 이대위에서 활동했다. 그러나 거의 참석하지 않았다. 참석하면 최삼경의 입장을 반영했다. 그리고 최삼경의 측근인 구춘서가 99회를 마지막으로 이대위 상담소장을 하고 떠난다. 그러다 보니 자신의 사람이 이대위에 없었던 것이다.

그러나 장경덕은 다시 3년 후 103회기부터 105회기까지 이대위에서 활동한다. 장경덕은 이대위를 떠나지 않았다. 장경덕이 있다는 것은 여전히 최삼경의 영향권에 이대위가 있다는 것을 말해준다. 103회에서는 전광훈, 정의준, 정원 목사에 대한 문제가 제기된다.

16. 이단사이비대책위원회 보고(추가) 및 청원

Ⅱ. 회의

7. 제7차 위원회(2019. 9. 5.)
가. 8개교단이단대책협의회장 안용식 목사가 제출한 "전광훈 목사에 관한 결의 요청 건"은 차기회기(104회)로 넘기기로 하다.
나. 서울서남노회 고촌중앙교회 김종서 장로가 제출한 "서울서남노회 고촌중앙교회 정의준 부목사의 설교 중 이단성 여부 질의"(19~52쪽)와 "서울서남노회로부터 온 공문 사본 첨부"건은 차기회기(104회)로 넘기기로 하다.
다. 연구분과위원회 보고의 건은 자구수정하여 별지와 같이 받고 총회에 보고하기로 하다.
　1) 덕당 국선도의 이교도성에 대한 연구보고서
　2) 헤븐교회 정원 목사에 대한 연구보고서
라. 제104회 이단사이비대책위원회(별지 및 추가) 보고서 제출 채택 건은 그대로 받아 총회에 보고하기로 하다.

Ⅲ. 청원

1. 다음 수임안건에 대한 보고 및 연구 결론을 채택해 주시기 바랍니다.
　1) 덕당 국선도의 이교도성에 대한 연구보고서
　2) 헤븐교회 정원 목사에 대한 연구보고서

　103회 이대위도 대형교회 목사를 이단 정죄하거나 특별한 정죄 활동을 하지 않는다. 이단으로 명명할 사람이 더 이상 없었던 것이다. 105회도 장경덕이 위원으로 있는 것을 보았을 때, 최삼경은 73회기부터 105회기까지 약 30년 동안 한 번도 이대위를 떠난 적이 없었던 것이다. 항시 자신의 측근들을 통하여 이대위에 영향력을 행사하였다. 104회 이대위 활동 내용을 보면 최삼경 의중이 그대로 반영된다.

(12) 104회(2019년)

104회 이대위 위원장은 이수부 목사이고, 장경덕은 위원이었다.

18. 이단·사이비대책위원회 보고서

제104회 총회 이후 1년 동안의 총회 이단·사이비대책위원회의 경과를 다음과 같이 보고합니다.

보고인 : 위원장 이수부

I. 조 직

위 원 장 : 이수부 목사(부천)	서기 : 심상효 목사(대전서)	회계 : 제정립 장로(경남)
위 원 : 장철수 목사(서울)	황규창 목사(평양)	장경덕 목사(서울강동)
김성수 목사(울산)	유무한 목사(서울서)	남기룡 목사(부산동)
박홍길 목사(강원동)	서성환 목사(서울서북)	박창희 장로(광주동)
최규재 장로(순천)	성우기 장로(서울관악)	김기수 장로(전주)
전문위원 : 황수석 목사(포항)	신문계 교수(영남신대)	박형국 교수(한일장신대)
〈이단사이비문제상담소〉		
상담소장 : 황민효 교수(호남신대)		
전문상담사 : 신외식 목사(여수) 강경호 목사(서울서북) 심상효 목사(대전서) 김성준 목사(순서)		

104회 이대위에서도 장경덕은 이대위 활동을 거의 하지 않았다. 3년 동안 4~5번 정도밖에 참석하지 않았다. 그러나 그는 최삼경의 의중을 반영하여 같은 노선을 취했다. 최삼경, 진용식은 미주 세이연과 이인규를 이단으로 만들고자 노력하는 사람들이었다. 이대위원에 의하면 장경덕은 이대위에 거의 나오지 않다가 어느 날 나와서 인터콥과 이인규에 대해 이단 연구보고서를 작성해야 한다고 말했다고 했다. 최삼경의 의중을 반영한 것이다.

합동의 진용식과 통합의 최삼경은 미주 세이연과 이인규를 이단으로 만들려고 동시에 노력을 하였다. 그래서 예장합동과 예장통합교단은 이인규에 대해서 이단 만들기 작업을 한다. 104회기 합동의 이대위 총무는 진용식이다. 합동교단에서는 진용식, 통합교단에서는 최삼경의 친척인 장경덕이 앞장을 선다.

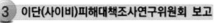

506 | 제105회 총회 보고서

3 이단(사이비)피해대책조사연구위원회 보고

제104회기 이단(사이비)피해대책조사연구위원회 사업경과를 다음과 같이 보고합니다.

보고인 : 위원장 이억희
서 기 성경선

1. 조 직

- 위 원 장 : 이억희
- 회   계 : 홍재덕
- 부 위 원 장 : 유용상
- 연구분과장 : 오명현
- 위   원 : 김재관 서한국 최용영 최금성
- 전 문 위 원 : 김지호 교수

- 서   기 : 성경선
- 총   무 : 진용식
- 부 회 계 : 이장원
- 조사분과장 : 이경조

예장합동교단에서 진용식이 속한 남중노회장 고광종이 미주 세이연과 이인규, 박형택을 이대위에 조사를 해달라고 헌의를 한다. 이대위는 처음부터 각본을 짜고 이단성이 있다고 하면서 이단으로 만든다. 답을 알고 질의하는 것이다. 합동교단에서는 102회부터 이단 만들기 전초전으로서 이인규에 대해 교류 금지를 한다. 104회 가서야 철저히 교류 금지를 해야 한다며 이단으로 만든다. 합동교단 105회 총회에서 이단성이 있는 것으로 연구보고가 되어 자동적으로 이단이 된다.

9. 세이연(세계한인기독교이단대책연합회)

경기노회장 원용식씨와 남중노회장 고광종씨가 헌의한 '미주 세이연과 이인규씨 이단성 조사 및 이단성이 있는지 조사의 건'에서 「1. 미주 세이연 이단성 조사청원: 미주 세이연(회장: 김순관) 박형택, 이인규, 한선희, 조남민, 김성한, 이태경, 서인실, 백남선, 이종명 등은 예수님의 자존성(여호와)을 부인하고, 성령의 여호와 되심을 부인하는 성부 유일신론 및 반 삼위일체 교리를 주장하고 있다고 봅니다. 또한 본 교단 목회자들을 이단이라고 하고 있습니다. 위 사항을 조사하여 이단성이 발견되면 전 교회에 공표해 주시기 바랍니다. 2. 이인규씨 이단성 조사청원: 이인규(감리교권사)씨는 특별계시가 계속된다는 주장으로 2017년 본 교단 102회 총회에서 '교류금지'로 결의된 자이나 여러 개 교단에서 이단성을 조사받았습니다. 이번에는 예수님의 자존성(여호와)을 부인하는 것으로 되어 있습니다. 예수님의 여호와 되심을 부인하는 이인규를 조사하여 이단성이 있다면 전국교회에 알리시기 바랍니다.」라고 지적하고 있습니다. 본 교단 102회 이단대책위원회 총회보고서는 「이인규는 감리교 권사로서 사업을 하다가 이단연구를 하면서 이단 연구가가 되었다. 그가 신학을 공부하지 않았기 때문에 '평신도 이단연구가'라고 할 수 있다. 이인규씨의 사상의 문제점은 크게 네 가지로 요약된다. 첫째는 오늘날도 특별계시가 있다는 것이며, 둘째는 십자가 복음과 부활복음을 이단시하며, 셋째는 예수님은 십자가에서 속죄를 이루시고, 부활하심으로 구속(redemption)을 이루셨다 하며, 넷째는 하늘성소가 실제로 존재하는데 예수님께서 십자가에 죽으신 후 실제로 하늘 성소에 들어가 다시 피를 뿌렸다는 것이다.」본 교단의 연구 결론으로 「이인규씨는 평신도로서 이단 연구를 하고 있는 것이 훌륭한 점이기도 하지만, 얼마나 위험한 일인가를 말해주고 있다... 본 교단 성도들은 개혁주의 신학과 맞지 않고 이단성이 있는 이인규씨의 이단 연구 결과물에 의지하는 것을 말아야 할 것이며, 본 교단 산하 교회와 목회자와 성도는 그의 인터넷 신문과 인터넷 '무엇이든지 물어보세요' 까페에 기고, 구독, 광고 및 후원하는 것과 철저히 교류 금지해야 할 것이다」라고 결론을 내렸다. 결론적으로 이인규씨는 본 교단 목사에 대한 이단성 공격을 일삼아 오면서 혼란을 가중시키고 있다. 본 103회 이단대책위원회에서는 이인규와 같은 입장에 있는 세이연에 대하여, 본 교단 산하 교회 목회자와 성도는 세이연과 그와 관련된 모든 인터넷 신문과 인터넷 등에 기고, 구독, 광고 및 후원하는 것과 철저히 교류를 금지하기로 하다.

진용식, 고광종, 최삼경은 이인규와 박형택을 이단으로 만들기 위해 정치적으로 협력했다. 104회 합동 이대위는 미주 세이연이라는 단체와 이인규를 이단으로 만드는데 성공을 한다. 이인규와 미주 세이연은 반삼위일체 즉 양태론을 주장하여 이단이 된다. 최삼경에 의하면 조용기, 김기동, 윤석전, 이명범, 류광수 목사는 모두 귀신론과 양태론자이다.

양태론은 이단감별사들이 이단을 정죄하는 상습적인 도구 중의 하나였다. 개인 언어 표현의 문제를 교단 신앙고백이나 이대위 내규에도 존재하지 않은 양태론으로 몬 것이다. 그래서 한국의 이단 정죄는 교리적 체계없이 한두 마디의 표현으로 양태론자로 몰려 이단이 되는 경우가 비일비재했다.

합동 105총회시 이대위의 보고를 보면 "경기노회장 원용식 씨와 남중노회장 고광종 씨가 헌의한 '미주 세이연과 이인규 씨 이단성 조사 및 이단성이 있는지 조사의 건'에서,「1. 미주 세이연 이단성 조사청원: 미주 세이연(회장: 김순관) 박형택, 이인규, 한선희, 조남민, 김성한, 이태경, 서인실, 백남선, 이종명 등은 예수님의 자존성(여호와)을 부인하고, 성령의 여호와 되심을 부인하는 성부 유일신론 및 반 삼위일체 교리를 주장하고 있다고 봅니다"라고 되어 있다. 결론적으로 "이인규 씨는 본 교단 목사에 대한 이단성 공격을 일삼아 오면서 혼란을 가중시키고 있다. 본 103회 이단대책위원회에서는 이인규와 같은 입장에 있는 세이연에 대하여, 본 교단 산하 교회와 목회자와 성도는 세이연과 그와 관련된 모든 인터넷신문과 인터넷 등에 기고, 구독, 광고 및 후원하는 것과 철저히 교류를 금지하기로 하다"고 했다.

같은 회기에 예장통합교단에서도 미주 세이연과 이인규, 인터콥에 대해서 논의하기 시작한다.

사. 연구분과위원회 보고의 건 중 1)항은 "경고와 더불어 노회에서 시정하도록" 결론부분을 수정하여 대구서남노회에 연구보고서를 보내주기로 하고, 2)항은 "이단성이 있으므로"를 삽입하고, 3),4),5)항은 연구분과위원회의 보고대로 받기로 하고 총회에 청원하기로 하다.
  1) 고곡교회의 〈말씀 그대로 기도하는 삶〉의 이단성에 대한 연구보고서
  2) 에스라하우스 노우호 목사에 대한 연구보고서
  3) 미주 세이연과 이인규 씨에 대한 연구보고서
  4) 이광복 목사의 요한계시록 해석과 종말론에 관한 연구보고서
  5) 인터콥 선교회 재심에 대한 연구보고서
아. 차기회의는 9월3일(목) 11시에 백주년기념관에서 모이기로 하다.

▲ 105회기 총회록

일단 최삼경식 이단 기준은 귀신론과 양태론이다. 미주 세이연과 이인규도 양태론으로 이단이 된다.

"예수그리스도를 여호와라고 한다면 양태론적 삼위일체이다."

1. 미주 세이연과 이인규 씨의 삼위일체론 요지

1) 미주 세이연의 삼위일체론

① "예수님은 여호와 하나님이 아니다." "예수님은 신적 존재로서 하나님이시지만, 예수님에게 '여호와'라는 이름을 가져다 붙인 흔적이 성경에는 없다." "여호와는 성부 하나님을 일컫는 이름이기 때문이다." ② "그리스도는 하나님이시다. 그러나 여호와 하나님은 아니시다." ③ "성령도 하나님이시다. 그러나 여호와 하나님은 아니시다." ④ "만일 '예수가 여호와다'라고 한다면, 양태론적 삼위일체로서" "'성부수난설'을 만들게 된다."

2) 이인규 씨의 삼위일체론

① "예수는 여호와라고 할 수도 있으나 그리스도는 여호와라고 할 수 없다." ② "어떻게 그리스도가 여호와가 될 수 있는가? 신약성경에서 '그리스도'라고 표시된 명칭이 단 한번이라도 여호와 하나님과 동일한 인격으로 대체될 수 있는 경우는 없다. 만약 그렇게 대체시키면, 보낸 자와 보내심을 받은 자가 동일 인격이 되고 만다." ③ "예수가 여호와와 동일한 인격임을 말하는 사람들은 단일론자들과 양태론자들"이다.

③ 예수 그리스도를 여호와라고 하면 양태론적 삼위일체론이다.

미주 세이연은 그리스도를 여호와라고 주장하는 자나 예수를 여호와라고 주장하는 자를 양태론주의자로 간주한다. 이렇게 미주 세이연은 "구약에서는 여호와로 나타나셨던 분이 신약에서는 예수로 나타났다면 이 말은 결국 양태론이 아닌가?"라는 질문을 던지면서, "'예수는 여호와시다' 혹은 '그리스도는 여호와시다'라는 말은 결국 성부수난설을 만들어내는 사상이요, 보내는 자나 보냄을 받은 자를 하나의 인격으로 만들으로 양태론이라고 아니할 수 없다"고 주장한다. 이와 동시에 이인규 씨도 그 궤를 같이 한다.

과연 미주 세이연과 이인규 씨의 주장처럼 예수 (혹은) 그리스도를 여호와라고 주장하면 양태론이라고 할 수 있는가? 전혀 그렇지 않다. 그 근거로 복음서의 저자들(마 3:3; 막 1:3; 눅 3:4; 요 1:23)은 세례 요한을 소개하면서 이사야 40장 3절 말씀을 인용한다: "광야에 외치는 자의 소리여 이르되 너희는 광야에서 여호와의 길을 예비하라. 사막에서 우리 하나님의 대로를 평탄하게 하라." 이와 관련하여 4복음서에서는 세례 요한이 '여호와의 길' 곧 '예수 그리스도의 길' 내지 '주의 길'을 예비하는 자로 등장한다. 이처럼 미주 세이연과 이인규 씨의 논리대로라면 4복음서의 저자들도 불가피하게 양태론주의자로 전락하게 되는 것이다.

III. 연구 결론

미주 세이연과 이인규 씨에 따르면, 구약의 '여호와'라는 명칭은 단수이기 때문에 성부 하나님만의 이름으로 간주된다. 이런 이유로 그들은 '예수와 그리스도는 여호와 하나님이 아니며'(미주 세이연), 그리고 '예수는 여호와이지만 그리스도는 여호와가 아니다'(이인규 씨)고 주장한다. 동시에 그들에 따르면, '성령도 여호와 하나님이 아니다'는 것이다. 즉, 그들은 여호와 하나님은 어떤 경우에라도 삼위일체 하나님의 공동의 이름이 될 수 없다고 주장한다. 이처럼 미주 세이연과 이인규 씨는 여호와라는 명칭과 관련해서 구약의 지평에만 머물러 있어서 신약의 지평을 전혀 고려하지 않고 있다.

미주 세이연과 이인규 씨의 삼위일체론 및 기독론은 정통신학과는 상당히 거리가 먼 것이다. 우리가 그들의 논리를 액면 그대로 받아들인다면, 칼뱅을 비롯한 개혁신학은 교회사에 나타났던 3세기 이단인 '양태론적 군주신론' 내지 '양태론적 삼위일체론'으로 전락하게 될 것이다. 게다가 미주 세이연과 이인규 씨의 주장은 정통신학보다는 오히려 아리우스적 삼위일체론 내지 네스토리우스의 기독론에 더 가까운 것으로 보인다. 따라서 미주 세이연과 이인규 씨의 삼위일체론 및 기독론은 정통신학과 상당히 다른 것으로써 '이단성'의 여지가 있다고 결의하는 것이 바람직하다고 사료된다.

최삼경

이외에도 104회 총회 때 인터콥에 대한 청원이 올라왔지만 재론을 하지 않기로 했다.

---

13. 이단·사이비대책위원회 보고서(추가) 및 청원

Ⅱ. 회 의

8. 제8차 위원회(2019. 9. 3.)

가. "제104-3차회의(2019.12.10.)시 "전광훈 목사에 관한 결의 요청 건"은 보류하기로 한 건"과 "서울동노회장 민경운 목사가 제출한 "서동노 제102-92호 / 전광훈 목사(사랑제일교회)의 이단 사이비성 여부" 심의 요청건""과 "경북노회장 하동오 목사가 제출한 '예총 경북노회 제186-72호 / 전광훈 목사(사랑제일교회)의 이단 사이비성 여부'심의 요청"건은 신학적, 교리적, 성경적으로 심도있는 연구가 필요한바, 제105회기로 이첩하여 연구하기로 하다.

나. 총회임원회의 "결의 재고 및 결의 공개 지적 통보"건은 인터콥 결의에 대해 사전 공개한 건은 시정하기로 하고 인터콥에 대한 결의 재고의 건은 재론안건이 부결되므로 재론하지 않기로 하다.

다. 허튼교회 홍윤미 담임목사가 제출한 "정원 목사(허튼교회)관련 소명 요청 및 진정서"건은 연구자는 개인보호 차원에서 밝힐 수 없으며, 연구결의는 개인결의가 아니고 전체 위원회의 결의이며, 3년내에 재론할 수 없으므로 문제가 있다면 차후에 구체적인 반증을 포함해서 재심청구하도록 답변해 주기로 하다.

라. 제105회 이단사이비대책위원회(추가) 보고서 제출 채택 건은 별지와 같이 받기로 하고 추가보고서에 삽입하여 총회에 보고하기로 하다.

Ⅲ. 청 원

1. 다음 수임안건에 대한 보고 및 연구 결론을 채택해 주시기 바랍니다.

   1) 에스라하우스 노우호 목사에 대한 연구보고서

   2) 미주 세이연과 이인규 씨에 대한 연구보고서

   3) 이광복 목사의 요한계시록 해석과 종말론에 관한 연구보고서

   4) 인터콥 선교회 재섬에 대한 연구보고서

이단감별사들의 한국교회 大 사기극

104회 이대위는 인터콥에 대해 '참여 금지 및 예의주시'를 유지하였다.

III. 연구 결과

1. 사실상 그 동안 인터콥 선교회는 논란의 여지가 상당히 많음에도 불구하고 한국의 어느 교단에서도 인터콥 선교회를 이단으로 규정한 적이 없다. 2011년 이후 인터콥 선교회는 심각하게 이단적 요소를 지니고 있지만, 교단들은 한결같이 이단이라고 결의하기보다는 오히려 최종 결정을 유예하여 지켜보고 있는 실정이다. 이는 어떤 이유에서인가? 그것은 한국 교계가 많은 논란과 문제를 초래한 한국의 대표적인 선교기관인 인터콥 선교회를 향한 애정을 포기하지 않고 있기 때문이다.

2. 위 II장 1절 '타교단의 인터콥 선교회 관련 공식 결의'에서 제시한 바와 같이 대한예수교장로회 합신 교단의 제104회 총회(2019)에서는 '이단으로 결정'해 달라는 청원서가 상정되었고, 합동 교단의 제98회 총회(2013)에서는 '일체교류 단절'로 결의하였고, 고신 교단의 제66회 총회(2016)에서는 '참여교류 금지'로 결의하였다. 더 나아가 기독교대한성결교회(기성)에서는 2018년과 2019년에 "예의주시"로 결의한 적이 있다.

3. 위 II장 2절과 3절에서 제시하였듯이, 2011년 이후 무려 9년이 넘도록 여러 교단과의 관계에서 인터콥 선교회의 논란이 해결되지 않는 이유를 깊이 되새길 필요가 있는 것으로 사료된다. 그 이유는 인터콥 선교회가 여러 교단의 비판과 지적에 대해 적극적인 해명과 대응을 해 왔지만, 인터콥 선교회가 신뢰성과 진정성을 토대로 본질적인 변화를 모색하지 않았기 때문이다. 오히려 인터콥 선교회는 문제가 발생할 때마다 사실을 왜곡하거나 변명을 반복하면서 본질적인 변화를 위한 철저한 자기반성이 아닌 임기응변적 상황 모면에 치중하는 경향을 보였다. 이런 의미에서 총회는 인터콥 선교회가 자기반성의 신뢰성과 진정성을 보일 때까지 시간의 여지를 둘 필요가 있다.

4. 이상을 고려해 볼 때, 본 교단은 인터콥 선교회와 관련해서 타 교단과 보조를 맞출 필요가 있다고 사료된다. 따라서 과거 제96회 총회(2011)의 '예의주시 및 참여자제'와 제98회 총회(2013)와 제100회(2015) 총회의 '예의주시 및 참여자제 유지'라는 애매한 표현보다, 현재 교단 총회에서 정립된 이단성 판단 기준에 맞추어 '참여금지 및 예의주시'로 분명하게 결의를 재확인하는 것이 바람직한 것으로 사료된다.

IV. 참고 문헌

대한예수교장로회총회. 「제96회 총회(2011) 보고서」.
_____. 「제98회 총회(2013) 보고서」.
_____. 「제100회 총회(2015) 보고서」.
_____. 「제101회(2016) 총회 보고서」.
유영권. "인터콥 논란, 무엇이 문제인가." 「현대종교」. 2019. 9.
_____. "논란에 대한 인터콥의 해명." 「현대종교」. 2019. 10.
_____. "교단 결의와 인터콥의 해명." 「현대종교」. 2019. 11.
_____. "인터콥(최바울) 문제점과 대책." 「현대종교」. 2019. 12.
이필찬. 「백투예루살렘 운동, 무엇이 문제인가」. 서울: 새물결플러스, 2016.
인터콥선교회. 「인터콥선교회 재심 청원 건의 자료들」. 2019. 12. 5.
최바울. 「시대의 표적」. 서울: 펴내기, 2016.
_____. 「하나님의 나라」. 서울: 펴내기, 2009.
_____. 「전문인 선교 세계선교 운동」. 서울: 펴내기, 1915.
_____. 「백투예루살렘: 하나님의 마지막 글로벌 프로젝트」. 서울: 펴내기, 2005.
_____. 「세계영적도해: 하나님의 세계경영」. 서울: 펴내기, 2005.

이처럼 합동과 통합교단이 동시에 미주 세이연과 이인규를 동시에 양태론적 이단으로 매도한다. 그러나 양측 모두 미주 세이연 관계자들을 불러 조사한 바 없다.

2. 한기총 이단감별 활동 7~19회기(1997~2009년)

최삼경은 한기총에서 7회기(1997년)~19회기(2009년)까지 활동한다. 그러나 그는 활동을 그만둔 지 2년 만에 이단으로 정죄 된다. 통합교단에서는 73~82회까지 활동하고, 87회기에서 삼신론으로 이단성 문제가 제기되고, 94회기에는 마리아 월경잉태론으로 문제가 되었다. 한기총에서는 2011년 삼신론과 마리아 월경잉태론으로 이단으로 정죄 되었다. 이처럼 최삼경이 이대위를 떠나고 나면 한기총이나 통합교단에서 이단성으로 문제가 되거나 이단이 되었다. 그 이면에는 항시 이정환 목사가 있었다.

최삼경은 예장통합교단에서 1998년까지 사역을 마치기 1년 전인 1997년에 이미 한기총에 발을 들여놓고 한기총에 둥지를 텄다. 한기총에서는 1997년부터 2009년까지 일을 한다. 그리고 한기총을 그만둔 이후 2011년에 한기총에서 이단으로 정죄 된다.

1) 7회(1997년)

7회 때 한기총 이단사이비대책위원장은 유호준 목사이고, 최삼경은 위원이었다.

이단감별사들의 한국교회 大 사기극

2) 9회(1998년)

9회시 최삼경은 부위원장으로 승격한다.

1. 조 직

위 원 장 : 최건호
부위원장 : 남태섭 <u>최삼경</u> 전요한 정인도 김성진 원세호
서   기 : 오성환
부 서 기 : 구주회
회   계 : 심영식
총   무 : 박찬성
위   원 : 최연용 신현기 김진환 장성호 서상일 성정현 고재욱 이건호 허남기 강신찬
        송재석 박성환 정두일 이원석 이사무엘 양광석 탁지원 김우신 오관석 윤재신

2. 위원회

(1) 일   시 : 1998년 3월 20일 오전 11시
(2) 장   소 : 한기총 회의실
(3) 회의내용 : ① 전문연구 분과위원회를 둘 것을 제의하고 임원진들에게 일임.

3) 10회(1999년)

10회 한기총 이대위원장은 최건호 목사이고, 최삼경은 부위원장이었다.

1. 조 직

위 원 장 : 최건호
부위원장 : 남태섭 <u>최삼경</u> 전요한 정인도 김성진 원세호
서   기 : 오성환
부 서 기 : 구주회
회   계 : 심영식
총   무 : 박찬성
위   원 : 최연용 신현기 김진환 장성호 서상일 성정현 고재욱 이건호 허남기 강신찬
        송재석 박성환 정두일 이원석 이사무엘 양광석 탁지원 김우신 오관석
        윤재신

2. 사 업

● 제1차 임원회
(1) 일   시 : 1999년 1월 5일 오후 2시
(2) 장   소 : 한기총 회의실

4) 11회(2000년)

11회 한기총 이대위원장은 최건호 목사이고 최삼경은 여전히 부위원장이었다. 이

당시는 이재록의 이단성이 연구되었다. 그러나 최삼경은 〈교회와 신앙〉을 파는 조건으로 이재록 측으로부터 1,600만 원을 받고 한동안 이재록을 비판하지 않았다.

1. 조 직

위 원 장 : 최건호
부위원장 : 남대섭 최삼경 전요한 정인도 김성진 원세호
서   기 : 오성환
부 서 기 : 구주회
회   계 : 심영식
총   무 : 박찬성
위   원 : 최연용 신현기 김진환 장성호 서상일 성정현 고재욱 이건호 허남기 강신찬
         송재석 박성환 정두일 이원석 이사무엘 양광석 탁지원 김우선 오관석
         윤제신

2. 사 업

● 제1차 임원회
  (1) 일   시 : 1999년 1월 5일 오후 2시
  (2) 장   소 : 한기총 회의실
  (3) 회의내용 :
      ① 1999년도 사업계획은 최건호 위원장, 최삼경 부위원장, 박찬성 총무에게 위임
      ② 원세호 목사 사표는 반려
      ③ 이재록 목사(만민중앙교회)의 건은 연구조사키로 하다.
       - 조사연구소위원회(비공개) - 위원장에게 일임.
       - 확보된 참고자료 제출(비디오테잎 및 기타연구자료)

5) 12회(2001년)

12회 한기총 이대위 위원장은 오성환 목사였고 최삼경은 부위원장이었다. 최삼경을 비호하는 이수영, 현대종교의 탁지원도 이대위원이었다.

Ⅰ. 조 직

위 원 장 : 오성환
부위원장 : 최삼경 전요한 유인몽
서 기 : 김영배
부 서 기 : 정재희
회 계 : 김우신
부 회 계 : 유인종
전문위원 : 최삼경 쥬영흠 이수영 이용호 정종기 정훈택 최건호 탁지원 김인봉
위 원 : 강용석 구주회 김무석 김성갑 김원배 김인봉 김재규 박병진 박의순 서상인
       손인웅 여성구 오관석 윤복남 윤철종 이사무엘 이영수 이용호 장성호
       정무일 정인도 정종기 정훈택 조긍천 쥬영흠 최건호 최응진 탁지원 홍태희

Ⅱ. 사 업

● 제1차 전체위원회
(1) 일   서 : 2000년 4월 4일(화) 오전 7시 30분
(2) 장   소 : 한기총 회의실

6) 13회(2002년)

13회 한기총 이대위원장은 오성환 목사이고 최삼경은 부위원장이었다.

8) 이단사이비대책위원회 13

Ⅰ. 조 직

위 원 장 : 오성환
부위원장 : 최삼경 전요한 유인몽
서 기 : 김영배
부 서 기 : 정재희
회 계 : 김우신
부 회 계 : 유인종
전문위원 : 최삼경 주영흠 이수영 이용호 정종기 정훈택 최건호 탁지원 김인봉
위 원 : 강용석 구주회 김무석 김성갑 김원배 김재규 박병진 박의순 서상일 손인웅 여성구
       오관석 윤복남 윤철종 이사무엘 이영수 장성호 정무일 정인도 조긍천 최응진 홍태희

Ⅱ. 사 업
◉ 제1차 임원 및 전문위원회
1. 일   서 : 2001년 1월 11일(목) 오전 7시 30분
2. 장   소 : 한기총 회의실

7) 14회(2002년)

14회 한기총 이대위 위원장은 이용호 목사이고, 최삼경은 추천위원이었다. 14회부터 진용식을 비롯한 정동섭, 최병규, 탁지원 등 이단감별사들이 유입된다. 이단감별사들의 전성시대였다.

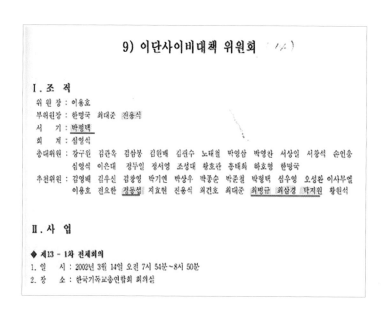

진용식은 한기총에 들어왔고 안상홍 측에 대해서 강제개종이 시작되어 많은 금품을 수수하기도 하였다. 법원에서 밝혀진 것만 14억이었다.

15회 한기총 보고서에 의하면 "본 위원회 부위원장인 진용식 목사가 '하나님의 교회 안상홍 증인회'의 피해 신도들을 상담하여 개종시키자 '하나님의 교회 안상홍 증인회'의 신도들이 집단으로 고소한 건과 관련하여 수원지검 안산지창에서 조사 중에 있어 담당 검사에게 탄원서를 제출할 예정입니다"고 했다. 그러나 진용식

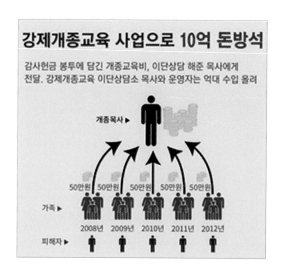

이단감별사들의 한국교회 大 사기극

은 탄원서를 제출했지만 개
종교육을 명목으로 가족들
에게 금품을 수수하고 폭력
행위 등 처벌에 관한 법률 위
반 등의 혐의를 받아 지난
2008년 10월 대법원에서 징
역 10개월 집행유예 2년을
최종 선고 받았다.

◆ 제13-4차 전체회의
1. 일   시 : 2002년 11월 20일(수) 07:30~11:50
2. 장   소 : 한기총 회의실
3. 경과보고 :
  1) 성락교회 김기동 씨에 대한 본 위원회의 연구활동에 대하여 김기동 씨가 소속한 기독교한국침례교회
     총회본부(총회의장 김방조)에서는 지난 5월 16일자로 '김기동 목사 연구 분석'의 연구 활동 중지를
     재차 요구하는 공문을 보내 온 이후로는 방문이나 신문광고 등 공식적인 대응을 해오지 않고 있습니다.
     ※ 참고 : 주간 <교회와신앙>에 김기동 씨의 교리 비판이 연재되고 있습니다.

- 121 -

  2) 예장고신총회(총회장 박종수 목사)에서 '이단 및 사이비 단체에 대한 연구 의뢰'(제2002-45호 2002.
     6. 11.)라는 제목으로 '한국교회에 해를 끼치는 이단 및 사이비 단체들을 한기총 이대위에서 연구해
     주실 것을 바라고 있으며 이에 협조할 것'임을 밝혀 왔습니다.
  3) 이단 사이비와 관련한 소송에 한기총 명의의 탄원서 2건을 제출했으며, 1건을 더 제출할 예정입니다.
     ① 본 위원회 전문위원이며 국제종교문제연구소장이며 월간 현대종교의 발행인인 탁지원 전도사가 [
        자칭 한국의 개럄주들]이라는 책을 발간 배포한 것과 관련하여 '하나님의 교회 안상홍 증인회'가
        '서적제작판매반포금지가처분'(서울북부지원 제2002 카합 420호)을 제기한 사건으로서 서울북부지
        원 민사 4부에 탄원서를 제출하였습니다(2002. 6. 26.). 재판 결과는 '하나님의 교회 안상홍 증인
        회'의 신청이 기각되어 승소했으며, 여타 소송이 진행 중에 있습니다.
     ② 본 위원회 전문위원이며 문선명통일교문제연구소장인 박준철 목사 저서 [빼앗긴 30년 잃어버린
        30년]과 관련하여 '세계평화통일가정연합(일명 통일교) 한국회장 황선조'로부터 출판물에 의한 명
        예 훼손 명의로 고소되어 조사중에 있어 서울지방검찰청의 담당검사에게 탄원서를 제출하였습니다
        (2002. 6. 27.). 현재 재판이 진행 중에 있습니다.
     ③ 본 위원회 부위원장인 진용식 목사가 '하나님의 교회 안상홍 증인회'의 피해 신도들을 상담하여
        개종시키자 '하나님의 교회 안상홍 증인회'의 신도들이 집단으로 고소한 건과 관련하여 수원지검
        안산지청에서 조사중에 있어 담당검사에게 탄원서를 제출할 예정입니다.
  4) 전남대학교 기독학생연합회(의장 강기윤)가 지난 3월에 광주에 있는 신천지예수교 서은교회(부모성경
     신학원 / 이단회)가 대학 동아리에 깊숙이 침투하여 기독교동아리에 위해를 가함에 따라 그 정체를
     폭로하는 내용의 전단지를 제작하여 광주지역에 배포한 이후에도 신천지측의 활동이 계속되고 있어
     11월중에 전단지를 재차 제작하여 배포할 계획이라고 알려 왔습니다.

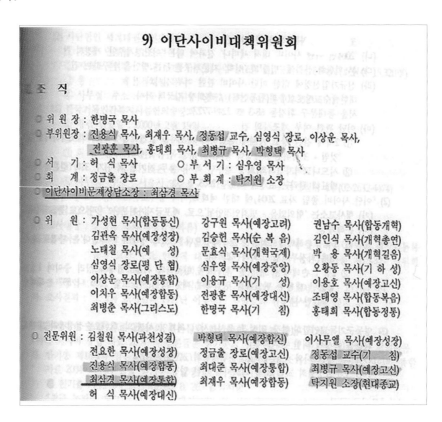

5) 정명석(기독교복음선교회·JMS·국제크리스찬연합)은 SBS-TV '그것이 알고 싶다'에 보도된 바와 같이 해외에서도 물의를 일으키고 있으며 방송을 저지하기 위해 여의도에서 1만여명이 모여 항의시위를 벌이는 등 이전히 왕성한 활동을 보이고 있습니다.

6) 이재록(만민중앙교회)은 지난 10월 10일부터 13일까지 인도 타밀라두 주에 있는 첸나이 시의 마리나 해변에서 대규모 집회를 열어 기독교에 대한 왜곡된 인식을 심어 줌으로써 현지 선교사들이 그 후유증으로 활동에 막대한 어려움을 겪고 있습니다.

7) 박옥수(구원파·기쁜소식선교회·대한예수교침례회)는 대대적인 광고 물량을 쏟아 부으며 11월 18일부터 잠실체육관에서 성경세미나를 열고 있습니다.

8) 김풍일(새빛등대중앙교회 / 예장성경 총회장)이 [기독교의 선거개벽 제1단 / 누가 새벽을 깨우겠는가]라는 책을 출판하여 왜곡된 교리를 전파하고 있습니다.

9) 예장통합총회(총회장 최병곤 목사)는 제 87회 총회에서 본 위원회 이단사이비문제상담소장 최삼경 목사에 대해 '삼신론자가 아니며 삼위일체를 설명하는 과정에서 표현상의 오해'라고 결론지어 문제가

8) 15회(2003년)

15회 한기총 이대위원장은 오성환 목사이고, 최삼경은 전문위원이었다. 박형택은 서기였다. 정동섭, 최병규, 탁지원은 전문위원이었다. 이단감별사들이 대거 포진되었다.

9) 이단사이비대책위원회

조 직

○ 위 원 장 : 한명국 목사
○ 부위원장 : 진용식 목사, 최재우 목사, 정동섭 교수, 심영식 장로, 이상운 목사, 전광훈 목사, 홍태희 목사, 최병규 목사, 박형택 목사
○ 서 기 : 허 식 목사 　○ 부 서 기 : 심우영 목사
○ 회 계 : 정금출 장로 　○ 부 회 계 : 탁지원 소장
○ 이단사이비문제상담소장 : 최삼경 목사

○ 위 원 : 가성현 목사(합동동신)　강구원 목사(예장고려)　권남수 목사(합동개혁)
김관옥 목사(예장성경)　김승헌 목사(순 복 음)　김인식 목사(개혁총연)
노태철 목사(예 성)　문효식 목사(개혁국제)　박 용 목사(개혁길음)
심영식 장로(평 단 협)　심우영 목사(예장중앙)　오황동 목사(기 하 성)
이상운 목사(예장통합)　이용규 목사(기 성)　이용호 목사(예장고신)
이치우 목사(예장합동)　전광훈 목사(예장대신)　조태영 목사(합동복음)
최병춘 목사(그리스도)　한명국 목사(기 침)　홍태희 목사(합동정통)

○ 전문위원 : 김철원 목사(과천성결)　박형택 목사(예장합신)　이사무엘 목사(예장성장)
전요한 목사(예장성장)　정금출 장로(예장고신)　정동섭 교수(기 침)
진용식 목사(예장합동)　최대준 목사(예장통합)　최병규 목사(예장고신)
최삼경 목사(예장통합)　최재우 목사(예장합동)　탁지원 소장(현대종교)
허 식 목사(예장대신)

이단감별사들은 김기동 목사 죽이기에 나섰다. 그들에게 김기동 목사는 영원한 이단이었다. 이들은 기적종료설을 믿고 은사를 거부하기 때문에 축귀 은사가 있는 사람은 여러 가지 이유를 붙여서 이단으로 몰았다.

4. 연구 진행 보고
가. 김기동연구분과
(1) 제13회기에서 이월된 김기동연구분과위원회를 아래와 같이 계조직함.
위원장 - 박형택 목사
위 원 - 한명국 목사, 최병규 목사, 정동섭 교수, 최삼경 목사
(2) 7월 3일 오전 10시에 연구모임 회의를 가짐

14회 때는 최삼경이 한기총 이대위에 있었을 때는 심상용 목사가 최삼경을 비판한다고 해서 반기독교 행위자로 몰리기도 했다.

다. 이단 사이비 관련자 조치
(1) 박진하(명광교회구 안성새중앙교회)가 안식교의 교리를 전파하고 있는 것을 해당 교단에 통보했으며, 자진 탈퇴하여 종결되었음.
(2) 심상용 소장(월드크리스찬성경학연구소)이 「종교 마피아적 목사 최삼경씨의 한국교회 짓밟기」라는 책을 통해 이단사이비문제상담소장 최삼경 목사와 한기총을 비난하고 있는 것에 대하여 "2001년 11월 1일에 본 위원회가 결의한 '이단을 옹호하는 반기독교적 행위자'임을 재확인하고 적극 대처하기로" 했음.
*참고 : 심상용 소장이 2001년에도 <크리스챤신문>(2001. 11. 5.자)에 '정죄된 이단과 잠정적인 이단 목록표'라는 제목의 광고를 게재하면서 한기총 가맹교단과 총회장 명단을 열거함에 따라, 본 위원회에서는 11월 1일에 임원회를 열어 "심 소장의 주장은 일고의 가치도 없는 것이며 '이단 정죄될 가능성이 농후한 이단성 있는 대표적 잠정적 이단들'이라면서 한기총 가맹 교단과 총회장을 모두 나열하며 폄하한 것은 한국교회 전체를 모독하고 이단을 옹호하려는 반기독교적인 행위"로 규정한 바 있음.

▲ 한기총 15회 회의록

9) 16회(2005년)

16회 한기총 이대위 위원장은 한명국 목사였고, 최삼경은 이단사이비상담소장이면서 전문위원이었다. 이 당시는 훗날 한기총 대표회장을 역임했던 전광훈 목사가 이대위원으로 들어온다.

9) 이단사이비대책위원회

조 직

○ 위 원 장 : 한명국 목사
○ 부위원장 : 진용식 목사, 최재우 목사, 정동섭 교수, 심영식 장로, 이상운 목사,
　　　　　　전광훈 목사, 홍태희 목사, 최병규 목사, 박형택 목사
○ 서 　 기 : 허 식 목사　　○ 부 서 기 : 심우영 목사
○ 회 　 계 : 정금출 장로　　○ 부 회 계 : 탁지원 소장
○ 이단사이비문제상담소장 : 최삼경 목사

○ 위 원	가성현 목사(합동통신)	강구원 목사(예장고려)	권남수 목사(합동개혁)
	김관옥 목사(예장성장)	김승현 목사(순 복 음)	김인식 목사(개혁총연)
	노태철 목사(예　성)	문효식 목사(개혁국제)	박 용 목사(개혁길음)
	심영식 장로(평 단 협)	심우영 목사(예장중앙)	오황동 목사(기 하 성)
	이상운 목사(예장통합)	이용규 목사(기　성)	이용호 목사(예장고신)
	이치우 목사(예장합동)	전광훈 목사(예장대신)	조태영 목사(합동복음)
	최병춘 목사(그리스도)	한명국 목사(기　침)	홍태희 목사(합동정통)

○ 전문위원 : 김철원 목사(과천성결)	박형택 목사(예장합신)	이사무엘 목사(예장성장)
전요한 목사(예장성장)	정금출 장로(예장고신)	정동섭 교수(기　침)
진용식 목사(예장합동)	최대준 목사(예장통합)	최병규 목사(예장고신)
최삼경 목사(예장통합)	최재우 목사(예장합동)	탁지원 소장(현대종교)
허 식 목사(예장대신)		

　최삼경은 당시 전광훈 목사를 염두에 두면서 이대위원으로서 자격이 없는 사람이 들어왔다고 했다. 후에 최삼경은 전광훈 목사에게 연락해 워커힐 호텔에서 만나 5억을 요구했다. 그러나 전광훈 목사는 줄 수 없다고 했다.

　최삼경은 자신은 5억을 요구한 적이 없다고 전광훈 목사를 고소하였지만, 서울북부지방검찰청은 최삼경이 전광훈 목사에게 5억을 요구했다는 것을 기정사실로 하면서 "전광훈 목사의 발언으로 인해 최삼경이 피해를 보는 것보다 후원금을 요구한 최삼경의 언동을 기독교계가 소상히 밝히기 위해 공개토론을 하는 것이 훨씬 공익성이 강하다"라고 판단하면서 "허위 사실이 아니라"라고 했다.

범죄사실

피의자 전광훈은 서울 성북구 돌곶이로31길 21-9에 있는 사랑제일교회 담임목사로 2019. 2. 15. 한국기독교총연합회 제25대 대표회장으로 취임한 사람이다.

피의자는 2019. 3. 11. 14:00경 서울 종로구 김상옥로 30, 1501호에 있는 한국기독교연합회관에서 개최된 '한기총 변** 목사 이단해제 관련 기자회견'에서 사실은 고소인 최**이 전과자라거나 피의자에게 금 5억원을 요구한 사실이 없음에도 불구하고,

건외 변** 목사, 한기총 소속 대표자들, 기독교계의 언론기자들 등이 있는 자리에서 "왜 범죄자 최** 말을 듣고 그래!", "그러고 난 뒤에 일주일 뒤에 전화가 왔어서 호텔에서 만나자고 최** 목사가 만났어요. 만났더니 결국 이거에요. 밥먹으면서 뭐 그런 뜻이 아니고 자기가 언론 잡지를 운영하는데 나보고 협조 좀하자는 거야 이러는 거에요. 얼마 그랬더니 5억 이러는 거에요. 내가 그래서 못해요. 이런 식이라면 그랬더니 뭐 김** 목사님도 5억을 협조했다고 하여튼 그비슷한 얘기를 하면서 그런 얘기를 하는 거에요. 그래서 저는 그사이에 이단 가지고 밥 먹고 사는 사람들 이걸 보고 절대로 난 동의하지 않는다!"라고 말하여 공연히 허위의 사실을 적시하여 피해자의 명예를 훼손하였다.

수사결과 및 의견

○ 피의자 전광훈 진술요지

피의자는 한국기독교총연합회 임원회의 후 변** 목사 영입 관련한 브리핑이 필요하다고 판단되어 '한기총 변** 목사 이단해제 관련 기자회견'을 실시하였다.

기자회견 중에 고소인 최** 목사를 범죄자라고 말한 것은 한기총에서 제명된 과정과 고소인이 광고 등을 지원받은 과정을 설명하면서 말한 것이다. 언론관계자들이 광고 지원에 압력 행위를 하거나 언론사들을 지칭하여 목회자들을위협하는 것을 범죄행위로 생각할 수 있다. 형사처벌 받은 전과자라는 뜻으로말한 것이 아니다.

그리고 약 10년 전에 워커힐 호텔에서 고소인 최** 목사와 단둘이 식사한사실이 있는데, 그 자리에서 고소인이 '언론 잡지를 운영하는데 5억원을 협조해달라'는 취지로 말한 사실이 있었다. 그때 고소인은 '김** 목사님도 5억을 협

조했고 다른 목회자들도 협조했다.' 등으로도 말했었다. 그래서 당시에 고소인에게 협조하여 달라는 것을 거절하는 과정을 설명한 것이다. 그리고 김** 목사가 고소인에게 협조해 준 사실이 있다는 것을 들은 적도 있다는 진술이다.

○ 명예훼손에 대하여

피의자가 2019. 3. 11. 한국기독교연합회관에서 '한기총 변** 목사 이단해제 관련 기자회견' 중에 범죄사실과 같이 발언한 사실 인정된다.

그러나 기자회견 중에 피의자의 발언 중 일부의 내용이 분명하지 아니하여 오해의 소지가 있거나 거기에 특정인에 대한 비판이 부가되어 있다고 하더라도, 그 취지가 불분명한 일부 내용만을 따로 떼어내어 허위사실이라고 단정하여서는 안 된다. (대법원 2008.5.8. 선고 2006다45275판결)피의자와 고소인이 약 10년 전에 만난 사실은 확인되나 당시 대화한 내용을 확인할 입증자료 없다. 그리고 당시 기자회견 취지와 목적 등으로 보아 거짓된 사실을 적시하여 고소인에 대한 명예를 훼손한다는 점에 대한 인식과 의사가 있다고 보기 어렵다.

○ 모욕에 대하여

피의자는 고소인이 한기총에서 제명된 과정과 고소인이 광고 등을 지원받은 과정을 설명하면서 발언한 내용이라는 취지로 진술하고 있고, 당시 기자회견 취지와 목적 등으로 보아 고소인을 모욕한다는 사실에 대한 인식과 의사가 있다고 보기 어렵다.

○ 의견

피의자 범죄사실 부인하고,

위와 같은 수사 사항과 고소장, 고소장에 첨부된 녹취록 자료, 고소인 보충 진술조서, 수사보고(참고인 전화통화), 수사협조에 대한 회신(명성교회) 등으로 보아 피의자가 거짓된 사실을 공연히 적시한다는 것에 대한 인식과 의사가 있다고 보기 어려우며 이에 대한 증거 불충분하여 불기소(혐의없음) 의견임.

결국 검찰은 최삼경이 교리 감별사라기 보다는 금품감별사로 인정을 한 것이다. 최삼경이 5억을 요구한 것은 2005년 무렵이었다.

10) 17회(2006년)

17회 한기총 이대위 위원장은 한명국 목사이고 부위원장은 박형택, 진용식이고, 최삼경은 전문위원이었다.

I. 조 직

○ 위 원 장 : 한명국 목사(기   침)
○ 부위원장 : 박형택 목사(예장합신) 진용식 목사(예장합동) 이형기 교수(장
         심영식 장로(평   협) 허 식 목사(예장대신)
○ 서   기 : 최병규 목사(예장고신)   ○ 부 서 기 : 근광현 교수(침
○ 회   계 : 권남수 목사((합동개혁B)   ○ 부 회 계 : 심우영 목사(증
○ 이단사이비문제상담소장 : 최삼경 목사(예장통합)
○ 총대위원 : 가성현 목사(합동동신) 강구원 목사(고   려) 권남수 목사(합
         김인식 목사(개혁총연) 노태철 목사(예   성) 박 용 목사(개
         심영식 장로(평   협) 심우영 목사(증   앙) 오황동 목사(기
         이용호 목사(고   신) 이정복 목사(기   성) 이치우 목사(합
         정연수 목사(순 복 음) 조태영 목사(합동복음) 최병춘 목사(그
○ 전문위원 : 근광현 교수(침 신 대) 김관옥 목사(예장성장) 김영재 교수(예
         박용규 교수(총 신 대) 박형택 목사(예장합신) 유references(고
         이현정 목사(성   장) 이형기 교수(장 신 대) 정동섭 교수(기
         진용식 목사(예장합동) 최대준 목사(예장통합) 최병규 목사(예
         최삼경 목사(예장통합) 최재우 목사(예장합동) 탁지원 소장(현
         허 식 목사(예장대신)

II. 회 의

○ 전체회의 1회, 임원회의 4회, 소위원회 2회

III. 사업 및 경과보고

1. 제17회기 중점사업
  가. 이단경계주간 : 9월 첫 주간(2006년 9월 3-9일)을 각 교단에 시달하여 '이
     지켰음.

11) 18회기(2007년)

18회기 이대위 위원장은 이용호 목사이고, 최삼경은 이단사이비문제 상담소장이었다.

8) 이단사이비대책위원회

I. 조 직

○ 위 원 장 : 이용호 목사(고   신)
○ 부위원장 : 진용식 목사(한   동)   이형기 교수(장 신 대)   심영식 장로(평   협) 정
            동섭 교수(침 신 대)   허 식 목사(대   신)
○ 서   기 : 유인동 목사(합동중앙)   ○ 부 서 기 : 근광현 교수(침 신 대)
○ 회   계 : 권남수 목사(합동개혁A)   ○ 부 회 계 : 심우영 목사(중   앙)
○ 이단사이비문제상담소장 : 최삼경 목사(통   합)
○ 총대위원 : 서기행 목사(합   동)   이용규 목사(기   성)   한명국 목사(기   침)
            김송수 목사(개 혁B)   조원집 목사(예   성)   오황동 목사(기 하 성)
            원봉현 목사(호 헌A)   박창환 목사(고   려)   조태영 목사(합동복음)
            홍태회 목사(합   동)   류성춘 목사(합동연합)   성홍경 목사(웨   신) 오
            명록 목사(합동개혁)
○ 전문위원 : 김관옥 목사(성   장)   김중석 목사(합   동)   김영재 교수(합   신)
            박용규 교수(총 신 대)   박형택 목사(한   시)   이영선 총장(통 대 협) 이
            현정 목사(성   장)   최대준 목사(통   합)   최병규 목사(고   신) 최재
            우 목사(합   동)   탁지원 소장(현대종교)
○ 법률고문 : 분과위원장 / 박재윤 변호사(전 대법관)
            분과 위원 / 강민형 변호사(전 부장판사), 오세창 변호사(전 국방부검찰부장),
            오준수 변호사(전 국방부검찰단장), 임영수 변호사, 태원우 변호사

II. 회 의
○ 전체회의 6회 / 소위원회 11회

III. 사업 및 경과보고

I. 제18회기 중점사업
가. <이단 사이비 종합 연구 자료 II>의 발간 및 보급
나. 이흥선(기독교평론신문)에 대한 이단 규정
다. 이단 사이비 옹호 관련자 및 단체에 대한 재조사 및 해제
라. 이단 사이비 대책 주요 활동

12) 19회기(2008년)

19회기 임원은 18회기와 같았다. 최삼경은 계속 이단사이비문제상담소장이었다.

이단감별사들의 한국교회 大 사기극

(7) 이단사이비대책위원회

I. 조 직

○ 위 원 장 : 이용호 목사(예장고신)
○ 부위원장 : 진용식 목사(예장합동)　이형기 교수(장 신 대)　삼영식 장로(코리아펑신도)
　　　　　　정동섭 교수(침 신 대)　허 석 목사(대　신)　박호근 목사(예장합동)
　　　　　　전덕열 목사(예장통합)
○ 서 　 기 : 유인몽 목사(합동중앙)　　　○ 부 서 기 : 근광현 교수(침 신 대)
○ 회 　 계 : 권남수 목사(합동개혁A)　　○ 부 회 계 : 심우영 목사(예장중앙)
○ 이단사이비문제상담소장 : 최삼경 목사(예장통합)
○ 법률고문 / 분과위원장 : 박재윤 변호사(전 대법관)
　　분과 위원 : 강민형 변호사(전 부장판사), 오세창 변호사(전 국방부검찰부장),
　　　　　　　　오준수 변호사(전 국방부검찰단장), 임영수 변호사, 태원우 변호사

○ 총대위원 : 권남수 목사(합동개혁A)　김성진 목사(예장웨신)　김송수 목사(개 혁 B)
　　　　　　 김창수 목사(보수합동)　김학수 목사(합동정통)　문태식 목사(호 헌 A)
　　　　　　 박요한 목사(개혁총연)　삼영식 장로(코리아펑신도)　심우영 목사(예장중앙)
　　　　　　 오명록 목사(합동개혁B)　유인몽 목사(합동중앙)　이동훈 목사(기 하 성)
　　　　　　 이용규 목사(기　성)　이용호 목사(예장고신)　조대영 목사(합동복음)
　　　　　　 최종선 장로(한 장 총)　한명국 목사(기　침)　허 석 목사(예장대신)
○ 전문위원 : 근광현 교수(침 신 대)　김영재 교수(예장합신)　박용규 교수(총 신 대)
　　　　　　 박형택 소장(예장합신)　이영선 총장(동 대 협)　이천정 목사(예장성경)
　　　　　　 이형기 소장(예장통합)　정동섭 교수(침 신 대)　진용식 목사(예장합동)
　　　　　　 최대준 목사(예장통합)　최병규 소장(예장고신)　최삼경 목사(예장통합)
　　　　　　 최재우 목사(동 대 협)　탁지원 소장(현대종교)
　　　　　　 박호근 목사(예장합동 위원장)　임평우 목사(기　성 위원장)
　　　　　　 전덕열 목사(예장통합 위원장)

II. 회 의

■ 전체회의 3회(2008. 02. 27.)
■ 임 원 회 1회(2008. 01. 16.)
■ 소위원회 2회(2008. 02. 21. / 05. 16.)

13) 20회기(2009년)

　20회기는 고창곤 목사가 위원장이고 최삼경은 부위원장이었다. 예장통합교단에서는 1988~1997, 2009~2011년까지 13년 동안 이대위에서 활동하였다. 그러나 그는 자신의 지인이나 인척을 이대위에 심어두었기 때문에 최삼경은 한 번도 이대위를 떠난 적이 없었다. 예장통합에서 활동을 하지 않을 때는 한기총에서 활동을 했고, 자신의 동료 이단감별사라든지, 친인척을 통하여 간접적으로 이대위에서 활동하였다.

(7) 이단사이비대책위원회

I. 조 직

○ 위 원 장 : 고창곤 목사(예장대신)
○ 부위원장 : 박호근 목사 최삼경 목사 최병규 목사 한명국 목사 김학수 목사 엄바운 목사
　　　　　　조병수 목사 최명석 목사 박종선 목사 심영석 장로
○ 서 　 기 : 정철옥 목사　　　　○ 부 서 기 : 김창수 목사
○ 회 　 계 : 박남수 목사　　　　○ 부 회 계 : 심우영 목사
○ 법률고문 / 분파위원장 : 임영수 변호사
　　　　　　위 　 원 : 박재운 변호사, 강민형 변호사, 김병재 변호사, 장봉선 변호사,
　　　　　　　　　　　 오세창 변호사, 태원우 변호사, 조영종 변호사, 오준수 변호사
○ 총대위원 : 고창곤 목사(예장대신)　　김용민 목사(예장통합)　　김승동 목사(예장합동)
　　　　　　 이용규 목사(기　성)　　　 한명국 목사(기　침)　　　 한흥직 목사(합동보수협)
　　　　　　 허 식 목사(예장대신)　　　 윤희수 장로(예　성)　　　 이규인 목사(호 현 A)
　　　　　　 유인몽 목사(합동중앙)　　　박남수 목사(개혁선교)　　 박종선 목사(합동진리)
　　　　　　 엄바운 목사(개혁총연)　　　김창수 목사(보수합동)　　 유성춘 목사(합동연합)
　　　　　　 유바울 목사(예　장)　　　　조명균 목사(개혁총회)

○ 전문위원 : 진용식 목사(예장합동)　　박형택 목사(예장대신)　　유영돈 목사(예장통합)
　　　　　　 김의환 목사(총 신 대)　　　강승산 교수(총신대원)　　근광현 교수(침 신 대)
　　　　　　 유해무 교수(고 신 대)　　　노영상 교수(장 신 대)　　정효재 총장(대 신 대)
　　　　　　 최명석 목사(기　성)　　　　정철옥 목사(예장대신)　　심우영 목사(예장중앙)
　　　　　　 엄진섭 목사(루 터 회)　　　김창룡 목사(개혁총연)　　장관섭 목사(예장대신)
　　　　　　 김재홍 목사(예장성장)　　　최재우 목사(통 대 협)　　조병수 목사(예장합신)
　　　　　　 김송수 목사(개 혁 B)　　　박철인 목사(C T S)　　　손석원 교수(성 결 대)
　　　　　　 이창국 목사(여의도순복음)　박문수 교수(서울신대)　　최삼경 목사(예장통합)
　　　　　　 최병규 목사(예장고신)　　　박호근 목사(예장합동)　　이동연 목사(예장통합)
　　　　　　 김학수 목사(예장백석)　　　이동훈 목사(기 하 성)　　심영석 장로(로평세협)
　　　　　　 탁지원 소장(현대종교)　　　김항안 목사(예장통합)　　임영수 변호사

II. 회 의

■ 전체회의 : 7회(2009. 3. 6, 9. 8, 10. 14, 11. 5, 11. 30, 12. 21, 2010. 1. 15)
■ 임원회의 : 2회(2009. 3. 20, 10. 28)

14) 21회(2010년)

　한기총에서 20회까지 마치고 최삼경이 사라지자, 한기총에서는 새로운 움직임이 있었다. 주로 예장통합 목사들이 포진되면서 이단 논쟁에 대해서 정죄보다는 사면 쪽으로 힘을 실었다. 21회부터는 최영환, 황승룡, 김항안, 이정환 목사의 통합교단 인사가 들어가면서 이단 정죄에 대해서 융통성 있는 입장을 취하였다. 장재형, 변승우 목사는 이단으로 정죄되지 않고 사실상 사면이 된다. 오히려 이단감별사의 일파인

이단감별사들의 한국교회 大 사기극

정동섭은 자신이 추천한 '하나되는 기쁨' 이라는 책으로 사이비성으로 전락하면서 사실상 매장된다.

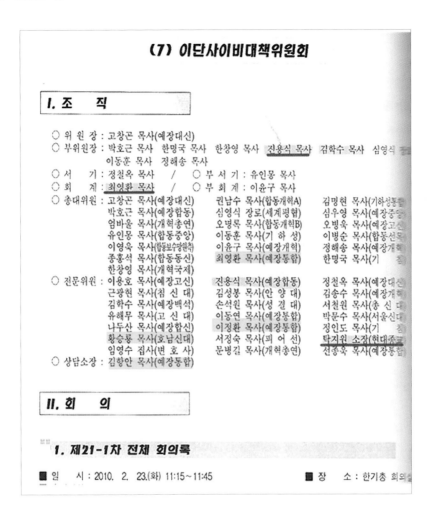

장재형 목사에 대해서는 "재림주의 의혹만 있을 뿐 근거가 없다고 했다. 통일교 관련설이나 재림주설은 의혹에 불과할 뿐, 사실이 아니며 이단성이 전혀 없는 것으로 판단된다"고 했다.

2. 안건토의
  가. 각 소위원회 보고 및 처리의 건
    (1) 신천지대책위원회(위원장 : 진용식 목사)
      (가) 전국 각 지역기독교연합회 임원 초청 세미나 개최를 청원하니 허락하고 주최 한기총, 주관 이대위, 준비진행은 상담소장과 소위원회에서 진행하기로 가결하다.
      (나) 이단옹호교계언론규정의 건은 다음회의에서 다루기로 하다.
    (2) 장재형 목사 조사연구소위원회(위원장 : 정행송 목사)
      보고서는 유인물대로 받고, '통일교 관련설이나 재림주설은 의혹에 불과할 뿐 사실이 아니며 이단성이 전혀 없는 것으로 판단된다'는 요지의 연구결론을 그대로 받자는 동의와 재림주설에 대해서는 더 연구하자는 개의가 성립하여, 거수로 표결하니 개의 3표

로 동의가 가결되다.
    (3) 김광신 목사 조사연구소위원회(위원장 : 김송수 목사)
      김광신 목사가 제출한 '베뢰아 아카데미의 신앙은 잘못되었으므로 동의하지 않으며 본인은 베뢰아의 신앙과는 전혀 무관함을 밝힌' 서약서를 받고 '이단성이 없음'으로 종결하기로 가결하다.
    (4) 지방교회 조사연구소위원회(위원장 : 유인몽 목사)
      보고서는 중간보고로 받고 더 조사연구 하기로 가결하다.
    (5) 하나되는기쁨 조사연구소위원회(위원장 : 이정환 목사)
      보고서는 유인물대로 받고, 저자 양승훈 박사와 추천자 정동섭 목사에게 교계신문에 공개사과문을 게재케하고, 한기총 회원 교단과 단체에 대표회장과 본 위원회 위원장 연명으로 <하나되는 기쁨>이 반기독교 서적임을 밝히고 유사한 사례가 재발하지 않도록 엄중히 경고하는 요지의 목회서신을 발송하기로 가결하다.
    (6) 변승우 목사 조사연구소위원회(위원장 : 이동훈 목사)
      더 조사연구하여 다음회의에서 다루기로 가결하다.

  (나) 결 어
    ① 그러므로 한국교회는 기독교 윤리관을 왜곡하고 와해시키는 사탄적인 '하나되는 기쁨'과 같은 반기독교적인 음란서적에 현혹됨이 없이 성도들이 경건한 신앙생활을 영위하도록 하는 한 편, 기독교로 위장한 반기독교 문화에 대한 경각심을 가져야 할 것이다.
    ② 한국교회는 음란하고 타락한 성문화를 마치 기독교 본질처럼 왜곡하고 성적으로 편향되고 자의적인 성경해석으로 기독교 가정사역교본이라는 미명하에 성도들의 영적 무장을 해제시키는 양승훈, 정동섭씨의 사이비에 현혹됨이 없도록 이들을 초빙하거나 강단에 세우는 일이 없도록 함으로써 모든 성도들이 그리스도의 신부로서 성결과 거룩함을 지켜나가도록 해야 할 것이다.

  한기총 이대위는 변승우 목사 건에 대해 "신학과 교리와 장정이 서로 다른 교단의 측면에서 볼 때는 서로 상충하는 문제가 있다고 볼 수 있으나 범교단적인 입장에서 볼 때 이단으로 보기 어렵다고 판단된다"고 했다.

IV. 조사 연구 보고서

1. 변승우 목사 조사연구소위원회 보고서
○ 변승우 목사의 이단성 조사연구의 건

(1) 조사 연구 경위

예장 백석교단(총회장 유만석 목사)으로부터 큰믿음교회 변승우 목사의 이단성을 연구해 달라는 청원서가 접수되어 변승우 목사 조사연구소위원회(위원장 이동훈 목사)가 구성되어 조사연구를 시작하다.

(2) 변승우 목사에 대한 문제제기 내용

(가) 도르트레히트총회에서 이단으로 정죄했던 구원론이다.

(나) 역사적으로 직통계시를 주장하는 열광주의 계보에 서 있다.

(다) 교단의 신학과 다른 계시관, 성경관, 구원관, 교회관을 가지고 있다.

(3) 조사 연구 방법

(가) 변승우 목사의 저서 약35종, 변승우 목사가 소위원회에 제출한 자료, 큰믿음 교회 홈페이지에 공개된 동영상 설교내용과 소위원들이 큰믿음교회 예배, 집회에 참석하고 제출한 내용을 자료로 채택.

(나) 선행 조사 연구 교단과 기관의 결정을 조사 연구 자료로 채택.

(다) 변승우 목사를 소환하여 질의 응답 내용

① 변승우 목사의 구원론은 도르트레히트총회에서 이단으로 정죄했던 구원론이다.
- 도르트레히트 총회에서 이단으로 정죄했던 구원론은 알미니안주의입니다. 제가 성경을 연구하고 도달한 결론이 알미니안 계열의 존 웨슬리와 정확하게 일치할 뿐입니다. 칼빈을 포함하여 누구의 가르침이든 성경에 비추어보아 잘못된 것은 바르게 고쳐 믿어야 하며, 아르미니우스의 가르침에서라도 성경과 일치한 것은 기꺼이 받아들여야 합니다. 아르미니우스는 칼빈의 예정론을 연구하는 중에 예수님께서는 모든 사람을 위해 돌아가신 것이 아니라 예정에 의하여 선택된 사람들만을 위해 돌아 가셨다는 제한 속죄론이 성경에 전적으로 어긋난다는 확신에 이르렀습니다. 아르미니우스는, 인간의 구원은 예수 그리스도를 구주로 믿는 믿음으로 되는 것이지, 하나님의 일방적인 예정에 따른 무조건적인 선택에 의하여 기계적으로 이루어지는 것이 아님을 분명히 했습니다. 또한 하나님이 구원을 위해 하신 선택은 예지하신 믿음을 전제로 하신 것이며, 이 "믿음을 가능하게 하는 것은 하나님의 은혜"라고 천명했습니다. 1618년 11월 13일 도르트레히트에서 6개월간이나 계속된 종교회의는 154번의 회의를 계속하다가 1619년 5월 9일 칼빈주의 예정설을 그대로 승인하고, 아르미니안의 교리를 모두 이단의 신조로 정죄하였습니다. 저는 교리가 이단을 정죄하는 기준이 될 수는 없으며 성경만이 유일한 신앙의 기준임을 믿습니다. 정통교단 간의 교리 차이가 이단 판별의 기준이 될 수는 없습니다. 웨슬리안 및 알미니안 신학을 믿는 교단들도 엄연히 정통교단인데, 칼빈주의를 따르지 않는다고 이단 논쟁을 벌이는 것은 초교파적인 한기총에서는 안 될 일이라고 생각합니다.

- 216 -

⑬ 변승우 목사가 서명하여 제출한 신앙고백서

- 저는 보수적이고 건전한 성결대학교에서 정상적인 신학을 하고 목사가 되었습니다. 저는 장로교 출신이지만 존 웨슬리와 일치 하는 신학사상을 가지고 있습니다.

저는 사도신경에 100% 동의합니다. 저는 삼위일체 하나님을 믿으며, 구원은 절대로 인간의 선행이나 율법의 행위로 받을 수 없고, 하나님의 은혜와 예수님의 십자가 공로로만 받을 수 있음을 믿습니다. 저는 성경이 이미 완성되었고, 그러므로 무슨 계시를 받아 거기에다 더하거나 뺄 수 없음을 믿습니다. 그리고 성경에 나오는 사도들과 선지자들과 동일한 권위를 가진 사도와 선지자들은 이 시대에 단 한명도 존재하지 않음을 믿습니다. 동시에 저는 은사 중단론은 비성경적인 견해라고 생각합니다. 저는 무엇보다도 말씀을 중요하게 여기고 은사와 기적을 사모합니다. 저는 한국 교회를 부정하지 않습니다. 저는 한국 교회가 다시 부흥 하기를 원하는 열망으로 입바른 소리도 많이 했지만 반드시 고칠 것입니다. 저는 개교회 이기주의나 교단 이기주의에 빠져 있지 않습니다. 목회자들의 사명은 "그리스도의 몸을 세우는 것"인데(엡 4:11-12) 그리스도의 몸은 단 하나입니다. 끝으로, 저는 저와 동문이며 한기총 회장 을 지내신 제가 진심으로 존경하는 제 스승이신 이용규 목사님의 지도를 받고 있습니다. 이것은 저에게 큰 축복이고 영광입니다. 저는 만삭되지 못하여 난 자같이 부족한 자이고, 아직 나이 어리고 성장하는 과정 속에 있으므로 계속해서 신실하게 자신을 고쳐나갈 것을 여러분께 약속드립니다

(4) 연구 결론

(가) 2010년 현회기 소위원회에서 변승우 목사의 저서와 선행 연구 교단 및 단체의 연구자료와 당사자 면담을 통하여 조사 연구한 결과를 이대위 전체회의에 보고하고 아래와 같이 전체회의에서 수정하여 결의하였습니다.

(나) 목회에서 은사사역을 너무 강조할 경우 타 교회로부터 오해를 불러일으킬 수 있으므로 앞으로는 성경에 착념하고 지혜롭고 덕이 있는 사역을 하도록 각별히 조심하고 노력해야 한다. 오해를 불러일으킬 수 있는 예언자학교(선지자학교)에 대한 개 선과, 용어 사용에 좀 더 신중해야 한다. 한국교회와 목회자에 대한 비판은 절대 삼가 해야 한다. 신학과 교리와 장정이 서로 다른 교단의 측면에서 볼 때는

- 218 -

서로 상충되는 문제가 있다고 볼 수 있으나 범 교단적인 입장에서 볼 때 이단으로 보기 는 어렵다고 판단된다. 그러나 본 소위원회가 연구를 통하여 변승우 목사에게 제 시한 계시론, 구원론, 은사론, 타교회와 목회자에 대한 비난에 대하여 지적한 내 용을 본인이 잘 지켜 나가는지 주시 할 필요가 있다.(주시위원은 5명 이내로 임원회에서 선정하기로 하다.)

(다) 소위원회 참고 의견
한국기독교총연합회는 신학과 교리와 장정이 서로 다른 교단들의 연합체이기 때문에 소속된 교단과 교단에 소속된 교회문제는 소속 교단의 신학과 교리와 장정을 존중하고 이해하려는 노력이 필요하다.

이단감별사들의 한국교회 大 사기극

가. 장재형 목사의 통일교 관련설 조사연구의 건
(1) 2004년(대표회장 길자연 목사, 이대위원장 오성환 목사) 1차 조사결과 혐의가 없음을 결의하여 예장합동복음총회로 한기총 이대위 조사결과 공문(한기총 제2004-152호, 2004. 07. 06.자)을 발송하였습니다. / 발송공문 첨부
(2) 2005년(대표회장 최성규 목사, 이대위원장 한명국 목사) 2차 조사결과 혐의가 없음을 결의하여 예장합동복음총회로 한기총 이대위 조사결과 공문(한기총 제2005-272호, 2005. 09. 06.자)을 발송하였습니다. / 발송공문 첨부

나. 장재형 목사의 재림주 의혹설의 조사연구
(1) 2009년(대표회장 엄신형 목사, 이대위원장 고창곤 목사) 3차 조사결과 혐의가 없음을 소위원회에서 결의 하여 보고하였으나 이대위 전체회의에서 재조사하기로 결의하였습니다.
(2) 2010년 현회기 소위원회에서 재조사연구 결과
장재형 목사의 재림주 의혹설은 재조사 연구결과 의혹에 불과할 뿐 증거가 없고 사실이 아니며 이단성이 전혀 없는 것으로 판단된다는 요지의 연구결론을 보고하여 이대위 전체회의에서 의결하였습니다.
(3) 별첨 / 장재형 목사 소속교단의 조사처리 보고서 1부

이처럼 최삼경이 사라지자 장재형 목사와 변승우 목사가 이단 의혹에서 벗어났고 오히려 한기총은 최삼경을 이단으로 정죄하였다. 예장통합교단에서도 최삼경을 배제하자 조용기 목사를 이단성이 없다고 판단했고, 윤석전 목사는 침례교단에서 판단하게끔 하여 이단이 되지 않게 했다. 예장통합교단에서 최삼경이 이대위에서 사역을 그만두었을 때, 삼신론의 이단성이 대두되었다. 22회기 한기총 질서확립대책위원회는 오히려 최삼경을 이단 정죄하였다.

15) 22회(2011년) 질서확립대책위원회

질서확립대책위원장 김용도 목사
서   기 : 김경학 목사,
위   원 : 이승연 목사, 김진철 목사, 하태초 장로, 엄정묵 목사, 강태구 목사, 김원남 목사, 강기원 목사,
전문위원 : 이정환 목사 외 4인

성 명 서

한국기독교총연합회(한기총)는 지난 12월 15일(목) 임원회를 갖고 소위 '최삼경 신학'이라고 하는 '삼신론'과 '마리아 월경잉태론'에 대해 "심각한 이단이자 신성모독"이라는 본 질서확립대책위원회(질서위)의 조사 결과를 참석한 임원(명예회장, 공동회장, 부회장)들이 만장일치로 받기로 결의하여 확정했다.

이에 본 질서위에서는 한국교회 1200만 성도와 5만 목회자 앞에 삼신론과 월경잉태론 이단 사상의 해악(害惡)을 경계하고, 아직까지도 그 같은 이단 사상을 회개하기는커녕 한기총 지도자들을 비방하고 있는 최삼경 목사와 그를 옹호하는 일부 몰지각한 교계 인사들에게 엄중히 경고하고자 다음과 같이 성명서를 발표한다.

1. '최삼경 신학'은 극히 심각한 이단이자 신성모독이다

성경과 기독교의 정통 교리는 삼위일체 하나님과 성령으로 잉태되신 예수 그리스도를 명백히 증거하고 있다. 그러나 소위 '최삼경 신학'이라고 하는 삼신론과 마리아 월경잉태론에서는 삼위 하나님을 각각의 본질을 가진 '세 영들의 하나님' 곧 세 분 하나님으로 주장하고 있으며, 예수님의 탄생에 대해서도 "월경 없이 태어났다는 말 속에는 예수님의 인성이 부정되고 만다"고 주장하고 있다.

특히 월경잉태론의 주된 골자는 "예수가 마리아의 월경(피)을 통해서 태어났다", "예수님이 마리아의 월경 없이 태어났다는 말은 마리아의 육체를 빌리지 않고 태어났다는 말과 같다", "동정녀 탄생은 마리아가 요셉의 정액에 의하여 임신하지 않았다는 의미" 등으로, 이는 2천년 기독교 역사상 유례가 없는 신성모독이라 할 것이다. '최삼경 신학'은 금단(禁斷)의 문을 넘어 예수 그리스도의 거룩성과 정통 기독교 교리를 훼손했다.

따라서 한국의 모든 정통 교회와 교인들은 이러한 '최삼경 신학'에 현혹됨이 없어야 할 것이며, 이러한 주장을 하는 자를 옹호하거나 그와 교류함도 있어서는 절대로 안 될 것이다.

2. 최삼경 목사의 궤변은 일고의 가치도 없다

최삼경 목사는 자세한 검증과 토론의 절차도 없이 자신을 이단으로 규정했다고 주장하나, 본 질서위가 임원회의 위임을 받은 뒤 그의 글과 강연 등 삼신론·월경잉태론에 대한 모든 자료를 조사한 결과, 이는 도저히 묵과할 수 없는 심각한 이단으로 결론이 났다.

-352-

이단감별사들의 한국교회 大 사기극

최삼경 목사는 그동안 자신이 이단을 정죄할 때 어떤 방법을 사용하였는지 스스로 더 잘 알 것이다. 그는 자신이 직접 쓴 글에서 "사전에 당사자를 만나게 되면 오히려 연구의 순수성이 의심받을 위험이 있다. 무엇보다도 책과 테이프만큼 객관적인 자료가 어디에 있겠는가? 문제를 삼으려면 구체적인 내용을 들어서 문제를 삼아야 옳을 것이다."라며 소명 기회를 줄 필요도 없음을 강변했었다.

그러나 본 질서위는 최삼경 목사 본인에게 소명의 기회를 주는 것이 연구조사의 공정성을 기하는 것이라고 판단하여 비공개로 소명 기회를 준 것이다. 그럼에도 불구하고 최 목사는 처음에는 자신에게 소명 기회를 달라고 간청하더니, 나중에는 갑자기 태도를 바꾸어 답변을 거부하고 오늘날까지 한기총과 본 질서위를 비방하고 있다. 심지어는 한기총 길자연 대표회장에게 인신공격성 내용증명을 보내고 이를 언론에 공개하기도 했다.

또 통합측은 과거 한국교회를 대표하는 목회자인 여의도순복음교회 조용기 목사를 사이비로 규정했다가 해지하는 해괴망측한 일을 벌이더니, 이번에는 최삼경 목사가 자신이 위원장으로 있는 통합측 이대위를 이용해 한국교회의 지도자이자 한기총 대표회장인 길자연 목사와 WCC대책위원장이자 보수 교계의 지도자인 홍재철 목사, 게다가 같은 통합측의 정치부장을 지낸 이정환 목사까지 질서위의 전문위원을 맡았다는 이유 때문에 보복성으로 이단옹호자로 규정하려는 웃지 못할 촌극을 벌이고 있다. 최 목사는 언제까지 이렇게 한국교회를 혼란케 하려는가? 이제 그는 하루 속히 삼신론·월경잉태론과 같은 사기극 이단의 가면을 벗고, 더 이상 한국교회와 성도들을 우롱하지 말 것을 강력히 요구한다.

3. 조성기 목사와 그를 추종하는 일부 교단 총무들은 삼신론과 월경잉태론에 대한 자신의 신학적 견해를 즉시 밝혀라

통합측 사무총장 조성기 목사는 일부 교단들을 선동해 최삼경 목사에 대한 이단 해제를 시도하고 있다고 한다. 조성기 목사는 12월 9일 오후 한국교회백주년기념관에서 몇몇 인사들과 모임을 가진 뒤 기자회견에서, 그리고 13일 오전 소속 교단들의 동의도 없이 일부 총무 및 이대위원장 모임을 가진 자리에서 최삼경 목사를 비호하는 발언을 한 것으로 알려졌다. 그 같은 이단옹호 행위와 그에 동의한 자들은 추후 확인을 거쳐 이단 내지 이단옹호자로 규정할 것을 경고한다.

이제 조성기 목사와 그를 추종하는 세력들은 더 이상 뒤에 숨어서 한기총을 비방·음해하지 말고, 위에 언급된 최삼경 목사의 삼신론과 월경잉태론 주장에 동의하는지 속히 공개적으로 입장을 표명하라. 조성기 목사와 예성측 총무 최귀수 목사, 합신측 박형택 목사 등은 한기총을 전복시키기 위한 회동을 비밀리에 수차례 갖고 있

- 353 -

다는데, 이러한 행위들이 도를 넘게 되면 이 또한 차제에 본 위원회에서 질서를 바로잡기 위해 정관에 따라 처리할 것임을 통보한다.

또한 이 상황을 정치적으로 타개하려는 생각을 버리고, 이미 누차 지적했듯이 통합측 자체 내에서도 전직 정치부장과 이대위원장 및 이단상담소장이 공식 문제 제기한 바 있는 최삼경 목사를 해직하여 이단을 엄단해야 할 것이다. 그리하여 이단이 이단을 감별하여 교계의 혼란과 분쟁을 초래한다는 불미스러운 오명을 벗고, 한국교회가 화합과 일치를 위해서 손잡고 본연의 사명에 최선을 다할 것을 요구한다.

2011년 12월 19일

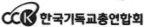 한국기독교총연합회

질서확립대책위원장 김용도 목사
서   기 : 김경학 목사.
위   원 : 이승헌 목사, 김진철 목사, 하태초 장로, 엄정복 목사,
          강태구 목사, 김원남 목사, 강기원 목사,
전문위원 : 이정환 목사 외 4인

2015년도에 칼빈신학대학원 김응열 목사는 논문에서 최삼경에 대해서 언급을 했다. 저자는 "그리스도의 인성을 변호하고자 했다면 월경이라는 단어 선택부터가 처음부터 비과학적인 말이었다"며 "월경시에는 임신을 할 수 있는 상태가 아니라며 월경을 가지고 말한다는 것은 잘못된 것이다"며 저자는 "그리스도가 완전한 인성을 갖고 태어났다는 것을 과학적으로 증명하기 불가능하다"고 했다.

2015학년도
목회학석사 학위논문

1980년-2014년까지 장로교
합동 측의 이단연구 및 결의에
대한 역사연구

칼빈신학대학원

목회학석사

김 응 열

2) 정리 및 고찰

신학교 교수들의 이단성 시비는 여러 차례가 있었으나, 타 교수와 달리 사건이 워낙에 유명했고 여전히 월경잉태설로 공격받고 있는 최삼경 목사의 경우를 살펴보자면, 이는 매우 독특한 경우이기에 이 논란을 넣었다. 그렇기에 분류에서도 특별한 경우로 판단되어 본론의 마지막에 넣었다. 그 이유는 그가 삼신론자라는 오명은 이미 벗겨지고 끝났으나, 일명 '월경잉태설'이라고 하는 공격은 지금도 여전히 이단들에게서 받고 있기 때문이다. 따라서 필자는 그의 일명 '월경잉태설'을 고찰해보고 또한 총신대 교수들의 언급을 다시 한 번 고려해보아 좀 더 명확한 결론을 도출하고자 한다.

최삼경 목사의 일명 '월경 잉태설'은 사실 최삼경 목사가 직접 창안한 말은 아니다. 그가 그리스도의 인성을 변호하기 위하여 사용한 말이 나중에 사람들 사이에서 '월경잉태설'이라는 말로 일축되어 알려졌을 뿐이다. 그러나 그가 그리스도의 인성을 마리아로부터 받아왔다는 것을 어느 정도 과학적으로 증명하기 위하여 월경이라는 단어를 쓴 것으로 보인다. 그러나 뭔가 과학적인 사색을 통하여 그리스도의 인성을 변호하고자했다면 월경이라는 단어 선택부터가 처음부터 비과학적인 말이었다. 그 이유는 월경이란 "성숙한 여성의 자궁에서 주기적으로 출혈하는 생리 현상. 임신하지 않는 경우 황체에서 호르몬 분비가 감소하기 때문에 자궁 속막이 벗겨져서 일어난다."[829] 따라서 월경 시에는 임신을 할 수 있는 상태가 아니므로 월경을 가지고 말한다던 것은 잘못된 것이다. 따라서

---

827) 최병용 편, 『제 91회 총회 보고서』 (서울: 대한예수교장로회 총회사무국, 2006), 537.
828) 같은 책, 538.
829) 네이버 국어사전, "월경," 2015년 10월 29일, `http://krdic.naver.com/detail.nhn?docid=29240400`.

굳이 설명하고자 했다면 '임신이 가능한 처녀인 마리아의 난자를 통하여 성령의 초자연적인 역사를 통해 나셨다' 라고 보아야할 것이다. 따라서 굳이 제목을 붙힌다면 '가임기 잉태설'을 말해야했다. 그러나 이러한 변호방식은 더 깊은 사색을 불러 일으킨다. 가임기 상태에서 나게 하시는 것도 가능하지만 가임기가 아닌 상태에서 난자를 배출하게 하여 임신하게 하셨을 수도 있다. 또한 난자가 가지고 있는 염색체 23개와 정자가 가지고 있는 염색체 23개가 만나야 인간이 될 수가 있다. 그렇다면 나머지 23개는 하나님이 성령을 통해서 특별히 만들어 넣었다는 것인데 이것이 과연 완전한 인성을 설명할 수 있는지에 대한 논란이 있을 수 있다. 자칫하면 완전한 인성이 아닌 반신반인으로 몰고 갈 수 있는 여지를 만들기 때문이다. 그렇다면 체세포 복제처럼 46개의 염색체 모두를 마리아에게서 받았다라고 가정할 시, 마리아에게서 인성을 받았다라고 분명히 증명이 가능하지만 문제는 예수님은 남자이시므로 23번째의 Y성염색체도 받아야한다. 그러나 여자에게서 이 염색체가 나올리는 만무하다. 결국 이러한 사색은 그리스도의 인성을 증명하기 어려운 문제가 발생하게 된다. 그렇다면 성염색체인 마지막 46번째를 초자연적으로 Y로 바꾸신 것이라 할 수 있는데, 그렇게 말한다면 그가 완전한 인성을 받은 인간이라고 말하기 어렵게 되는 문제가 발생한다.

따라서 총신대교수의 입장은 어떻게 보면 이도 저도 아니게 대답을 회피하는 입장처럼 보이지만 실제로는 그렇지 않다고 말할 수 있다. 결국 그리스도가 완전한 인성을 가지고 태어나신 것을 과학적으로 설명하는 것 자체가 대단히 큰 난제이기 때문이다. 따라서 우리는 성경대로 그가 마리아의 인성을 물려받으셨으며, 성령으로 잉태되셔서 나셨다 라고만 주장하는 것이 옳다. 오히려 그의 인성을 증명하기 위한 어떤 구체적인 사색은 불필요하다는 것은 매우 현명한 지적이다.

3. 금품수수 및 이단 조작 활동

1) 금품수수

① 광성교회건

광성교회는 1999년부터 2003년까지 매달 1000만원씩, 〈교회와 신앙〉으로 약 3억이 흘러 들어갔다. 광성교회는 〈교회와 신앙〉에 보험을 들었던 것이다.

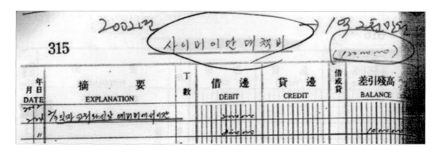

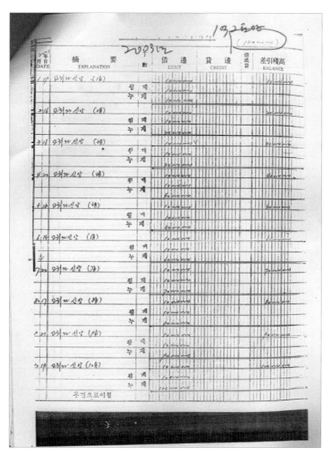

    최삼경은 각 교회로 돌아다니면서 보험성 후원을 요청하여 김기홍을 앞세워 **명성교회로부터 5,000만원을 수수하였고**, 더 이상 후원해 주지 않는다고 김삼환 목사를 32번이나 공격하였다. 이는 누가 보아도 윤리적으로 하자가 있는 것이다. 특히 총회에서 수습을 결정한 이후에도 계속 비난을 퍼부었다. 이는 총회결의에 반하는 행동이다. 이러한 행위는 교회법적으로 윤리적으로 하자가 있는 행위이다. 서울지검은 피고소인이 명성교회로부터 5,000만원을 받은 사실을 인정하였다.

② 불법모금

제4조(기부금품의 모집등록) ①1천만원 이상의 금액으로서 대통령령으로 정하는 금액 이상의 기부금품을 모집하려는 자는 다음의 사항을 적은 모집·사용계획서를 작성하여 대통령령으로 정하는 바에 따라 행정안전부장관 또는 특별시장·광역시장·도지사·특별자치도지사(이하 "등록청"이라 한다)에게 등록하여야 한다. 모집·사용계획서의 내용을 변경하려는 경우에도 또한 같다. 〈개정 2008. 2. 29., 2013. 3. 23., 2014. 11. 19., 2017. 7. 26.〉

기부금을 모금하려는 자는 해당 주무관청에 등록하고 받아야 하는데 등록을 하지 않은 상태에서 기부금을 받았고 언론기관은 기부금을 받지 못하게 되어있는데 기부금을 불법적으로 받았다.

〈교회와 신앙〉은 주무관청의 허락 없이 불법으로 2015~2020년에 걸쳐 5년 동안 약 8억 9,718만원의 돈을 거둬들였다.

만드는 사람들 About

정직과 사명감으로 제3의 길을 가는 사람들

〈교회와신앙〉은 한국교회 각 분야의 신뢰성과 식견 높은 지도자들의 참여로 만들어지고 있습니다. 이들은 제3의 길을 가는 사람들입니다.

발행인 장경덕 목사
- 장로회신학대학교, 신학대학원 졸업
- 맥코믹신학대학 박사원(D.min)
- 현 문화선교연구원 이사
- 현 러시아 자유대학 이사
- 현 분당 가나안교회 담임목사

상호로 사업자등록을 하고, '교회와 신앙'이라는 이름으로 인터넷 신문을 발행해 온 사람이다.

누구든지 1천만 원 이상의 금액으로서 대통령령으로 정하는 금액 이상의 기부금품을 모집하려는 자는 행정안전부장관 또는 특별시장·광역시장·도지사·특별자치도지사(이하 "등록청")에게 등록하여야 한다.

그럼에도 불구하고 피고인은 위 사업장을 운영하면서 등록청에 등록하지 아니하고, 2015. 1. 1.부터 2020. 4. 30.까지 '교회와 신앙'이라는 인터넷 홈페이지에서 "직접 선교사로 나가지 않더라도 기도와 후원헌금으로 선교사를 도우며 보내는 선교사 역할을 감당해온 한국교회입니다. 이단 대처 또한 마찬가지입니다. 이단 사이비 문제는 특정인만의 사명일 수 없습니다. 한국교회 모든 성도들이 함께 대처해야할 문제입니다. 진리수호를 최 일선에서 이단 사이비 세력에 맞서 영적 싸움을 하고 있는 저희와 같은 기관에 성도님들의 기도와 후원이 절실히 필요 합니다. 후원 계좌번호 우체국 010397-01-000745, 국민은행 008-01-0540-112, 우리은행 104-04-108418, 농협 027-01-474951, 신한은행 100-010-846663, 예금주 ㈜한국교회문화사"라는 내용의 글을 게시하거나 여러 교회에 이단대처 및 교회 개혁 위한 주요 사역과 후원헌금 계좌번호가 들어가 있는 우편물을 보내는 방법으로 불특정 다수인을 상대로 별지 범죄일람표 기재와 같이 2015. 1. 1.부터 2020. 4. 30.까지 사이에 합계 8억 9,718만 원 상당의 기부금품을 모집하였다.

경무-2020-210-11534-BAD00233445731   2020-11-30   2020년 형제48749호   2 / 2

장경덕은 정식재판을 취하하여 500만원의 약식명령이 인정되었다.

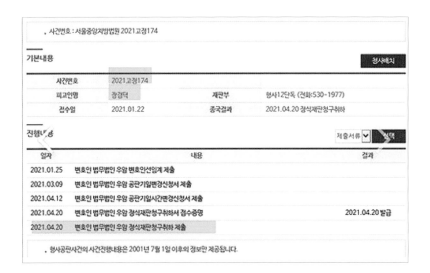

장경덕과 최삼경은 〈교회와 신앙〉의 운영자금을 약 100여 개 교회로부터 10여 년 동안 약 15억의 돈을 불법적으로 거둬들였다. 여기에 돈을 후원한 사람은 한 명도 비판하지 않았다. 이단성이 논의되는 사람도 돈을 후원하면 비판을 하지 않았다.

85	81	현암교회	이석범		5만원
86	82	위경교회	송병학	통합	10만원
87		2016 신규후원			
88	1	경기중앙교회	이춘복		10만원
89	2	과천교회	주현신		10만원
90	3	동천교회	정영식		10만원
91	4	산성교회	최영환		20만원
92	5	영세교회	김충렬		10만원
93	6	영암교회	유상진		10만원
94	7	예산장로교회	김종신		10만원
95	8	전주새한교회	정경훈		15만원
96	9	성문교회	이영익		5만원
97	10	성남교회	지광복		10만원
98	11	서교동교회	우영수		30만원
99	12	무명			
100	13	도림교회	정명		
101	14	서문교회			5만원
102					
103		광고			
104	15	영남신학대학			55만원
105					총후원금
106					미주후원
107					후원금
108					변호사후원

번호		교회	담임목사	소속	후원금
29	25	분당아름다운	권오성	통합	60만원
30	26	빛과소금	최상경	통합	100만원
31	27	상도교회	최승일		10만원
32	28	상현교회	최기학		10만원
33	29	새로남교회	오정호	합동	10만원
34	30	생명샘	박승호	통합	10만원
35	31	서울산정현교회	이정재		5만원
36	32	선민 (현 예드림)	김봉열	합동	10만원
37	33	선창교회	김혁	통합	10만원
38	34	성덕교회	이경운	서울동노회	10만원
39	35	세상의빛교회	전세광	통합	10만원
40	36	수동교회	정기수	통합	10만원
41	37	수원영은교회	권영삼		10만원
42	38	순천은성교회	김상석	통합	10만원
43	39	승리교회	진희근	통합	20만원
44	40	시온성교회	최윤철	통합	10만원
45	41	신성교회	이희수		10만원
46	42	신일교회	최임곤	통합	10만원
47	43	신장위교회	박의일	통합	10만원
48	44	부산양정교회	서수관	통합	5만원
49	45	여수산돌	신민철	통합	10만원
50	46	열린교회	김남준	합동	50만원
51	47	영동교회	최동한	통합	10만원
52	48	예수소망	곽요섭	통합	30만원
53	49	예수영광교회	김기종	통합	15만원
54	50	예향교회	백성훈	통합	10만원

3 4	번호	교회	담임목사	소속	후원금
5	1	가나안	장경덕	통합	100만원
6	2	강남동산	고형진	통합	10만원
7	3	강릉노암교회	김흥천		10만원
8	4	거룩한빛광성	정성진	통합	10만원
9	5	고창중앙	전종찬	통합	10만원
10	6	광릉내교회	김상용	통합	5만원
11	7	구산교회	홍승병	통합	10만원
12	8	국일교회	정판식		10만원
13	9	글로리아교회	안요섭		10만원
14	10	대명교회	박두안	동노회	10만원
15	11	덕수교회(신한)	손인웅		10만원
16	12	동부광성	김호권	통합	10만원
17	13	동부제일	임은빈	통합	10만원
18	14	동숭교회	서정오	통합	10만원
19	15	동신	김권수	통합	12만원
20	16	동안	김형준	통합	30만원
21	17	동일교회	김휘현		10만원
22	18			통합	10만원
23	19	망우교회	김성국		10만원
24	20	명선	배성태	통합	10만원
25	21	옥민	김동엽	통합	10만원
26	22	옥천교회	김상원		5만원
27	23	무학	김창근	통합	10만원

최삼경

기관별 후원금 내역

번호	기관명	횟수	금액/만원	번호	기관명	횟수	금액/만원
1	가나안	100만원•13회	1300	39	신일	10만원•12회	120
2	강남동산	10만원•12회	120	40	신장위	10만원•11회	110
3	강릉노양교회	20만원•12회	240	41	아름다운	60만원•12회	720
4	거룩한빛광성	10만원•12회	120	42	양정교회	5만원•12회	60
5	광주제일교회	100만원•1회	100	43	여수산돌	10만원•12회	120
6	고창중앙	10만원•12회	120	44	열린교회	50만원•12회	600
7	광릉내	5만원•12회	60	45	영동	10만원•12회	120
8	구산교회	10만원•1회	10	46	예수소망	(30만•11회)+80만	410
9	국일교회	10만원•12회	120	47	예수영광교회	15만원•11회	165
10	글로리아교회	10만원•12회	120	48	온우리선교	20만원•12회	240
11	동부광성	10만원•13회	130	49	우일	10만원•12회	120
12	동부제일	10만원•12회	120	50	은광교회	5만원•12회	60
13	동송	5만원•12회	60	51	문파교회	10만원•12회	120
14	동신	12만원•9회	108	52	인천성산	10만원•11회	110
15	동안	30만원•12회	360	53	인천신광교회	10만원•11회	110
16	동일교회	10만원•12회	120	54	일산신광교회	10만원•11회	110
17		10만원•13회	130	55	일산예일교회	10만원•12회	120
18	양우교회	100만원•12회	120	56	장안	10만원•12회	120
19	영선	10만원•12회	120	57	장유대성	20만원•12회	240
20	물의	10만원•12회	120	58	종교	10만원•12회	120
21	복천교회	5만원•9회	45	59	주안장로교회	20만원•12회	240
22	모악	10만원•12회	120	60	주현동교회	10만원•12회	120
23		(10•6회)+(20•4)	140	61	주찬능교회	10만원•12회	120
24	빛과소금	100만원•12회	1200	62	지구촌	20만원•12회	240
25	성도교회	10만원•12회	120	63	창동	10만원•12회	120
26	삼현교회	10만원•12회	120	64	창동은광	20만원•12회	240
27	새또낭	10만원•12회	120	65	천안중앙교회	10만원•12회	120
28	새무언교회	120만원•1회	120	66	청파교회	10만원•12	120
29	생명샘	10만원•12회	120	67	충만한	10만원•12회	120
30	선인(에드윈)	10만원•12회	120	68		30만원•4회	120
31	선창	10만원•12회	120	69	태평	10만원•12회	120
32	성덕교회	10만원•12회	120	70	명내새망교회	10만원•12회	120
33	세상의빛교회	20만원•12회	240	71	포도나무	70만원•12회	840
34	수동교회	10만원•12회	120	72	한아름장례교회	20만원•12회	240
35	순천은성교회	10만원•12회	120	73	한소망	50만원•12	600
36	승리	20만원•11회	220	74	현양교회	10만원•1회	10
37	시온성	10만원•12회	120	75	취경	10만원•12회	120
38	신성교회	10만원•12회	120				

2015 신규 (13개 기관)

번호	기관명	횟수	금액/만원	번호	기관명	횟수	금액/만원
1	구산교회	10만원•10회	100	8	소망교회	200만원•1회	200
2	나음숙	5만원•1회	5	9	수원영은교회	10만원•12회	120
3	대영교회	10만원•12회	120	10	예향교회	10만원•12회	120
4	덕수교회(신한)	10만원•11회	110	11	중.티.엠	10만원•1회	10
5	무명		52	12	청북교회	50만원•1회	50
6	백령기	13천원•1회	1.3	13	행복한교회	10만원•12회	120
7	서울산정현교회	(5•11회)+15만	70				

③ 땅투기

최삼경은 종교부지를 얻고자 샘물교회를 신축했다가 일방적으로 폐쇄하고, 종교부지를 분양받아 바로 매도하려고 하여 부동산 투기 의혹이 있었다. 당시 장신대 신옥수 교수는 교회를 하는 것처럼 위장하여 개척교회를 인도하기도 하였다. 그러나 최삼경은 얼마 지나지 않아 개척교회를 폐쇄함으로 종교부지에 대한 투기 의혹을 받

이단감별사들의 한국교회 大 사기극

고 있었다.

> 2) 부동산투기 부분
>
> 기록에 의하면, ① 최삼경은 2003. 9. 9. 남양주시 별내면 화접리 319-19 대 257㎡를 2억 6,000만 원에 매수하여 그 대지 위에 샘물교회를 신축하였다가 2005. 12. 20. 위 토지 일대가 신도시로 지정된 후 2006. 8. 17. 한국토지주택공사에게 토지 및 건물 대금 합계 약 3억 원에 매도하였고 이후 교회폐쇄신청을 하였던 사실, ② 최삼경은 위 신도시 지정 이후 종교부지로 지정된 남양주시 별내면 271-0 약 1,000평을 분양받아 이를 매도하고자 하기도 하였던 사실, ③ 피고인이 위 기사를 게재하기 전인 2011. 11. 28.경 인터넷 기독교신문인 크리스천투데이에서 최삼경이 목사로 있는 '빛과소금교회'에서 수석부목사로 2년간 함께 일했던 김정현 목사를 인터뷰하였는데 "최삼경이 남양주시 별내면에 S교회를 개척하였으나, 주일예배만 드릴 뿐 교회로서의 활동은 거의 하지 않았고, 후에 남양주시 별내면에 재개발이 시작되어 보상받고 얼마 지나지 않아 교회폐쇄 신청을 하였다"라는 내용이었던 사실을 인정할 수 있고, 피고인도 2011년경 퇴계원 교회 근처 카페에서 김정현 목사를 직접 인터뷰한 후 기사를 작성하였다고 하고 있다. 위와 같은 부동산 거래 내용이 투기에 해당하는지 아닌지 여부는 위와 같은 사실관계에 대한 평가 혹은 의견이라고 할 것이어서, 피고인이 일부 진실한 내용이라고 단정하기 어려운 사실들을 적시하거나 다소 과장되고 부적절한 표현을 사용하였다고 하더라도, 검사 제출 증거들만으로는 이 부분 내용이 허위라거나 구체적 사실의 적시라고 보기 어렵고, 피고인에게 허위의 인식 및 비방의 목적이 있었다고 단정하기 어렵다.

④ 사무장병원 운영

최삼경은 의료법인없이 의료인을 고용하여 사무장병원을 운영한 바 있다.

그는 개원예배도 드렸다.

그러나 사무장병원은 불법이었다.

이외에도 그는 의료인이 아니면서 불법으로 교회에 광고하고, 위더스 제약회사로
부터 자신의 집을 제3자 채무자를 내세워 8000만원의 리베이트를 받았다는 의혹을
받고 있다. 이 회사가 8천만을 제공하고 최삼경 아파트의 채권자가 된다. 이는 제약
회사의 리베이트 의혹이다.

순위번호	등기목적	접수	등기원인	권리자 및 기타사항
				남양주시 퇴계원면 퇴계원리 250-3 장남2차아파트-201-605 근저당권자 주식회사국민은행 110111-2365524 서울 중구 남대문로2가 9-1 (-퇴계원지점-)
7	근저당권설정	2008년4월11일 제41697호	2008년4월10일 설정계약	채권최고액 금80,000,000원 채무자 최삼경 경기도 구리시 교문동 808-다원아파트 102-502 근저당권자 위더스제약주식회사 110111-3059534 서울특별시 서초구 양재동-373 동진빌딩 501호
8	6번근저당권설정등 기말소	2008년7월18일 제88312호	2008년7월18일 해지	
9	7번근저당권설정등 기말소	2008년7월21일 제89292호	2008년7월18일 해지	

김○○와 서○○ 의사의 이중계약이라는 의혹을 받고 있었다.

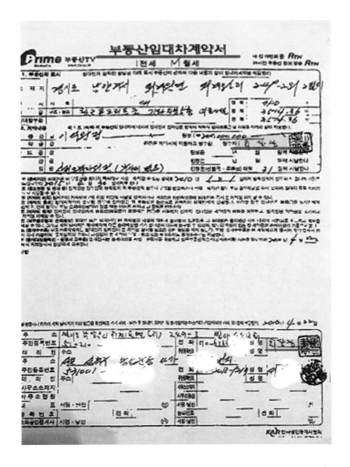

검찰은 사무장병원을 인정하여 허위사실이라고 보기 어렵다고 불기소 처분하였다.

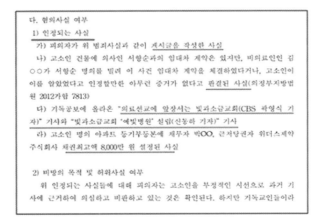

최삼경

4) 조작

① 박윤식 목사 이단 조작

최삼경은 오래전에 탁명환과 대화하면서 박윤식 목사를 이단 조작한 사례가 있다. 유튜브에 나오는 최삼경의 육성을 들으면 박윤식 목사에 대해서 이단으로 조작하려는 장면을 확인할 수 있다.

② 강북제일교회 이단 조작

　서울동부지방법원은 강북제일교회와 관련 최삼경의 신천지 이단 조작 계획 모의를 인정했다. 법원은 "최삼경이 박형택과 신현욱의 요청을 받고 관련자들을 만나 진술을 듣거나 조언을 해주었으며, 위 기자회견에 직접 참여한 사실"이라고 판단하여 이단 조작 계획에 가담한 사실을 인정했다.

1. 공소사실의 요지

　피고인은 교회 관련 기사를 쓰는 기자이다.

　피고인은 2012. 10. 28. 서울 광진구 광장로9길 10-11에서 '법과 교회(www.lawnchruch.com)' 사이트에 최삼경을 비방할 목적으로 "강사모, 이단조작의 실체를 밝힌다"라는 기사 내용 중 "김종평, 최삼경, 박형택이 회동하여 신천지 이단 조작계획을 모의"라는 허위사실을 적시하여 공연히 최삼경의 명예를 훼손하였다.

2. 피고인의 주장

　피고인이 위 글을 게시한 것은 사실이나. 위 글이 진실한 것으로 믿었고 최삼경에 대한 비방의 목적이 없었다.

3. 판단

　피고인이 제출한 증거에 의하면 위 '이단 신천지의 산 옮기기 음모 폭로 기자회견'이 최삼경과 관련되어 있다는 취지의 여러 언론기사가 보도되었고, 강북제일교회의 분쟁 과정에서 신도들의 최삼경에 대한 시위가 있었던 사실, 최삼경이 박형택, 신현욱의 요청을 받고 관련자들을 만나 진술을 듣거나 조언을 해주었으며, 위 기자회견에 직접 참석하였던 사실, 이 사건 기사는 강북제일교회의 주장을 인용하는 형태로 쓰여 있고, 피고인은 강종인 목사 등을 취재하여 최삼경의 관련 여부에 관하여 진술을 들은 사실이 인정되는바, 이에 의하면 피고인은 이 사건 기사가 진실한 것이라 믿을 만한 이유가 있고, 위 기사의 내용이 종교적 분쟁에 관한 것으로 기독교계에서 많은 관심을 받는 공적인 사안이므로, 비록 '조작', '모의'와 같은 단어를 사용하였다 하더라도 피고인에게 기사내용의 허위에 대한 인식 또는 최삼경에 대한 비방의 목적이 있다고 단정하기 어렵다(피고인이 게시한 기사에는 최삼경이 참석한 기자회견에 '김종평, 최삼경, 박형택이

③ 설교 날짜 조작

최삼경은 코로나 판정을 받았을 때, 2017, 2018년에 했던 설교를 마치 2020년에 설교한 것처럼 두 번씩이나 조작하였다.

2020.12.13에 설교한 "마리아의 성탄"이라는 제목이 설교는 2017. 12. 24 설교한 내용이었다.

2020.12. 26에 설교한 "너희도 준비하고 있으라"는 설교는 2018. 12. 2에 한 설교였다.

5) 교사((敎唆) 및 망발

① 심부름꾼 교사

최삼경은 김인수라는 사람을 고용하여 자신의 목적을 위해서는 사람을 사주하기까지 하는 파렴치한 일을 저질렀다. 김인수라고 자신의 이름을 밝힌 청년은 자신은 최삼경의 사주를 받고 강북제일교회 교인들의 사진을 찍는 역할을 했다고 전했다.

최삼경이 고소를 하였지만, 법원은 최삼경의 교사를 인정하였다.

> 를 게재하면서 별내파출소에서 위 사람의 사진을 직접 찍어 위 사진까지 게재한 사실, 강북제일교회 교인들이 최삼경이 목사로 재직하고 있는 '빛과소금교회' 앞에서 시위를 할 때 '빛과소금교회' 관계자들이 교회 앞에서 사진 및 동영상을 촬영하고 위 사람들을 고소할 때 증거자료로 제출한 적이 있었던 사실을 인정할 수 있다.
>
> 위와 같이 최삼경이 목사로 재직하고 있는 빛과소금교회 측이 위 교회 앞에서 시위를 하는 강북제일교회 교인들을 촬영하여 위 사람들을 고소하면서 증거자료로 제출하였고, 피고인이 별내파출소에서 김인수라는 사람으로부터 직접 들었다고 하면서 그 사람의 사진까지 찍어 게재하였음에도, 김인수라는 사람이나 별내파출소 등에 위 내용에 대한 조사 없이 최삼경의 진술만으로는 위와 같은 사실이 허위사실이라거나 피고인에게 허위의 인식이 있었다는 점이 증명되었다고 보기 어렵다.

② 이단상담원 교사(敎唆)

최삼경은 이단상담원으로 활동하고 있는 예장통합교단의 강종인 목사까지 교사하여 강북제일교회에 가서 신천지가 있다고 설교하라고 시켰다.

이상 최삼경의 금품 및 교사 사역의 일부를 소개했다. 이외에도 밝혀지지 않은 사실이 많다. 그러나 최삼경은 〈교회와 신앙〉 2020. 9. 7. 기사 (전광훈 씨의 꿈, 환상, 예언 등에 나타난 이단성)에서 "본인이 운영하는 〈교회와 신앙〉에서 자신은 편협되고 잘못된 이단연구를 하지 않았고, 하나님의 은혜로 교리적, 법리적, 윤리적, 논리적 실수를 하지 않았음을 자부

▲ 최삼경의 사주를 실토한 강종인 목사

하고 하나님께 감사하고 있다", "필자는 정치적으로 이단에게 면죄부를 주려고 한 일도 없고, 반대로 이단의 칼로 누구를 정치적으로 죽이려고 한 일도 없다"고 하였다.

③ 망발

최삼경은 설교 시 '놈', '년', '똥', '오줌', '대변', '콧물', '지랄', '미친놈', '환장환 놈' 등의 소재를 사용하여 수준 낮은 설교를 한다는 의혹을 받고 있기도 하다. 토론 시에도 '요셉의 정액', '마리아의 월경' 등을 사용하여 신성모독적인 발언을 남발하고 있다. 거룩한 강단에서는 거룩한 단어를 사용해야 한다.

그러나 최삼경은 거룩한 단어와는 상관이 없다. 그는 설교 시에 '군대 간 사람들'이 아니라 '군대 간 놈들' 이라고 표현하고 있다.

"마리아가 젊은 나이에 월경이 없을 리가 없다고 본다. 그렇게 본다면 마리아는 예수님을 임신하고도 하혈의 월경은 계속했어야 한다는 말이 되는 것이다."

"어떻게 하여도 예수님은 마리아의 몸을 빌렸다는 것만으로도 죄인이 될 것이다."

"예수님은 마리아의 월경으로 잉태되시고 마리아의 피를 받아 먹고 자라고 출생하셨다" (현대종교 2005년 8월호).

"월경을 통해 태어나지 않았다면 마리아의 몸을 빌려서 나신 것만으로도 예수님은 죄인이 되고만다."

"월경없이 태어났다는 말은 기독론적으로 아주 이단적인 말이다."

5. 최삼경이 주로 사용하는 신성모독적인 언어는 무엇입니까?

요셉의 정액, 마리아의 하혈, 마리아의 월경, 밥먹고 똥싸는 예수님

6. 최삼경은 마리아 이외에 예수에 대해서도 신성모독적인 언어를 말한 적이 있습니까?

점촌시민장로교회에서 "이단을 연구해 보니까 한국교회에는 이단문제가 상상치 못할 만큼 심각합니다. 놀라운 것은 한국에는 밥먹고 똥싸는 예수님이 몇 명이 되는가 하면 오십명이나 됩니다"라고 하여 예수님을 모독하였습니다(1991. 6. 10-12일, 점촌시민장로교회 최삼경 강의, 심상용, "종교마피아적 목사 최삼경의 한국교회 밟기" p.81에서 인용).

7. 목사들에 대해서도 모독적인 발언을 한 적이 있습니까?

"그렇죠. 정통교회 목사님들이야 그 얼굴 뭐내고 싶은 생각도 없잖아요. 주로 공명심 좋은 목사들—맨날 그냥 뭐 어디 신문에 얼굴 내 가지고 어째서 그 어디 여의도에 모이면 다들 그냥—무슨 명함을 보면 명함에 무슨—이게 기독교가 부패한 지금에 또 무슨 행사만 하면—지랄들 하고 앉아 가지고—미친놈들이, 이게 환장한 놈들이에요. 지금 이 기독교가 안전히 지금 썩어 문드러져—라고 하였습니다"(1996. 5. 27-28, 유사 종교세미나, 대전유성, 심상용, p.83 인용).

8. 최삼경 목사는 입이 할례를 받지 못했군요, 이러한 신성모독적인 말을 하는 사람에게 성령이 가득찬가요, 악령이 가득찬가요?

두말하면 잔소리입니다. 그러한 입에는 악령이 가득합니다. 성경에 형제에게 '라가' 라 하는 자는 지옥불에 떨어진다고 하였으니까요. 더군다나 신성모독을 하거나 삼위일체를 폄하한 자도 지옥 아랫목에 떨어집니다.

- 14 최삼경! 그것이 알고 싶다! -

4. 결론

최삼경은 통합교단 73~82회, 93~96회 13년 동안 예장통합 이대위에 들어가 이대위를 장악하여 자신이 원하는대로 이대위를 이끌고 갔다. 최삼경이 예장통합에 들어온 이후 이단 정죄는 70여 명 이상에 이른다. 그전에는 거의 이단이 없었다. 합동교단은 김기동, 이장림, 류광수, 김계화 등 74회기부터 81회기까지 이단 정죄는 15명에 불과하고 교류 및 참여 금지까지 합치면 34개 단체에 불과했다.

74회	1989 9.12~22	서 울 평 안	이성택	• 기독교총연합회를 인준하고 총회장은 대정부 대외관 계에 자유로이 참여하도록 하다. • 총회장과 임원회 일년간 활동상황을 유인물로 총회에 보고하도록 하다. • 출판부의 총판권은 총회가 직접 취급키로 하다. • 녹화방송예배는 예배 모범에 위배됨. • 동서울노회 분립(동서울, 서울동)하다. • 강원노회 분립(강원, 북강원)하다. • 은급부를 신설키로 하다. • 김기동 씨 이단으로 규정하다.
76회	1991 9.24~27	대 구 동 신	이봉학	• 노회 분립(함남, 중부), (군산, 군산남), (수원, 남수원, 서수원)하다. • 노회 조직(동남아) 및 노회 복구(여수) • 이장림을 이단으로 규정하다. • 할렐루야 기도원 생수에 신유 능력 유무건은 비성경 적이므로 금지하기로 하다.
81회	1996 9.17~22	청 주 중 앙	김준규	• CATV주일예배 방송 금지키로 가결하다. • 미주대회 및 노회와 법적 행정적 관계 독립키로 하다. • 류광수 씨 다락방을 이단으로 규정하고 관련된 자를 각 노회별로 시벌키로 하다. • 개혁 합신측과 1) 교직자 연합집회 허용

합동교단에서 이단 및 사이비, 이단성, 교류 금지 및 참여 금지로 결의된 단체는 다음과 같다(칼빈대학원 김웅렬 논문 참조).

1. 이단 및 사이비로 결의된 단체

통일교, 김기동, 박윤식, 신천지, 다락방, 만민중앙교회(이재록), 안식교, 말씀보존학회, 구원파, JMS, 안상홍 증인회.

2. 이단성이 있는 것으로 결의된 단체

예태해, 할렐루야 기도원, 예장합동혁신총회 남서울 신학교, 예수왕권세계선교회.

3. 교류 금지 및 참여 금지로 결의된 단체

빈야드 운동, 예수전도협회(이유빈), 영성훈련원(박철수 목사), 새벧엘교회(박주형 목사), 진주순복음초대교회(전태식 목사), 트레스 디아스, 최온유 목사, G12, 알파코스, 인터콥, 심상용, 큰믿음교회(변승우 목사), 관상기도, 왕의 기도

4. 이단 시비를 통해 수정 후 복귀된 단체 및 개인

산해원 부활의 교회, 백봉태 목사, 윤석전 목사, 이동원 목사의 저서 '가정행전', 세계 복음 신유 선교회, 온 무리 말씀공동체(박영균 목사)

그러나 포용성과 에큐메니컬 신학을 지향하며 근본주의 신학을 표방하는 통합교단은 70여 명 이상(단체포함) 이단으로 정죄했다. 이단 제조기 교단이었다. 이는 최삼경이 이대위에서 활동했던 영향이기도 하다.

71	이단사이비총회주요결의	♡ 이인강씨에 대한 연구 보고서	관리자	2012-09-28
70	이단사이비총회주요결의	「기독교신문」(대표:김종량, 편집국장:최규창) 및 「에클레시안…	관리자	2011-10-15
69	이단사이비총회주요결의	♡ 하나님의교회에 대한 연구보고서	관리자	2011-09-30
68	이단사이비총회주요결의	♡ 에덴성회(이영수)에 대한 연구보고서	관리자	2011-09-30
67	이단사이비총회주요결의	♡ 최바울씨와 인터콥에 대한 연구보고서	관리자	2011-09-30
66	이단사이비총회주요결의	♡ 조영호씨(광읍교회) 이단성에 대한 연구보고서	관리자	2011-09-30
65	이단사이비총회주요결의	♡ 방춘희 씨의 '예언 신유 집회'에 관한 연구보고서	관리자	2010-09-20
64	이단사이비총회주요결의	♡ 박철수 씨(아시아교회)에 대한 연구 보고서	관리자	2010-09-20
63	이단사이비총회주요결의	♡ 김풍일에 대한 연구보고서(94회)	관리자	2009-11-03
62	이단사이비총회주요결의	♡ 장재형(장다윗)에 대한 연구보고서(94회)	관리자	2009-11-03
61	이단사이비총회주요결의	♡ 이단(옹호)언론에 대한 연구보고서(94회)	관리자	2009-11-03
60	이단사이비총회주요결의	♡ 큰믿음교회(변승우 목사)에 대한 연구보고서(94회)	관리자	2009-11-03

59	이단사이비총회주요결의	♡ 셀, D12, G12에 대한 연구보고서(94회)	관리자	2009-11-03
58	이단사이비총회주요결의	♡ 알파 코스에 대한 연구보고서(94회)	관리자	2009-11-03
57	이단사이비총회주요결의	♡ 예수왕권세계선교회(대표 심재웅)에 대한 연구 보고서	관리자	2008-11-17
56	이단사이비총회주요결의	♡ 이단 사이비 정의와 표준지침에 관한 연구보고서	관리자	2008-10-08

23	이단사이비총회주요결의	♡ 이초석씨(한국예루살렘교회) / 76회-1991년	관리자	2002-11-05
22	이단사이비총회주요결의	♡ 윗트니스리(지방교회,회복교회) / 76회-1991년	관리자	2002-11-05
21	이단사이비총회주요결의	♡ 이명범씨(레마선교회)	관리자	2002-11-05
20	이단사이비총회주요결의	♡ 김기동씨(귀신론)/77회-1992년	관리자	2002-11-05
19	이단사이비총회주요결의	♡ 권신찬,이요한,박옥수씨(구원파)/77회-1992년	관리자	2002-11-05
18	이단사이비총회주요결의	♡ 성자추대사건/77회-1992년	관리자	2002-11-05
17	이단사이비총회주요결의	♡ 김계화씨(할렐루야기도원)/78회-1993년	관리자	2002-11-05
16	이단사이비총회주요결의	♡ 황판금씨(대복기도원)/78회-1993년	관리자	2002-11-05
15	이단사이비총회주요결의	♡ 이옥란씨(강림산기도원) / 79회-1994년	관리자	2002-11-05
14	이단사이비총회주요결의	♡ 이만희씨(신천지교회,무료성경신학원)	관리자	2002-11-05
13	이단사이비총회주요결의	♡ 트레스디아스/80회-1995년	관리자	2002-11-05
12	이단사이비총회주요결의	♡ 이단을 옹호하는 언론/80회-1995년	관리자	2002-11-05
11	이단사이비총회주요결의	♡ 빈야드/81회-1996년	관리자	2002-11-05
10	이단사이비총회주요결의	♡ 류광수(다락방전도운동)/81회-1996년	관리자	2002-11-05
9	이단사이비총회주요결의	♡ 아가동산관련성명서/82회-1997년	관리자	2002-11-05
8	이단사이비총회주요결의	♡ 서달석씨(서울중앙교회)/82회-1997년	관리자	2002-11-05

7	이단사이비총회주요결의	♡ 이단,사이비,사이비성에 대한 개념/82회-1997년	관리자	2002-11-05
6	이단사이비총회주요결의	♡ 나운몽씨(용문산기도원)/83회-1998년	관리자	2002-11-05
5	이단사이비총회주요결의	♡ 문선명집단 관련 성명서/83회-1998년	관리자	2002-11-05
4	이단사이비총회주요결의	♡ 이재록씨(만민중앙교회)/84회-1999년	관리자	2002-11-05
3	이단사이비총회주요결의	♡ 박무수씨(부산제일교회)/84회-1999년	관리자	2002-11-05

이단감별사들의 한국교회 大 사기극

　　감리교단이나 기장교단은 이단 정죄를 거의 하지 않았다. 그러나 예장통합교단은 길자연, 홍재철, 이광선, 조경대, 변승우 목사, 세이연, 이인규, 동성애, 마술, 요가까지 너무나도 많은 이단을 양산했다. 이단 제조 공장이었다. 그리고 대형교회 목사들은 조용기 목사나 윤석전 목사처럼 이단으로 정죄하지 않았다. 특히 최삼경도 이단으로 정죄하지 않았다.

　　이단 제조를 양산할 때까지 박종순, 이수영, 최영환, 장경덕, 구춘서, 허호익, 탁지일이 최삼경과 한배를 탔다. 이정환, 김창영, 송인섭, 주건국, 임준식, 김항안, 최태영, 채영남 목사는 최삼경과 다른 배를 탔다.

　　100회 이후부터 이대위는 최삼경의 틀을 조금씩 벗기 시작했다. 101회, 102회가 되면서 이대위는 최삼경의 영향권에서 점점 벗어났다. 그러나 간혹 최삼경이 심어놓은 사람들이 있어서 완전히 최삼경의 영향권에서 멀어지지는 않았다. 예장통합 이대위는 교리 탈레반 최삼경의 교리 놀음터였다.

　　이처럼 100회까지 예장통합교단은 최삼경의 근본주의 및 원리주의 신학에 농락당했다. 최삼경은 조용기, 김기동, 박윤식, 윤석전, 류광수, 장재형, 변승우 목사, 교회연합신문, 크리스천투데이, 로앤처치를 이단 정죄하는데 노력했고, 100회 시에는 채영남, 이정환 목사가 많은 사람들을 사면하려고 노력을 하였지만 허호익, 구춘서 등이 적극적으로 반대했다.

　　예장통합교단에서 최삼경은 조용기 목사는 사이비성, 윤석전 목사는 김기동 목사류의 이단으로 판단하였지만 직영신학대 교수들은 조용기 목사는 이단성이 없다고 판단했고, 윤석전 목사는 해당 교단에서 판단하도록 했다. 합동교단은 조용기, 윤석전 목사에 대해서 아예 판단하지도 않았다.

　　류광수 목사는 '사이비성'에서 '예의주시'(100회 이대위)로 전환하여 이단에서 사실상 해지되었다. 대부분 귀신론과 같은 비본질적인 기준, 타 교단의 특수성을 배제한 장로교의 시각, 절차 하자로 인한 이단 옹호 언론의 정죄가 드러났다. 이단 옹호 언론 정죄에 대해서도 예장통합 감사위는 절차에 하자가 있다고 지적하기도 했다. 그렇다면 정상적인 이단 정죄, 이단 옹호 언론 결정은 없었다는 것이다. 즉 적법한 절차와 기준을 통한 이단은 없었던 것이다. 비헌법적인 기준, 주관적인 기준, 비본질적인 기준, 부적합한 절차를 통한 이단이 주를 이루었다.

최삼경식 이단 정죄 방식이 예장통합 이대위에서 뒤집혔고, 한기총에서 대부분 뒤집혔다. 언론의 이단 규정은 절차상 하자가 드러났다. 현재 남은 것은 김기동 목사밖에 없다. 김기동 목사도 지난 예장통합 특별사면위원회에서는 충분한 검증과정을 거쳐서 해지된 바 있을 정도이다.

변승우 목사도 은사 위주 사역으로 이단성이 있는 것으로 판단했지만 한기총은 이단성이 없다고 했다. 장재형 목사에 대해서도 재림주로 이단성이 있는 것처럼 판단했지만 한기총은 의혹은 있지만, 증거가 없다고 하여 이단이 아니라고 판단했다. 인터콥에 대해서도 최삼경은 김기동 목사류와 양태론으로 이단성이 있다고 판단했지만, 한기총은 이단성이 없다며 최바울 목사를 2018년 공동의장으로 임명하기도 했다.

이처럼 최삼경이 이단성이 있다고 판단한 대부분의 사람들이 예장통합교단(조용기, 윤석전 목사)이나 한기총(류광수, 장재형, 박윤식, 인터콥, 변승우 목사)에서 이단성이 없다고 판단되었다. 최삼경은 김기동 목사가 이단이라고 판단했지만 예장통합교단의 직영신학교 교수들은 조용기 목사를 판단할 때 귀신론은 이단의 기준에서 제외하였다. 예장통합 100회 특별사면위에서 충분히 조사한 후 이단 해지를 하였다.

박윤식 목사 건은 탁명환과 조작한 사실이 드러났고, 하와와 뱀과 성교라는 허위 사실로 인해 유사통일교이론으로 이단 정죄되었다. 대부분 이단 해지 되었다는 것은 최삼경의 탈레반식 이단 정죄 방식이 문제점이 상당수 있다는 것을 알 수 있다. 신학적으로는 근본주의 신학의 토대를 벗어나지 못하여, 유대교적으로는 바리새적 방식이고, 이슬람적으로는 탈레반식 원리주의 방식으로 이단을 정죄하였다.

그래서 그의 이단 정죄 방식은 바리새적 탈레반식 이단 정죄라고 볼 수 있다. 보편

이단감별사들의 한국교회 大 사기극

성이 결여된 자신만의 기준을 갖고 마구 교리 총질을 가했다. 이는 박헌영처럼 최삼경도 가정사에서 영향을 받았다고 볼 수 있다.

최삼경의 아버지(최인혁)는 단기 4278년에 1) 정해녀 씨와 결혼하여 각경이라는 아들을 얻고, 그해 아내가 사망하여, 최 씨는 4년 후인 단기 4282년 5. 23. 2) 이숙자와 혼인하여 7명의 자녀를 생산하고, 1975. 9. 8. 사망하게 된다. 두번 째 처로부터는 두경, 삼경, 경란, 덕경 등을 포함하여 7명의 자녀를 생산한다. 최삼경은 두번째 첩은 아니지만 두번째 부인의 소생이다.

3) 최 씨는 신남례와 1975년에 세번째 결혼을 하였으나 1978년 이혼을 하게 된다. 세번째 아내로부터는 자녀가 없었다. 자녀생산이 없기 때문에 이혼했을 가능성도 무시하지 못한다. 당시의 사람들은 생산에 많은 관심을 기울였기 때문이다. 최 씨는 자녀 생산에 대한 애착을 갖고, 1978년 4) 네번째 처(김순례)와 결혼을 하여 1968년생인 재숙을 생산하게 된다. 결혼 이전에 가졌거나 딸을 둔

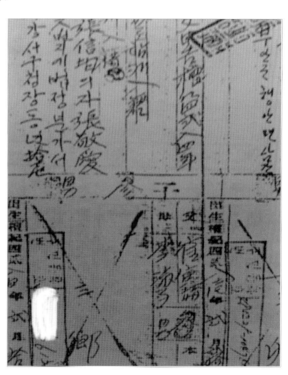

사람과 결혼했거나 둘 중의 하나일 것이다.

예장통합교단에서는 박종순, 이수영, 최기학, 장경덕, 구춘서, 허호익, 탁지일이 함께 했고, 합신에서는 박형택, 합동에서는 박용규, 진용식, 고신에서는 최병규, 감리교단에서는 이인규, 침례교단에서는 정동섭, 정윤석이 최삼경과 함께 했다. 언론으로는 CBS, 뉴스앤조이, 〈교회와 신앙〉, 현대종교, 기독교 포털이 뒤에 있었다. 그러기 때문에 지난 40년 동안 이단감별사들이 한국교회를 교리적으로 지배해 왔다.

최삼경은 한기총에 와서 8~20회기 동안 활동하면서 김기동 목사를 다시 부관참시했다. 이재록에 대해서 연구한다면서 뒤로는 이재록 측과 타협을 하여 1,600만원을 받고 〈교회와 신앙〉의 책을 팔면서 한동안 이재록에 대해서 비판하지 않았다. 16회기에는 이대위에 들어온 전광훈 목사에게 돈 5억을 요구하기도 하였다. 96회 예장통합 이대위원장에 있을 때는 〈교회와 신앙〉의 남광현이 이인강 목사 측에 1억을 요구했고, 이인강 목사가 1억을 주지 않자 바로 이단성이 있다고 이단으로 정죄하였다.

최삼경은 그의 이단사이비대책위원이나 위원장의 지위를 이용하여 금품을 추구하거나 금품에서 자유롭지 않았다. 이재록처럼 돈을 주면 한동안 비판하지 않았고 이인강 목사처럼 돈을 주지 않으면 이대위원장직을 이용하여 바로 이단으로 만들었다.

예장통합이나 한기총 안에서 활동하며 어떻게 해서든지 이단 정죄에만 관심을 가졌고 이단 사면이나 해지에는 전혀 관심을 두지 않았다. 탈레반과 같은 이슬람 원리주의자이거나 유대 바리새인들과 같은 행동을 하였다.

예장통합교단이나 한기총에서 최삼경에게 나타난 공통적인 현상은 최삼경이 이대위에서 사라질 때 다음의 이대위원들은 최삼경을 이단으로 정죄하려고 하였던 사실이다. 그리고 예장통합교단의 신학을 한 사람들은 근본주의 신학을 한 최삼경과 달리 이단을 정죄하려기보다는 가능하면 포용신학을 갖고 사면이나 해지하고 비본질적인 면에 대해서는 이단으로 하기보다는 약점을 지적하고 수정하여 함께 가자는 입장이었다.

예장통합은 조용기, 윤석전 목사에 대해서 관대했고, 한기총은 장재형, 변승우, 인터콥, 류광수, 박윤식 목사에 대해서 관대했다. 합동교단 서북노회에서는 박윤식 목사를 회원으로 받아들이려고 하였다.

최삼경은 원리주의와 근본주의에 찌들어 자신 이외에는 모두 이단으로 비쳤다.

개신교의 탈레반인 최삼경의 금품 사역은 공소시효가 지났지만, 형사법적인 위반까지 하였다. 부동산 투기나 사무장병원 운영은 명백히 형사 처벌적 행위이다. 그런데다가 조작과 교사 행위는 목사로서는 감히 하기 어려운 조폭들이나 가능한 행위

346
이단감별사들의 한국교회 大 사기극

이다. 그러나 최삼경은 "하나님의 은혜로 교리적, 법리적, 윤리적, 논리적 실수를 하지 않았음을 자부하고 하나님께 감사하고 있다"고 했다. 최삼경의 적반하장식 표현이었다.

"필자는 40여 년 동안 이단을 연구하고 대처하였고, 100여 종 이상의 이단 연구에 직간접적으로 참여한 한 사람이며, 필자는 필자 소속 교단(통합)에서 이단 문제 상담소 소장으로 6년, 한기총 이단 문제 상담소장으로 9년간 일하였다. 돌아보면 하나님 앞과 정직한 양심 앞에서 아쉬운 점 내지 반성할 점이 없지는 않으며, 더 성숙한 이해와 판단이 아쉬움으로 종종 남는다. 그러나 편협되고 잘못된 이단 연구를 하지 않았고, 하나님의 은혜로 교리적, 법리적, 윤리적, 논리적 실수를 하지 않았음을 자부하고 하나님께 감사하고 있다."

이러한 말로 인해 현재 최삼경은 총회재판국에서 허위사실로 인해 선고를 기다리고 있다.

탁명환은 이단감별사의 원조로서 처음에는 순수한 뜻을 갖고 통일교 등 다양한 이단색출에 앞장선 인물이다. 많은 사람들의 지지를 받은 것도 사실이다. 그러나 그 또한, 이단 조작, 정치조작, 금품수수에서 헤어 나오지 못했다. 사진을 조작하고 절차를 조작하고. 정치조작을 하고, 뒤로는 통일교에서 금품을 수수하고, 사과까지 하였다. 그리고 비윤리적인 행동으로 결국은 이단 조작에 분노한 사람에 의해서 살해당했다.

제2장

탁명환

1. 소개

탁명환은 1937년생으로 전북 부안 출신이다. 전북대 철학과를 졸업했고, 1960년대부터 복음신보사, 기독신보사 등에서 근무하면서 신흥종교를 연구하였다. 그는 1970년에 신흥종교연구소를 설립하고, 1979년 국제종교문제연구소를 설립하였다. 1986년에는 한국종교문제연구소를 설립함으로써 신흥종교 혹은 이단종교연구자로서 알려지게 되었다.

특히 개신교계 신흥종교 전문연구자로 활동하면서 한국신학대학, 목원대학, 서울신학대학, 고려신학교 등에서 강의를 했으며, 월간 ≪성별≫, 월간 ≪현대종교≫ 등의 잡지를 발행하여 연구 성과를 교계에 소개하는데 심혈을 기울였다.

탁명환의 활동내역을 보면 신흥종교 및 유사기독교단체들이 교리적 측면에서 정통적인 기독교와는 거리가 먼 부류를 밝히는 작업을 해왔다. 통일교, 기독교복음침례회(구원파), 대성교회, 영생교 등에 대해 이단 종파라는 것을 규명해 왔다. 이외에도 신흥종교가 사기나 폭행, 살인 등 범죄를 일삼는 집단이라는 것을 폭로해오면서 여러 차례 피습을 당하기도 했다. 그래서 처음에는 많은 정통 기독교의 지지를 받았다.

그는 많은 사람들을 범죄집단에서 구출하고 그곳에서 빠져나오도록 하는 등, 긍정적 평가도 많이 받았다. 그는 평생을 이른바 '사이비' 종교들의 비리와 이단성을 폭로하는데 주력하다가 대성교회(평강제일교회) 박윤식 목사 운전사였던 임홍천의 피습을 받고 사망하였다. 그는 순교자 반열에 올랐다.

탁명환 역시 최초의 이단감별사로서 처음에는 순수한 활동으로 많은 기독교인들의 지지를 받았지만, 금품수수에서 자유롭지 못한 이단감별사의 한계로 인해 씁쓸하게 세상을 뜨고 말았다. 특히 통일교와 대성교회로부터 금품수수의 문제가 끊이지 않았다.

2. 통일교와의 관련성

이단 조작의 원조는 탁명환이었다. 그는 통일교에 대한 사과문 게재로 인해 박윤식 목사가 후원을 하지 않자, 박윤식 목사를 최삼경과 더불어 이단으로 조작하기로 음모를 꾸몄다. 탁명환은 통일교에 대해서 다음과 같이 사과했다.

통일교에 대한 사과문

본인은 다년간 신흥종교문제 연구소를 운영하면서 통일교회에 대해 출판물, 슬라이드(이것이 통일교다), 강연회, 기자회견 등을 통해 통일교회가 비윤리적 집단, 정치집단, 신형공산주의, 사교집단이라고 비판해 왔습니다.

그러나 본인에게 비판의 자료를 제공했던 일부 통일교회 이탈자들이 최근 명예훼손 등 범죄혐의로 구속기소된 것을 계기로 새로운 각도에서 광범위한 자료를 수집, 종합 검토한 결과 본인이 통일교회에 대하여 비판했던 내용 중 사실이 아닌 부분이 있음을 인정, 다음과 같이 정정 해명합니다.

비윤리적인 집단문제

본인은 통일교의 창시자 문선명씨가 1955년 7월 4일 사회풍기문란 혐의로 구속기소된 것으로 알고 통일교회를 비윤리적 사교집단으로 단정, 비판하였던 바, 당시사건은 병역법위반혐의로 기소되었다가 금년 10월 4일 선고공판에서 무죄로 석방된 것을 알게 되었습니다. 이외에 통일교회를 에워싸고 문제되어 온 사교 집단운운은 그 근거가 없는 것으로 확인, 이에 정정합니다.

정치집단 문제

본인은 그동안 통일교회를 사교집단으로 규정, 비판해 왔으나 이는 사실이 아님이 밝혀져 이에 정정합니다.

신형 공산주의 문제

본인은 통일교회를 신형 공산주의 집단이라고 비판해 왔으나 이는 사실이 아니었으므로 이에 정정합니다.

이상 세가지 항목이외에 일부 통일교회 이탈자들이 제공한 자료에 많은 잘못이 있어 본인이 통일교회에 피해를 주어 온 데 대해서 심심한 사과의 뜻을 표하며 앞으로는 다시 이러한 일을 하지 않을 것을 다짐합니다.

1978년 9월 일

신흥종교문제연구소
소장 탁명환

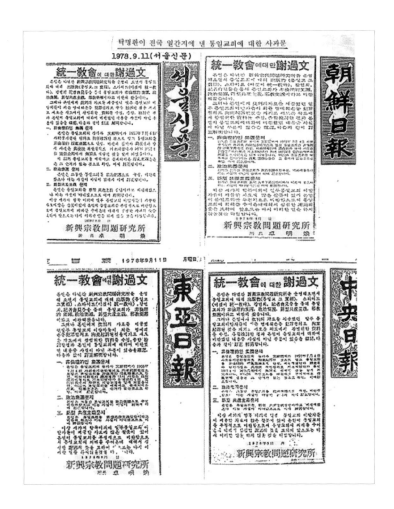

이처럼 탁명환의 통일교에 대한 사과문 게재로 인하여 박윤식 목사는 탁명환에게 더 이상 후원하지 않았다. 통일교 사과문을 발표하기 이전까지는 당시 대성교회로 부터 후원을 받았다.

3. 박윤식 목사에 대한 이단 조작

그러나 통일교 사과문을 발표한 이후 탁명환은 박윤식 목사를 불륜으로, 교리적 이단으로 정죄하기로 작정했다. 그래서 무리하게 이단 조작을 하였던 것이다. 최삼 경도 여기에 가세했다.

OOO은 1978년 9월 10-11일 6대 일간지에
"통일교가 이단이라고 한 것은
잘못 말 한 것이다."라는
'통일교에 대한 사과문'을 발표하였다.

OOO은 박윤식 목사에게 1975년부터
매달 선교비로 당시 2만원씩 지원받고 있었는데,
1983년 2월 그 당시 50만원을 더 지원해달라고
요청하였다.

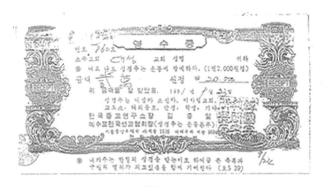

▲ 박윤식 목사가 탁명환에게 건넨 수표

그러나 박윤식 목사는
"당회의 협조를 받아야 하는데
당신이 통일교가 이단이 아니라고 발표해서
당회에서도 명분을 찾을 수 없어
도와줄 수 없다."라고 정중히 거절하였다.

○○○은
"그렇다면 나하고 결별하자는 말이냐?"고 하면서
"○○○○ 3월호부터 박윤식 목사,
당신 기사가 다뤄질 것"이라고 공갈 협박하였다.

○○○은
당시 박윤식 목사가 운영한 신학교에
잠시 다녔던 통일교 출신 이대복으로부터
건네받은 박윤식 목사의 자료를
○○○의 이단조작 방법을 배우는 최삼경과 함께
박윤식 목사의 자료를 살펴보았으나
이단으로 조작할 근거가 전혀 없음을 보고,

○○○에게 사주를 받은 최삼경은
1991년 「목회와 신학」 2월호에
'대성교회 이단 시비의 초점' 이란 기사에서
통일교 출신인 변찬린이 주장했던
"하와가 뱀과 성관계를 맺어 가인을 낳았다"라고
말한 내용을 박윤식 목사가 말했다고
100% 허위 거짓으로 조작하여
「목회와 신학」에 기사로 실었다.

탁명환은 최삼경과 이단 조작을 하기에 이르렀다.

그들은 모두 전라북도 부안 사람이었다.

4. 사진 조작

이단 조작 이외에 사진 조작까지 하였다. 박윤식 목사를 불륜으로 몰기 위하여 사진을 합성하는 방법을 사용했다. 불륜 조작은 박윤식 목사가 L.A에 부흥회를 가서 세 명의 여신도들과 찍은 사진을 한 명의 여신도와 찍은 것처럼 사진을 합성해서 불륜으로 몰았다.

5. 전 김영삼 대통령에 대한 허위 광고 조작

이외에 탁 씨는 당시 감사원장의 사주를 받아 유력한 대선후보였던 김영삼 씨가 통일교로부터 자금을 수수했다고 하며 김영삼 씨에게 피해를 준 적이 있었다. 광고 조작이었다,

이단감별사들의 한국교회 大 사기극

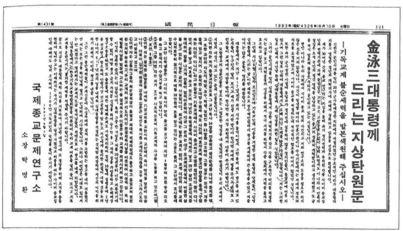

국민일보 1993년 8월 10일자 광고를 통해서 게재되었던 탁명환 씨의 지상탄원문 사본.
탁명환 씨는 13대 대통령 선거전이었던 1987년 10월 중순경부터 김영삼 후보를 통일교의 하수인으로
매도하여 김영삼 장로를 무척 괴롭혔다. 그런데 성서는 거짓선지자가 그의 열매로써 그 스스로를
나타낸다고 증언한다(마태복음 7 : 15~20).

그러나 이는 허위 조작극임이 밝혀졌다. 탁 씨의 측근 이신구 씨는 당시 토요신문
과의 인터뷰에서 이는 탁 씨가 꾸민 허위 조작극이라고 말한 바 있다.

김덕환 씨는 탁명환 씨가 통일교로부터 월 30만원 씩 1년 동안 3백만원을 후원받았다고 했다. 이단감별사들이 이단으로부터 후원을 받는다. 이는 최삼경이 〈교회와 신앙〉의 이름으로 이재록 측으로부터 1,600만원을 후원받은 것과 유사하다. 이단감별사들은 돈이라면 이단, 삼단 따지지 않는다.

▲ 기성교회에 대한 비판도 건설적이고 긍정적인 비판에 그쳐라. 그리고 생계비를 보장할 수는 없고 귀하의 신흥종교문제연구소를 국제종교문제연구소로 바꾸어 한국교계 전체발전과 기독교의 연합에 기여할 수 있는 학문적 연구를 한다면 연구비는 지원할 용의가 있다고 대답했고, 통일교회의 이 조건을 탁씨가 받아들여 76년 7월 23일 오후 4시 서울 서부역되 주림동 소재 국일밥점에서 탁씨와 그와 같이 일하는 K모씨 통일교회측 2명이 동석한 자리에서 탁씨의 요구대로 월 30만원씩의 1년분 연구비 3백만원을 지급했다는 것이다.

탁명환이 한국교계에 공헌한 것도 많이 있지만, 폐해를 준 것도 많이 있다. 당시에 저널을 미리 만들어 이단 사이비 척결을 하고 그 저널에 실리면 이단으로 낙오가 되었다. 그는 광고비를 대가로 많은 교회를 전전하면서 금품을 받아왔고, 금품을 주지 않으면 이단으로 모는 일을 서슴지 않았다. 최삼경 역시 이러한 일을 그대로 반복한다.

최삼경이 〈교회와 신앙〉을 내면서 그대로 흉내 냈다. 〈교회와 신앙〉에 실리면 이단으로 낙인찍힌다. 탁명환도 현대종교라는 저널을 갖고 무차별

적 이단 사냥을 하였다.

6. 이단 조작자의 최후

탁명환씨 집앞서 흉기찔려

종교연구가 **어젯밤 괴한에 목·머리 피습**

영생교 관련회의뒤 귀가중 참변

18일 밤 10시5분께 서울 노원구 월계3동 삼호아파트 31동 2층 복도에서 종교연구가 탁명환(56·사진·국제종교문제연구소장·삼호아파트 31동 206호)씨가 귀가도중 신원미상의 괴한에게 오른쪽 목을 칼로 찔려 중상을 입고 인근 상계 백병원으로 옮겨졌으나 숨졌다.

탁씨는 이날 영생교 신자로 안수를 받다 숨진 김명신씨 사건을 조사하기 위해 안양에서 열린 민주당 인권위 영생교 피해 대책협의회 회의에 참석한 뒤 아들 지원(27)씨와 함께 귀가하다 변을 당했다.

탁씨는 습격을 당한 뒤 곧바로 상계 백병원으로 옮겨졌으나 19일 0시10분께 숨졌다.

아들 지원씨에 따르면 18일 오후 민주당 대책위 회의가 끝난 뒤 승용차편으로 함께 아파트에 도착해 차를 주차시키고 있다 갑자기 아파트 2층에서 '퍽'하는 소리가 들려 뛰어가 보니 아버지 탁씨가 206호 문앞에서 피를 흘리고 쓰러져 있었다는 것이다.

지원씨는 경찰에서 "사건현장에 도착했을 때는 이미 범인이 도망친 뒤여서 범인의 모습은 보지 못했다"고 말했다.

경찰 조사 결과 탁씨의 주검에서는 목에 칼로 찔린 것으로 보이는 상처뿐 아니라 뒷머리에도 흉기로 맞은 흔적이 발견됐다.

이에 따라 경찰은 두명 이상의 범인이 쇠파이프와 칼 등 흉기를 이용해 탁씨를 살해한 것으로 보고 있다.

경찰은 탁씨가 기습당하기 하루 전인 17일 〈한국방송공사〉 'PD수첩'에 출연해 영생교를 비판하는 발언을 했으며, 텔레비전 방송이 나간 뒤 탁씨의 종교문제연구소 사무실과 집에 "이번에는 실수하지 않겠다"는 전화가 여러 차례 걸려왔다는 가족들의 말에 따라 일단 광신 영생교도의 범행일 가능성이 큰 것으로 보고 수사하고 있다.

그러나 경찰은 탁씨가 그동안 잇따라 사이비 종교문제를 폭로해 10여차례 피습한 점에 비추어 탁씨의 종교문제 발언에 불만을 품은 다른 종교단체 교인들에 의한 범행일 가능성도 있는 것으로 보고 수사중이다.

살해된 탁씨는 우리나라의 대표적인 종교문제연구가로 지난 60년대부터 사이비종교의 실태와 폐해를 끈질기게 추적, 폭로한 탓에 지금까지 십여차례나 광신도들로부터 습격을 당했다. 특히 85년에는 자동차 폭탄테러까지 당하는 등 끊임없이 생명의 위협을 겪어 왔다.

92년에도 시한부종말론을 강도높게 비판해 괴한들에게 피습하기도 했던 탁씨는 최근 영생교피해대책협의회 회원들과 함께 영생교의 폐해를 매스컴 등을 통해 폭로한 것과 관련해 협박을 받아왔다고 가족들이 밝히고 있어 주목된다.

그러나 탁씨는 이 과정에서 이단의 개념문제를 놓고 일부 종교집단으로부터 거센 반발을 사기도 했으며 이 때문에 일부에서는 그가 이단종교의 약점을 이용해 자신의 종교적 기득권을 유지해왔다고 비난하기도 했다.

앞에서는 이단 척결, 뒤로는 불륜

탁명환의 살해 소식에 온 세상이 들끓었지만, 당시 탁명환을 살해했던 임홍천의 범행동기는 탁명환의 여성 타락의 문제였다. 임홍천은 탁명환이 의로운 사명감을 갖고 이단 척결운동을 하면서 뒤로는 여자와 함께 포옹하고 애무하는 등 비윤리적인 행동에 격분하여 살해하려는 뜻을 굳혔다고 했다. 기소장은 다음과 같다.

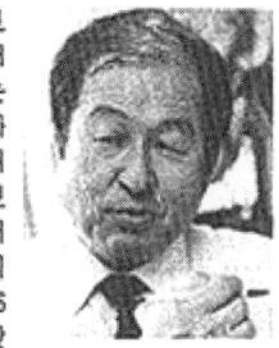

임홍천은 공수부대 출신으로서 군을 제대하고 대성교회에서 막일을 하면서 목회자가 되기를 바랐던 사람이다. 그는 탁명환이 박윤식 목사가 통일교 사과문 사건으로 후원을 해주지 않자, 박윤식 목사의 스캔들을 퍼뜨리며 괴롭히는 것을 보고 의협심이 발동하여 탁명환을 혼내 주려고 결심하면서 탁명환을 미행한다. 탁명환을 미행하던 중 탁명환의 불륜현장을 목격하게 되었다.

탁명환 살해 사건 수사팀장이었던 송경엽 형사에게 임홍천은 다음과 같이 고백하였다.

"처음에는 죽일 생각은 조금도 없었어요. 혼만 내주려고 했지요. 그러나 종교인의 가면을 쓰고 남을 비판한다는 자가 정작 자기는 다른 여자와 불륜을 저지르는 어처구니 없는 현장을 목격하였을 때 '이런 자는 죽어 없어져야 된다' 는 확신을 가지게 되었

습니다. 사람을 죽였다는 현실에 대해 유가족과 사회에 죄송스럽게 생각하지만 자신은 목회자의 길을 선택한 신학도로서 하늘의 심판을 대신한 것 같아 마음이 후련하고 미련이 없습니다. 그날 탁명환이 여자와 밀회하는 현장을 목격하지만 않았어도 죽이지는 않았을 것입니다."

이처럼 순수하게 시작하였던 탁명환이 물질과 타협하면서 이단을 조작하고 허위로 사실을 꾸미는 등의 일로 비극적인 죽음을 맞이하게 되었다. 불행하게도 이러한 이단 조작과 이단으로부터 금품수수가 최삼경에게 그대로 반복되고 있다. 탁명환의 전철을 따른다면 최삼경의 삶도 평탄하지는 않을 것이다. 이단감별사들의 공통적인 것은 언론을 최대한 이용하여 교단 이대위를 통하여 이단 조작을 하고, 뒤로는 물질과 타협하는 일이다.

탁지일 은 탁명환의 장남으로서 현, 현대종교 이사장, 부산장신대 교회사 교수이다. 그리고 예장통합 내 이단사이비대책위원회 전문위원을 역임하기도 했다. 그러나 그의 논문을 보면 다분히 통일교 옹호적이다. 탁지일은 통일교 가족개념을 갖고 '지상세계에서의 하나님의 왕국건설' 이라는 통일교옹호적인 논문을 쓴 사람이다. 학술진흥재단에 제출한 논문의 형식은 김일성 부자의 글자체처럼 문선명에 대해서만 유달리 글자체를 강조하여 문선명의 우상숭배 의혹을 갖고 있다.

제3장

탁 지 일

1. 소개

탁지일은 1964년에 출생한 탁명환의 장남으로서 현재 현대종교 이사장이면서 부산장신대에서 교회사 교수를 하고 있다. 장로회신학대학교를 나오고 샌프란시스코 신학대학원에서 M.Div를 하고, 캐나다 토론토에 있는 카톨릭계열의 St. Michael's College에서 '몰몬과 통일교의 가족을 통한 자신의 지상 왕국건설'에 대해서 박사학위를 받는다. 그는 예장통합교단 내에서 이단사이비대책위원회에서 최삼경과 활동을 한다. 그러나 최삼경이 삼신론, 월경론으로 이단이듯이, 탁지일의 논문도 이단이다. 탁지일의 논문이 왜 이단인지 판단해 보자.

2. 논문

탁지일은 토론토에 있는 카톨릭신학교인 미카엘 대학교에서 2002년에 'Establishing the Kingdom of God on Earth'(하나님왕국의 지상건설)로 박사학위를 받는다.

하나님 왕국의 지상 건설
예수그리스도후기성도교회와 통일교의
가족중심 교리와 실천의 전개과정, 1945-1997

박 지 일

토론토대학교 세인트마이클대학이 수여하는
철학(신학)박사 학위의 조건을 충족하기 위하여
낙스칼리지와 토론토연합신학대학원 역사학과에 제출 된 학위논문

토론토 2002
ⓒ 박지일

　　그러나 그의 논문을 보면 다분히 통일교적인 이단 논문임을 알 수 있다. 그는 원리
강론으로부터 시작한다. 논문 맨 앞에 성서의 구절을 붙인 것이 아니라 몰몬경과 원
리강론으로 시작한다. 개신교 교수로서 논문의 형식상에 문제가 있다.

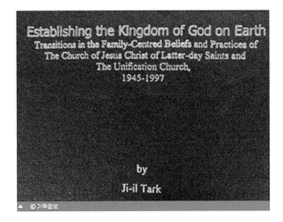

We believe in the literal gathering of Israel and in the restoration of the Ten Tribes; that Zion (the New Jerusalem) will be built upon the *American continent*; that Christ will reign personally upon the earth; and, that the earth will be renewed and receive its paradisiacal glory.

Accordingly, at the Second Advent, Christ is again responsible to build the Kingdom of Heaven on earth and there become the True Parent and king of all humanity. This is another reason why, as at his First Coming, Christ at his Second Coming must be born on the earth.... We can thus infer that the nation which will inherit the work of God and bear its fruit for the sake of the Second Advent is in the East.... *Korea*, then, is the nation in the East where Christ will return.

The *Divine Principle* of the Unification Church

우리는 이스라엘의 실제적인 성립과 열 지파의 회복을 믿는다. 새 예루살렘 시온은 미국 대륙에 세워질 것이다. 그리스도는 지상에서 다스리실 것이며, 지상은 새롭게 되고 천국의 영광이 임할 것이다.

예수그리스도후기성도교회의 "신앙개조"

그리스도가 재림하시면, 그는 하늘 왕국을 지상 위에 세울 것이며, 참부모는 모든 인류의 왕이 될 것이다. 따라서 그리스도의 초림 때처럼, 재림주는 반드시 지상에서 태어나야 한다.... 재림을 위해 하나님의 유업을 받고 열매를 맺을 나라는.... 한국이며, 이곳이 그리스도가 재림하실 동방인 것이다.

통일교의 『원리강론』

탁지일 측이 법원에 제출한 논문 초록을 보자.

그의 논문 초록을 보면 "몰몬교와 통일교 모두 가족 중심의 교리와 실천을 강조하는 것으로 알려졌다. 그 목적도 지상에 하나님의 왕국을 건설한다는 점에서 동일하다. 이 논문은 몰몬교와 통일교의 가족 중심의 교리와 실천이 전개과정을 연구한다....몰몬교와 통일교는 자신들이 교리를 세상에 전하기 위해 부단히 노력하는 한편, 지상에 하나님의 왕국을 건설하기 위한 목적하에 가족에 초점을 맞추고 활동해왔다는 사실을 밝히고 있다"며 몰몬교와 통일교의 가족을 통한 하나님나라 건설을 긍정적으로 드러내고 있다. 논리학의 오류론적 입장에서 볼 때 탁지일은 선결문제 미해결의 오류를 범하고 있다.

몰몬의 일부다처제를 통한 가족과 통일교의 문선명 피갈음을 통한 가족 형성은 지상에서 가장 타락한 가족개념이다. 부패하고 타락한 가족개념의 선결문제를 해결하지 않은 채, 다음 단계로 넘어가는 것은 선결문제 미해결의 오류를 범하고 있는 것이

이단감별사들의 한국교회 大사기극

다. 타락한 가족을 통한 하나님 나라 건설은 어불성설이기 때문이다. 논문을 시작하기 전에 타락한 가족이 어떻게 하나님 나라 건설을 할 수 있는지의 문제를 해결하고 논문으로 들어가야 했다.

탁지일은 교수로서 기본적인 논리학의 개념도 모른 상태에서 박사학위 논문을 썼던 것이다. 이는 다른 많은 교수에게서 잘 나타나는 오류이다. 이러한 목적을 갖고 논문을 쓰다 보니 탁지일은 통일교의 원리강론을 비판 없이 소개하고 있다. 그는 원리강론은 통일교의 실천과 신앙의 토대라며 소개한다.

이외에 "원리강론은 문선명이 한국에서 태어난 진정한 부모이고 메시야이고 지상에 하나님의 나라를 세울 것이라고 암시했다"고 했다.

원리강론 비판없이 소개

탁지일은 원리강론에 대해서도 전혀 비판하지 않았고 오히려 원리강론이 통일교의 실천과 신앙의 토대라고 소개한다.

"원리강론은 통일교의 실천과 신앙의 토대이다. 문선명은 1945년에 조직했고 1966. 1월에 발행했다. 원리강론에서 문선명은 통일교의 목적이 현존하는 종교와 이데올로기의 통일이고, 지상에 하나님의 왕국을 세우는 것이라고 진술한다."

2. *Divine Principle*

The *Divine Principle* (원리강론) is the foundation of the belief and practice of the Unification Church. Sun Myung Moon had organized it by 1945 and published it on May 1, 1966. In the *Divine Principle*, Moon clearly states that the purpose of the Unification Church is the unification of all the existing religions and ideologies and the establishment of the kingdom of God on earth.

Therefore, in order for God's providence of salvation to be completely fulfilled, this new truth should first elevate the idealism of the democratic

[162] Ibid.

[163] "Introductory Note," in the *Pearl of Great Price*.

72

▲ ⓒ 법과 교회

> "원리강론은 문선명이 한국에서 태어난 진정한 부모이고 메시야이고 지상에 하나님의 나라를 세울 것이라고 암시했다."

> world to a new level, then use it to assimilate materialism, and finally bring humanity into a new world. This truth must be able to embrace all historical religions, ideologies and philosophies and bring complete unity among them.... Therefore, once the sinful history of humanity has come to an end, a new historical era will begin wherein people simply will not commit sins.... The world without sin which has just been described, this long-sought goal of humankind, may be called the *Kingdom of Heaven*. Since this world is to be established on the earth, it may be called the Kingdom of Heaven on earth.[164]

> While not mentioning him directly by name, the *Divine Principle* implied that Sun Myung Moon was the True Parent and Messiah who was born in Korea and would be establishing the kingdom of God on earth.

그러면서 원리강론을 여과없이 무차별적으로 인용하고 있다. 문선명 받아쓰기를 하고 있다.

> 살다가 육신을 벗고 영계로 가게 되면, 바로 거기에 천상천국이 이루어지게 된다. 그러므로 하나님의 창조목적은 어디까지나 먼저 이 지상에 천국을 건설하시려는 데 있었던 것이다." Sun Myung Moon, *원리강론 (Divine Principle)*, 112.
> ▲ ©기독공보

> [280] Ibid., 195.
> [281] Ibid., 103. ".... 그러므로 이제 인류의 부모되신 예수님만 재림하시면 전인류는 하나의 정원에서 하나의 대가족을 이루어가지고 단란하게 살 수 있게 될 것이다." Sun Myung Moon, *원리강론 (Divine Principle)*, 137.
> ▲ ©기독공보

> [422] Sun Myung Moon explains, "참부모의 전통적 사상을 제아무리 핍박이 많더라도 사방팔방에서 오는 모든 핍박을 다 제압하여 이제 고속도로를 닦아놓았다구요.... 어디든지 마음놓고 축복받을 수 있는 시대가 왔습니다. 이번에 남미에서 축복받는데 축복받는 장소가 제한이 없어요. 자기 집에서도 하고 교회에서도 하고 시장에서도 하고 저 화장실에 가서도 할 수 있다는 것입니다." Sun Myung Moon, "우리의 이상가정은 하나님의 안식의 집 (Our Ideal Family is the House of God)," 45.
> [423] Sun Myung Moon, *Blessing and Ideal Family*, 209.
> [424] Ibid., 215.
> ▲ ©기독공보

이단감별사들의 한국교회 大 사기극

566 Sun Myung Moon, *God's Voice to Today's America: God's Warning to the World*, 60.

567 Ibid., 68.

568 See Sun Myung Moon, *Exposition of the Divine Principle*, 195.

569 Sun Myung Moon, *Blessing and Ideal Family*, 499.

570 Ibid., 527.

571 Ibid.

190

그러면서 "하나님은 인류가 그와 함께 있는 사랑에 중심한 참된 부모의 자녀들로 만들려고 노력하고 계신다"며 문선명이 참부모라는 것을 비판없이 소개하고 있다. 그러면서 문선명의 재림을 강조하고 있다. 그래서 그의 논문이 이단이라는 것이다. 참부모 사상을 비판했어야 했다. 금전적 의혹이 있는지 몰라도 그는 비판을 하지 못하는 이유가 있을 것이다.

2. 참부모

문선명의 선언들은 한편 참 조직화된 참부모를 중심으로 한 통일교의 행정조직에 의해 진행되어 왔다. 이 시스템은 수직적으로는 참부모에게 초점을 맞추고 있으며, 또한 수평적으로는 세계평화통일가정연합의 셀 수 없는 외곽조직들과 관련되어 있다.

첫째로, 지상에 하나님 황국을 세우기 위한 모든 계획들은 권위적인 지도부인 참부모, 즉 문선명과 한학자에 의해 시작되고 추진된다. 캐나다 토론토에서 "모든 인류를 위한 인생노정"이라는 제목으로 행한 한학자의 연설에 따르면, 한학자는 참부모는 모두 메시아라고 다음과 같이 그 위치를 설명했다.[161]

하나님은, 인류가 그와 함께 있는 사랑에 중심한 참된 부모의 자녀들로 만들려고 노력하고 계신다.

탁지일의 논문 내용을 보면 "**인류의 부모되신 예수님(문선명)만 재림하시면 전 인류는 하나의 정원에서 하나의 대가족을 이루어가지고 단란하게살 수 있을 것이다**"는 내용을 여과없이 기록하여 예수의 재림보다 문선명의 재림을 강조하고 있다.

> Parent, human beings will become one family. "[A] family can be formed only when there is a father and a mother; only then can true brotherly love arise. Only when Christ comes again as the Parent of humanity will all people join together in one great family and live harmoniously in the global village."[67]

[67] Ibid., 103. "...그러므로 이제 인류의 부모되신 예수님만 재림하시면 전인류는 하나의 정원에서 하나의 대가족을 이루어가지고 단란하게 살 수 있게 될 것이다." San Myung Moon, 원리강론 (Divine Principle), 137.

이단 옹호 논문은 여기서 그치지 않는다. 북한 교과서처럼 문선명과 관련된 부분은 그는 활자체를 강조 하고 있다. 북한 교과서를 예를 들어 보면 김일성과 김정일에 관한 내용이라면 활자체를 크게해서 강조한다.

이단감별사들의 한국교회 大 사기극

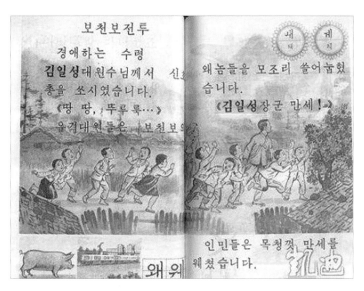

탁지일은 문선명을 존경하는 분이라고 표현하면서 그에 대해서는 활자체를 크게 해서 강조한다. 이는 김일성, 김정일을 우상숭배 하는 것처럼 문선명을 존경하거나 우상숭배 하는 것이다. 제정신을 가진 개신교인이라면 이러한 논문의 형식과 내용을 쓸 수 없을 것이다. 이러한 논문은 선문대학원 출신 학생들이나 교수에게서만 가능한 논문이다.

탁지일은 문선명을 존경하는 분(Reverend Moon)이라고 표현하고, 유독 문선명과 관련한 내용에 대해 활자체를 크게 하고 원리강론을 논문 맨 앞에 두어 문선명과 통일교를 옹호해왔다.

일제통치말엽에 문선명은 다른 기독교인들을 접촉해서 지상에 하나님의 왕국을 세우기 위해 그들과 함께 일을 했다. 미국기독교선교사들은 이러한 젊은 선생의 말을 들었고, 그를 지방설교가로서 무시했다. 그들 회원과 함께 한 한 젊은이의 호소에 시기하는 한국목사들은 문선명을 거절했고 잘못된 교리를 가르친다고 그를 비난했다. 기독교교회들은 문선명을 수용하는데 실패했고, 존경하는 문선명(REVERAND MOON)은 개척자의 외로운 길을 걸어가야 한다고 깨달았다.

REVEREND MOON REALIZED THAT HE WOULD
HAVE TO WALK THE LONELY PATH OF A
PIONEER.[147]

▲ ⓒ기독공보

WITH THE END OF JAPANESE RULE, HE [SUN MYUNG MOON] CONTACTED OTHER CHRISTIANS AND OFFERED TO WORK WITH THEM TO BUILD GOD'S KINGDOM ON THE EARTH. AMERICAN CHRISTIAN MISSIONARIES HAD ALSO HEARD OF THIS YOUNG TEACHER, AND DISREGARDED HIM AS A "COUNTRY PREACHER." KOREAN MINISTERS, JEALOUS OF THE YOUNG MAN'S APPEAL WITH THEIR MEMBERS, REJECTED HIM AND ACCUSED HIM OF ESPOUSING FALSE TEACHINGS. BECAUSE THE CHRISTIAN CHURCHES FAILED TO EMBRACE HIM, REVEREND MOON REALIZED THAT HE WOULD HAVE TO WALK THE LONELY PATH OF A PIONEER.[147]

In addition to religious tension, Moon also experienced socio-political

　　하다못해 문선명의 아내 최수길까지 글자체를 크게 하여 존경하는 자세를 나타낸다.

"1943년에 문선명은 양부모의 주선으로 거의 첫아내 최수길과 결혼했다. Michael Breen은 문의 결혼이면의 이유를 설명하고 있다."

2. "The Establishment of the Position of the True Parents" of The Unification Church (1960-1992)

In 1943, Sun Myung Moon married his first wife, Sun Kil Choi, through an arrangement by the couple's parents. In his book, Sun Myung Moon: The Early Years 1920-53, Michael Breen explains the reason behind Moon's marriage:

[461] "Bigamy conviction may affect thousands," *The Toronto Star*, May 20, 2001. Tom Green is not a member of the LDS Church but one of several Mormon denominations practicing polygamy.

[462] Fabian Dawson, "Polygamists from U.S. using B.C. as 'safe haven'," *Globe and Mail*, August 27, 2001, sec. A1.

[463] Martin Marty, "Polygamy and 'Christian' Civilization," *Sightings*, May 21, 2001.

161

"문선명의 첫아내 최수길은 강한 특성을 가진 매력적이고 지성적인 여인으로 묘사된다. 문은 남편의 사역에 대한 아내의 태도때문에 고통스런 갈등에 직면했다."

Moon's first wife, Sun Kil Choi, is described as "an attractive, intelligent girl with a strong character."[465] Moon faced "a new, and painfully personal, struggle" due to Choi's attitude towards her husband's ministry.

Moon and his followers tried to reason with his distraught wife. They talked for several hours. Moon tried to explain that he was not just behaving selfishly in wanting to teach his followers. She had great difficulty understanding. Because they had married before Moon had shared his theology with anyone and before he had started his religious ministry, she had no idea what he was teaching these people about, nor of his conviction that he had a providential mission given by God.[466]

　탁지일은 통일교와 몰몬교의 가족의 타락상을 밝히는 것이 아니라 오히려 타락한 가족이 하나님의 왕국을 건설하는 것을 밝히는 것이다. 탁지일은 그의 논문에서 "더욱 주목할 점은, 몰몬교와 통일교 모두 가족 중심의 교리와 실천을 강조한다...통일교 또한 하나님 왕국의 가장 기초적인 단위가 가족이다"고 주장하면서 "몰몬교와 통일교는 자신들이 교리를 세상에 전하기 위하여 부단히 노력하는 만큼, 지상에 하나님의 왕국을 건설하기 위한 목적 하에 가족에 초점을 맞추고 활동해왔다는 점을 밝히려고 한다"고 했다.

더욱 주목할 점은, 몰몬교와 통일교 모두 가족 중심의 교리와 실천을 강조하고 있다는 사실이다. 그리고 지상에 하나님의 왕국을 세운다는 목적 또한 동일하다. 몰몬교는 "가족은 교회와 사회의 가장 기초적인 단위이고, 가족의 필요성과 정의로움 보호는 모든 것에 우선한다."고 믿는다. 통일교 또한 "하나님 왕국의 가장 기초적인 단위가 가족"이라고 믿는다.

이 논문은 몰몬교와 통일교의 가족중심의 교리와 실천의 전개과정을 연구한다. 시기적으로 1945년부터 1997년까지로 제한한다. 또한 이 연구는 제2차 세계대전 이후 개인주의와 다문화주의의 영향력 아래 있는 신흥종교운동과 가족의 관계성에 대한 사례연구이기도 하다. 이 연구를 통해, 사회학적 본질과 종교적 교리와 실천으로 인해 야기된 주변사회와의 다양한 갈등과 충돌에도 불구하고, 몰몬교와 통일교는 자신들의 교리를 세상에 전하기 위해 부단히 노력하는 한편, 지상에 하나님의 왕국을 건설하기 위한 목적 하에 가족에 초점을 맞추고 활동해왔다는 점을 밝히려고 한다. 한편, 몰몬교는 이를 통해 성장을 거듭해 왔지만, 반면 통일교는 수십 년 간 많은 도전에 직면해 오고 있다.

이 논문은 두 부분으로 나뉘어져 있다. 첫 번째 부분(제1장과 제2장)은 몰몬교와 통일교의 사회·종교적 특징과 역사적 배경을 분석하고, 몰몬교와 통일교가 겪은 주변 사회들과의 다양한 긴장과 충돌, 그리고 이를 어떻게 해결했는지를 연구한다. 이를 위해 제1장에서는, 몰몬교와 통일교의 특징을 분류하기 위해, 종교사회학 분야에서 사용하는 방법론적인 접근을 시도한다.

탁지일은 가족개념의 윤리적인 문제를 전혀 지적하지도 않고 비판도 하지 않았다. 몰몬의 일부다처의 가족과 통일교의 피갈음의 가족이 지상에 하나님 나라 건설이 어떻게 가능한지를 먼저 지적했어야 했다. 처음부터 불륜의 비상식적인 가족을 정당화하고 이들이 하나님 나라 건설의 구성원이라는 개념으로 논문을 이끌고 가는 것은 이단을 정당화하는 것으로 이단 옹호 논문이다. 이러한 사람이 이단을 감별하겠다고 예장통합 이대위의 전문위원이 되었던 것이다.

그러나 부산장신대 이사회는 탁지일 교수의 박사학위 논문에 대하여 확인 절차 없이 과장 보도된 것으로 보고, 논문에 전혀 문제가 없다고 판단했다.

이사장이 최근 인터넷언론 '법과교회'에 보도된 탁지일교수의 박사학위논문에 대하여 확인절차 없이 과장 보도된 것에 대하여 심히 우려를 표방하고 당사자인 탁지일 교수의 설명을 들어보기로 제안하니 참석이사 전원찬성으로 허락하다. (탁지일교수 등장하다.) 이어 탁지일교수의 설명을 듣고 논문에 전혀 문제가 없음을 확인하고, 또한 탁지일교수의 그간 교수연구업적, 교육평가, 행정업무수행에 우수한 평가를 받아온 점도 총장으로부터 확인하니 이수부이사의 동의와 이기주이사의 재청으로 참석이사 전원찬성으로 의결하다.

6. 회의록채택 : 서기 이사가 회의록을 낭독하니 회의록을 채택하기로 하고, 회의록에 간서명 할 이사를 이기주이사, 임헌백이사, 이수부이사로 하기로 김용관이사 동의와 이교헌이사의 재청으로 이사장이 찬반을 물으니 참석이사 전원 찬성으로 가결하다.

7. 폐회 : 회무처리를 다하여 폐회하자는 이윤수이사의 동의와 이종삼이사의 재청으로 민영란이사의 기도로 폐회하니 동일 오후 2시 15분이었다.

학교법인 부산장신대학교   이사장 민 영 란

이 사 김 용 관

이 사 황 용 인

〈간서명〉

이러한 논문은 통일교와 타협없이 쓰는 것은 불가능하다. 통일교로부터 연구자금을 받고 썼을 가능성을 무시하지 못한다. 탁명환도 통일교와 타협을 하여 연구비를 받은 바 있다.

"국일반점에서 탁 씨와 그와 같이 일하는 K모 씨는 통일교회 측 2명이 동석한 자리에서 탁 씨의 요구대로 월 30만원씩의 1년분 연구비 3백만원을 지급했다는 것이다"

비판을 받아야 성장하는 것 아니냐.

▲ 기성교회에 대한 비판도 건설적이고 긍정적인 비판에 그쳐라. 그리고 생계비를 보장할 수는 없고 귀하의 신흥종교문제연구소를 국제종교문제연구소로 바꾸어 한국교계 전체발전과 기독교의 연합에 기여할 수 있는 학문적 연구를 한다면 연구비는 지원할 용의가 있다고 대답했고. 통일교회의 이 조건을 탁씨가 받아들여 76년 7월 23일 오후 4시 서울 서무역됨 쌍림동 소재 국일반점에서 탁씨와 그와 같이 일하는 K모씨 통일교회측 2명이 동석한 자리에서 탁씨의 요구대로 월 30만원씩의 1년분 연구비 3백만원을 지급했다는 것이다.

그러나 탁씨는 통일교회에 대해 악의적 비난을 계속할 뿐더러 간판도 바꾸지 않고 비판책자를 만드는 등, 수차례의 기만행위를 계속하자 79년 9월 통일교회 측에서 최후대책으로 탁씨의 언행과 책자를 모아 사기 및 명예훼손으로 고소할 방침을 굳히자 이 사실을 안 탁씨가 ▲ 고소는 언제라도 할 수 있지 않느냐.'속죄하는 뜻으로 사과문을 내겠다. ▲ 사과문을 낸 후에도 내 태도가 달라지지 않거든 언제든지 고소해도 달게 받겠다며 자필로 각서와 사과문을 써서 통일교회측에 넘겨주었다는 것이다.

그런데 당시 탁씨는 국내 각 신문지면을 통해 사과문에서 '다년간 통일교회를 비판해온 내용이 사실과 달라 본인의 비판으로 통일교회에 피해를 준 데 대해 심심한 사과를 표하고 앞으로 다시 이런 일이 없을 것을 다짐한다'고 밝혔다.

탁씨는 이 사과문에서 또 사과문발표의 동기를 "본인에게 통일교회의 자료를 제공해왔던 사람들이 명예훼손 등 범죄혐의로 구속기소된 것을 계기로 광범위한 자료를 다시 입수, 종합분석한 결과 본인의 비판에 잘못된 부분을 발견하게 되었다"고 말한 바 있다.

자필로 사과문을 쓴 탁씨는 그후 '강압에 의해 본인의 뜻과 달리 썼다'고 주장하나 통일교회측은 "평소 유언장을 휴대하고 경향 각지를 돌며 생명을 걸어 놓고 통일교회 비판운동을 한다고 말한 그가 강압에 의해 사과문을 썼다고 변명하는 것은 자가당착"이라고 주장하고 있다.

(1980년 1월 16일 주간종교)

이에 대해 필자는 탁지일이 통일교에서 연구자금을 받고 논문을 썼을 가능성을 제기했다. 그러자 탁지일은 필자를 고소하였다.

원고는 이단연구가로서 통일교와 몰몬교의 교리를 학술적으로 정리하여 이단으로 인한 사회적 폐해를 예방하기 위하여 이 사건 논문을 발표하였고, 위 논문에 사용된 글자는 전체적으로 동일한 크기와 굵기로 되어있다. 그런데 피고는 이 사건 기사에서 원고가 통일교 교주인 문선명 부분의 글씨를 크게 하거나 진하게 하는 방법으로 문선명을 찬양한 통일교 옹호자라고 표현하였고, 이 사건 논문을 '통일교에서 연구자금을 받고 쓴 논문, 통일교도가 썼을 가능성이 큰 논문'이라고 기재하였으며, 위 논문의 내용을 임의로 번역하여 원고를 비난하는 등 악의적으로 허위사실을 적시하여 원고의 명예를 훼손하였다. 그러므로 피고는 원고에게 위 불법행위에 따른 위자료로 3,000만원을 지급하여야 한다.

그러나 형사와 관련한 법원의 판단은 다음과 같았다.

바. 『2017고단419』

피고인이 영문 저서를 직접 읽어보지 않은 상태에서 섣불리 고소인 탁지일에 대한 의혹을 제기한 측면이 없지 않으나, 공적인 존재에 대한 비판적인 의견을 표현하는 것은 언론 본연의 기능에 속하는 것이므로 원칙적으로 위법하다고 볼 수 없고, 기독교 신앙인 겸 언론인의 관점에서 피고인이 한 고소인에 대한 의혹제기는 공적 관심사안으로서 그 사회적 책임에 비례하여 상대적으로 넓게 허용될 필요가 있는 점, 피고인이 기사를 게재한 인터넷 기독교신문을 읽는 독자는 대부분 기독교인들로서, 고소인의 부친이 한 이단 연구활동 관련하여 통일교 관련 연구자금 수수의혹이 있었던 적이 있었던 만큼, 그 아들인 탁지일이 대를 이어 진행하고 있는 연구성과 또한 이들의 공적 관심의 대상사안이라 볼 여지도 있는 점, 고소인은 부산장신대 교수로서 교단이단대책위원회 전문위원 및 이단비판 저널인 '현대종교'의 발행인으로 활동하고 있는 공인이라 할 수 있는 점, 피고인의 게시글에 일부 단정적이거나 과장된 표현은 있으나 이는 공인인 고소인에 대한 부정적 가치판단이나 평가를 내용으로 하는 비유적 의견표명을 통하여 고소인의 통일교 관련한 옹호 논문 및 연구자금 출처에 대한 의혹을 제기함으로써 교계 및 학계에서 토론하고 판단할 수 있는 여지를 제공한 것으로 볼 여지도 없지 않은 점 등을 고려하면, 검사가 제출한 증거들만으로는 이 부분 공소사실이 고소인 탁지일에 대하여 비방의 목적으로 허위사실을 적시하여 탁지일의 명예를 훼손하였다고 단정할 수 없다.

민사와 관련한 법원의 판단도 사실관계를 인정하고 명예훼손이 안된다고 판단하였다.

기사에서 이 사건 논문을 번역하여 전체적인 맥락, 표현의 대상과 주제 등을 검토하고, 위 1)항에서 본 글자의 크기, 굵기, 형태 등의 구성형식상 강조되어 있는 내용을 개신교 및 통일교의 교리와 비교하여 중첩적으로 비평한 점, ④ 위 기사의 내용은 대부분 원고의 사회적 지위와 종교계에서의 영향력 등에 대한 평가와 더불어 주관적인 입장에서 '문선명' 부분의 표현방식을 비판한 것이거나 종교적 의견 또는 논평을 표명한 것으로서, 통일교를 향한 신앙교리 논쟁을 통하여 개신교 신자들에게 비판하고자 하는 내용을 널리 알리고자 한 것으로 보이는 점, ⑤ 피고가 이 사건 논문의 영어단어를 원고가 의도한 뜻과 다르게 번역하기도 하였으나, 영어를 한글로 번역하는 과정에서 단 하나의 정해진 해석만이 존재한다고 볼 수 없고, 피고가 악의적으로 위 논문 내용을 오역 또는 축약하였다고 볼만한 특별한 사정도 없는 점, ⑥ 이 사건 기사 중 원고가 통일교의 연구자금을 받았을 가능성이 높다거나 통일교도가 썼을 가능성이 큰 논문이라는 표현 부분은 익명의 종교계 언론인과 종교계주간지 대표가 이 사건 논문에 대하여 제기한 의혹을 인용한 것인 점, ⑦ 피고가 일부 단정적이고 과장된 표현을 사용하기는 하였으나, 원고의 주관적 명예감정을 침해하는 표현행위를 하였다거나 그 사회적 평가에 영향을 미치는 비판적인 의견을 표명하였다는 점만으로 명예훼손이 된다고 할 수 없고, 위 표현들은 원고에 대한 부정적 가치판단이나 평가를 기초로 이 사건 논문을 둘러싼 의혹이 있다는 점을 강조 또는 수사적으로 표현한 것에 불과하다고 보이는 점 등을 종합하여 보면, 갑 제5, 6호증의 각 기재만으로는 피고가 이 사건 기사를 게재함으로써 원고의 명예를 훼손하였음을 인정하기에 부족하고, 달리 이를 인정할 만한 증거가 없다.

　　　3) 원고의 위 주장은 더 나아가 살펴볼 필요 없이 이유 없다.

▲ 동부지법 2016가합106245

그러나 탁지일은 2016년 5월 30일 한국기독신문과의 인터뷰에서 "내 논문에 대한 문제 제기는 '조작'이다"라고 했다.

이단감별사들의 한국교회 大 사기극

3. 탁지일의 변명

한국기독신문
THE KOREA CHRISTIAN NEWSPAPER

최종편집

뉴스 | 오피니언 | 인물 | 기자수첩 | 문화 | 포토뉴스   검색어

역사현장 · 광야의 소리

뉴스

› 뉴스종합
› 뉴스초점
› 기획
› 탐방
› 이단

Home › 뉴스 › 뉴스초점

−작게   ＋크게   🖨프린트 📋스크랩 ✉메일전송 💬댓글달기 목록 ◆이전

탁지일 교수, "내 논문에 대한 문제제기는 '조작'이다"

2016/05/30 17:27 입력

▲▲ 지난 25일(수) 거제교회에서 열린 제1회 부산이단대책세미나에서 강의한 탁지일 교수(부산장신대)를 만났다. 최근 모 언론에서 제기한 논문 문제에 대한 질문에 조만간 입장을 밝히겠다고 말했다.

　　그러나 동부지법은 원심부터 허위사실이 아니라고 판단했다. 탁지일이 허위사실을 말한 것이다.

다. 판단

　　1) 갑 제3호증의 기재에 의하면, 피고가 이 사건 기사에서 '이 사건 논문은 문선명에 관련된 글만 유독 활자를 크고 진하게 하며 다른 문장보다 부각시킨다'는 취지의 내용을 기재한 사실은 인정된다. 그러나 갑 제4호증의 10, 제8호증, 을 제26호증의 각 기재에 변론 전체의 취지를 종합하면, 피고는 한국교육학술정보원(RISS)의 데이터베이스에 등재된 이 사건 논문의 PDF파일을 열람한 후 이 사건 기사를 작성한 사실, 위 PDF파일 중 '문선명(Sun Myung Moon)' 관련 부분은 다른 부분의 글씨에 비하여 크고 굵게 표기되어 있으며, 이탤릭체로 표시된 곳도 있는 사실을 알 수 있는바, 앞서 본 사실만으로는 피고가 이 사건 논문의 형식, 구성방식 등에 관하여 허위사실을 적시하였다고 할 수 없다.

▲ 동부지법 2016가합106245

　　탁지일은 외국 박사학위 소지자라면 누구나가 제출해야 하는 학술연구정보 서비스에서 자신의 논문을 삭제해달라고 요청했다. 통일교와 타협 가능성이 있는 논문이기 때문이다. 이처럼 탁지일은 자신의 논문이 통일교와 타협 가능성이 있는 논문으로 드러나자 급기야 논문 삭제 요청을 하였던 것이다. 자신이 쓴 논문에 자신이 없기 때문이다.

RISS에 들어가서 그의 논문을 찾으면 "해당논문은 저작자의 요청에 따라 [원문보기]가 제공되지 않습니다"라고 적혀 있다.

・주제어　　　　Kingdom of God on Earth, 교회사, 몰몬교, 통일교
・소장기관
※ 해당 논문은 저작자의 요청에 따라 [원문보기]가 제공되지 않습니다.

▲ ©강규학

이제 RISS 에 들어가 "Establishing the Kingdom of God on Earth"을 검색하면 PDF파일의 내용없이 그의 논문 제목만 볼 수 있다.

Establishing the Kingdom of God on Earth(지상에 하나님의 왕국 세우기) : Transitions in the Family-Centred Beliefs and Practices of The Church of Jesus Christ of Latter-day Saints and The Unification Church, 1945-1997 http://www.riss.kr/link?id=T8984173

학위논문 (307)

Establishing the Kingdom of God on Earth : Transitions in the Family-Centred Beliefs and Practices of The Church of Jesus Christ of Latter-day Saints and The Unification Church, 1945-1997

Tark, J. I. University of Toronto. [2002] [박사학위]

간략보기   복사/대출신청

이처럼 통일교 옹호 논문을 쓴 사람이 직영신학대학원의 교수로서 활동하고 있다. 통일교와 타협하고 불륜을 일삼은 사람이 순교자의 반열에 올라와 있는 것이 한국 교회의 현실이다. 정부에도 주사파가 있듯이 교단에도 통일교 옹호자가 있는 것이다.

탁지원은 현대종교 발행인으로서 아동을 모욕하다가 손해배상 소송을 당하였고, 불법모금을 하다가 벌금형을 받았고, 나아가 아버지(탁명환)의 살인자가 당시 체포되었음에도 불구하고 아직도 체포되지 않았다며 수많은 신도들 앞에서 강연을 하며 동정심을 끌어내려는 등 새빨간 거짓말로 허위사실을 유포하기도 하였다. 허위와 불법이 꼬리에 꼬리를 물고 있었다.

제4장

탁 지 원

1. 소개

탁지원은 1968년생으로 탁지일의 동생으로서 숭실대학교를 나왔고, 현대종교 발행인으로 있다.

2. 모욕죄

아버지는 통일교로부터 금품을 수수했고 형은 통일교 옹호 논문을 써 통일교와 금품수수 의혹이 있고, 탁지원은 2006. 12. 26. CTS TV 방송국에서 '진짜와 가짜를 구별히리'는 소제목으로 강의를 하고, 2007. 4. 17~18. 양일간 OO대학교에서 '이단 세미나'를 하면서 OOOO교회 어린이합창단의 찬양 모습이 담긴 동영상을 보여주면서 '이단 사이비' 등의 말로 경멸하고 모욕을 하다가 법원으로부터 벌금 50만원을 선고받았다.

이어 민사소송에서 재판부는 "피고 탁지원이 위의 발언이 포함된 강의를 하면서 이 사건 동영상을 사용한 것은 원고(피해 아동 8명)들에 대한 사회적 평가를 저하시킬 만한 가치 판단이나 경멸적 감정을 드러낸 것으로 원고들을 모욕하는 행위에 해당한다 할 것이므로 피고 탁지원은 원고들에게 모욕행위로 인하여 원고들이 입은 정신적 손해를 배상할 의무가 있다"고 하면서 "원고 아동들에게 각 1,000만원씩, 8,000만원을 배상하라"고 판결하였고, 대법원에서 확정되었다.

2012. 3. 26. 뉴스한국은 다음과 같이 보도했다.

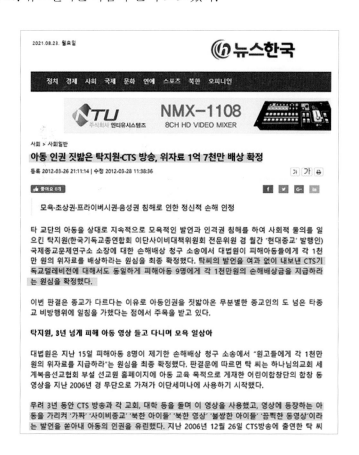

이단감별사들의 한국교회 大 사기극

3. 불법모금

탁지원은 이 금액을 모금하기 위하여 불법모금을 했다. 결국 10억 원이 넘는 거액의 기부금을 불법으로 모금하여 유용한 혐의로 대법원으로부터 '기부금품의 모집 및 사용에 관한 법률 위반'으로 유죄판결을 받았다.

원심에서는 무죄가 나왔다. 2014년 1월 14일 노컷뉴스는 "현대종교의 활동에 공감하는 기독교인 또는 교회를 중심으로 후원금을 모집해 온 사실이 인정된다"며, "후원금 모집 범위도 정당하다고 판단해 법원은 무죄를 선고했다"고 보도했다.

그러나 항소심에서 뒤집혔다. 항소심에서는 현대종교가 종교단체가 아니라며 불법

모금을 인정해, 벌금 500만원을 선고했다.

　"현대종교는 이 사건 법률상 종교단체로 볼 수 없고, 후원금을 모집한 대상도 이 사건 법률상 '신도'에 해당하지 않으므로, 피고인의 이 사건 기부금 모집행위는 이 사건 법률 제2조 제1호 나,목에 의하여 이 사건 법률의 작용이 배제된다고 할 수 없다"고 했다.

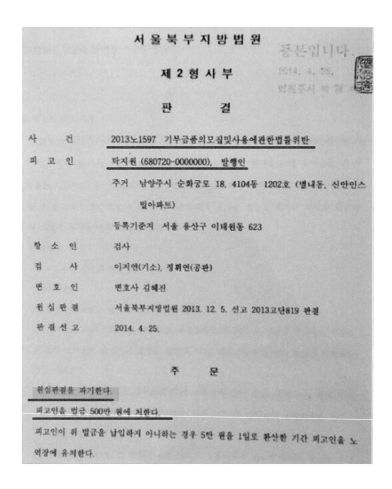

이단감별사들의 한국교회 大 사기극

상은 "현대종교"와 관련되어 있는 자들뿐만이 아니라 불특정다수를 대상으로 한 것으로 보아야 하는 점 등을 종합해 보면, "현대종교"는 이 사건 법률상 종교단체로 볼 수 없고, 후원금을 모집한 대상도 이 사건 법률상 "신도"에 해당하지 않으므로, 피고인의 이 사건 기부금 모집행위는 이 사건 법률 제2조 제1호 나.목에 의하여 이 사건 법률의 적용이 배제된다고 할 수 없다.

따라서 이 사건 공소사실을 무죄로 판단한 원심판결에는 법리오해의 위법이 있으므로 검사의 주장은 이유 있다.

3. 결론

그렇다면, 검사의 항소는 이유 있으므로 형사소송법 제364조 제6항에 의하여 원심판결을 파기하고, 변론을 거쳐 다시 다음과 같이 판결한다.

범 죄 사 실

피고인은 서울 중랑구 상봉동 137-15 상봉오피스텔 125호 사무실에서 "현대종교"라는 상호로 사업자등록을 하고, 매월 "현대종교"라는 이름의 월간지를 발행해왔다.

피고인은 위 사업장을 운영하면서 행정안전부장관에게 등록하지 아니하고, 2008. 1. 1.부터 2012. 10. 30.까지 현대종교 월간지에 "매달 10,000원의 후원자를 2012명 만나는 것을 현대종교의 주요 계획으로 삼았습니다. 간절한 마음으로 2012호까지의 주인공을 찾습니다."라는 내용의 글을 싣고, 위 월간지 및 인터넷 홈페이지 현대 종교 싸이트에 "월간 현대 종교는 여러분의 격려와 기도, 그리고 건강한 후원금으로 운영됩니다."라는 취지의 글을 싣는 방법으로 불특정 다수인을 상대로 후원금을 모집하여 위 기간 동안 약 1,008,743,800원 상당의 기부금품을 모집하였다.

증거의 요지

대법원 판결문(2013노1597)에 의하면 "현대종교는 이 사건 법률상 종교단체로 볼 수 없고, 후원금을 모집한 대상도 이 사건 법률상 "신도"에 해당하지 않으므로 피고인의 이 사건 기부금 모집행위는 이 사건 법률 제2조 나.목에 의하여 이 사건 법률의 적용이 배제된다고 할 수 없다. 따라서 이 사건 공소사실을 무죄로 판단한 원심판결에는 법리오해의 위법이 있으므로 검사의 주장은 이유 있다"라고 명시되어 있다.

이처럼 탁지원은 현대종교 발행인으로서 상습적인 세금탈루에 이어 거액의 불법 기부금 모금까지 종교를 이용하여 사리사욕을 도모한다는 비판에서 자유롭지 않게 되었다.

4. 허위사실 유포

탁지원의 비윤리성은 여기서 끝나지 않는다. 그는 2021년 3월 26일 새문안교회에서 상반기 권찰 세미나를 하면서 자신의 아버지를 살해한 살해범이 아직도 붙잡히지 않았다고 수많은 신도들을 기만했다.

탁지원은 공소시효 만료로 인해 살해범을 붙잡아도 처벌은 안 된다며 살해범은 언젠가는 붙잡힐 것이라고 했다.

그러나 탁명환의 살해범이 붙잡힌 것은 세상이 다 아는 사실인데 본인 혼자서 살해범이 붙잡히지 않았다고 거짓말을 했다.

MBC 엄기영 앵커는 1994. 3. 2. 탁명환 살해범은 붙잡혔다고 보도했다.

이는 탁지원이 자신
의 아버지 살해범이
붙잡히지 않았다고 함
으로서 신도들의 동정
을 끌어내려는 의도라
고 볼 수밖에 없다. 이
처럼 탁지원은 기부금
법을 위반했고, 모욕

죄로 벌금형을 선고받았으며 심지어 새문안교회에서 신도들을 기만하기까지 했다.
탁명환의 살해범 임홍천은 붙잡혀 현장 검증까지 받았다.

임홍천 씨의 구속영장은 다음과 같다.

◎연합뉴스

任弘天.曺從三씨 구속영장 전문

입력 1994. 02. 22. 23:45   수정 1994. 02. 22. 23:45   댓글 0개

◇任弘天씨 구속영장

▲ 피의자 임홍천씨는 3년여전부터 서울 구로구 오류2동 147번지 소재 대성교회 운전수
겸 잡부로 일하며 서대문구 홍은동소재 총회신학교 2년에 재학중인 자로 평소 이교회 설
립자 박윤식 원로목사를 존경해 오던 중 피해자 卓明煥씨가 발행하는 `현대종교'라는 잡
지를 통해 대성교회와 박윤식목사를 이단자라고 왜곡보도하는 바람에 이 교회가 타격을
입은 데 불만을 품어왔다.

임씨는 지난 2월15일 卓씨가 MBC방송 P.D수첩 프로에 출연해 영생교를 비난하며 비리
를 파헤친다고 말하는 것을 보고 이때 卓씨에게 피해를 가하면 대성교회를 의심치 않고
영생교와 그 신도들의 소행으로 생각할 것이라는 판단아래 이 시기를 이용 범행할 것을
마음먹었다.

임씨는 이어 준비한 스탠파이프(길이 67cm,직경 3.2cm) 1개와 등산용칼을 소지하고,같은
달 17일 오후 5시께 중랑구 상봉동소재 卓씨가 경영하는 국제종교문제연구소 앞에서 卓
씨가 퇴근하는 것을 기다리다 서울 2주5788호 자신의 엑셀 승용차로 미행했다.

임씨는 卓씨의 주거지를 1차 답사하고 다음날 오후 9시께부터 卓씨 주거지인 서울 노원
구 월계3동 삼호아파트앞 주차장에 은신,대기하고 있다가 오후 10시 10분께 귀가하던 卓
씨를 뒤따라서 卓씨 주거지인 31동 206호 앞 복도에서 쇠파이프로 후두부를 1회 강타하
고 계속하여 쓰러지는 피해자의 우측 목부위를 등산용칼로 찔러 살해하고 비상계단을 통
해 주차장으로 내려와 자신의 승용차로 도주했다.

이단감별사들의 한국교회 大 사기극

결론적으로 탁지원은 불법모금을 하고 아동의 인권을 유린하고 모욕을 하였으며 새문안교회에서 마치 탁명환의 살해범이 잡히지 않은 것처럼 기만하여 수많은 신도들의 동정을 이끌어 더 많은 후원을 끌어들이려는 의혹이 있다. 그들은 후원을 위해서라면 불법모금이라도 하고 탁명환을 팔아가면서까지 뻔뻔하게 거짓말이라도 했던 것이다. 이것은 새문안교회 성도들에게만 거짓말한 것이 아니라 한국교회 전체를 속인 거나 다름이 없다. 이러한 면은 탁명환의 영향일 것이다. 탁명환은 후원금이라면 이단과도 타협을 했던 것이다.

진용식은 최삼경과 <교회와 신앙>에서 함께 이단감별을 한 사람으로서 예장통합에서 최삼경이 이단 정죄하면 동일하게 합동에서도 이단 정죄하는 식으로 하여 이단 카르텔을 형성하였다. 특히 진용식의 공적인 학력은 중학교 1년 중퇴자로서 학력 인정이 되지 않는 중, 고등학교를 졸업하고, 무인가 신학교를 마친 이후, 통신으로 캐나다 크리스천칼리지에서 박사학위를 마친 사람이다. 비공식 학력의 소유자였다. 그는 순수한 마음으로

이단감별을 하는 것이 아니라 이단감별에서 한 단계 나아가 강제개종을 시작하다가 이로 인해 집행유예 2년, 징역 10개월을 선고받았을 정도로 강제개종, 이단 비즈니스에 성공하여 무려 14억 원까지 거둬들이기도 했다.

제5장

진 용 식

1. 소개

진용식은 1956년생으로서 안산 상록교회 담임목사로, 현재 한국기독교이단상담소협회 대표회장을 맡고 있다. 진용식은 안식교에서 28년 동안 종교활동을 하다가 안식교로부터 개신교로 개종을 한 사람으로서 이단 척결에 앞장서는 이단 혐오가로서 강제개종 등 공격적인 전도 방법으로 많은 사람들의 비판을 받고 있다.

한국기독교이단상담협회에는 고광종 목사를 비롯한 많은 목회자들이 참여하고 있다. 진용식은 자신이 비판하기 원하는 경우나 자신과 반대되는 사람들을 남중노회를 통하여 이대위에 헌의를 한다. 남중노회는 진용식과 고광종이 속한 노회이다. 그러므로 남중노회를 통하여 이대위에 헌의되는 사안은 정치적 이단 정죄가 많이 있다. 미주 세이연과 이인규도 남중노회를 통하여 이대위에 헌의되었다.

9. 세이연(세계한인기독교이단대책연합회)

경기노회장 원용식씨와 남중노회장 고광종씨가 헌의한 '미주 세이연과 이인규씨 이단성 조사 및 이단성이 있는지 조사의 건'에서 「1. 미주 세이연 이단성 조사청원: 미주 세이연(회장: 김순판) 박형

한국기독교이단상담협회는 상담하는데 50만원이다. 상담협회는 개종도 시키지만 사실상 상담 비즈니스업체이다.

특히 공격적인 개종방법으로 안상홍 측으로부터 고발을 당해 2008년 징역 10월과 집행유예 2년이 확정된다.

2. 형사처벌과 금품 사역

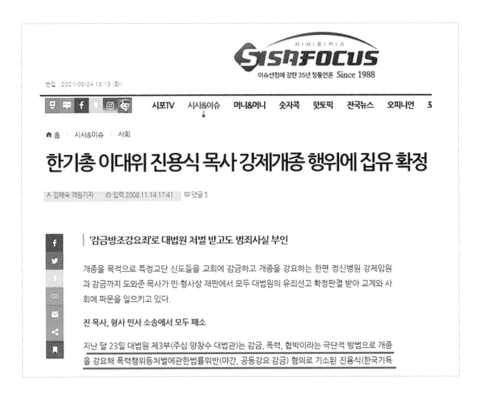

교총연합회 이단사이비대책위원회 부위원장, 월간 현대종교 편집위원, 명지대 산업대학원 교수, 안산상록교회 담임목사) 목사에 대해 징역 10월에 집행유예 2년을 확정했다. 진 목사와 공모한 안산 ㅅ교회 신도 정모(44) 씨, 김모(47) 씨 부부에 대해서도 각각 징역 6월과 4월에 집행유예 1년을 선고한 원심이 그대로 확정됐다.

원심은 "피고인들의 행위가 개종의 권유라는 미명하에 개인의 신체의 자유, 종교의 자유를 침해한 중차대한 범죄인 점, 당심에 이르기까지 자신들의 범행을 부인하는 등 개전의 정이 보이지 아니하는 점 등에 비추어 엄한 처벌이 있어야 한다"며 유죄판결을 내렸다.

지난 10월 9일에는 피해자가 낸 손해배상 청구 소송에서도 진용식 목사가 최종 패소했다. 대법원은 사건과 연루된 피고 남편과 진용식 목사, 신도 3명, 정신과 전문의와 ㅊ정신병원에 대해 "피고들은 원고에게 손해배상금 3,200만원을 지급하고 1심과 2심 소송비용 전액을 부담하라"는 원심 판결을 최종 확정했다.

3. 고소와 무혐의

나. 고소인 진용식에 대한 무고에 관한 판단

1) 기록에 의하면, ① 고소인 진용식은 대한예수교 장로회 소속 안산상록교회의

▲ ⓒ THE기독공보

담임목사이자 한국기독교총연합회 산하 이단대책위원회 부위원장으로서 이단 기독교의 연구 및 그 교리의 모순을 지적하는 활동을 하여 왔는데, 1997년경부터 계속적으로 '하나님의교회' 등 고소인이 이단교회로 지목한 교회들을 비판하거나 비난하고 그 신도들을 개종시켜야 한다는 취지의 이단세미나를 개최하는 한편, '하나님의교회' 등 신자들을 상대로 강제로 개종교육을 해오면서 상담대상자의 가족으로부터 상담료 명목으로 돈을 받았고, 이단세미나를 계속하면서 사례비 등 명목으로 돈을 받아 왔던 사실, ② 고소인은 강제개종과 관련한 감금방조 등에 대하여 형사상 유죄 및 민사상 불법행위책임이 인정된 바 있었던 사실1), ③ 피고인은 이 사건 게시물에서 이러한 과정을 통한 이단감별 및 강제개종에 대하여 비판하면서 위와 같은 사실을 인정한 서울중앙지방법원 2011고정3420 판결문을 게재한 사실이 인정된다. 위 인정사실에 의하면 피고인이 위와 같이 적시한 글의 그 전제되는 사실에 관한 내용은 세부에 있어서 다소 과장된 표현이 있는 것은 사실이나, 중요한 부분, 즉 "고소인이 강제개종교육을 하면서 이단개종자로부터 금품을 수수하였다"는 부분에 있어서는 객관적 사실에 합치된다고 할 것이므로 이를 허위의 사실이라고 보기 어렵고, 달리 피고인이 허위사실을 적시하였다고 인정할 증거가 없다.

▲ 동부지법 판결문

진용식은 자신이 강제개종을 한 적이 없고 잘못된 강제개종을 하다가 사람이 죽은 사실도 없다고 주장했지만 검찰은 "피의자가 말한 것처럼 과거에 강제개종으로 인한 항소심 판결문 등을 참고하여 볼 때 피의자가 작성한 글은 언론의 비판적 견해로 작성한 것으로 판단된다"며 일부 상담원들이 강제개종하다가 사람이 죽은 사실도 인정했다. 사람까지 죽이는 강제개종 상담이다.

다. 쟁점사항

1)고소인 진용식 고소요지
고소인은 잘못된 개종상담을 한 사실도 없으며, 잘못된 강제개종 상담을 통해 피상담자가 죽은 사실 또한 없기 때문에 피의자가 작성한 글은 허위 이며 이글을 통해 명예훼손을 당하였다는 것이다.

2) 피의자 황규학의 변소요지
피의자는 고소인이 현재 이단상담소 협회장으로 되어 있고 속칭 한국기독교총연합회 이단 사이비 대책위원회('합동이대위') 부위원장을 맡았던 인물로 현재도 개종상담소 협회를 운영하는 자이기에 기독교 교리와 관련된 공인이기에 여론의 비판과 견제를 받아야할 대상 인물이므로 공익적인 목적으로 보도한 것 뿐이라는 취지로 변소 하였다.

② "강제개종상담원들의 잘못된 강제개종 상담으로 사람들이 죽어가고 있기 때문이다." 라는 취지의 기사 내용 관련하여 , 자신이 위에서 말한 증거 제출과 같이 2008년도 블로그 자료에서 '상고심(2008다516566)' 키워드를 찾아보면 고소인 진용식 및 상록교회 신도들에게 개종을 목적으로 감금·강요를 한 행위에 대해 책임을 물어 원고들에게 위자료를 지급하라는 판결문의 내용이 확인되기 때문에 이 또한 과거 사실이 그러하며 개종상담소 협회장을 맡고 있는 고소인 진용식이기 때문에 명백한 허위 사실에 근거하여 게시글을 작성하였다고 보고 어렵다는 주장이다.
- 판단컨데 고소인 진용식은 2017. 9.경까지 합동 교단 소속에 이단대책위원회(이대위) 위원장직을 역임하였고 현재 이단상담소를 운영하고 있는 주위 사정을 살펴보더라도 피의자가 말한 것처럼 과거에 강제개종으로 인한 항소심 판결문 등을 참고하여 볼 때 피의자가 작성한 글은 언론의 비판적 견해로 작성한 것으로 판단된다.

4. 강제개종

진용식은 강제개종으로 인해 14억까지 챙겼다.

법원에서 조사를 받는 과정에서 14억이 든 통장까지 발견돼 강제개종은 이단 비즈니스였음이 드러났다.

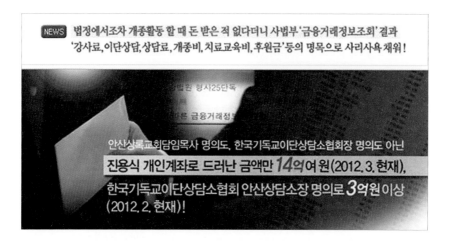

법원도 진용식이 강제개종을 하면서 이단 개종자로부터 금품을 수수하였다는 것이 객관적 사실과 일치한다고 했다.

강제개종 상담은 십자군처럼 이단 혐오증을 갖고 강제로 폭행을 가하거나 압박하여 다시 기독교로 개종시키는 방법이다. 이는 개종이 아니라 폭력이다. 기독교는 이러한 식의 강제개종을 요구하지 않는다. 이단 혐오증을 갖고 개종시키는 것은 돈벌이 수단에 불과하다.

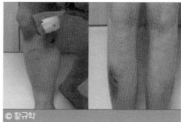

그래서 진용식은 교리적 이단, 개종적 이단, 교육적 이단, 혈연적 이단, 비즈니스적 이단이었다.

-1) 피의자는 2017. 8. 6. 03:22경 서울 광진구 광장로9길 10-11에 있는 피의자의 집에서 사실은 '대한예수교장로회총회'(이하 '합동'이라 함)교단에 소속된 '이단대책위원회'(이하 '이대위'라 함) 위원장을 맡고 있는 고소인 진용식은 어떤 교단으로부터도 이단으로 규정된 사실 없고, 이단으로 지목된 교단의 신도들을 강제로 개종시킨 바 없을 뿐만 아니라, 캐나다에 있는 정규 대학인 '크리스챤칼리지'에서 박사 학위를 받은 사실이 있음에도 불구하고 위 고소인을 비방할 목적으로,

'기독공보' 사이트에 접속하여 위 사이트 게시판에 「합동 이대위, 개가 웃는다」는 제목으로, "이대위는 먼저 35년전의 진용식 위원장의 행적을 먼저 검증해야 한다. 그러면 그는 이단일 것이다. 교리적 이단, 교회적 이단, 교육적 이단, 시간적 이단, 비즈니스적 이단, 혈연적 이단, 동료적 이단일 것이다. 이단중의 이단이다. 먼저 위원장부터 교리, 교육, 비즈니스 검증을 해야 한다. 합동교단의 이대위원장 진용식은 교리적, 교회적으로는 안식교 출신이고, 비즈니스적으로 보면 강제 개종 출신이고, 교육적으로는 비정규학교 출신이고, 혈연적으로는 안식교 이단성을 띤 아버지의 아들 출신이고, 동료적으로는 신천지 출신 신현욱과 동료의식을 갖고 있기 때문이다. 모두 이단적이다."는 내용을 게시하였다.

이로써 피의자는 정보통신망을 통하여 공연히 허위의 사실을 드러내어 위 고소인의 명예를 훼손하였다.

검사는 허위사실이나 모욕으로 판단하지 않았다.

○ 피의자는 기독교 신앙인 겸 언론인으로 피의자가 작성한 기사의 독자 또한 대부분 기독교인이고, 이대위의 활동은 기독교인의 공적 관심의 대상이라고 볼 수 있어, 이단 검증을 하는 이대위에 대한 비평은 그 사회적 책임에 비례하여 상대적으로 넓게 허용될 필요가 있는바(서울동부지방법원 2015고단2977 등 병합사건 판결문 참조), 이러한 측면에서 살펴보면 피의자가 다소 저속한 표현을 사용하기는 하였으나 게시글의 전체적 내용, 게시 목적, 독자의 범위 등에 비추어 피의자의 위 게시글은 이대위의 자격, 이단 검증 방법 등에 대한 비판적 또는 비유적 의견표명으로 보이고, 이와 같은 비평을 넘어선 모욕에 해당한다고 보기 어렵다.
○ 증거 불충분하여 혐의 없다.

이단감별사들의 한국교회 大 사기극

5. 교리적 이단

진용식의 이단성은 미주 세이연에서 안식교와 유사하다고 지적했다. 미주 세이연이 진용식에 대해 지적한 이단성을 보자. 진용식은 세이연 2대 회장이었다.

진용식목사 이단성 연구보고서

세계한인기독교이단대책연합회 진용식 조사소위원회

Ⅰ. 진용식 목사 조사연구 동기 및 목적

1. 조사동기

세계한인기독교이단대책연합회(이하 세이연) 6-4차 상임위원회의(2017. 12. 4)에서 결의된 세이연과 회원에 대한 부정당한 공격과 모함을 일삼은 진용식 목사에 대해 회직 제5장 제16조 제1항에 의거 "진용식 목사 이단성 조사 청원의 건"이 올라왔다.
진용식 목사의 계시록 강해 및 구원론에 관하여 비성경적이며 이단적 사상이 있다는 정보를 받고 청원을 하게 되었고 철저하게 검증해 달라는 요청이다.
이에 회직 제3장 제10조에 의거 상임위원회에서 소위원회를 구성하고 조사에 착수하게 되었다.

2. 조사 목적

자신이 이단적 사상을 가지고 있으면서 이단대처사역을 한다는 것은 불합리한 일이며 주의해야 할 일이다. 먼저는 본인의 잘못된 사상을 드러내어 교정하도록 하는 것이 목적이요 두 번째는 이 보고서를 통하여 교회들이 분별하고 경계하는데 도움이 되기를 바라는 마음이다.

3. 연구한 참고 자료

1) 진용식목사가 사용한 교재
• [복음사역자 훈련원의 계시록 강해 세미나]
• [구원론 1단계 구원의 확신], [구원론 2단계 세움의 단계], [구원론 3단계 누림의 단계],

2) YouTube의 CLTV강좌
• 구원을 확증하라https://www.youtube.com/watch?v=jdofJXQzMqY],
• 의인이 되는 길https://www.youtube.com/watch?v=v3Nfij6a9KI],
• 믿음이란? https://www.youtube.com/watch?v=tdKiGH_Snpc],
• 회개란 무엇인가? https://www.youtube.com/watch?v=BuexDkNW2jA],
• 거듭남의 비밀 https://www.youtube.com/watch?v=by9gKBABySg]
• 세가지 책 https://www.youtube.com/watch?v=5EwVcz9Jl2Q]

Ⅱ. 진용식 목사의 요한계시록과 구원론에서 드러난 위험한 이단적 사상들

◆ 요한계시록에 나타난 잘못된 사상

1. 진용식의 왜곡된 요한계시록 해석 원리

• 진용식의 주장
1) 성막론을 배경으로 성경이 기록되었다?
2) 교회론적으로 해석? (참 교회와 타락한 교회)
3) 교회사적 측면에서 해석? (구약-중간기 중심. 신약-사도 이후 시대?)

▲ 세이연 홈페이지 갈무리

1. 진용식의 왜곡된 요한계시록 해석 원리

◆ 진용식의 주장
1) 성막론을 배경으로 성경이 기록되었다?
2) 교회론적으로 해석? (참 교회와 타락한 교회)
3) 교회사적 측면에서 해석? (구약-중간기 중심, 신약-사도 이후 시대?)
4) 요한계시록은 복음과 이단에 대한 예언?
5) 복음의 사자와 사단의 사자 곧 이단의 역사?
6) 교회사의 초점은 타락한 교회-가톨릭, 회복되는 교회-종교개혁?
7) 복음의 사자들의 역사와 사단과 그 사자들의 작전을 아는 것이다?
8) 일곱 교회는 교회 역사상에 재림 때까지 있을 일곱 시대를 대표한다? (계시록2)

◆ 비 판

1) 본문의 문맥과 상관없는 단어풀이 해석이다.
예: 요한계시록 1:4-6 삼위일체 하나님께 영광을 돌리는 내용을 말씀하시는데 보좌 앞의 일곱 영이 일곱 촛대로서 교회를 말한다고 해석하면서 교회가 촛대의 사명을 감당해야 한다고 해석한다.

2) 신천지와 유사한 비유풀이 해석이다.
예: 우지개-언약, 바벨론-타락한 교회. 해달별-지도자. 전사-전도자. 네 생물-복음사역자
시온산-참 교회, 생명나무-복음전하는 자, 포도주-말씀, 불-말씀, 마병대-이단의 교회들

3) 이원론적인 해석이다.
예: 하나님의 사자들과 사단의 사자들(계시록41), 복음과 이단교리, 영계 육계,
해-신약 달-구약, 땅-육적인 것, 하늘-영적인 것.

4) 영적 자의적 성경해석이다.
예: 해달별은 교회 지도자, 해달별이 침해를 받는 것은 목회자들이 이단의 공격을 받는다고 해석, 낮이 어두워지는 것은 복음이 어두워지는 것, 나팔을 불 때마다 사단은 이단들을 보낸다? (계시록50-51)
요한계시록이 복음과 이단에 대한 예언이다.
우박재앙 . 율법주의 이단의 역사 불 재앙 . 신비주의 이단의 역사

5) 세대주의적 해석을 한다.(시대별 일곱 교회, 가톨릭과 종교개혁 그리고 개신교)
예: 말들이 변한다. 시대별로 변한다. 교황과 루터.

6) 역사적 해석이 아니라 직접적 해석 적용
예: 계시록 15. 일곱 별에 대한 해석 적용
일곱 별은 교회의 인도자, 주의 종은 말씀을 전하는 일곱 별이다. 교회에는 반드시 일곱 별이 있어야 한다?

7) 성막을 가지고 요한계시록을 해석(계시록 24. 계4:1-6)
일곱 나팔을 부는 전사는 성막의 제사장들이다? (계시록47)
보좌 앞의 일곱 영은 성막의 촛대? (계시록6)
유리바다, 불이 섞인 바다는 성막 입구의 바다?
일곱 영은 성막의 일곱 금 촛대?

이단감별사들의 한국교회 大 사기극

* 진용식의 주장
1) 주의 날은 계시를 받는 날이다.
2) 말씀을 받기 위해 주의 날을 드려야 한다.
3) 그리스도를 깊이 체험하는 것이 계시를 받는 것이다.
4) 계시는 예수 그리스도를 보는 것이다.
5) 말씀을 통하여 예수를 알아 가면 계시를 받는 것이다.
6) 그리스도의 구속과 사역을 날마다 체험해 가는 것이 계시의 삶이다.
7) 예수 그리스도의 사람들은 예수의 계시를 받는다.
8) 환란 중에는 계시를 받는 기회이다.
9) 예수 그리스도를 아는 것이 계시 받은 것이다? (계시록1. 계1:1예수 그리스도의 계시)

* 비 판
신구약 성경이 하나님의 기록된 계시이며 예수님 자신이 하나님의 계시이다.
한편으로 현재는 계시가 없다고 주장하던 진용식 목사는 계시에 대한 이해를 잘못하고 있고 지금도 계시를 받는 주장은 스스로 모순된다. 성경이 완성된 후에 하나님은 계시를 주시지 않으신다.

5. 일곱 교회에 대한 시대별 적용 (계시록17-계2:-3:)

* 진용식의 주장(안식교의 주장)
1) 에베소 교회 조기교회시대 (주후31-100년까지)
2) 서머나 교회 박해시대 (주후 100-313년)
3) 버가모 교회 제속화시대 (주후 313-538년)
4) 두아디라 교회 암흑시대 (주후 538-1517년)
5) 사데 교회 종교개혁시대 (주후 1517-1798년)
6) 빌라델비아 교회 재림운동시대 (주후 1798-1844년)
7) 라오디게아 교회 심판시대 (주후 1844-재림)

* 비 판
진용식의 주장은 정확하게 안식교와 같이 언제부터 언제까지 년(年)대를 기록하지 않고 있으나 그의 요한계시록을 보면 안식교 사람들의 방식을 추구하고 있다는 사실을 발견하게 된다. 이러한 주장은 세대주의자들이나 특히 안식교에서 주장하는 이론이다. 일곱 교회는 당시에 실존하던 교회로서 모든 교회를 상징하는 일곱 교회를 나타낼 뿐 시대별로 교회를 말씀하고자 한 것이 아니다.

계시록 2-3장의 교회는 상징이 아니라 실존하는 교회로서 주님께서 자신의 몸 된 교회를 사랑하시고 돌보심을 나타내 주고 있다. 일곱 금 촛대 사이를 거니시는 주님과 일곱별을 오른 손에 붙잡고 계시는 모습을 통해서.

6. 24장로에 대한 왜곡된 해석 (계시록26. 계4:4-5)

* 진용식의 주장
1) 보좌가 성전을 의미한다면 24장로는 제사장이다?
2) 장로는 신약교회의 제사장을 의미한다?
3) 하나님의 보좌와 24 보좌는 교회이다.
4) 24장로는 구원받은 각 지교회 목자들이다.
5) 24보좌와 장로는 무형교회를 의미한다.
6) 복음을 전하는 사자들이 24장로들이다.

6. 학력

진용식은 민사소송에서 자신의 학력에 관련한 내용을 제출했다. 진용식은 1968년에 중학교에 입학해서, 1969년 중학교 1학년을 중퇴한다. 그 이후에 당시에는 공민학교 처럼 인가 나지 않은 청우실업학교 중학교와 고등학교 과정을 1977년에 마친다. 정규학력은 아니었다. 그 이후 2009년 국제신학대학원대학교(구 총회신학교)를 졸업한다. 물론 비정규학위였다.

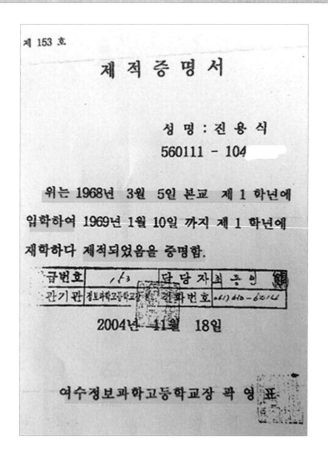

이단감별사들의 한국교회 大 사기극

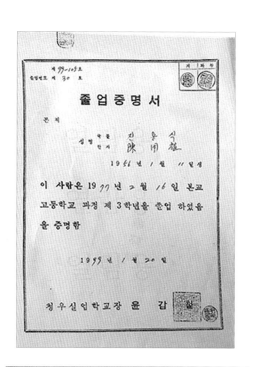

청우실업학교는 진용식이 학교 다닐 때에는 학력인정이 되지 않은 학교였다. 신학교는 국제신학대학원대학교 M.Div에 상당한 과정을 이수했다. 교육부에서 인정하는 정식 M.Div 과정이 아니었다.

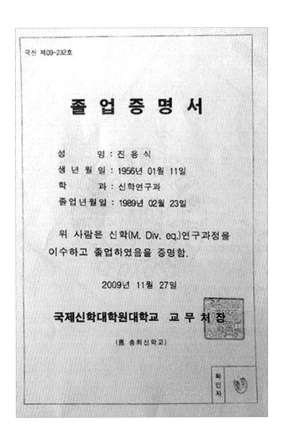

박사과정은 캐나다에 있는 크리스천 칼리지대학에서 통신과정으로 마친다. 이러한 학위는 국가에서도 정식학위로 인정하지 않는다. 정상학위라면 진용식은 박사논문을 학술진흥재단에 제출해야 한다. 그러나 진용식의 영문 박사논문은 보이지 않는다.

진용식은 동부지방법원에서 캐나다 학위를 취득한 것에 대해서 언급한다. 한국어과 통신과정에서 공부를 했고 해외로 리포트를 보내면 학위를 주는 전형적인 학위장사 프로그램에서 비싼 등록름을 내고 외국학위를 얻은 것이다.

답 예.

문 증인이 청우실업고등학교 재학, 졸업 당시 청우실업고등학교는 정규 고등학교로 인정받지 않은 상태였지요?

답 예.

문 청우실업고등학교가 사후에 정규 고등학교로 인정받았지만 증인이 재학 및 졸업할 당시에는 정규 고등학교가 아니었으므로 결국 정규 고등학교를 졸업하지 않은 것은 사실이지요?

답 예. 그 학교가 당시에 인가가 있었는지 잘 몰랐습니다.

문 청우실업고등학교를 몇 년도에 졸업했습니까?

답 1977년입니다.

문 청우실업고등학교는 1985년 12월경 학력인정 사회교육시설로 지정되어 1986년부터 1992년까지의 졸업생에 한해서만 학력이 인정된다고 하는데 어떤가요?

답 나중에 알았습니다.

문 증인은 청우실업고등학교를 졸업하고 어느 대학에 진학했습니까?

답 청우실업고등학교를 졸업한 다음에 대학인가가 없는 신학교에 재학 중에 캐나다에 인가있는 대학에 통신과정의 신학공부를 했습니다.

문 캐나다에 있는 대학교에서 학사, 석사, 박사를 다 받았습니까?

답 예.

문 캐나다에 있는 대학교는 어떤 대학입니까?

답 캐나다에 인가 있는 크리스찬 캐나다 칼리지입니다.

문 증인이 캐나다에 가서 강의를 들었습니까?

답 여기에서 통신으로 했습니다.

문 그러면 디플레이선대학입니까?

답 크리스찬 캐나다 칼리지 안에 한국어과가 있고 통신과정 공부를 하는 과정이 있는

▲ 동부지원, 진용식의 법정 증언

데 이쪽에서 교수들이 나와서 강의했고 레포트를 보내면 학점을 받고 해서 했습니다.

문　그런 식의 학사, 석사, 박사 학위 취득을 우리나라에서 인정합니까?

답　이 학교 자체는 정식 인가가 있는 학교입니다.

문　캐나다에서 인가가 있을지는 몰라도 우리나라에서 인정합니까? 이러한 학사, 석사 박사 학위를 우리나라에서 인정을 해줍니까?

답　인정합니다.

문　증인은 청우실업고등학교가 정규 고등학교 과정이 아니었기 때문에 국내 대학으로 진학할 수 없었지요?

답　그래서 외국학교에 제가 간 것입니다.

문　증인의 아버지인 진준태 장로는 정식으로 신학을 공부한 사실이 없지요?

답　없습니다.

문　진준태 장로가 나그네 섬김 교회에서 설교도 하나요?

답　설교도 하겠지요.

문　목사 안수도 안 받았지요?

답　목사 안수를 안받아도 설교를 할 수 있습니다.

문　예배 인도도 하나요?

답　자세한 내용은 모릅니다.

문　나그네 섬김 교회에 목사님이 따로 있습니까?

답　교회가 아니라 선교회이기 때문에 목사님은 따로 없습니다.

문　성경공부 단체입니까?

답　성경공부도 하고 목회자들이나 교인들이 모이기도 합니다.

문　진준태 장로가 정식으로 신학 공부를 하지 않았기 때문에 성경해석에 애로가 있을 수 있고 경우에 따라서 이단이라는 비판을 받을 수도 있지요?

　　그 이후 합동교단으로 들어가면서 일정기간 이수교육을 받는다. 그러나 진용식은 자신이 마치 총신대 대학원을 정식으로 졸업한 것처럼 학력표기를 한다. 이는 허위 학력이다.

진용식의 공식 학력은 초등학교 졸업이다. 나머지는 모두 교육부가 인정하지 않은 비정규학교로서 물타기, 줄타기해서 캐나다 박사과정(통신)까지 졸업한 것이다. 그는 법정에서 정식대학 학위가 없기 때문에 캐나다에서 공부했다고 했다.

진용식목사

한국기독교이단상담소협회 회장
- 총신대학교 신대원 졸
- 전) 한국기독교총연합회 이단사이비 대책위원회 부 위원장
- 예장총회(합동) 이단대책위원회 연구분 과장
- 예장총회(합동) 이단대책위원회 전문강사
- 예장총회(합동) 전 이단대책위원장
- 상록교회 담임목사

7. 이대위 활동

101회

직위	성명	주소	우편번호	노회명	교회명
위원장	진용식	경기 안산시 단원구 신촌5길 40	15441	남중	상록
서기	원 철	대전 동구 신기로101번길 98-8	34679	동대전	대전예원
회계	김희백	전북 군산시 의료원로 99-10	54107	군산	남성
총무	이종철	서울 용산구 원효로41가길 30-4	04363	합동	두란노
연구분과장	유용상	전북 정읍시 연지7길 47-17	56158	전서	아멘
상담분과장	박철수	경기 수원시 수일로117번길 39	16297	동수원	새능력
홍보분과장	박주일	경북 포항시 북구 새마을로 26, 2차 현대A 202-702	37652	경동	큰숲

104회

2) 이단(사이비)피해대책조사연구위원회

직위	연조	성명	주소	우편번호	노회명	교회명	전
위원장	1	이억희	경기 안양시 동안구 달안로 71	14043	중경기	예담	0: 010
부위원장	1	유용상	전북 정읍시 연지7길 47-17	56158	전서	아펜	06 010
서기	2	성경신	경남 통영시 광도면 향교열길 177-1	53021	경남동	밀알	05 010
회계	2	홍재덕	대구 동구 경안로101길 40	41113	황등	예만	05 010
부회계	2	이장린	경기 성남시 수정구 시민로 165, 사르망상가 1층 102호	13340	북평양	동산	03 010-
총무	3	진용식	경기 안산시 단원구 신촌5길 40	15441	남중	상록	031 010-

105회

2) 이단(사이비)피해대책조사연구위원회

직위	연조	성명	주소	우편번호	노회명	
위원장	3	배만석	경기 시흥시 은행로 186	14915	소래	
부위원장	3	김용대	전남 영광군 물무로3길 7	57051	전남제일	
서기	3	성경신	경남 통영시 광도면 향교열길 177-1	53021	경남동	
회계	1	이장린	경기 성남시 수정구 시민로 165, 사르망상가 1층 102호	13340	북평양	
부회계	3	양호영	서울 성북구 삼선교로23길 23, 코오롱A 104-1201	02861	서강	서
총무	2	소영권	전북 전주시 덕진구 인후5길 6-39	55009	동전주	전주
연구위원	2	서한국	광주 남구 군분로62번길 7	61614	광주	광주
조사위원	1	최윤영	경기 수원시 권선구 금곡로102번길 38, 호계신크라자 608, 604, 605호	16385	서수원1	예
전문위원	2	진용식	경기 안산시 단원구 신촌5길 40	15441	남중	상=

진용식이 이대위에 있으면서 전광훈 목사의 이단성에 대해 문제를 제기했다. 2021년에도 이단성을 제기하였지만, 소강석 총회장은 이단성 제기에 하자가 있다고 판단, 보고조차 받지 않았다.

10. 전광훈 목사(한기총)

8개 교단 이단대책협의회는 2019년 12월 19일 공개 질의서를 통해 전광훈 씨의 당해 10월 □일 발언 "나는 하나님 보좌를 딱 잡고 살아. 하나님 꼼짝 마. 하나님 까불면 나한테 죽어. 내가 □렇게 하나님하고 친하단 말이야. 친해"에 대한 의도와 의미를 물었다. 이에 전 씨는 올해 1월 30□한기총 정기총회에서 해당 발언에 대해 사과하면서도 "당시 성령이 충만했다"는 평계를 대 다시 □번 빈축을 샀다. 해당 발언에 대한 사과도 진정성이 없어 보인다. 그는 2월 4일 광주사랑의교회 □청 강연에서 "내가 '하나님 까불면 죽어' 그때(34살 때)는 해야 되는 건데, 그때 말이야"라며 □ 발언을 농담의 소재로 삼았다.

이를 근거로 8개 교단 이단대책협의회는 2020년 2월 13일 발표문을 통해 "하나님 까불면 나□테 죽어…'라는 말과 그 발언의 동기가 성령 충만으로 인한 것이란 말은 반성경적이며, 비신앙적□며, 비신학적"이라고 지적했다.

협의회는 발표문에서 전광훈 씨는 일련의 비성경적 발언 중단을 요구하고, 전 씨의 발언들이 □국 교회에 혼란과 피해를 줄 뿐 아니라 한국 교회의 신뢰도와 전도에 부정적인 영향을 주고 있다□ 기술했으며 아울러 한국 교회 목회자들과 성도들이 전 씨로부터 신앙적으로 악영향을 받지 않도□ 주의를 당부했다.

협의회는 또한 전광훈 씨를 '이단 옹호자'로 결의할 것을 각 교단에 요청하기로 합의하고 공문□ 발송했다. 전광훈 씨가 각 교단이 이단에서 해제한 적이 없는 변승우 씨를 일방적으로 풀어주고 □ 동회장으로 받아들인 것을 이단 옹호에 해당한다고 판단했기 때문이다.

한기총(대표 회장 전광훈)은 2019년 3월 이단 변승우를 이단에서 해제하여 주고 그가 담임하□ 교회를 한기총에 가입시켜 주었다.

□승우 씨는 한국 교회 각 교단으로부터 이단(예장통합, 예수교대한성결교회), 이단성(예장합신), □참여 금지(기성, 예장고신), 집회 참석 금지(예장합동), 예의 주시(기감) 등의 결의를 받아왔다. □로의 문제, 극단적 신비주의, 성경을 쓸 수 있는 권한을 가진 사도격 인물이 현대에도 존재하며 □ 자신이라는 신사도주의, 어그러진 계시관·성경관·교회관 등이 이유였다. 2008년부터 2014년□ 이루어져 현재에도 효력이 유지되는 공식 결의들이다.

□지어 한기총은 이전에도 이광선 목사가 대표 회장이었을 때부터 이단들을 한기총에 가입시켰다. □형에 대해 이단 해제를 하고, 다락방과 평강제일교회, 인터콥 등 주요 교단에서 이단성이 있다□ 판정한 자들과, 사기죄로 징역형을 선고받은 바 있는 신현옥(시온세계선교회) 등을 한기총에 □시켰고 이로 인해 많은 교단들이 한기총을 떠났으며 그래서 만들어진 것이 한교총(한국교회총연□회)이다.

□광훈 씨를 비롯하여 한기총이 이단들에 대한 이단 해제를 철회하지 않으면 정통 기독교 교단들□ 이들을 이단 옹호 인물, 이단 옹호 기관으로 정죄할 수밖에 없다. 왜냐면 이들의 경솔한 이단 해□로 많은 성도들이 혼란에 빠져 있기 때문이다.

□외에도 전광훈 씨는 자신을 성령의 본체라고 발언하기도 했으며 성경은 모세5경만이 성경이고 □지는 그 해설서라고도 하는 등 성령론과 성경관의 이단성을 보이기도 했다.

최삼경도 〈교회와 신앙〉에 전광훈 목사의 이단성을 제기했다. 꿈, 환상, 예언, 성령의 본체, 모세 5경과 성경의 해설서를 예로 들었다.

진용식

amennews.com

▸ 인기검색어 : 안상홍 , 신천지

[검색] [자세히]

| 로그인 · 회원가입 | 이단&이슈 | 교계·선교 | 목회·신학 | 오피니언 | 교육·세미나 |

최근갱신 : 2021.8.26 목 14:13

□ 홈 > 뉴스 > 교계·선교 > 전광훈   뒤로가기 ▸

| 기사보내기 | 트위터 | 미투데이 | 네이버 | 구글 | 페이스북 | 디그 | 딜리셔스 | 라이브 | 요즘 |

⊠메일보내기 오류신고 프린트 ⊕가 ⊖가

다시 보기6/ '하나님 까불면 나한테 죽어!'라고 한 전광훈 씨의 이단성

최삼경 목사의 〈전광훈 기사 다시보기〉 6

2020년 09월 21일 (토) 11:33:24   최삼경 목사 ⊠ sam5566@amennews.com

> < 전광훈 기사 다시 보기 >
>
> 최근 전광훈 씨와 그의 추종자들이 당국의 지시를 어기고 8.15 예배를 강행함으로 온나라에 코로나가 창궐하게 되어 교회마다 비대면 온라인 예배를 드리게 되었다. 이로 인하여 교계의 자성도 있지만, 교회에 대한 비난이 쏟아져, 꿀뚜기가 어물전 망신은 시키는 격이 되고 말았다.
> 전광훈 씨가 누구인지 알아야 한다는 점에서, 본지는 최삼경 목사가 지난 2020년 6월 25일 자 전광훈 씨에 대하여 비판한 글들을 다시 게재한다. -편집자 주-

최삼경 목사 / 〈빛과소금교회〉 담임 목사, 본지 편집인

▲ 최삼경 목사

전광훈 씨의 이단성을 밝히는 네 번째 글을 쓰면서

본 글은 전광훈 씨를 비판한 필자의 여섯 번째 글이며, 그의 이단성을 밝히는 네 번째 글이다. 필자는 첫째 전광훈 씨는 전 씨답게 무려 8개 교단들로부터 신사도적 사상을 가진 이단으로 규정 받은 이단자 변승우 씨를 이단이 아니라고 하고, 그 직선상에서 자신도 신사도적 직통계시파 이단성을 가진 자임을 분석하여 비판하였다. 둘째로 필자는 이어서 전 씨의 꿈, 환상, 예언 등의 이단성과, 셋째는 전 씨가 자신을 '성령의 본체'라고 한 점에 대한 이단성을 비판하였다. 이제 마지막 넷째로 전 씨가 **'하나님 까불면 나한테 죽어!'**라고 한 망언을 분석하고 이 말 속의 이단성이 무엇인지 분석 비판하겠다.

본론: 전광훈 씨가 목사로 '하나님 까불면 나한테 죽어'라고 한 그 망언보다 더 교만하고 하나님의 이름을 망령되게 한 악한 혀는 지구상에 없었다.

> 전광훈 씨는 '막말하는 목사', '학력을 속인 목사' '제대로 안수를 받았는지 의심되는 목사', '국민이 뽑은 대통령을 개자식이라고 부르는 위대한 목사(?)', '자기 맘에 안 들면 누구나 주사파 내지 빨갱이로 몰아버리는 목사', 거기에다 '여자의 절반은 사탄의 말이라고 하는 목사', '모세가 쓴 5권만 성경이고 나머지는 해설서라고 하는 이단적 성경관을 가진 목사', 심지어 '하나님 까불면 나한테 죽(는다)는 목사' 등으로 유명하다.

▲ 〈교회와 신앙〉, 2020. 8. 28.

이처럼 이단감별사인 진용식, 최삼경은 유사한 생각을 가졌다. 모두 금품감별사이기 때문이다.

그러나 최삼경의 글은 사실확인이 되지 않은 면이 있다. 전광훈 목사는 "나는 하나님과 친해요, 하나님 까불면 죽어"라고 한 말은 "하나님께 까불면 죽어"라는 표현을 하려고 했는데 '께' 자를 빠뜨린 것이다. 심상효 예장통합 이대위원장은 뉴스앤조이와의 인터뷰에서 "전광훈 목사 건은 신학 문제가 아닌 언어 표현의 문제"라고 말했다. 그는 3월 3일 〈뉴스앤조이〉와의 통화에서 "전광훈 목사가 '하나님 까불면 죽어'라고 말해서 논란이 됐는데, '하나님께 까불면 죽는다'는 말을 하려다 '께'가 빠진 것이다. 표현이 거칠어서 그런 것이지 신학적으로 큰 문제가 있는 것은 아니다"라고 했다.

예장통합 이단사이비대책위원회(이대위·심상효 위원장)는 2월 23일 회의에서, "전 목사 문제를 면밀하게 조사하겠다. 연구를 보류해 달라"고 한 예장대신복원 의견을 받아들이기로 했다.

심상효 이대위원장은 "전광훈 목사 건은 신학 문제가 아닌 언어 표현의 문제"라고 말했다. 그는 3월 3일 <뉴스앤조이>와의 통화에서 "전광훈 목사가 '하나님 까불면 죽어'라고 말해서 논란이 됐는데, '하나님께 까불면 죽는다'는 말을 하려다 '께'가 빠진 것이다. 표현이 거칠어서 그런 것이지 신학적으로 큰 문제가 있는 것은 아니다. 다만 언어 순화는 꼭 해야 한다"고 말했다.

심 위원장은 전광훈 목사에게 아무 문제가 없는 것은 아니나, 목회적 현실을 고려했을 때 전 목사를 이단으로 지정하는 게 쉽지 않다고 했다. 그는 "이단 상담사들은 검찰 입장에서 (전 목사를 이단으로 지정해야 한다) 얘기를 많이 하지만, 나는 목회를 하다 보니까 목사의 마음을 생각하지 않을 수 없다. 우리 교회에도 광화문 집회에 참석한 집사가 있다. 집단 감염 때 엄청 찍혔지만, 목사 입장에서는 기도 많이 하는 교인이다. 그가 떠난다고 생각해 보라. 100명 중 5명만 떠난다고 생각해도 엄청난 일이다. 이런 점에서 목회적으로도 생각해 봐야 한다"고 말했다. 전광훈 목사를 이단으로 규정할 경우 전 목사를 지지하는 교인들이 교회를 떠날 수 있다는 것이다.

사회적 영향력도 무시할 수 없다고 했다. 심 목사는 "유튜브를 보면 (전광훈 목사 채널로) 주일예배하는 사람이 엄청나게 많다. 분당우리교회만큼 많다. 그런 영향력을 무시할 수 없다. 총회 총대도 60세 넘은 사람이 대부분인데, 전 목사를 따르는 사람이 적지 않다. 그들이 가만히 있겠는가"라고 말했다.

모세오경 이외 나머지 성경이 모세오경 해설서라는 표현에서도 전광훈 목사는 자신의 생각이 아니라 이스라엘 랍비학교에서 구약학을 공부한 백석대학교 구약학 변순복 교수의 말을 인용한 것에 불과하다고 했다. 해석의 문제를 갖고서 이단 운운하는 사람들이 이단이다. 이러한 최삼경의 입은 더 더러웠다.

최삼경은 1996. 5. 27 대전 유성 '유사종교세미나서에 강의하면서 "주로 공명심 좋은 목사들-맨날 그냥 뭐 어디 신문에 얼굴 내 가지고 어째서 그 어디 여의도에 모이면

다들 그냥 -무슨 명함을 보면 명함에 무슨-이게 기독교가 부패한 지금에 또 무슨 행사만 하면 -지랄들하고 앉아 가지고- 더 미친놈들이, 이게 환장한 놈들이에요, 지금 기독교가 완전히 썩어 문드러져 가고 있습니다"고 하였다.

 1991. 6. 10. 점촌시민장로교회에서 "이단을 연구해보니까 한국교회에는 이단 문제가 상상치 못할 만큼 심각합니다. 놀라운 것은 한국에는 밥 먹고 똥 싸는 예수님이 몇 명이 되는가 하면 오십 명이나 됩니다"라고 하여 예수님을 모독하였습니다"라고 했다.

 그 외에도 최삼경은 설교 시 '놈', '년', '똥', '오줌', '대변', '콧물', '지랄', '미친놈', '환장환 놈' 등의 더러운 소재를 사용하여 더러운 언어로 설교를 하고 있다. 토론할 때는 '요셉의 정액', '마리아의 월경' 등을 사용하여 신성모독적인 발언을 남발하고 있다. 그는 설교 시에도 상습적으로 여성들의 얼굴을 가지고 성희롱적인 발언을 하고, 군대 간 사람들이 아니라 '군대 간 놈들'이라고 표현하는 등 그의 입은 더러움의 극치를 보여주고 있다.

그는 설교시 여성에 대해서 이 년, 저년 이라고 했고 못생긴 사람이 공부를 열심히 한다며 얼굴을 갖고서 여성외모에 대한 비하를 했다. 최삼경은 2016. 7. 3 에 욕설교('이년, 저년')와 외모비하이라는 나쁜 설교를 하였다. 여성의 외모를 차별하는 것은 인격모독 설교이다.

출처. 빛과 소금교회 홈페이지

8. 금품수수

전광훈 목사는 진용식이 자신의 문제를 해결해 주겠다고 접근해 설교를 시키고 돈을 준 적이 있다고 했다. 그 이후에도 여러 번 돈을 준적이 있다고 하면서 진용식은 '돈을 따라다니는 사람'이라고 했다.

하야방송에 의하면 진용식은 김노아 목사 교회에 가서 설교하고 홍천 수련원에서 수련회를 하기도 했다고 했다. 김노아 목사도 진용식에게 설교할 때마다 200만원씩 주었다고 했다.

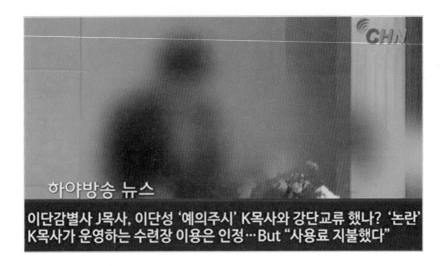

이단감별사들의 한국교회 大 사기극

이처럼 진용식은 약점이 있는 사람에게 연락을 취해 약점을 덮어주는 식으로 접근하고 강사비 명목으로 돈을 받은 것으로 드러났다. 심지어 강제개종 교육을 하면서까지 금품을 수수한다.

> 표현이 있는 것은 사실이나, 중요한 부분, 즉, "고소인이 강제개종교육을 하면서 이단
> 개종자로부터 금품을 수수하였다"는 부분에 있어서는 객관적 사실에 합치된다고 할 것
> 이므로 이를 허위의 사실이라고 보기 어렵고, 달리 피고인이 허위사실을 적시하였다고
> 인정할 증거가 없다.
>
> 동부지법

합동교단의 김성곤 목사가 두날개로 합신 이대위로부터 이단 논쟁이 있었다. 합신교단에서 합동교단의 김성곤 목사에 대한 이단 공청회가 있었다.

그들이 주장하는 것은 다음과 같았다.

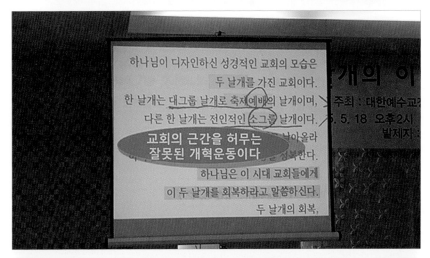

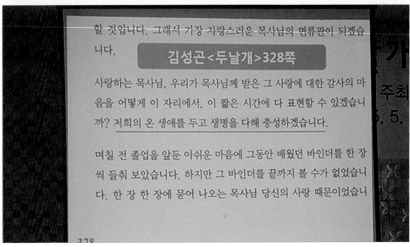

이단감별사들의 한국교회 大 사기극

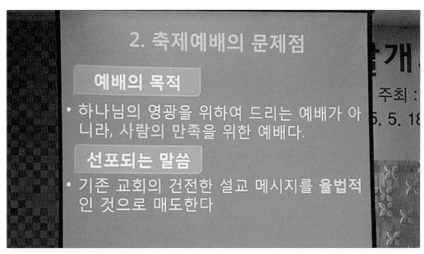

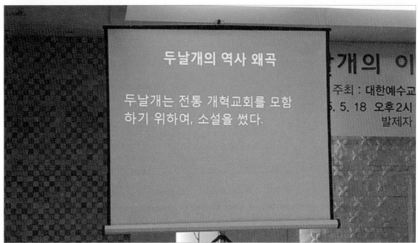

상황이 이렇게 되자 김성곤 목사는 공청회를 열기도 했다.

김성곤 목사는 이번에는 진용식을 초청했다. 어려울 때마다 진용식은 구원투수로 나서서 강사비를 챙긴다. 본인이 도와주겠다고 전화를 했거나 김성곤 목사가 강의를 해달라고 전화를 했을 것이다.

그는 창신교회에 가서도 목사를 흔드는 사람은 신천지라고 의심된다며 마치 교회 안에 신천지가 있는 것처럼 설교하고 강사비를 챙겼을 것이다. 이처럼 강사비가 있는 곳은 어디든지 부름받아 나서는 것이다. 그러나 창신교회에는 신천지가 없었다. 진용식은 강의로, 정윤석은 기사로, 마치 분쟁 있는 교회는 이면에 신천지가 흔드는 것처럼 이단 조작을 하려고 하였다. 그래야만 이단 비즈니스를 할 수 있기 때문이다.

이단감별사들의 한국교회 大 사기극

진용식의 수입원은 강의였다. 전광훈 목사의 말대로 그는 이단 팔이였다. 돈이 된다면 강제개종이라도 했던 것이다. 법원은 "이단 세미나를 계속하면서 사례비 명목으로 돈을 받아왔던 사실"이라고 언급했다. 이처럼 그의 주 수입원은 이단 세미나와 강제개종을 통한 사례비였다.

이단세미나를 계속하면서 사례비 등 명목으로 돈을 받아 왔던 사실

8. 아버지의 이단성

진용식도 진준태 장로가 자신의 아버지임을 고백하고, 진준태 장로 역시 자신의 아들이 진용식 목사라는 말을 한다

진용식의 아버지 진준태 장로는 1964년 가을경 예수님을 맞이할 준비를 해야 한다며 순창에 있는 회문산을 오가며 입산 준비를 했고 1965년경 가족들을 데리고 회문산에 들어간 바 있다.

진준태 장로는 5년 전 까지만 해도 현재 천안시 성환읍에서 "나그네섬김교회"라는 간판을 걸어놓고, 10여 명 정도의 신도들을 데리고 매주 예배를 드렸다.

세 분의 하나님?

진 장로는 하나님은 "창조하신 하나님", "영원하신 하나님", "죽은 자의 하나님"이라면서 "세 명의 하나님이 계시다"고 언급하고, 또한 요한복음 1장 1절에는 "성부 하나님, 말씀의 하나님으로 두 분의 하나님이 계시다"고 언급했다. 진용식도 두 신을 주장했다. 이는 아버지의 영향을 받은 것이다.

검찰, 진용식의 두신론 인정

동부지검은 진용식이 두 신이 있다고 주장한 것에 대해서 허위사실을 적시하였다고 보기 어렵다고 판단했다.

○ 2015. 4. 19. 경 게시물의 내용 중 "이단 상담 베테랑 상담소장은 해임, 신천지 개종자는 상담사 임명이라는 제하에 장(영주) 소장은 ...(중략)...진용식 목사는 요한복음 말씀에 대해서 상담시 부분의 하나님이 계신 것에 대해 유사하게 말하는 것을 들었다고 전했습니다."라는 기재부분은 그 자체로 다른 사람으로부터 전해들은 말을 전달한 것으로서 허위사실을 적시한 것이라 보기 어렵다.

▲ 동부지검

이에 대해 간사는 "원래는 진 장로는 많이 배우지 못해서 표현상 여러 하나님을 언급하는 것 같다"며, "그는 한 분의 하나님을 믿고 있고, 성경 그대로 언급할 뿐"이라고 했다. 진용식도 "아버지는 배움이 적어서 성경을 자의로 해석하는 경향이 있다"고 했다.

나그네 복음

진준태 장로는 안식교에 다니다가 안식교에서 나와 산에 올라가 40일 동안 기도하면서 많은 것을 체험하면서 성경을 해석하게 되었다며 성경 그대로 말을 할 뿐이라고 했다. 진 장로는 기존의 목사 시스템을 거부하고, "하나님은 전세계에 12인을 두어 자신의 말씀을 전하신다"고 했다. "그 12인은 하나님만이 아실 것"이라고 했다.

이외에 진 장로가 주장하는 것은 나그네 복음이다. "예수도 나그네처럼 살았고, 인생도 나그네처럼 살면서 이 땅에서 가난하게 살고 너무 많은 것을 가질 필요가 없고 청빈하게 살 필요가 있다"고 주장했다. "자신은 아들인 진용식과 다른 길을 가고 있다며 나그네처럼 청빈하게 살 것"이라고 했다.

지옥은 없다

진 장로는 "지옥은 없다"라며 성경은 단지 힌놈의 골짜기만 말할 뿐 지옥을 언급하고 있지 않다고 했다. 진장로는 "인생은 죽으면 단지 흙으로 돌아갈 뿐이지, 믿지 않는다고 해서 지옥으로 가지 않는다"고 했다.

이영호 목사, 혼합주의적인 양태를 띠고 있다

진용식이 편집인으로 있는 현대종교 2001, 11월에 아레오바고의 이영호 목사가 '기러기선교회 주장의 이단성'에서 진 장로의 사상은 혼합주의적 양상을 띠고 있는 이단성이 있는 사상이며 진준태 장로의 삼위일체론, 성경론, 구원론, 천국론, 죄론, 나그네 복음에 대해서 정리한 바 있다.

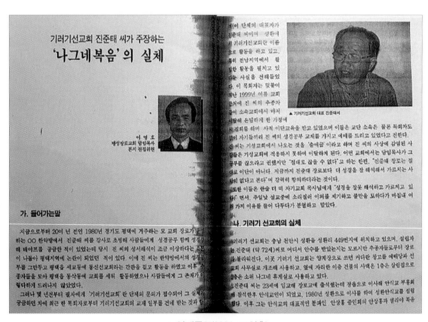

▲ 현대종교(2001, 11월호)

아담은 하나님이라고 주장

이영호 목사는 진준태 장로가 가르치는 기러기선교회 교재(히브리 1강)에서 "아담을 하나님의 형상대로 창조하셨다면 아담이 바로 하나님이다. 하나님의 형상대로 만들고 하나님이 영이신 것 같이 산영으로 만드셨다면 하나님이다"라고 언급했다고 하면서 이영호 목사는 "비록 아담에 한정된 주장이나 이는 분명한 이단사상이다"라고 주장한다.

나그네섬김교회 측, "표현이 잘못되었다."

그러나 나그네섬김교회 측은 아담이 하나님이라는 것은 말도 안된다. 표현이 잘못되었거나 전달이 잘못되었을 것이라고 주장한다. 진 장로는 신학성에 전혀 하자가 없고 단지 성경을 그대로 해석할 뿐이라고 했다.

진 장로는 예수의 탄생은 정신적인 탄생, 최삼경은 월경의 탄생 주장

이영호 목사는 진 장로는 예수의 족보는 혈통과 아무관계 없이 정신적인 족보라고 규정하고, "예수님이 성령으로 잉태해서 낳았다고 하는 것은 정신적으로 이어 낳았다는 말이 된다"고 하였다.

이외에 시대구분에 있어서도 진 장로는 성경을 7천년으로 보고, "1천 년대에 아담

이 나왔고, 2천 년대에는 노아가 나왔고, 3천 년대에는 아브라함이 나왔고, 4천년대에는 예수께서 탄생하셨고, 5천 년대에는 초대교회가 이루어지고, 6천 년대에는 남은 무리가 나오고, 7천 년대에 재창조의 사업이 이루어진다"라고 했다. 또는 진 장로는 성경전체를 볼 때 구약은 저녁이고 신약은 아침이라고 주장한다. 또한 모세의 율법은 육체의 법이고, 예수의 계명은 영의 법이라고 주장한다. 그리고 구약은 여자이고 신약은 남자라고 말한다.

공관복음은 비유의 복음

복음에 대해서 "구약에서 감추인 것은 공관복음에서 열리고, 공관복음에서 감추인 것은 요한복음에서 열리고, 요한복음에서 감추인 것은 요한계시록에서 열린다"고 가르치면서 "공관복음은 비유복음"이라고 했다.

성령은 예수님의 마음

또한 진 장로가 "성령이란 말은 예수님의 마음을 성령이라 말한다"고 하면서 성령은 예수의 마음이라고 언급했다. 또한 성령을 육적 성령과 영적 성령으로 구분하면서 육적인 성령은 병을 고쳐주고, 영적인 성령은 속사람을 변화시키는 영이라고 표현하였다. 나그네섬김교회 측은 헬라어 원어로는 '영'이나 '마음'이 같이 쓰인다고 말한다. 그래서 예수의 마음은 성령이라는 말로 볼 수 있다는 것이다.

천국의 구분

천국에 대해서 진 장로는 마태복음 3장 2절의 "회개하라 천국이 가까웠느니라"에서 천국이란 예수님을 가리키는 말이라고 했고, 계 21장 1절은 새 하늘과 새 땅은 우리 자신이라고 했다. 새 하늘과 새 땅은 내 마음에서 이루어지는 것이라고 하여 사실상 그런 땅은 없는 것으로 해석하고 있다. 또한 천국에 대해서도 세 천국론을 강조하여, 예수 믿어 구원에 들어가는 것이 첫째 천국이고, 말씀을 받아 영적인 천국에 들어가는 것이 둘째 천국이고, 아버지가 계신 하늘에 가는 것이 셋째 천국이라고 하여 천국을 세가지로 구분하였다.

예수도 나그네

진 장로는 나그네 복음을 강조하면서 성서의 복음을 나그네 복음이라 전제하고, 나그네 정신으로 믿는 자를 성도로 칭하고 있고, 하나님의 계명은 나그네 정신을 지키는 것이요, 하나님의 약속을 지키는 것이라고 말한다. 그는 "우리는 나그네 정신을 지켜야만 하나님께서는 영생을 주기로 약속된 것이다. 예수 그리스도의 나그네 정신을 지키는 것은 약속을 지키는 것이고, 약속을 지키는 사람은 하나님을 아는 것이다"라고 주장한다.

그는 계시록 14장 2절의 '예수 믿음'이란 예수 그리스도께서 나그네 정신을 행하였으므로 그 행함을 따라서 지키는 것이라고 했다. 그러면서 나그네 정신으로 사는 자는 아벨의 혈통이고, 기복으로 하나님을 믿는 자는 가인의 혈통이라고 강조한다.

손석태, 나용화 교수, 진준태 장로의 사상은 사이비 이단 주장

개신대학원대학교 총장을 지냈던 손석태, 나용화 교수는 "진준태와 그의 기러기 선교회는 반성경적이고 반교회적인 사이비 이단임이 너무나 분명하므로 진준태와 기러기 선교회는 이단으로 정죄되어야 마땅합니다"라고 했다.

진준태는 넷째 날의 광명과 작은 광명을 두고서 그리스도는 큰 광명이고 예수는 작은 광명이라고 하는가 하면, 율법을 상징하는 세례요한은 작은 광명이고 복음을 상징하는 예수는 큰 광명이라고 하고, 다섯째 날의 공중의 새는 복음을 전하는 신실한 나그네들이고 물 속의 고기는 교권에 매인 교권주의자들이라고 해석하며, 여섯째 날의 짐승은 교권주의 자들을 따라 타락해 가는 기성 교회이고 사람은 영생복음을 듣고 기성교회에서 나온 남은 무리들로 보는데, 이러한 해석은 진준태와 자기를 따르는 무리들만이 참된 영생과 천국을 소유할 수 있는 것으로 주장하는 것입니다. 아로 보건대, 진준태는 자신의 선교회 명칭을 기러기로 정한 것이 자신을 따라 추종하는 무리만이 하늘나라에 들어갈수 있음을 시사하고 있어서 교회를 파괴하려는 저의를 드러내고 있습니다. 결론적으로 말해서, 진 준태와 그의 기러기 선교회는 반성경적이고 반교회적인 사이비 이단임이 너무나 분명하므로 진준태와 기러기 선교회는 이단으로 정죄되어 마땅합니다.

주후 2001년 1월 11일
대한 예수교장로회(개혁) 총회 신학위원회

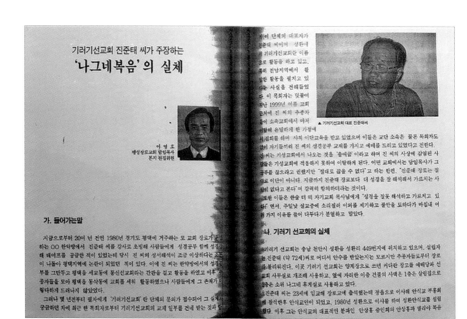

소결론

최삼경은 합동교단에서 통합교단으로 와서 13년 동안 이대위를 장악하면서 돈을 벌었고, 진용식은 안식교에서 합동교단으로 와서 이대위 활동을 하면서 돈을 챙겼다. 진용식이 돈을 챙기는 것은 최삼경 이상이었다. 강제개종을 통하여 14억을 챙겼다. 전광훈 목사의 말대로 '돈을 따라다니는 사람'이었다. 그의 주 수입원은 이단혐오를 통한 강제개종이었다.

그의 이대위 활동은 돈 때문이었다. 이단 비즈니스였던 것이다. 약점이 있는 사람에게 다가가 강의를 하고 돈을 챙기는 것이 다반사였다. 이러한 자가 대한예수교장로회 합동교단의 이대위원장을 지냈고 현재도 이대위원으로서 활동 중에 있다. 기가막힐 노릇이 아닐 수 없다.

최삼경은 통합교단, 진용식은 합동교단, 양측의 공통점은 이단 비즈니스를 한다는 것이다. 〈교회와 신앙〉을 통해 15억원의 불법모금을 하고, 광성교회에서 3억을 챙기고, 이재록에게서는 1,600만원을 수수하고, 이인강 목사에게는 1억을 수수하려다가 미수에 그쳤다. 결국 이인강 목사는 사이비성이 있다고 평가가 나왔다.

정윤석은 최삼경 <교회의 신앙>의 기자로, 강제개종시 진용식의 교회에서 전도사로 일을 했고, 이들과 함께 이단 정죄에 앞장섰던 인물이다. 정규대학은 통신으로 공부하는 방통대에서 공부한 것 이외에는 없다. 훗날, 침신대학원에서 공부하였지만, 비정규 과정이었다. 그러다 보니 사실관계보다는 이단 혐오라는 가치에 충실하여 대전 삼성교회, 강북제일교회에 대해서 신천지가 있다는 식의 허위기사로 글을 쓴 사실이 드러나 이단 조  작 시도를 한 사실도 밝혀지게 되었다. 특히 평강제일교회에 대해서 박윤식 목사가 통일교에 있었다는 글을 썼지만 사실이 아닌 허위사실로 밝혀져 정정 보도를 하기도 하였다. 특히 대국민 사기극을 한 세모자 성폭행 사건에 연루되어 협조하기도 하였고, 100만원을 받고 기사 11개를 삭제하는 등 돈과 기사가 연결되었음이 드러났다.

제6장

정 윤 석

1. 소개

정윤석은 기독교포털뉴스 대표로서 1970년생이고, 이단감별사들과 함께 사역을 하면서 이단감별사들의 사역을 나름대로 이어가고 있다고 생각한다. 그는 자신이 운영하는 기독교포털뉴스라는 사이트에서 자신의 학력에 대해서 다음과 같이 소개한다.

정윤석은 1970년 서울 변두리에서 태어나 서울 거여초등학교(1982년), 서울 보인중학교(1985년), 서울 동북고등학교(1988년)를 졸업했다. 단과학원에서 재수 생활을 거쳐 1989년 예장합동 측 총회 인준 신학교인 칼빈신학교(신학과 현 용산소재)에 입학, 1995년도에 졸업했다. 10년이 지나서인 2005년 한국방송통신대학교(미디어영상학과)에 입학, 2010년에 졸업했다.

저는 형광등 같은 사람입니다. 뭐든지 좀 늦습니다. 39살 늦은 나이에 결혼을 하고 결국 40살이 넘어서 자녀를 봤습니다. <기독교포털뉴스>(부설 한국교회이단정보리소스센터)도 다른 언론사에 비해 매우 늦게 시작하게 됐습니다. 그래서 이단문제에 있어서 <교회와신앙>이나 <현대종교>만큼 권위와 전통이 아직 세워지지 않았습니다. <기독공보>나 <기독신문>처럼 공신력 있는 교단의 뒷받침도 없습니다. CBS나 기독교TV처럼 튼튼한 조직과 다양한 콘텐츠가 있는 것도 아닙니다.

형광등처럼 느리고 늦는 사람이지만 그러나 주님께서 제게 사명을 주셨다는 것만큼은 깨달아 알고 있습니다. 그 길을 묵묵히 성실하게 가고자 합니다.

몇 년 전, 깊은 밤이었습니다. 침대에 누워 있는데 '이단 분별대처 사역은 누군가는 꼭 해야 할 일인데 하나님께서 그 일을, 다른 사람도 아닌 정말 부족하고 연약한 내게 맡기셨구나'라는 생각이 들면서 눈물이 핑 돌았습니다. 무한한 감사와 확신이 생기는 순간이었습니다.

<기독교포털뉴스>(부설 한국교회이단정보리소스센터)가 추구하는 가장 큰 가치는 '분별력있는 신앙'입니다. 가장 가슴 아픈 일은 교회에 다니던 분들이 이단에 빠지는 것입니다. 이 세상에 이단에 빠지고 싶어서 빠지는 사람은 단 한사람도 없는데 왜 사람들이 이단에 자꾸 빠질까~; 참 답답한 일입니다.

이단에 대한 정보·분별력·경계심이 없어서 그런 결과가 생기는 겁니다. <기독교포털뉴스>(부설 한국교회이단정보리소스센터)에서는 성도들이 꼭 알아야 할 이단에 대한 정보, 갖춰야 할 분별력, 이단에 대한 경계심을 키울 수 있도록 꼭 필요한 콘텐츠를 제공하겠습니다.

건전한 교회·단체·교육센터·기도원은 어떤 곳이 있는지, 반면 결코 발을 들여놓아서는 안되는 불건전한 단체·교육센터·기도원에는 어떤 곳이 있는지 공신력있고 유익한 정보, 더나아가 어떤 곳에서도 볼 수 없는 유일한 정보들을 제공하겠습니다.

정윤석은 1970년 서울 변두리에서 태어나 서울 거여 초등학교(1982년), 서울 보인중학교(1985년), 서울 동북고등학교(1988년)를 졸업했습니다. 단과학원에서 재수 생활을 거쳐 1989년 예장 합동측 총회 인문 신학교인 칼빈신학교(신학과 현 용산소재)에 입학, 1995년도에 졸업했습니다. 10년이 지나서인 2005년 한국방송통신대학교(미디어영상학과)에 입학, 2010년에 졸업했습니다.

언론사에서의 경력은 다음과 같습니다. 1995년~1997년 <토탈인테리어> 잡지사에서 2년간, 1997년~2012년까지 인터넷신문 <교회와신앙>(www.amennews.com)에서 15년간 기자생활을 했습니다. CCC에서 개설한 직장인 NLTC 코스 국제전도폭발훈련 1단계~3단계 수료 등 복음적인 단체의 제자전도훈련도 충실히 수행했습니다. 안산 상록교회(진용식 목사)에선 이단상담전도사로 사역한 바 있습니다.

<교회와신앙>에 근무하며 '신천지 대처 매뉴얼', '사진으로 보는 이단문제단체' 등 1천500여 건의 기사를 작성했습니다. 저서로는 <신천지 포교전략과 이만희 신격화 교리>(진용식 공운식 목사와 공저, 한국교회문화사), <평생 이단에 빠지지 않는 특별신앙>(대림문화사), <신천지 교리와 포교전략>(최삼경 목사와 공저, 한국교회문화사)이 있습니다.

<기독교포털뉴스>는 2012년 9월 오픈했습니다. 이 사이트를 통해 정윤석은 이전의 경력을 내세우기보다 신입 기자와도 같이 새로운 마음으로 이단대처 사역을 하고자 합니다. 이렇다할 조직도 뒷 배경도 재정도 없지만 독자 여러분들께서 정윤석의 후원자이자 배경이 돼 주시길, 그리고 곳곳이 이단대처 사역의 길을 갈 수 있도록 도와 주시길 부탁드립니다.

▲ 출처, 기독교포털뉴스

이단감별사들의 한국교회 大 사기극

기독교포털뉴스는 이단대처에 앞장서는 언론이라고 소개하고 있다. 그러나 그는 이단 조작에 앞장서 왔다.

그는 1997년~2012년까지 인터넷신문〈교회와 신앙〉(www.amennews.com)에서 15년간 기자 생활을 했고, 안산 상록교회(진용식)에선 이단상담전도사로 사역한 바 있다. 그러므로 최삼경과 진용식과는 한배를 탔다고 볼 수 있다. 이단감별사의 마지막 주자이다. 정윤석은 다른 탈레반식 이단감별사들처럼 무리하게 이단 정죄를 하거나 이단 만들기에 앞장서 왔다. 진용식, 최삼경으로부터 배운 게 그런 것밖에 없었을 것이다.

먼저 삼성교회 사건을 보자. 예장통합 소속 대전 삼성교회는 신천지가 한 명도 없는데 마치 신천지가 있는 것처럼 몰고 갔다.

2. 삼성교회 신천지 조작 사건

정윤석은 2009년 9월 13일 "삼성교회 목사 반대파에 신천지 연루자 많다"는 제목으로 통합측 이단대책위, 노회 총회재판국에서 조사한 내용을 언급했다.

통합측 이대위는 2009년 8월 31일자 '대전삼성교회 문제조사 보고서'라는 문건에서 먼저 "삼성교회는 목회자를 지지하는 측과 목사를 반대하는 측으로 나뉘어 심각한 분규 현상을 보이고 있다"며 "이 분규로 인해 교회의 쇠퇴는 물론 전도의 길조차 막히고 있는 상황이다"고 지적했다. 이는 이단 조작범 정윤석이 쓴 기사 내용을 가지고 이대위가 판단한 것이다. 이처럼 이들은 자신들의 글이 통합교단 이대위가 판단할 수 있도록 근거를 마련해주었다. 그러다 보니 통합교단 이대위는 이단감별사들의 글에 의존하여 왜곡되게 판단을 하곤 했다. 먼저 이단감별 언론이 이단 의혹을 제기하고, 통합 이대위는 제기된 의혹으로 이단 결정을 한다.

기사보내기 ℇ 트위터 ◎ 미투데이 ⌘ 네이버 Ⓖ 구글 ▫ 페이스북 ♨ 디그 ✷ 딜러셔스 ✍ 라이브 ♨ 요즘

⊠메일보내기 ⌨오류신고 ⎙프린트 ✛가 ▬가

"삼성교회 목사 반대파에 신천지 연루자 많다"

통합측 이단대책위, 노회·총회재판국에 조사 보고서 송부

2009년 09월 13일 (일) 22:40:11   정윤석 기자 ✉ unique44@naver.com

> ### 3. 조사 결과
> 현재 삼성 교회는 목회자를 지지하는 측과 목사를 반대하는 측으로 나누어져 심각한 분규현상을 보이고 있다. 이 분규로 인하여 교회의 쇠퇴는 물론 전도의 길조차 막고 있는 상황이다.
> 분명한 것은 교회가 소란하여 신천지 이단이 침투하였는지, 신천지가 침투하여 교회가 소란하게 되었는지 알 수 없으나, 목회자 반대측 핵심인물들 중에 신천지 연루자가 많이 있다는 점이다. 노회나 총회 재판국에서는 이 점을 감안하여 문제를 해결해야 할 것으로 사료되는 바이다.
>
> ### 4. 참고 자료
> 1) 삼성장로교회평신도위원회의 진술서("삼성장로교회의 실태를 알려드립니다" (2008.11)
> 2) ▨▨ 장모가 신천지 신도인 정황에 대한 건의서(2008.12.16)
> 3) 삼성장로교회 사무장보 ▨▨▨▨ 외 9명의 "해명서" (2009.4)
> 4) 면담 녹음 테이프 등

예장 통합 총회(총회장 김삼환 목사) 이단사이비대책위원회(이대위, 위원장 최영환 목사)가 분규중인 대전 삼성교회의 목회자 반대파의 핵심인물 중에 신천지 연루자가 많이 있다는 공식 입장을 정리해 주목된다. 본 사이트 <교회와신앙>(www.amennews.com)은 이 교회에 신천지 추수꾼들의 '산옮기기' 전략이 조직적으로 진행되고 있는 것은 아닌가 하는 의혹을 제기한 바 있다.

통합측 이대위는 2009년 8월 31일자 '대전삼성교회 문제조사 보고서'라는 문건에서 먼저 "삼성교회는 목회자를 지지하는 측과 목사를 반대하는 측으로 나뉘어 심각한 분규현상을 보이고 있다"며 "이 분규로 인해 교회의 쇠퇴는 물론 전도의 길조차 막히고 있는 상황이다" 고 지적했다.

이어서 이대위는 "교회가 소란하여 신천지 이단이 침투하였는지, 신천지가 침투하여 교회가 소란하게 되었는지 알 수 없으나 목회자 반대측 핵심 인물들 중에 신천지 연루자가 많이 있다"면서 "노회나 총회 재판국에서는 이 점을 감안하여 문제를 해결해야 할 것으로 사료된다"고 밝혔다. 현재 이 보고 문건은 대전삼성교회와 소속 대전노회, 통합 총회 재판국에 정식 공문으로 송부됐다.

통합측 이대위의 한 관계자는 "대전삼성교회 문제조사 보고서는 현재 상태에서 유효한 결의다"며 "긴급사안으로 처리됐다"고 설명했다.

대전삼성교회의 조사는 2008년 11월 7일 '대전삼성교회 신천지 진상요청'이라는 문건이 접수되면서 이대위의 결의를 통해 조사에 착수하게 됐다. 이대위는 조사 과정에서 신천지 연루자로 의심을 받아오던 8명 중 4명이 신천지 가담 사실을 시인하고 출석을 중단했다고 보고서에서 밝히기도 했다.

그리고 정윤석은 2009년 11월 2일에는 삼성교회, '신천지 산 옮기기' 작업 중이라고 기사를 썼다. 그리고 자신의 주장의 정당성을 위해 진용식의 말을 인용한다.

"예장합동 측 이단대책위원회에 소속한 이단 상담소의 한 관계자도 삼성교회 문제는 신천지가 개입한 사건이라는 진단이다. 그는 '삼성교회 사건에 대한 소견서'에서 다음과 같이 진술했다."

"신천지인들의 전형적인 산 옮기기 수법이 삼성장로교회에 그대로 적용되었음을 확인합니다. … 신천지의 산 옮기기 수법 중에서 교인들 중에 동조세력을 확보한 후에 담임목사의 흠을 잡아 모함한 후 교회에서 몰아내기를 시도하거나 아니면 동조하는 세력들을 규합하여 교회 분리를 시도하거나 … 재산분배를 시도하는 것이 전형적인 산 옮기기 수법인데 삼성장로교회에서 동일한 현상이 나타나고 있는 것으로 보입니다."

이렇게 해서 그들은 삼성교회 안에 신천지 신도가 있다는 식으로 해서 이단으로 조작한다.

대일보내기 오류신고 프린트 ＋가 ━가

삼성교회 '신천지 산옮기기' 작업중?

목사측 "추수꾼 다수 활동" vs 반대측 "목사 자질 문제"

2009년 11월 02일 (일) 00:00:00   정윤석 기자 ⓔ unique44@naver.com

신천지예수교증거장막성전(신천지, 총회장 이만희 씨) 신도로서 정통교회에서 추수꾼으로 활동했던 사람이 있었다. 그는 활동을 하던 중 신천지에 의구심을 갖게 되었고 결국 지인들의 권유로 이단 상담을 받고 정통교회로 회심했다. 그런데 금년 10월 중순경 대전의 한 교회 관계자들이 그를 찾았다. 그가 자신들의 교회에서 추수꾼으로 활동했다는 이야기를 전해 들었던 것이다. 시비를 걸고자 한 게 아니었다. 이 교회의 교역자들은 '과연 우리 교회에 추수꾼들이 얼마나 남아 있느냐'가 궁금했다.

그들은 예배 장면을 촬영해 간 동영상을 이 신도에게 보여줬다. 그는 동영상을 섬세히 살펴 봤다. 지나가는 순간순간 신천지 교인이 눈에 들어왔다. 성가대에도 있었다. 그의 눈에 띈 숫자만 15명. 이중에는 교회 중진도 있었다.

대전 삼성교회(예장통합, 이형근 목사)가 큰 충격에 휩싸였다. 삼성교회는 2006년경부터 교회가 목회자지지측(지지측)과 반대측으로 나뉘어 갈등을 겪어왔다. 지지측은 이형근 목사에게 크게 문제 삼을 만큼의 도덕적 문제나 결함이 없다는 판단이다. 게다가 반대측 진영에 신천지 추수꾼들이 일부 개입해 문제를 더욱 심각하게 만들고 있다며 무엇보다 그들부터 제거하는 게 우선순위라는 입장이다.

그러나 반대측은 그렇지 않다. 이들은 이 목사와 관련한 모종의 도덕적 추문을 비롯 설교 표절과 공금횡령, 고소문제 등을 지적하며 현 담임목사에게 심각한 문제가 있다고 비판한다. 게다가 교회 문제를 '신천지'와 결부시키는 것은 교회 분쟁의 근본적 이유를 왜곡하는 것이라며 전적으로 이 목사의 부덕함과 파행으로 생긴 일이라며 팽팽히 맞서고 있다.

이런 가운데 '신천지 추수꾼 개입'과 관련한 확인 작업을 위해 지지측 인사들이 삼성교회 예배 장면을 촬영한 동영상을 갖고 신천지 이탈자를 찾게 된 것이다. 과연 삼성교회 분쟁에 추수꾼들이 개입한 것일까? 만일 그렇다면 삼성교회에는 추수꾼들이 얼마나 들어와 있을 까? 신천지 이탈자는 동영상을 보며 삼성교회 신도 중 자신이 아는 신천지교인들만 15명을 지목했다.

그뿐만이 아니다. 지지측은 또다른 이탈자를 통해 일부 신도들이 신천지 교인일 가능성이 크다는 지목도 다시 한 번 받게 된다. 그 이탈자는 자신과 신학원에서 함께 공부한 동기 몇 명을 지적해 줬다. 이로 인해 지지측은 '삼성교회 추수꾼 개입설'이 일정 부분 사실로 파악됐다는 분위기다.

437
정윤석

현재 삼성교회를 출석하는 신도들은 450~500여 명. 이중 이형근 목사를 지지하는 성도들은 약 30% 정도, 반대측에 30%, 나머지는 중도적인 입장이다. 이중 반대측에는 교회의 중진들이 다수 포함돼 있다. 교회 재정까지 담당하는 사람이 있다. 부교역자들은 물론 담임인 이 목사는 이 때문에 제대로 된 사례를 지급받지 못하는 상황이라고 주장한다. 주로 목회자 반대측에 서 있는 장로들이 당회와 재정권을 장악하고 있기 때문에 벌어진 일이라는 것이다. 이 목사는 올 초부터 본봉만을 받고 있으며 부목사였던 2명의 교역자는 노회법에 의거 무임목사가 됐다는 이유로 올 4월부터 사례를 지급하지 않고 있다. 이들이 교회를 떠나지 않자 반대측은 부교역자실을 용접해 버렸다.

그러나 부목사였던 2명의 교역자들은 "사례를 못 받고 있지만 교회가 '이단문제'라는 너무도 어려운 상황에 직면해 있다"며 "이 어려움을 극복하고 해결하지 않는 이상 교회를 떠나지 않겠다"고 각오를 밝혔다.

예장 합동측 이단대책위원회에 소속한 이단상담소의 한 관계자도 삼성교회 문제는 신천지가 개입한 사건이라는 진단이다. 그는 '삼성교회 사건에 대한 소견서'에서 다음과 같이 진술했다.

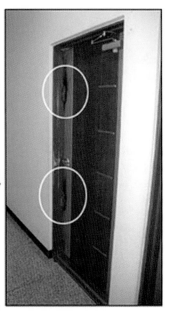

"신천지인들의 전형적인 산옮기기 수법이 삼성장로교회에 그대로 적용되었음을 확인합니다. ··· 신천지의 산 옮기기 수법 중에서 교인들 중에 동조세력을 확보한 후에 담임목사의 흠을 잡아 모함한 후 교회에서 몰아내기를 시도하거나 아니면 동조하는 세력들을 규합하여 교회 분리를 시도하거나···재산분배를 시도하는 것이 전형적인 산옮기기 수법인데 삼성장로교회에서 동일한 현상이 나타나고 있는 것으로 보입니다."

'추수꾼 개입설'은 국면전환용일 뿐 목사 자질 문제가 핵심이다?

▲ 교회 분쟁의 과정 중에 폐쇄된 부교역자실

그러나 반대측은 지지측의 입장이 사실에 대한 왜곡이라고 반박한다. 특히 신천지 추수꾼 개입설은 지지측이 자신들을 정당화시키기 위해 만든 것이라고 지적한다. 신천지 문제와 교회 문제는 하등 상관관계가 없다는 주장이다. 이들은 "교회가 분쟁을 겪고 어려워진 것은 목회자의 도덕적 문제와 자질에서 발생한 것이다"며 "새로운 목회의 의지와 비전을 제시하지 않고 지속적인 설교 도용과 무성의한 목회로 일관하여 교회에 유익을 주지 못해 교인들이 떠나는 일이 빈번해지고 있다"고 강조했다.

이에 대해 예장통합 이대위는 양측의 주장에 대해 객관적인 증거를 찾기가 어렵다고 했다

이단감별사들의 한국교회 大 사기극

3) 분규 쌍방에서 제출한 진술서와 해명서에는 서로 상반되는 주장이 있고 양측의 주장을 증거할 객관적 증거를 확보하기에는 어려움이 있어 모든 진실을 규명하지 못하였다.

16. 이단·사이비대책위원회 보고서

제93회 총회 이후 1년 동안의 이단·사이비대책위원회의 사업경과를 다음과 같이 보고합니다.

보고인 : 위원장 최영환

I. 조 직

위원장 : 최영환   서 기 : 유영돈   회 계 : 원태희
위 원 : 한철완 김병복 류종상 박병식 변정식 김재영 김광재 윤동석
       유한귀 이락원 김한식 최재국
전문위원 : 허호익 탁지일 최삼경
〈분과위원회〉
연구분과/위원장 : 유한귀 목사   서 기 : 김한식 목사
     위 원 : 최영환 목사 한철완 목사 김재영 목사 허호익 교수
          탁지일 교수 최삼경 목사 구춘서 교수
조사분과/위원장 : 윤동석 목사   서 기 : 최재국 목사
     위 원 : 원태희 장로 김병복 목사 변정식 목사
상담분과/위원장 : 김광재 목사   서 기 : 이락원 목사
     위 원 : 유영돈 목사 박병식 목사 류종상 목사
〈이단·사이비문제상담소〉
소 장 : 구춘서

대전삼성교회 보고서에 의하면 신천지가 침투하여 교회가 소란스럽게 되었는지 알 수 없다고 했다. 신천지 침투에 대한 객관적인 증거가 없었다.

정윤석

2. 대전삼성교회 조사보고서

가. 조사 경위

2008년 11월 7일 '대전 삼성장로교회의 신천지 진상요청' 건이 접수되어 본 이단사이비대책위원회(제93-3차, 2008. 12. 2.)의 논의를 거쳐 조사하기로 결의하다.

나. 조사 내용

1) 1차 조사 : 삼성교회 당회원(김형태, 문제천, 김순배, 장명구) 4인을 대전서노회 사무실에 불러 신천지 가담사실을 질문 확인했으나 신천지 연루설을 모두 부인하였다.

2) 2차 조사 : 삼성교회 측이 신천지 연루자로 밝힌 8명 중 4명이 참석하였는데, 모두 신천지에 가담한 사실을 시인하고 현재는 출석하지 않는다고 답변하였다.

3) 분규 쌍방에서 제출한 진술서와 해명서에는 서로 상반되는 주장이 있고 양측의 주장을 증거할 객관적 증거를 확보하기에는 어려움이 있어 모든 진실을 규명하지 못하였다.

다. 조사 결과

현재 삼성교회는 목회자를 지지하는 측과 목사를 반대하는 측으로 나누어져 심각한 분규현상을 보이고 있다. 이 분규로 인하여 교회의 쇠퇴는 물론 전도의 길조차 막고 있는 상황이다.

분명한 것은 교회가 소란하여 신천지 이단이 침투하였는지, 신천지가 침투하여 교회가 소란하게 되었는지 알 수 없으나, 목회자 반대 측 핵심인물들 중에 신천지 연루자가 많이 있다는 점이다. 노회나 총회 재판국에서는 이 점을 감안하여 문제를 해결해야 할 것으로 사료되는 바이다.

라. 참고자료

1) 삼성장로교회평신도위원회의 진술서("삼성장로교회의 실태를 알려 드립니다" 〈2008. 11.〉)

2) 김형태 장로가 신천지 신도인 정황에 대한 건의서(2008. 12. 16.)

3) 삼성장로교회 시무장로 조성득 외 9명의 "해명서"(2009. 4.)

4) 면담 녹음 테이프 등

이 문제는 목사 지지파와 반대파의 대립과 갈등을 둘러싼 문제였다. 교단 재판국의 판단에는 교리 사항이 배제되어 있었다. 교단 재판국은 신천지설을 처음 제기한 이형근 목사에게 "피고소인 이형근을 기소할 것을 명한다"고 판단했다. 교리적 입장이 아니라 교회법적인 입장에서 판결한 것이다. 결국 교회 내 주도권 분쟁으로서 교단 재판에서 패소한 목사가 교회를 떠나게 되었다. 그러나 이단감별사들은 교회법 분쟁을 교리 분쟁으로 몰고 가고자 했다.

제94회기 총회 보고서

"재항고건"은 다음과 같이 결정하였사오며

사건번호 : 예총 재판국 사건 제94-11호

피고소인 : (이름) 이형근   나이 : 52세   성별 : 남   직분 : 목사

주소 : 대전 서구 삼정동 국화동성아파트 105동 1103호

전화번호 : 010-7120-4776

기소위원회 : 대전노회 기소위원회 기소위원장 최세영

주 문 :

1. 피고소인 이형근을 기소할 것을 명한다.

2. 재판비용은 대전노회에 귀속한다.

결정이유 :

피고소인 이형근은 2009년 3월 8일 1, 2부 예배 기도 시 목사는 하나님의 말씀으로 양들인 교인들을 교훈하며 교인을 축복하는 자로서 성도들을 사랑으로 감싸 주며 성도들이 축복받기를 위하여 기도하여 주어야 함에도 불구하고 분쟁으로 고통을 받고 있는 고소인 등을 빗대어 저주 기도를 하였던 사실이 인정이 되는 등 목사로서의 직무를 다하였다고 할 수 없으며 피고소인을 상대로 제출한 고소, 고발장에 기재된 범죄사실 등이 대부분 인정이 되므로 주문과 같이 결정한다.

적용법조문 : 총회 헌법 제2편 정치 제5장(목사) 제24조(목사의 의의) 제25조(목사의 직무) 제3편 권징 제1장(총칙) 제3조(권징의 사유가 되는 죄과) 1, 2, 3, 5, 6, 9, 10항 제4장(제1심 소송절차) 제1절(고소 및 고발) 제48조(고소권자) 제2절(기소) 제59조(기소의 제기) 제66조(재판국의 결정) 1항 2호

정윤석은 교리적으로 접근하여 마치 교회에 신천지가 침입한 것처럼 이단교회로 몰고 가려고 했던 것이다. 강북제일교회사 건도 교회 내 주도권 분쟁인데 마치 신천지가 개입한 것처럼 교리 분쟁으로 몰고 갔다.

3. 강북제일교회 신천지 조작 사건

이단신천지 대처법 17장의 내용을 보면 정윤석은 "강북제일교회를 장악하고 있는 핵심 세력이 신천지일 가능성이 큰 것으로 판단된다. 2012년 10월 21일 이단대처 사역자인 최삼경, 박형택 목사, 신현욱 전도사는 공개 기자회견을 통해 '강북제일교회 핵심신도가 신천지라고 폭로했다. 그

후 벌어진 사건을 종합하면 심증은 굳어진다"고 하여 증거자료 없이 아프가니스탄의 탈레반식으로 한 교회를 신천지가 개입하였다고 교리 분쟁으로 몰고 간다.

> 는 견해를 ᄋᄋ다. ... 강북제일교회를 장악하고 있는 핵심 세력이 신천지일 가능성이 큰 것으로 판단된다. 2012년 10월 21일 이단대처 사역자인 최삼경 · 박형택 목사, 신현욱 전도사는 공개 기자회견을 통해 '강북제일교회 핵심 신도가 신천지다.'라고 폭로했다. 그 후 벌어진 사건을 종합하면 심증은 굳어진다.
>
> 신천지 의혹을 받고 있는 핵심 신도가 신천지라는 의혹이 제기된 후, 2012년 10월 22일자 〈교회와신앙〉, 〈뉴스미션〉 등에서 "통합측 강북제일교회를 신천지가 산 옮기려한다"는 제목의 기사가 나왔다. 그러자 이틀 뒤, 재밌는 일이 발생한다. 신천지측 서울 야고보 지파가 공식적으로 이런 유의 기사에 반박하는 보도 자료를 언론사에 배포한다. '강북제일교회 신도 중 신천지로 지목된 사람들은 신천지가 아니다'라는 것이 보도 자료의 내용이었다. 이단상담을 하는 한 목회자는 말한다. "나는 신천지인들을 경험하면서 나름대로 결론을 내렸다. 그들의 숨소리 외에는 어떤 소리도 거짓으로 생각하기로." 나름 종교인이라면 양심이 있어야 하고 도덕성이라는 게 있어야 한다. 그런데 신천지측은 추수꾼 포교를 비롯하여 거짓말을 아무런 가책 없이 하는 악한 특성을 너무도 많이 보여 왔다. 그런데 이런 보도 자료를 믿으란 말인가?

그러면서 추측성 기사에 의하여 신천지의 개입설을 정당화하고 있다. 이는 정윤석이 정규대학에서 충분히 인문학과 논리학, 실증학을 공부하지 못한 탓으로 추정과 가설에 의해서만 논리를 전개하고, 인용도 이단감별사들의 입만을 의존하고 있다. 이단감별사들은 금품과 거짓을 토대로 하기 때문에 이단감별사의 입을 의존하는 것은 논리학상 선결문제 미해결의 오류를 범하는 것이다. 이단감별사의 입을 의존하려면 그들의 정직성과 사실성, 돈을 돌처럼 여기는 자세 등이 먼저 선결적으로 해결되어야 한다.

비단 정윤석만 신천지 조작설을 말하지 않는다. 〈교회와 신앙〉의 전정희 기자까지 신천지 조작설을 기사화하였다. 그녀도 강북제일교회에 마치 신천지가 있는 것처럼 기사화하였다. 초록은 동색이다.

·[이단&이슈] '신천지' 폭로 이전 강북제일교회 사태알지 PHO　　[새창]　전정희 기자　2012-11-06
·[이단&이슈] 강북제일 강사모, 이단연구가들에 '전면전' 선언 PHO　[새창]　전정희 기자　2012-11-02
·[이단&이슈] "강북제일 하경호·윤석두 씨, 신천지 교인 아니다" PHO　[새창]　전정희 기자　2012-10-25
·[이단&이슈] "통합측 강북제일교회를 신천지가 산 옮기려한다" PHO　[새창]　전정희 기자　2012-10-22

이단감별사 최삼경, 박형택, 신현욱까지 이단 조작에 가담하였다.

"통합측 강북제일교회를 신천지가 산 옮기려한다"

이단연구가들 폭로···"하경호·윤석두 씨는 신천지 야고보지파 출신"

2012년 10월 22일 (월) 17:46:07　　　　　　　　　　전정희 기자 ⓐ gasuri48@hanmail.net

한국기독교이단상담소협회와 신천지대책전국연합 등에 소속된 이단연구가들이 10월 21일 저녁 서울역 회의실에서 기자회견을 갖고 "예장 통합측 강북제일교회를 신천지가 산 옮기려한다"고 폭로했다. 신천지예수교증거장막성전(신천지, 교주 이만희)측의 정통교회 통째 삼키기 수법인 소위 '산 옮기기 전략'이 오랜 기간 계속되고 있는 강북제일교회의 혼란한 틈을 타 상당히 진행되고 있다는 것이다.

주최측은 "그동안 비교적 소형교회를 중심으로 산 옮기기를 추진했던 신천지가 이제 대형교회를 대상으로 하고 있다"며 "현재 강북제일교회가 그 대상 중 하나"라고 밝혔다. 또 "우

정윤석

"강북제일교회를 이미 신천지가 접수했다"

주최측은 "현재 강북제일교회에서 교회를 불법으로 점거하고 있는 사람들 중 신천지로 밝혀진 사람들은 약 20여 명에 이른다"고 밝혔다. 또한 "그 외에도 교회 안에서 활동하고 있는 신천지 주수꾼들의 숫자는 다 파악조차 할 수 없는 지경"이라고 밝혔다.

특히 한국기독교이단상담소협회 구리상담소 신현욱 소장은 "오늘은 2명의 실명만 밝히겠다"고 전제하고 "강북제일교회 안수집사 하경호 씨와 윤석두 씨가 신천지 서울 야고보지파에서 활동하던 분들이며 특히 윤씨는 야고보지파 재정부장 출신"이라고 밝혔다. "하씨와 윤씨 뒤에 신천지측의 조직적인 지휘가 있을 것으로 본다"는 말도 덧붙였다.

신천지에 빠진 사람들을 상담하는 과정에서 신 소장은 신천지의 서울 야고보지파(노원/성북/강북/의정부)가 강북제일교회에 주수꾼을 많이 파송했다는 말을 많이 들었는데, 그러다가 어느 날부턴가 '신천지에서 이미 강북제일 교회를 접수했다'는 식의 말을 듣게 됐다는 것이다. 그 후 현재 강북제일교회에서 핵심적으로 활동하는 사람들의 사진과 동영상을 입수해 회심자들에게 보여주며 신천지인임을 확인했다는 설명이다.

▲ 신현욱 소장

이처럼 교리 탈레반인 이단감별사들은 강북제일교회에 신천지가 개입하였다고 여론을 몰고 갔다. 이단감별사들은 항시 언론을 앞세우고 이단 몰이를 하였다. 그러나 법원은 냉정하게 평가했다. 강북제일교회에 신천지 이단이 없다고 판단했다.

"피고들이 제출한 증거만으로는 하경호와 윤석두 등이 원고의 신도이고, 원고가 이들을 통하여 강북제일교회를 탈취하려고 한다는 사실이 진실임을 인정하기에 부족하고, 달리 이를 인정할 증거가 없으므로, 피고들이 발표하거나 보도한 위 내용이 진실이라는 피고들의 위 주장은 이유 없다."

나) 하경호와 윤석두 등이 원고의 신도이고, 원고가 이들을 통하여 강북제일교회를 탈취하려 한다는 내용

　(1) 진실성

　　앞서 채택한 증거 및 갑 제6, 7, 13, 15호증(각 가지번호 포함)의 각 기재 및 영상, 증인 하경호, 윤석두의 각 증언에 의하여 인정되는 다음과 같은 사정들, 즉 ① 원고의 서울야고보지파 소속 신도였다가 2012. 7.경 탈퇴한 정선우는 '원고에 출석할 당시 하경호와 윤석두를 보았다'고 증언하고 있으나, 정선우의 증언에 의하더라도 하경호와 윤석두를 개인적으로 알고 지냈다는 것은 아니고, 몇천 명이 다니는 원고 교회에 출석할 때에 복도나 예배당 입구에서 마주친 적이 있다는 것일 뿐인데, 사람의 기억력에는 한계가 있어서 그 기억이 부정확할 수 있고, 당사자 사이에 개인적인 관계가 없을 경우에는 그 정확성은 더욱 떨어질 수 있으며, 특히 정선우는 2012. 9.경 피고 신현욱이 강북제일교회 분쟁에 원고의 신도로 의심되는 사람이 있으니 확인하여 달라는 부탁을 받은 후에 하경호, 윤석두를 촬영한 사진과 동영상을 확인하였는바, 이미 사진과 동영상 속에 원고의 신도가 있다는 무의식적인 암시를 받은 상황에서 하경호와 윤석두의 얼굴을 확인하였기에 그 기억이 왜곡될 수 있는 점, ② 원고가 제출한 교적부 및 교적부 검색프로그램을 살펴보더라도, '하경호'라는 성명으로 검색되는 신도는 1993. 5. 12. 출생한 1명만 있을 뿐이고(강북제일교회 신도인 하경호는 1954. 7. 25.생이다), '윤석두'라는 성명으로 검색되는 신도는 없는 점, ③ 원고의 서울야고보지파에서 1996.경부터 2007.경까지 추수꾼들을 관리하다 원고를 탈퇴한 집사 김미숙은 2012. 11. 13. 기자회견을 열고 '자신이 원고를 탈퇴할 당시까지 하경호와 윤석두를 본 적이 없다'고 발표한 점 등에 비추어 보면, 피고들이 제출한 증거들만으로는 하경호와 윤석두 등이 원고의 신도이고, 원고가 이들을 통하여 강북제일교회를 탈취하려고 한다는 사실이 진실임을 인정하기에 부족하고, 달리 이를 인정할 증거가 없으므로, 피고들이 발표하거나 보도한 위 내용이 진실이라는 피고들의 위 주장은 이유 없다.

〈교회와 신앙〉도 정정 보도를 했다. 거짓을 보도한 것을 스스로 인정한 것이다. 결국 정윤석, 전정희 글, 최삼경, 박형택, 신현욱의 주장이 이단 조작임이 드러났던 것이다.

2012. 10. 22. 〈교회와 신앙〉(amennews.com) "통합측 강북제일교회를 신천지가 산 옮기려 한다"는 제목의 기사 관련 정정보도문

가. 〈교회와 신앙〉(www.amennews.com)은 2012년 10월 22일 기사에서 '강북제일교회의 분쟁에 신천지가 개입하였다!', '신천지가 강북제일교회를 산 옮기려 한다', '하경호와 윤석두 뒤에 신천지의 조직적인 지휘가 있을 것으로 본다', '신천지가 하경호와 윤석두를 통해 강북제일교회를 이단화하기 위한 폭력 등 불법을 행사하고 있다', '강북제일교회를 신천지가 접수했다', '강북제일교회를 불법으로 점거하고 있는 사람들 중 신천지로 밝혀진 사람들은 약 20여 명에 이른다' 고 보도하였습니다.

나. 그러나 '강북제일교회의 분쟁에 신천지가 개입되었다', '신천지가 하경호, 윤석두를 조직적으로 지휘하고 있다', 신천지가 강북제일교회를 찬탈하려 하거나 "산 옮기기"를 하려 한다는 내용 모두 밝혀진 바 없으며, 현재 강북제일교회를 신천지가 접수했다거나 혹은 강북제일교회 신도들 중 신천지인이 20여 명에 이른다는 보도내용은 진실에 근거하지 않은 주관적 추측에 불과하므로, 이를 알려드립니다.

다. 〈교회와 신앙〉(www.amennews.com)은 또 2010년 10월 22일 기사에서 '신천지가 강북제일교회 분쟁에만 개입한 것이 아니라, 분란이 일어난 교회마다 개입하여 교회를 어지럽게 하고 공포분위기를 조장하였다', '정상적인 교인들을 교회에서 떨어뜨리게 한 다음 신천지에 동조하는 사람들로 교회를 장악하는 것이 신천지의 기본 전략' 이라고 보도하였습니다.

라. 그러나 앞서 본 바와 같이 신천지 또는 신천지인이 강북제일교회 분쟁에 개입하였음이 밝혀진 바 없을 뿐만 아니라, 〈교회와 신앙〉(www.amennews.com)은 신천지가 분란이 있는 교회에 들어가 어지럽게 하고 공포분위기를 조장한 사례를 제시하지 못함에도 이와 같은 보도를 하여 이 부분 보도는 진실이라고 할 수 없으므로, 이를 바로 잡습니다. 끝.

결국 모든 일이 해프닝으로 끝났다. 이단감별사들, 예장통합 이대위, 이단감별 옹호 언론 등은 강북제일교회에 신천지가 투입한 것처럼 이단을 조작하려다가 실패로 끝나고 말았다. 정윤석 역시 강북제일교회와 예장통합교단의 대전 삼성교회까지 신천지가 개입한 것처럼 이단 조작을 하려고 했지만 결국 신천지는 한 명도 없는 것으로 드러났다.

그러나 2009년 9월 13일, 11월 2일 기사를 보면 삼성교회에 신천지가 개입한 것처럼 이단 조작하려는 모습이 보인다. 이단 조작은 이단감별사들의 전유물이다. 탁명환, 최삼경부터 이단 조작은 계속 있었는데 정윤석 역시 강북제일교회와 삼성교회에 마치 신천지가 개입한 것처럼 이단을 조작하고 있다.

지금까지 이단감별사들은 김기동, 조용기, 박윤식, 류광수 목사, 인터콥 등에 대해 소명 기회도 주지 않은 채, 일방적으로 언론에 흘리고, 예장통합 및 합동 이대위에서 허위의 사실을 토대로 하여 이단을 조작하여 왔다. 정윤석, 진용식은 이외에도 세상을 떠들썩하게 했던 세모자 성폭행 사건으로 유명했던 세모자의 사기극 공모자이기도 했다. 그들은 충분한 입증도 없이 세모자의 말만 듣고, 경찰에 고발장까지 써주고, 기자회견까지 열게끔 하는 방식으로 온 국민을 홀린 사건의 협력자이기도 했다. 이들은 자신들의 목표를 위한다면 수단과 방법을 가리지 않았다, 언론까지 이용하곤 하였다.

4. 세모자의 대국민 사기극 공모

정윤석은 진용식과 함께 대국민 사기극을 행한 세모자와 공모한 정황이 드러났다. 정윤석이 언론중재위에 제출한 자료에 의하면 경찰에 세모자의 고발장까지 접수하고, 기사를 쓰고, 기자회견까지 주선했고 아이들이 거짓을 말하도록 질의까지 했다.

> 그러나 피신청인의 기사와 달리 신청인 또한 제보자였던 세모자에게 속은 것이지 결코 사기극을 조장·공모·협조한 사람이 아닙니다. 2014년 4월 11일 세모자를 만났고 특정 목사와 관련한 엽기적 성적 문제와 관련한 사항을 동년 8월 25일에 들었습니다. 그들의 제보 내용을 진실이라고 오인했던 신청인은 이 문제는 사법처리될 사안이라 성폭력 원스톱 상담소 등에서 상담을 한 후 서울성폭력 수사대(당시 담당형사 신승우)에 9월 17일 엄정한 사법처리를 촉구하는 고발장까지 접수를 시켰습니다. 반복하지만 신청인은 제보자들의 거짓말에 속은 사람이지 사기극을 조작한 사람이 아닙니다.
>
> 서울지방경찰청 성폭력 수사대에 해당 사건을 고발한 후 2014년 10월 29일 한국교회 100주년 기념관에서 기자회견을 하고 피신청인은 세모자 관련 기사 작성까지 하게 된 것도 사실입니다. 기자회견을 하고 기사작성을 한 이유는 세모자 성폭력 사건을 진실한 사실이라고 믿은 신청인이 경찰의 철저한 수사와 사법처리를 촉구하기 위한 목적이었지 국민을 대상으로 사기를 치려고 한 것이 아니었습니다.
>
> 신청인은 이 사건으로 2014년 12월 3일 서울성폭력수사대에서 세모자 성폭행 관련한 사건의 참고인 조사를 받으며 세모자 사건에 대한 경위서를 제출합니다(첨부자료 제 2호중의 1~2). 이 과정에서 사건 수사 담당 경찰은 세모자 사건이 사실이 아닐 가능성이 크다고 신청인을 설득했고, 세모자와 관련한 교회측도 기사 삭제 요청을 해서 이를 받아들여 세모자 관련 기사를 모두 삭제하게 된 것입니다. 이 과정 중에 세모자와 통화를 시도했으나 세모자는 기자와의 전화를 피했고 거처도 옮겼으며 이후 연락이 완전히 두절된 상태로 지내게 됩니다.

법원, 세모자성폭행사건, 이단감별사 진용식과 정윤석의 공범 인정

기독교포탈 정윤석, 합동이대위 진용식, 세모자성폭행 사건 대국민사기극 공모

편집인 ✉ | 입력 : 2021/06/29 [23:10] | 조회수 : 78

대국민사기극, 세모자성폭행사건의 공범들

필자는 대국민사기극인 세모자성폭행사건을 주도한 이단감별사들에 대해 "대국민사기극을 펼친 세모자 성폭행 사건의 기자회견은 진용식과 정윤석의 합작품인 것으로 드러났다. 일반적으로 세모자의 말만 듣고 기자회견을 하게끔 하여 **대국민사기극을 펼치는데 공범이 되었던 것이다."** 라고 기사를 썼다.

이처럼 세모자의 대국민 사기극은 진용식과 정윤석의 합작품이었다. 이들에 의하여 TV 조선까지 허위보도를 하였다가 결국 정정 보도를 하고 말았다.

세모자의 대국민 사기극

편집인 ✉ | 입력 : 2020/07/03 [14:30] | 조회수 : 38

세모자의 대국민사기극은 진용식과 정윤석의 합작품
이단감별사들, 대국민 조작극 멈추어야

법과 교회 ✉

기사입력: 2015/07/27 [23:37] 최종편집:

대국민사기극을 펼친 세모자 성폭행사건의 기자회견은 진용식과 정윤석의 합작품인 것으로 드러났다. 이것은 진용식목사가 회장으로 있는 한국기독교상담협회가 주최하였다. 진용식목사는 충분한 충분한 검증이나 확인 절차도 거치지 않고 기자회견 장소를 제공하고 세모자의 말만 듣고 경찰 수사 확대를 조장했고, 정윤석기자는 일방적으로 기사를 썼다. 처음부터 한쪽 얘기만 듣고 기자회견을 하게 한 대국민 사기극이었다.

이단감별사 진용식과 정윤석은 세모자성폭행사건의 기자회견까지 주도하여 많은 공중파들까지 관심을 가졌다. 필자는 이 사건은 "처음부터 한 쪽 얘기만을 듣고 기자회견을 한 <u>대국민사기극이었다</u>"고 했다. 정윤석은 "그것이 사실인지 아이들 입으로 진술을 듣고 싶습니다"라고 질의까지 하여 아이들이 거짓말을 하도록 유도하기도 했다.

당시 TV조선은 정정보도문까지 냈다. 뒤에 진용식이 있다.

결국 아이들은 SBS '그것이 알고 싶다' 측에서 녹화하는 줄 모르고 나눈 "이 사람들이 거짓말이라고 생각하면 어떻게 해"라는 말로 거짓말을 한 것이 들통이 났다.

진용식은 "이 씨가 부산 집에서 도망치듯 나올 때 증거물이 될 수 있는 동영상을 챙겨 나오지 못해 엽기적인 사건의 실체를 공개하는데 어려움이 있었다. 이 씨로부터 건네받아(B 씨가 적은 것으로 보이는) 여자의 치마 속을 찍은 사진을 봤다"며 "사이비 목사 부자의 성범죄 의혹에 대해 경찰이 한 점 의혹도 없이 철저하게 수사해 달라"고 촉구했다.

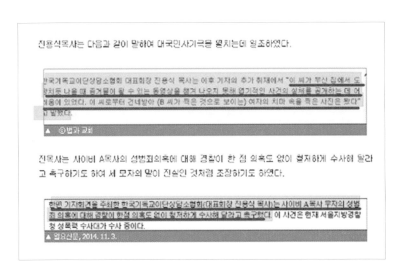

이 사건은 CBS 김현정의 뉴스쇼에까지 보도된 희대의 사건이었다. 이 뒤에는 정윤석과 진용식이 있었다. 정윤석은 대담하게 대통령까지 기만하려고 허위사실을 유포했다.

인터넷 신문 기독교포탈 대표 정윤석은 '대통령님, 이 기자회견을 보신다면'이라고 하여 대통령
까지 기만하려고 하였다. 대대통령사기극이었다.

법원은 공모했다는 사실을 인정하여 명예훼손이 되지 않는다고 판단했다. 법원은 "진용식 목사는 충분한 검증이나 확인 절차도 거치지 않고 기자회견 장소를 제공하고 세모자의 말만 듣고 경찰 수사 확대를 조장했고, 정윤석 기자는 일방적으로 기사를 썼다. 처음부터 한쪽 얘기만 듣고 기자회견을 하게 한 대국민 사기극이었다. 이처럼 진용식과 정윤석은 합작하여 S교회 목사의 소명기회를 주지 않은 상태에서 일방적으로 세모자의 말만 듣고 기자회견을 하게끔 하여 대국민 사기극을 펼치는데 공범이 되었던 것이라 라는 내용이 기재되어 있는 사실이 인정된다"고 하면서 "다소 과장된 표현이 있을 수는 있어도 대체로 중요한 부분이 객관적으로 합치된다고 볼 여지가 크고, 검사가 제출한 증거만으로는 피고인이 '피해자들이 대국민사기극을 벌이기로 공모하거나 이 사건을 조작한 사실이 있다' 라는 취지이고 허위내용의 기사를 게시하였음을 인정하기 부족하고, 달리 이를 인정할 증거가 없다"고 했다.

가 주최하였다. 진용식 목사는 충분한 검증이나 확인 절차도 거치지 않고 기자회견 장소를 제공하고 세모자의 말만 듣고 경찰 수사 확대를 조장했고, 정윤석 기자는 일방적으로 기사를 썼다. 처음부터 한쪽 얘기만 듣고 기자회견을 하게 한 대국민 사기극이었다.', '이처럼 진용식과 정윤석은 합작하여 S교회목사의 소명기회를 주지 않은 상태에서 일방적으로 세모자의 말만 믿고 기자회견을 하게끔 하여 대국민사기극을 펼치는데 공범이 되었던 것이다.'라는 내용이 기재되어 있는 사실이 인정된다. 비록 피고인이 피해자들에 대하여 "대국민사기극", "합작품", "공범" 등의 표현을 사용하기는 하였으나, 해당 기사의 본문내용에 비추어 볼 때 그와 같은 표현들은 피해자들이 일방당사자의 말만 믿고 정확한 사실을 확인하지 않은 채 '세모자'의 행위에 조력한 것을 다소 과장된 표현으로 비난하는 취지로 사용되었음을 충분히 알 수 있다고 할 것이다(피해자들도 '세모자 성폭행사건'의 관련자들의 말을 진실로 믿고 수사를 촉구하였다가 수사 과정에서 사실관계를 알게 되었다고 해명을 한 상황이었고, 경찰 조사 당시 피고인 스스로도, '처음부터 피해자들이 세모자의 주장이 허위임을 알고 있었음에도 세모자와 계획해서 기자회견까지 하고, 경찰에 고발까지 했다고 생각하는가요'라는 질문에 '그건 모르죠, 하지만 피해자들이 세모자의 말을 진실로 믿은 건 맞죠. 그게 공모한 거죠'라고 답변한

사실이 있다. 증거기록 2권 669쪽).

라. 따라서 피고인이 게시한 각 기사 글은 세부에 있어서 진실과 약간 차이가 나거나 다소 과장된 표현이 있을 수는 있어도 대체로 중요한 부분이 객관적 사실과 합치된다고 볼 여지가 크고, 검사가 제출한 증거만으로는 피고인이 '피해자들이 대국민사기극을 벌이기로 공모하거나 위 사건을 조작한 사실이 있다'는 취지로 허위내용의 기사를 게시하였음을 인정하기 부족하고, 달리 이를 인정할 증거가 없다.

3. 결론

그렇다면 이 사건 공소사실은 범죄의 증명이 없는 경우에 해당하므로 형사소송법 제325조 후단에 의하여 무죄를 선고하고, 형법 제58조 제2항에 따라 이 판결의 요지를 공시한다.

세모자 성폭행 사건은 온 국민을 홀린 대사건이었다. 그 이면에 정윤석과 진용식이 있었던 것이다. 사건의 당사자인 성민교회 목사의 이단성이 의심되자, 부자 성폭행 사건의 주범으로 몰려다가 실패했던 사건이다. 결국 이단 조작이 실패한 것이다.

이 사건은 국민을 홀린 대국민사기극 사건이었다.

"세모자 성폭행 조작사건,
우리는 무엇에 홀렸나"

5. 이단 기사 삭제 사건

정윤석은 여기서 끝나지 않았다. 이단을 조작하려다가 2014년 3월 당사자로부터 100만원을 받고 그의 기사를 모두 삭제하였다. 돈을 주면 이단의 기사까지 삭제하는 것이다. 이것은 전형적인 이단감별사들의 수법이다. 돈을 주면 이재록도 비판을 하지 않고, 이인강, 박윤식 목사는 돈을 주지 않았다고 이단으로 조작해 버린다. 김기동 목사도 돈을 주었다면 최삼경은 이단으로 만들지 않았을 것이다. 정윤석은 2003년 1월 22일부터 그해 9월 3일까지 11번의 기사를 써서 신○○의 이단 작업을 했다. 먼저 기사를 쓰고 통합 이대위 최삼경에게 요청해서 이단으로 만드는 작업이다.

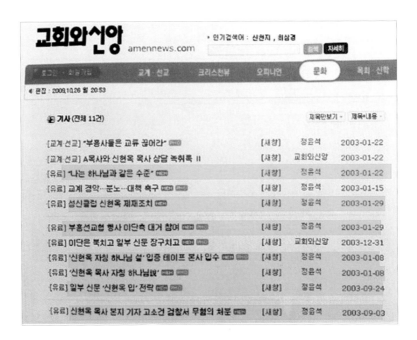

〈교회와 신앙〉에 신○○ 목사 건이 11개나 게재되어 있었다. 그러나 100만원을 받자, 11개 기사가 갑자기 삭제된다.

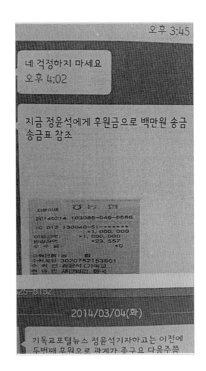

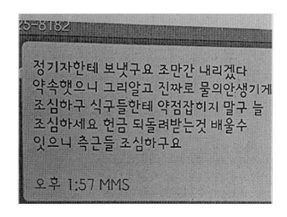

　이처럼 100만원을 받고 11개의 기사를 삭제한 것은 처음부터 이단이 아니었음을 스스로 증명하는 것이다. 아니라면 결국 100만원을 주면 이단과도 타협이 가능하다는 얘기이다. 탁명환은 통일교와 타협을 했고, 최삼경은 이재록과도 타협했다. 정윤석도 돈 100만원에 타협을 한 것이다. 그렇다면 이단과 타협을 하는 사람 역시 이단이 아닐

까? 아니면 처음부터 이단이 아닌데 이단으로 만들어 가는 과정에서 돈을 받고 이단으로 만들지 않은 것은 아닐까?

이처럼 이들은 이단을 조작하는데 능수능란 했던 것이다. 김성곤 목사의 두날개 사건도 마찬가지이다. 김성곤 목사도 박형택 측에 돈을 주었더라면 합신교단에서 이단으로 정죄조차 하지 않았을 것이다. 진용식은 일찌감치 두날개 김성곤 측에 편승을 하다보니 이단감별사들끼리 서로 분열이 되고 결국 합동교단에서 박형택, 이인규, 김성한에 대해 이단 만들기를 하였던 것이다.

돈 때문에 이단감별사들끼리 서로 이단이라고 정죄하는 것이다. 이런 자들이 한국교회를 30년동안 탈레반식 교리감별을 하면서 돈 따먹기를 하였던 것이다. 한국교회는 이처럼 교리 탈레반들에게 농락당하였다. 정윤석의 기사는 뉴스앤조이에서도 삭제된다. 뉴스앤조이와 이단감별사들은 서로 연결이 되어 있었던 것이다. 반기독교적 언론이기 때문이다. 뉴스앤조이는 친동성애, 친이단감별사 언론이었다.

6. 신천지 스티커 판매

예장통합교단은 전국 각 교회마다 신천지 출입금지 스티커를 부착하도록 했다.

> 자. 8월 첫째주일(8월4일) 이단경계주일 자료준비의 건은 이전에 만들어 각 교회에 배부된 신천
> 지 출입금지 포스터와 스티커를 추가 제작하기로 하고 이단마크에 대한 새로운 포스터를 새
> 로 제작하되 상담소장과 전문위원들에게 위임하여 검토하여 진행할 수 있도록 하다.

이 스티커 판매에 대해 사전에 정보를 알고 정윤석이 예장통합과 계약을 하여 돈을 받고 스티커를 제공하였다.

정윤석은 결국 신천지 컨셉을 씌워 전국교회를 불안에 떨게 하여 전국교회에 스티커를 판매하여 이권을 챙겼다. 정윤석은 예장통합교단과 합법적으로 계약을 했기 때문에 하자없다는 입장이다. 언론중재위 한 관계자는 "그렇다면 앞으로는 공익적인 운동을 하는 척 하면서 뒤로는 이권을 챙긴다면 통진당의 출판이권을 챙긴 이석기와 무엇이 다른 바 있느냐"고 했다. 결국 이단감별 활동은 돈이 목표였다.

한 언론사는 정윤석의 스티커 비즈니스에 대해서 사이비 언론이라며 만평을 했다.

7. 박윤식 목사, 통일교도 조작

정윤석은 박윤식 목사에 대해서도 "통일교에 입교하여 원리강론을 배우고, 전도관에서 활동하고 전도관이 운영하는 신문사를 방문하였다"고 쓴 기사가 허위임이 밝혀져, 법원은 정정 보도를 할 의무가 있다고 했다. 이들은 허위기사를 작성하였다가 아니면 말고 식이다. 이렇게 이단을 조작하였던 것이다.

③ 원고 박윤식이 전도관에서 활동하면서 처녀사냥 문제를 일으켰고, ④ 원고 박윤식이 동마산교회에서 통일교 교리를 가르친 문제도 해고되었다는 취지로 보도한 부분은 모두 허위이다.

2) 피고 정윤석이 2013. 6. 24.자 기사에서 ① 1957년경 전도관 화순 전도사로 있다가 1957년 11월경부터 통일교에 입교하여 원리강론을 배운 박윤식 전도사가 원고 박윤식이고, ② 원고 박윤식이 전도관에서 활동하고 전도관이 운영하는 신문사를 방문하였다는 취지로 보도한 부분은 모두 허위이다.

3) 따라서 피고들은 언론중재법에 따라 정정보도를 할 의무가 있다.

1) 앞서 본 바와 같이 전도관에서 전도사로 있다가 통일교에 입교하여 통일교 목포교회에서 활동한 박윤식과 원고 박윤식은 동일인이 아니므로, 이를 전제로 하는 피고 회사의 2013. 8. 4.자 기사 ①, ② 부분 및 2013. 8. 9.자 기사의 ①, ③, ④ 부분 및 ② 중 1957년 11월경부터 통일교에 입교하여 원리강론을 배웠다는 부분, 피고 정윤석의 2013. 6. 24.자 기사 ① 중 원고 박윤식이 1957년 전도관 화순 전도사로 활동하고, 같은 해 통일교에 입교하여 원리강론을 배웠다는 부분 및 ② 부분은 모두 허위의 사실을 적시한 것이다.

따라서 원고들은 언론중재법에 따라 피고들에게 정정보도문의 게재를 구할 권리가 있다.

이단감별사들의 한국교회 大 사기극

결론

정윤석 역시 탁명환과 최삼경의 탈레반식 이단 정죄에서 벗어나지 못하였다. 그는 진용식으로부터는 탈레반식 이단 정죄, 최삼경으로부터는 허위사실에 입각한 이단 정죄와 이단 조작을 배웠을 것이다. 그러다 보니 사실관계보다는 이단 혐오라는 가치관계를 더 중시하여 충분한 근거없이 정상적인 기독교인들을 추정적으로 신천지, 전도관, 통일교로 내모는 경향이 있어왔다. 모두 이단 조작이다.

그런데다가 최삼경, 탁명환처럼 돈을 주면 기사를 11개까지 삭제하는 전형적인 금품감별사에 머물고 있었다. 특히 삼성교회, 강북제일교회의 신천지 조작, 박윤식 목사의 통일교도 조작, 세모자 사건으로 성민교회 목사에 대한 윤리적 이단 만들기는 결국 실패로 끝나고 말았다.

특히 허위와 이단 혐오로 인한 대국민 사기극에 공모한 것은 평상시 그의 허위성을 그대로 드러내는 것이다. 세모자 폭행사건은 국민을 홀린 사건이다. 그의 허위성은 박윤식 목사에 대한 허위보도로 인한 정정 보도로도 드러났다. 최삼경도 박윤식 목사에 대해서는 허위사실과 이단 조작으로 이단 정죄를 하였고, 정윤석은 이단으로 조작하기 위해 박윤식 목사가 전도관과 통일교에서 활동했다고 기사를 작성한 바 있다.

이처럼 이단감별사들은 항시 금품과 연결되어 있고 돈을 주면 기사도 삭제하고, 돈을 안주면 허위사실이나 추정적으로 이단을 조작하고, 사실에 입각하기 보다는 이단 혐오라는 잘못된 가치에 입각하여 이단 정죄를 한다. 그리고 자신들이 언론사를 한다는 명목으로 끊임없이 신도들에게 후원금을 요구하고 있다. 결국 돈 때문에 이단감별을 하고 언론을 한다는 의혹이 있다.

정동섭은 최삼경의 친구이자 대전침신대 교수로서 포르노 교과서인 <하나되는 기쁨>을 추천하고 책을 파는데 앞장서며 돈벌이를 하였다. 결국 한기총에서 사이비성으로 이단 정죄되었다.

제7장

정 동 섭

1. 소개

정동섭은 대전침신대학원 상담학 교수였다.

정동섭 목사

학력 침례신학대학교 대학원
경력 한동대학교 외래교수

2. 한기총에서의 활동

정동섭은 2002년(14회)부터 2008년(20회)까지 한기총 이단사이비대책위원회에서
활동했다.

9) 이단사이비대책 위원회

I. 조 직

위 원 장 : 이용호
부위원장 : 한명국 최대준 진용식
서   기 : 박형택
회   계 : 심영식
총대위원 : 강구원 김관욱 김삼봉 김원백 김필수 노태철 박영삼 박영찬 서상일 서창석 손인웅
　　　　　심영식 이은대 정두일 정서영 조성대 황효관 홍태희 하호형 한명국
추천위원 : 김영배 김우신 김창영 박기연 박상우 박종순 박준철 박형택 심우영 오성환 이사무엘
　　　　　이용호 전요한 정동섭 지효현 진용식 최건호 최대준 최병규 최삼경 탁거원 황원석

II. 사 업

◆ 제13 - 1차 전체회의

1. 일   시 : 2002년 3월 14일 오전 7시 54분~8시 50분
2. 장   소 : 한국기독교총연합회 회의실
3. 결의사항 :
  1) 전문위원을 아래와 같이 18명을 위촉하기로 가결하다.

최대준 목사(예장통합 자양교회)	최삼경 목사(예장통합 빛과소금교회)
이사무엘 목사(예장성장 IBF)	진용식 목사(예장합동 상록교회)
황원석 목사(예　장 영신교회)	박형택 목사(예장합신 디딤돌교회)
최병규 목사(예장고신 유사종교상담소장)	탁지원 전도사(현대종교)
최건호 목사(기　성 충무교회)	박종순 목사(예장통합 충신교회)
정동섭 교수(기　침 침신대)	김영배 목사(예장웨신 - 전 서기)
김우신 장로(예장통합 - 전 회계)	오성환 목사(예장고신 - 전 위원장)
전요한 목사(예장성장 - 전 부위원장)	
김창영 목사(예장통합 사이비이단문제상담소)	
심우영 강도사(한국기독교이단문제연구소 연구위원)	
박준철 소장(문선명통일교문제연구소)	

(7) 이단사이비대책위원회

I. 조 직

○ 위 원 장 : 이용호 목사(예장고신)
○ 부위원장 : 진용식 목사(예장합동)　이형기 교수(장 신 대)　심영석 장로(코리아펭신도)
　　　　　　정동섭 교수(침 신 대)　허 식 목사(대　신)　박호근 목사(예장합동)
　　　　　　전덕열 목사(예장통합)
○ 서   기 : 유인몽 목사(합동중앙)　　　○ 부 서 기 : 근광현 교수(침 신 대)
○ 회   계 : 권남수 목사(합동개혁A)　　○ 부 회 계 : 심우영 목사(예장중앙)
○ 이단사이비문제상담소장 : 최삼경 목사(예장통합)
○ 법률고문 / 분과위원장 : 박재윤 변호사(전 대법관)
　　　　　　분과 위원 : 강민형 변호사(전 부장판사), 오세창 변호사(전 국방부검찰부장),
　　　　　　　　　　　오준수 변호사(전 국방부검찰단장), 임영수 변호사, 태원우 변호사

3. 사이비성

정동섭은 한기총에서 19회기까지 활동한 지 2년만에 이단 사이비로 정죄당한다. 이유는 그가 섹스 교과서 「하나되는 기쁨」이라는 책을 추천했기 때문이다.

이 책은 최희열이라는 가명으로 양승훈 교수가 2005년 8월 도서출판 예영커뮤니케이션을 통해 출간한 부부상담 서적이다. 저자와 추천자, 이단감별사 등, 일부 가정사역자들은 책의 내용이 구약 아가서의 1차적인 의미인 부부의 육체적인 사랑을 노래한 것이라고 주장하며 책의 내용에 문제가 없다고 주장하였다.

그러나 내용 중에 "여성의 질은 성(性)과 성(聖)을 연결하는 통로이다.", "성경(聖經)은 성경(性經)이다.", "하나님은 성(性)을 만드시고 '심히 좋다'고 선언하셨다.", "남녀의 하나 됨을 통해 성기(性器)가 성기(聖器)가 되고 성교(性交)는 성교(聖交)가 된다" 등 책의 내용에 대하여 일부 보수적인 단체들의 강한 반발이 있었다.

정동섭은 다음과 같이 추천했다.

성경은 성경(性經)이라는 말이 있다. 그래서 최희열 박사는 성교(性交)와 성교(聖交)를 비교하여 설명하고 있다. 성은 거룩하면서도 동시에 쾌락적인 것이 될 수 있다. 활발하고 건강한 성생활은 무더운 여름철의 청량제와 같은 것이다(Howard Clinebell).
성에 대한 사회의 도착적인 태도는 결혼 관계의 신성함을 파괴하고 있으며 남녀 관계의 만족에 대한 잘못된 이상을 퍼뜨리고 있다. 이제 교회는 이러한 모습을 보고 파괴된 부분에 온전함을 가져다주어야 할 시간이 되었다(Lois Clemens, 1971).
이 책을 손에 넣은 독자부터 성이라는 하나님의 선물을 감사함으로 즐기시게 되기를 바라며 주변의 많은 분에게 이 책을 소개하여 우리나라를 행복한 나라로 만드는 일에 이바지하시기를 부탁드린다. 결혼을 앞두고 있는 모든 예비 부부에게, 이미 결혼 생활을 하고 있는 기혼부부에게, 그리고 문제 부부를 도와주는 위치에 있는 모든 목회자와 신학생, 상담사역자들 그리고 가정사역자들에게 필독을 권한다.-

지금 이 추천사를 다시 보아도 신학적으로 틀린 말은 없다.
또 강의 중에 「하나 되는 기쁨」을 추천하면서 했던 말은 전후 문맥상 아무런 문제가 없었다. 지금도 구원파에서 올린 유튜브 동영상에는 내가 이 책을 추천한 동영상이 올라 있고 이 책의 저자는 양승훈 교수가 아니고 정동섭이라고 사실을 완전히 날조해 나를 '음란교주'로 호도하고 있다. 아무리 언론의 자유가 있다고 해도, 이런 허위 사실을 기초로 악플을 퍼뜨려도 되는 것인가!

저자 양승훈 교수와 추천자들의 공통된 입장은 다음과 같으며 이는 세계의 거의 모든 기독교 가정사역자들이 공유하는 신학적 입장이기도 하다.
①성은 하나님이 창조하신 선물로서 하나님이 짝지어준 부부간의 성은 아름답고 좋은 것이다.
②성경은 성관계의 대상을 부부 사이로 제한한다.B 음행과 간음은 더럽고 추한 것이다.
③성경은 부부가 합의하고 성애를 누릴 경우, 어떻게 성관계를 할 것인가에 대하여는 제한하지 않는다.

사실 그 책은 출간 후 5년간 긍정적인 평가를 받았고, 애초에 성인을 대상으로 제작, 판매되었기에 어떠한 사회적 물의도 일으킨 적이 없었다. 저자가 너무 사실적으로 성을 묘사한 것은 건덕 상 조심해야 할 부분이 있다고 지적할 수는 있겠지만, 이 책은 복음주의 가정사역의 전문가적 견해를 대변하는 것으로서 변태적이거나 반기독교적인 이단과는 아무 관계가 없었다.

그러자 일부 상식적인 목회자들은 정동섭은 음란사이비 이단이라고 비판했다.

최삼경과 정동섭의 실체

통합측 이대위는 이단 단체인가?

통합측 이대위의 위원장이었던 최삼경은 삼신론과 월경잉태설을 주장하다가 한기총으로부터 '가장 사악한 이단' 으로 정죄 받았고,

한기총 이대위 부위원장이었던 정동섭은 자신의 책들을 통해 성경(聖經)이 성교의 구체적 방법을 제시하는 교본(性經, sex bible)으로 해석하여 선포하는 추잡한 밀교 같은 음란 사이비 이단이다.

③

책의 목차를 보면 그야말로 음란 교과서이다.

'하나되는 기쁨' 의 책 목차를 보면

1. 정상위 예찬　　　　2. 체위를 변화하라
3. 기마 측와위　　　　4. 오럴 섹스의 기쁨
5. 식스-나인의 모험　　6. 바로의 준마처럼
7. 벤처 섹스의 매력　　8. 팬티를 벗고 차를 타라
9. 야외 정사　　　　　10. "동네에서 유숙하자"

11. 사람들 속에서의 로맨스
12. 적극적인 여인의 매력
13. 거울의 마력
14. 옷 벗기는 남성, 옷 입히는 여인
15. 둘만의 스트립쇼
16. 또 한번의 축복
17. 교성과 쾌감
18. 모닝 섹스의 축복
19. 둘만의 애로틱한 판타지를 만들어라
20. 사정없는 섹스
→ 근거자료 : 정동섭의 책 '하나되는 기쁨' 목차 발췌

책의 일부 내용도 섹스 교과서이다.

'여성은 남성의 벗은 몸을 보고도 별로 흥분하지 않지만
남성은 여성의 벗은 몸을 보면 순식간에 흥분하여 1분 이내에
성교할 수 있는 준비가 된다. 그래서 다른 사람들의 성교 광경을
훔쳐 보는 것도 대개 남성이며,
포르노에 끌리는 것도 대개 남성이다.'

'남성은 여성보다 상대방의 알몸을 보는 것으로 인해
훨씬 더 강하게 흥분한다.
그러므로 부부간의 황홀한 성관계를 위해서 아내는 남편에게
풍만하고 섹시하게 보이도록 자기 몸을 가꾸며 노력하는 것이 필요하다.
남편은 아내가 적어도 침실에서는 창녀 이상으로 요염하고 섹시하기를 기대한다.'

'집에서 여인이 아슬아슬하게 속이 비치는 옷을 입고 음식을 준비하는 것도 남성의
성욕을 자극한다.'

정동섭

한 신도는 "목회자들이 이 책을 교본으로 부부생활을 지도한다고 해서 읽어보고 너무도 혼란스러움을 감추지 못했다" 면서 "이 책 156페이지에 성교할 때 남성은 마치 그리스도가 교회를 위해 생명을 주셨듯이 여인에 대해 철저하게 희생적이어야 한다"는 비유는 너무도 충격 그 자체였다고 했다.

한편 '하나되는 기쁨' 은 가정사역 교본으로 적당한지, 성경 해석을 제대로 했는지에 대해 여전히 문제가 제기되고 있다.

그러나 이단감별사들은 책의 추천자인 정동섭을 지지했다. 〈교회와 신앙〉의 양봉식은 "〈하나되는 기쁨〉은 기쁨으로 사랑 나누는 부부들을 위한 성생활 지침서라고 할 수 있다. 부부 문제 중에 성생활에 대한 문제가 상당함에도 겉으로 드러나지 않을 뿐만 아니라 금기되어온 게 사실이다. 이 책은 그런 문제들에 실제적 도움을 줄 수 있도록 하는 안내서 역할을 하고 있다. 성이라는 하나님의 선물을 감사함으로 즐기게 되기를 바라며 결혼 생활을 시작한 모든 신혼부부에게, 이미 결혼 생활을 하고 있는 기혼 부부에게, 그리고 문제 부부를 도와주는 책이다" 라고 했다.

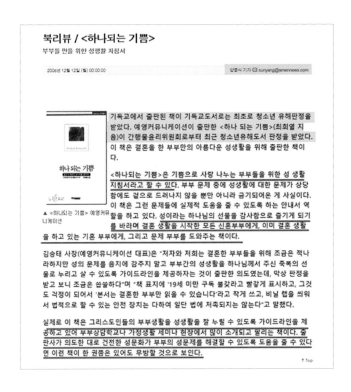

4. 분당 가나안교회에서의 외설 강의

〈교회와 신앙〉의 편집인 최삼경과 발행인 장경덕은 정동섭의 강의가 은혜롭다며 정동섭을 초청하여 신도들이 강의를 듣게 하였다. 최삼경이 자신을 장경덕 목사가 시무하는 교회에 소개했다고 했다.

사실은 우리 목사님의 누님의 남편이 최삼경 목사라고 있습니다.

최삼경은 정동섭을 자신의 매제인 장경덕 교회에 소개했다. 정동섭은 거기서 책을 팔기도 했다. 법원의 판단은 "책을 판매하겠다는 사실을 고지하고 가격할인까지 알려주며 구매를 독려하는 장면이 보이기도 한다"고 했다.

> 3. 판단
>
> 가. 2015. 5. 14.경 범행에 관하여
>
> 위 공소사실에는 정동섭이 하나 되는 기름이라는 책(이하 '이 사건 도서'라 한다)을 추천하였을 뿐 판매한 사실은 없다고 기재되어 있으나. 피고인이 제출한 동영상에 의하면 정동섭이 자신의 강연 중에 이 사건 도서에 관하여 그 내용을 소개하면서 강력히 추천하고 저자, 출판사, 가격 등에 대하여 자세히 알려주기도 하였고, 또 다른 강연 영상에는 정동섭이 강연 중에 이 사건 도서를 소개하면서 강연이 끝나면 책을 판매하겠다는 사실을 고지하고 가격 할인까지 알려주며 구매를 독려하는 장면이 보이기도 하는바. 이러한 사실에 의하면 정동섭의 진술만으로는 피고인이 게시한 위 글이 허위임을 인정하기에 부족하고, 나아가 피고인이 위 글을 작성·게시할 당시 허위의 인식이 있었다고 보기 어렵다(한편 피고인이 사용한 '판매'라는 표현은 정동섭이 스스로 인정한 '추천'보다 다소 과장된 표현에 불과하다고 볼 여지가 있다).

결국 이단감별사들의 공통점은 금품감별사와 외설감별사라는 것이다. 금품수수는 탁명환, 최삼경, 진용식, 정윤석, 정동섭에게 공통적으로 나타난다.

정동섭은 하나되는 기쁨이 성경적으로 쓰여 있다고 했다.

그는 책을 읽으면 후근후끈 달아 오른다고 했다.

2020년 합동과 고신에서 이단으로 정죄된 이인규도 이 사람을 지지했다. 2011년 3월 23일 이인규는 뉴스앤조이에 "이단 연구가를 사이비로 매도하지 말라"고 했다.

이단 연구가를 사이비로 매도 말라

한국교회개혁연대의 글에 대한 반박문

人 이인규 | ⓒ 승인 2011.03.23 15:24

NEWS&JOY   이단 연구가를 사이비로 매도 말라   f ♥ ♪ ● N   후원하기

1) 나는 〈하나 되는 기쁨〉이 한국간행물윤리위원회로부터 '청소년 유해 서적'으로 판정을 받은 적이 없다는 것을 확인했다. 교개연은 이 책이 음란 서적임을 과장하기 위하여 사실이 아닌 내용을 왜곡시키고 있는데, 왜 이런 거짓말을 하는가? 그뿐만 아니라 이 책은 그리스도인 부부를 위해 저술한 책이지 청소년을 위해 쓴 책이 아니지 않은가.

2) 한기총 이대위는 장재형, 변승우 목사 건에 대해 친이단적인 보고를 했다가 실행위원회로부터 공식적인 결의를 거쳐서 해체됐다. 즉 이대위 보고서는 모두 무효가 됐으며 한기총은 공식적으로 새로운 이대위를 조직하여 재조사할 것을 말하고 있다. 즉 한기총이 정동섭 교수를 사이비 이단으로 발표했다는 것은 거짓말이다.

3) 정동섭 교수가 추천한 〈하나 되는 기쁨〉이라는 책을 비판하려고 사주한 곳이 구원파인지 아닌지 나는 확인할 수 없다. 그 문제는 정동섭 교수와 구원파 당사자 간의 문제다. 교개연과 같은 제3자가 개입할 필요가 없다. 정동섭 교수는 이것에 대해서 명백한 증거를 갖고 있다고 했다. 그렇다면 제3자인 교개연이 이 문제를 거론할 필요가 없는 것이 아닌가?

한 가지 분명한 것은 이태종이라는 구원파 교인이 이 책에 대한 정보를 이단 옹호 언론인 모 신문사에 제공하여 문제가 확대됐다는 점이다. 나는 이태종 씨의 말을 인터넷에서 확인할 수 있었다.

"저는 정동섭 목사님의 음란성 강연과 상업성 강연, 그리고 문장 왜곡과 허위 주장에 대해서 줄기차게 비판을 해 오고 있었습니다. 그러던 중 저보다는 교계에 훨씬 더 영향력이 있는 강 아무개 목사님인가 하는 분이 정동섭 목사님이 배포하시는 그 책에 대해서 실상을 밝히더군요. 발표하신 내용과 자료에 있어서 제가 공개해 온 글과 유사성이 많은 것 같습니다. 제기 공개한 자료를 참고하신 것 같아 제 노력이 결실을 맺는 것 같아서 뿌듯하기도 합니다(이태종)."

4) 교개연은 〈하나 되는 기쁨〉이 유통 과정을 통제하지 않았다는 것을 비판하고 있다. 그러나 내가 확인한 바로는 그 책이 서점에서 비닐 포장지에 싸서 판매했고, 책 오른쪽 상부에 눈에 띄는 붉은 글씨체로 '19세 미만 구독 불가'라고 기재했다.

5) 교개연은 "아가서를 성애적으로 해석하지 않으면 이단이란 말인가?"라는 질문을 했는데, 정동섭 교수의 추천사에는 이런 내용이 없다. 그런데 왜 이런 과장되고 궤변적인 질문을 하는가? (내가 알기로는 국내외의 많은 가정 사역자들은 아가서를 남녀 간의 사랑을 다룬 책으로 해석하고 있는 것으로 안다).

7) 손봉호, 강의원, 박성민 등 50여 명의 교계 지도자와 학자들이 정동섭 교수와 양승훈 교수의 입장을 지지하고 변호하는 탄원서를 한기총에 제출한 것으로 알고 있다. 이것이 의심스러우면 정동섭 교수에게 확인하면 될 문제다. 더욱이 이러한 사실을 확인하기 전에 미리 거짓인 것처럼 매도하는 이유가 무엇인가?

8) 교개연에서 각 학교와 단체에 정동섭 교수를 비판하며, 강의 초청을 취소하고 교수직에서 해임하라는 내용을 공문으로 보냈다고 한다. 그 팩스 번호와 주소가 K신문사와 동일한 이유는 무엇인가? 〈뉴스앤조이〉의 보도에 따르면 '조심해야 할 이단 성향의 신문'에 'K신문사'가 포함되어 있으며 2007년 한기총의 공청회에서 출입 금지된 신문사 명단에도 이 신문사가 속해 있었다. 교개연은 K신문사와 어떤 관계가 있는가? 팩스와 전화도 함께 사용하는가?

9) 교개연은 도대체 무엇을 위한 단체이며, 그 단체에서 음란한 책을 단속한다면 그동안 다른 음란 서적도 문제가 있다고 발표한 적이 있는가? 홈페이지에서 2010년 출범하여 〈하나 되는 기쁨〉을 문제 상기 시작하여 현재까지 그 문제로만 일관하고 있음을 확인했다.

10) 또 교개연이 상식적인 생각을 갖고 있는 단체라면, 과연 한기총 이대위라는 단체가 어느 서적(부부 성문제 상담을 위해 쓴 책)의 음란성을 조사하는 곳이라고 생각하는가? 그렇다면 내가 더 음란한 서적들의 수많은 명단을 알려 줄 테니 그것도 조사를 해 줄 용의가 있는가? 교개연은 그러한 책들에 대해서도 음란성이 있다고 비판해 주겠는가? 이왕이면 교개연은 우리의 자녀들을 위하여 인터넷에 떠도는 수많은 음란 동영상들도 함께 단속해 주기 바란다.

내가 알기로는, 처음 한기총 이대위 소위원회의 조사 결과는 "저자와 추천자는 복음주의적 관점을 견지하고 있음으로 〈하나 되는 기쁨〉으로 인하여 이단으로 규정할 이유가 없다"고 했다. 이것은 기록으로 남아 있는 사실이다. 그런데 조사 결과가 전체 회의에서 바뀐 것으로 알고 있다. 이 엄연한 사실을 왜 허위 사실이라고 호도하고 있는가.

거듭 말하지만 지난 2010년 12월 한기총 이대위는 공식적으로 해체됐고 그 결의도 모두 무효화됐다. 그런데도 마치 잘못된 결의가 유효한 것처럼, 정동섭 교수가 이단성이 있다고 발표된 것으로 왜곡하는 이유는 무엇인가?

마지막으로 교개연은 사람들이 손가락질하는 코미디와 같은 행위를 중단하고, 그 명칭대로 주님의 몸 된 교회를 개혁하여 주기를 바란다.

이인규는 "1) 나는 〈하나되는 기쁨〉이 한국간행물윤리위원회로부터 '청소년 유해 서적'으로 판정을 받은 적이 없다는 것을 확인했다"고 했는데 이는 거짓임이 드러났다. 이인규는 통합과 합동에서 이단이 될 수 밖에 없었다. 윤리적인 것과 비윤리적인 것, 성경적인 것과 비성경적인 것을 구분할 능력이 없었기 때문이다.

이 책은 선정성으로 인해 유해 간행물로 검색이 되고 있다. 〈교회와 신앙〉의 양봉식 기자도 이 책을 극찬했다. 외설감별사들이다.

결국 이인규의 말이 허위라는 것이 드러났다. 이단감별사들의 공통점은 허위사실이 많다는 것이다. 그러다가 결국 이단으로 정죄된다.

2010년 12월 15일에 한국기독교연합회(한기총) 이단사이비대책위원회(이대위)는 이 책을 반기독교 음란서적으로 규정하고, 저자 양승훈 교수와 추천자 정동섭 목사를 사이비로 규정하였다. 이후 책의 저자와 추천자 및 일부 가정사역자들은 한기총 규정의 실효성을 문제 삼았으나, 한기총은 2012년 4월 24일에 발표한 "〈하나되는 기쁨〉 결의사항 확인의 건"을 통하여 사이비로 결의한 것에 문제가 없음을 재확인하였다.

한기총 21~3차 임원회에서 "한국교회는 타락한 성문화를 마치 기독교 본질처럼 왜곡하고 성적으로 편향되고 자의적인 성경해석으로 기독교 가정사역 교본이라는 미명 하에 성도들의 영적 무장을 해제시키는 양승훈, 정동섭 씨의 사이비에 현혹됨이 없도록 이들을 초빙하거나 강단에 세우는 일이 없도록 함으로써 모든 성도들이 그리스도의 신부로서 성결과 거룩함을 지켜나가도록 해야 할 것이다"고 했다. 당시 한기총 대표회장은 이광선 목사였다.

가. 제21-3차 임원회(2010. 8. 3)의 결의사항(회의자료 pp.5~6 참조)
  (1) 조사연구소위원회 구성 및 운영의 건은 전문위원으로 문병길 교수와 선종욱 목사를 추
    가하고 <하나 되는 기쁨>소위원장 심영식 장로의 사임에 따라 이정환 목사로 교체키로
    하여 아래와 같이 조정하여 선임하기로 가결하다.
    (가) 하나되는기쁨 조사연구소위원회
      • 소위원장 : 이정환 목사 / 서기 : 나두산 목사
      • 위   원 : 심우형 목사 정해송 목사 진용식 목사 오명록 목사 정인도 목사

  (2) 하나되는 기쁨 조사연구 위원회 (위원장 이정환 목사) 보고의 건.
    소위원장 이정환 목사가 유인물로 보고하니 만장일치로 가결하다.
    <'하나되는 기쁨' 연구보고서>
    (가) 조사 및 연구 결론
      ① '하나되는 기쁨'은 아가서 주석이라는 미명 아래 인간의 성이라는 편향된 시각과
        자의적 해석으로 성경을 성 지침서로 만듦으로 성경의 권위와 거룩성을 훼손한
        반기독교 서적이다.
      ② '하나되는 기쁨'은 전통적으로 아가서가 하나님과 그의 성도간에 사랑과 교동, 그
        리스도와 교회(성도)에 대한 사랑을 은유적으로 표현한 것임에도 아가서를 노골
        적인 성 예찬과 성 행위 지침서로 변질시킨 음란서적 이다.
      ③ '하나되는 기쁨'은 은유와 비유로 된 아가서의 내용을 자의적으로 해석하여 가정
        사역 이라는 이름으로 성적인 분야만 부각시킨 것은 성경을 왜곡하고 있을 뿐
        아니라 성(性)이 하나님을 만나는 통로인 것처럼 교리적 신학적 성격을 부여한
        반 기독교서적이다.
      ④ 저자 양승훈과 추천인 정동섭은 기독교가정사역이라는 미명 아래 '하나되는 기쁨

      '을 저술하고 또 적극 추천하고 있으나 사실상 상업주의적 목적으로 성경을 이용
      한 사이비한행위에 불과하다 할 것이다.

    (나) 결 어
      ① 그러므로 한국교회는 기독교 윤리관을 왜곡하고 와해시키는 사탄적인 '하나되는
        기쁨'과 같은 반기독교적인 음란서적에 현혹됨이 없이 성도들이 경건한 신앙생활
        을 영위하도록 하는 한 편, 기독교로 위장한 반기독교 문화에 대한 경각심을 가
        져야 할 것이다.
      ② 한국교회는 음란하고 타락한 성문화를 마치 기독교 본질처럼 왜곡하고 성적으로
        편향되고 자의적인 성경해석으로 기독교 가정사역교본이라는 미명하에 성도들의
        영적 무장을 해제시키는 양승훈, 정동섭씨의 사이비에 현혹됨이 없도록 이들을
        초빙하거나 강단에 세우는 일이 없도록 함으로써 모든 성도들이 그리스도의 신
        부로서 성결과 거룩함을 지켜나가도록 해야 할 것이다.

정동섭

이인규 는 신학교를 졸업한 바도 없는 상황에서 '무엇이
든지 물어보세요'라는 사이트를 만들어 평신도로서 이단감별 강
의를 다니는 등, 생계유지를 하였다. 그러다가 합동교단 목사 김성
곤의 두날개 건으로 인해 진용식과 이단감별사들의 먹거리 전쟁
으로 서로 간의 이단 전쟁이 시작되었다. 서로서로 이단이라고 정
죄하기도 했다. 객관적으로 보기에도 두 명 모두 이단이었다. 이로
써 이인규는 결국 합동과 통합에서 이단성이 있는 인물로 정죄되
어 더 이상의 이단감별 활동이 불가능하게 되었다. 이단감별사는
서로 도긴개긴일 뿐이다.

제7장

이 인 규

1. 소개

이인규는 대림감리교회 권사로서 원래 감리교에서 신앙생활을 했다. 그는 한양공대 금속공학과를 나왔고 신학교는 1년도 공부하지 않고 나 홀로 신학을 하여 '무엇이든지 물어보세요' 라는 카페를 열면서 회원 5만 명을 확보하여 명실공히 이단감별사로서 활동하였다.

그는 현대종교의 편집인이었다.

이인규는 장신대 허호익, 차정식교수와 함께 현대 종교 편집자문위원에 있다.

• 김혜진 변호사
현대종교 법률고문

• 박기준 변호사
법무법인 우암

• 박위렴 목사
대한예수교장로회(합신)
이단사이비대책위원

• 서영국 목사
한국기독교이단상담소
강북상담소 소장

• 신현욱 소장
한국기독교이단상담소
구리상담소 소장

• 이억술 목사
예수님사랑교회
예천흥이단상담소장

• 이승구 교수
합동신학대학원대학교
(조직신학)

• 이인규 권사
장신오하란대책연합대표

• 임웅기 소장
한국기독교이단상담소
광주상담소 소장

• 정동섭 교수
가족관계연구소
소장

• 정종훈 교수
연세대학교
(기독교윤리학)

• 진용식 목사
한국기독교이단상담소
협회 회장

• 차정식 교수
한일장신대학교
(신약학)

• 허호익 교수
대전신학대학교
(조직신학)

이단감별사들의 한국교회 大 사기극

현대종교에는 이단으로 정죄된 사람이 5명이나 편집자문위원으로 있었다. 박형택, 이인규는 합동에서, 정동섭은 한기총에서, 진용식은 세이연에서, 허호익은 대전서노회에서 이단으로 정죄 된 사람들이다.

이인규는 최근에는 예레미야 이단 연구소까지 만들었다.

그는 왕성한 이단감별 활동을 하면서 교계의 주목을 받았고, 나아가 밥그릇의 문제로 인해 동료 이단감별사들의 경계의 대상이 되었다. 그가 왕성하게 활동을 하고 기존 이단감별사 밥그릇에까지 침탈하게 되니 기존 이단감별사들은 이단성의 문제를 제기하기 시작했다. 그래서 합동은 진용식이 중심이 되고, 통합은 최삼경 세력이 중심이 되어 춘천 한마음교회 김성로 목사의 부활사상을 적극 지지한 이인규를 이단으로 정죄하였다. 법원은 이인규에 대해서 비판할 수 있다고 했다.

"고소인 이인규에 대한 비평은 그 사회적 책임에 비례하여 상대적으로 넓게 허용될 수 있다는 점, 교회의 이단여부를 판단하는 세계 한인기독교 이단대책협의회의 상임위원인 고소인 이인규는 이들의 공적 관심의 대상이 될 수 있는 점, 세계한인기독교 이단대책협위회의 상임위원이 그에 맞는 자격을 갖추었는지에 여부에 대해 토론하고 판단할 수 있는 여지를 제공한 것으로 볼 수 있는 점"을 볼 때 이인규에 대한 비판이 모독이라고 볼 수 없다고 했다. 그러므로 이인규는 언론으로부터 당연히 비판받을 위치에 있는 인물이라고 볼 수 있다.

> ### 나. 「2015고단3286」
>
> 이 부분 각 공소사실은, 세계한인기독교 이단대책연합회 상임위원인 고소인 이인규에 대한 이단전문가로서의 자격이나 능력 등에 대하여 문제가 제기된 '신옥주 목사' 관련 폭행 사건이 발생하게 된 사실관계를 토대로, 기독교계의 공적 관심사안인 이단 또는 이단감별사로 인한 문제적 상황에 대한 신학의 정체성 확보를 촉구하는 취지에서 한 비판적 또는 비유적 의견표명으로 보이고, 이단 상담소를 운영하던 고소인 이인규에 대한 비평은 그 사회적 책임에 비례하여 상대적으로 넓게 허용될 필요가 있다는 점, 피고인이 위 각 기사를 게재한 인터넷 기독교신문을 읽는 독자는 대부분 기독교인들로서, 교회의 이단 여부를 판단하는 세계한인기독교 이단대책연합회의 상임위원인 고소인 이인규는 이들의 공적 관심의 대상이라고 볼 수 있고, 피고인이 순수히 사적인 영역에 관하여 기사를 게재한 것이 아니라 세계한인기독교 이단대책연합회의 상임위원이 그에 맞는 자격을 갖추었는지 여부에 대하여 토론하고 판단할 수 있는 여지를 제공한 것으로도 볼 수 있는 점, 기사내용이 고소인 이인규에 대한 증오의 감정 표현 또는 악의적 모욕에까지 이른 것은 아니고, 비유적 표현으로 볼 여지도 많은 점 등을 고려하면, 검사가 제출한 증거들만으로는 이 부분 각 공소사실이 고소인 이인규에 대한 모

2. 이단 정죄

대한예수교장로회 102회 합동총회(예장합동, 총회장 전계헌 목사)는 이인규(감리교 권사)에 대해 참여 및 교류 금지 결정을 내렸다. 당시 이대위원장은 진용식었다. 통합에 최삼경이 있다면 합동에는 강제개종감별사 진용식이 있었다. 진용식은 돈이

라면 수단과 방법을 가리지 않는 사람이었다. 이단 혐오증이 있는 사람이었다. 사람을 억지로 정신병원에 가둬 감금하고 폭력을 행하면서까지 이단을 강제개종하고자 하는 사람이었다. 돈을 주면 수단과 방법을 가리지 않고 사람의 영혼까지 바꾸어버리는 사람이었다. 이런 사람에게 교리적 자비는 없었다. 걸리면 모두 이단이었다.

예장합동(총회장 전계헌 목사) 제102 총회에 이단(사이비)피해대책조사연구위원회(위원장 진용식 목사)의 수임 사항을 보자. 인터콥, 다락방, 평강제일교회, 전태식, 이인규, 김성로, 정동수, 임보라, 새예루살렘총회에 대해 집회 참석 금지, 교류 금지, 예의주시 등으로 하여 사실상 이단으로 만들었다.

△인터콥 : 제98회 총회 결의대로(교류 단절)

△다락방(류광수) : 제99회 총회 결의대로(이단)

△박윤식(평강제일교회, 구 대성교회) : 제90회 총회 결의대로(이단)

△전태식(진주초대교회) : 제90회 총회 결의대로(집회 참석 금지)

△신옥주(은혜로교회) : 제101회 총회 결의대로(집회 참석 동조 헌금 금지)

그리고 6건의 연구 및 조사 보고서의 결과는 다음과 같다.

△김성로(한마음교회) : 참여 금지

△이인규 : 교류 금지

△김풍일(김노아) : 1년간 예의주시

△정동수(사랑침례교회) : 1년간 예의주시

△임보라(퀴어성경주석) : 집회 참석 및 교류 금지

△스베덴보리 및 한국새교회 · 새예루살렘총회 · 예수교회 : 이단으로 결의됐다.

이대위는 이인규에 대해 "평신도로서 바람직하지 않은 이단 연구를 했다"며 "성도들은 개혁주의 신학과 맞지 않고 이단성이 있는 이인규 씨의 이단 연구 결과물을 의지하는 것을 삼가고, 이 씨가 운영하는 인터넷 신문과 인터넷 카페 '무엇이든지 물어보세요' 에 기고하거나 구독, 광고 및 후원을 금지해야 한다"고 밝혔다.

102회 연구보고서
[예장합동 제102회 총회 이단(사이비)피해대책조사연구위원회 연구보고서②]

이인규 씨에 대한 연구 보고서

I. 이인규 씨는 누구인가?

이인규 씨는 감리교 권사로서 사업을 하다가 이단연구를 하면서 이단연구가가 되었다. 그가 신학을 공부하지 않았기 때문에 '평신도 이단연구가' 라고 할 수 있다. 현재 그는 〈기독교이단대책협회〉(회장 백남선)이란 단체에서 사무총장으로 일하고 있으며, 또한 〈평신도이단대책협의회〉(평이협〉)의 대표로 "무엇이든 물어보세요" 라는 카페를 운영하고 있으며 (http://cafe.naver.com/anyquestion.cafe), 〈예레미야 이단연구소〉라는 인터넷 신문을 주동적으로 이끌어가는 자이다(http://research-heresy.com/).

II. 본론 : 이인규 씨의 사상의 문제점은 무엇인가?

이인규의 문제점은 크게 네 가지로 요약된다. 첫째는 오늘날도 특별계시가 있다는 것이며, 둘째는 십자가 복음과 부활 복음을 이원화하며, 셋째는 예수님은 십자가에서 속죄(vicarious atonement)를 이루시고, 부활하심으로 구속(redemption)을 이루셨다고 하며, 넷째는 하늘 성소가 실제로 존재하는데 예수님께서 십자가에 죽으신 후 실제로 하늘 성소에 들어가 다시 피를 뿌렸다는 것이다.

1. 이인규 씨는 오늘날에도 특별계시가 있다고 주장한다.

이인규 씨는 "계시는 일반계시와 특별계시가 있다. 특별계시는 1) 현현, 2) 전언, 3) 기적 등으로 분류할 수 있는데, 물론 오늘날에도 특별계시가 없다고 말할 수는 없다. 성경도 특별계시이다. 대부분 일반 교회에서는 계시의 종결성을 주장하는데, 이러한 주장은 직통계시의 종결성을 뜻한다. … 계시의 종결이라는 주장은 앞으로 모든 계시가 모두 끝났다는 뜻이 아니다."(이인규, 〈신사도운동의 정체와 비판〉, 182페이지)라고 했다.

이 씨는 기적을 특별계시의 하나로 보고 오늘날에도 하나님의 계시가 있다는 것을 전적으로 부정할 수는 없다(이인규, 〈다른 예수, 다른 영, 다른 복음〉, 36페이지)고 하며, "조직신학적으로 특별계시가 오직 성경만 해당되는 것이 결코 아닙니다."(이인규, 〈계시와 특별계시, 직통계시〉, 2016. 7. 24.)라고 주장한다. 본 교단에 이대위에 보낸 소명자료에서조차 아래와 같이 이를 분명히 했다. "오늘날에도 기적과 이사라고 하는 특별계시는 지속적으로 존재한다"고 주장한다(이인규, 합동 이대위에 제출한 소명자료 p.8).

비판 : 이인규 씨는 신학을 하지 않았기 때문에 '특별계시'의 바른 의미를 모르고 있는 것으로 보인다. 현현, 전언, 기적은 특별계시 자체가 아니라 특별 계시의 방법이다. 특별계시를 주신 방법을 가지고 특별계시가 남아 있다고 하는 견해는 근본적으로 잘못이다. 만일 기적이나 꿈이 있다고 해서 특별계시가 있다고 주장하면 모든 기적, 모든 꿈이 특별계시라는 말이 되고 만다. 예를 들어 성경은 사도들이 쓴 글이다 성경이 아니라, 사도들이 성령의 영감으로 쓴 것만 성경이 되는 것처럼, 하나님께서 특별계시를 위하여 현현, 전언, 기적 등을 쓰시는 것이지, 현현, 전언, 기적이 특별계시는 아닌 것이다.

본 교단의 신앙의 근거가 되는 〈웨스터 민스터 신앙고백〉 제1장 1항을 보면 "주님은 여러 시대에, 그리고 여러 가지 방식으로 자신을 계시하시고(히 1:1) 자기의 교회에 자신의 뜻을 선포하시기를 기뻐하셨으며, 그 후에는 진리를 더 잘 보존하고, 전파하기 위해서, 그리고 육신의 부패와 사탄과 세상의 악에 대비하여 교회를 더욱 견고하게 하며, 위로하시기 위해서 바로 그 진리를 온전히 기록해 두시는 것을 기뻐하셨다(잠 22:19~21; 눅 1:3~4; 롬 15:4; 마 4:4,7,10; 사 8:19~20). 이 같은 이유로 성경이 절대적으로 필요하게 된 것이다(딤후 3:15; 벧후 1:19). 그리하여 하나님께서 자기 백성에게 자신의 뜻을 직접 계시해 주시던 과거의 방식들은 이제 중단되었다(히 1:1~2)"라고 한 점을 보면 지금도 특별계시가 존재한다는 사상과 배치됨을 알 수 있다.

2. 이인규 씨도 김성로 목사와 같이 예수님은 십자가에서 속죄(vicarious atonement)를 이루시고, 부활하심으로 구속(redemption)을 이루셨다고 주장한다(기독교이단대책협회가 김성로 목사에게 드리는 제언, 2016년 4. 14).

비판 : 성경은 속죄와 구속을 구별하지 않는다. 에베소서 1:7 "우리가 그리스도 안에서 그의 은혜의 풍성함을 따라 그의 피로 말미암아 구속 곧 죄 사함을 받았으니"라고 한 점을 보면 구속과 죄 사함은 하나임을 알 수 있다.

골로새서 1:14에서 "그 아들 안에서 우리가 구속 곧 죄 사함을 얻었도다"라는 말이나, 디도서 2:14에서 "그가 우리를 대신하여 자신을 주심은 모든 불법에서 우리를 구속하시고 우리를 깨끗하게 하사 선한 일에 열심하는 친 백성이 되게 하려 하심이니라"고 한 점이나, 히브리서 2:17에서 "그러므로 저가 범사에 형제들과 같이 되심이 마땅하도다 이는 하나님의 일에 자비하고 충성된 대제사장이 되어 백성의 죄를 구속하려 하심이라"고 한 점을 보면 구속과 속죄(죄사함)는 같은 것이 명백하다.

3. 이인규 씨는 하늘 성소가 실제로 존재한다고 하고, 예수님께서 십자가에 죽으시

고 부활하신 후에 하늘 성소에 들어가 다시 피를 뿌렸다고 한다.

비판 : 이 또한 김성로 목사의 사상과 같은 사상으로 히브리서 9:11-12에 대한 잘못된 성경 해석에서 나온 것이지만 김성로 목사의 십자가와 부활의 이원성을 합리화하기 위하여 한 주장이다. 그러나 히브리서 9:11-12의 "손으로 짓지 아니한 것 곧 이 창조에 속하지 아니한 더 크고 온전한 장막"은 하늘에 또 다른 성막이 실제로 존재한다는 것이 아니라, 그리스도께서 피 흘리신 십자가 사건을 의미하는 것이 분명하다. 이 말씀은 구약에 성전에서 드려지던 '동물의 피의 제사'와는 전적으로 다른 그리스도의 십자가 제사를 설명하는 내용으로 보는 것이 바른 해석이다.

Ⅲ. 연구 결론

이인규 씨는 평신도로서 이단 연구를 하고 있는 점이 훌륭한 점이기도 하지만, 평신도가 이단 연구를 한다는 점이 얼마나 위험한 일인가를 말해주고 있다. 이단 연구란 최고의 신학적 훈련과, 인격적 품위와, 사랑과 영적 성숙함 속에서 이루어져야 할 일이기 때문이다.

그동안 이인규 씨는 평신도로서 많은 이단 연구를 했던 점을 보면, 바람직하지 못한 이단 연구를 했다고 볼 수 있다. 장본인은 자신을 돌아보고 자숙하고 본 교단 성도들은 개혁주의 신학과 맞지 않고 이단성이 있는 이 씨의 이단 연구 결과물을 의지하는 것을 삼가야 할 것이며, 본 교단 산하 교회와 목회자와 성도는 그의 인터넷 신문과 인터넷 '무엇이든지 물어보세요' 까페에 기고, 구독, 광고 및 후원하는 것을 철저히 교류금지해야 할 것이다.

이인규에 대해서는 102회 때 교류금지를 하고, 104회 때 이인규를 두둔하는 세이연까지 교류 금지를 했다.

9. 세이연(세계한인기독교이단대책연합회)

경기노회장 원용식씨와 남중노회장 고광종씨가 헌의한 '미주 세이연과 이인규씨 이단성 조사 및 이단성이 있는지 조사의 건'에서 「1. 미주 세이연 이단성 조사청원: 미주 세이연(회장: 김순판) 박형택, 이인규, 한선희, 조남민, 김성한, 이태경, 서인실, 백남선, 이종명 등은 예수님의 자존성(여호와)을 부인하고, 성령의 여호와 되심을 부인하는 성부 유일신론 및 반 삼위일체 교리를 주장하고 있다고 봅니다. 또한 본 교단 목회자들을 이단이라고 하고 있습니다. 위 사항을 조사하여 이단성이 발견

594 | 제104회 총회 보고서

되면 전 교회에 공표해 주시기 바랍니다. 2. 이인규씨 이단성 조사청원: 이인규(감리교권사)씨는 특별계시가 계속된다는 주장으로 2017년 본 교단 102회 총회에서 '교류금지'로 결의된 자입니다. 개 교단에서 이단성을 조사받았습니다. 이번에는 예수님의 자존성(여호와)을 부인하는 것으로 있습니다. 예수님의 여호와 되심을 부인하는 이인규를 조사하여 이단성이 있다면 전국교회에 시기 바랍니다.」라고 지적하고 있습니다. 본 교단 102회 이단대책위원회 총회보고서는 「이인규는 감리교 권사로서 사업을 하다가 이단연구를 하면서 이단 연구가가 되었다. 그가 신학을 공부지 않았기 때문에 '평신도 이단연구가'라고 할 수 있다. 이인규씨의 사상의 문제점은 크게 네로 요약된다. 첫째는 오늘날도 특별계시가 있다는 것이며, 둘째는 십자가 복음과 부활복음을 이하며, 셋째는 예수님은 십자가에서 속죄를 이루시고, 부활하심으로 구속(redemption)을 이루셨하며, 넷째는 하늘성소가 실제로 존재하는데 예수님께서 십자가에 죽으신 후 실제로 하늘 성소에 들어가 다시 피를 뿌렸다는 것이다.」본 교단의 연구 결론으로 「이인규씨는 평신도로서 이단 연구하고 있는 것이 훌륭한 점이기도 하지만, 얼마나 위험한 일인가를 말해주고 있다... 본 교단 성도은 개혁주의 신학과 맞지 않고 이단성이 있는 이인규씨의 이단 연구 결과물에 의지하는 것을 야 할 것이며, 본 교단 산하 교회와 목회자와 성도는 그의 인터넷 신문과 인터넷 '무엇이든지 보세요' 까페에 기고, 구독, 광고 및 후원하는 것과 철저히 교류 금지해야 할 것이다」라고 결론내렸다. 결론적으로 이인규씨는 본 교단 목사에 대한 이단성 공격을 일삼아 오면서 혼란을 가중시키고 다. 본 103회 이단대책위원회에서는 이인규와 같은 입장에 있는 세이연에 대하여, 본 교단 산하 교단 목회자와 성도는 세이연과 그와 관련된 모든 인터넷 신문과 인터넷 등에 기고, 구독, 광고 및 후원하는 과 철저히 교류를 금지하기로 하다.

진용식은 이인규와 미주 세이연이 자신을 이단시했다며 보복성 차원에서 개인이 아닌 미주 세이연이라는 단체까지 이단시했다. 즉 이인규와 미주 세이연의 삼위일체관이 다르지 않기 때문에 교류 금지한다고 했다. 미주 세이연이 이인규를 두둔하다가 졸지에 해석의 문제로 이단이 되어버렸다.

결국 합동 이대위의 힘이 외국에 있는 단체에까지 마녀사냥식 이단 정죄를 하게 되었다. 개인과 단체를 구분하지 않고 이단시했다.

486

이단감별사들의 한국교회 大 사기극

이인규 역시 교리적 이단이라기보다는 신학에 무지하기 때문에 잘못된 해석을 한 것이고 세이연은 이인규를 두둔하다가 합동과 통합교단에서 철퇴를 맞은 것이다. '여호와'의 해석 여부가 이단으로 만들었다. 신앙고백이나 교리에 따라 이단이 아니라 명칭의 해석 여부에 따라 이단으로 된 것이다.

이인규는 잘못된 신앙고백을 한 것도 아니고 교리적 체계가 있는 것도 아니다. 단지 신학적 무지로 인해 특별계시와 일반계시를 구분하지 못하는 것, 십자가 구속과 부활 속죄의 구분을 하지 못한 것, 땅의 성서와 하늘성소에서의 피뿌림을 구분하지 못한 것, '여호와' 명칭 해석의 문제 등은 이인규의 이단성의 문제라기보다는 신학 무지의 문제로 보아야 한다. 신학의 지식이 부족해서 나 홀로 해석을 한 것이지, 나 홀로 해석을 했다고 하여 이단으로 될 수 있는 것은 아니다. 이인규의 문제는 평신도로서 주관성과 교만성, 무지성에 있다. 이단성이라고 보기에는 어려운 점이 많이 있다.

이인규에게는 통일교나 안상홍, 신천지와 같은 교리적 체계가 없었고, 단지 왜곡된 해석만 있었을 뿐이다. 합동과 통합교단이 이대위의 문제는 교회사에 나타난 것처럼 교리적 체계를 가지고 이단 규정을 해야 하는데 언어의 실수나 왜곡된 해석을 가지고 이단 정죄를 하고 있다. 그러다 보니 무지한 자들의 이단으로 정죄되는 것이다. 이인규는 더 무지했다. 책을 많이 읽었다고 해서 그 독서량을 가지고 기존의 이단감별사 흉내 내기, 이단 정죄를 밥 먹듯 하다가 결국 자신이 당한 것이다.

3. 삼위일체론의 문제점

적어도 이인규를 이단으로 정죄하려면 이인규의 신론, 기독론을 중심으로 해야 했다. 물론 이인규의 삼위일체론도 문제가 있었다. 내재적 삼위일체론과 경륜적 삼위일체론이 양태론이라고 무지한 해석을 했다. 이인규는 최삼경이 세 인격의 세 영들을 주장한다고 했다. 세 영들의 하나님이 삼위일체라는 이단적 주장을 하였다. 그것도 신학의 무지에서 비롯된 것이다.

세 위격의 세 영 이론을 옹호한 것을 볼 때 그는 최삼경처럼 삼신론자였다. 이는 교회사적으로는 이단적 주장이다. 삼신론을 두둔하는 것은 이단이었다. 결국 이인규는 이단이 된다. 심지어 최삼경에게까지 버림당한다.

이단감별사들의 한국교회 大 사기극

삼영일체는 삼신론

이인규는 이처럼 한 본질 세 영들의 이론을 주장한 최삼경을 옹호하였다. 그에 의하면 최삼경은 "성부도 한 인격으로서 한 영이고, 성자도 한 인격으로서 한 영이고, 성령도 한 인격으로서 한 영이다"고 하여 세 본질을 주장한 것이 아니라 세 인격의 세 영만을 주장했다고 하였다. 세 영들의 하나님은 삼신론이 아니라 삼위일체론자라는 것이다.

최삼경: 본질로서는 한영이 맞지만 인격으로는 각각 한영이다.

▲ ⓒ법과 교회

최삼경은 삼위일체가 아니라 삼영일체 주장

이와 같이 이인규의 말에 의한 최삼경식 삼위일체는 기존의 삼위일체 이론이 아니고 한 본질 세 영의 소위 삼영일체론이다.

최삼경은 '교회와 신앙'에서 "구약이나 신약이나 아버지 하나님도 한 영이시요 성령임도 한 영이신데 어떻게 이 둘이 하나라고 하는가?"라고 하여 하나님의 세 영을 시사한 바 있다. 실제로 최삼경은 하나님은 "한 분이란 말도 세분이라는 말도 가능하다"고 하여 세 분 하나님을 언급하였다. 그리고 "세 영들이라고 복수로 표현했기 때문에 문제란 말인가?" 하여 하나님은 세 영들의 하나님이라고 주장했다. 그리고 그는 "삼위일체 교리를 말하면서 인격(위격)으로 해도 셋이라고도 하고, 또 '하나'라고 해야한다면 삼위일체는 알 수 없는 교리란 말이 된다. 한마디로 귀신 같은 교리가 되고 말 것이다"고 했다.

그리고 이인규는 최삼경을 두둔하면서 신비적 삼위일체, 내재적 삼위일체, 경륜적 삼위일체가 모두 양태론이라고 왜곡된 주장을 하였다. 이는 신학의 무지에서 나오는 것이다. 그래서 나 홀로 신학은 위험한 것이다. 신학은 객관화되어야 한다.

그는 신비적 삼위일체와 내재적 삼위일체, 경륜적 삼위일체가 모두 양태론이라고 주장하여 삼
위일체에 대한 교리도 정상적인 신학에서 많이 벗어나 있다. 내재적 삼위일체나 경륜적 삼위일
체가 양태론이 아니다.

이대위는 이인규가 신학을 하고 목회를 하면서 세 영들의 삼위일체론을 주장했다면 교단을 통하여 이단시 할 수 있어도 평신도로서 교회에서 매주 설교하는 것도 아니고, 무지한 탓으로 왜곡된 주장을 하는 것에 대해서 이단으로 주장할 수 있는지 살펴보아야 할 문제이다. 교단이 있는 것도 아니고 신학교 라이센스가 있는 것도 아니다.

그리고 이인규를 이단으로 정죄하려면 최삼경까지 이단시해야 했다. 그러기 때문

에 미주 세이연과 이인규를 이단시하는 것은 정치적 마녀사냥의 이단이 되는 것이다. 세이연 역시 이인규 옹호해석을 한 것에 불과하다. 그렇다면 삼신론을 주장한 최삼경은 왜 이단으로 하지 않는가? 예장통합교단의 이대위는 여전히 최삼경식 이단 정죄의 영향을 받고 있었기 때문에 이인규를 이단시했다.

4. '여호와' 명칭의 문제점

이인규는 "예수는 여호와라고 할 수 있으나 그리스도는 여호와라고 할 수 없다", "예수 그리스도는 여호와가 아니다", "예수와 그리스도는 분리된다", "예수그리스도를 여호와라고 하면 양태론적 삼위일체론이다", "예수그리스도의 자존성을 인정하지 않는다", "성령이 여호와 하나님이 아니다"라고 주장을 했기 때문에 이단성의 여지가 있다고 했다. 이러한 말은 이인규의 신앙고백이 아니라 신학적 무지에서 오는 왜곡된 해석에 불과하다. 이인규는 말장난을 하고 있다.

일반 신도가 양태론이 무슨 뜻인지도 모르는데 신학적으로 무지한 채 양태론적으로 해석을 하였다고 하여 양태론의 잣대를 갖고서 이단으로 정죄할 수 있는가? 그렇다면 대부분의 평신도들이 이단으로 정죄당할 것이다. 양태론으로 이단 정죄하던 시기는 종교개혁 이전 고대 교부시대이다. 즉 시기적으로 삼국시대 때 정죄하던 방식을 이미 각 교단의 교리가 체계화된 현대 시대에 적용하는 것은 함무라비 법전의 '이에는 이', '눈에는 눈'이라는 동해보상법을 현대에 적용하는 것과 같다. 고대 교부시대는 아직 교리가 체계화된 시대가 아니었다.

지금의 이단 정죄는 안상홍이나 통일교, 신천지처럼 체계화된 교리가 있어야 한다. 한두 문장과 설교 시의 언어표현을 가지고서 이단, 삼단하면 많은 사람들이 이단으로 정죄당할 것이다. 그러므로 지적 무지를 갖고 이단으로 정죄하던 시기는 지났다. 신앙고백과 개혁신학의 범주에서 벗어났는지를 따져서 이단으로 정죄해야 하는데, 한두 문장이나 문구만 갖고서 이단 정죄하는 것은 탈레반식 이단 정죄이다. 이단은 보편적 기독교가 지향하는 교리 이외에 자신들이 만든 특수한 교리를 선택한 집단이다.

5. 이인규 연구보고서

미주 세이연과 이인규 씨에 대한 연구보고서

I. 연구 경위

"미주 세이연의 이단성"과 "이인규 씨의 이단성"에 대해 답해 달라는 충남노회장(주명갑 목사)의 헌위안을 제104회 총회(2019)가 이단사이비대책위원회에 이첩함으로써 이 연구에 착수하였다. 본 연구는 2018~2019년에 이단 연구 기관인 미주 세이연(세계한인기독교 이단대책연합회, 대표회장 김순관 목사)과 한국 세이연(진용식 목사) 사이에서 일어났던 '삼위일체론 논쟁'에 관한 것이다. 그리고 감리교 평신도 이단 연구가인 이인규 씨(예레미야 이단연구소)는 미주 세이연의 연구위원이다. 이 논쟁과정에서 한국 신학계에서 권위가 있는 한국장로교신학회와 개혁주의신학자들은 미주 세이연으로부터 공격을 받았던 한국 세이연을 적극적으로 지지한 바 있다.

II. 연구 보고

1. 미주 세이연과 이인규 씨의 삼위일체론 요지

1) 미주 세이연의 삼위일체론

① "예수님은 여호와 하나님이 아니다." "예수님은 신적 존재로서 하나님이시지만, 예수님에게 '여호와'라는 이름을 가져다 붙인 흔적이 성경에는 없다." "여호와는 성부 하나님을 일컫는 이름이기 때문이다." ② "그리스도는 하나님이시다. 그러나 여호와 하나님은 아니시다." ③ "성령도 하나님이시다. 그러나 여호와 하나님은 아니시다." ④ "만일 '예수가 여호와다'라고 한다면, 양태론적 삼위일체로서" "'성부수난설'을 만들게 된다."

2) 이인규 씨의 삼위일체론

① "예수는 여호와라고 할 수도 있으나 그리스도는 여호와라고 할 수 없다." ② "어떻게 그리스도가 여호와가 될 수 있는가? 신약성경에서 '그리스도'라고 표시된 명칭이 단 한번이라도 여호와 하나님과 동일한 인격으로 대체될 수 있는 경우는 없다. 만약 그렇게 대체시키면, 보낸 자와 보내심을 받은 자가 동일 인격이 되고 만다." ③ "예수가 여호와와 동일한 인격임을 말하는 사람들은 단일론자들과 양태론자들"이다.

2. 미주 세이연과 이인규 씨의 왜곡된 삼위일체론

1) 예수 그리스도는 여호와가 아니라는 주장에 대하여

① 예수 (혹은) 그리스도는 여호와가 아니다.

미주 세이연은 예수와 그리스도는 하나님이지만 예수와 그리스도는 여호와 하나님이 아니라고 주장한다. 같은 맥락에서 이인규 씨는 예수는 여호와라고 할 수 있으나 그리스도는 여호와가 아니라고 주장한다. 왜냐하면, 그들에게 있어서 '여호와'라는 이름은 성부 하나님에게만 적용되기 때문이다. 미주 세이연과 이인규 씨에게 있어서 예수 (혹은) 그리스도를 여호와라고 하면 삼위일체론 이단으로 간주된다. 그러나 성경에 근거한 정통신학에서는 여호와라는 단어는 성경의 문맥에 따라 해석되어야 하는데, 두말할 나위 없이 예수 그리스도는 여호와 하나님이다.

구약에서 히브리어 '야웨' 혹은 '아도나이'는 '여호와'를 대신하여 사용된다. 신약에서 그리스도가 '주'(퀴리오스)로 불리는데, 이는 구약의 여호와께서 이스라엘 백성에게 '주되심'과 동일한 의미를 가진다(마 15:22; 눅 2:11; 고전 2:8; 빌 2:11; 행 10:36; 계 4:8, 11.). 이런 맥락에서 사도 바울은 시편 68편 18절을 에베소서 4장 8절과, 이사야 45장 22~24절을 빌립보서 2장 9~11절과 관련시키면서, 구약의 여호와 하나님을 신약의 예수 그리스도와 동일시한다. 즉, 사도 바울은 구약에서 여호와는 '주'로서 이스라엘의 하나님을 가리키고, 동시에 신약에서 주로서의 '여호와'를 예수 그리스도에게 적용한다. 이처럼 미주 세이연과 이인규 씨와 달리 사도 바울에게 있어서 예수 그리스도는 '주'(여호와)시다.

게다가 사도 요한에게 있어서 이사야 44장 6절의 "이스라엘의 왕인 여호와" 하나님과 요한계시록 1장 8절의 "주 하나님"은 '알파와 오메가요, 처음과 마지막이요, 시작과 마침'인 예수 그리스도를 가리킨다. 즉, 구약의 주님으로서의 여호와는 신약의 주님으로서의 그리스도와 동일하시다. 그런데, 미주 세이연은 요한계시록 1장 8절의 "주 하나님"을 성부 하나님이라고만 단정한다. 정통신학에서는 "나는 알파와 오메가"(계 1:8)와 "나는 알파와 오메가요 처음과 나중이요 시작과 마침"(계 22:13)을 예수 그리스도로 해석한다.

또한, 미주 세이연은 칼뱅의 "기독교 강요 어디를 찾아보아도 '그리스도는 여호와다'라는 메시지가 없다"고 주장한다. 그러나 칼뱅의 신학적 사유는 전적으로 미주 세이연의 주장과 달리한다: "이 예언자가 앞에서는 그리스도께서 참되신 여호와시요, 의의 원천이시라는 사실을 증거"한다(「기독교강요」, I. 13. 9): "그러므로 결국 그리스도께서 바로 여호와 이신 것이다"(「기독교강요」, I. 13. 13): "모세와 선지자들이 여호와라고 증거한 하나님의 아들이 바로 그리스도라고 사도들이 주장하였다"(「기독교강요」, I. 13. 20.): "여호와라는 명칭은 어디서나 그리스도께 적용"된다(「기독교강요」, I. 13. 23.). 더 나아가 칼뱅은 "여호와라는 이름이 어떤 특별한 설명 없이 그리스도에게 적용된 것을 바울"이 밝히고 있다고 강조하면서, 고린도후서 12장 8절의 "세 번 주께 간구하였더니"에서 "주"라는 말은 '여호와'라는 말 대신에 사용되고 있음이 확실하다"(「기독교강요」, I. 13. 20.)라고 말하고 있다.

② 예수와 그리스도는 분리된다.

정통신학의 기독론에 따르면, 예수와 그리스도는 분리되지 않는다. 왜냐하면, 예수 그리스도는 '하나의 인격'의 단일체 안에 신성과 인성 모두를 소유하기 때문이다. 그러나 미주 세이연과 이인규 씨의 기독론은 네스토리우스처럼 '하나의 인격'이 아닌 '두 인격'을 주장함으로써 심각한 신학적인 문제를 야기한다. 그들은 예수와 그리스도를 분리해서 사유하기 때문이다. "예수는 여호와라고 할 수도 있으나 그리스도는 여호와라고 할 수 없다"고 주장하는 이인규 씨나 예수와 그리스도가 "여호와 하나님이 아니다"는 미주 세이연의 주장은 칼케돈 신조(451)를 전적으로 거부하는 결과를 초래한다: 예수 그리스도의 두 본성은 "혼합됨이 없고, 변화됨이 없고, 분리됨이 없고, 분할됨이 없다." 달리 말하면, "온전하고 독특한 두 본성, 즉, 신성과 인성을 끊을 수 없게 한 인격 안에 결합되나 변경되거나 혼성이 되거나 혼동될 수" 없다(눅 1:35; 골 2:9; 롬 9:5; 벧전 3:18; 딤전 3:16)(「웨스트민스터 신앙고백」, 제8장 2절). 어떻게 예수와 그리스도가 분리될 수 있는가? 특히 이인규 씨는 예수와 그리스도를 분리함으로써 예수는 신성이고 그리스도는 인성이라는 교리를 만든다. 이러한 이인규 씨의 접근은 그야말로 비성경적이요, 이단적 사술에 지나지 않는다. 왜냐하면, 예수가 곧 그리스도요, 그리스도가 곧 예수이기 때문에 예수 그리스도는 절대로 분리되지 않기 때문이다.

③ 예수 그리스도를 여호와라고 하면 양태론적 삼위일체론이다.

미주 세이연은 그리스도를 여호와라고 주장하는 자나 예수를 여호와라고 주장하는 자를 양태론주의자로 간주한다. 이렇게 미주 세이연은 "구약에서는 여호와로 나타나셨던 분이 신약에서는 예수로 나타났다면 이 말은 결국 양태론이 아닌가?"라는 질문을 던지면서, "'예수는 여호와시다' 혹은 '그리스도는 여호와시다'라는 말은 결국 성부수난설을 만들어 내는 사상이요, 보내는 자나 보내을 받은 자를 하나의 인격으로 만들으로 양태론이라고 아니할 수 없다"고 주장한다. 이와 동시에 이인규 씨도 그 궤를 같이 한다.

과연 미주 세이연와 이인규 씨의 주장처럼 예수 (혹은) 그리스도를 여호와라고 주장하면 양태론이라고 할 수 있는가? 전혀 그렇지 않다. 그 근거로 복음서의 저자들(마 3:3; 막 1:3; 눅 3:4; 요 1:23)은 세례 요한을 소개하면서 이사야 40장 3절 말씀을 인용한다: "광야에 외치는 자의 소리여 이르되 너희는 광야에서 여호와의 길을 예비하라, 사막에서 우리 하나님의 대로를 평탄하게 하라." 이와 관련하여 4복음서에서는 세례 요한이 '여호와의 길' 곧 '예수 그리스도의 길' 내지 '주의 길'을 예비하는 자로 등장한다. 이처럼 미주 세이연과 이인규 씨의 논리대로라면 4복음서의 저자들도 불가피하게 양태론주의자로 전락하게 되는 것이다.

따라서 미주 세이연을 비롯한 이인규 씨와의 삼위일체론 논쟁 과정에서 한국 세이연에 힘을 실어 주었던 한국장로교 신학회와 개혁주의신학자들에 따르면, 예수 (혹은) 그리스도가 여호와 하나님이라고 말한다고 해도 '양태론적 삼위일체론'으로 간주할 수 없다. 왜냐하면 예수님을 여호와라고 해도, 혹은 그리스도를 여호와라고 해도 삼위일체 하나님의 인격의 개체성을 드러내는 데는 아무런 오류가 생기지 않기 때문이다. 달리 말하면 예수 그리스도를 여호와라고 부른다고 해서 인격적 구별이 되지 않는 양태론이라 할 수 없다. 여기서 만약 미주 세이연과 이인규 씨의 주장이 옳다고 가정하다면, 정통 삼위일체론은 불가피하게 일신론 이단인 양태론(적 삼위일체론)에 빠지게 될 것이다.

④ 예수 그리스도의 자존성을 인정하지 않는다.

미주 세이연은 "성경에는 예수가 여호와로서 '스스로 있는 자'(자존자)라고 말씀하는 내용이 없다"고 하면서, "여호와'는 스스로 있는 자라는 뜻으로서 성부 하나님(만)을 가르킨다"고 단정해 버린다. 미주 세이연은 구약의 "나는 스스로 있는 자라"(출 3:14)는 말씀을 신약의 '나는 ~이다'(에고 에이미, 요 6:35, 8:12, 10:7, 9, 10:11, 11:25, 14:6, 15:1, 5)와 연속선상에서 조명하지 않기 때문에 예수 그리스도의 '자존성'을 인정하지 않는다.

하지만 미주 세이연의 주장처럼 예수 그리스도가 '자존자'가 아니라면, 불가피하게 예수 그리스도는 피조물로 전락할 수밖에 없다. 이렇게 되면 예수 그리스도는 창조자가 아니라는 결론에 도달하는 것이다. 그러나 아우구스티누스는 그의 책 「삼위일체론」에서 예수 그리스도가 창조자라고 말하기 위해서 '삼위일체론적 창조론'을 전개한다. 또한 「웨스트민스터 신앙고백」에서도 삼위일체론적 창조론을 제시한다: "성부, 성자, 성령이 되시는 하나님은 (...) 태초에 무에서 모든 것, 즉 보이는 것이나 보이지 않는 것을 지으시기를 기뻐하셨다"(제4장 1절). 그와 동시에 「니케아-콘스탄티노플신조」(381)에서도 "만물은 그(예수 그리스도)로 말미암아 지은 바 되었다"고 고백한다.

한편, 예수 그리스도의 '자존성'(출 3:14)과 관련해서 칼뱅은 다음과 같이 언급한다: "여호와라는 명칭은 어디서나 그리스도께 적용되어 있으므로, 그리스도의 존재는 신격(신성)에 관한 한 자존하시는 분이되기 때문이다"(「기독교강요」, I. 13. 23.). 따라서 예수 그리스도의 자존성은 성자의 영원한 '신성'을 인정하는 것으로써 성자의 영원성을 의미한다.

2) 성령이 여호와 하나님이 아니라는 주장에 대하여

미주 세이연은 정통신학이 "예수님을 여호와라고 한다면 성령도 여호와라고 할 수 있는가"라고 반문함으로써, 여호와라는 명칭은 성부 하나님에게만 사용되는 것이기 때문에 성자 하나님과 성령 하나님은 결코 여호와 하나님이 아니라고 주장한다. 그러나 성경과 칼뱅을 비롯한 개혁신학의 전통에 따르면, 여호와라는 이름은 성부 하나님만의 이름이 아니라, 삼위일체 하나님에 대한 공동의 이름이다. 이처럼 예수 그리스도의 여호와 되심과 성령의 여호와 되심은 부인될 수 없다.

따라서 미주 세이연과 달리 칼뱅에 따르면, "모든 예언의 저자이신 성령이야말로 참되신 여호와라고 말하지 아니 할 수 없는 것이다"(「기독교강요」, I. 13. 15.).

III. 연구 결론

미주 세이연과 이인규 씨에 따르면, 구약의 '여호와'라는 명칭은 단수어기 때문에 성부 하나님만의 이름으로 간주된다. 이런 이유로 그들은 '예수와 그리스도는 여호와 하나님이 아니며'(미주 세이연), 그리고 '예수는 여호와이지만 그리스도는 여호와가 아니라'(이인규 씨)고 주장한다. 동시에 그들에 따르면, '성령도 여호와 하나님이 아니라'는 것이다. 즉, 그들은 여호와 하나님은 어떤 경우에라도 삼위일체 하나님의 공동의 이름이 될 수 없다고 주장한다. 이처럼 미주 세이연과 이인규 씨는 여호와라는 명칭과 관련해서 구약의 지평에만 머물러 있어서 신약의 지평을 전혀 고려하지 않고 있다.

미주 세이연과 이인규 씨의 삼위일체론 및 기독론은 정통신학과는 상당히 거리가 먼 것이다. 우리가 그들의 논리를 액면 그대로 받아들인다면, 칼뱅을 비롯한 개혁신학은 교회사에 나타났던 3세기 이단인 '양태론적 군주신론' 내지 '양태론적 삼위일체론'으로 전락하게 될 것이다. 게다가 미주 세이연과 이인규 씨의 주장은 정통신학보다는 오히려 아리우스적 삼위일체론 내지 네스토리우스의 기독론에 더 가까운 것으로 보인다. 따라서 미주 세이연과 이인규 씨의 삼위일체론 및 기독론은 정통신학과 상당히 다른 것으로써 '이단성'의 여지가 있다고 결의하는 것이 바람직하다고 사료된다.

IV. 참고 문헌

권성수. 「예수 그리스도가 여호와 하나님이신가?」, 기독교포털뉴스(2018. 11. 5.).
대한예수교장로회총회. 「헌법」, 서울: 한국장로교출판사, 2015.

미주 세이연. 「진용식 목사에 관한 연구 보고서」. 2018. 9. 20.
_____. 「진용식 답변에 대한 반박문」. 2018. 10. 1.
이인규. 「여호와의 명칭 문제」. 예례미아 이단연구소. 2019. 3. 10.
_____. 「하나님의 다른 예수의 이름」. 예례미아 이단연구소. 2019. 1. 30.
진용식. 「'미주 세이연'의 천박한 연구에 답한다」. 2018. 9. 27.
아우구스티누스 「삼위일체론」. 서울: 크리스천다이제스트, 1993.
칼뱅, 존. 「기독교 강요-상」. 서울: 생명의말씀사, 2018.
벌코프, 루이스 「벌코프 조직신학」. 서울: 크리스천다이제스트, 2017.
「니케아 - 콘스탄티노플 신조」
「웨스트민스터 신앙고백」

6. 이인규의 이단 정죄 방법과 봉변

이인규에 대한 이러한 정죄 방법은 합동교단의 연속선상에 있는 것이고, 통합측 교단에서는 통합교단의 신학이 전혀 반영되지 않은 **합동 따라하기**식 이단 정죄이다. 이것은 통합교단의 전문위원과 이단감별사 측과 연결이 되었을 것이다. 이대위원들도 모르게 전문위원이 쓴 것만을 갖고서 도매급으로 이인규와 미주 세이연을 이단으로 만든 것이다. 이단으로 정죄하려면 신학적 무지와 교리적 체계를 구분해야 한다.

이인규는 감리교 권사이면서도 장로교 이단감별사들과 일을 같이 하면서 신학적 근본주의의 토대에서 나 홀로 연구하여 많은 사람들을 이단 정죄하는데 앞장섰다. 합동교단이나 통합교단은 적어도 이인규식 이단 정죄를 해서는 안되는 것이다. 이인규는 신학적 무지에서 비롯된 것이지 그가 교단을 갖고 있거나 교리를 체계화하였거나, 신론, 기독론을 전혀 반대한 것은 없다.

무지한 삼위일체론과 구속론, 천상의 세계에 대해서 기술하였을 뿐이다. 그런데다가 이인규는 이단으로 정죄된 최삼경과 사이비로 정죄된 정동섭을 옹호하였을 정도로 신학적으로 무지한 사람이다. 이인규는 단지 교만하고 쾌씸죄가 있었을 뿐이다.

그는 함부로 이단 정죄하다가 신옥주 신도들로부터 대림교회에서 성가대로 올라가다가 끌려내려오는 등 봉변을 당하기도 하였다. 이인규는 사람들의 분노를 사게할 만큼 자신의 사이트에서 함부로 이단 정죄를 하였던 것이다.

▲ 이인규 권사(붉은원 안)가 6명에게 붙잡혀 계단에서 끌려내려오고 있다. (이 권사 앞은 납치를 막으려는 이 권사의 아내)

▲ 신옥주 목사측 신도로부터 목을 졸리고 있는 이인규 대표

결국 대림교회를 떠나게 된다. 교회 측도 이인규에 대해서 부담스러워했다. 그가 쓰던 사무실까지 폐쇄한다.

라. 『2016고단1871』

피고인은 기독교 관련 인터넷 신문인 '법과교회(lawnchurch.com)'의 발행, 편집인 겸 기자로 활동하는 사람이다.

피고인은 2015. 7. 31.경 피고인의 집에서 피해자 세계한인기독교 이단대책 연합회 (이하 '세이연'이라 한다) 상임위원들인 진용식, 박형택, 정동섭, 이덕술, 이인규, 유영 계한인기독교 이단대책연합회의 상임위원이 그에 맞는 자격을 갖추었는지 여부에 대하 여 토론하고 판단할 수 있는 여지를 제공한 것으로도 볼 수 있는 점, 이단 연구소 또 는 상담소를 운영하던 세이연 각 상임위원들 또는 소속 이단연구가들에 대한 비평은 그 사회적 책임에 비례하여 상대적으로 넓게 허용될 필요가 있다는 점을 고려하면, 이 부분 공소사실이 세이연 상임위원들 개개인에 대한 모욕에 해당한다고 단정하기 어렵 고, 기사내용이 세이연 상임위원들에 대한 증오의 감정 표현 또는 악의적 모욕에까지 이른 것은 아니고, 비유적 표현으로 볼 여지도 많은 점 등을 고려하면, 검사가 제출한 증거들만으로는 이 부분 공소사실이 세이연 또는 이를 구성하는 상임위원들 개개인에 대한 비평을 넘어서 모욕에 해당한다고 단정할 수 없다.

7. 이인규의 교만

이인규는 자신이 운영하는 사이트의 회원이 4만 7천 명까지 이르자 교만이 하늘을 찔렀다. 유영권 목사와의 대화에서 그 교만을 엿볼 수 있다.

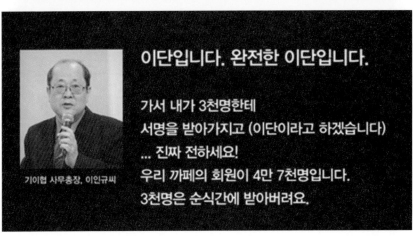

감리교 평신도가 장로교 목사를 "아작내버리고 서명한 사람도 작살내겠다"며 그의 교만은 하늘을 찔렀다.

이단연구하는 사람들은
전부 우리 카페에 있어요.
아주 (정이철 목사를) 아작을 내 버리겠습니다.

그대로 전하세요,
그리고 거기에 서명한 사람들도
아주 작살을 내 버리게 !

기이협 사무총장, 이인규씨

이인규는 하늘의 성소에서도 피를 갖고 가서 뿌릴 수 있다는 신학적으로 무지한 발언을 했다. 합신 이단감별사들과 이인규의 말을 들어보자. 이인규의 신학적 무지가 하늘을 찌르고 있다.

"십자가 하늘성소에 들어가서 이미 피 뿌리고 다 했다구요. 거기서!"(합신이대위 서기 김성한 목사)

"예수님이 땅에서 제사장 직무를 수행했다고 했어요? 하늘에서 수행했다고 했어요? 하늘의 성소에서 그리한 것이다(하늘의 성소에서 그리스도가 다시 피를 뿌렸다는 의미)"(이인규 씨)
"그 하늘에 성소가 진짜 하늘에 있는 성소를 의미하는 거예요?"(합신이대위 서기 김성환 목사)
"그럼요!"(이인규 씨)
"하늘의 성소를 상징적으로 생각하면 큰 오산입니다. 실제로 있는 겁니다"(이인규 씨)

"그럼 예수님이 십자가에서 죽으시고 흘리신 피를 가지고 올라가신 거예요? 아니잖아!"(합신이대위 위원장 유영권 목사)
"성경에 그 피를 가지고 올라갔다고 ... 자기 피를 가지고, 자기 피를 가지고 올라갔다고 하는 것은 뭐예요?"(이인규 씨)
"그건 뭐냐하면 십자가 사건에 대한 설명이예요!"(합신이대위 위원장 유영권 목사)

이인규의 문제는 교만과 신학적 무지였다. 법정에서의 그의 증언을 보자. 그는 26년째 이단 연구를 했고, 자기 소개를 하면서 합신교단의 이단상담소에서 전문위원으

499
이인규

로 있다고 했다. 그리고 탁명환도 그렇듯이 신학대학교를 나오지도 않고도 이단 연구를 할 수 있다고 했다.

8. 법정 증언

동부지방법원의 법정 증언을 보면 그의 정신세계와 교만성이 그대로 나타난다.

검사

증인에게

문 증인은 이단연구를 하는 단체도 하고 이단연구를 하는 사람이라고 했는데 이단 연구를 언제부터 했습니까?

답 26년째입니다.

문 이단연구 단체가 있나요?

답 예. 세이연이라고 해서 세계 8개국에서 이단연구가 86명의 단체가 있습니다. 거기에 상임연구원이구요. 정동석 교수님이 회장으로 있는 사이비종교 피해자 연맹이라는 곳에서 제가 이단상담소장을 하고 있고, 또 합심교단의 이단상담소에서도 제가 상담소 운영을 하고 전문위원으로 있고 탁명환씨가 있는 현대종교의 편집자문위원으로도 있습니다.

문 이단연구단체에 가입하는데 있어서 특정한 자격 요건이나 연구결과물을 요구하는 것이 있습니까?

답 들어가고 싶다고 해서 들어가는 게 아니고 거기에는 이단을 연구하는 사람들이 모여 있는 단체지요. 제가 거기를 들어가고 싶다고 해도 들어갈 수 있는 것이 아닙니다.

문 그 사람들이 증인을 연구원으로 받아들이는데 있어서 특별히 기준으로 삼는 부분이 있습니까?

이단감별사들의 한국교회 大 사기극

문	이단연구가는 교리를 연구하는 건데 신학전문대학을 나오지 않고 연구할 수 있습니까?
답	우리나라에서 가장 이단연구가로 유명했던 탁명환씨도 목사가 아니라 집사였고 평신도로 이단을 연구했던 사람이 많이 있구요. 소위 세계적으로 제일 유명한 마틴 로이드 존스 목사도 목사라고 부르지만 목사가 아니었습니다. 그런 사람들이 많이 있습니다. 이런 것은 거기에 대해서 연구를 많이 한 사람이면 누구나 할 수 있습니다. 의사는 의사가 아닌 사람이 의사를 하면 법적으로 문제가 있지만 이것은 문제가 있는 것은 아닙니다.
문	이단에 대해서는 사실상 기독교인들이나 종교인들에게 있어서는 정신적 살인행위에 해당하는데 어떤 학위나 라이센스 없이 연구가 가능합니까?
답	연구보고서를 쓴 것이 2천편 가까이 되는데 한 번도 지적당한 적이 없습니다. 신옥주를 영입했던 교단에서 조사하겠다고 했지 규정당하거나 비판당한 적이 없습니다.
문	증인은 대림감리교회에 출석하기 전에 장로교단에 다닌 적이 있나요?
답	맨 처음에는 장로교회에 있었습니다.
문	장로교회에 있다가 대림감리에 있다가 다시 상도교회라는 장로교회로 옮겼습니까?
답	예.
문	감리교와 장로교 신학이 굉장히 차이가 나는데 본인 신학에 대한 정체성이 없고 교단에 대한 정체성이 없는데 어떻게 본인이 평신도로서 각 목사들에게 이단정죄를 할 수 있습니까?
답	그것은 전혀 기본적인 것을 잘 모르시는 것 같은데 장로교나 감리교는 서로를 이단이라고 하지 않고 직분을 거의 인정해주고 모든 것을 다 인정해줍니다. 세례, 직분 다 인정해주고 어느 장로교에서도 감리교를 이단이라고 그런 적이 없고 감리교도 장로교를 이단이라고 한 적이 없습니다.

9. 이단 비즈니스

결국 이단 연구는 이단 비즈니스였다. 그는 신옥주 측과의 공개토론에서 이단 비즈니스 때문에 약속을 헌신짝처럼 저버리고 현장에 나타나지 않았다. 이단감별사들은 돈 앞에서는 신의도 저버렸다. 돈이 우상이었다.

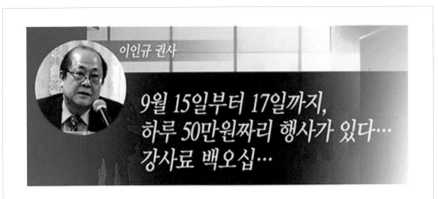

이단감별사들의 한국교회 大 사기극

처음에는 이단감별사들이 이인규가 이 바닥에서 활동할 수 있도록 많은 도움을 주었다. 최삼경과 함께 호주에 가서 집회도 인도했다.

11일 아침, 시드니 공항에 도착한 4인의 이단 사역자들은 곧 바로 론세스톤(최삼경 목사, 론세스톤사랑교회), 멜 형택 목사, 멜본목회자협의회), 아들레이드(이인규 권사, 아들레이드장로교회), 브리즈번(정윤석 기자, 브리즈! 자협의회) 등 4개 지역으로 이동하여 강연회 및 세미나를 가졌으며, 14, 15일 양일은 시드니 4개 지역(콩코드-회, 벨모아-구세군교회, 체스우드-열린문교회, 파라마타-동산교회)에서 동시에 강연회를 개최했다.

그러나 이인규가 너무 커지고 교만하니까 최삼경은 이인규를 버렸고, 결국 최삼경은 진용식과 함께 이인규를 이단으로 만드는데 성공하였다. 합동교단에서는 진용식이, 통합교단에서는 최삼경 대신에 그의 매제 장경덕이 이인규와 세이연을 이단으로 만드는데 앞장을 섰다. 이렇게 해서 이인규는 이단이 되었다.

이인규를 지지한 세이연도 도매급으로 이단 정죄되었다. 정치적 이단 정죄였다. 이단을 정죄할 때 개인과 단체는 달리해야 하고 소명 기회를 주어야 한다. 그러나 양교단이 도매급으로 이단으로 정죄한다. 이인규는 신학적 무지와 교만때문에 괘씸죄로 이단으로 정죄된 것이다. 그는 대림감리교회에서 장로교회인 상도교회로 바로 이전하는 것만 보아도 교파의 정체성도 없는 사람이다.

> 증인은 대림감리교회에 출석하기 전에 장로교단에 다닌 적이 있나요?
> 떼 처음에는 장로교회에 있었습니다.
> 장로교회에 있다가 대림감리에 있다가 다시 상도교회라는 장로교회로 옮겼습니까?
> 예.

필자는 2016년 이인규에 대해서 교파의 정체성과 신학의 정체성을 확보해야 한다고 글을 쓴 바 있다. 이인규가 필자의 말대로 정체성만 확보했다면 이단으로 정죄당하지 않았을 것이다.

이인규는 이외에도 자신이 합신교단의 이단상담소운영을 한다고 했다. 교단사이트에는 합신교단 이대위 산하 이단상담소가 없다. 상담소가 있다고 한들 감리교 권사가 합신교단에서 전문상담소를 운영한다는 것은 어불성설이다. 그러므로 이인규의 증언은 위증인 것이다.

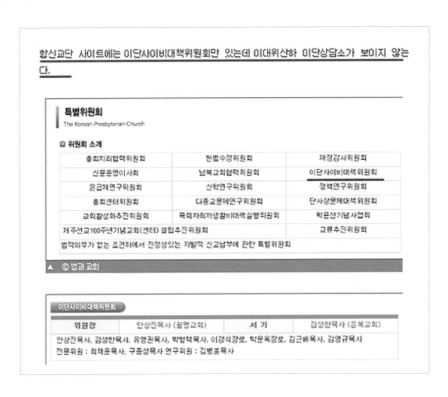

이단감별사들의 한국교회 大 사기극

이처럼 이인규의 문제는 교파의 정체성이 없다는 것이다. 그래서 필자는 이인규의 정체성에 대해서 2015년 '법과 교회'에 교파의 정체성과 신학적 정체성이 있어야 한다고 글을 썼던 것이다.

두번째, 교파의 정체성을 확보해야 한다.

이인규권사는 장로교회 이단감별사들과 함께 활동하면서 장로교회도 갈 수 있다고 말하고, 최삼경목사가 시무하는 빛과 소금교회(장로교회)는 멀어서 못간다고 하였는데, 그렇다면 지금까지 감리교도이면서 장로교가 선호하는 교리를 갖고서 이단감별활동을 해온 것은 교파의 정체성 상실이다. 현재 이인규권사는 감리교의 교리와 장로교의 교리를 분명하게 구분하지 못하고 있다. 교파의 정체성이 없기 때문이다.

교리를 분명하게 구분했다면 장로교들과 함께 이단감별을 하지 않았을 것이고, 장로교로 간다는 말을 하지 못했을 것이다. 이인규는 감리교의 '교리와 장정'에 나타난 감리교 신학을 갖고서 이단을 분별해야 했는데 어설픈 장로교 신학갖고서 이단을 분별하였던 것이다. 그래서 장로교 신학을 선호하여 장로교로 갈 수도 있다고 한 것이다. 그렇다면 지금까지 이단을 구별한 이인규는 스스로 모순을 범하는 것이 되는 것이다. 감리교도이면서 마치 장로교 신학을 공부한 것처럼 이단을 감별하여 스스로 자기를 기만한 것이 되는 것이다.

감리교도라면 감리교의 정체성을 갖고 이단분별을 해야하고, 감리교안에서만 이단감별활동을 해야하는데 무분별하게 장로교 이단감별사들과 연대하여 이단감별을 한 것 자체가 어불성설인 것이다. 장로교와 감리교는 교리가 다른데 같이 연대하는 것은 천주교와 개신교가 연대하는 것과 마찬가지이다. 그러기 때문에 이단감별사들의 정당성과 합리성이 부족한 것이다. 이는 전문 교리연구가 없고 모두 가방끈이 짧기 때문이다. 이단감별사옹호기자들이나 신문사도 마찬가지이다.

세번째, 신학적 정체성이 있어야 한다.

감리교신학은 구원에 있어서 웨슬리신학에 국한하여 인간의 자유의지를 주장하고, 장로교는 하나님의 예정을 주장한다. 그렇다면 이인규권사가 인간의 자유의지를 주장하는지, 하나님의 의지를 주장하는지 신학적 정체성을 분명히 해야할 것이다. 본인이 인간의 자유의지를 주장한다면 하나님의 전적인 의지를 주장하는 장로교도들에 대해서 이렇쿵 저렇쿵하지 말아야 한다. 인간의 의지 신학은 이미 1619년 화란의 도르트 총회로부터 이단으로 정죄받은 신학이기 때문이다. 그러면 이단으로 정죄받은 신학이나 교파에서 장로교도들을 이단정죄시키는 것은 적반하장인 것이다. 장로교도들이 오히려 이인규를 이단정죄해야 할 것이다. 그러므로 이인규는 신학적 정체성이 없는 상태에서 장로교도들을 함부로 이단정죄하는 것을 금해야 할 것이다.

대부분 이단감별사들은 이단감별에 대한 열정은 있는데 이러한 열정을 뒷받침해줄 보편적 지식이나 상식성, 인문학적 소양, 국제적 감각, 박사학위, 전문적 교리지식 등이 부족하다 보니 한국교회의 분열을 가져온 근본주의 신학에만 입각해서 순교의 정신으로 이단을 만들거나 정죄하고 마는 것이다. 이것은 죄악이다. 이러한 이유는 가방끈이 짧은데 기인한다. 서양속담에 한 권의 책만 읽은 사람을 경계하라고 했다. 이들은 하나의 신학성향만 갖고서 무분별하게 이단, 삼단으로 정죄하는데 습관화 된 가방끈이 짧은 전형적인 이단마피아 들이기 때문에 경계해야 할 필요성이 있는 것이다.

이인규, 이단활동 정체성확보위해서는 장로교 선택해야

평신도 사이비 이단감별사 감리교도출신 이인규는 장로교를 선택해야 한다. 그래야 근본주의 이단감별사들과 보조를 맞출 수 있다. 아니면 감리교 신학으로 이단감별을 하든지 해야할 것이다. 그러므로 이인규는 전문교리지식을 추구하기 위하여 고신대학원을 가든지, 총신대학원에 가서 정상적으로 교리 공부를 해야 할 것이다.

그래서 지금까지 감리교 신학을 갖고서 이단을 정죄해온 것인지, 감리교에 몸만 담그고 있으면서 장로교 신학으로 이단을 정죄하였는지를 분별하고, 앞으로는 감리교 신학을 갖고 이단을 정죄해야 할지, 장로교 신학갖고서 이단을 정죄해야 할지를 분명히 해야 할 것이다. 현재 이인규는 교단이나 신학의 정체성 없이 장로교 이단감별사들과 무분별하게 주관적으로 이단을 감별하여 왔다. 한국은 대부분이 장로교도이기 때문에 이단감별활동을 하려면 장로교신학을 전문적으로 공부해야 할 것이다.

교인과 신학의 정체성 필요

그러면 앞으로 이인규가 권사가 교인과 신학의 정체성을 갖기 위해서는 1) 대림감리교회에 복귀해서 교회에 유익을 주는 모습을 보여주어야 하고, 2) 감리교도이면서 장로교도들을 이단정죄한 것 자체가 사이비성을 보여주는 것이라 인정해야 하고, 3) 감리교도이면서 왜 장로교신학을 갖고서 이단감별을 해왔는지 적극적 해명이 필요하고, 4) 앞으로 장로교 신학으로 이단감별활동을 하려면 장로교신학을 해야 하고, 5) 장로교신학을 하려면 그러면 그동안 감리교에 몸담고 있었으면서 왜 장로교를 선택하게 되었는지를 해명해야 하고, 6) 감리교도이면서 장로교회를 갈 수 있다고 말한 의도가 무엇인지, 그렇다면 감리교도의 정체성없이 지금까지 10여년 동안 대림감리 교회에서 신앙생활해왔는지 해명해야 하고, 7) 최삼경, 박형택, 진용식목사와 연대하려면 그들의 신학색채에 발을 맞추어 장로교근본주의 신학을 해야 하는 것이 아닌지 변론해야 하고, 8) 그리고 구원에 있어서 인간의 의지를 인정하는지, 하나님의 전적 의지를 인정하는지 분명한 신앙고백이 있어야 할 것이다.

이인규권사가 감리교회를 선택할지 장로교회를 선택할지 눈여겨 봐야

앞으로 한국교회는 이인규권사가 장로교회를 선택할지, 감리교를 계속해서 다녀야 할지를 살펴볼 필요성이 있다. 대림감리교회에서 사실상 출교된 사람을 다음 감리 교회에서 수용하기도 어려울 것이기

이인규는 감리교도이면서도 장로교 이단감별사들의 근본주의 신학을 가지고 많은 사람들을 이단으로 정죄를 하였던 것이다. 그만큼 이인규는 신학적 정체성, 교파적 정체성이 없었고 오로지 자신이 추구하는 근본주의 신학에 반대하면 이단으로 블

로그에 올리고 도배를 하였던 것이다.

그러자 최삼경, 진용식의 원조 이단감별사들에게 잘못 보였던 것이다. 이들의 이단 정죄 그물에 걸리면 우선 '〈교회와 신앙〉'에 이단성이 있다고 띄우고 다음에는 교단 이대위에 들어가 이단으로 정죄한다. 그러나 이인규도 〈교회와 신앙〉에 돈을 주면 이단으로 정죄되지 않았을 것이다.

최삼경, 진용식은 돈만 주면 이재록에게 했듯이 이단이라고 비판을 하지 않고, 춘천 한마음교회(왜곡된 부활사상)와 한소망교회(알파12), 상현교회(알파12) 처럼 후원을 하면 문제점이 발생해도 〈교회와 신앙〉에서 문제를 제기하지 않는다. 이단 정죄를 하지 않는다. 그러나 이인규는 〈교회와 신앙〉에 돈을 주지 않았기 때문에 이단 정죄를 당하는 것이다. 〈교회와 신앙〉은 100만원만 주어도 11개의 기사를 삭제하는 언론이다.

진용식은 이인규를 이단으로 만들기 위하여 〈교회와 신앙〉에 먼저 글을 써서 이단성을 흘린다. 〈교회와 신앙〉은 이단으로 가는 등용문이다. 진용식에도 돈을 주었다면 '이인규 씨의 잘못된 삼위일체관'이 아니라 '이인규의 정통 삼위일체관'이라고 글을 썼을 것이다. '〈교회와 신앙〉'은 돈먹는 하마이다. 수단과 방법을 가리지 않고 돈을 거둬들이는 불법집단이다. 돈을 먹으면 이단으로 이미 썼던 기사도 뱉어낸다. 그러나 돈을 안주면 〈교회와 신앙〉에 이단성으로 문제를 제기한다.

<교회와 신앙>에 먼저 내용을 흘리고 합동교단이 이단으로 정죄하면 합동과 통합 교단의 이단감별사들끼리는 서로 연결이 되어 있어서 통합에서도 이단으로 정죄하게 된다. 그래서 이인규는 양쪽 교단에서 이단으로 정죄된 것이다. 이인규가 아작을 내고 작살도 낼 수 없는 실정이다.

10. 이인규의 거짓말

이인규는 교만도 교만이지만 거짓말을 했다. 이는 거짓의 영이 그에게 들어갔기 때문이다. 법원에서 "이인규에게 증인은 최근 두 개의 교단으로부터 이단으로 규정받은 일을 당한 일이 있습니까?"라고 묻자, 이인규는 "전혀 없습니다"라고 했다.

그러나 당시에 그를 이단으로 정죄한 교단이 있다.

2015년 8월 합동총신총회 이단사이비대책위원회는 "이단 연구가인 박형택 목사와 이인규 권사에 대해 삼위일체 하나님을 구분이라 주장하는 박형택 목사와 이인규 씨를 이단성 있음을 결의하였다"고 했다.

그리고 예장해외합동총회는 박형택, 이인규 이단성 조사결의를 한다고 했다.

결국 이단이 되었다.

그리고 동부지법에서 자신은 합신교단의 이단상담소를 운영한다고 했다.

이단연구 단체가 있나요?

예. 세이연이라고 해서 세계 8개국에서 이단연구가 86명의 단체가 있습니다. 거기에 상임연구원이구요. 정동석 교수님이 회장으로 있는 사이비종교 피해자 연맹이라는 곳에서 제가 이단상담소장을 하고 있고. 또 합심교단의 이단상담소에서도 제가 상담소 운영을 하고 전문위원으로 있고 탁명환씨가 있는 현대종교의 편집자문위원으로도 있습니다.

이는 거짓말이다. 이단상담소가 있다면 합신 목회자들이 운영하였을 것이다. 그리고 합신교단 사이트에는 이단상담소가 보이지 않는다. 그러므로 자신이 이단상담소를 운영하였다는 것은 거짓말이다.

이상 이인규의 삼위일체관, 종말론, 계시관, 구속관을 보았을 때를 보았을 때, 신학적으로 무지한 면이 상당하고, 회원들의 서명을 받아 목사까지 아작내고 작살내겠다고 할 정도로 교만이 하늘 끝까지 닿았고, 장로교회에서 감리교회로, 감리교회에서 다시 장로교회로 갈 정도로 교파의 정체성이 없고, 돈이라면 공적인 약속까지 파기하는 등, 신의를 저버려 윤리적 정체성이 없고, 거짓말을 잘하여 진실의 정체성이 없다. 이러한 정체성의 부족으로 많은 목회자들의 미움을 사 왔다. 그러다 보니 괘씸죄로 이단 정죄되었던 것이다. 그러므로 이인규는 교리적 이단이라기보다는 괘씸적 이단이 되었다.

박형택은 무인가 서울신학교를 나와서 이단감별 활동을 하였다. 그는 끊임없는 학력 논란에 시달렸고 투명한 것이 없었다. 이인규와 함께 합신측 이대위를 주도하면서 결국 두날개의 김성곤 목사를 이단으로 정죄하려다가 두날개 편에 서있던 진용식과 싸워 합동에서 이단으로 정죄되었고, 합동총신총회에서도 이단으로 정죄되었다.

제8장

박 형 택

1. 소개

박형택은 대한예수교장로회(합신)에서 이단대책위원을 지냈고, 한국기독교이단 상담소장으로서 일을 한다. 전문위원에는 이인규(장로)가 있다. 이인규와 단짝이다.

박형택은 〈교회와 신앙〉에 1997년부터 2014년까지만 글을 쓰고 더 이상 쓰지 않는 것으로 보았을 때 최삼경과의 관계에 금이 간 것을 알 수 있다.

2. 한기총, 박형택은 이단 옹호자

그는 최삼경이 월경잉태론으로 위기에 몰렸을 때, 월경잉태론을 두둔하는 기사를 쓰기까지 했다. 이단 이론을 옹호한 것이다. 이인규는 최삼경의 삼신론을 옹호했고, 박형택은 최삼경의 마리아 월경잉태론을 옹호했다.

교회와신앙 amennews.com

· 인기검색어 : 안상홍 , 신천지

[검색] 자세히

로그인 · 회원가입   이단&이슈   교계·선교   목회·신학   오피니언   교육·세미나

편집 : 2021.8.31 ☀ 16:16

□ 홈 > 뉴스 > 이단&이슈 > 박윤식(광강제일교회, 구 대성교회)   뒤로가기 ◆

기사보내기 트위터 미투데이 네이버 구글 페이스북 디그 딜리셔스 라이브 요즘

메일보내기 오류신고 프린트 ◆가 ━가

박윤식의 '무월경잉태론'과 그에 동조하는 사람들

2013년 07월 28일 (일) 22:57:54   박형택 목사 ✉ pht5111@hanmail.net

이 글은 박형택 목사(예장 합신 이단사이비상담소장)의 <이단연구가가 정리한 요한계시록>(2012년 7월 발행)에서 발췌한 것입니다. 저자의 허락을 얻어 최소한의 수정을 한 후 게재하였음을 알려드립니다.<편집자주>

박형택 목사 / 예장 합신 한국이단사이비상담소장

이 문제는 예수님의 성육신 사건에 대하여 마리아의 월경이 없이 예수님이 태어났다는 주장을 했던 박윤식의 사상에서 나온 이단사상으로서 한국교계에 한동안 물의를 일으켰던 사건이기도 하다. 근래에 "월경잉태론"이라 이슈화되어 논란이 되고 있는 이 문제는 이단연구가인 최삼경 목사가 통일교 전력이 있는 박윤식의 이단성 문제를 다루는 과정에서 시작이 되었다. 현대종교 2005년 8월호에 "박윤식 씨의 이단시비의 핵심"이라는 글이 게재되면서부터 본격적으로 박윤식의 '무월경잉태설'(無月經孕胎論)을 옹호하고 최삼경 목사를 '월경잉태론자'로 만드는 사람들이 나타났다.

이단연구가가 정리한
요한계시록

합신이단사이비대책상담소

지난 2010년 4월 9일 한국기독교백주년 기념관에서 한국기독교언론협회(회장 임종권)가 "예수님의 월경 잉태론 무엇이 문제인가?"라는 주제로 제12회 기독언론 포럼을 가졌다. 이 포럼은 주로 "최삼경 목사 월경잉태론"을 비판하는 자리로서 최삼경 목사가 주장했다는 "마리아의 월경잉태론"은 이단적인 사상이라고 규정하고 나섰다.

박윤식과 사상을 같이하는 사람들은 첫째가 인간의 죄가 타락한 인간의 살과 피에 있다고 주장하는 것이요, 둘째는 모든 죄의 전가(imputation)가 사람의 피에 의해서 이루어진다고 믿는다. 셋째는 그러므로 마리아가 죄의 전달 물질인 월경이 없는 상태에서 예수님이 태어나야 예수님의 무죄성이 이루어진다고 여기는 것이다. 넷째는 그래서 예수님의 피는 인간이 가지고 있는 죄 있는 피와는 다른 피로서 성령이 주는 피라고 주장한다. 마리아의 피와 예수님의 피는 질적으로 다른 피라고 하는 것이다. 다섯째는 만일 예수님이 마리아의 월경을 통해서 잉태되었다면 예수님은 죄인이 되는 것이므로 예수님의 무죄성을 부인하는 것이 된다고 주장하는 것이다.

그러나 최삼경 목사는 다음과 같이 현대종교에 게재한 글에서 주장하였다.[3]

① 인간의 타락 후 여자에게 월경이 생긴 것이 아니다. 월경은 타락 후에 생긴 것이 아니라 타락 후에 부정하게 된 것으로 보아야 한다.
② 이삭과 세례 요한이 월경없이 태어난 것이 아니다. 월경이란 피를 말하는 것으로서 월경이 있다는 말은 아이를 생산할 능력이 있다는 것을 피로 말해주는 것이다. 임신을 하면 월경이 없어지는데 그 피로 아이를 기르는 것이다.
③ 예수님이 월경 없이 태어났다는 말속에는 예수님의 인성이 부정된다. 마리아가 월경이 없었다는 말은 마리아의 피없이 예수님이 마리아의 몸에서 자랐다는 말이 되기 때문에 인성이 부정되는 결과를 가져오고도 남는다.

요약하면 마리아는 정상적으로 월경을 하는 건강한 여성이었다는 것과, 이러한 월경을 하는 건강한 여성 마리아의 몸에서 성령으로 잉태하셨고, 태아인 예수 그리스도에게 정상적으로 피와 영양이 공급되어 태 안에서 예수님이 성장했다는 주장을 한 것이다. 예수님의 무죄성은 성령으로 잉태되었다는 사실에서 증명되어야지 월경없이 태어났다는 사실로 예수님의 무죄성을 입증하려는 것은 잘못된 사상이라는 것이다.

박윤식과 그와 맥을 같이하는 사람들은 예수님의 무죄성을 입증하는 방법으로 마리아의 무월경잉태설을 주장하는 것 같다. 이삭이나 세례 요한도 월경을 하지 못하는 여성을 통하여 잉태했다고 하면서 이들이 장차 태어날 예수님의 예표라고 주장한다. 과연 이들이 경수가 그친 상태에서 하나님의 능력으로 태어난 사람들일까? 그렇다면 "이삭이나 세례 요한은 죄가 없는 자"가 되어야 마땅하다. 과연 이들은 죄가 없는 자들인가?

결론적으로 말하면 마리아의 무월경잉태설은 예수님의 무죄성을 입증하려다가 오히려 예수님의 인성을 부인하게 되는 위험한 사상이라 아니할 수 없다. 월경을 하는 정상적인 여성 마리아를 사용하여 하나님께서 예수님을 성령으로 잉태케 하셨으며 예수님은 마리아의 태 안에서 탯줄을 통하여 마리아의 피로 영양분을 공급받고 자랐다는 사실을 결론지을 수 있겠다.

마리아의 태중에서 탯줄을 통하여 예수님이 자랐다면 그것으로 신성이 부정되는 것인가? 아마 죄가 살과 피에 있고 살과 피로 죄가 전가된다고 믿는 사람들은 그렇다고 할 것이다. 그러나 아니다. 오히려 성령께서 정상적인 인간의 출산 과정 속에서 죄의 오염으로부터 막으셨다고 보는 것이 타당한 진리이다. 따라서 조금이라도 성경적 지식이 있는 사람이라면 이 글을 읽고 누가 잘못된 이단적 주장을 하고 있으며 무엇이 잘못된 이단사상임을 잘 분별하리라 믿는다.

[미주]
1) 최삼경, <박윤식 씨 이단시비의 핵심>, 월간 <현대종교> 2005년 8월호, pp.44~56.
2) 구생수, <최삼경 목사가 예수님의 월경잉태를 주장한 배경과 문제점>, 예영수, <최삼경 목사의 마리아 월경잉태설의 오류와 이단성>, 이광호, <예수님의 성령에 의한 잉태와 동정녀 탄생>.
3) 최삼경, <박윤식 씨 이단시비의 핵심>, 월간 <현대종교> 2005년 8월호, pp.44~56.

↑ Top

이 글을 쓴 이후 박형택은 한기총으로부터 23-8차 질서위 결의에 의거, 이단 옹호자로 규정되었다. 홍재철 목사가 대표로 있었을 때 한국기독교총연합회(한기총)가 2012년 7월 19일 열린 23-3차 실행위원회에서 박형택 · 김학수 · 박남수 · 윤재선 · 이희수 목사 등 5인을 이단 옹호자로 규정했다.

최삼경에 대해 비호한 자-김학수(백석), 박형택(합신), 이희수(통합), 박남수(개혁선교), 윤재선(대신) 목사를 '이단 옹호자' 로 규정하기로 하다

> 3. 이단옹호자 관련의 건
> 가. 제23-8차 질서위 결의에 의거, 이단 최삼경과 회의를 한 참석자들에게 '삼신론', '월경잉태론'이라고 하는 소위 '최삼경 신학'에 동조하는지 여부를 개별 확인하였다.
> 나. '동조한다'고 답하거나 대답을 회피한 자 그리고 이단 최삼경에 대해 비호한 자 - 김학수(백석)·박형택(합신)·이희수(통합)·박남수(개혁선교)·윤재선(대신) 목사를 '이단옹호자' 로 규정하기로 하다.
> 다. '최삼경이 회의에 나오는지 몰랐다', '앞으로는 최삼경이 있는 곳에는 가지 않겠다', '최삼경을 이단으로 규정한 한기총의 결의를 존중한다'고 밝힌 자들에 대해서는 이단옹호자 규정에서 제외하기로 하다.

이처럼 최삼경을 옹호하다가 이단 옹호자가 된다.

3. 합동총신총회, 박형택은 이단

합동총신총회 이단사이비대책위원회는 보고를 통해 이단 연구가인 박형택 목사와 이인규 권사에 대해 "삼위일체 하나님을 구분이라 주장하는 박형택 목사와 이인규 씨를 이단성 있음을 결의하였다"

박형택은 이인규, 김성한과 함께 두날개 김성곤 목사의 이단성을 주장하다가 "예수님은 사탄과 싸울 수 없고 사탄이 시험을 한 것은 예수님이 메시야로 되어가는 하나의 절차와 과정에 있는 것"이라며 메시야 과정설을 주장하였다.

이단감별사들의 한국교회 大 사기극

이단감별사 박형택목사의 "메시야 과정설"은 이단사상

동합측 교수, 성령잉태 정면으로 부정하는 이론

법과 교회 ✉ (1505)

박형택목사는 5. 18. 기독교연합회관에서 "두 날개 이단성에 관한 공청회"에서 예수님은 사탄과 싸울 수 없고 사탄이 시험을 한 것은 예수님이 메시야로 되어가는 하나의 절차와 과정에 있는 것" 이라며 메시야 과정설을 주장하였다.

이에 대해 합동측 관계자들은 메시야는 이 땅에 오실 때부터 메시야로 오신 것이지, 사단의 시험절차를 통한 과정으로서 메시야가 되는 것이 아니라고 주장하면서 여러가지 절차와 과정을 거쳐서 완성된다면 불안한 메시야이론으로서 이단성이 있는 주장이라고 하였다.

합신 이대위(위원장 박형택, 회계 김성한)는 지난 2015년 5월 18일 '두날개 이단성에 관한 공청회'를 총회의 권고를 무시하고 독단적으로 시행한 점, 두날개의 '이단성' 아닌 이단성을 정죄하는 과정에서 '메시야 과정설'을 주장하여 오히려 예장합동 총신측으로부터 '이단성 정죄'를 당하는 역풍을 맞았다.

합동총신총회는 "예수님은 사탄과 싸울 수 없고 사탄이 시험을 한 것은 예수님이 메시야로 되어가는 하나의 절차와 과정에 있는 것"이라고 주장하고 삼위 하나님에 대해 '구별' 아닌 '구분'이라 기록함으로 '삼신론'의 오류를 범했다"고 했다. 합동총신 이대위는 "정통교회에서는 삼위일체 하나님을 말할 때 '구별'이라 하는 것이 정설로, 이들은 조직신학이 정립 안 된 이단성 있는 삼신론자이다"라고 설명했고 합동총신 측은 8월 28~29일 경기도 군포 생명말씀학교 대강당에서 개최된 제22차 총회에서 박형택, 이인규 및 예장합신총회 이단대책위원회를 '이단성 있음'으로 결의했다.

4. 학력

크리스천투데이는 박형택의 학력에 대해 문제를 제기하였다.

- ㄴ 교과부 "박형택 목사 학력은 무효, 졸업취소돼야"
- ㄴ 박형택 목사, '위조 학력' 학교측 실수로 떠넘겨
- ㄴ 박형택 목사 '학력 위조' 의혹, 사실로 확인
- ㄴ 박형택 목사, '학력 위조' 의혹 은폐에 급급
- ㄴ 박형택 목사의 '이단 날조', 그 전모 포착돼
- ㄴ 박형택 목사, '학력 위조' 의혹 갈수록 깊어져
- ㄴ '이단감별사' 박형택 목사, 학력 위조 의혹

박형택의 학력은 아직도 오리무중이다. 그가 대표로 있는 한국이단상담소에도 학력을 표기하지 않을 정도로 학력에 자신이 없다.

■ 박형택목사의 프로필

세계한인기독교이단대책연합회(세이연) 대표회장
한국장로교총연합회 이단상담소장
대한예수교장로회(합신) 이단사이비대책위원
대한예수교장로회(합신) 이단상담연구소장
현대종교 편집자문위원

'이단감별사' 박형택 목사, 학력 위조 의혹

류재광 기자 jgryoo@chtoday.co.kr | 입력 : 2009.10.17 22:32

대학 입학 사실 없어… 사실일 경우 모든 공직서 퇴출될 듯

삼신론 이단 사상과 예수님의 성령잉태 부인 등으로 교단 내에서조차 큰 물의를 빚고 있는 최삼경 목사의 최측근으로서, 그간 한국교회의 이단감별사를 자처해온 박형택 목사(예장 합신)의 학력 조작 의혹이 제기됐다. 최근 한 익명의 제보자는 본지에 박형택 목사의 학력에 문제가 있다는 제보를 해왔고, 이같이 치명적인 의혹에 대해 박 목사가 명확한 답변을 하지 못하면서 의혹은 더욱 증폭되고 있다.

현재 박형택 목사는 인터넷 홈페이지를 운영하고 있으며 몇몇 교계 언론에 글을 기고하고 있기도 하지만, 그 어디에도 자신의 학력 문제를 시원스레 공개하지 않고 있다. 다만 그는 평소 자신이 총신대와 합동신학대학원대학교를 졸업했다고 밝혀왔다.

그러나 제보자에 따르면 박형택 목사가 총신대 학위가 없는 것으로 알려졌다. 실제 본지가 총신대와 합신대학원대학교측에 문의한 결과 이 제보자의 주장 대부분이 사실인 것으로 밝혀졌다.

▲박형택 목사.

총신대측은 박형택 목사가 총신대를 다닌 적이 없다고 밝혔다. 또 합신대학원대학교측에 확인한 결과 박 목사가 졸업한 1982년 2월 당시에는 학교가 교육부 인가를 받기 전이었다. 합동신학대학원대학교는 이후 1983년 9월 교육부 인가를 받았다. 결국 박형택 목사는 '정식 학위도 없는 상태로' 여러 학교를 전전한 것으로 보인다.

박형택 목사 학력 문제, 결정적 단서 또 드러나

류재광 기자 jgryoo@chtoday.co.kr | 입력 : 2010.12.22 22:05

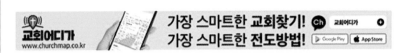

같아야 할 본교 성적과 편입 성적 기록이 서로 달라

익명의 제보로 시작됐던 박형택 목사(예장 합신)의 학력과 관련, 이번에는 급기야 상이(相異)한 2개의 성적표가 나오면서 더 이상 논란의 여지가 없어지게 됐다.

그간 학력 논란에 휩싸였던 박형택 목사(예장 합신)는 성서대측에 개인정보보호요청을 함으로 학적을 확인할 수 없게 해 더욱 궁금증을 증폭시켜왔다. 이에 최근 본지 기자의 변호인은 서울신학교와 한국성서대학교에 사실조회신청서를 발송, 두 학교에 보관돼 있는 박형택 목사의 '서울신학교 학업성적증명서 사본'을 입수했다.

박형택 목사의 주장에 따르면 그는 서울신학교(비인가) 학적을 근거로 한국성서대(각종학교, 당시 성서학교)에 진학했으므로, 당연히 두 학교에 보관된 '서울신학교 학업성적증명서'는 일치해야 한다. 그런데 놀랍게도 이 두 학업성적증명서는 상당 부분 서로 일치하지 않는다.

먼저 서울신학교 보관용 성적증명서에 따르면 박형택 목사는 1971년 서울신학교에 입학해 1976년 졸업한 것으로 되어 있다. 그러나 한국성서대에 제출한 서울신학교 성적증명서에는 1974년 서울신학교에 입학해 1976년 졸업한 것으로 되어 있다.

이단감별사들의 한국교회 大 사기극

5. 금품수수

칼럼

박형택목사, 시온은혜 기도원에서 특강하고 두 번 강사비 500 만원
이단감별사 옹호언론사는 기사삭제, 이단감별사는 특강

법과 교회 ✉   🖻 🖨 ✉ +가 -가

기사입력: 2015/04/10 [00:07] 최종편집   🐦 📘 💬

이단감별사중의 한 명인 박형택목사가 2014년 8월5일 저녁 7시, 시온 은혜 기도원에서 이단특강을 했다. 소위 이단감별사들과 호흡을 같이 하는 차기 이단감별사 정윤석이 '자칭 하나님' 이단으로 정죄해놓았는데, 100만원이 입금 된 이후, 11년 만에 기사를 삭제하면서 이단교회에서 이단특강을 하였다.

▲ ⓒ법과 교회

박형택목사의 강사비는 200만원이었다. 이외에도 박형택목사를 초청하기 전에 소위 하나님의 와이프(신00목사는 그런 말을 한 적이 없고 조작되었다고 주장)는 박형택목사가 주관하는 이단상담소에 가서 약 50만원을 들여 참석자 전원에게 식사를 베풀었다고 했다. 중개인은 다음과같은 문자를 보내면서 박형택목사가 운영하는 한국기독교이단상담연구소에 가서 호의를 베풀 것을 요구하였다. 기사 삭제 이전이었다.

중개인은 속히 신 목사에게 박형택 목사의 이단상담 과정 강의를 듣고 지도과정을
진실하게 밟겠으니 선처해달라는 식으로 문자를 보냈다.

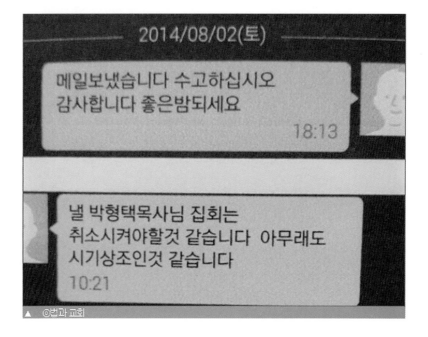

그러나 집회는 취소시키지 않았다. 박형택의 이단상담 집회는 예정대로 진행했다.

목사측은 그외 두차례 중개인을 통해서 약 500만원이상 건넸다고 했다. 이처럼 중개인을 통
여 100만원을 받은 정윤석은 이단감별사옹호언론 기자들을 초청하기도 하고,

525

박형택

그러나 2번의 강의에 5백만원을 준다. 이처럼 이단감별사들은 〈교회와 신앙〉에 이단성이 있다고 글을 올리고 뒤로는 돈으로 타협을 하는 것이다. 정윤석은 100만원을 받고 글을 11개 삭제하고, 박형택은 두 번 강의를 하고 500만원을 강사비로 챙긴다. 평택 신 목사는 이단감별사들에게 돈만 뜯겼다.

시온산기도원 신OO 목사는 정윤석의 의뢰로 여기에 참석한 기자들에게 10만원씩 촌지를 돌려서 다시 돈을 뜯겼다. 이단감별사들은 돈먹는 하마였다.

7월 17일 목요일 오후 2시
기자회견 초청자 명단 정윤석기자가
보내온 명단입니다

1 기독신문:
2 뉴스미션:
3 뉴스앤넷:
4 뉴스파워:
5 기독교포털뉴스 정윤석
6 교회와신앙
7 기독교TV
8 CBS
9 현대종교
10 씨채널   기자
11 뉴스앤조이   기자
12. 박형택목사

17:31 MMS

IV

100회기 예장통합
특별사면위원회의 활동

김기동 목사 / 박윤식 목사 / 류광수 목사
이영범 목사 / 변승우 목사 / 인터콥

최삼경은 조용기, 이명범, 윤석전, 류광수 목사, 인터콥이 귀신 사역을 한다고 김기동 목사류로 매도하여 이단으로 정죄하였다. 그렇다면 김기동 목사 측의 귀신론에 대한 입장을 확인할 필요성이 있다. 김기동 목사 측이 2015년 특별사면위에 제출했던 변론서로 대신한다.

당시 100회기 예장통합 특별사면위원장으로서 이정환 목사와 총회장이었던 채영남 목사는 이단감별사들에 의해 억울하게 희생된 사람들을 사면해주고자 하였다. 그러나 이단감별사들의 반대에 부딪혀 사면하였다가 번복하는 초유의 사태를 빚고 말았다. 최삼경과 허호익이 가장 앞장서서 반대하였다.

이단 규정의 지침, 해지의 주체와 절차

예장연과 한기총의 이단 해지의 문제점을 중심으로

2011년 12월 15일 (목) 22:37:45 　　　　 허호익 교수 ✉ 교회와신앙 webmaster@amennews.com

전국의 15개 신학대학 교수 100인이 12월 12일 서울 연지동 한국교회100주년기념관에서 "한기총은 다락방+개현교단의 회원자격을 박탈하라"는 성명을 발표하고 기자회견 및 세미나를 개최했습니다. 이 자리에서 대신신대 대학원장인 허호익 교수가 '이단 규정의 지침, 해지의 주체와 절차'를 주제로 논문을 발표한바 있습니다. 독자들에게 도움을 드리고자 그 전문을 게재합니다. <편집자주>

허호익 교수 / 대전신대 대학원장, 조직신학

1. 기독교신앙의 본질과 일치의 공동분모

우리말 성경에 등장하는 '이단(異端)'이란 용어는 분파 또는 파당(Hairesis)을 뜻하는 희랍어의 번역이다. 이단의 단(端)은 '바르다, 옳다, 진실하다'의 뜻이므로 이단은 '시작은 같지만 끝에 가서 다르다'는 뜻은 아니다. 이단은 처음부터 바르지 않은 거짓된 사설(邪說)을 의미한다.

기독교 신앙의 여러 다양성에도 불구하고 일치의 공동분모로서 신앙의 본질이 잘 드러나 있는 것이 사도신경이다. 사도신경 자체가 150년경 로마교회에서 마르키온 이단을 반박하기 위해 사도들의 가르침의 핵심적인 본질을 밝혀 바른 '신앙의 규범'으로 제시된 것이기 때문이다.

허호익은 결국 동성애 옹호로 인해 대전서노회에서 이단으로 면직출교되었다.

기독공보
The Kidog Kongbo

총회　교회법　사회법　역사　선교　영상　통일　칼럼　사건　제보　FNL N

대전서노회 재판국, 전 대전신대 허호익 교수 면직출교

황규학 ⊠ ㅣ 입력 : 2020/08/19 [17:36] ㅣ 조회수 : 355

변론종결일 : 2020년 7월 22일
판결선고일 : 2020년 8월 19일

주　　문

피고인 허호익에게 면직과 출교에 처한다.

"피고는 신학자로서 제 3의 성의 문제나 동성애를 연구하는 것은 자유이지만 본 교단 목사로서 기본적으로 지켜야 할 성경말씀 안에서 연구하여야 했다"고 주장하면서 "피고는 마치 총회결의는 헌법과같은 강제성이 없으므로 위반해도 되고 반대해도 된다는 생각을 갖고 동성애를 옹호하는 것은 피고의 문제에서 나온 위법적인 죄과이므로 주문의 양형이유이다"고 했다.

　당시 내용도 모르는 많은 총대들이 이단감별사들의 책동에 속아 사면조차 반대를 하였다. 다음은 이정환 목사가 작성한 예장통합 사면백서의 일부분을 발췌한 것이다.
　100회 총회 특별사면위는 이단감별사들에 의하여 억울하게 희생된 사람들에 대해 충분히 자료를 검토한 후 비본질적인 주장으로 이단으로 정죄된 자, 본질적인 면이 잘못되었더라도 수정 개선하였거나 개선하려는 의지를 가진 자, 한국의 교계를 비판하고 물의를 일으킨 자라도 자신의 행위를 인정하고 반성하는 자로 선정 기준을 세웠다. 대부분 교단 이단사이비대책위원회 규정이나 헌법에도 없는 조항을 갖고 귀신론, 은사론, 성서해석, 허위사실, 괘씸죄로 인한 비본질적인 것으로 이단 정죄되었다. 공통적으로 장로교의 근본주의 신학적인 입장에서 보더라도 그들은 예수를 주로 고백하고 하나님의 아들로 인정하는 사람들이었다.

그런데다가 최삼경을 비롯한 이단감별사들은 근본주의 신학의 틀에 붙잡혀 장로교의 근본주의적 신학과 기적종료설을 전제하여 은사나 축귀, 치병, 방언사역, 성령의 임재사역을 하는 사람들을 대부분 이단으로 정죄하였다. 이단의 잣대는 신론과 기독론, 삼위일체론, 종말론에 멈추어야 하는데 실천사역에 까지 이단의 잣대를 적용하였다. 특히 오순절이나 침례교, 성결교라는 교파의 특수성을 보지 않고 무조건 김기동 목사류, 기적과 은사류, 왜곡된 해석, 윤리적인 면 등으로 보편적 이단 기준이 아닌 자의적 이단 기준으로 수많은 사람들이 이단으로 정죄되었다. 그래서 100회 총회장 채영남 목사는 이단으로 정죄된 억울한 사람들을 다시 점검해서 개선을 요구하면서 특별사면을 단행하기에 이르렀던 것이다. 특별사면위원장이었던 김규 목사가 사퇴하고, 이정환 목사가 위원장이 되면서 교파를 초월한 교수들을 통한 객관적 교리검증, 반성과 교정, 개선을 다짐받고 조건부 사면을 한 바 있다.

1) 이단관련자 사면대상 선정기준

(1) 기독교 신앙의 본질적인 내용이 아닌 비본질적인 주장으로 이단으로 정죄를 받은 자

(2) 기독교 신앙의 본질적인 면 중 잘못된 주장을 한 사실이 있어도 잘못된 부분을 인정하고 스스로 회개하고 수정 개선하였거나 개선하려는 의지를 가진 자

(3) 비본질적인 것이라 할지라도 이로 인하여 한국교계를 비난, 비판하고 물의를 일으킨 자로서 자신의 행위를 인정하고 반성하는 자

(4) 당사자가 아닌 경우 신청인과 목회하는 교회가 잘못된 부분에 대하여 공개적인 사과와 개선을 하려는 의지를 가지고 있는지 여부

(5) 2,3,4항 공히 신청자 또는 소속 교회지도자들이 본 교단이 실시하는 교리교육 프로그램에 참여하여 지도를 받을 용의를 가진 자

(6) 2,3,4항 공히 공개적으로 언론을 통해 한국교계에 회개와 사과를 발표할 의지가 있는지 여부

2) 사면위 조사 연구, 선정 절차

사면위 심사 절차(조사, 연구, 심의 등)는 객관적이고 투명하게 진행하고 신청자에 대한 총회결의가 연구내용이나 조사절차에 무리하거나 위법한 점은 없었는지 여부를 살피고 다음과 같은 절차에 따라 진행한다.

1.대상은 개별적으로 사면을 신청한 자를 우선하고 위원회 직권으로 대상을 선정한다.

2.사면위는 다음 절차에 의해 대상자를 선정한다.

가. 사면신청서 서류심의

이러한 기준을 갖고, 김기동, 류광수, 박윤식, 이명범 목사는 예의주시, 인터콥, 변승우 목사는 조건부 특별사면 대상이었다.

또한 특별사면이 사면위원회의 일방적인 결정이 아니라 총회이단대책위원회 연구보고를 우선적으로 받아들여 사면논의를 하였음을 밝힌다. 이에 독자들이 그 내용을 쉽게 알게 하기 위하여 총회이단대책위원회가 연구한 결과 보고서를 아래에 기록하였다.

우리 주 예수 그리스도 안에서 문안드립니다.

1. "예장총 제100-1230호/이단관련 특별사면대상자에 대한 재론 요청(2016.8.9.)"과 관련입니다.

2. 위 관련 근거에 의거하여 다음과 같이 특별사면위원회가 요청한 이단관련 특별사면대상자에 대한 재론 결과를 보고합니다.

- 다 음 -

1. 김기동 목사와 성락교회(김성현 목사)
김기동 목사는 한국교회사에 부정적인 영향과 긍정적인 영향을 미친 대표적 인물이라 할 것이다. 개인의 입장에 따라 각기 다른 평가를 할 수 있을 것이지만 그로 인한 어두움의 그늘이 아직 사라지지 않은 것도 사실이다. 그러므로 김기동 목사에 대하여 제80회 총회에서 이단으로 결의한 것을 그대로 유지하도록 한다. 다만 김기동 목사는 은퇴하여 일선에서 물러난 상황에서 현재 정통신학을 수학하고 후임목사가 된 김성현 목사와 성락교회가 교회의 개혁과 갱신을 위해 노력하고 있는 점 등을 고려하여 성락교회와 김성현 목사에 대해서는 일정기간 예의주시 하기로 하다.

2. 재림교회(안식교)

이단해지의 주요근거는 문제로 지적된 잘못된 사상을 고칠 뿐 아니라 행동의 변화가 목격되어야 한다. 재림교회는 제80회 총회 결의 후 지극히 일부 교리에서의 변화는 목격되나 문제가 된 다른 교리와 삶의 방식은 전혀 변하지 않고 확고부동하게 자리 잡고 있다. 안식교는 여전히 비성경적인 교리와 실천방법을 주장하는 이단이다.

3. 박윤식 목사와 평강제일교회(이승현 목사)

고 박윤식 목사는 생전에 한국교회에 드리는 사과문을 통해서 제76회 본 교단 총회가 지적한 교리핵심내용의 상당부분이 그의 신앙고백적으로 교정되어 나타나고 있다. 그러나 사과문 발표 후 1년 만에 세상을 떠남으로 이 같은 신앙고백에 대한 교리적 실천적 변화의 진정성을 확인할 수 있는 기회를 얻지 못한 것은 유감이며, 그런 맥락에서 제76회 총회의 이단성 결의는 지금도 유효하며 그 이후에 대한 문제는 교회사적 과제로 남을 것이다. 다만 현재 총신대를 졸업하고 개혁주의 신학을 전공하고 고인의 후임으로 부임한 이승현 목사와 평강제일교회가 교회를 일신하기 위해 노력하고 있는 점 등을 고려하여 일정기간 예의주시 하기로 하다.

4. 류광수 목사

류광수 목사는 제81회 총회가 사이비성이 있다고 결의한 사실이 있다. 많은 우여곡절을 겪으면서 지금은 자신의 과거의 잘못된 사상과 행동을 인정하고 교리내용과 전도 등의 실천방법을 수정하고 회개하는 과정에 있음을 객관적으로 확인할 수 있다. 그러므로 제81회 총회가 결의한 '사이비성이 있다'는 결정을 철회하고 예의주시 하기로 하다.

5. 이명범 목사(레마선교회)

이명범씨에 대한 연구결과 제77회 총회가 지적한 문제 - 삼위일체 신론과 창조론 등에서의 본인이 오류를 인정하여 수정하고 더 이상 사용하지 않고 있다는 점들은 고무적이다. 긍정적인 면은 본 이대위로부터 주어진 소명자료(문서)만을 기준으로 삼을 경우이다. 그러나 이단해지의 관건은 회개의 진정성과 그 진정성에 대한 확인방도이다. 이런 점들을 고려할 때 이명범씨에 대한 결의는 이단해지하고 예의주시 하기로 하다.

6. 인터콥(최바울)

최바울은 교리적인 문제보다 자신의 의도와 상관없이 오해를 불러일으킨 신학적 부분의 문제점을 인정하고 이와 관련된 용어나 개념을 더 이상 사용하지 않고 있으며 관련된 서적들을 파기하는 등 회개의 진정성을 보이고 있다. 또한 건전한 선교를 위해 재교육과 방향전환을 위해 노력하고 있으며 본 교단의 지도를 기꺼이 수용할 자세가 되어 있다고 사료된다, 그러나 인터콥에 참여한 사람들에 의하여 일부 교회가 진통을 겪고 있음을 주지시키고 같은 문제가 반복되지 않도록 선교훈련에 참여하는 교인들에게 대한 철저한 교육을 약속하였다. 이 같은 요건을 수용할 자세가 되어 있다면 특별사면 대상이 될 수 있다고 사료된다.

7. 변승우 목사

변승우는 과격한 용어사용, 교회 비판, 설교의 계시성, 사도적 전통 등과 관련하여 제93회 총회 이대위의 지적과 비판은 옳다고 본다. 특히 한국교회 지도자들에 대한 비난과 비판은 많은 지탄을 받아온 것이 사실이다. 그러나 변승우는 지난 날 본 교단이 지적한 잘못된 자신의 주장과 행위에 대하여 공식적으로 인정하고 사과하는 한편 현재는 모든 주장과 행동을 금하고 있으며 다시한번 이 문제에 대하여 사과할 용의가 있음을 고백하였다. 그러므로 앞으로 건강한 신학에 바탕을 두고 목회하는 한편 한국교회에 대한 사과와 아울러 예장(부흥)교단과 소속 목회자들에게 자신의 회심을 공포하고 올바른 목회와 신학을 갖도록 하며 본교단의 지도와 재교육을 받겠다는 약속을 성실히 이행한다면 특별사면 대상이 될 수 있다고 사료된다.

이단감별사들의 한국교회 大 사기극

| 김기동 목사(김성현 목사와 성락교회) |

김기동 목사는 제76회 총회에서 "귀신론과 양태론을 주장하고, 기독론에서 신성을 부정하고 인성을 제한하며, 성령과 천사를 혼용하고 구원론에 있어 성령의 사역을 부정하고, 성경과 성서를 구분하여 목회자의 설교도 성서가 될 수 있다고 주장하는 한편 창세기 1장과 2장에 창조된 인간은 서로 다른 존재이며 그리스도께서 오신 목적은 마귀의 권세를 멸하려고 오신 것이라고 주장하는 등 신론, 기독론, 계시론, 창조론, 인간론 그리고 사탄론 등 모든 곳에 비성경적 요소를 광범위하게 드러내는 무서운 이단이다"라고 결의하였다.

1. 김기동 목사 사면신청이유서

특별사면신청이유서

김기동 목사는 예장통합교단의 77차 총회에서 이단으로 정죄되었습니다. 기록에 나타나 있는 김기동 목사의 이단사상 연구보고서는 다음과 같습니다.

---

1. 김씨의 모든 사상의 근원과 출발은 귀신이다.

2. 김씨의 삼위일체론은 양태론이다.

3. 김씨는 기독론에서 신성을 부정하고 인성을 제한한다.

4. 김씨에게 성령은 허수아비와 같다.

5. 김씨는 성경은 문틈으로 들어온 빛에 불과하며 김씨의 설교도 성서적 가치를 가진다고 한다.

6. 김씨는 이 세상을 멸망시키기 위한 감옥으로서 하나님께서 불완전하게 창조하셨다고 한다

7. 창세기 1장의 인간과 2장의 인간은 다르다고 한다.

8. 연구결과

김씨는 마귀를 모르면 예수를 모른다고 하였고 하나님께서 이 마귀를 합법자로 만들어 주었다고 함으로, 하나님자신이 불법을 합법화시킨 불법자가 되어 버린 격이다. 김씨는 그의 신론, 기독론, 계시론, 창조론, 인간론, 그리고 사탄론 등 모든 곳에 비성경적 요소를 광범위하게 드러내는 무서운 이단이다.

이러한 비판에 대해 김기동 목사와 성락교회는 그 동안 단 한 번도 소명의 기회를 얻지 못한 상태에서 일방적으로 이단으로 정죄되었고, 다음과 같은 성락교회의 신앙고백은 그러한 정죄의 와중에 단 한 번도 고려되거나 반영된 적이 없었습니다.

성락교회(베뢰아인)의 신앙고백

1. 성경

- 우리는 성경은 영감을 받은 자들이 하나님께 받아 기록한 무흠한 하나님의 말씀임을 믿으며, 또 신약성경은 성도의 신앙과 생활의 본이 됨을

이단감별사들의 한국교회 大 사기극

믿습니다.

2. 삼위일체 하나님

- 우리는 성부와 성자와 성령을 믿으며 또 삼위일체이심을 믿습니다.

3. 예수 그리스도

- 우리는 예수 그리스도로 하나님 아버지 품속에 있는 독생하신 하나님이 나타나심을 믿습니다.

4. 성령

- 우리는 성령의 인치심과 인도하심을 믿으며 하나님의 말씀이 선포될 때 성령의 역사하심이 있음을 믿으며 기도하고 간구할 때 성령의 역사가 있음을 믿습니다.

5. 인간

- 우리는 하나님의 완전하고 영원한 계획안에서 하나님의 형상으로 지음 받은 인간이 마귀의 유혹으로 범죄 하여 죄인이 되었으나 예수 그리스도를 믿음으로 의롭다 하심을 믿습니다.

6. 구원

- 우리는, 구원은 오직 예수의 피로 구속하신 은혜로 받음을 믿으며 또 신자의 회개와 거듭남을 믿습니다.

7. 교회

- 우리는 십자가에서 우리 죄를 위해 죽으시고 부활 승천하신 예수 그리스도는 교회의 머리가 되심을 믿으며, 교회의 입법은 오직 예수 그리스도께서만 하실 수 있음을 믿습니다.

8. 의식과 직분

- 우리는 의식에는 침례와 주의 만찬만이 있음을 믿으며 또는 목사와 집사의 두 직분이 있음을 믿습니다.

9. 종말

- 우리는 예수 그리스도께서 산 자와 죽은 자를 심판하기 위해 재림하

실 것을 믿으며 또 성도의 부활과 영생을 믿으며 의인은 영생에, 믿지 아니한 죄인은 영벌에 들어감을 믿습니다.

이처럼 성락교회의 신앙과 신학은 근본적인 면에 있어서 예장통합교단의 그것과 크게 다르지 않습니다. 즉 신론, 기독론, 종말론, 성령론 등에 차이가 없음에도 불구하고, 소명기회도 없이 이단으로 정죄한 것은 심히 유감스러운 일입니다. 그러나 다행스러운 것은, 예장통합교단 100회 총회에서 특별사면위원회를 조직하여 한국교회와 화해하기 위한 일환으로 그동안 이단시비로 고통을 받고 있는 교회와 사람들을 대상으로 사면을 실시하기로 한 결정으로, 신청인의 부친이자 성락교회를 개척한 원로목사인 김기동 목사와 성락교회에 대한 소명과 함께 사면을 청원할 수 있게 된 것에 감사하며 신청이유서를 제출하게 되었습니다.

먼저 말씀드리는 것은, 김기동 목사와 성락교회는 장로교회와는 일부 교리적 주장을 달리하는 침례교단에 소속되었고, 침례교단 내의 정치적인 역학관계에 의하여 억울하게 이단으로 정죄된 희생자이며, 더불어 경험적 차원에서의 특정사역을 중점적으로 강조하는 와중에서 촉발된 이단논쟁에 적절히 대응하지 못한 결과 이단으로 정죄되었다는 사실을 지적하고자 합니다. 김기동 목사와 성락교회에 대한 이단논쟁은 처음부터 교리적 또는 신학적 논쟁으로 시작한 것이 아닙니다. 그 당시 김기동 목사가 침례교단의 부총회장에 출마하게 되면서 침례교단의 원세호 목사에 의해 정치적 이단으로 내몰린 것이고, 특히 기적을 인정하지 않고 기적종료설을 믿고 있는 원세호 목사의 친구인 예장통합의 최삼경 목사의 편향된 시각으로 이단정죄를 받게 되었다는 것은 교계가 이미 알고 있는 실상입니다.

더욱이 이제 김기동 목사가 이미 성락교회의 담임목사에서 은퇴하였고, 신청인이며 김기동 목사의 아들인 제가 2013년 1월에 부임하여 열심히 복음적으로 목회하고 있습니다. 저는 1988년에 서울대학교 음악대학 성악과를 졸업하고, 1999년에 영국의 옥스포드대학에서 신학석사(B.Th.) 를 마쳤으며, 2001년에는 영국의 더럼대학에서 신학 전공의 인문학석사 (M.A.)를 마친 다음, 2008년에는 옥스퍼드대학에서 박사학위(D.Phil.)를 마쳤습니다. 개혁신학이나 성서학에 있어서 세계 최고 수준의 폭넓은 신학교육을 받을 수 있는 축복을 받았으며, 배운 바 학문과 받은 은혜에 입각하여 복음적 전통의 신학을 근거로 목회하고 있습니다.

더욱이 저는 귀 교단이 저의 부친을 비판한 근거가 된 귀신론을 비롯한 일부 내용에 대해서는 복음의 본질과는 상관이 없는 일종의 학문적인 해석에 불과할 따름임을 잘 알고 있으며, 그런 지엽적인 사항을 고집하기보다는 복음의 본질적인 내용에 충실한 목회를 하려고 노력하고 있습니다. 그리고 하나님과 한국교회 앞에 저의 신앙과 목회적 신념이 결코 부끄럽지 않음을 단언할 수 있습니다. 다만 저의 부친이자 원로목사인 김기동 목사가 귀 교단으로부터 이단정죄를 받은 사실에 대하여 연좌제로 몰리는 것에 동의할 수 없으며, 부친의 이단정죄로 인하여 복음적인 목회가 제한을 받는 일은 없어야 한다는 생각에서 사면을 신청하게 되었습니다.

바라는 것은, 존경하는 예장통합교단의 특별사면위원들께서는 김기동 목사의 신앙과 신학에 대하여 장로교의 시각으로만 보지 마시고 귀 교단의 장점인 에큐메니칼 정신으로 침례교와 오순절교회 등 다양한 시각으로도 판단하여 주시기를 바랍니다. 그리하시면 기독교 교회사에서 이단 심판의 기준이 된 신론, 기독론, 삼위일체론, 성령론, 종말론 등에 있어서, 김기동 목사의 신앙과 신학이 정통교회와 전혀 다르지 않다는 사실을 알수 있을 것입니다. 그러나 지엽적인 부분들은 충분히 비판의 대상이 된다는 사실도 인정합니다. 다만 비본질인 문제로 복음을 인정하지 않고 구원이 없는 이단처럼 생각지 마시고 형제의 관점에서 지적하고 나무라고 지도하여 주시기를 바라며, 그런 부분에 대해서는 겸허히 받아들여 고칠 것은 고치고 바르게 하겠다는 약속을 드리며, 다음과 같이 귀 교단에서 지적한 김기동 목사의 신앙과 신학에 대하여 소명하는 바입니다.

1. 김기동 목사의 삼위일체론
– 삼위일체론이 양태론이라는 비판에 대하여

먼저 신청인인 저는 니케아-콘스탄틴노플 신조와 웨스트민스터 신조가 정한 삼위일체론을 믿고 고백합니다.

김기동 목사의 초기 강의 중에, 양태론적 표현이 일부 들어 있었던 것은 사실입니다. 그러나 교계의 지적 이후에는 그러한 표현들이나 오해의 소지가 있는 비유들은 일체의 강의와 설교와 저술에서 사라졌으며, 오히려 더 적극적으로 전통적인 삼위일체에 대한 설교와 교육을 시행하고 있습니다. 그의 삼위일체론은 성부 중심의 삼위일체론을 전개한다는 점에서 '서방교회 삼위일체론 전통'에 서 있다고 할 수 있습니다. 무엇보다도 앞에서 언급한 바 있는, "우리는 성부와 성자와 성령을 믿으며 또 삼위일체이심을 믿습니다"라는 성락교회의 신앙고백과 함께, 다음과 같은 저술의 내용은 이에 대한 분명한 증거입니다. "하나님은 성삼위일체이십니다. 성삼위일체라는 말은 성부와 성자와 성령, 이 삼위가 일체 되신 분이라는 뜻입니다. … 하나님은 아버지의 인격과 아들의 인격 또 성령의 인격으로, 각각의 인격을 가지셨으나 삼위로서 일체이신 한 하나님이십니다. 그러므로 성부와 성자와 성령은 영원 전부터 영원토록 함께 계신 분이시며, 또 영원 전 부터 영원토록 한 하나님의 각 위로서 영원히 존재하는 분이십니다." (『예수를 알자』)

2. 김기동 목사의 기독론
– 기독론에서 신성을 부정하고 인성을 제한한다는 비판에 대하여

저는 참 하나님이시며 동시에 참 사람이신 그리스도를 믿습니다. 그는 본질적으로 영원하신 하나님이시며 우리를 구원하기 위하여 동정녀 마리아를 통해서 인성을 취하셨음을 믿습니다.

김기동 목사 역시 그리스도의 신성과 인성을 믿고 고백합니다. 우선 단적인 예로, 김기동 목사의 저서 중 한 권인 『하나님이신 예수 참 사람이신 예수』를 보더라도, 제목부터 목차와 내용에 이르기까지, 김기동 목사는 예수가 참 하나님이시며 동시에 참 사람이심을 절대적으로 신앙합니다. 혹자는 김기동 목사가 예수님의 신성을 강조하는 문장만을 취사선택하여 '김기동 목사는 인성을 부정한다'고 비판하고, 다시 인성을 강조하는 문장만을 발췌하여 '김기동 목사는 신성을 약화시킨다'고 비판해 왔지만 이는 왜곡된 해석입니다. 성락교회의 신앙고백은 "우리는 예수 그리스도로 하나님 아버지 품속에 계신 독생하신 하나님이 나타나심을 믿습니다"고 밝혀 결코 인성을 부정하거나 신성을 약화시키지 않고 있습니다. 김기동 목사는 "예수는 인성을 가지신 참 사람이시며, 신성을 가지신 참 하나님이십니다"라고 곳곳에서 신앙을 고백하고 있습니다. 이는 그의 기독론 신앙이 칼케돈 신조의 '예수는 완전한 인간이자 참 하나님이시다'와 다르지 않음을 보여주고 있습니다.

3. 김기동 목사의 성령론
— 성경에 나오는 모든 '하나님의 신'은 다 천사이고, 성령이 임하면 '권능을 받고'라는 말은 '천사를 얻고'라는 말과 동격이라고 말함으로써, 성령은 중요하지 않게 생각한다는 비판에 대하여

이 비판은 김기동 목사가 성령을 부정하는 이단처럼 보일 수 있는, 김기동 목사의 신앙과 주장을 심히 왜곡하는 부당한 비판이라는 점을 무엇보다도 먼저 지적하고 싶습니다. 근본적으로 김기동 목사는 성령을 '삼위

일체의 한 위(位)'로, '하나님의 영'으로, '진리의 영'으로, '모든 것을 아시는 영'으로 인정함으로써 성령의 하나님 되심을 고백하고 있습니다. 또 예수를 증거하시는 보혜사이시며, 예수의 피로 거듭난 성도의 영혼에 거하시는 보혜사임을 인정하고 있습니다.

그런 전제 하에서 김기동 목사는 하나님이신 성령과 피조물인 천사를 엄밀히 구별하고자 하는 것입니다. 하나님이신 성령은 불가시적인 분이요, 피조물인 천사는 불가시적 존재이나 때로는 가시적 형태로 나타납니다. 성령의 임재를 드러내기 위해 가시적으로 나타나는 천사를 하나님이신 성령과는 구분하자는 것입니다. 오순절 날 성령께서 임하셨고 그때 천사들을 대동했기에, 그 순간에 나타난 불이나 바람소리는 성령을 수행한 천사들의 활동이라는 것이다. "천사들에 관하여는 그는 그의 천사들을 바람으로, 그의 사역자들을 불꽃으로 삼으시느니라"(히 1:7)는 성경을 근거로, 김기동 목사는 이를 대통령이 움직일 때 수행원들이 함께 움직이는 원리로 성령의 역사와 천사의 사역을 설명합니다. 성령을 단순한 비인격적인 물리적 현상(능력)으로 본다면 그것은 이단적 주장일 것입니다. 성령과 천사가 어떻게 동일하다고 말할 수 있겠습니까? 성령 하나님에 관한 한, 김기동 목사는 그 존재 및 사역에 대하여 삼위일체의 일위이심을 일관되게 고백하며 순종하고자 하는 사역자입니다.

4. 김기동 목사의 계시론
　― 성경은 문틈으로 들어 온 빛에 불과하며, 성경은 가감할 수 있고, 김기동 목사의 설교도 성서적 가치를 가진다고 주장한다는 비판에 대하여

근본적으로 김기동 목사는, 66권 신구약 성경이 하나님의 감동으로 기록된 것으로 완성되었고, 이제는 더 이상 결코 가감할 수 없는 정경으로 인정하고 있습니다. 성락교회의 신앙고백을 보면, "성경은 영감을 받은

자들이 하나님께 받아 기록한 무흠한 하나님의 말씀임을 믿으며, 성경은 성도의 신앙과 생활의 본이 됨을 믿으며'라고 밝히고 있습니다. 저 역시 성락교회의 담임목사로서 동일한 성경론을 가지고 있습니다. 김기동 목사는 자신의 저서 곳곳에서 성경 66권 전체가 성령의 감동으로 기록된 정확무오한 하나님의 계시라는 성경의 영감성과 정경성을 인정하고 있음을 확인할 수 있습니다.

김기동 목사는 자신이 주창한 베뢰아운동의 별칭을 "성경닮기운동"으로 명명한 것처럼, 그는 성경을 신앙과 생활의 유일한 규범으로 인정하고 있습니다. 성락교회에서는 지금도 매년 1월을 "성경 일독 운동의 달"로 정하고 온 교인이 성경 일독 운동에 동참하고 있습니다. 또 김기동 목사는 "성경은 스스로의 권위를 증명한다"는 점에서 성경의 '자증성'을 인정할 뿐만 아니라, "성경은 우리로 하여금 하나님을 알고 예수 그리스도를 통해 구원받음에 있어 충분하다"고 설교함으로써 '자족성'을 인정하고 있습니다.

악의적인 비판자들이 문맥을 제거하고 인용한 "성경은 가감될 수" 있고, 김기동 목사 "자신의 설교도 성경이 될 수 있다"고 한 것은, 그 표현들이 사용된 문맥을 고려하면 충분히 이해될 수 있는 설명들입니다. 그것은 역사적으로 있었던 성경의 정경화 과정에 대한 설명이며, 히브리 성경의 분류법인 토라, 네비임, 케투빔이 성막의 지성소, 성소, 뜰과 대응한다는 히브리적 사고와 맥을 같이하는 것으로서, 성경 안에서의 상대적인 중요도와 해석학적인 우선순위에 대한 설명입니다.

즉 정경화 과정에서 일찍부터 경전성을 인정받은 모세오경이나 사복음서 등과는 달리 한두 번씩 논의를 거친 책들과 서신들에 대한 설명의 문맥에서, "더하거나 뺄 수 있는" 즉 '가감 가능성'이 언급되었던 것입니다. 마치 바울의 목회서신이나 개인서신이 정경화 되기 전까지는 한 개인의 신앙과 신학에 대한 기록이었으나, 정경화가 이루어지면서 그의 서신이 정경이 된 것처럼, 만약 아직도 정경화 작업이 이루어지 않았다면 오늘날의 신앙인들의 글과 기록들도 얼마든지 정경이 될 수 있다는 '가정'일 뿐입니다. 그것은 김기동 목사만이 아니라 어느 성도라도 정경화 이전에 생존하면서 성령의 감동을 좇아 하나님의 말씀을 증거하는 설교나 강론, 편지나 시문(詩文) 등을 남긴 것이 있다면, 정경화 과정 중에 검토 대상이 될 수도 있고, 따라서 성경에 포함될 수도 있다는 설명이며, 모든 믿는 성도들이 성령충만 함으로 증거하는 복음사역들이 최고의 가치를 지닌다는 격려적 표현임이 분명합니다. 더불어, 행여라도 오해가 되는 부분들은 제가 목회를 하고 있는 성락교회에서 더 이상 가르치거나 선포되지 않고 있습니다.

5. 김기동 목사의 창조론과 우주론
— 이 세상을 마귀를 멸망시키기 위한 감옥으로서 하나님께서 불완전하게 창조하셨다고 주장한다는 비판에 대하여

김기동 목사는 성경에 나타난 하나님의 모든 역사를 인간 구원이라는 측면에서만 해석하지 않습니다. 이는 창조의 목적과도 연관됩니다. 김기동 목사는 인간을 위한 창조는 물론, 하나님의 아들을 위한 창조를 강조하며, 여기에 마귀 진멸이라는 목적까지도 포함시킵니다. 창조의 목적으로 마귀 진멸이라는 측면도 말했다고 해서 이를 곧 바로 하나님 창조의 불완전성을 주장했다고 말하는 것은 지나친 비약으로 판단됩니다. 하늘이 삼층천으로 되어 있다거나 궁창이 마귀를 가둔 음부라는 김기동 목사의 공간 이해는 지금도 진행되고 있는 신학적 논의의 대상인 측면이 있으며, 이것을 신앙의 지평에서 이단이라고 비판하는 것은 온당치 않다고 생각합니다.

예를 들어, 둘째 날 궁창 창조 기사에 "보시기에 좋았더라"라는 평가문이 없는 것에 대해서는 지금까지 구약학계에서도 다양한 해석이 시도되

고 있음을 알 수 있고, 따라서 김기동 목사의 견해 또한 이러한 해석 가운데 하나의 시도로 보아야 한다고 생각합니다. 그러나 이러한 부분도 소모적인 이단논쟁의 빌미가 되고 그 때문에 예수 그리스도를 증거하는 복음사역의 장애가 된다면, 기꺼이 교정하여 교회의 사명을 감당하고 교계의 연합과 동역에 참여하도록 최선의 노력을 다할 것입니다.

6. 김기동 목사의 인간론
― 창세기 1장의 인간과 2장의 인간은 다르다고 주장함으로써 아담의 유일 인류조상설과 예수의 전인류 구원사역을 부정한다는 비판에 대하여

김기동 목사에 대해 흔히 회자되는 '이중아담론'이라는 용어는 김기동 목사 자신의 용어가 아니라, 이단연구가들에 의해 악의적으로 붙여진 용어입니다. 김기동 목사는 아담을 두 번 창조했다고 주장한 바가 전혀 없으며, 아담만이 인류의 유일한 조상임을 부정한 바도 없고, 오직 예수 그리스도의 공로로 아담 안에 있는 온 인류가 구속함 받은 것에 대해 부정한 바가 없습니다. 그리고 바로 그 아담이 창세기 2장에 나오는 아담임을 100% 인정합니다. 문제는 창세기 1장에 나오는 창조기사가 2장의 아담창조와는 많은 부분에서 상이한 설명을 하고 있는 바, 이 둘의 조화로운 해석에 연관하여 기존의 신학적 해석과는 차이가 있다고 하겠습니다.

창세기 1장에 창조된 인간은 남자와 여자로 동시에 창조되었고, 2장의 아담 창조와는 달리 영을 불어넣는 과정이 없다는 차이점에 주목하여, 그들은 영은 없고 육체만 있는 존재로 보는 것이 김기동 목사의 이해입니다. 그들은 영이 없기에 내세가 없고, 영생/영벌의 개념이 없는 자들로, 노아의 홍수를 통해 모두 사라졌다고 생각합니다. 그 반면에 창세기 2장의 아담은 이러한 영이 없는 존재 중 하나를 택하여 그에게 영을 부여함으로써, 영이 있는 존재인 현재 온 인류의 유일한 조상이 되었다고 보는 것이다.

547

바로 이 아담 "한 사람의 순종치 아니함으로 많은 사람이 죄인 된 것 같이 [예수 그리스도] 한 사람의 순종하심으로 많은 사람이 의인"(롬 5:19)이 된다는 보수적, 복음주의적 구원론에 전적으로 동의합니다. 한 사람 아담의 불순종과 한 사람 예수의 순종이라는 아담-예수 모형론이나, 오직 예수만에 의한 인류구원론이나, 아담/하와 안에서의 단일인류론 등에서 전혀 어긋나지 않습니다. "아담 안에서 모든 사람이 죽은 것 같이 그리스도 안에서 모든 사람이 삶을 얻으리라"(고전 15:22)고 인정하는 것입니다.

다만, 이와 같은 큰 틀의 일치점 안에서, 몇몇 세부적인 구절들의 해석에 있어서는 기존의 다수 의견과 차이가 있는 것이 사실입니다. 단적인 예로, 하나님께서 아담에게 "남자가 부모를 떠나 그 아내와 연합하여 둘이 한 몸을 이룰지로다"(창 2:24)라고 말씀하신 것이나, 가인이 하나님께 "무릇 나를 만나는 자가 나를 죽이겠나이다"(창 4:14)라고 말한 것, 그리고 가인이 얻은 아내(창 4:17)의 언급 등을 있는 그대로 받아들일 때에는, 당연히 아담에게도 부모가 있을 가능성이나 아담/하와/가인이라는 세 사람 이외에 다른 사람이 있을 가능성을 생각할 여지가 있다는 것입니다. 실제로 아담과는 무엇인가 구별되는 아담 이전의 인류 존재에 대한 구약학이나 조직신학의 몇몇 제안이나 가설이나 해석, 그리고 창조 연대와 인류 역사에 대한 인류학이나 고고학의 견해 등등도 무조건 터부시하거나 기각할 수준만은 아니라는 사실도 간접적으로 고려할 만하다고 하겠습니다.

그렇지만 이러한 김기동 목사의 견해는 일관되게 절대적인 복음과 구원의 핵심이라기보다는 성구 해석과 신학적 견해의 문제로 구분 짓고 있습니다. 이러한 내용들은 신학의 지평에서 열린 대화와 건전한 교제를 통하여 얼마든지 논의되고 수정될 수 있는 사항들이라고 할 수 있습니다. 그럼에도 불구하고 만일 이러한 차이가 이단시비라는 걸림돌로 작용하게 된다면, 과연 이것이 예수 그리스도의 복음과 교회의 영혼구원사역보다 더 중요한 요소인가를 자문해 보게 됩니다. 이러한 내용은 후대에 관련된 신학적 연구가 나오기까지는 과감하게 포기하고, 오직 단순명료하게 복음주의적 전통을 따르는 것이 더 신앙인답고 더 교회다운 것이라고 확신합니다.

그런 차원에서 저는 교회의 선교와 복음전파, 한국교회의 보편적인 일치를 고려하여 이러한 내용을 교인들에게 가르치거나 선포하지 않고 있습니다. 이러한 내용에 대한 교정의 필요성이 제기된다면, 저와 성락교회는 그리스도의 복음전파와 한국교회의 보편적인 일치를 위하여 기꺼이 따르고자 하는 마음의 준비가 되어 있음을 고백합니다.

7. 김기동 목사의 마귀론
― 마귀를 모르면 예수를 모른다고 하며, 마귀론을 신앙과 신학의 핵심으로 하고 있다는 비판에 대하여

김기동 목사가 집필한 저서들과 성락교회의 자료들을 조금만 살펴본다면, 김기동 목사의 신앙과 신학은 '성부와 성자와 성령이 한 분이시며 세 위격으로 존재하신다'는 정통적인 삼위일체론을 근간으로 '예수 그리스도는 참 하나님이시며 참 사람이시고, 오직 그분만이 구원의 유일한 중보자'이심을 믿는 믿음 위에 굳건히 서 있다는 것을 확인할 수 있습니다.

마귀론은 이러한 하나님의 뜻과 그것을 이루기 위해 죽기까지 순종하신 예수 그리스도의 사역의 한 측면이기에 의미가 있는 것이고, 그 한도 내에서 김기동 목사는 상대적으로 다른 설교자들보다 마귀 진멸의 사역을 더 강조할 뿐입니다. 오직 예수의 순종과 승리를 더 드러내기 위한 범위 내에서일 뿐입니다.

그 때문에 김기동 목사는 기독교 신학이 요한복음 3장 16절만을 강조할 것이 아니라, 요한일서 3장 8절 "죄를 짓는 자는 마귀에게 속하나니 마귀는 처음부터 범죄함이니라 하나님의 아들이 나타나신 것은 마귀의 일

분명합니다.

그러나 이러한 부분 역시 그리스도의 복음 전파와 한국교회와의 연합과 일치에 저해가 된다면, 오해가 되는 부분에 대해서는 지혜롭게 표현하거나 교정하고자 하는 마음의 준비가 되어 있음을 밝히는 바입니다. 성락교회는 그리스도의 복음전파를 실천하기 위하여, 오직 성경의 말씀에 순종하기 위하여 마귀를 대적하고 축사를 하는 것입니다. 만일 마귀론이나 귀신론의 해석 때문에 그리스도의 능력이 제한되거나 복음전파에 장애요소가 있다면, 그리고 그리스도의 영광이 가리운다면, 저희의 얕은 지식보다 그리스도를 높이는 것이 더 올바른 신앙의 자세라고 확신합니다.

마무리

그 동안의 이단 시비를 돌아보면서 생각을 정리해 보면, 세 가지 측면의 아쉬움이 남습니다.

첫째는, 김기동 목사와 성락교회의 대화 노력이 상당히 미진했다는 점에 대한 자책적인 아쉬움입니다. 초기에 지적된 신학적 사항들에 대한 진지한 성찰과 겸허한 수용, 그리고 적극적인 연구 및 변증의 노력이 제대로 이루어지지 못했다는 점에 대해 회한이 많이 남습니다. 이에, 김기동 목사의 저서를 출판하고 있는 도서출판 베뢰아에서는 해당 분야의 전문적인 신학자들의 자문을 거쳐 신학적으로 문제가 있는 부분이나 극단적인 표현, 그리고 오해의 소지가 있는 표현들에 대하여 적극적인 교열작업을 추진해 왔고 앞으로도 지속적으로 그럴 예정입니다.

둘째는, 이단시비를 과장하고 악용해 온 일부 온당치 않은 자들 및 그 과정에 대한 아쉬움입니다. 대부분의 이단 정죄의 촉발자요 주도자였던 원세호 목사와 최삼경 목사 등이 오히려 그들 자신의 이단성 있는 기준을 가지고, 정통신학과 일치하는 김기동 목사의 기본신앙, 즉 삼위일체론, 기독론, 성령론, 창조론 등에 대해서까지도 왜곡되고 부정확한 인용을 통하

이단감별사들의 한국교회 大 사기극

여 악의적인 이단 규정에 이르게 했습니다. 신학적인 해석의 다양성 차원에서 인정되어야 할 문제를 신앙적인 정죄에 의한 이단의 문제로 비약, 호도시켰던 것으로 판단됩니다. 또 그러한 과정 및 그것을 둘러싼 교계의 소극적 태도에 대해 많은 안타까움을 느끼게 됩니다. 그러나 이 또한 김기동 목사와 성락교회가 교계 활동에 더욱 참여하고 연합함으로써 더 적극적으로 대응했어야 했던 것은 아닌가 하는 후회가 큰 것도 사실입니다. 그러므로 차후에는 더 적극적인 자세로 교계 연합 활동에 참여하고 신학계와의 대화에 임하고자 합니다. 더욱이 교계에서 진지한 마음으로 저희들에 대하여 지적하고 제언하는 부분에 대하여 더욱 적극적으로 보편적인 개혁신학의 입장을 견지하려고 노력하고자 합니다. 실제로 저희 신학교인 베뢰아대학원에서는 이번 학기부터 '개혁신학'이라는 과목을 개설한 것으로 그 본격적인 출발점을 삼고 있습니다.

셋째는, 김기동 목사의 삼위일체 하나님과 예수 그리스도 중심적인 신앙 및 신학이 너무 마귀론 또는 귀신 축사 일변도의 편협한 체계처럼 오도된 것에 대한 아쉬움입니다. 김기동 목사의 주요 신학과 신앙 체계는 세간에 피상적으로 알려진 바와 같이 마귀론이나 귀신론에 입각한 체험 위주의 신앙이 아니라, 하나님의 경륜(계획, 뜻, 의)에 따른 예수 그리스도의 사역과 그에 대한 성령의 역사를 균형 있게 강조하고자 하는 성경 중심적 신학 및 신앙의 체계를 견지하고 있습니다. 마귀론 또는 귀신론은 그 체계의 일부분에 속하는 사항으로서, 진리와 신앙의 대상이라기보다는 해석과 신학의 대상으로 간주하고 있습니다. 이미 한국신학계의 주요 신학자들이 참여한 일련의 연구와 저술들을 통하여, 김기동 목사의 마귀론 또는 귀신론은 신학의 영역에서 다루어질 대상이라는 것이 최근의 중론입니다. 따라서 김기동 목사와 성락교회, 그리고 관련 신학교와 출판사 등은 더욱 적극적으로 한국 신학의 발전을 위하여 사심 없는 대화와 후원을 지속하고자 합니다. 교계의 신학적인 대화와 검증에 진지하게 귀 기울이고자 하며, 혹시 그 신학적 천착의 내용이 김기동 목사의 그것과 다르다 할지라도 얼마든지 마음을 열고 그 연구를 겸허히 인정하는 학문적 태도를 유지하고자 합니다. 한 걸음 더 나아가, 개혁신학을 비롯한 보편적인 신학과의 일치를 위하여, 주장이나 신학의 특정성보다는 보편성에 가까이 가도록 열린 마음으로 임하고자 합니다.

김기동 목사와 성락교회의 신앙고백과 신학적 견해는 기존의 보수주의 신앙전통과 복음주의 선교사역, 그리고 침례교의 신학사상과 본질적인 면에서 다르지 않습니다. WCC나 WEA 등 전 세계 교회연합단체의 신앙고백은 대부분 신론, 기독론, 성경론, 삼위일체론, 종말론에 대한 것입니다. 김기동 목사와 성락교회의 신앙고백 역시 그러한 단체들의 신앙고백과 일치합니다. 혹시 세부적인 신학과 해석의 차이가 있을지라도 그것만이 절대적으로 옳다고 고집하지 않고자 합니다. 보다 더 성서적인 해석과 신학적인 논증이 제시된다면, 더욱이 개혁신학의 시각에서 보았을 때, 오류가 있거나 위험요소가 있다면 최대한 교정하려고 할 것입니다. "베뢰아 사람은 데살로니가에 있는 사람보다 더 신사적이어서 간절한 마음으로 말씀을 받고 이것이 그러한가 하여 날마다 성경을 상고하는"(행 17:11) 신앙적 자세를 가장 우선시하는 것이 김기동 목사와 성락교회, 그리고 무엇보다도 저 자신의 신앙의 기본적인 지향이기 때문입니다.

김기동 목사와 성락교회, 그리고 베뢰아교단과 모든 유관 기관/단체들은 본질적인 신앙면에 있어서는 기존의 장로교단이나 개혁교단과 다르지 않습니다. 넓은 의미의 모든 베뢰아사람들은 "주는 그리스도시요 살아계신 하나님의 아들"이라고 믿고 오직 예수만 전하고 예수의 사역을 이 땅에 실현시키고자 하는 사람들입니다. 실제로 모든 것들이 초기부터 이단감별사들의 잘못된 시각에서 비롯된 것임이 분명한 것은, 바로 그러한 일을 촉발하고 주도한 원세호 목사(기침)나 최삼경 목사(예장통합, 한기총) 자신들이 모두 이단으로 정죄된 인물들이라는 결과를 볼 때 자명합니다.

이단감별사들의 한국교회 大 사기극

3) 총회이단대책위원회 보고서

김기동 목사는 한국교회사에 부정적인 영향과 긍정적인 영향을 미친 대표적 인물이라 할 것이다. 개인의 입장에 따라 각기 다른 평가를 할 수 있을 것이지만 그로 인한 어두움의 그늘이 아직 사라지지 않은 것도 사실이다. 그러므로 김기동 목사에 대하여 제80회 총회에서 이단으로 결의한 것을 그대로 유지하도록 한다.

다만 김기동 목사는 은퇴하여 일선에서 물러난 상황에서 현재 정통신학을 수학하고 후임목사가 된 김성현 목사와 성락교회가 교회의 개혁과 갱신을 위해 노력하고 있는 점 등을 고려하여 성락교회와 김성현 목사에 대해서는 일정기간 예의주시 하기로 하다.

4. 특별사면위원회의 결정

특별사면위원회는 전체회의에서 김기동 목사에 대한 사면 여부를 논의한 끝에 5:3 으로 '사면 건의하기로 결의'하였다.

7. 김기동 목사에 대한 특별사면이유

김기동 목사는 제76회 총회에서 여러 가지 이유로 이단으로 결의하였다. 금번 사면신청은 김기동 목사의 아들이며 현 성락교회를 담임하고 있는 김성현 목사에 의한 것으로, 김성현 목사는 아버지인 김기동 목사의 신앙과 관련하여 기독교 본질적인 면에서는 동의하지만 비본질적인 주장들, 예를 들면 귀신론이나 인간창조에 대한 여러 부분에 대해서는 결코 동의하지 않으며 2013년부터 자신이 성락교회를 담임하면서부터 교회의 변화와 개혁을 시행하고 있다고 밝혔다.

김기동 목사에 대한 사면신청 건이기에 김기동 목사의 신앙에 대한 검증이 일차적으로 필요하다는 판단에서 김성현 목사가 제출한 성락교회의 신앙고백을 살펴 본 결과 성경, 삼위일체 하나님, 예수 그리스도, 성령, 인간, 구원, 교회, 의식과 직분, 종말에 대한 그들의 신앙고백이 침례와 교회의 직분으로 목사와 집사만을 인정하는 것 외에 우리의 신앙고백과 큰 차이가 없음을 확인하였다.

물론 김기동 목사는 한 때 삼위일체를 설명하는 과정에서 양태론적 입장을 보인 것이 사실이다. 이에 대한 비판이 일자 김기동 목사는 자신의 주장이 양태론 이었음을 시인하였고 또 이 부분에 대하여 사과를 표명하기도 하였다. 그러나 이 같은 사과 표명 후 양태론 표현을 일절 하지 않고 있음을 확인할 수 있었다. 또 질의에 대한 답변서 및 증거자료들과 특히 9개항으로 이루어진 '베뢰아인의 신앙고백'을 연구 검토한 결과 전반적으로 그의 신앙은 기독교 신앙의 본질적인 부분은 정통기독교와 동일함을 확인하였다.

그러나 귀신론과 인간창조에 대한 김기동 목사의 주장은 많은 비판을 받아 왔다. 그런데 귀신론이나 아담이전 인간존재에 대한 내용들은 성경이 침묵하고 있는 내용들로서 난해구절에 속한 부분이며 김기동 목사는 이것들이 개인적 견해일 뿐 교리나 신앙이 아님을 밝히며 유감을 표하였다. 그러므로 이런 내용에 대하여 특별한 주장이나 비판도 하기 어려운 것도 사실이다. 김기동 목사의 사역은 한 마디로 축귀와 치유사역이라고 할 수 있다. 이런 축귀와 치유 사역으로 드러난 많은 이적과 역사가 김기동 목사의 주장을 뒷받침하는 것으로 보였기 때문에 많은 사람들이 그를 추종하고 여러 교단 목회자들과 심지어 우리 교단의 일부 대형교회들을 비롯하여 많은 교회 목회자들이 김기동 목사의 가르침을 받아 그와 같은 방법으로 부흥을 이룬 것도 부정할 수가 없다. 몸집이 크면 작은 사람보다 더 많은 풍우를 맞을 수밖에 없다. 김기동 목사에 대한 논란이 큰 이유는 그의 사역이 그만큼 큰 역사가 많았음을 의미하는 것이라 할 수 있다.

제100회 총회 이단사이비대책위원회는 특별사면위원회가 요청한 김기동 목사 연구보고에서 "김기동 목사는 한국교회사에 긍정적인 영향과 부정적인 영향을 미친 대표적 인물이라 할 것이다. 개인의 입장에 따라 각기 다른 평가를 할 수 있을 것이지만 그로 인한 어두움의 그늘이 아직 사라지지 않은 것도 사실이다. 그러므로 김기동 목사에 대하여 제80회 총회에서 이단으로 결의한 것을 그대로 유지하도록 한다. 다만 김기동 목사는 은퇴하여 일선에서 물러난 상황에서 현재 정통신학을 수학하고 후임목사가 된 김성현 목사와 성락교회가 교회의 개혁과 갱신을 위해 노력하고 있는 점 등을 고려하여 성락교회와 김성현 목사에 대해서는 일정기간 예의 주시 하기로"하였다.

여러 자료들을 종합해 볼 때 김기동 목사가 이단으로 지목된 내용 중 신앙의 본질적인 부분에서 문제가 없다고 할지라도 비본질적인 그의 주장과 가르침이 한국교회에 긍정적인 영향과 함께 한편으로 부정적 영향을 끼친 점은 중요한 문제라는데 이의가 없다.

다만 이제 김기동 목사는 은퇴하여 2선으로 물러난 지가 3년이나 되었으며 그는 성락교회에 대한 모든 전권을 김성현 목사와 교회에 맡기고 2선으로 후퇴하였다. 이것은 김기동 목사가 총회장에게 보낸 서신에서도 분명히 밝히고 있다. 서신에서 김기동 목사는 자신에게 "공과"가 있음을 인정하였고 또 "잘못된 부분은 김성현 목사와 성락교회가 지워 나갈 것"이라고 하였다. 이런 내용은 직설적으로 잘못된 것이 무엇인지 표현하지는 않았지만 김기동 목사 자신이 성락교회를 사역하면서 그 역사에서 지워버릴 수밖에 없는 분명한 문제가 있음을 시인하고 인정한 것으로 판단된다. 그리고 성락교회를 주안에서 형제로 맞아줄 것을 호소하였다.

또한 김성현 목사는 특별사면을 신청하게 된 이유에 대하여 아버지 김기동 목사나 자신보다도 더 중요한 것은 25 만 명에 이르는 성도들이며 이들이 소위 '이단교인'으로 낙인이 찍혀 갖은 핍박과 사회생활에 불이익을 당하고 있는 것에 대하여 매우 가슴아파하며 교인들이 이단의 오명을 벗고 자유로운 신앙생활을 할 수 있다면 우리 총회가 요구하는 모든 조건과 재교육까지 감당하겠다고 눈물로 호소하였다.

그러므로 성락교회가 이제는 김기동 목사의 과거에 머물지 않고 김성현 목사의 새로운 시대를 열어갈 수 있도록 과거의 족쇄를 풀어주는 것이 수많은 영혼을 바른 길로 인도하는 길이라 판단하였다. 더구나 김성현 목사는 영국 옥스퍼드대학에서 정통개혁주의에 입각한 서구신학을 수학하였고 이미 자신이 성락교회 담임으로 부임한 2013년부터 개혁과 쇄신을 시작하였음을 여러 경로, 특히 함께 면담자리에 동석한 평신도 대표를 통해서 확인하였다.

뿐만 아니라 우리 총회가 김기동 목사와 베뢰아(김기동 목사가 개설한 성경공부 모임의 명칭)에 대해서는 이단으로 정죄하였지만 현 담임목사인 김성현 목사와 성락교회를 이단으로 정죄한 사실이 없다. 그러므로 김기동 목사를 사면하고 김성현 목사와 성락교회를 우리의 형제로 받아들이는 한편 이들이 한국교회와 함께 하나님 나라의 건설을 위하여 일할 수 있도록 지도와 교육을 통해서 부족한 부분들을 지원해 나가려고 한다.

2016. 9. 12.
총회장 채영남 목사

| 박윤식 목사(이승현 목사와 평강제일교회) |

제76회 총회는 평강제일교회(구 대성교회) 고 박윤식 원로목사에 대하여 '기독론, 타락론, 계시론과 개인 신격화 등으로 이단'으로 정죄하였다. 박 목사를 이단으로 정죄한 지 24년 만에 그에 대한 재심청원이 이루어져 재 심의하였으나 재심연구보고서는 박윤식 목사를 정죄하였던 본질적인 문제는 전혀 검토하지 않은 채 정치적인 이유들을 열거하며 "박윤식씨의 사상에 대한 한국교계와 본교단의 결정은 심각한 결함 없이 공정하게 이루어진 것"이며 "그러므로 …… 본 총회의 기존 결의를 유지하기로 하다."고 보고하였다.(2015. 9. 15.)

1. 이승현 목사 사면신청이유서

> 먼저 예수 그리스도의 용서와 화해의 정신을 실현하기 위하여 귀 총회에서 회개하고 용서와 자비를 구하는 이들에게 특별 사면의 기회를 주신 것에 대하여 진심으로 머리 숙여 감사를 올립니다.
>
> 고 박윤식 목사에 대하여 대한예수교장로회(이하 '예장통합'이라 합니다.) 제76회 총회(1991년)에서 이단 규정을 하였으나 신청인은 아래와 같

은 이유로 특별 사면을 요청하는 바입니다.

1. 고 박윤식 목사는 이미 자신의 신학적인 소양이 부족함으로 오해의 소지가 있는 표현을 사용하여 한국 교회에 물의를 일으킨 것에 대하여 한국 교회에 사과하였으며, 한국 교회의 지도를 받아 그의 신학을 보완하고 수정하여 왔습니다. 고인에 대한 이단시비는 1980년 초 이전의 자료들이며, 그후 약 30년 이상의 자료에 대해서는 이단시비가 일어나고 있지 않습니다. 과거의 오해의 소지가 있는 내용을 가지고 보완했음에도 불구하고 계속해서 이단으로 규정하는 것은 부당하고 생각됩니다.

(1)고 박윤식 목사는 별세하기 1년 전인 2013년 12월 17일에 귀 교단의 총회장 앞으로 "... 설교에서 본인의 신학적인 부족으로 인하여 이단성 오해를 불러 일으켜 물의가 빚어진 점을 한국 교회와 총회앞에 진심으로 사과드리며 앞으로 이와 같은 일이 다시는 일어나지 않도록 최선을 다하겠습니다"라고 사과문을 보낸 바 있습니다.

(2)고 박윤식 목사는 2012년 1월 3일에 크리스찬 학술원 신학사상 검증 위원회에 보낸 답변서에서 "한국 교회에 오해와 논란의 소지가 된 점에 대하여 진심으로 사과를 드립니다. 앞으로 검증위원회 뿐만 아니라 한국 교회의 애정어린 사랑의 충고와 권고를 기쁨으로 받으며, 잘못이 있다면 과감히 바로잡고 고치며 지도를 받겠다"고 고백하였습니다.

(3)고 박윤식 목사는 2009년 11월 24일 개신대학원대학교 기독교신학 검증위원회의 "잘못을 지적할 경우 바로잡고 귀 교회 안에서 가르칠 의향이 있는지요?"라는 질의에 대하여 "예, 잘못이 있다면 바로 잡고, 올바로 가르치겠습니다"라고 답변하였습니다.

(4)고 박윤식 목사는 2005년 7월 13일자 기독신문에 교회 이름으로 '한국 교회의 가르침을 무릎으로 받겠습니다'라는 광고를 게재하였습니다.

이단감별사들의 한국교회 大 사기극

이때 "이전의 부족한 면과 어리석음을 질책하고 권면하며 지탄하는 한국 교회의 애정어린 사랑의 충고를 무릎으로 받으며 잘못이 있다면 과감히 고치고 부족한 점이 있다면 가득 채워가면서 신의회복을 위해 총력을 기울일 것을 삼가 전국 교회 앞에 겸허히 약속드립니다"라고 선언하였습니다.

2. 고 박윤식 목사의 통일교와 전도관 관련부분은 허위 사실이라는 것이 '정정보도 재판'을 통하여 밝혀졌기 때문입니다.

(1)지난 2015년 1월 23일, 대법원 재판부(2014다 76168 정정보도재판, 재판장 대법관 고영한)가 '정정보도' 재판에서 '교회와 신앙'(상임이사 최삼경)과 '기독교 포털뉴스'(정윤석)의 상고를 기각함으로, 고 박윤식 목사는 완전 승소하게 되었습니다. 그리하여 고 박윤식 목사의 전도관 통일교 전력은 전혀 근거 없는 허위사실이었음이 밝혀졌으며, 이것에 근거한 모든 이단 정죄가 처음부터 허위이고 잘못된 것임이 밝혀졌습니다.

(2)대법원의 판결에 따라 '교회와 신앙'(상임이사 최삼경)과 '기독교 포털뉴스'(정윤석)는 각자의 매체에 정정보도문을 신속하게 게재하였습니다. 그 이유는 판결이 확정된 후 3일 이내에 정정보도문을 게재하지 않으면 하루에 100만원씩의 벌금을 물도록 판결하였기 때문입니다.

'교회와 신앙'은 지난 2013년 8월 4일자 기사에 대한 정정보도문에서 "확인한 결과, 박윤식은 유효원으로부터 원리공부를 하거나 구원섭리의 실패를 가르친 적이 없고, 전도관 출신이 아님이 밝혀져 이를 바로 잡습니다"라고 보도하였고, 2013. 8. 9.자 기사에 대한 정정보도문에서는 "확인한 결과, 박윤식은 전도관의 화순 전도사로 활동하거나 통일교에 입교하여 원리강론을 배운 적이 없으며, 전도관에서 활동하면서 처녀사냥 문제를 일으키거나 전도관이 운영하는 신문사를 방문하거나 동마산교회에서 통일교 교리를 가르쳐 해고된 사실이 없음이 밝혀져 이를 바로 잡습니다"
라고 보도하였습니다.

(3)이상의 정정보도문의 내용과 1,2,3심 판결의 내용을 종합해 보면 고 박윤식 목사는 ① 통일교의 유효원으로부터 원리를 공부한 적이 없었습니다. ② 구원섭리의 실패를 가르친 적이 없었습니다. ③ 전도관의 화순 전도사로 활동한 적이 없었습니다. ④ 통일교에 입교하여 원리강론을 배운 적이 없었습니다. ⑤ 전도관에서 활동하면서 처녀사냥 문제를 일으킨 적이 없었습니다. ⑥ 전도관이 운영하는 신문사를 방문한 적이 없었습니다. ⑥ 동마산 교회에서 통일교 교리를 가르쳐 해고된 사실도 없었습니다.

재판부는 이번 판단의 근거로 첫째, 1990년 12월호 통일교 사보에 실린 통일교 박윤식 전도사의 사진과 그 무렵 촬영된 원고 박윤식 원로목사의 사진은 그 생김새가 전혀 다르므로 동일인이 아니다는 점, 둘째, 전도관에서 통일교로 개종한 박윤식(朴允植)과 원고 박윤식(朴潤植) 원로목사는 한문이 다르게 나타나는 점, 두 사람의 배우자 이름이 다른 점을 들었습니다. 그러므로 박윤식 목사를 통일교나 전도관과 연결시켰던 모든 이단 정죄는 잘못된 것입니다.

3. 귀 총회에서 고 박윤식 목사를 이단으로 규정했던 내용들은, 하나같이 조작된 것이거나 정당한 근거가 희박한 것으로, 박윤식 목사에 대한 이단 규정이 근본적으로 잘못된 것이기 때문에, 이번 기회에 이단 규정을 해제하는 것이 한국 교회의 연합과 일치를 위하여 반드시 필요하다는 사료됩니다.

귀 총회에서는 고 박윤식 목사를 7가지 항목의 내용으로 이단으로 규정하였기에 각 항목에 대한 진실을 밝히도록 하겠습니다.

이단감별사들의 한국교회 大 사기극

했음을 다음과 같이 증언하고 있습니다.

　"당시 박윤식 목사에 대한 연구를 위해 총회이단상담소가 제공한 박윤식 목사의 설교 테이프 2편(씨앗 속임, 월경하는 여인에게서 탈출하자)과 변찬린 씨의 '성경의 원리'를 자료로 박윤식 목사에 대한 연구를 하였다. 물론 필자가 제출한 연구보고서는 어디론가 사라지고 총회보고 시에 다른 위원이 작성한 보고서로 대체되어 제출되었다. 나는 그 이유를 지금도 알지 못한다...... 그러나 총회에 보고한 내용 중 문제가 되는 '하와가 뱀과 성관계를 맺어 가인을 낳았다'고 한 부분은 어디에도 없었다."

　이정환 목사가 증언하는 것은 "하와가 뱀과 성관계를 가져 가인을 낳았다"는 것은 완전히 조작된 거짓말임을 증언하고 있다.

　⑤ 박윤식 목사는 1980년 3월 8일 "월경하는 여인의 입장에서 탈출하자"라는 설교에서 월경하는 여자의 입장에서 탈출하는 것이 구원이라고 말한 적이 없습니다. 박윤식 목사는 그 설교에서 에스겔 36:17에서 기록된 것처럼 선민 이스라엘을 멸망에 이르게 하였던 범죄 행위를 월경 중에 있는 여인에 비유하여 설명하였으며, 우리는 이러한 타락하고 부정한 입장에서 탈출해야 된다고 가르쳤습니다. 그러나 거기에서 탈출하는 것이 구원이라고 한 것이 아니라, 거기에서 탈출하기 위해서는 예수님을 믿어야 하고 예수님의 십자가의 피로 구원받을 수 있다는 사실을 강조하였습니다.

　〈변화된 입장〉
　① 박윤식 목사는 "가인의 소속과 가인은 누구의 씨인가?"라는 제목의 1992년 9월 9일 수요 예배 설교에서 "아담의 아내 하와가 뱀과 동침했다는 말씀은 절대 없습니다. 그건 이단들이 하는 얘기에요. 분명히 아담은 자기 아내 하와와 동침해서 가인을 낳았다고 성경은 정확하게 기록돼 있습니다"라고 했습니다.

루어진 찬양집으로, 이 가사들에 대한 오해가 일자 교회에서 일체 사용을 금지하여 그 이후로는 전혀 사용되지 않고 있는 상태입니다.

(5)다섯 번째 규정 내용에 대한 해명과 변화된 입장

〈규정 내용〉
박윤식 씨는 주로 자신의 설교는 지리산에서 받은 계시임을 말하고 그 비밀은 주석에도 없다는 등의 표현을 하는 것은 성경계시 외에 직통계시를 말하는 것으로 성경계시를 왜곡시키거나 부정함으로 정통적 계시관과 위배된다(수많은 테이프).

〈해명〉
이 규정 내용은 '제 4항의 (2)진실과 해명의 ①항에서 이미 해명한 내용입니다. 박윤식 목사 자신은 자신이 지리산에서 계시를 받았다고 말하고 있지 않으며 단지 성경을 성령의 조명으로 깨달은 것이라고 표현하고 있습니다. 이 부분에 대하여, 이미 살펴 본대로 총신대 교수들과의 서울고등법원 민사 2심 재판 판결문 (2007나57949 손해배상) 24-25페이지에는 "낮이면 성경보고 밤이면 기도하는 가운데 성경 말씀이 확실히 믿어지고 그것이 의미하는 바가 무엇인지 분명하게 깨달아지는 은총을 체험한 것입니다"라는 내용을 인정할 수 있다고 판시했습니다. 이처럼 박윤식 목사는 성경 계시 외에 다른 직통 계시를 주장하지 않았습니다.

〈변화된 입장〉
위에서 살펴 본대로, 박윤식 목사는 그의 구속사 시리즈 제4권인 「신비롭고 오묘한 섭리」 20페이지 저자 서문에서 "지리산 굴속에 들어가 약 3년 6개월 동안 기도와 성경 읽기에만 전무했던 적이 있습니다. 그곳에서 회심하고 세례를 받으며 기독교로 개종하고 성경을 공부하는 역사들이 일어나고 있습니다.

박윤식 목사는 억울하게 이단으로 정죄 받은 후에 위아래 이빨이 다 빠졌으며, 오랫동안 대장암과 폐암으로 인한 투병가운데 있다가 지난 2014년 12월 17일 소천하고 말았습니다. 과거에 어떠한 죄나 잘못이 있다고 할지라도 그것을 고치고 바로 잡겠다는 자들을 받아 주는 것이 예수 그리스도의 복음이며 사랑입니다. 비록 탕자가 집을 나갔다고 할지라도 다시 돌아올 때는 받아 주는 것이 예수 그리스도의 복음이며 사랑입니다. 하물며 억울하게 이단으로 오해받았다면 그 사람은 더욱 받아들여야 하지 않겠습니까? 이제 대한예수교장로회 통합에서 박윤식 목사의 이단 정죄를 해제하고 박윤식 목사가 하나님께 받은 은혜를 한국 교회에 전할 수 있는 제도적 장치를 마련해 주시기를 간곡히 소원하며 특별 사면을 신청하오니 선처하여 주시기를 바랍니다.

2. 고 박윤식 목사에 대한 통합총회의 주장과 당사자 소명

특별사면위원회는 박윤식 목사에 대한 모든 증빙자료, 총회결의, 사면신청이유서, 타 교단에서의 박윤식 목사에 대한 결의 등을 참고로 서면질의서를 발송하였으며 평강제일교회 담임목사 이승현 목사는 이에 대하여 증빙자료를 첨부하여 답변서를 제출하였다. 다음은 서면 질의에 대한 이승현 목사가 제출한 답변서와 증거자료들을 종합하여 면담을 통한 소명내용을 정리한 것이다.

3) 총회이단대책위원회 보고서

　　고 박윤식 목사는 생전에 한국교회에 드리는 사과문을 통해서 제76회 본 교단 총회가 지적한 교리핵심내용의 상당부분이 그의 신앙고백적으로 교정되어 나타나고 있다. 그러나 사과문 발표 후 1년 만에 세상을 떠남으로 이 같은 신앙고백에 대한 교리적 실천적 변화의 진정성을 확인할 수 있는 기회를 얻지 못한 것은 유감이다. 그런 맥락에서 제76회 총회의 이단성 결의는 지금도 유효하며 그 이후에 대한 문제는 교회사적 과제로 남을 것이다. 다만 현재 총신대를 졸업하고 개혁주의 신학을 전공하고 고인의 후

임으로 부임한 이승현 목사와 평강제일교회가 교회를 일신하기 위해 노력하고 있는 점 등을 고려하여 일정기간 예의주시 하기로 하다.

4. 특별사면위원회의 결정

　　특별사면위원회는 전체회의에서 박윤식 목사에 대한 사면 여부를 놓고 논란 끝에 찬성과 반대 동수로 의견이 팽배함으로 있는 그대로 총회장에게 보고하기로 결의하였다.

6. 고 박윤식 목사 특별사면이유

고 박윤식 목사의 이단논쟁은 한국교회사에 큰 상처를 낳은 사건이기도 하다. 1991년 제76회 총회는 "박윤식 목사가 '하와가 뱀과 성교하여 가인을 낳았다'고 주장함으로 통일교와 같이 타락론에서 이단이다"라는 충격적인 보고를 받고 그를 이단으로 결의한 바 있다. 우리 총회의 결의 후 박윤식 목사는 합동측과 고신측으로 이단으로 정죄를 받았다. 이단결정의 이유는 동일하게 그의 타락론이었다. 무엇보다도 박윤식 목사가 통일교와 같은 섹스 모티브를 가지고 있는 사람이라는 비판과 그의 설교가 당시 연합신문 기자였던 변찬린 씨의 성서의 원리라는 책에서 얻은 자료로 변찬린 씨는 통일교인이라는 이유 때문이었다. 그러나 후에 밝혀진 사실이지만 변찬린 씨는 통일교인이 아니었음이 드러났다.

그 후 타 교단에서도 이단시비가 진행되면서 "박윤식 목사는 전도관 출신이다. 그러므로 전도관과 같은 이단적 요소를 가지고 있다"고 정죄하였다. 이 문제로 인하여 진실을 밝히려는 평강제일교회가 사실여부를 판단하기 위해 법적 송사가 이루어졌으며 송사 결과 박윤식 목사는 우리 교단이 이단으로 정죄한 가장 큰 이유인 "하와가 뱀과 성교하여 가인을 낳았다"고 주장한 사실이 없으며 문제를 삼았던 '씨앗 속임'이라는 설교 또한 통일교와 같은 섹스모티브가 아니라는 사실과, 또 그가 전도관 출신이 아니라는 사실도 법원의 판결에서 확인이 되었다. 결국 박윤식 목사에 대한 이단시비는 그를 이단이라고 정죄한 주장들이 사실이 아님이 사법부의 판결로 확인이 된 것이다.

더구나 이 일로 인해 과거 박윤식 목사의 운전기사로 일하던 모 씨가 분노를 참지 못하고 탁명환 당시 국제종교문제연구소 소장을 살해하는 충격적인 사건이 발생하였고 평강제일교회는 이 사건으로 교계와 사회로부터 이단집단으로 낙인이 찍혔다.

탁명환 씨 살해사건 이후 탁명환 씨가 몇몇 인사들과 박윤식 목사 이단 만들기를 주도했다는 사실이 드러났다. 박윤식 목사는 이 같은 일련의 사태에 대하여 한국교회 앞에 사과문을 발표하였으며 세상을 뜨기 전에 우리 총회장 앞으로 사과문을 보내기도 하였다.

특별사면위원회는 현 평강제일교회 담임목사인 이승현 목사와 그가 제출한 답변서 및 증거자료(재판기록) 등을 통해서 이 사실을 확인하였다. 그동안 우리 총회가 이런 사실을 제대로 파악하지 못한 가운데 있었던 것에 대하여 고인과 고인의 가족들과 평강제일교회 성도들에게 유감의 뜻을 표한다.

제100회 총회이단사이비대책위원회는 특별사면위원회가 요청한 박윤식 목사 연구보고에서 "고 박윤식 목사는 생전에 한국교회에 드리는 사과문을 통해서 제76회 본 교단 총회가 지적한 교리핵심내용의 상당부분이 그의 신앙고백적으로 교정되어 나타나고 있다. 그러나 사과문 발표 후 1년 만에 세상을 떠남으로 이 같은 신앙고백에 대한 교리적 실천적 변화의 진정성을 확인할 수 있는 기회를 얻지 못한 것은 유감이며 그런 맥락에서 제76회 총회의 이단성 결의는 지금도 유효하며 그 이후에 대한 문제는 교회사적 과제로 남을 것이다. 다만 현재 총신대를 졸업하고 개혁주의 신학을 전공하고 고인의 후임으로 부임한 이승헌 목사와 평강제일교회가 교회를 일신하기 위해 노력하고 있는 점 등을 고려하여 일정기간 예의주시하기로 하였다"

총회이대위의 지적대로 우리가 바라는 변화의 진정성을 고인의 생전에 확인할 수 있었으면 더 좋았겠지만 그가 유명을 달리함으로 직접적인 확인은 어렵지만 그러나 현 담임목사와 10만여명의 평강제일교회가 자신들의 부족함과 과오를 사죄하며 교회의 일신을 위해 노력하는 한편 교회의 갱신과 개혁을 위하여 새로운 지도를 받기 원하고 있음을 볼 때 고인이 생전에 밝힌 사과와 회개의 진정성을 인정할 수 있다. 특별히 평강제일교회는 우리 교단에 가입하여 바른 지도와 가르침을 받겠다고 교회가입신청서를 제출하였다. 그러므로 지난날의 허물을 벗고 한국교회의 일원으로서 건강한 교회를 이루도록 모든 교육과 지도를 다 받겠다는 담임 이승헌 목사와 10만여명에 이르는 성도들의 다짐을 수용하고 하나님의 나라 건설을 위해 동참할 수 있도록 성부, 성자, 성령의 이름과 대한예수교장로회 총회의 권위로 고 박윤식 목사를 사면하고 평강제일교회를 믿음의 형제로 맞이한다.

총회장 채영남 목사

| 류광수 목사 |

제81회 총회는 "류광수씨의 다락방 전도운동은 비록 전도운동이라 주장하지만 그 가르침 가운데 마귀론에서 오류를 범하고 있는 것으로 밝혀졌고 "믿음에는 첫째는 예수를 아는 단계(사 53:5, 요삼 1:2)가 있고, 둘째는 믿는 단계가 있고, 세 번째는 영접하는 단계가 있다. 구원은 하나님께로 인도하는 것과 마귀의 일을 멸하는 것 이 두 가지가 동시에 일어나는 것"이라고 주장하는 등 교회를 어지럽히고 성도들을 혼란하게 하는 등 사이비성이 있다"는 결의를 하였다.

2. 본인의 신앙고백을 드립니다.

현재 본인은 대한예수교장로회총회(개혁)의 부산노회 회원으로서 교단헌법과 신조를 준수하고 총회의 지도를 받고 있습니다. 2011년 본인이 속한 전도총회를 자진해산하고 개혁교단에 가입했습니다. 가입당시 개혁교단은 저의 신학사상에 대하여 개신대학원대학교 교수로 구성된 신학위원회와 개혁교단 이단대책위원회로부터 신학사상을 검증하였고 본인의 신학사상에 문제가 없음을 확인하여 가입했습니다.

이 과정에서 귀 교단의 이단대책연구보고서에 지적된 내용이 상당부분 검증되고 해소되었음은 물론입니다.

저는 고신대학교, 합동총신대에서 개혁주의 신학을 공부한 자로서 대한예수교장로회총회 헌법에 명시된 신조는 하나님의 말씀에 기초하고 하나님의 말씀과 일치한 것으로 믿으며 또한 저의 개인 신조로서 다음과 같이 고백합니다.

1. 신 · 구약 성경은 하나님의 말씀이니 신앙과 본분(本分)에 대하여 정확무오(正確無誤한) 유일(唯一)의 법칙이다.

2. 하나님은 한 분뿐이시니 오직 그만 경배할 것이다.

하나님은 신(神)이시니 스스로 계시고 아니 계신 곳이 없으시며 다른 신과 모든 물질과 구별되시며, 그 존재(存在)와 지혜와 권능과 거룩하심과 공의와 인자하심과 진실하심과 사랑하심에 대하여 무한하시며 변하지 아니하신다.

3. 하나님의 본체(本體)에 세 위(位)가 계시니 성부, 성자, 성령이신데 이 세 위는 한 하나님이시라. 본체는 하나요, 권능과 영광이 동등 (同等)하시다.

4. 하나님께서 모든 유형물(有形物)과 무형물(無形物)을 그 권능의 말

씀으로 창조하사 보존하시고 주장하시나 결코 죄를 내신 이는 아니시니 모든 것을 자기 뜻의 계획대로 행하시며 만유(萬有)는 다 하나님의 착하시고 지혜롭고 거룩하신 목적을 성취하도록 역사하신다.

5. 하나님이 사람을 남녀로 지으시되 자기의 형상대로 지식과 의와 거룩함으로 지으사 생물(生物)을 주관하게 하셨으니, 세상 모든 사람이 한 근원에서 나왔은즉 다 동포요 형제다.

6, 우리의 시조(始祖)가 선악간 택할 자유능(自由能)이 있었는데 시험을 받아 하나님께 범죄한지라 아담으로부터 보통 생육법(生育法)에 의하여 출생하는 모든 인종들이 그의 안에서 그의 범죄에 동참하여 타락하였으니, 사람의 원죄(原罪)와 및 부패한 성품 밖에 범죄할 능(能)이 있는 자가 일부러 짓는 죄도 있은즉 모든 사람이 금세와 내세에 하나님의 공평한 진노와 형벌을 받는 것이 마땅하다.

7. 인류의 죄와 부패함과 죄의 형벌에서 구원하시고 영생을 주고자 하사 하나님의 무한하신 사랑으로 그의 영원하신 독생자 주 예수 그리스도를 세상에 보내셨으니, 그로만 하나님께서 육신을 이루었고 또 그로만 사람이 구원을 얻을 수 있다.

그 영원한 아들이 참사람이 되사 그 후로 한 위에 특수한 두 성품이 있어 영원토록 참 하나님이시요, 참 사람이시라, 성령의 권능으로 잉태하사 동정녀(童貞女) 마리아에게 났으되 오직 죄는 없는 자시라.

죄인을 대신하여 하나님의 법에 완전히 복종하시고 몸을 드려 참되고 온전한 제물이 되사 하나님의 공의를 만족하게 하시며 사람으로 하여금 하나님과 화목하게 하시려고 십자가(十字架)에 못박혀 죽으시고 죽은 자 가운데서 3일 만에 부활하사 하나님 우편에 승좌하시고 그 백성을 위하여 기도하시다가 저리로서 죽은 자를 살리시고 세상을 심판하러 재림하신다.

8. 성부와 성자로부터 오신 성령께서 인생으로 구원에 참여하게 하시

이단감별사들의 한국교회 大 사기극

나니 인생으로 죄와 비참을 깨닫게 하시며 그 마음을 밝혀 그리스도를 알게 하시고 그 의지를 새롭게 하시고 권하시며 권능을 주어 복음에 값없이 주마 한 예수 그리스도를 받게 하시며 또 그 안에서 역사하여 모든 의의 열매를 맺게 하신다.

9. 하나님께서 세상을 창조하시기 전에 그리스도 안에서 자기 백성을 택하사 사랑하시므로 그 앞에서 거룩하고 흠이 없게 하시고 그 기쁘신 뜻대로 저희를 미리 작정하사 예수 그리스도로 말미암아 자기의 아들을 삼으셨으니 그 사랑하시는 아들 안에서 저희에게 두텁게 주시는 은혜의 영광을 찬미하게 하려는 것이로되 오직 세상 모든 사람에게 대하여는 온전한 구원을 값없이 주시려고 하여 명하시기를 너희 죄를 회개하고 주 예수 그리스도를 자기의 구주로 믿고 의지하여 본받으며 하나님의 나타내신 뜻을 복종하여 겸손하고 거룩하게 행하라 하셨으니 그리스도를 믿고 복종하는 자는 구원을 얻는지라.

저희가 받은바 특별한 유익은 의가 있게 하심과 양자(養子)가 되어 하나님의 아들의 수(數)에 참여하게 하심과 성령의 감화로 거룩하게 하심과 영원한 영광이니 믿는 자는 이 세상에서도 구원 얻는 줄로 확실히 알 수 있고 기뻐할지라.

성령께서 은혜의 직분을 행하실 때에 은혜 베푸시는 방도는 특별히 성경 말씀과 성례와 기도다.

10. 그리스도께서 세우신 성례(聖禮)는 세례와 성찬이라.

세례는 물을 가지고 성부와 성자와 성령의 이름으로 씻음이니 우리가 그리스도와 병합하는 표적과 인(印)침인데 성령으로 거듭남과 새롭게 하심과 주께 속한 것임을 약속하는 것이라.

이 예(禮)는 그리스도 안에서 신앙을 고백하는 자와 그들의 자녀들에게 베푸는 것이요, 주의 성찬은 그리스도의 죽으심을 기념하여 떡과 잔에 참여하는 것이니 믿는 자가 그 죽으심으로 말미암아 나는 유익을 받는 것을 인쳐 증거하는 표라.

이 예(禮)는 주께서 오실 때까지 주의 백성이 행할지니 주를 믿고 그 속 죄제를 의지함과 거기서 쫓아나는 유익을 받음과 더욱 주를 섬기기로 언약(言約)함과 주와 및 여러 교우로 더불어 교통하는 표라. 성례의 유익은 성례의 본덕(本德)으로 말미암음도 아니요, 성례를 베푸는 자의 덕으로 말미암음도 아니요, 다만 그리스도의 복 주심과 믿음으로써 성례를 받는 자 가운데 계신 성령의 행하심으로 말미암음이다.

11. 모든 신자의 본분은 입교(入敎)하여 서로 교제하며, 그리스도의 성례와 그 밖의 법례(法例)를 지키며, 주의 법을 복종하며, 항상 기도하며, 주일을 거룩하게 지키며, 주를 경배하기 위하여 함께 모여 주의 말씀으로 강도(講道)함을 자세히 들으며, 하나님께서 저희로 하여금 풍성하게 하심을 쫓아 헌금하며, 그리스도의 마음과 같은 심사(心思)를 서로 표현하며, 또한 일반 인류에게도 그와 같이 할 것이요, 그리스도의 나라가 온 세상에 확장되기 위하여 힘쓰며, 주께서 영광 가운데서 나타나심을 바라고 기다릴 것이다.

12. 죽은 자가 끝날에 부활함을 받고 그리스도의 심판하시는 보좌 앞에서 이 세상에서 선악 간 행한 바를 따라 보응(報應)을 받을 것이니 그리스도를 믿고 복종한 자는 현저히 사(赦)함을 얻고 영광중에 영접을 받으려니와, 오직 믿지 아니하고 악을 행한 자는 정죄함을 입어 그 죄에 적당한 형벌을 받는다.

이상의 신조는 하나님의 말씀에 기초하고 하나님의 말씀과 일치한 것으로 저의 개인 신조로 고백합니다.

2016년 3월 20일

류광수 목사

렘넌트사상	통합총회	마지막 때에 다락방만이 유일하게 남을 것이라는 이른바 '렘넌트' 사상을 주장하며 기성교회를 비판함으로 한국교회가 문제 삼고 있는 배타적 교회관을 가지고 있다.
	류광수 목사의 소명	렘넌트는 배타적 교회관을 주장하는 것이 아니라 우리의 후대들에게 바른 신앙의 자세를 갖도록 해야 한다는 뜻에서 추진하고 있는 미래교회를 위한 신앙운동입니다. 기독교 신앙은 유대교의 전통을 이어받아 우리 스스로 타 종교에 대해서 배타적임을 인정합니다. 그러나 같은 믿음의 형제들에게 배타적 자세를 취한다면 이는 분명히 잘못된 것입니다. 저는 예수 그리스도를 주님으로 믿고 고백하는 모든 교회가 하나의 교회라는 에큐메니칼 정신을 따르고 있습니다.
사탄배상설	통합총회	예수님의 죽음은 하나님께 드려지는 우리를 위한 대속적 죽음이 아니라 사탄에게 죄 값을 지불한 것이라는 사탄배상설을 주장한다.
	류광수 목사의 소명	사탄배상설을 주장하거나 그런 사상을 가진 적이 없습니다. 다만 많은 무속인들에게 복음을 전하고 그들을 인도하는 과정에서 실수를 한 것으로 생각합니다. 이런 실수에 대해서는 송구스럽게 생각하며 예수님은 우리의 속전으로 하나님께 드려진 분이라는 해명을 드린 사실이 있으며 지적을 받은 후로는 전혀 이런 말을 사용한 사실이 없습니다.
기독론	통합총회	"예수님은 그 육신에 하나님의 영만 임한 것으로 영은 하나님이시고 몸은 사람의 몸을 입고 계신 분이 예수님이다"라고 주장하며 예수의 신성과 인성을 강조한 칼케톤 신조를 위반하는 주장을 하고 있다.
	류광수 목사의 소명	저는 예수님이 삼위일체 되시는 하나님이시며 신성과 인성을 겸하여 가진 분임을 분명히 믿습니다. 확인해 본 결과 그런 표현이 한번 있었던 것 같습니다. 분명한 것은 그런 표현이 잘못된 것이라는 점이며 그런 표현을 한 것을 부끄럽게 생각하며 그런 비판을 받은 후에는 일체사용하지 않고 있습니다.
인	통합총회	영적으로 깊은 단계에 이르면 예수가 하나님이 되신 것처럼 우리도 하나

류광수 목사에 대한 이단정죄는 그가 베뢰아 출신이라는 거짓 누명을 씌워서 이단으로 정죄하였다. 심지어 아무 관계가 없는 마산 부활의 교회 이태화 목사가 베뢰아를 긍정적으로 평가한 사실을 두고 이태화 목사와 연관을 지어 이단정죄를 하였다. 그리고 최 아무개가 타 교단에 통합측의 보고서를 제공하여 타 교단들도 이단정죄에 동참했다.

3) 총회이단대책위원회 보고

류광수 목사는 제81회 총회가 사이비성이 있다고 결의한 사실이 있다. 많은 우여곡절을 겪으면서 지금은 자신의 과거의 잘못된 사상과 행동을 인정하고 교리내용과 전도 등의 실천방법을 수정하고 회개하는 과정에 있음을 객관적으로 확인할 수 있다. 그러므로 제81회 총회가 결의한 '사이비성이 있다'는 결정을 철회하고 예의주시하기로 했다.

4. 특별사면위원회의 결정

특별사면위원회는 류광수 목사에 대한 심사결과 보고나 사면 여부를 논의하기를 거부하고 일괄적으로 사면거부 결정을 내렸다. 지금까지 심사한 내용조차 논의하기를 거부한 것은 처음부터 사면할 의사가 없었음을 보여준다. 실제로 채영남 총회장이 추진하고 있는 한기총-한교연 통합 연합기구 출범을 놓고 각 교단장들과 특히 한국교회연합에서 류광수 목사의 사면을 완강히 반대하며 심지어 류광수 목사를 사면할 경우 통합논의를 거부하겠다는 압력을 행사한 것으로 알려졌다. 한국교회연합이 류광수 목사 사면을 완강히 반대하고 나선 이유는 한기총을 비난하고 공격하는 이유가 "류광수 목사를 한기총이 이단 해지하여 주었다"는 주장이고 보면 이단문제로 한기총을 분열시킨 자신들을 합리화하고 정당화하기 위한 정치적 이해 때문으로 보인다.

이런 한심한 작태를 행하는 집단을 어찌 기독교 기관이라고 할 수 있을 것인가? 한기총이 류광수 목사를 이단 해지한 것을 비난하며 "연합기관은 이단정죄나 해지를 해서는 안 된다. 이단문제는 교단에서만 할 수 있다"라

이단감별사들의 한국교회 大 사기극

고 주장하던 집단이 타 교단 총회장을 "이단옹호자, 이단관련자"라는 감히 입에 담지 못할 궤변을 하는 것을 보면 한교연의 도덕성을 짐작하고도 남는다. 정신이 멀쩡한 교단이라면 이런 연합기관에 함께하지 않을 것이나 예장 통합은 성도들의 피땀 어린 헌금으로 년 간 억대에 가까운 부담금을 지원하면서 이런 부끄러운 일에 함께하고 있어도 소위 총회 총대라고 하는 자 어느 누구도 한교연 탈퇴를 소리치는 자가 없으니 "끓는 가마솥이 남쪽으로 기울었어도 심판을 외치지 않았던 유대 말기의 모습"을 떠 올리게 한다. 다음 수순은 심판이다.

제101회 총회는 이단대책위원의 보고에서 이대위 경과보고를 채택함으로 류광수 목사의 사이비성이 있다는 오명은 벗겨졌다. 그러나 여전히 예장 통합은 "예의주시"라는 족쇄를 다시 채움으로 사실상 류광수 목사를 정죄하였다. 교리적으로, 신앙의 본질에서 아무 문제가 없고 또 처음 통합 총회가 비판했던 비본질적인 문제들이 다 해결되었음에도 여전히 류광수 목사를 묶어 둔 것은 대교단의 횡포요, 약자에 대한 폭력이다. 신앙도, 성경의 가르침도 무시하고 오직 힘의 논리만 앞세워 정죄하는 교단이정죄를 받은 사람보다 더 가여워 보인다.

1. 이명범 목사 사면신청이유서

특별사면신청이유서

한국교회와 예장총회를 위해 노심초사하시는 채영남 총회장님! 그리고 특별사면위원장님과 위원님들께 성삼위 하나님의 은혜가 충만하시기를 바랍니다.

저는 이명범 목사입니다. 저는 현재 대한예수교장로회 복음주의총회에 소속된 목사이며 아울러 레마성서연구원 대표 및 예일신학대학원대학교 설립자입니다.

먼저, 저에 대해서 해명할 기회를 다시 주셔서 진심으로 감사드립니다.

저는 귀 교단 제77회 총회(1992년)에서 이단으로 규정하여 지금까지 23년 동안 어렵고 힘든 세월을 지내왔습니다. <u>참으로 아쉬웠던 것은 저를 이단으로 규정할 때 단 한 번의 면담이나 소명의 기회도 없이 이단정죄가 이루어졌다는 사실과, 그것도 3년이 지나서야 이단으로 규정된 사실을 알게 된 것입니다.</u>

저는 본래 결혼과 더불어 (주례: 강신명 목사님) 젊은 시절부터 귀 교단 서울노회 새문안교회 교인으로 섬겨왔습니다. 그리던 중 잠시 2년여 서울

지난 2015년 10월 28일, 저의 소속 교단 총회에서 귀 교단 헌법위원회의 해석에 대한 질의에 대하여 " 타 교단이나 교파의 이단성 문제는 교단과 교파의 신뢰가 무엇보다 중요하므로 신중하게 처리하기 위하여 총회 이단대책위원회가 연구한 결과를 본 총회(폐회 시 임원회)에 보고하고 귀 교단에 통지하여 처리하는 것이 마땅하다"는 것으로 유권해석 회신을 받았습니다.(증거자료 ③)

또한 한국기독교교장로회(기장)는 지난 2015.9.15. 제100회에서 이명범 목사와 레마선교회에 대하여 '이단성 없음'을 결의하고 연구조사를 종결하기로 결의하였으며(증거자료 ④), 한국기독교총연합회도 2015.1.23. 이단성 없음을 확인하였습니다.(증거자료 ⑤)

부족하지만 저는 주님의 은혜로 구원받은 것이 너무 감사해서 성부, 성자, 성령 삼위일체 되시는 하나님과 특별히 예수그리스도께서 하나님의 아들이시며 우리의 구세주이신 것을 전하기 위해서 80 평생을 바쳐왔습니다. 저의 바람은 저를 아는 분들에게 이명범이라는 사람은 예수의 사랑에 미쳐서 복음을 증거 하는데 모든 것을 바친 사람이라는 기억이라도 남았으면 하는 것입니다.

이제 귀 총회의 특별사면 시행공고를 접하고 다시 용기를 내어 특별사면신청서를 올립니다. 그리하오니 다시 한 번 헤량하시고 지난 100회 총회 이단대책위원회 보고서와 신청사유를 참조하셔서 저의 생전에 저의 허물을 덮도록 사면하여 주시기를 간절히 바랍니다.

그래서 "주여 우리로 화해하게 하소서"라는 100회 총회 주제가 실현되는 은혜가 있기를 바라며 명실공이 한국교회의 장자교단으로 더욱 용서와 화해가 넘치는 큰 역사를 이루시기를 간절히 바랍니다.

2016. 3.

3) 총회이단대책위원회 보고서

이명범씨에 대한 연구결과 제77회 총회가 지적한 문제—삼위일체 신론과 창조론 등에서의 본인이 오류를 인정하여 수정하고 더 이상 사용하지 않고 있다는 점들을 고려할 때 본 이대위는 제100회 이대위 보고서와 마찬가지로 제101회 총회에 이단해지를 건의할 수 있다고 본다. 다만 이러한 긍정적인 면은 본 이대위로부터 주어진 소명자료(문서)만을 기준으로 삼을 경우이다. 그러나 이단해지의 관건은 회개의 진정성과 그 진정성에 대한 확인방도이다. 이런 점들을 고려할 때 이명범씨에 대한 이단결의는 철회하고 이명범씨와 산하기관들에 대하여 좀 더 시간을 두고 예의주시하기로 하다.

이명범 목사에 대한 총회이단대책위원회 보고는 "제100회 총회 : 이단성 없음, 해지하도록 한다. 제101회 총회 : 이단성 없음, 예의주시하기로 하다"였다. 그러나 두 차례나 이단성이 없음을 확인하고도 총회는 이명범 목사에 대한 이단해지를 하지 않았다.

이단감별사들의 한국교회 大 사기극

4. 특별사면위원회의 결정

특별사면위원회는 전체회의에서 이명범 목사에 대한 사면 여부를 논의한 끝에 6 : 2 로 '사면 건의하기로 결의'하였다.

이명범 목사에 대한 예장 통합의 이단정죄는 그가 그녀가 과거 김기동 목사의 성락교회에 출석하며 3년여 기간 동안 신앙생활을 한 것을 문제를 삼았다. 그래서 그녀를 정죄하는 내용이 "베뢰아 김기동 목사의 영향과 사상을 받았다"라고 비판하고 있다. 그러나 그녀에 대한 이단정죄는 한 마디로 마녀사냥 식이었음이 드러났다. 일반적으로 삼위일체론을 설명할 때 사용하던 양태론적 표현 한 가지 외에 통합 총회가 지적한 이단적 주장들은 대부분 비본질적인 것이며 왜곡되거나 조작된 흔적이 많이 있다. 그녀는 교회를 세워 교세를 넓히려 하거나 기성교회 교인들을 끌어들이는 목회자가 아니다. 오직 복음을 가르치고 전하는 교사로서의 역할과 그녀에 의해 구원받은 성도들이 자발적으로 '레마선교회'를 만들어 국내, 외에서 선교하는 선교단체의 대표이며 선교역군을 길러내기 위해서 예명대학원대학교를 설립해서 운영 중이다. 수년 전에 학교 직원들과 선교회 관계자들을 중심으로 하는 예명교회를 설립하고 아들 조 모 목사가 담임을 하다가 지난 해 한국기독교장로회에 가입하여 목회 중이며 예명교회는 선교회와는 아무런 관계가 없는 것으로 확인되었다.

그럼에도 불구하고 원인은 차제하고라도 도의적으로 자신과 레마선교회 문제로 한국교회에 심려를 끼친 점에 대하여 언론을 통해 공개적인 사과를 하였고 심지어 80세의 고령에도 예장 통합의 재교육 프로그램에 참여할 것을 약속하고 이행각서까지 제출하였다. 다음은 이명범 목사가 제출한 '각서'이다.

총회장 채영남 목사는 2016년 9월 9일 특별사면위원회 사면보고를 받고 2016년 9월 12일 이명범 목사에 대한 사면이유를 아래와 같이 밝히고 사면을 단행하였다.

1) 이명범 목사 사면이유

이명범 목사는 24년 전 "양태론 등에 문제가 있고 또 그가 성락교회를 3년간 다니면서 김기동 목사의 가르침을 받았으며 마귀론, 창조론 등에 대해서 김기동 목사의 주장과 동일하다는 것과 '레마'라는 프로그램을 운영 극단적 신비주의 형태를 보이고 있다"는 이유로 이단성이 있다고 제77회 총회에서 결의하였다.

이에 대하여 이명범 목사는 자신의 양태론 주장은 그가 평신도 시절 삼위일체 하나님을 설명하는 과정에서 잘못 표현한 것으로 이미 자신의 실수와 잘못을 여러 차례 공개적으로 시인하고 사과하였으며 오래 전부터 일체 양태론을 주장하지 않고 있다고 밝혔다. 이명범 목사는 우리 총회가 그녀를 이단으로 결의하기 직전 1992. 9. 20, 우리 총회에 청원서를 보내 자신을 소명할 수 있는 기회를 주실 것을 요청하였지만 총회는 받아들이지 않았다(문서번호 예장총서 제92-116호). 그리고 총회이단대책위원회가 보고한 보고서를 유인물대로 받아서 이명범씨와 레마성경연구원은 이단이라는 결의를 하였다.

그 후 이명범 목사 자신의 양태론에 대한 사과와 함께 소명의 기회를 주기를 요청한 제2차 청원서(문서번호 예장총서 제98-116호), 서울 강동노회장이 청원한 제3차 청원서(2000, 6), 총회가 이첩한 재심의건(2003. 9.)까지 모두 4차례에 걸친 재심의 요청건에 대하여 총회이단대책위원회가 사실상 거부하였다. 그리고 지난 2014. 7. 4 부산동노회 전노회장 김창이대위에 이첩되었고, 제99회기 총회이대위는 1년간 연구 끝에 "더 이상 이단으로 묶어둘 필요가 없다"는 사실상 이단 해지 결의를 하고 제100회 총회에 보고하였다. 그러나 총회이대위원들 간의 불협화음으로 총회에서 논란 끝에 총회이대위에서 이미 이단해지로 보고한 안건은 1년간 유안 되었다.

이단감별사들의 한국교회 大 사기극

이명범 목사와 레마성경연구원이 이단으로 정죄한 후 24년 만에 이단성이 없음이 드러났으나 그 보고가 채택되지 못한 것은 유감스러운 일이다. 특별사면위원회는 이명범 목사가 제출한 사면신청이유서 및 근거자료들에 대한 연구조사와 함께 면담절차를 통해서 이미 제99회 총회이단사이비대책위원회가 보고한 이명범 목사에 대한 이단성연구재심의 보고 내용과 일치함을 확인하였다.

제100회기 총회이단사이비대책위원회는 특별사면위원회가 요청한 이명범씨에 대한 재 연구를 통하여 '이단'결의를 철회하고 '예의주시'하기로 결정하였다. 이에 제100회 총회장인 나는 상기한 모든 사항을 참조하여 이명범씨를 성부, 성자, 성령의 이름과 대한예수교장로회 총회의 권위로 사면하고 그를 주 안에 형제로 인정한다.

2) 사면철회

그러나 사면을 선포한지 불과 12일 만인 2016년 9월 21일 통합 총회 임원회는 사면취소를 결의하고 9월 22일 총회장 채영남 목사는 사면과 사면선포 자체를 철회한다는 성명서를 발표하였다. 이유는 "제101회 총회를 원만하게 개최하기 위해서"였다. 통합 중경 총회장들의 사면취소 압력과 직영신학교 교수들의 사면반대성명과 심지어 총회에 불참하겠다는 정치세력의 협박에 무릎을 꿇은 것이다.

통합 총회의 특별사면은 사면대상자들을 우롱하고 모 신문이 지적한 것과 같이 죽은 자를 다시 꺼내어 다시 죽이는 '부관참시'를 저질렀다. 당사자들에게 사면을 철회하게 된 사실에 대한 이해나 해명은 물론 한 마디 사과나 유감표명도 없이 일방적으로 사면철회가 이루어졌다. 한 마디로 대교단의 횡포요 약자에 대한 폭력이라는 말 외에 적절한 용어가 생각나지 않는다. 사면파동은 통합 총회는 물론이요 한국기독교에 대한 신뢰와 기대를 땅바닥에 내던진 기독교 선교 130년 역사에 가장 부끄러운 일이 아닐 수가 없다.

105회기가 되어서야 이단이 해지되었다. 28년만에 이단이 해지된 것이다. 100회 특별사면위에서는 이명범을 사면한 바 있다. 100회 통합 총회에서 사면철회된 지 5년만에 이단해지된 것이다. 이는 특별사면위의 연속이었다. 특별사면위의 작업이 있었기 때문에 그나마 이명범 목사가 이단에서 해지되었다.

이명범씨 조사 보고서

I. 조사 경위
1. 이단사이비대책위원회 제105-6차회의(2021.6.15.)에서 (재)레마성서연구원이 제출한 "(재)레마성서연구원 재심결과" 건이 조사분과위원회로 이첩됨.
2. 이에 조사문과위원회(2021.7.8.)는 이명범씨를 면담하기로 함.

II. 조사 내용
1. 조사일시 및 장소: 2021년 7월 16일(금) 11:00~13:30, 백주년기념관 2층 회의실
2. 참석자
   1) 조사위원: 유무한(조사분과장), 서성환, 백용훈(이상 조사분과 위원)
   2) 배석: 심상효(이대위 위원장), 최대영(상담소장), 유수정(과장)
   3) 피조사자: 송민(이명범의 대리인, 연세대 교수, 레마성서연구원 이사)
   4) 전화조사: 이명범(구 레마선교원, 현 레마성서연구원 원장)
3. 조사진행
   1) 조사 시작하기 전에 유무한 분과장이 예배를 주례함.
   2) 피조사자 이명범 씨는 고령 및 건강 악화로 인하여 출석하지 못하고, 위임장을 가지고 온 대리인 송민 교수를 대상으로 장시간 자세히 질의하며 조사를 진행함.
   3) 조사 말미에 분과장이 현장에서 공개 전화로 이명범 씨와 통화함으로서 조사를 보완함.
   4) 조사를 마친 후 조사분과 위원들이 심도 있게 토의한 후 조사 결론을 내림.
4. 조사보고
   1) 100회(2015년) 연구보고서와 101회(2016년) 연구보고서에 기록된 것처럼, 이명범 씨의 교리 문제는 더 이상 문제 삼을 만한 요소가 없음을 확인하다. 즉, 삼위일체론(양태론), 창조론, 인간론, 성경관 등에서 제기된 문제들이 2015~2016년의 연구에서 모두 해소되었음을 확인하였다.
   2) 101회 연구보고서에서 제기된 실천(윤리) 문제에 관하여 상세히 질의한 후 분과위원들이 토의한 결과 다음과 같은 점들을 확인하다.
      (1) 최근(2016년 이후) 교회를 분열시키거나 사회적으로 물의를 일으킨 적이 없었다.
      (2) 레마선교원(현, 레마성서연구원)은 자체적인 교단이나 교회를 운영하지 않고 있으며, 회원들은 다른 장로회 교단(기장, 백석)처럼 이명범 씨를 이단시하지 않는 교회에 출석, 봉사하고 있다.
      (3) 이명범 씨는 고령으로서 오랜 반성의 시간을 보냈으며, 지금도 겸손한 마음으로 우리 교단의 용서와 자비를 간구하고 있다.
      (4) 과거, 레마선교원 측이 우리 교단을 비롯한 한국교회에 끼친 피해에 대하여 언론을 통하여 공식적인 사과를 하기로 하였다.
      (5) 차후, 교리 및 실천에 있어서 우리 교단의 가르침과 지도에 따르기로 서약하였다.

III. 조사 결과
위 2)에서 확인한 것을 전제로 본 조사분과는 1992년 87회 총회에서 결의된 이명범(레마선교원) 씨에 대한 이단 결의를 해지하기를 제안한다. 이것은 지난날의 과오를 반성하고 바른 교리에 따라 새 출발 하고자 하는 개인과 단체를 포용함으로써, 보편적 교회의 일치와 협력을 추구하는 본 교단의 에큐메니칼 정신에 합치하는 것임을 확인한다.

▲106회 총회 회의안

이단감별사들의 한국교회 大 사기극

| 변승우 목사 |

제94회 총회 변승우 보고서는 "변승우 씨는 최근 물의를 많이 일으키는 소위 〈신사도 운동〉의 영향을 받은 자로 직통계시를 강조한다. 또 천국과 지옥을 경험하는 입신, 예언과 방언 등 신비적인 사상을 강조하고 심지어 이를 훈련시키는 학교까지 운영하고 있다." 또한 "자신이 받은 직접 계시나 꿈을 위해 성경 말씀을 인용하고 재편하여 자신의 설교나 성경해석에 적용함으로 성경을 자신의 계시나 꿈을 제시하고 해석하기 위한 보조물로 전락시킨다. 또한 그는 자신이 받은 직접 계시를 성경과 동일하거나 혹은 성경의 권위 위에 둔다"고 그를 직통계시자로, 또 신사도운동가, 극단적 신비주의자로 비판하고 "비성경적 이단성이 있다"고 보고하였다. 또 다른 일부 교단에서 변승우 목사를 "구원론에 문제가 있다"고 비판하기도 한다.

1. 변승우 목사 사면신청이유서

우리 주 예수 그리스도의 이름으로 문안드립니다. 저는 사랑하는 교회를 담임하고 있는 변승우 목사입니다. 저는 초등학교 때부터 신학교에 들어가기 전까지 귀 교단 소속 교회(울산 전하교회)에서 신앙생활을 하였고, 이후 성결대학교 신학과에 진학하여 정상적인 신학수업을 받고 동 교단에서 목사안수를 받았습니다.

이번에 귀 교단이 예수 그리스도의 용서와 화해를 실현하기 위해 억울하게 이단사이비로 규정된 교회와 단체를 위하여 특별사면위원회를 구성한 것에 대해 깊이 감사드립니다.

우리가 특별사면을 신청하는 이유는 아래와 같습니다.

1. 우리 교회의 이단성연구를 진행함에 있어 일절 소명기회를 주지 않았습니다.

세상의 법정에서도 그리고 가장 흉악한 죄인에게도 소명기회를 줍니다. 그런데 교단이 한 교회를 상대로 일절 소명기회조차 주지 않고, 영적인 사형선고나 다름없는 이단 정죄를 한다는 것은 있을 수가 없는 일입니다. 그러나 귀 교단은 저에게 소환은 물론 서면이나 유선통화 등 그 어떤 통로로도 일절 소명의 기회를 주지 않았습니다. 사실상 사실조사를 전혀 하지 않았습니다.

2. 사랑하는 교회 이단 정죄는 거짓에 근거한 것입니다.

저는 목회를 시작한 후 15년간 20여명 모이는 작은 목회를 하였습니다. 그러다가 서울에 교회를 개척하면서 교회가 단기간에 급성장하였고, 이를 시기하는 질이 나쁜 일부 목사들이 조직적으로 거짓말을 지어내어 퍼트렸습니다. 그런데 귀 교단은 사실 확인도 하지 않은 채 이런 거짓말들에 근거하여 우리 교회를 단죄하였습니다. 우리 교회에 대한 거짓 소문은 주로 구원론과 계시론에 집중되어 있습니다.

1) 구원론에 대한 거짓 소문에 대하여
귀 교단 소속이었던 강순방 박사는 저에 대해 발표한 「통합이대위 보고서」를 보고, 그것이 사실과 다르고 악의적으로 왜곡된 것임을 발견하고, "읽는 자는 깨달을 찐저!"라는 책을 썼습니다. 다음은 구원론에 관해 그 책에 나오는 내용 중 일부입니다.

통합이대위가 변승우 목사를 행위구원자라고 매도한 자료들을 분석해 보자!

"그래서 '예수 믿고' 지옥 가지 말고 '제대로 예수 믿고' 꼭 천국에 가게 되시기를 바랍니다."(변승우 목사)

이 글이 모순인가? 야고보서는 죽은 믿음이 있다고 말한다. 그러므로 '예수 믿고 지옥가지 말고'는 거짓 믿음을 일컫는 것임을 쉽게 알 수 있다. 이것은 바른 말이다.

"구약시대 때는 율법을 지킴으로 구원받았는데, 신약시대는 예수만 믿으면 구원을 받으니 얼마나 감사한 일이냐. 이렇게 설교하는 목사님들이 많았습니다. 무지하게 무식한 이야기입니다."(변승우 목사)

오해하기 좋게 기술적으로 인용했다. 그러나 구약처럼 율법을 지켜야 구원받는다는 것이 아니라 구약이나 신약이나 믿음으로 구원받는다는 것을 설명한 설교다. 증거로 그 전후의 말을 그대로 받아썼다.

"우리가 의롭다 함을 얻는 것은 율법의 행위로 되는 게 아니라 믿음으로 되는 것이다. 그 얘기지요. 구약시대에도 마찬가지에요. 어렸을 때 구약시대 때에는 율법을 지킴으로 구원받았는데, 신약시대 때에는 예수만 믿으면 구원을 받으니 얼마나 감사한 일이냐? 이렇게 설교하는 목사님들이 많았어요. 그거 무지하게 무식한 얘깁니다… 구약시대 때 율법을 지킴으로 구원받지 않았습니다. 믿음으로 구원받았습니다."

그런데 이런 설교를 기술적으로 편집하여 율법주의 이단처럼 보이게 하다니… 이것이 한 교단의 이대위로서 할 일인가?

"보통 사람들은 십자가 외에 다른 소리를 하면 모두 잘못된 것인 양 얘기합니다. 구원에 대해서 말할 때 오직 십자가에 대해서만 말해야 한다고

생각합니다… 그러나 우리는 그런 생각이 얼마나 편협하고 비성경적인지를 깨달아야 합니다."(변승우 목사)

역시 기술적으로 야비하게 인용했다. 이것만 읽으면 십자가만으로는 안 되고 선행으로 구원받는다고 가르친다고 오해할 것이다. 그러나 그들이 악의적으로 생략한 중간부분에 이렇게 기록되어 있다.

"보통 사람들은 십자가 외에 다른 소리를 하면 모두 잘못된 것인 양 얘기합니다. 구원에 대해서 말할 때 오직 십자가에 대해서만 말해야 한다고 생각합니다. 다시 말해서 구원에 대해서 말할 때 오직 십자가의 공로만 말해야지 죄를 끊어버리는 회개를 말하거나, 행함이 있는 산 믿음을 말하거나, 자기 부정과 자기 십자가를 지는 것을 말하거나 이런 것은 모두 복음진리에서 벗어난 것이며 잘못된 것인양 취급합니다. 그러나 우리는 그런 생각이 얼마나 편협하고 비성경적인 것인지를 깨달아야 합니다."

그러므로 율법의 행위로 구원받는다고 주장한 것이 아니다. 회개하고 예수님을 믿어야 한다는 것이다. 또 제자의 대가를 지불해야 한다는 것이다(눅 14:25-33). 지극히 성경적인 주장이다. 그런데 율법주의 이단으로 매도한 것이다.

"… 마치 십자가를 신뢰하기만 하면 죄에서 돌아서는 회개나 행함이 따르는 참 믿음이나 예수님 안에서 선한 일을 위하여 새로 지음 받는 거듭남이 없이도 죄 용서 받고 천국에 갈 수 있는 양 가르치고, 자신들만이 정통인양 착각하고 있는 사람들이 많습니다." (변승우, 『주 달려 죽은 십자가』, p. 59).

이것을 인용한 후 「통합이대위 보고서」는 다음과 같이 결론을 내렸다.

이렇게 변 씨는 예수 그리스도를 믿는 믿음 이외에도 회개와 선한 일을 행해야 한다고 하며, 구원받은 사람도 헌신하는 생활을 해야 한다고 강조함으로 성령의 선물로 인한 믿음으로 얻는 구원을 반대하고 행위와 공덕에 의한 구원을 강조한다. 이러한 구원관은 성경적 구원관이나 우리 개혁

이단감별사들의 한국교회 大 사기극

교회의 구원관과 정면으로 배치되는 것으로, 본 교단은 절대로 용납할 수 없는 위험한 구원론이다.

그러나 변 목사가 말한 선한 행위는 율법의 행위나 선행이 아니라 에베소서 2:10절에 기록된 거듭난 자에게 따르는 선한 일을 가리킨 것이다. 그러므로 믿음으로 구원받는다는 말에 위배되는 것이 아니다.

저는 저의 처녀작 「지옥에 가는 크리스천들」에서 제가 가진 구원론이 어떤 것인지를 분명히 밝혔습니다.

첫째, 구원의 공로적인 기초는 예수 그리스도의 보혈입니다…

둘째, 예수님의 보혈은 회개하고 믿는 자에게만 효과가 있습니다…

셋째, 이것이 중요한데 우리의 회개와 믿음이 참된 것이라야 합니다…

저는 일부 사람들이 저의 설교에 대하여 오해하는 것처럼 믿음에 행함을 더해야 구원받는다고 주장하고 있지 않습니다. 믿음만으로 충분하나 그 믿음이 참된 믿음이어야 한다는 것을 강조하였을 뿐입니다.

한편, 『지옥에 가는 크리스천들』이라는 저의 책 제목을 보고, 일부는 '어떻게 크리스천이 지옥에 가느냐?'고 말합니다. 하지만 이 책의 제목은 그런 의미가 아닙니다. 그런 저의 의도는 『지옥에 가는 크리스천들(수정증보판)』서문에 분명하게 명시되어 있습니다.

『지옥에 가는 크리스천들』은 저의 처녀작입니다. 여기서 크리스천들은 진실한 신자가 아니라 명목상의 신자를 가리킵니다. 종교를 구분할 때 교회에 다니는 모든 사람들을 크리스천이라고 부르지 않습니까? 단순히 그런 차원에서 크리스천이란 단어를 사용한 것이므로 오해가 없으시기를 바랍니다.

그러므로 저의 의도와 다르게 오해하는 일이 없으셨으면 합니다.

2) 계시론과 성경론에 대한 거짓 소문에 대하여

최삼경 목사는 '계시'의 의미를 협의적인 의미, 즉 정경기록을 위해 주어지는 것으로만 이해하여 제가 '계시'라는 단어를 쓸 때 마치 성경의 절대적인 권위를 부정하고, 성경에 무엇인가를 가감할 수 있는 것처럼 주장한다고 오해했습니다. 그러나 실제로 제가 믿고 있는 것은 정경을 위한 계시는 종결되었지만 사역을 위해 성령의 은사로 주어지는 계시는 종결되지 않았다는 것입니다. 국내외의 많은 신학자들도 '계시가 두 가지 의미로 사용됨을 인정합니다.

웨스트민스터 신학교의 번 포이트레스 교수는 이렇게 말했습니다.

"많은 개혁, 보수 신학자들이 '계시'라는 말을 전문술어로 지나치게 좁게 정의하여 '특별계시는 곧 성경 말씀'이라고 단정 지어 버리기 때문에 개편과 같은 실수를 저지른다. 성경에는 '계시' 또는 '계시하다'라는 말이 꼭 정확 무오한 '특별계시 곧 성경말씀'이 아니라 다양한 의미로 사용된다. 하나님의 진노가 나타나는 것(롬 1:18), 신자들이 하나님을 아는 것(마 11:25), 하나님을 더욱 잘 알아가는 것(엡 1:17) 등의 의미로 사용된다."

저명한 신학자인 D. A 카슨도 조직신학자가 사용하는 좁은 의미의 '계시'와 성경이 말하는 넓은 의미의 계시의 정의를 혼동하는 오류에 빠지지 말 것을 경고했습니다. 그는 『성경해석의 오류』라는 책에서 이렇게 썼습니다.

"바울이 고린도전서 14:30에서 예언의 은사가 계시에 의존한다고 가정할 때 우리는 정경의 완결성을 위협할 정도로 권위 있는 형태의 계시에 국한하는 것이 아니다. 그렇게 주장하는 것은 개신교의 조직신학 용어를 성경 저자들의 용어와 혼동하는 것이다."

뿐만 아니라 미국 트리니티복음주의신학교의 조직신학교수를 거쳐 현재 피닉스신학대학원 교수로 재직하고 있는 세계적인 조직신학자 웨인 그루뎀 박사도 그가 쓴 『조직신학』과 『신약성경이 가르치고 지금도 사용되는 예언의 은사』라는 책에서 이렇게 말했습니다.

"여기에서(고전 14:30) 바울은 '계시'라는 단어를 신학자들이 성경과 같은 권위를 가진 말씀에 대해 사용하는 기술적 방식보다는 더 넓은 의미로 사용한다. 신약성경의 다른 곳에서도 '계시하다'와 '계시'라는 용어는 성경으로 기록된 말씀 또는 기록된 성경과 동등한 권위를 가진 말씀(마 11:27, 롬 1:18, 엡 1:17, 빌 3:15를 보라)보다는 더 넓은 의미로, 하나님으로부터의 커뮤니케이션이라는 뜻으로 사용되고 있다."

국내에서는 세계적 석학인 하워드 마샬 교수의 지도로 신약학박사를 취득한 총신대 이한수 교수도 『교회의 세속화 문제들, 어떻게 극복할 것인가』라는 책에서 동일한 주장을 했습니다.

"개편이 말하는 것과는 달리 계시라고 해서 다 동일한 계시라고 할 수 없다. 어떤 계시는 성경을 기록하는 것과 같은 '성경적 계시'도 있지만 어떤 계시는 좀 더 사적이고 신자의 매일의 생활과 관련된 '조명적 계시'도 있다."

그러므로 최삼경 목사가 계시에 대한 그릇된 잣대로 우리 교회를 소위 '직통계시 이단'으로 매도한 것은 잘못된 결정이며 무효입니다.

어이가 없는 사실은 최삼경 목사 자신이 이미 계시가 두 가지 즉 '정경 기록을 위한 계시'와 '사적계시'로 구분된다는 것을 알고 있었다는 것입니다. 최삼경 목사와 진용식 목사가 함께 저술한 『안식일 교회 대논쟁』이라는 책에는 이런 내용이 나옵니다.

"요엘서나 고린도전서가 말하는 것은 성경 외의 다른 계시를 말하는 것이 아니라 보편적인 성령의 은사를 말하고 있는 것이다. 그런데 안식교에서 선지자로 믿고 있는 화잇의 계시는 보편적인 은사로서의 계시가 아니다. 안식교의 교리들은 성경의 계시처럼 화잇의 계시에 의하여 세워졌고 실질적으로는 성경 위의 계시로 작용하고 있다."(최삼경 목사)

최삼경 목사는 이처럼 "보편적인 은사로서의 계시" 즉 성령의 은사로 임하는 계시를 인정했습니다. 그는 이처럼 두 가지 종류의 계시가 있다는 것을 알고 있으면서도 우리 교회를 의도적으로 직통계시 이단으로 매도한 것입니다.

저는 정경기록을 위한 계시는 이미 끝났지만, 성령의 은사로 주어지는 사적인 계시는 오늘날도 존재한다고 믿습니다. 하지만 목회를 하면서 진짜 믿을 수 있는 것은 성경말씀 밖에 없다는 것을 절감하고 있습니다. 입신간증이나 예언하는 사람들이 너무 많이 틀리는 것을 보았고, 크게 실망했습니다. 애초에 그런 것들이 성경과 동등하다고 생각해본 적도 없지만, 지금은 더욱 성경말씀이 유일한 기준이요 성경 밖에 믿을 것이 없다는 것을 절감하고 있습니다. 그래서 과거와 달리 영성관련 책보다는 전문적인 신학자들의 책을 주로 읽으며 성경연구에 전념하고 있습니다.

한편, 「통합이대위 보고서」에서 우리 교회가 '집회 시간에 방언을 훈련시키고 있다'고 언급했는데 이 역시 거짓 소문입니다. 하나님이 주신 은사인 방언이나 예언을 어떻게 훈련이나 가르침을 통해서 할 수 있게 하겠습니까? 우리 교회에서 은사에 대해 가르치는 것은 은사를 받은 사람들은 쉽게 교만해지고, 그로 인해 잘못되는 경우가 많기 때문에 그런 실수를 범하지 않도록 교육하고 있을 뿐입니다. 그러므로 오해가 없으셨으면 합니다.

3) '자신을 우상화 한다'는 거짓 소문에 대하여

구원론과 계시론에 대한 거짓 소문 이외에도 제가 제 자신을 우상화한다는 거짓 소문도 있습니다. 하지만 이 역시 사실과 전혀 무관한 음해입니다. 이 점에 대해서 강순방 박사는 『읽는 자는 깨달을 찐저!』에서 이렇게 설명했습니다.

그리고, 통합이대위는 "변승우 목사가 자기 자신은 존 웨슬레, 조나단 에드워드, 찰스 피니 등 부흥을 이끈 교회의 위대한 목회자들과 같은 반열에 올려놓는다"고 주장했다.

"저는 찰스 피니의 고백을 읽으면서 감동으로 몸을 떨었습니다. 왜나하

이단감별사들의 한국교회 大 사기극

면 말씀이 임할 때의 저의 체험과 너무나도 유사했기 때문입니다. 저는 피니가 말하는 것이 무엇인지 경험으로 알고 있었습니다."(변승우 목사)

하지만 인용한 글 바로 밑에 "그는 한 시대에 대표적으로 하나님께 쓰임을 받은 인물로 나와 비교할 수도 없는 영적 고지에 있는 사람이다"라는 말이 있다. 그런데 어떻게 이렇게 매도할 수 있는지 황당할 따름이다.

이상 살펴본 바대로 우리 교회 이단 시비의 쟁점이 되는 것들은 모두 사실이 아니라 거짓된 소문에 근거한 것입니다. 그러므로 이를 바로잡아 주시기 바랍니다.

4. 귀 교단의 결정에는 절차법상 위반이 있었습니다.

우리 교회에 대한 결정을 내릴 당시 이대위 전체위원 중 과반수이상 출석하고, 출석자 중 과반수이상 찬성해야 통과되는 귀 교단법이 엄연히 있음에도 불구하고 실제로는 15명의 위원 중 고작 6명만 참석한 상태에서, 악의적으로 조작된 거짓 자료들에 근거해서 우리 교회를 '비성경적 기독교 이단'이라고 결정했습니다. 이런 결정이 불법적인 것임은 이미 귀 교단의 감사위에서 밝혀진 바입니다. 이 내용은 이번 사태와 관련된 모든 사실을 알 수 있는 귀 교단의 한 인사가 알려주어서 알게 된 것입니다.

5. 한기총 조사 때 이미 통합의 이대위원들이 참여하여 "변승우 목사 이단 혐의 없음" 판정을 내린바 있습니다.

우리 교회를 조사하기 위해 한기총 이대위에서는 통합을 비롯한 각 교단에서 파송한 이대위원들로 소위원회를 꾸렸고, 8개월에 걸쳐 면밀히 조사했습니다. 그리고 "이단이라 할 수 없다."고 결론을 내렸습니다. 뿐만 아니라 이대위 전체 모임에서는 16:2라는 압도적인 차이로 "변승우 목사 이단성 없음"으로 통과되었고, 결국 한기총 임원회에서 "변승우 목사 이

3) 총회 이단대책위원회 보고

변승우는 과격한 용어사용, 교회 비판, 설교의 계시성, 사도적 전통 등과 관련하여 제93회 총회 이대위의 지적과 비판은 옳다고 본다. 특히 한국교회 지도자들에 대한 비난과 비판은 많은 지탄을 받아온 것이 사실이다.

그러나 변승우는 지난 날 본 교단이 지적한 잘못된 자신의 주장과 행위에 대하여 공식적으로 인정하고 사과하는 한편 현재는 모든 주장과 행동을 금하고 있으며 다시 한 번 이 문제에 대하여 사과할 용의가 있음을 고백하였다. 그러므로 앞으로 건강한 신학에 바탕을 두고 목회하는 한편 한국교회에 대한 사과와 아울러 예장(부흥)교단과 소속 목회자들에게 자신의 회심을 공포하고 올바른 목회와 신학을 갖도록 하며 본교단의 지도와 재교육을 받겠다는 약속을 성실히 이행한다면 특별사면 대상이 될 수 있다고 사료된다.

이단감별사들의 한국교회 大 사기극

6. 변승우 목사 특별사면이유

변승우 목사는 "잘못된 성경관과 계시론, 구원론, 입신, 예언, 방언 등 극단적인 신비주의 신앙 형태 등을 갖고 있는 비성경적 기독교 이단"으로 우리 총회(제93회)가 결의하였다. 특별사면위원회는 변승우 목사가 제출한 여러 자료들과 소명절차와 함께 연구위원들의 연구를 통해서 그가 아르메니안주의 구원관을 신앙하며 그러므로 구원을 잃을 수 있다는 자세를 견지하고 있음을 확인하였다. 그러나 그는 칼빈주의든 아르메니안주의 구원관이든 결국 구원은 하나님의 은총의 결과임을 믿는다고 하였다. 그러나 행위와 열매에 대한 지나친 강조는 오히려 율법주의로 오해될 수 있음으로 삼가야 한다는 지적을 겸허히 수용하였다.

계시론에 대해서 그는 성경계시의 완전성과 종결을 믿으며 다만 계시라는 용어를 일반적 의미로 사용함으로써 많은 오해를 야기한 사실에 대하여 시인과 함께 사과하였다. 또한 변승우 목사는 은사주의 목회를 하는 사람으로서 성령의 역사와 다양한 은사운동을 목회에 적용하고 있으며, 은사주의는 분명히 우리가 쉽게 이해 할 수 없는 다른 점이 있지만 은사목회는 오늘 날 여러 교파 교회에서 행해지고 있는 만큼 이해하고자 한다면 긍정적으로 생각할 수 있다고 여겨진다.

그의 신앙관이 부분적으로 장로교 근본주의 신학으로 볼 때 쉽게 용인할 수 없는 부분도 있어 보이지만 본질적인 문제가 아닌 한 에큐메니칼 정신에 입각하여 신앙의 다양성을 인정하고 함께 복음사역에 동참케 해야 할 것으로 보인다.

제100회 총회이단사이비대책위원회는 특별사면위원회가 요청한 변승우 목사에 대한 연구보고에서 "변승우는 과격한 용어사용, 교회 비판, 설교의 계시성, 사도적 전통 등과 관련하여 제93회 총회 이대위의 지적과 비판은 옳다고 본다. 특히 한국교회 지도자들에 대한 비난과 비판은 많은 지탄을 받아온 것이 사실이다. 그러나 변승우는 지난 날 본 교단이 지적한 잘못된 자신의 주장과 행위에 대하여 공식적으로 인정하고 사과하는 한편 현재는 모든 주장과 행동을 금하고 있으며 다시 한 번 이 문제에 대하여 사과할 용의가 있음을 고백하였다. 그러므로 앞으로 건강한 신학에 바탕을 두고 목회하는 한편 한국교회에 대한 사과와 아울러 예장(부흥)교단과 소속 목회자들에게 자신의 회심을 공포하고 올바른 목회와 신학을 갖도록 하며 본 교단의 지도와 재교육을 받겠다는 약속을 성실히 이행한다면 특별사면 대상이 될 수 있다고 사료된다"고 결의하였다.

이에 변승우 목사는 총회이단사이비대책위원회의와 특별사면위원회가 제시한 한국교회와 성도들에게 공개적인 사과와 또 재교육을 통해서 건전하고 건강한 목회와 함께 한국교회의 일원으로서 함께 하겠다는 다짐을 확약하였으므로 성부, 성자, 성령의 이름과 대한예수교장로회 총회의 권위로 변승우 목사를 사면하고 사랑하는 교회를 형제로 맞이한다.

4.특별사면위원회의 결정

특별사면위원회는 전체회의에서 변승우 목사에 대한 사면 여부에 대하여 논의한 결과 5 : 3 으로 사면건의 하기로 결의하였다.

| 인터콥(최바울 목사) |

제96회 통합 총회는 인터콥 지도자 최바울 목사가 에덴동산과 인간을 만드신 하나님의 의도는 하늘에서 반역한 사단을 영원히 정죄, 처벌, 저주하기 위한 근거를 마련하기 위함이며, 마태복음 24:14를 근거로, 재림의 절대 조건은 모든 민족에게 복음이 증거 되는 것이며. 모든 민족에게 복음이 증거 되는 것은 모든 종족에 예외 없이 교회가 세워지는 것이라고 해석한다. 이것은 모든 종족이 복음을 받아들이고 거기에 교회가 세워지는 때가 오지 않으면 재림이 일어나지 않는다는 주장이 된다. 그렇다면 언제라도 재림이 일어날 수 있다고 가르친 예수님의 말씀에 위배된다. 예수님은 재림의 날이 언제인지 아무도 모른다고 하셨고, 무엇보다도 재림은 임박해 있다고 가르쳤으며, 그래서 초대교회 성도들은 곧 오실 주님을 대망하면서 살았던 것이다. 그러므로 '백투예루살렘' 운동은 선교적 열망을 고취시키는 것임에도 불구하고 재림의 시기에 대한 예수님의 가르침에 어긋나는 점이 있다. 또한 이단으로 규정된 베뢰아 아카데미(김기동)의 사상과 일치한다"는 이유로 비록 그가 한국교회에 사과문을 발표하였으나 "예의주시하기로 하다"는 결의를 하였다. 제101회 총회이단대책위원회는 인터콥에 대한 '예의주시'를 해지하기로 총회에 보고하였으나 총대들은 보고서 내용도 제대로 듣지 아니하고 이대위 보고를 부결시켜 버렸다. 한 마디로 무책임한 행위를 저지른 것이다. 총대로 참석하여 부서의 청원건을 심의할 생각이 없다면 무엇 때문에 총회에 참석하려는 것인가?

1. 인터콥 사면신청이유서

특별사면 신청 이유서

　귀 교단에서는 2011년 총회에서 인터콥선교회(최바울)에 대해 최초로 "예의주시와 참여자제"를 결의한 바 있으며, 이후 현재까지 해당 규정이 유지되고 있습니다. 이에 본 (특별사면 신청 이유서)를 통해 본 선교회는 귀 교단에서 지적하신 문제들에 대한 반성 및 해명과 개선사항에 대해 다시 한 번 말씀을 드리며 청원하오니 헤아리시어 이슬람선교와 최전방 오지 선교에 헌신하여 사역하고 있는 인터콥선교회 젊은 선교사들이 더욱 충성스럽게 주님이 주신 사명을 다 감당할 수 있도록 부디 선처해 주시기 바랍니다.

1. 단체 소개
　인터콥선교회는 로잔언약에 기초한 신앙고백을 가지고 사역하는 초교과적인 복음주의 선교단체로서 최전방 프론티어 미전도종족 전문인선교를 추구하며 선교현장에서 전도와 제자양육을 통한 교회개척을 합니다. 또한 10/40창의 최전방 미전도종족 개척선교를 목적으로 1983년에 설립된 초교과적 해외 선교기관으로서 창의적인 접근 방법을 통해 프론티어에서 주님의 지상명령을 수행하는 평신도 전문인 선교단체이며, 한국세계선교협의회(KWMA) 및 세계한인기독교총연합회(세기총)의 정회원 단체로서 한국 및 해외의 복음적인 모든 교단 및 선교단체, 지역교회와 협력하여 사역하고 있으며 2016년 현재 40여 개 종족에 1,150여 명의 전문인 선교사를 파송하고 있습니다.

선교 현장에서 NGO 구호, 의료, 사회교육, 지역개발, 연구사업 등 사회봉사와 교회개척을 병행하는 전인적 사역과 통전적 선교를 수행하고 있으며, 국내 60여 개 지부와 해외 60여 개 지부에서 선교사 동원, 지원, 훈련 사역을 담당하고 있습니다.

또한 인터콥선교회는 지난 5년간 한국세계선교협의회(KWMA)의 지도를 받았으며 이후 지속적으로 존경 받는 목회자들의 지도체제 아래 성숙한 선교회가 되기 위하여 노력해오고 있습니다. (첨부1. "KWMA 최종 지도 보고서", 첨부2. "인터콥 소개 팜플렛" 참조)

임원진 소개

고문

김명혁 목사(한국복음주의협의회 회장, 강변교회 원로목사)

백도웅 목사(NCCK 전총무)

길자연 목사(총신대 전총장, 예장합동 증경총회장)

박희민 목사(LA영락교회 전임목사, 해외한인장로회(통합) 증경총회장, KWMC 명예회장)

자문위원장

김승동 목사 (한국교회언론회 전대표, 구미상모교회 담임목사)

한국 이사장

강승삼 목사 (KWMA 전회장, 총신대 전선교대학원장)

미주 이사장

송병기 목사 (해외한인장로회(통합) 증경총회장, 대뉴욕교협 전회장, 뉴욕목양장로교회 목사)

2. 예장통합 교단 결의사항

(1) 2011년 (제 96회) 총회 결의 내용

"최바울 씨와 인터콥의 주장과 운동에는 교리적으로 타당하지 않거나 위험한 요소가 있다. '하나님의 사정'과 관련된 성경 해석은 보편성을 결여하고 있으며, '백 투 예루살렘' 운동에 대해서도 재림에 관한 성경 말씀에 모순되는 점이 있다. 최바울 씨와 인터콥의 가장 큰 문제는 교회와의 관계 및 현지 선교사들과의 관계라고 볼 수 있다. 최바울 씨는 이미 교계의 비판을 수용하고 문제점들을 수정하고자 약속한 바가 있으므로, 교회는 인터콥이 약속을 잘 이행하는지 예의주시하고 참여를 자제해야 한다." (첨부 3. "제 96회 총회, 인터콥에 대한 연구보고서")

(2) 2013년 (제 98회) 총회 재심 결론

1) 한국세계선교협의회(KWMA)의 지도와 인정, 그리고 인터콥의 공식 입장 표명을 통해서 볼 때, 본 교단이 지적하고 제기한 문제들에 대한 인터콥의 해명과 반성은 수용할 만하다.

2) 그러나 인터콥을 자문하고 있는 교단(예장개혁) 책임자들과 인터콥 대표 최바울 씨 사이에 합의하고 발표한 문서를 통해 볼 때, 인터콥과 최바울 씨의 해명과 반성의 진정성은 좀 더 시간을 두고 지켜볼 필요가 있다.

3) 따라서 96회 총회에서의 '인터콥에 대한 예의주시 및 참여자제' 결정은 당분간 유지하는 것이 바람직하다. (첨부 4. "제 98회 총회, 인터콥 재심청원에 대한 연구보고서")

(3) 2015년 (제 100회) 총회 재재심의 결론

1) 한편, 여전히 인터콥과 개 교회와의 갈등이 여러 곳에서 보고되고

이단감별사들의 한국교회 大 사기극

있고, 인터콥의 해외 활동과 현지 선교사들과의 갈등도 계속 보고되고 있으며, 특히 최근 큰 물의를 일으킨 선교 방식(인도 사원의 땅 밟기 문제)과 그 해명 과정의 석연치 않은 점 등은 그의 진정성을 파악하는 데 시간이 더 필요하다는 본 총회의 결의가 정당하다는 것을 증명하고 있다.

2) 또 계속하여 재심 헌의가 올라오게 하면서도 교계 이단 사역자를 대상으로 소송을 계속하는 등 최바울 씨가 진정으로 반성하고 한국교회와 협력하려는 지에 대해서는 더 충분한 시간을 두고 평가해야 한다고 본다.

이상에서 보듯이 인터콥 대표 최바울 씨의 신학이 변화되었는지 또 그 변화에 근거하여 인터콥을 운영하는 지에 대해 평가하려면 더 시간이 필요하다고 할 수 있다. 또 한국교회의 목회현장과 현지 선교사들과의 갈등이 해소되는 지에 대해 평가하기에도 시간이 더 필요하다. 그러므로 그가 주장하는 선교의 열정에 대한 진정성을 평가하기에는 더 시간이 필요하다. 따라서 인터콥에 "참여를 자제하고 예의 주시한다"는 본 총회의 결의는 그대로 유지하는 것이 가하다고 사료된다. (첨부 5. "제 100회 총회, 인터콥 재재심에 대한 연구보고서")

3. 지적된 문제에 대한 해명

가. 2011년 (제 96회) 총회에서 지적된 문제

1) '하나님의 사정'에 대한 문제

'하나님의 사정'에 관한 내용이 있던 최바울 목사의 저서 〈세계영적도해〉에서 관련 내용을 미주에서 공개적 비난이 있기 전인 2011년 2월초 스스로 삭제 수정하였습니다. 이후 해당 서적은 2011년 9월부터 더 이상 발행하지 않았고 자동절판 되었습니다.

최바울 목사는 교계 언론에 '베뢰아 비판 글'을 발표했습니다. (2011년 4월) _ (첨부6. "베뢰아 이단성 문제에 대한 소고" 참조)

최바울 목사는 또한 '하나님의 사정'에 대한 반성 "겸손한시도(Humble Attempt)"를 인터콥 홈페이지에 게재하였습니다. (2013년 4월) _ (첨부7. "겸손한 시도" 참조)

2) '백투에루살렘' 운동에 대한 문제

▷ 인터콥선교회의 선교비전은 마태복음 24:14절과 마28:18-20절에 근거합니다. 우리는 "모든 민족(ethnos)에 천국복음이 증거되면 끝이 오리라"라는 예수님의 말씀을 따라서 복음이 증거되지 않은 전방개척지역을 대상으로 선교합니다. 또한 "모든 민족으로 제자를 삼으라"라는 주님의 지상명령에 따라 철저히 복음을 전하며 현지 제자들을 양성함으로써 현지교회를 세우는 사역에 초점을 맞추고 있습니다. 이스라엘 유대인들에 대해서는 로마서 11장 말씀대로 이방인들에게 충분히 복음이 증거된 이후 마지막에 주께 돌아올 민족으로 이해하고 있습니다.

인터콥선교회는 1990년대 초중반에 세계선교지도자 랄프 윈터 박사가 제시한 미전도종족선교에 집중하고 있으며 또한 세계선교지도자 루이스 부시 박사가 제시한 10/40창을 대상으로 선교하고 있습니다. 10/40창은 대략 중국에서 에루살렘까지 펼쳐져 있는 방대한 이슬람권을 포함하고 있기 때문에 10/40창선교의 최대 과제는 사실상 이슬람선교라고 할 수 있습니다. 한국의 대부분의 교단 및 선교단체 등 170여개 단체의 연합회인 한국세계선교협의회(KWMA, 이사장 박종순 목사, 회장 강승삼 목사)에서는 2006년 〈복음의 서진운동〉에 헌신할 것을 결의하였으며 이를 위하여 Target 2030비전을 선포하였습니다. 이것은 2030년까지 한국교회가 세계선교에 헌신하여 사역함으로 세계복음화를 완수하자는 비전선언입니다. 따라서 인터콥은 한국교회 선교비전인 복음의 서진운동을 따라 중국에서 에루살렘까지 모든 민족에게 복음을 전하는 사역을 하고 있습니다. 이러한 사역 비전은 인터콥 홈페이지나 팜플렛에 나와 있는 것처럼, 중국변방민족창, 시베리아창, 중앙아시아창, 인도차이나창, 북인도창, 카프카즈창,

페르시아창, 소아시아창, 아랍창, 북아프리카 마그렙창 등입니다. 이러한 선교비전을 간략히 표현한 것이 중국에서 예루살렘까지 선교하자는 것입니다. 따라서 '복음이 한국과 중국을 거쳐 예루살렘으로 들어가면 종말이 온다는 것이 곧 백투예루살렘의 기본적인 사상이다'라는 것에 동의하지 않으며 인터콥은 이러한 사상을 가지고 있지 않습니다. '중국에서 예루살렘까지 선교하자'는 것은 '이슬람선교를 하자'는 것의 다른 표현일 뿐입니다.

에루살렘과 주변 아랍권 지역에 역사적으로 전개되는 갈등과 분쟁을 영적측면에서 설명하는 것은 이스라엘과 중동아랍세계를 위해 기도해야 하는 당위성을 설명한 것으로 세대주의와는 무관합니다.

요약하면,

(1) 인터콥선교회는 '복음이 한국과 중국을 거쳐 예루살렘으로 들어가면 종말이 온다'고 믿지 않습니다. 주님의 재림의 때와 시기는 알 수 없으나 마태복음 24장14절 말씀처럼 유대인을 포함하여 모든 민족에게 천국복음이 증거되면 세상 끝이 온다고 믿습니다.

(2) '중국에서 예루살렘까지'를 표현한 이른바 백투예루살렘 선교운동은 신학적 함의를 내포한 것이라기보다는 선교대상을 지정하여 선교하는 선교비전이며 이슬람권 선교운동입니다. 다수의 인터콥 선교사들이 중국에서 예루살렘 지역뿐만 아니라 시베리아나 북아프리카에서도 헌신적으로 사역하고 있으며 인도차이나 러시아 지역 등 비이슬람권에서도 사역하고 있습니다. 복음이 전해지지 않은 10/40창 전방개척지역을 집중적으로 선교하는 것이 지난 30년 인터콥선교회의 선교활동이며 또한 우리의 사명입니다.

(3) 예루살렘과 주변 이슬람세계의 긴장과 갈등 분쟁은 오랜 역사적 및 문명사적 과제이며 또한 어두운 영적 상황을 반영한 것으로서, 이 지역에 하나님의 평화가 임하며 이 곳 영혼들이 자유케 되도록 한국교회 성도들

이 이름을 위해 특별히 더욱 기도해야 한다고 믿습니다.

　(첨부8. "인터콥 선교운동에 대한 지적사항에 대하여" 참조)

　백투에루살렘(복음의 서진 운동)은 중국교회의 선교비전으로 시작되었으며, KWMA에서도 2006년 〈한국교회 세계선교비전〉을 통해 선포한 선교비전입니다_ (첨부9. "중국교회 선교운동 백투에루살렘" 및 "백투에루살렘(복음의 서진 운동)관련 KWMA결의_ KWMA 정기총회 자료집" 참조)

　그럼에도 불구하고 저희는 "백투에루살렘" 용어 사용이 오해될 수 있다는 지적을 수용하여 모든 공식 모임에서 백투에루살렘에 대한 용어사용을 중단하였고(2011년 8월), 극단적 세대주의나 종말론으로 오해될 만한 용어 또는 내용은 모두 언급을 자제하고 사용하지 않고 있습니다.

3) 교회와의 관계 및 선교지 타단체 선교사들과의 관계 문제

　인터콥에서 훈련 받은 지역교회 성도들이 각자의 교회에서 본이 되고 더욱 충성스럽게 섬김으로 인해 그 교회가 더욱 부흥하고 세계선교를 위해 힘쓰는 교회가 되어야 하는데, 훈련 받은 성도들 중 일부가 좋은 본이 되지 못하는 경우에 대해 들었습니다. '우리교회는 왜 선교하지 않나?'라고 하며 선교주장만을 내세우는 성도로 인해 교회가 실망하고 어려움을 겪는 경우들이 있었습니다. 다시 한 번 더 사과의 말씀을 드립니다. 인터콥선교회는 지역교회 관계를 더욱 성숙하게 하기 위해 각 지역별로 지역 목회자 중심의 지도위원들을 위촉하여 그분들의 지도 하에 사역하도록 하고 있으며 가능한 한 비전스쿨을 지역교회 내에서 목회자의 지도 아래 진행하도록 방침을 세워 시정해 나가고 있습니다. 또한 훈련생들이 지역교회에서 성숙한 모습으로 섬길 수 있도록 지도•교육을 강화하고 있으며, 정기적으로 한국교회의 존경 받는 신학자들이나 교계 지도자들을 모시고 인터콥 소속 간사들을 대상으로 신학 및 사역 지도를 실시하고 있습니다.

　인터콥선교회 국내 및 미주 각 지부에서는 지역 내 존경받는 목회자들

이단감별사들의 한국교회 大 사기극

3) 총회이대위 보고

최바울은 교리적인 문제보다 자신의 의도와 상관없이 오해를 불러일으킨 신학적 부분의 문제점을 인정하고 이와 관련된 용어나 개념을 더 이상 사용하지 않고 있으며 관련된 서적들을 파기하는 등 회개의 진정성을 보이고 있다. 또한 건전한 선교를 위해 재교육과 방향전환을 위해 노력하고 있으며 본 교단의 지도를 기꺼이 수용할 자세가 되어 있다고 사료된다. 그러나 인터콥에 참여한 사람들에 의하여 일부 교회가 진통을 겪고 있음을 주지시키고 같은 문제가 반복되지 않도록 선교훈련에 참여하는 교인들에 대한 철저한 교육을 약속하였다. 이 같은 요건을 수용할 자세가 되어있다면 특별사면 대상이 될 수 있다고 사료된다.

4. 특별사면위원회의 결정

사면건의 부결되다.

V

결론

이단감별사들이 주장하는 이단은 없었다. 김기동 목사의 이단성을 귀신론에 근거하였다면 그는 이단이 아니다. 류광수 목사를 마귀론에 근거하였다면 그 역시 이단이 아니다. 이명범 목사나 인터콥도 귀신론 갖고 이단 정죄하였다면 그들도 이단이 아니다. 교회사나 예장통합교단 이단사에서 이단의 기준으로 귀신론을 적용한 사례가 한 번도 없었기 때문이다.

그래서 김명용, 이형기, 황승룡 목사는 조용기 목사의 이단성 여부를 판별하는데 귀신론을 기준에서 아예 삭제했다. 예수의 사역 대부분은 귀신을 쫓아내는 것이었는데 축귀 사역을 한다고 귀신론적 이단이라고 한다면 예수님부터 이단이라고 정죄해야 할 것이다.

최삼경은 김기동 목사가 양태론자라고하여 이단성이 있다고 했는데 양태론으로 이단 정죄하려면 김기동 목사가 먼저 신학공부를 많이 해서 양태론이 이단이라는 것을 알고 있어야 하고, 단지 교리적 체계가 아닌 언어표현만 가지고 양태론적 이단이라고 정죄하는 것은 이단 정죄의 기초조차 모르는 것이고, 나아가 귀신론이나 양태론, 예의주시, 교류 금지로 이단 정죄하려면 귀신론과 양태론, 예의주시, 교류 금지라는 내용이 교단 헌법과 이단사이비대책위원회의 내규에 명시되어 있어야 한다. 그리고 교리법 적용이 있어야 한다.

그러나 교단 헌법이나 이단사이비대책위원회 정관, 어디에도 없었다. 그동안 합동과 통합교단이 죄형법정주의 정신을 위반하면서 이단으로 정죄하는 것 자체가 불법인 것이다. 단지 교회사 중 고대 교부들의 해석에 따라 사벨리우스 같은 사람들이 양태론 이단으로 정죄된 사례만 있을 뿐이다. 다른 신학적 교리를 가지고 판단하면 몰라도 귀신론과 양태론의 언어표현만을 가지서 이단으로 정죄한 것은 잘못된 판단이다.

75, 78, 105회 이대위는 귀신론을 이단 규정에 두지 않았다. 교단 헌법에 없기 때문이다. 예장통합 직영신학대학교 교수들도 조용기 목사의 이단성 여부를 파악할 때, 귀신론은 아예 기준부터 삭제하였다. 이는 귀신론은 이단 기준이 될 수 없다는 것을 말한다. 김기동 목사의 귀신론, 이중아담론 등은 단지 그의 성서를 보는 해석에 불과하다. 그렇다면 한국기독교장로교단의 성서해석을 해방신학적이나 민중신학적으로 해석했다고 해서 이단이라고 말할 수는 없는 것이다.

김기동 목사에 대해서 신론, 기독론, 종말론, 삼위일체론의 기준을 갖고 이단으로 정죄해야 했는데 비본질적인 기준을 갖고서 이단으로 판단한 것은 잘못된 판단이었다. 김기동 목사류를 이단성이 있다고 정죄한 것부터 잘못된 기준에 의한 것이다.

그래서 이명범, 류광수, 인터콥, 윤석전, 조용기 목사를 김기동 목사류로 몰아 축귀 사역을 하는 이단성이 있다고 한 최삼경의 견해는 잘못된 것이다. 최삼경이 81회기 연구분과위원장으로 있었을 때, 류광수 목사에 대해서 마귀론의 오류를 갖고 있다고 판단했다. 마귀론은 웨스트민스터 신앙고백이나 교단 헌법에 없기 때문에 마귀론으로 류광수 목사를 사이비성이 있다고 정죄를 한 것도 잘못된 것이다. 그런데다가 교리법 적용도 기준도 없다.

류광수 씨의 〈다락방 전도운동〉: 류광수 씨의 다락방 전도운동은 비록 전도운동이라 주장하지만 **그 가르침 가운데 마귀론에서 오류를 범하고 있는 것으로 밝혀졌고,** 교회를 어지럽히고 성도들을 혼란하게 하는 등 사이비성이 있으므로 제81회 총회 이후로는 본교단 소속 목회자들과 교인들이 이 운동에 참여하거나 이 운동을 그대로 답습하는 일이 없어야 될 것이며 본교단에서 운영하고 있는 총회전도학교를 적극 활용함이 좋을 것으로 사료된다.

제 81회 총회 이후 1년 동안의 사이비이단대책위원회의 경과를 다음과 같이 보고합니다.

보고인 : 위원장 강동수

I. 조 직

위원장 : 강동수   서 기 : 이수영   회 계 : 오재익

위 원 : 김창영 박일성 신영균 이귀철 이상운 이정환 최대준 최삼경

전문위원 : 목사-강성열 권태복 김종렬 김중은 박성규 박수암 박위근

이성태 이형기 정삼수 정행업 주건국 현요한 황승룡

장로-김병무 김오원 윤재신 이흥순

〈분과위원회〉

1. 연구분과/위 원 장 : 최대준

위   원 : 김창영 최삼경

전문위원 : 권태복 김종렬 김중은 박수암 박위근 이형기 정삼수

현요한 황승룡

. . . .

VI. 청 원

1. 아래 연구결론을 채택해 주신 일과.

가. 빈야드 교리 : 빈야드운동은 성령과 그 사역에 대한 이해가 치우쳐 있고, 거룩한 웃음, 떨림, 쓰러짐, 짐승소리 등을 정당화하기 위한 그들의 성경해석은 올바르지 않으며 또한 무질서한 예배도 바람직하지 않다. 그러므로 본교단 소속 목회자들과 교인들은 빈야드 형식의 예배를 무분별하게 도입하여 들이는 일이 없어야 할 것이며, 이 운동에 참여하는 것을 삼가해야 할 것으로 사료된다.

나. 류광수씨의 〈다락방 전도운동〉 : 류광수씨의 다락방 전도운동은 비록 전도운동

제81회 총회 회의록

이라 주장하지만 그 가르침 가운데 마귀론에서 오류를 범하고 있는 것으로 밝혀졌고, 교회를 어지럽히고 성도들을 혼란하게 하는 등 사이비성이 있으므로 제 81회 총회 이후로는 본교단 소속 목회자들과 교인들이 이 운동에 참여하거나 이 운동을 그대로 답습하는 일이 없어야 될 것이며, 본교단에서 운영하고 있는 총회전도학교를 적극 활용토록 함이 좋을 것으로 사료된다.

다. 대한예수교장로회총회(개혁) 총회장(대행) 장세일 목사가 제출한 "다락방관련자 처리 및 각 교단 협조의뢰의 건과 (개혁) 이단대책위원장 김송수 목사가 제출한 "전도총회 류광수 목사에 대한 이단성 심의 보고 및 신학적 문제에 대한 평가의 건은 임원회와 상담소장에게 위임하기로 하다.

82회 총회록은 이단, 사이비, 사이비성에 대한 개념을 연구하였다. 교류나 참여 금지는 사이비성에 해당한다고 연구했지만 내규에는 존재하지 않았다.

<별지 3>

이단·사이비·사이비성에 대한 개념 연구

"이단"과 "사이비"에 대한 개념에는 다양한 견해들이 있다.

정도(程度)의 측면에서 "기독교의 기본교리를 전적으로 믿는 입장을 정통이라 하고, 부분적으로 믿을 때는 사이비라 하며, 전체를 반대할 때는 이단"(이종성 「현대사회와 신학의 대화」)이라는 주장이 있고, 위치적인 측면에서 "이단은 교회 밖으로 나간 적그리스도적인 것을 말하고, 교회 안에 있을 때는 사이비"(신성종 「현대사회와 신학의 대화」)라는 견해와, 출처의 측면에서 "기독교 내부에서 생겨난 것은 이단이라 하고, 기독교 밖에서 생겨나 내부에 영향을 줄 때 이를 사이비"(이수영)라는 입장도 있다.

위와 같은 구분은 교리적인 면에서 구분하는 것이고, 일반 언론이나 사회에서는 윤리적인 면에서 접근하여, "사이비"는 기존 교단과 단교되었을 뿐만 아니라 일반인에게까지 피해를 주는 독소를 가져 종교의 범주에 둘 수 없는 경우를 말하며, "사교"의 성격을 포함한다. 또 "이단"은 기존 교단에서 규정한 것을 근거로 하되 "이절자"라는 개념을 갖는 것으로 이해한다. 그러나 이런 구분은 부정적인 의미를 전제로 한 것이기 때문에 교리적 윤리적인 면에서 어떤 가치도 부여하지 않는 "신흥종교"라는 용어를 사용하기도 한다.

그러나, 우리 교단에서 사용한 용례를 살펴보면 이단, 사이비성, 사이비, 사이비종교, 사교,

-1103-

불건전집단 등이 복합적으로 사용되어 딱히 어떤 개념이라고 집어내기가 힘든 것이 사실이다.

제 68회 총회(1983년) 때 C씨의 문제로 "사이비성"이라는 용어가 사용되면서, 이단이라고 할 수는 없지만 이단과 다름 없이 그 폐해가 매우 큰 경우에 "사이비", 또 "사이비" 보다는 덜하지만 용인할 수 없고 교류나 참여금지 등 규제가 필요한 경우에 "사이비성"이라는 용어를 적용하고 있는 것이다. 즉 "사이비성 → 사이비 → 이단"이라는 단계적 개념이 우리 교단에서는 일반화되었다. 이것은 정도의 측면과 위치적인 측면이 절충된 형태라고 볼 수 있다.

본위원회의 초기 명칭은 "사이비신앙운동 및 기독교이단대책위원회"로서, 기독교 내부 뿐만 아니라 단군전과 단군신화 문제와 불교계 등의 반기독교서적이 활개를 칠 때 이에 대처하기 위해 각기 별도 위원회로 활동하던 것을 통합하여 구성되었다고 볼 수 있는데, 이는 다분히 출처의 측면 쪽을 취하고 있다고 보아야 할 것이다.

따라서 본위원회에서도 "사이비"와 "이단"의 개념 정리를 위하여 수차 토의한 결과 "이단"에는 이견이 없으나 "사이비"에 대하여는 여러 견해가 있었다. 그러나 교계의 일반적인 정서에 따라 "사이비성 → 사이비 → 이단" 쪽으로 용인하고, "류광수의 다락방전도운동"에 대하여 제 81회 총회에서 "사이비성이 있으므로"라는 용어를 사용했다.

그렇다면 기왕 교리적인 측면에서는 "사이비성 → 사이비 → 이단"은 그 개념을 본교단의 통념에 따르되, 윤리적인 측면에서의 구분은 "사이비종교"라는 용어를 사용해 봄직도 하다고 본다. 물론 교리적으로 "사이비성, 사이비, 이단"이면서 반사회적이고 윤리적인 문제가 있다면 "사이비종교"의 범주에도 포함될 것이다.

기독교의 기본교리 하나에 문제가 있다 하더라도 그것이 다른 교리에 영향을 끼쳐 기본교리를 훼손하게 된다면 이단이라 규정할 수 있고, 이단이라고 할 수는 없지만 이단과 다름 없이 그 폐해가 매우 큰 경우에 "사이비"라 하고, "사이비" 보다는 덜하지만 교류나 참여금지 등 규제가 필요한 경우에 "사이비성"이라는 용어를 적용하는 것이 좋을 것으로 사료된다.

두 번째로, 박윤식 목사 건은 최삼경과 탁명환에 의해 조작된 것이다. 최삼경은 유사통일교론으로 박윤식을 이단으로 정죄하였는데 이는 잘못된 정죄이다. 박윤식 목사는 통일교에 머문 사실이 없었다. 기독교포털 대표 정윤석이 박윤식 목사를 통일교에 머물렀다고 이단으로 조작하려고 했지만 법원을 통해서 허위사실임이 드러났다. 로앤처치는 박윤식 목사가 이단이 아니라는 기사를 썼다고 이단 옹호 언론이 되었다. 105회 이대위는 이단 옹호 언론으로 규정한 지 10년이 넘었고 이미 폐기하였기 때문에 이단 옹호 언론 자체를 해지하였다. 그러나 1년간 유예되어 다른 기독신문과 함께 106회기에 다시 다뤄질 예정이다. 이명범 목사 건도 '예의주시'를 모두 해지하여 사실상 이단이 사라졌다. 이단 옹호 언론만 남는 것이다.

예장통합교단의 총대들은 여전히 최삼경류의 시각에서 벗어나지 못하고 있다. 이단을 조작하고, 절차를 위반하고 뒷거래를 하는 것 자체가 이단이다. 기독교언론들은 대부분이 최삼경이 중심이 되어 절차 하자와 정서적인 이유로 이단 옹호 언론으로 만들었다. 로앤처치는 이단 광고도 하지 않았는데 단지 자신들이 정죄한 박윤식 목사가 이단이 아니라는 가치평가를 했다고 하여 이단 옹호 언론으로 결정하였다. 이러한 행위 자체가 절차적, 법리적 이단이다. 예장통합교단의 이대위와 총대들이 집단적 범죄를 저지르고 있는 것이다. 이단 옹호 언론도 이단적 교리의 체계를 갖고 기사를 쓴 것이 있어야 이단 언론이 되는 것이다. 한국교단의 이단 판정은 교리 체계와 교리법 적용 없이 윤리와 정서만 가지고 이단으로 정죄하는 경우가 종종 있다.

박윤식 목사 건도 이단으로 정죄하려면 통일교의 교리 체계를 채택한 사례가 있어야 하고, 한번이 아니라 상습적으로 유사통일교이론을 주장해야 한다. 단지 한두 문장의 언어표현만 가지고 이단으로 정죄하는 것은 처음부터 이단이 아니라는 것을 입증하는 것이고, 나아가 언어표현일지라도 팩트가 있어야 하는데 팩트조차 허위였을 경우, 이는 조작된 이단에 불과한 것이다. 그러므로 밝혀진 이상, 법적으로는 모두 무효이다.

그리고 상대방에게 소명 기회를 반드시 주어야 한다. 적어도 법적 절차는 거쳐서 이단 정죄해야 하는데 당사자에게 통고도 없이 바로 타 교단 사람들을 이단으로 정죄했다. 교리 탈레반 최삼경식 이단 정죄였다. 이것 역시 법적으로 절차상 하자가 있기 때문에 무효이다.

이단으로 정죄하려면 교단 헌법의 기준과 교리법을 적용해야 했는데 언어표현만 갖고서 이단으로 조작한 것이다. 그래서 필자가 이러한 방식으로 이단 정죄한 것은 잘못된 것이며 "박윤식은 이단이 아니라"라고 하였다고 최삼경은 이단 옹호 언론이라고 규정했던 것이다. 자신의 자의적 잣대로 함부로 이단 옹호 언론이라고 규정하는 것은 언론의 자유에 대한 명백한 침해이다.

류광수 목사 건도 마찬가지이다. 단지 류광수 목사가 마귀론이란 오류가 있고, 기존 교단을 비판하고, 많은 신도들이 다락방으로 갔다는 것만으로 이단이라고 단정할 수 없다. 류광수 목사의 교리적 체계와 교리법 적용을 토대로 이단으로 정죄해야 한다. 그러나 류광수 목사는 전도하는 방법 이외에 교리적 체계가 없다. 그러므로 다락방 운동을 이단으로 정죄하는 것 자체가 무리이다. 윤리적 문제로 교리를 평가해서는 안되는 것이다.

이단 옹호 언론 규정 절차도 문제이다. 1) 소명 기회를 주지 않았고, 2) 이대위원들의 성수가 되지 않았다. 모두 절차상 무효였다. 그리고 의견표현을 갖고서 언론에 재갈을 물리는 것 자체가 이단적 행동이다.

한국교회의 30년 동안 이단감별사들의 활동은 불행하게도 기독교 밖이 아니라 예수 믿는 사람들의 비본질적인 주장을 갖고 근본주의 신학으로 빌미를 잡고 교단과 언론을 통하여 탈레반식으로 교리의 총질을 가하여 죽이는 그야말로 유대교적으로는 바리새적이고, 이슬람적으로는 탈레반적이고, 교회사적으로는 마녀사냥식 이단 정죄였다. 교단 헌법과 개혁신조, 신앙고백, 이단사이비 내규가 기준이 아니라 이단 감별사의 자의적인 판단이 기준이었다. 교단 헌법의 기준과 적용이 없었다.

그들은 근본주의 신학의 입장에 따라 자신들이 수용하기 어려운 직통계시, 귀신론, 양태론, 은사, 방언, 기적, 신인합일설, 천사동원설, 사단결박설, 백투더 예루살렘, 가계 저주론, 유사통일교이론이 이단 정죄의 기준이었다. 그런데다가 교리체계보다는 언어표현이나 성서의 해석을 가지고 이단으로 정죄하려고 하였다. 이단으로 정죄하려면 교리적 체계를 갖고 이단성을 구분해야 하고, 기준은 개혁교회의 신앙고백과 교단 헌법에 벗어나야 하고, 타 교단에 대해서는 장로교신학으로 정죄해서는 안되고 타 교단의 신학적 입장을 존중해야 한다. 그리고 조작이나 허위사실로 가치판단해서는 안 된다. 이단 정죄는 사실확인이 기본인데 허위사실로 정죄하는 것은 영적인 살인행위나 마찬가지이다. 최삼경은 이런 영적인 살인행위를 빈번하게 자행했다.

변승우 목사는 성결교단에 맡겨야 하고, 조용기 목사는 순복음교단에 위임해야 하고, 김기동, 윤석전 목사는 기침교단에서 알아서 하도록 해야 한다. 서로의 교단 성향이 다르기 때문이다. 특히 안상홍, 신천지, 통일교, 여호와 증인, 몰몬처럼 전통적 개혁신학을 따르지 않는 단체에 대해서 교리적 체계로 이단성을 정죄해야 하는데 우리나라 이단감별사들은 언어표현, 말실수, 성서해석, 은사위주, 성령사역, 윤리, 축귀 등으로 기독교인들을 이단으로 정죄하였다. 교리와는 상관이 없었다.

교리의 탈레반인 감별사들은 장로교 근본주의 신학에 벗어난다고 판단, 이단성으로 정죄하였던 것이다. 탈레반들이 여성의 얼굴만 보여도 총질을 가하는 것처럼 최삼경은 김기동 목사의 귀신론 냄새만 나도 교리적 총질을 가했다.

그러나 예장통합교단은 소속 교단사람들에 대해서는 이단이라고 하지 않았다.

"이들이 김기동 씨의 주장이 비성경적이며 신학적으로 많은 문제를 안고 있음과 동시에 총회의 결정에 전적으로 동의하고 있음으로 무혐의 처리하다"

예는 다른 혐의 사실을 찾아볼 수가 없으며, 뿐만 아니라 이들이 김기동씨의 주장이 비성경적이며 신학적으로 많은 문제를 안고 있음과 동시에 총회의 결정에 전적으로 동의하고 있음으로 무혐의 처리하다

그러나 최삼경은 예장통합교단 소속이 아닌 최바울 목사에 대해서는 "본인이 청년시절에 김기동 씨의 성락교회 대학부에 1년 7개월간 출석하고 배웠다고 고백함으로써

둘 사이의 유관성을 인정할 수 있다"고 하여 이단성이 있다고 했다.

최삼경은 한기총에서는 이단성으로 정죄당하였지만 예장통합교단에서는 삼신론과 마리아 월경잉태론이 이단이 아니라고 했다. 제식구 감싸기를 한 것이다. 예장통합 밖에 있으면 무조건 이단으로 정죄한다. 예장통합교단은 신학성이 에큐메니컬적이면서도 이단 정죄에 관한한 근본주의 신학자들보다 더 엄격했다. 신학의 이중성이다. 최삼경에 의해서 농락당했기 때문이다. 일치보다는 분열을 추구했고, 용서보다는 정죄를 추구했고, 더불어 가야 할 형제보다는 내쳐야 할 이단으로 취급했다. 이것이 예장통합의 정체성이다. 말만 에큐메니컬 신학이다.

통합교단의 이대위들이나 교수들 대부분은 최삼경 개인의 신학사상 영향에서 벗어나지 못하고, 최삼경에게 질질 끌려다녔다. 최삼경은 학연, 지연, 친인척, 언론, 교수 등을 총동원하여 대형교회 목사들을 이단 정죄하는데 혈안이 되었다. 뒤에는 교회 파괴적 귀신이 항상 붙어 다녔다.

오직 전도와 은사를 실행하는 사람들은 최삼경의 교리의 총질에 모두 죽어갔던 것이다. 예장통합 100회 특별사면위가 미완의 작업으로 끝났지만 소명 기회도 없이 이단 정죄당한 사람들에게 소명의 기회를 주고 이를 문서화하여 사면을 통하여 반등을 노리려고 하였다. 그러나 사단이 이단조작범인 최삼경을 그대로 둘리 없었다.

그나마 이정환 목사가 사면 대상자들의 자료를 모으고 그들에게 소명 기회를 주었던 문서들을 정리하여 이단으로 정죄당한 사람들의 억울한 입장을 알게 되었다는 것만 해도 큰 수확이다. 대부분은 최삼경에 의하여 피해를 본 사람들이다. 그들에게는 최삼경처럼 언론이 있었던 것도 아니고, 조직이나 이단감별사들처럼 카르텔이 있었던 것도 아니다. 그러므로 대형교회라 할지라도 속수무책으로 당하기 일쑤였다. 조용기 목사와 윤석전 목사는 굴욕적 사과문을 내기도 하였다.

채영남 목사의 100회 특별사면위가 그나마 이들에게 사면 결정을 한 것은 큰 수확이었다.

　다락방은 사이비성에서 예의주시로 변경되었고, 이명범 목사는 기장교단과 105회기 이대위에서 이단 해지를 하였다. '예의주시' 조차 해지하였다. 그러나 이미 고령이 되었다.

　이렇듯 이단감별사들은 이단을 교회 밖의 기독교유사단체에 적용해야 했는데, 기독교 안의 대형교회 목사들에게 적용했다. 교회 파괴적 이단감별 활동이었다. 결국 최삼경만이 총회 위에 있었고 정통이었다. 이것이 최삼경의 교만이었다. 그는 먼저 근거도 없는 전제를 갖고 김기동 목사를 이단화하였다. 그런데도 서울 동북노회는 최삼경을 공로목사라고 인정을 하였다. 이단 조작 공로였을 것이다.

　이처럼 한국교회사의 이단 정죄는 최삼경의 자의적인 기준에 따라 수많은 이단들이 양산되었다. 최삼경은 자신이 60여 명을 이단으로 정죄했다고 했다. 이렇게 한국교회가 최삼경에게 농락당했다.

　최삼경에 의하여 이단 정죄당한 상위 사람들의 문제점은 본질적인 것이라기보다는 비본질적인 것이었다. 대부분 언어상 표현이나 신학에 무지함으로 왜곡되거나 잘못된 해석을 하였다. 그리고 이들은 대부분 자신의 신학을 교정하고 개선을 하며 잘못하였다고 사과를 하였다.

그래서 100회기 예장통합 특별사면위원회는 '이단성'에서 대부분 '예의주시'로 되어 특별사면 대상이 되었다. 그나마 반이단감별사 이정환, 채영남 전 총회장이 있었기 때문에 이단감별사의 대교회 사기극에 대하여 반이단감별사의 대사면극이 있었던 것이다. 한국교회는 이제 더 이상 이단감별사들의 사기극에 속지말고, 비본질적인 부분들은 개선하고 보정하는 방식으로 하여 대교회 사면운동을 벌여야 하며 이단감별사식 마구잡이 이단 정죄는 사라져야 할 것이다.

대한예수교장로회 100회 채영남 총회장은 "그들은 이단이 아니라 형제였다"라고 말했다. 그들의 사역은 미완으로 끝났지만 이단감별사들의 대교회 사기극에 끝까지 대교회 사면극으로 대항하여 교리적으로 싸운 채영남, 이정환 목사의 고군분투한 노고를 잊어서는 안 될 것이다. 특히 마지막까지 항전했던 이정환 목사의 노력은 언제가 결실을 맺을 날이 올 것이라 믿어 의심치 않는다. 스코틀랜드 신앙고백과 헬베틱 신앙고백은 이단 기준에 대해 예수의 신인성, 삼위일체 등 주로 기독론에 초점을 두었다.

이상 〈이단감별사들의 大 교회 사기극〉은 주로 개인 이단감별사의 자의적 기준에 의한 이단 정죄로 한국교회를 농락하였다는 것을 밝혔다. 속편으로 출간 예정인 장로교 이대위(이단사이비대책위원회)의 大 교회 사기극은 개인이 아닌 단체의 왜곡된 이단 정죄를 밝히고자 한다.